William Watson Goodwin

Greek Reader

Consisting of selections from Xenophon, Plato, Herodotus, and Thucydides

William Watson Goodwin

Greek Reader

Consisting of selections from Xenophon, Plato, Herodotus, and Thucydides

ISBN/EAN: 9783337191788

Printed in Europe, USA, Canada, Australia, Japan

Cover: Foto ©Thomas Meinert / pixelio.de

More available books at **www.hansebooks.com**

CONSISTING OF SELECTIONS FROM

XENOPHON, PLATO, HERODOTUS, AND THUCYDIDES.

With Notes

ADAPTED TO THE REVISED AND ENLARGED EDITION OF
GOODWIN'S GREEK GRAMMAR,

AND COPPERPLATE MAPS.

EDITED BY

WILLIAM W. GOODWIN, Ph.D.,
ELIOT PROFESSOR OF GREEK LITERATURE IN HARVARD COLLEGE.

Second Edition.

BOSTON:
GINN AND HEATH.
1881.

PREFACE TO THE FIRST EDITION.

THIS Reader is designed to supply an equivalent for Xenophon's Anabasis, which is now almost universally read in preparation for American colleges. It surely needs no argument to show that a better knowledge even of the elements of a language is gained from a variety of styles than from a single author, or that even the briefest course of reading is the better for exhibiting the higher qualities of the literature which it represents. The fact that the Anabasis is accessible in carefully prepared editions has given it a prominence in our schools which neither its literary merit nor its historic importance could justly claim; and its exclusive reign has not been without its injurious effect on our scholarship.

Xenophon and Herodotus are perhaps the only strictly classic prose-writers of Greece who can be studied with success by beginners, except in selected passages. Demosthenes and Thucydides are by no means as well adapted as Cicero and Caesar to the attainments of young students; and Plato must be divested, to a great extent, of his philosophic robes before he can enter our schoolrooms. It will therefore surprise no one that so large a part of the present work is given to Xenophon and Herodotus.

We have attempted to select characteristic passages from

the four authors included in the work, and at the same time to admit nothing which a diligent scholar cannot reasonably be expected to master in the first two years of his Greek studies. We have given the Third and Fourth books of the Anabasis entire, as being the most interesting part of the Retreat of the Ten Thousand, and as admirably adapted by its simplicity of style for elementary drill. Then follows the greater part of the Second Book of the Hellenica, describing the capture of Athens by the Spartan Lysander, the tragic end of the long Peloponnesian war in the destruction of the Piraeus and of the Long Walls of Athens — the pride of Themistocles and Pericles — to the insulting music of flutes, the odious rule of the Thirty Tyrants, with the expulsion of the oligarchy and the restoration of the democracy by Thrasybulus and his band of exiled patriots from Phyle; to which are added the last sections of the Hellenica, describing the battle of Mantinea and the death of Epaminondas.

Next comes the first chapter of the Memorabilia, giving the character of Socrates as drawn by Xenophon, followed by the last section of the same work. The short extracts from Plato which follow consist of the final address of Socrates to his judges from the Apology, and the narrative part of the Phaedo describing the last hours of the great philosopher.

The selections from Herodotus are in four parts. The first contains the account of the invasion of Darius and the battle of Marathon. The three others contain the most important passages in the Seventh and Eighth books, forming a continuous account of the invasion of Xerxes,— the pomp of the Great King's preparation; the march of the mighty host from Asia to Greece, including bridging the Hellespont and cutting the canal through Athos; the preparations of the terrified Greeks; the wisdom of the Delphic oracle and the craft of Themistocles; the battles of Thermopylae, Artemisium, and Salamis; and finally the ignominious retreat of Xerxes from Salamis to Asia. The campaign of Mardonius in the following year, with the battles of Plataea and Mycale, is omitted for want of space. In thus condensing two long books of Herodotus into so small a compass, great pains have been taken to avoid abrupt transitions; and often single sentences have been taken from a chapter to keep up the continuity of the narrative. It is hoped that the wonderful story of the campaign of Xerxes has thus been presented to the pupil in greater vividness and completeness than it could have been by detached extracts.

The passage from Thucydides has been abridged by omitting the speeches, and such parts of the narrative as are not essential to the main account. As there is no continuous passage of this length in Thucydides which does not contain difficulties of construction or style too great for beginners, occasional liberties have been taken in omitting sentences or even clauses which are not essential to the story, simply to avoid difficulties. There is perhaps no other part of Thucydides from which so simple a narrative passage of equal interest with this story of Pylus could have been taken.

Although this Reader is especially designed for those who are preparing for college, with a view of giving them the best material afforded by the Greek literature to enliven the course of their earlier studies, it is yet hoped that it may be of use also to those whose study of Greek must be confined to the school or academy. It is especially hard for such persons to spend a year or more in reading Greek, but to see nothing except the Anabasis,— a story of an expedition saved from oblivion chiefly by a skilful retreat,— when the great deeds of Marathon, Thermopylae and Salamis, Leonidas and his Three Hundred, Miltiades, Themistocles, Aristides, Socrates, and Epaminondas are equally within their reach. For such, and indeed for all who may use the work, we desire that it may "enlarge and not belittle the notion of what a classic language and literature mean. The best justification of classical study, after all, is not its value as a means of mental discipline, but that it combines that discipline with some guiding of the mind towards the higher interpretation of history and the deeper lessons of human life."

The notes make no pretension to learning, and aim merely at aiding beginners in laying a solid foundation for future scholarship. The grammatical aid is given chiefly in the form of references, in which alone it can be systematic. No notes can supply all the collateral information needed for the full understanding of an ancient historian. Constant reference should be made to a classical dictionary and to some Greek history. It may be too much to expect of school-boys in these days that they should read a history like that of Grote; but we cannot too strongly recommend all who wish to catch the true spirit of the history they are studying, to read Grote's graphic account of the Persian wars with Herodotus, his story of Pylus and Cleon with Thucydides, and his chapters on the Thirty Tyrants and on Epaminondas with Xenophon's Hellenica. Many parts too of his chapter on Socrates (in vol. viii.) would be appreciated by every thoughtful reader of the extracts here made from the Memorabilia and from Plato. We believe, further, that the time spent in reading these chapters of Grote would be more than saved by their aid as a commentary to the Greek text, while the increased interest which they would awaken might often change the study from a task to a pleasure.

It is of course impossible in notes like these to give special credit for every remark which is wholly or partly borrowed. We must therefore express, once for all, our obligations to the long and familiar line of commentators on Xenophon, Herodotus, Thucydides, and Plato; and last, not least, to Grote, from whose notes many valuable hints have been derived which could not be acknowledged by quotation-marks. The maps at the end of the volume are chiefly copied from larger maps in Kiepert's "Atlas von Hellas."

No Poetry has been added to this Reader, partly because the masterpieces of Greek Poetry are nearly all accessible in a convenient form, but chiefly because no ancient poetry is so well adapted to the minds of youth as the Homeric poems, which every scholar should carry with him to college without abridgment. One great advantage of the extended course of preparatory study which, it is to be hoped, all our best colleges will soon expect of those who intend to be classical scholars will be the more thorough acquaintance with Homer which young men will thereby gain before they enter college.

In the extracts from Xenophon, the chapters and sections are numbered as they are in recent editions. The other selections are divided into new sections as they stand, and numbered accordingly. In all cases (except in Plato), the numbers of the original chapter and section with which the right-hand page ends are given at the top of the page.

PREFACE.

No special lexicon is added to the volume, partly from the impossibility of making a really complete small lexicon to such a variety of authors, but chiefly from the belief that the use of a partial lexicon is injurious to sound scholarship. We do not refer to such special works as are really more full than a general lexicon, which are often invaluable in reading a difficult author; but to such imperfect glossaries as are sometimes expected at the end of a Greek Reader. The abridgment of Liddell and Scott's Greek-English Lexicon, which admirably combines convenience in size with completeness and exactness in definitions, is now so easily accessible, that all difficulty in this respect is happily removed.

THE EDITORS.

CAMBRIDGE, MASS., July, 1871.

PREFACE TO THE SECOND EDITION.

THE first edition of this Reader, which was published in 1871, was prepared by the undersigned and the Rev. Joseph H. Allen of Cambridge, Mass. The Preface to that edition, which is here reprinted without change, shows the general plan of the work and the purposes at which it aimed. In the present edition the First and Second Books of the Anabasis have been substituted for the Third and Fourth, and the notes on the Anabasis here given contain more than twice as much matter as those belonging to the same amount of text in the former edition. This change has been made in deference to the opinion of many practical teachers, whose views on the nature of a commentary intended for beginners seemed to the Editor entitled to the highest respect. It will be seen that the notes on the First Book of the Anabasis, which it is assumed will be used for giving pupils a solid foundation in the general principles of Greek Syntax, are especially copious; while those on the Second Book of the Anabasis, like those on the following extracts, are written for pupils who are supposed to have mastered the rudiments. In the opinion of the Editor, it is highly desirable to use as small a portion as possible of the classic literature as a *corpus vile* for the more minute dissection, and to enable pupils at the earliest possible moment to read Greek and Latin with an appreciative mind. The notes on the Anabasis have been prepared in great part by my colleague, Professor John W. White, with whose "First Lessons in Greek" the students of this Reader have, it is hoped, already become acquainted. The notes on the remainder of the work are, with few changes, the same as those which appeared in the former edition. A map designed to illustrate the Anabasis, copied chiefly from Kiepert's map in Rehdantz's Anabasis (1873), has been added in this edition.

W. W. GOODWIN.

HARVARD COLLEGE, March, 1877.

CONTENTS.

XENOPHON.

		PAGE
I.	ANABASIS, BOOKS I. AND II	1
II.	FALL AND RESTORATION OF ATHENS	61
III.	THE BATTLE OF MANTINEA	86
IV.	CHARACTER OF SOCRATES	90

PLATO.

I.	SOCRATES BEFORE HIS JUDGES	96
II.	THE DEATH OF SOCRATES	101

HERODOTUS.

I.	INVASION OF GREECE BY DARIUS	112
II.	MARCH OF XERXES: PREPARATIONS OF THE GREEKS	120
III.	THE PASS OF THERMOPYLAE	136
IV.	ARTEMISIUM: MARCH OF XERXES TO ATHENS: SALAMIS: RETREAT OF XERXES TO ASIA	156

THUCYDIDES.

PYLUS AND SPHACTERIA 192

NOTES 1–159
PARALLEL REFERENCES 160
TABLE OF DATES 162

XENOPHON.

I. ANABASIS.

BOOK FIRST.

I. Δαρείου καὶ Παρυσάτιδος γίγνονται παῖδες δύο, πρεσβύτερος μὲν Ἀρταξέρξης, νεώτερος δὲ Κῦρος. ἐπεὶ δὲ ἠσθένει Δαρεῖος καὶ ὑπώπτευε τελευτὴν τοῦ βίου, ἐβούλετο τὼ παῖδε ἀμφοτέρω παρεῖναι. 2. ὁ μὲν οὖν πρεσβύτερος παρὼν ἐτύγχανε· Κῦρον δὲ μεταπέμπεται ἀπὸ τῆς ἀρχῆς ἧς αὐτὸν σατράπην ἐποίησε, καὶ στρατηγὸν δὲ αὐτὸν ἀπέδειξε πάντων ὅσοι εἰς Καστωλοῦ πεδίον ἀθροίζονται. ἀναβαίνει οὖν ὁ Κῦρος λαβὼν Τισσαφέρνην ὡς φίλον, καὶ τῶν Ἑλλήνων δὲ ἔχων ὁπλίτας ἀνέβη τριακοσίους, ἄρχοντα δὲ αὐτῶν Ξενίαν Παρράσιον. 3. ἐπεὶ δὲ ἐτελεύτησε Δαρεῖος καὶ κατέστη εἰς τὴν βασιλείαν Ἀρταξέρξης, Τισσαφέρνης διαβάλλει τὸν Κῦρον πρὸς τὸν ἀδελφὸν ὡς ἐπιβουλεύοι αὐτῷ. ὁ δὲ πείθεταί τε καὶ συλλαμβάνει Κῦρον ὡς ἀποκτενῶν· ἡ δὲ μήτηρ ἐξαιτησαμένη αὐτὸν ἀποπέμπει πάλιν ἐπὶ τὴν ἀρχήν. 4. ὁ δ' ὡς ἀπῆλθε κινδυνεύσας καὶ τιμασθείς, βουλεύεται ὅπως μήποτε ἔτι ἔσται ἐπὶ τῷ ἀδελφῷ, ἀλλ', ἢν δύνηται, βασιλεύσει ἀντ' ἐκείνου. Παρύατις μὲν δὴ ἡ μήτηρ ὑπῆρχε τῷ Κύρῳ, φιλοῦσα αὐτὸν μᾶλλον ἢ τὸν βασιλεύοντα Ἀρταξέρξην. 5. ὅστις δ' ἀφικνεῖτο τῶν παρὰ βασιλέως πρὸς αὐτόν, πάντας οὕτω διατιθεὶς ἀπεπέμπετο ὥστε αὐτῷ μᾶλλον φίλους εἶναι ἢ βασιλεῖ. καὶ τῶν παρ' ἑαυτῷ δὲ βαρβάρων ἐπεμελεῖτο ὡς πολεμεῖν ἱκανοὶ εἴησαν καὶ εὐνοϊκῶς ἔχοιεν αὐτῷ. 6. τὴν δὲ Ἑλληνικὴν δύναμιν ἤθροιζεν ὡς μάλιστα ἐδύνατο ἐπικρυπτόμενος, ὅπως ὅτι ἀπαρασκευότατον λάβοι βασιλέα. ὧδε οὖν ἐποιεῖτο τὴν συλλογήν. ὁπόσας εἶχε φυλακὰς ἐν ταῖς πόλεσι, παρήγγειλε τοῖς φρουράρχοις ἑκάστοις λαμβάνειν ἄνδρας Πελοποννησίους ὅτι πλείστους καὶ βελτίστους, ὡς ἐπιβουλεύοντος Τισσαφέρνους ταῖς πόλεσι. καὶ γὰρ ἦσαν αἱ Ἰωνικαὶ πόλεις Τισσαφέρνους, τὸ ἀρχαῖον ἐκ βασιλέως δεδομέναι, τότε δ᾽ ἀφειστήκεσαν πρὸς Κῦρον πᾶσαι πλὴν Μιλήτου· 7. ἐν Μιλήτῳ δὲ Τισσαφέρνης προαισθόμενος τὰ αὐτὰ ταῦτα βουλευομένους, ἀποστῆναι πρὸς Κῦρον, τοὺς μὲν αὐτῶν ἀπέκτεινε τοὺς δ᾽ ἐξέβαλεν. ὁ δὲ Κῦρος, ὑπολαβὼν τοὺς φεύγοντας, συλλέξας στράτευμα ἐπολιόρκει Μίλητον καὶ κατὰ γῆν καὶ κατὰ θάλατταν, καὶ ἐπειρᾶτο κατάγειν τοὺς ἐκπεπτωκότας. καὶ αὕτη αὖ ἄλλη πρόφασις ἦν αὐτῷ τοῦ ἀθροίζειν στράτευμα. 8. πρὸς δὲ βασιλέα πέμπων ἠξίου ἀδελφὸς ὢν αὐτοῦ δοθῆναι οἷ ταύτας τὰς πόλεις μᾶλλον ἢ Τισσαφέρνην ἄρχειν αὐτῶν, καὶ ἡ μήτηρ συνέπραττεν αὐτῷ ταῦτα· ὥστε βασιλεὺς τὴν μὲν πρὸς ἑαυτὸν ἐπιβουλὴν οὐκ ᾐσθάνετο, Τισσαφέρνει δὲ ἐνόμιζε πολεμοῦντα αὐτὸν ἀμφὶ τὰ στρατεύματα δαπανᾶν· ὥστε οὐδὲν ἤχθετο αὐτῶν πολεμούντων. καὶ γὰρ ὁ Κῦρος ἀπέπεμπε τοὺς γιγνομένους δασμοὺς βασιλεῖ ἐκ τῶν πόλεων ὧν Τισσαφέρνης ἐτύγχανεν ἔχων. 9. ἄλλο δὲ στράτευμα αὐτῷ συνελέγετο ἐν Χερρονήσῳ τῇ καταντιπέρας Ἀβύδου τόνδε τὸν τρόπον. Κλέαρχος Λακεδαιμόνιος φυγὰς ἦν· τούτῳ συγγενόμενος ὁ Κῦρος ἠγάσθη τε αὐτὸν καὶ δίδωσιν αὐτῷ μυρίους δαρεικούς. ὁ δὲ λαβὼν τὸ χρυσίον στράτευμα συνέλεξεν ἀπὸ τούτων τῶν χρημάτων, καὶ ἐπολέμει ἐκ Χερρονήσου ὁρμώμενος τοῖς Θρᾳξὶ τοῖς ὑπὲρ Ἑλλήσποντον οἰκοῦσι, καὶ ὠφέλει τοὺς Ἕλληνας· ὥστε καὶ χρήματι συνεβάλλοντο αὐτῷ εἰς τὴν τροφὴν τῶν στρατιωτῶν αἱ Ἑλλησποντιακαὶ πόλεις ἑκοῦσαι. τοῦτο δ᾽ αὖ οὕτω τρε φόμενον ἐλάνθανεν αὐτῷ τὸ στράτευμα. 10. Ἀρίστιππος δὲ ὁ Θετταλὸς ξένος ὢν ἐτύγχανεν αὐτῷ, καὶ πιεζόμενος ὑπὸ τῶν οἴκοι ἀντιστασιωτῶν ἔρχεται πρὸς τὸν Κῦρον καὶ αἰτεῖ αὐτὸν εἰς δισχιλίους ξένους καὶ τριῶν μηνῶν μισθόν, ὡς οὕτω περιγενόμενος ἂν τῶν ἀντιστασιωτῶν. ὁ δὲ Κῦρος δίδωσιν αὐτῷ εἰς τετρακισχιλίους καὶ ἓξ μηνῶν μισθόν, καὶ δεῖται αὐτοῦ μὴ πρόσθεν καταλῦσαι πρὸς τοὺς ἀντιστασιώτας πρὶν ἂν αὐτῷ συμβουλεύσηται. οὕτω δὲ αὖ τὸ ἐν Θετταλίᾳ ἐλάνθανεν αὐτῷ τρεφόμενον στράτευμα. 11. Πρόξενον δὲ τὸν Βοιώτιον ξένον ὄντα αὐτῷ ἐκέλευσε λαβόντα ἄνδρας ὅτι πλείστους παραγενέσθαι, ὡς εἰς Πισίδας βουλόμενος στρατεύεσθαι, ὡς πράγματα παρεχόντων τῶν Πισιδῶν τῇ ἑαυτοῦ χώρᾳ. Σοφαίνετον δὲ τὸν Στυμφάλιον καὶ Σωκράτην τὸν Ἀχαιόν, ξένους ὄντας καὶ τούτους, ἐκέλευσεν ἄνδρας λαβόντας ἐλθεῖν ὅτι πλείστους, ὡς πολεμήσων Τισσαφέρνει σὺν τοῖς φυγάσι τῶν Μιλησίων. καὶ ἐποίουν οὕτως οὗτοι.

II. Ἐπεὶ δ' ἐδόκει ἤδη πορεύεσθαι αὐτῷ ἄνω, τὴν μὲν πρόφασιν ἐποιεῖτο ὡς Πισίδας βουλόμενος ἐκβαλεῖν παντάπασιν ἐκ τῆς χώρας· καὶ ἀθροίζει ὡς ἐπὶ τούτους τό τε βαρβαρικὸν καὶ τὸ Ἑλληνικόν. ἐνταῦθα καὶ παραγγέλλει τῷ τε Κλεάρχῳ λαβόντι ἥκειν ὅσον ἦν αὐτῷ στράτευμα, καὶ τῷ Ἀριστίππῳ συναλλαγέντι πρὸς τοὺς οἴκοι ἀποπέμψαι πρὸς ἑαυτὸν ὃ εἶχε στράτευμα· καὶ Ξενίᾳ τῷ Ἀρκάδι, ὃς αὐτῷ προειστήκει τοῦ ἐν ταῖς πόλεσι ξενικοῦ, ἥκειν παραγγέλλει λαβόντα τοὺς ἄνδρας πλὴν ὁπόσοι ἱκανοὶ ἦσαν τὰς ἀκροπόλεις φυλάττειν. 2. ἐκάλεσε δὲ καὶ τοὺς Μίλητον πολιορκοῦντας, καὶ τοὺς φυγάδας ἐκέλευσε σὺν αὐτῷ στρατεύεσθαι, ὑποσχόμενος αὐτοῖς, εἰ καλῶς καταπράξειεν ἐφ' ἃ ἐστρατεύετο, μὴ πρόσθεν παύσασθαι πρὶν αὐτοὺς καταγάγοι οἴκαδε. οἱ δὲ ἡδέως ἐπείθοντο· ἐπίστευον γὰρ αὐτῷ· καὶ λαβόντες τὰ ὅπλα παρῆσαν εἰς Σάρδεις. 3. Ξενίας μὲν δὴ τοὺς ἐκ τῶν πόλεων λαβὼν παρεγένετο εἰς Σάρδεις ὁπλίτας εἰς τετρακισχιλίους, Πρόξενος δὲ παρῆν ἔχων ὁπλίτας μὲν εἰς πεντακοσίους καὶ χιλίους, γυμνῆτας δὲ πεντακοσίους, Σοφαίνετος δὲ ὁ Στυμφάλιος ὁπλίτας ἔχων χιλίους, Σωκράτης δὲ ὁ Ἀχαιὸς ὁπλίτας ἔχων ὡς πεντακοσίους, Πασίων δὲ ὁ Μεγαρεὺς τριακοσίους μὲν ὁπλίτας, τριακοσίους δὲ πελταστὰς ἔχων παρεγένετο· ἦν δὲ καὶ οὗτος καὶ ὁ Σωκράτης τῶν ἀμφὶ Μίλητον στρατευομένων. 4. οὗτοι μὲν εἰς Σάρδεις αὐτῷ ἀφίκοντο. Τισσαφέρνης δὲ κατανοήσας ταῦτα, καὶ μείζονα ἡγησάμενος εἶναι ἢ ὡς ἐπὶ Πισίδας τὴν παρασκευὴν, πορεύεται ὡς βασιλέα ᾗ ἐδύνατο τάχιστα ἱππέας ἔχων ὡς πεντακοσίους. 5. καὶ βασιλεὺς μὲν δὴ, ἐπεὶ ἤκουσε Τισσαφέρνους τὸν Κύρου στόλον, ἀντιπαρεσκευάζετο.

Κῦρος δὲ ἔχων οὓς εἴρηκα ὡρμᾶτο ἀπὸ Σάρδεων· καὶ ἐξελαύνει διὰ τῆς Λυδίας σταθμοὺς τρεῖς παρασάγγας εἴκοσι καὶ δύο ἐπὶ τὸν Μαίανδρον ποταμόν. τούτου τὸ εὖρος δύο πλέθρα· γέφυρα δὲ ἐπῆν ἐζευγμένη πλοίοις ἑπτά. 6. τοῦτον διαβὰς ἐξελαύνει διὰ Φρυγίας σταθμὸν ἕνα παρασάγγας ὀκτὼ εἰς Κολοσσὰς, πόλιν οἰκουμένην, εὐδαίμονα καὶ μεγάλην. ἐνταῦθα ἔμεινεν ἡμέρας ἑπτά· καὶ ἧκε Μένων ὁ Θετταλὸς ὁπλίτας ἔχων χιλίους καὶ πελταστὰς πεντακοσίους, Δόλοπας καὶ Αἰνιᾶνας καὶ Ὀλυνθίους. 7. ἐντεῦθεν ἐξελαύνει σταθμοὺς τρεῖς παρασάγγας εἴκοσιν εἰς Κελαινὰς, τῆς Φρυγίας πόλιν οἰκουμένην, μεγάλην καὶ εὐδαίμονα. ἐνταῦθα Κύρῳ βασίλεια ἦν καὶ παράδεισος μέγας ἀγρίων θηρίων πλήρης, ἃ ἐκεῖνος ἐθήρευεν ἀπὸ ἵππου, ὁπότε γυμνάσαι βούλοιτο ἑαυτόν τε καὶ τοὺς ἵππους. διὰ μέσου δὲ τοῦ παραδείσου ῥεῖ ὁ Μαίανδρος ποταμός· αἱ δὲ πηγαὶ αὐτοῦ εἰσιν ἐκ τῶν βασιλείων· ῥεῖ δὲ καὶ διὰ τῆς Κελαινῶν πόλεως. 8. ἔστι δὲ καὶ μεγάλου βασιλέως βασίλεια ἐν Κελαιναῖς ἐρυμνὰ ἐπὶ ταῖς πηγαῖς τοῦ Μαρσύου ποταμοῦ ὑπὸ τῇ ἀκροπόλει· ῥεῖ δὲ καὶ οὗτος διὰ τῆς πόλεως καὶ ἐμβάλλει εἰς τὸν Μαίανδρον· τοῦ δὲ Μαρσύου τὸ εὖρός ἐστιν εἴκοσι καὶ πέντε ποδῶν. ἐνταῦθα λέγεται Ἀπόλλων ἐκδεῖραι Μαρσύαν, νικήσας ἐρίζοντά οἱ περὶ σοφίας, καὶ τὸ δέρμα κρεμάσαι ἐν τῷ ἄντρῳ ὅθεν αἱ πηγαί· διὰ δὲ τοῦτο ὁ ποταμὸς καλεῖται Μαρσύας. 9. ἐνταῦθα Ξέρξης, ὅτε ἐκ τῆς Ἑλλάδος ἡττηθεὶς τῇ μάχῃ ἀπεχώρει, λέγεται οἰκοδομῆσαι ταῦτά τε τὰ βασίλεια καὶ τὴν Κελαινῶν ἀκρόπολιν. ἐνταῦθα ἔμεινε Κῦρος ἡμέρας τριάκοντα· καὶ ἧκε Κλέαρχος ὁ Λακεδαιμόνιος φυγὰς ἔχων ὁπλίτας χιλίους καὶ πελταστὰς Θρᾷκας ὀκτακοσίους καὶ τοξότας Κρῆτας διακοσίους. ἅμα δὲ καὶ Σῶσις παρῆν ὁ Συρακόσιος ἔχων ὁπλίτας τριακοσίους, καὶ Σοφαίνετος ὁ Ἀρκὰς ἔχων ὁπλίτας χιλίους. καὶ ἐνταῦθα Κῦρος ἐξέτασιν καὶ ἀριθμὸν τῶν Ἑλλήνων ἐποίησεν ἐν τῷ παραδείσῳ, καὶ ἐγένοντο οἱ σύμπαντες ὁπλῖται μὲν μύριοι καὶ χίλιοι, πελτασταὶ δὲ ἀμφὶ τοὺς δισχιλίους. 10. ἐντεῦθεν ἐξελαύνει σταθμοὺς δύο παρασάγγας δέκα εἰς Πέλτας, πόλιν οἰκουμένην. ἐνταῦθ᾽ ἔμεινεν ἡμέρας τρεῖς· ἐν αἷς Ξενίας ὁ Ἀρκὰς τὰ Λύκαια ἔθυσε καὶ ἀγῶνα ἔθηκε· τὰ δὲ ἆθλα ἦσαν στλεγγίδες χρυσαῖ· ἐθεώρει δὲ τὸν ἀγῶνα καὶ Κῦρος. ἐντεῦθεν ἐξελαύνει σταθμοὺς δύο παρασάγγας δώδεκα εἰς Κεραμῶν ἀγοράν, πόλιν οἰκουμένην, ἐσχάτην πρὸς τῇ Μυσίᾳ χώρᾳ. 11. ἐντεῦθεν ἐξελαύνει σταθμοὺς τρεῖς παρασάγγας τριάκοντα εἰς Καΰστρου πεδίον, πόλιν οἰκουμένην. ἐνταῦθ᾽ ἔμεινεν ἡμέρας πέντε· καὶ τοῖς στρατιώταις ὠφείλετο μισθὸς πλέον ἢ τριῶν μηνῶν, καὶ πολλάκις ἰόντες ἐπὶ τὰς θύρας ἀπῄτουν. ὁ δὲ ἐλπίδας λέγων διῆγε καὶ δῆλος ἦν ἀνιώμενος· οὐ γὰρ ἦν πρὸς τοῦ Κύρου τρόπου ἔχοντα μὴ ἀποδιδόναι. **12.** ἐνταῦθα ἀφικνεῖται Ἐπύαξα ἡ Συεννέσιος γυνὴ τοῦ Κιλίκων βασιλέως παρὰ Κῦρον· καὶ ἐλέγετο Κύρῳ δοῦναι χρήματα πολλά. τῇ δ᾽ οὖν στρατιᾷ τότε ἀπέδωκε Κῦρος μισθὸν τεττάρων μηνῶν. εἶχε δὲ ἡ Κίλισσα καὶ φύλακας περὶ αὐτὴν Κίλικας καὶ Ἀσπενδίους· ἐλέγετο δὲ καὶ συγγενέσθαι Κῦρον τῇ Κιλίσσῃ. **13.** ἐντεῦθεν δὲ ἐξελαύνει σταθμοὺς δύο παρασάγγας δέκα εἰς Θύμβριον, πόλιν οἰκουμένην. ἐνταῦθα ἦν παρὰ τὴν ὁδὸν κρήνη ἡ Μίδου καλουμένη τοῦ Φρυγῶν βασιλέως, ἐφ᾽ ᾗ λέγεται Μίδας τὸν Σάτυρον θηρεῦσαι οἴνῳ κεράσας αὐτήν. **14.** ἐντεῦθεν ἐξελαύνει σταθμοὺς δύο παρασάγγας δέκα εἰς Τυριαῖον, πόλιν οἰκουμένην. ἐνταῦθα ἔμεινεν ἡμέρας τρεῖς. καὶ λέγεται δεηθῆναι ἡ Κίλισσα Κύρου ἐπιδεῖξαι τὸ στράτευμα αὐτῇ· βουλόμενος οὖν ἐπιδεῖξαι, ἐξέτασιν ποιεῖται ἐν τῷ πεδίῳ τῶν Ἑλλήνων καὶ τῶν βαρβάρων. **15.** ἐκέλευσε δὲ τοὺς Ἕλληνας, ὡς νόμος αὐτοῖς εἰς μάχην, οὕτω ταχθῆναι καὶ στῆναι, συντάξαι δ᾽ ἕκαστον τοὺς ἑαυτοῦ. ἐτάχθησαν οὖν ἐπὶ τεττάρων· εἶχε δὲ τὸ μὲν δεξιὸν Μένων καὶ οἱ σὺν αὐτῷ, τὸ δὲ εὐώνυμον Κλέαρχος καὶ οἱ ἐκείνου, τὸ δὲ μέσον οἱ ἄλλοι στρατηγοί. **16.** ἐθεώρει οὖν ὁ Κῦρος πρῶτον μὲν τοὺς βαρβάρους· οἱ δὲ παρήλαυνον τεταγμένοι κατ᾽ ἴλας καὶ κατὰ τάξεις· εἶτα δὲ τοὺς Ἕλληνας, παρελαύνων ἐφ᾽ ἅρματος καὶ ἡ Κίλισσα ἐφ᾽ ἁρμαμάξης. εἶχον δὲ πάντες κράνη χαλκᾶ καὶ χιτῶνας φοινικοῦς καὶ κνημῖδας καὶ τὰς ἀσπίδας ἐκκεκαλυμμένας. **17.** ἐπειδὴ δὲ πάντας παρήλασε, στήσας τὸ ἅρμα πρὸ τῆς φάλαγγος μέσης, πέμψας Πίγρητα τὸν ἑρμηνέα παρὰ τοὺς στρατηγοὺς τῶν Ἑλλήνων ἐκέλευσε προβαλέσθαι τὰ ὅπλα καὶ ἐπιχωρῆσαι ὅλην τὴν φάλαγγα. οἱ δὲ ταῦτα προεῖπον τοῖς στρατιώταις· καὶ ἐπεὶ ἐσάλπιγξε, προβαλλόμενοι τὰ ὅπλα ἐπῇσαν. ἐκ δὲ τούτου θᾶττον προϊόντων σὺν κραυγῇ, ἀπὸ τοῦ αὐτομάτου δρόμος ἐγένετο τοῖς στρατιώταις ἐπὶ τὰς σκηνάς. 18. τῶν δὲ βαρβάρων φόβος πολὺς, καὶ ἥ τε Κίλισσα ἔφυγεν ἐπὶ τῆς ἁρμαμάξης καὶ οἱ ἐκ τῆς ἀγορᾶς καταλιπόντες τὰ ὤνια ἔφυγον· οἱ δὲ Ἕλληνες σὺν γέλωτι ἐπὶ τὰς σκηνὰς ἦλθον. ἡ δὲ Κίλισσα ἰδοῦσα τὴν λαμπρότητα καὶ τὴν τάξιν τοῦ στρατεύματος ἐθαύμασε. Κῦρος δὲ ἥσθη τὸν ἐκ τῶν Ἑλλήνων εἰς τοὺς βαρβάρους φόβον ἰδών. 19. ἐντεῦθεν ἐξελαύνει σταθμοὺς τρεῖς παρασάγγας εἴκοσιν εἰς Ἰκόνιον, τῆς Φρυγίας πόλιν ἐσχάτην. ἐνταῦθα ἔμεινε τρεῖς ἡμέρας. ἐντεῦθεν ἐξελαύνει διὰ τῆς Λυκαονίας σταθμοὺς πέντε παρασάγγας τριάκοντα. ταύτην τὴν χώραν ἐπέτρεψε διαρπάσαι τοῖς Ἕλλησιν ὡς πολεμίαν οὖσαν. 20. ἐντεῦθεν Κῦρος τὴν Κίλισσαν εἰς τὴν Κιλικίαν ἀποπέμπει τὴν ταχίστην ὁδόν· καὶ συνέπεμψεν αὐτῇ στρατιώτας οὓς Μένων εἶχε καὶ αὐτόν. Κῦρος δὲ μετὰ τῶν ἄλλων ἐξελαύνει διὰ Καππαδοκίας σταθμοὺς τέτταρας παρασάγγας εἴκοσι καὶ πέντε πρὸς Δάνα, πόλιν οἰκουμένην, μεγάλην καὶ εὐδαίμονα. ἐνταῦθα ἔμειναν ἡμέρας τρεῖς· ἐν ᾧ Κῦρος ἀπέκτεινεν ἄνδρα Πέρσην Μεγαφέρνην, φοινικιστὴν βασίλειον, καὶ ἕτερόν τινα τῶν ὑπάρχων δυνάστην, αἰτιασάμενος ἐπιβουλεύειν αὐτῷ. 21. ἐντεῦθεν ἐπειρῶντο εἰσβάλλειν εἰς τὴν Κιλικίαν· ἡ δὲ εἰσβολὴ ἦν ὁδὸς ἁμαξιτὸς ὀρθία ἰσχυρῶς, καὶ ἀμήχανος εἰσελθεῖν στρατεύματι εἴ τις ἐκώλυεν. ἐλέγετο δὲ καὶ Συέννεσις εἶναι ἐπὶ τῶν ἄκρων φυλάττων τὴν εἰσβολήν· διὸ ἔμειναν ἡμέραν ἐν τῷ πεδίῳ. τῇ δ᾽ ὑστεραίᾳ ἧκεν ἄγγελος λέγων ὅτι λελοιπὼς εἴη Συέννεσις τὰ ἄκρα, ἐπεὶ ᾔσθετο ὅτι τὸ Μένωνος στράτευμα ἤδη ἐν Κιλικίᾳ ἦν εἴσω τῶν ὀρέων, καὶ ὅτι τριήρεις ἤκουε περιπλεούσας ἀπ᾽ Ἰωνίας εἰς Κιλικίαν Ταμῶν ἔχοντα τὰς Λακεδαιμονίων καὶ αὐτοῦ Κύρου. 22. Κῦρος δ᾽ οὖν ἀνέβη ἐπὶ τὰ ὄρη οὐδενὸς κωλύοντος, καὶ εἶδε τὰς σκηνὰς οὗ οἱ

Κίλικες ἐφύλαττον. ἐντεῦθεν δὲ κατέβαινεν εἰς πεδίον μέγα καὶ καλὸν, ἐπίρρυτον, καὶ δένδρων παντοδαπῶν σύμπλεων καὶ ἀμπέλων· πολὺ δὲ καὶ σήσαμον καὶ μελίνην καὶ κέγχρον καὶ πυροὺς καὶ κριθὰς φέρει. ὄρος δ' αὐτὸ περιέχει ὀχυρὸν καὶ ὑψηλὸν πάντη ἐκ θαλάττης εἰς θάλατταν. 23. καταβὰς δὲ διὰ τούτου τοῦ πεδίου ἤλασε σταθμοὺς τέτταρας παρασάγγας πέντε καὶ εἴκοσιν εἰς Ταρσοὺς, τῆς Κιλικίας πόλιν μεγάλην καὶ εὐδαίμονα. ἐνταῦθα ἦσαν τὰ Συεννέσιος βασίλεια τοῦ Κιλίκων βασιλέως· διὰ μέσου δὲ τῆς πόλεως ῥεῖ ποταμὸς Κύδνος ὄνομα, εὖρος δύο πλέθρων. 24. ταύτην τὴν πόλιν ἐξέλιπον οἱ ἐνοικοῦντες μετὰ Συεννέσιος εἰς χωρίον ὀχυρὸν ἐπὶ τὰ ὄρη, πλὴν οἱ τὰ καπηλεῖα ἔχοντες· ἔμειναν δὲ καὶ οἱ παρὰ τὴν θάλατταν οἰκοῦντες ἐν Σόλοις καὶ ἐν Ἰσσοῖς. 25. Ἐπύαξα δὲ ἡ Συεννέσιος γυνὴ προτέρα Κύρου πέντε ἡμέραις εἰς Ταρσοὺς ἀφίκετο· ἐν δὲ τῇ ὑπερβολῇ τῶν ὀρέων τῶν εἰς τὸ πεδίον δύο λόχοι τοῦ Μένωνος στρατεύματος ἀπώλοντο· οἱ μὲν ἔφασαν ἁρπάζοντάς τι κατακοπῆναι ὑπὸ τῶν Κιλίκων, οἱ δὲ ὑπολειφθέντας καὶ οὐ δυναμένους εὑρεῖν τὸ ἄλλο στράτευμα οὐδὲ τὰς ὁδοὺς εἶτα πλανωμένους ἀπολέσθαι· ἦσαν δ' οὖν οὗτοι ἑκατὸν ὁπλῖται. 26. οἱ δ' ἄλλοι ἐπεὶ ἧκον, τήν τε πόλιν τοὺς Ταρσοὺς διήρπασαν, διὰ τὸν ὄλεθρον τῶν συστρατιωτῶν ὀργιζόμενοι, καὶ τὰ βασίλεια τὰ ἐν αὐτῇ. Κῦρος δὲ ἐπεὶ εἰσήλασεν εἰς τὴν πόλιν, μετεπέμπετο τὸν Συέννεσιν πρὸς ἑαυτόν· ὁ δ' οὔτε πρότερον οὐδενί πω κρείττονι ἑαυτοῦ εἰς χεῖρας ἐλθεῖν ἔφη, οὔτε τότε Κύρῳ ἰέναι ἤθελε, πρὶν ἡ γυνὴ αὐτὸν ἔπεισε καὶ πίστεις ἔλαβε. 27. μετὰ δὲ ταῦτα ἐπεὶ συνεγένοντο ἀλλήλοις, Συέννεσις μὲν ἔδωκε Κύρῳ χρήματα πολλὰ εἰς τὴν στρατιάν, Κῦρος δὲ ἐκείνῳ δῶρα ἃ νομίζεται παρὰ βασιλεῖ τίμια, ἵππον χρυσοχάλινον καὶ στρεπτὸν χρυσοῦν καὶ ψέλια καὶ ἀκινάκην χρυσοῦν καὶ στολὴν Περσικὴν, καὶ τὴν χώραν μηκέτι ἀφαρπάζεσθαι· τὰ δὲ ἡρπασμένα ἀνδράποδα, ἤν που ἐντυγχάνωσιν, ἀπολαμβάνειν.

III. Ἐνταῦθα ἔμεινε Κῦρος καὶ ἡ στρατιὰ ἡμέρας εἴκοσιν· οἱ γὰρ στρατιῶται οὐκ ἔφασαν ἰέναι τοῦ πρόσω· ὑπώπτευον γὰρ ἤδη ἐπὶ βασιλέα ἰέναι· μισθωθῆναι δὲ οὐκ ἐπὶ τούτῳ ἔφασαν. πρῶτος δὲ Κλέαρχος τοὺς αὑτοῦ στρατιώτας ἐβιάζετο ἰέναι· οἱ δὲ αὐτόν τε ἔβαλλον καὶ τὰ ὑποζύγια τὰ ἐκείνου, ἐπεὶ ἤρξατο προϊέναι. 2. Κλέαρχος δὲ τότε μὲν μικρὸν ἐξέφυγε μὴ καταπετρωθῆναι, ὕστερον δ᾽ ἐπεὶ ἔγνω ὅτι οὐ δυνήσεται βιάσασθαι, συνήγαγεν ἐκκλησίαν τῶν αὑτοῦ στρατιωτῶν. καὶ πρῶτον μὲν ἐδάκρυε πολὺν χρόνον ἑστώς· οἱ δὲ ὁρῶντες ἐθαύμαζον καὶ ἐσιώπων· εἶτα δὲ ἔλεξε τοιάδε. 3. Ἄνδρες στρατιῶται, μὴ θαυμάζετε ὅτι χαλεπῶς φέρω τοῖς παροῦσι πράγμασιν. ἐμοὶ γὰρ ξένος Κῦρος ἐγένετο καί με φεύγοντα ἐκ τῆς πατρίδος τά τε ἄλλα ἐτίμησε καὶ μυρίους ἔδωκε δαρεικούς· οὓς ἐγὼ λαβὼν οὐκ εἰς τὸ ἴδιον κατεθέμην ἐμοὶ ἀλλ᾽ οὐδὲ καθηδυπάθησα, ἀλλ᾽ εἰς ὑμᾶς ἐδαπάνων. 4. καὶ πρῶτον μὲν πρὸς τοὺς Θρᾷκας ἐπολέμησα, καὶ ὑπὲρ τῆς Ἑλλάδος ἐτιμωρούμην μεθ᾽ ὑμῶν, ἐκ τῆς Χερρονήσου αὐτοὺς ἐξελαύνων βουλομένους ἀφαιρεῖσθαι τοὺς ἐνοικοῦντας Ἕλληνας τὴν γῆν. ἐπειδὴ δὲ Κῦρος ἐκάλει, λαβὼν ὑμᾶς ἐπορευόμην, ἵνα εἴ τι δέοιτο ὠφελοίην αὐτὸν ἀνθ᾽ ὧν εὖ ἔπαθον ὑπ᾽ ἐκείνου. 5. ἐπεὶ δὲ ὑμεῖς οὐ βούλεσθε συμπορεύεσθαι, ἀνάγκη δή μοι ἢ ὑμᾶς προδόντα τῇ Κύρου φιλίᾳ χρῆσθαι ἢ πρὸς ἐκεῖνον ψευσάμενον μεθ᾽ ὑμῶν ἰέναι. εἰ μὲν δὴ δίκαια ποιήσω οὐκ οἶδα, αἱρήσομαι δ᾽ οὖν ὑμᾶς καὶ σὺν ὑμῖν ὅ τι ἂν δέῃ πείσομαι. καὶ οὔποτε ἐρεῖ οὐδεὶς ὡς ἐγώ, Ἕλληνας ἀγαγὼν εἰς τοὺς βαρβάρους, προδοὺς τοὺς Ἕλληνας τὴν τῶν βαρβάρων φιλίαν εἱλόμην. 6. ἀλλ᾽ ἐπεὶ ὑμεῖς ἐμοὶ οὐκ ἐθέλετε πείθεσθαι οὐδὲ ἕπεσθαι, ἐγὼ σὺν ὑμῖν ἕψομαι καὶ ὅ τι ἂν δέῃ πείσομαι. νομίζω γὰρ ὑμᾶς ἐμοὶ εἶναι καὶ πατρίδα καὶ φίλους καὶ συμμάχους, καὶ σὺν ὑμῖν μὲν ἂν οἶμαι εἶναι τίμιος ὅπου ἂν ὦ, ὑμῶν δὲ ἔρημος ὢν οὐκ ἂν ἱκανὸς εἶναι οἶμαι οὔτ' ἂν φίλον ὠφελῆσαι οὔτ' ἂν ἐχθρὸν ἀλέξασθαι. ὡς ἐμοῦ οὖν ἰόντος ὅπῃ ἂν καὶ ὑμεῖς, οὕτω τὴν γνώμην ἔχετε. 7. ταῦτα εἶπεν· οἱ δὲ στρατιῶται οἵ τε αὐτοῦ ἐκείνου καὶ οἱ ἄλλοι ταῦτα ἀκούσαντες, ὅτι οὐ φαίη παρὰ βασιλέα πορεύεσθαι, ἐπῄνεσαν· παρὰ δὲ Ξενίου καὶ Πασίωνος πλείους ἢ δισχίλιοι λαβόντες τὰ ὅπλα καὶ τὰ σκευοφόρα ἐστρατοπεδεύσαντο παρὰ Κλεάρχῳ. 8. Κῦρος δὲ τούτοις ἀπορῶν τε καὶ λυπούμενος μετεπέμπετο τὸν Κλέαρχον· ὁ δὲ ἰέναι μὲν οὐκ ἤθελε, λάθρᾳ δὲ τῶν στρατιωτῶν πέμπων αὐτῷ ἄγγελον ἔλεγε θαρρεῖν ὡς καταστησομένων τούτων εἰς τὸ δέον· μεταπέμπεσθαι δ' ἐκέλευεν αὐτόν· αὐτὸς δ' οὐκ ἔφη ἰέναι. 9. μετὰ δὲ ταῦτα συναγαγὼν τούς θ' ἑαυτοῦ στρατιώτας καὶ τοὺς προσελθόντας αὐτῷ καὶ τῶν ἄλλων τὸν βουλόμενον, ἔλεξε τοιάδε. Ἄνδρες στρατιῶται, τὰ μὲν δὴ Κύρου δῆλον ὅτι οὕτως ἔχει πρὸς ἡμᾶς ὥσπερ τὰ ἡμέτερα πρὸς ἐκεῖνον· οὔτε γὰρ ἡμεῖς ἐκείνου ἔτι στρατιῶται, ἐπεί γε οὐ συνεπόμεθα αὐτῷ, οὔτε ἐκεῖνος ἔτι ἡμῖν μισθοδότης. 10. ὅτι μέντοι ἀδικεῖσθαι νομίζει ὑφ' ἡμῶν οἶδα· ὥστε καὶ μεταπεμπομένου αὐτοῦ οὐκ ἐθέλω ἐλθεῖν, τὸ μὲν μέγιστον αἰσχυνόμενος ὅτι σύνοιδα ἐμαυτῷ πάντα ἐψευσμένος αὐτόν, ἔπειτα καὶ δεδιὼς μὴ λαβών με δίκην ἐπιθῇ ὧν νομίζει ὑπ' ἐμοῦ ἠδικῆσθαι. 11. ἐμοὶ οὖν δοκεῖ οὐχ ὥρα εἶναι ἡμῖν καθεύδειν οὐδ' ἀμελεῖν ἡμῶν αὐτῶν, ἀλλὰ βουλεύεσθαι ὅ τι χρὴ ποιεῖν ἐκ τούτων. καὶ ἕως τε μένομεν αὐτοῦ σκεπτέον μοι δοκεῖ εἶναι ὅπως ἀσφαλέστατα μένωμεν, εἴ τε ἤδη δοκεῖ ἀπιέναι, ὅπως ἀσφαλέστατα ἄπιμεν καὶ ὅπως τὰ ἐπιτήδεια ἕξομεν·

ἄνευ γὰρ τούτων οὔτε στρατηγοῦ οὔτε ἰδιώτου ὄφελος οὐδέν. 12. ὁ δ᾽ ἀνὴρ πολλοῦ μὲν ἄξιος φίλος ᾧ ἂν φίλος ᾖ, χαλεπώτατος δ᾽ ἐχθρὸς ᾧ ἂν πολέμιος ᾖ, ἔχει δὲ δύναμιν καὶ πεζὴν καὶ ἱππικὴν καὶ ναυτικὴν ἣν πάντες ὁμοίως ὁρῶμέν τε καὶ ἐπιστάμεθα· καὶ γὰρ οὐδὲ πόρρω δοκοῦμέν μοι αὐτοῦ καθῆσθαι. ὥστε ὥρα λέγειν ὅ τι τις γιγνώσκει ἄριστον εἶναι. ταῦτα εἰπὼν ἐπαύσατο. 13. ἐκ δὲ τούτου ἀνίσταντο οἱ μὲν ἐκ τοῦ αὐτομάτου, λέξοντες ἃ ἐγίγνωσκον, οἱ δὲ καὶ ὑπ᾽ ἐκείνου ἐγκέλευστοι, ἐπιδεικνύντες οἵα εἴη ἡ ἀπορία ἄνευ τῆς Κύρου γνώμης καὶ μένειν καὶ ἀπιέναι. 14. εἷς δὲ δὴ εἶπε, προσποιούμενος σπεύδειν ὡς τάχιστα πορεύεσθαι εἰς τὴν Ἑλλάδα, στρατηγοὺς μὲν ἑλέσθαι ἄλλους ὡς τάχιστα, εἰ μὴ βούλεται Κλέαρχος ἀπάγειν· τὰ δ᾽ ἐπιτήδει᾽ ἀγοράζεσθαι· ἡ δ᾽ ἀγορὰ ἦν ἐν τῷ βαρβαρικῷ στρατεύματι· καὶ συσκευάζεσθαι· ἐλθόντας δὲ Κῦρον αἰτεῖν πλοῖα, ὡς ἀποπλέοιεν· ἐὰν δὲ μὴ διδῷ ταῦτα, ἡγεμόνα αἰτεῖν Κῦρον ὅστις διὰ φιλίας τῆς χώρας ἀπάξει· ἐὰν δὲ μηδὲ ἡγεμόνα διδῷ, συντάττεσθαι τὴν ταχίστην, πέμψαι δὲ καὶ προκαταληψομένους τὰ ἄκρα, ὅπως μὴ φθάσωσι μήτε Κῦρος μήτε οἱ Κίλικες καταλαβόντες, ὧν πολλοὺς καὶ πολλὰ χρήματα ἔχομεν ἀνηρπακότες. οὗτος μὲν τοιαῦτα εἶπε· μετὰ δὲ τοῦτον Κλέαρχος εἶπε τοσοῦτον. 15. Ὡς μὲν στρατηγήσοντα ἐμὲ ταύτην τὴν στρατηγίαν μηδεὶς ὑμῶν λεγέτω· πολλὰ γὰρ ἐνορῶ δι᾽ ἃ ἐμοὶ τοῦτο οὐ ποιητέον· ὡς δὲ τῷ ἀνδρὶ ὃν ἂν ἕλησθε πείσομαι ᾗ δυνατὸν μάλιστα, ἵνα εἰδῆτε ὅτι καὶ ἄρχεσθαι ἐπίσταμαι ὥς τις καὶ ἄλλος μάλιστα ἀνθρώπων. 16. μετὰ τοῦτον ἄλλος ἀνέστη, ἐπιδεικνὺς μὲν τὴν εὐήθειαν τοῦ τὰ πλοῖα αἰτεῖν κελεύοντος, ὥσπερ πάλιν τὸν στόλον Κύρου ποιουμένου, ἐπιδεικνὺς δὲ ὡς εὔηθες εἴη ἡγεμόνα αἰτεῖν παρὰ τούτου ᾧ λυμαινόμεθα τὴν πρᾶξιν. εἰ δὲ καὶ τῷ ἡγεμόνι πιστεύσομεν ὃν ἂν Κῦρος διδῷ, τί κωλύει καὶ τὰ ἄκρα ἡμῖν κελεύειν Κῦρον προκαταλαμβάνειν; **17.** ἐγὼ γὰρ ὀκνοίην μὲν ἂν εἰς τὰ πλοῖα ἐμβαίνειν ἃ ἡμῖν δοίη, μὴ ἡμᾶς αὐταῖς ταῖς τριήρεσι καταδύσῃ, φοβοίμην δ' ἂν τῷ ἡγεμόνι ᾧ δοίη ἕπεσθαι, μὴ ἡμᾶς ἀγάγῃ ὅθεν οὐχ οἷόν τε ἔσται ἐξελθεῖν· βουλοίμην δ' ἂν ἄκοντος ἀπιὼν Κύρου λαθεῖν αὐτὸν ἀπελθών· ὃ οὐ δυνατόν ἐστιν. ἀλλ' ἐγώ φημι ταῦτα μὲν φλυαρίας εἶναι· **18.** δοκεῖ δέ μοι ἄνδρας ἐλθόντας πρὸς Κῦρον οἵτινες ἐπιτήδειοι σὺν Κλεάρχῳ ἐρωτᾶν ἐκεῖνον τί βούλεται ἡμῖν χρῆσθαι· καὶ ἐὰν μὲν ἡ πρᾶξις ᾖ παραπλησία οἵαπερ καὶ πρόσθεν ἐχρῆτο τοῖς ξένοις, ἕπεσθαι καὶ ἡμᾶς καὶ μὴ κακίους εἶναι τῶν πρόσθεν τούτῳ συναναβάντων· **19.** ἐὰν δὲ μείζων ἡ πρᾶξις τῆς πρόσθεν φαίνηται καὶ ἐπιπονωτέρα καὶ ἐπικινδυνοτέρα, ἀξιοῦν ἢ πείσαντα ἡμᾶς ἄγειν ἢ πεισθέντα πρὸς φιλίαν ἀφιέναι· οὕτω γὰρ καὶ ἑπόμενοι ἂν φίλοι αὐτῷ καὶ πρόθυμοι ἐποίμεθα, καὶ ἀπιόντες ἀσφαλῶς ἂν ἀπίοιμεν· ὅ τι δ' ἂν πρὸς ταῦτα λέγῃ ἀναγγεῖλαι δεῦρο· ἡμᾶς δ' ἀκούσαντας πρὸς ταῦτα βουλεύεσθαι. **20.** ἔδοξε ταῦτα, καὶ ἄνδρας ἑλόμενοι σὺν Κλεάρχῳ πέμπουσιν οἳ ἠρώτων Κῦρον τὰ δόξαντα τῇ στρατιᾷ. ὁ δ' ἀπεκρίνατο ὅτι ἀκούει Ἀβροκόμαν ἐχθρὸν ἄνδρα ἐπὶ τῷ Εὐφράτῃ ποταμῷ εἶναι, ἀπέχοντα δώδεκα σταθμούς· πρὸς τοῦτον οὖν ἔφη βούλεσθαι ἐλθεῖν· κἂν μὲν ᾖ ἐκεῖ, τὴν δίκην ἔφη χρῄζειν ἐπιθεῖναι αὐτῷ, ἢν δὲ φεύγῃ, ἡμεῖς ἐκεῖ πρὸς ταῦτα βουλευσόμεθα. **21.** ἀκούσαντες δὲ ταῦτα οἱ αἱρετοὶ ἀναγγέλλουσι τοῖς στρατιώταις· τοῖς δὲ ὑποψία μὲν ἦν ὅτι ἄγει πρὸς βασιλέα, ὅμως δὲ ἐδόκει ἕπεσθαι. προσαιτοῦσι δὲ μισθόν· ὁ δὲ Κῦρος ὑπισχνεῖται ἡμιόλιον πᾶσι δώσειν οὗ πρότερον ἔφερον, ἀντὶ δαρεικοῦ τρία ἡμιδαρεικὰ τοῦ μηνὸς τῷ στρατιώτῃ· ὅτι δὲ ἐπὶ βασιλέα ἄγοι οὐδὲ ἐνταῦθα ἤκουσεν οὐδεὶς ἕν γε τῷ φανερῷ.

IV. Ἐντεῦθεν ἐξελαύνει σταθμοὺς δύο παρασάγγας δέκα ἐπὶ τὸν Ψάρον ποταμὸν, οὗ ἦν τὸ εὖρος τρία πλέθρα. ἐντεῦθεν ἐξελαύνει σταθμὸν ἕνα παρασάγγας πέντε ἐπὶ τὸν Πύραμον ποταμὸν, οὗ τὸ εὖρος στάδιον. ἐντεῦθεν ἐξελαύνει σταθμοὺς δύο παρασάγγας πεντεκαίδεκα εἰς Ἰσσοὺς, τῆς Κιλικίας ἐσχάτην πόλιν ἐπὶ τῇ θαλάττῃ οἰκουμένην, μεγάλην καὶ εὐδαίμονα. 2. ἐνταῦθα ἔμειναν ἡμέρας τρεῖς· καὶ Κύρῳ παρῆσαν αἱ ἐκ Πελοποννήσου νῆες τριάκοντα καὶ πέντε καὶ ἐπ' αὐταῖς ναύαρχος Πυθαγόρας Λακεδαιμόνιος. ἡγεῖτο δ' αὐταῖς Ταμῶς Αἰγύπτιος ἐξ Ἐφέσου, ἔχων ναῦς ἑτέρας Κύρου πέντε καὶ εἴκοσιν, αἷς ἐπολιόρκει Μίλητον, ὅτε Τισσαφέρνει φίλη ἦν, καὶ συνεπολέμει Κύρῳ πρὸς αὐτόν. 3. παρῆν δὲ καὶ Χειρίσοφος Λακεδαιμόνιος ἐπὶ τῶν νεῶν, μετάπεμπτος ὑπὸ Κύρου, ἑπτακοσίους ἔχων ὁπλίτας, ὧν ἐστρατήγει παρὰ Κύρῳ. αἱ δὲ νῆες ὥρμουν παρὰ τὴν Κύρου σκηνήν. ἐνταῦθα καὶ οἱ παρ' Ἀβροκόμα μισθοφόροι Ἕλληνες ἀποστάντες ἦλθον παρὰ Κῦρον τετρακόσιοι ὁπλῖται καὶ συνεστρατεύοντο ἐπὶ βασιλέα. 4. ἐντεῦθεν ἐξελαύνει σταθμὸν ἕνα παρασάγγας πέντε ἐπὶ πύλας τῆς Κιλικίας καὶ τῆς Συρίας. ἦσαν δὲ ταῦτα δύο τείχη, καὶ τὸ μὲν ἔσωθεν τὸ πρὸ τῆς Κιλικίας Συέννεσις εἶχε καὶ Κιλίκων φυλακὴ, τὸ δὲ ἔξω τὸ πρὸ τῆς Συρίας βασιλέως ἐλέγετο φυλακὴ φυλάττειν. διὰ μέσου δὲ ῥεῖ τούτων ποταμὸς Κάρσος ὄνομα, εὖρος πλέθρου. ἅπαν δὲ τὸ μέσον τῶν τειχῶν ἦσαν στάδιοι τρεῖς· καὶ παρελθεῖν οὐκ ἦν βίᾳ· ἦν γὰρ ἡ πάροδος στενὴ καὶ τὰ τείχη εἰς τὴν θάλατταν καθήκοντα, ὕπερθεν δ' ἦσαν πέτραι ἠλίβατοι· ἐπὶ δὲ τοῖς τείχεσιν ἀμφοτέροις ἐφειστήκεσαν πύλαι. 5. ταύτης ἕνεκα τῆς παρόδου Κῦρος τὰς ναῦς μετεπέμψατο, ὅπως ὁπλίτας ἀποβιβάσειεν εἴσω καὶ ἔξω τῶν πυλῶν, καὶ βιασάμενοι τοὺς πολεμίους παρέλθοιεν, εἰ φυλάττοιεν ἐπὶ ταῖς Συρίαις πύλαις, ὅπερ ᾤετο ποιήσειν ὁ Κῦρος τὸν Ἀβροκόμαν, ἔχοντα πολὺ στράτευμα. Ἀβροκόμας δὲ οὐ τοῦτ' ἐποίησεν, ἀλλ' ἐπεὶ ἤκουσε Κῦρον ἐν Κιλικίᾳ ὄντα, ἀναστρέψας ἐκ Φοινίκης παρὰ βασιλέα ἀπήλαυνεν, ἔχων, ὡς ἐλέγετο, τριάκοντα μυριάδας στρατιᾶς. 6. ἐντεῦθεν ἐξελαύνει διὰ Συρίας σταθμὸν ἕνα παρασάγγας πέντε εἰς Μυρίανδον, πόλιν οἰκουμένην ὑπὸ Φοινίκων ἐπὶ τῇ θαλάττῃ· ἐμπόριον δ' ἦν τὸ χωρίον καὶ ὥρμουν αὐτόθι ὁλκάδες πολλαί. 7. ἐνταῦθ' ἔμειναν ἡμέρας ἑπτά· καὶ Ξενίας ὁ Ἀρκὰς στρατηγὸς καὶ Πασίων ὁ Μεγαρεὺς ἐμβάντες εἰς πλοῖον καὶ τὰ πλείστου ἄξια ἐνθέμενοι ἀπέπλευσαν, ὡς μὲν τοῖς πλείστοις ἐδόκουν, φιλοτιμηθέντες ὅτι τοὺς στρατιώτας αὐτῶν τοὺς παρὰ Κλέαρχον ἀπελθόντας ὡς ἀπιόντας εἰς τὴν Ἑλλάδα πάλιν καὶ οὐ πρὸς βασιλέα εἴα Κῦρος τὸν Κλέαρχον ἔχειν. ἐπεὶ δ' ἦσαν ἀφανεῖς, διῆλθε λόγος ὅτι διώκοι αὐτοὺς Κῦρος τριήρεσι· καὶ οἱ μὲν εὔχοντο ὡς δειλοὺς ὄντας αὐτοὺς ληφθῆναι, οἱ δ' ᾤκτειρον εἰ ἁλώσοιντο. 8. Κῦρος δὲ συγκαλέσας τοὺς στρατηγοὺς εἶπεν. Ἀπολελοίπασιν ἡμᾶς Ξενίας καὶ Πασίων. ἀλλ' εὖ γε μέντοι ἐπιστάσθωσαν ὅτι οὔτε ἀποδεδράκασιν· οἶδα γὰρ ὅπῃ οἴχονται· οὔτε ἀποπεφεύγασιν· ἔχω γὰρ τριήρεις ὥστε ἑλεῖν τὸ ἐκείνων πλοῖον· ἀλλὰ μὰ τοὺς θεοὺς οὐκ ἔγωγε αὐτοὺς διώξω, οὐδ' ἐρεῖ οὐδεὶς ὡς ἐγὼ ἕως μὲν ἂν παρῇ τις χρῶμαι, ἐπειδὰν δὲ ἀπιέναι βούληται, συλλαβὼν καὶ αὐτοὺς κακῶς ποιῶ καὶ τὰ χρήματα ἀποσυλῶ. ἀλλὰ ἰόντων, εἰδότες ὅτι κακίους εἰσὶ περὶ ἡμᾶς ἢ ἡμεῖς περὶ ἐκείνους. καίτοι ἔχω γε αὐτῶν καὶ τέκνα καὶ γυναῖκας ἐν Τράλλεσι φρουρούμενα· ἀλλ' οὐδὲ τούτων στερήσονται, ἀλλ' ἀπολήψονται τῆς πρόσθεν ἕνεκα περὶ ἐμὲ ἀρετῆς. 9. καὶ ὁ μὲν ταῦτα εἶπεν· οἱ δὲ Ἕλληνες, εἴ τις καὶ ἀθυμότερος ἦν πρὸς τὴν ἀνάβασιν, ἀκούοντες τὴν Κύρου ἀρετὴν ἥδιον καὶ προθυμότερον συνεπορεύοντο.

Μετὰ ταῦτα Κῦρος ἐξελαύνει σταθμοὺς τέτταρας παρασάγγας εἴκοσιν ἐπὶ τὸν Χάλον ποταμόν, ὄντα τὸ εὖρος πλέθρου, πλήρη δ' ἰχθύων μεγάλων καὶ πραέων, οὓς οἱ Σύροι θεοὺς ἐνόμιζον καὶ ἀδικεῖν οὐκ εἴων. οὐδὲ τὰς περιστεράς. αἱ δὲ κῶμαι ἐν αἷς ἐσκήνουν Παρυσάτιδος ἦσαν, εἰς ζώνην δεδομέναι. 10. ἐντεῦθεν ἐξελαύνει σταθμοὺς πέντε παρασάγγας τριάκοντα ἐπὶ τὰς πηγὰς τοῦ Δάρδατος ποταμοῦ, οὗ τὸ εὖρος πλέθρου. ἐνταῦθα ἦσαν τὰ Βελέσυος βασίλεια τοῦ Συρίας ἄρξαντος, καὶ παράδεισος πάνυ μέγας καὶ καλός, ἔχων πάντα ὅσα ὧραι φύουσι. Κῦρος δ' αὐτὸν ἐξέκοψε καὶ τὰ βασίλεια κατέκαυσεν. 11. ἐντεῦθεν ἐξελαύνει σταθμοὺς τρεῖς παρασάγγας πεντεκαίδεκα ἐπὶ τὸν Εὐφράτην ποταμόν, ὄντα τὸ εὖρος τεττάρων σταδίων· καὶ πόλις αὐτόθι ᾠκεῖτο μεγάλη καὶ εὐδαίμων Θάψακος ὄνομα. ἐνταῦθα ἔμειναν ἡμέρας πέντε· καὶ Κῦρος μεταπεμψάμενος τοὺς στρατηγοὺς τῶν Ἑλλήνων ἔλεγεν ὅτι ἡ ὁδὸς ἔσοιτο πρὸς βασιλέα μέγαν εἰς Βαβυλῶνα· καὶ κελεύει αὐτοὺς λέγειν ταῦτα τοῖς στρατιώταις καὶ ἀναπείθειν ἕπεσθαι. 12. οἱ δὲ ποιήσαντες ἐκκλησίαν ἀπήγγελλον ταῦτα· οἱ δὲ στρατιῶται ἐχαλέπαινον τοῖς στρατηγοῖς, καὶ ἔφασαν αὐτοὺς πάλαι ταῦτ' εἰδότας κρύπτειν, καὶ οὐκ ἔφασαν ἰέναι, ἐὰν μή τις αὐτοῖς χρήματα διδῷ, ὥσπερ τοῖς προτέροις μετὰ Κύρου ἀναβᾶσι παρὰ τὸν πατέρα τοῦ Κύρου, καὶ ταῦτα οὐκ ἐπὶ μάχην ἰόντων, ἀλλὰ καλοῦντος τοῦ πατρὸς Κῦρον. 13. ταῦτα οἱ στρατηγοὶ Κύρῳ ἀπήγγελλον· ὁ δ' ὑπέσχετο ἀνδρὶ ἑκάστῳ δώσειν πέντε ἀργυρίου μνᾶς ἐπὴν εἰς Βαβυλῶνα ἥκωσι, καὶ τὸν μισθὸν ἐντελῆ μέχρι ἂν καταστήσῃ τοὺς Ἕλληνας εἰς Ἰωνίαν πάλιν. τὸ μὲν δὴ πολὺ τοῦ Ἑλληνικοῦ οὕτως ἐπείσθη. Μένων δέ, πρὶν δῆλον εἶναι τί ποιήσουσιν οἱ ἄλλοι στρατιῶται, πότερον ἕψονται Κύρῳ ἢ οὔ, συνέλεξε τὸ αὑτοῦ στράτευμα χωρὶς τῶν ἄλλων καὶ ἔλεξε τάδε. 14. Ἄνδρες, ἐάν μοι πεισθῆτε, οὔτε κινδυνεύσαντες οὔτε πονήσαντες τῶν ἄλλων πλέον προτιμήσεσθε στρατιωτῶν ὑπὸ Κύρου. τί οὖν κελεύω ποιῆσαι; νῦν δεῖται Κῦρος ἕπεσθαι τοὺς Ἕλληνας ἐπὶ βασιλέα· ἐγὼ οὖν φημι ὑμᾶς χρῆναι διαβῆναι τὸν Εὐφράτην ποταμὸν πρὶν δῆλον εἶναι ὅ τι οἱ ἄλλοι Ἕλληνες ἀποκρινοῦνται Κύρῳ. 15. ἢν μὲν γὰρ ψηφίσωνται ἕπεσθαι, ὑμεῖς δόξετε αἴτιοι εἶναι ἄρξαντες τοῦ διαβαίνειν, καὶ ὡς προθυμοτάτοις οὖσιν ὑμῖν χάριν εἴσεται Κῦρος καὶ ἀποδώσει· ἐπίσταται δ' εἴ τις καὶ ἄλλος· ἢν δ' ἀποψηφίσωνται οἱ ἄλλοι, ἄπιμεν μὲν ἅπαντες τοὔμπαλιν, ὑμῖν δὲ ὡς μόνοις πειθομένοις πιστοτάτοις χρήσεται καὶ εἰς φρούρια καὶ εἰς λοχαγίας, καὶ ἄλλου οὗτινος ἂν δέησθε οἶδα ὅτι ὡς φίλου τεύξεσθε Κύρου. 16. ἀκούσαντες ταῦτα ἐπείθοντο καὶ διέβησαν πρὶν τοὺς ἄλλους ἀποκρίνασθαι. Κῦρος δ' ἐπεὶ ᾔσθετο διαβεβηκότας, ἥσθη τε καὶ τῷ στρατεύματι πέμψας Γλοῦν εἶπεν, Ἐγὼ μὲν, ὦ ἄνδρες, ἤδη ὑμᾶς ἐπαινῶ· ὅπως δὲ καὶ ὑμεῖς ἐμὲ ἐπαινέσετε ἐμοὶ μελήσει, ἢ μηκέτι με Κῦρον νομίζετε. 17. οἱ μὲν δὴ στρατιῶται ἐν ἐλπίσι μεγάλαις ὄντες εὔχοντο αὐτὸν εὐτυχῆσαι, Μένωνι δὲ καὶ δῶρα ἐλέγετο πέμψαι μεγαλοπρεπῶς. ταῦτα δὲ ποιήσας διέβαινε· συνείπετο δὲ καὶ τὸ ἄλλο στράτευμα αὐτῷ ἅπαν. καὶ τῶν διαβαινόντων τὸν ποταμὸν οὐδεὶς ἐβρέχθη ἀνωτέρω τῶν μαστῶν ὑπὸ τοῦ ποταμοῦ. 18. οἱ δὲ Θαψακηνοὶ ἔλεγον ὅτι οὐπώποθ' οὗτος ὁ ποταμὸς διαβατὸς γένοιτο πεζῇ εἰ μὴ τότε, ἀλλὰ πλοίοις, ἃ τότε Ἀβροκόμας προϊὼν κατέκαυσεν, ἵνα μὴ Κῦρος διαβῇ. ἐδόκει δὴ θεῖον εἶναι καὶ σαφῶς ὑποχωρῆσαι τὸν ποταμὸν Κύρῳ ὡς βασιλεύσοντι. 19. ἐντεῦθεν ἐξελαύνει διὰ τῆς Συρίας σταθμοὺς ἐννέα παρασάγγας πεντήκοντα· καὶ ἀφικνοῦνται πρὸς τὸν Ἀράξην ποταμόν. ἐνταῦθα ἦσαν κῶμαι πολλαί, μεσταὶ σίτου καὶ οἴνου. ἐνταῦθα ἔμειναν ἡμέρας τρεῖς καὶ ἐπεσιτίσαντο.

V. Ἐντεῦθεν ἐξελαύνει διὰ τῆς Ἀραβίας, τὸν Εὐφράτην ποταμὸν ἐν δεξιᾷ ἔχων, σταθμοὺς ἐρήμους πέντε παρασάγγας τριάκοντα καὶ πέντε. ἐν τούτῳ δὲ τῷ τόπῳ ἦν μὲν ἡ γῆ πεδίον ἅπαν ὁμαλὲς ὥσπερ θάλαττα, ἀψινθίου δὲ πλῆρες· εἰ δέ τι καὶ ἄλλο ἐνῆν ὕλης ἢ καλάμου, ἅπαντα ἦσαν εὐώδη ὥσπερ ἀρώματα· δένδρον δ᾽ οὐδὲν ἐνῆν. 2. θηρία δὲ παντοῖα, πλεῖστοι ὄνοι ἄγριοι, πολλοὶ δὲ στρουθοὶ οἱ μεγάλοι· ἐνῆσαν δὲ καὶ ὠτίδες καὶ δορκάδες· ταῦτα δὲ τὰ θηρία οἱ ἱππεῖς ἐνίοτε ἐδίωκον. καὶ οἱ μὲν ὄνοι, ἐπεί τις διώκοι, προδραμόντες ἕστασαν· πολὺ γὰρ τῶν ἵππων ἔτρεχον θᾶττον· καὶ πάλιν, ἐπεὶ πλησιάζοιεν οἱ ἵπποι, ταὐτὸν ἐποίουν, καὶ οὐκ ἦν λαβεῖν, εἰ μὴ διαστάντες οἱ ἱππεῖς θηρῷεν διαδεχόμενοι. τὰ δὲ κρέα τῶν ἁλισκομένων ἦν παραπλήσια τοῖς ἐλαφείοις, ἁπαλώτερα δέ. 3. στρουθὸν δὲ οὐδεὶς ἔλαβεν· οἱ δὲ διώξαντες τῶν ἱππέων ταχὺ ἐπαύοντο· πολὺ γὰρ ἀπεσπᾶτο φεύγουσα, τοῖς μὲν ποσὶ δρόμῳ, ταῖς δὲ πτέρυξιν αἴρουσα ὥσπερ ἱστίῳ χρωμένη. τὰς δὲ ὠτίδας ἄν τις ταχὺ ἀνιστῇ, ἔστι λαμβάνειν· πέτονται γὰρ βραχὺ ὥσπερ πέρδικες καὶ ταχὺ ἀπαγορεύουσι. τὰ δὲ κρέα αὐτῶν ἥδιστα ἦν. 4. πορευόμενοι δὲ διὰ ταύτης τῆς χώρας ἀφικνοῦνται ἐπὶ τὸν Μάσκαν ποταμόν, τὸ εὖρος πλεθριαῖον. ἐνταῦθα ἦν πόλις ἐρήμη μεγάλη, ὄνομα δ᾽ αὐτῇ Κορσωτή· περιερρεῖτο δ᾽ αὕτη ὑπὸ τοῦ Μάσκα κύκλῳ. ἐνταῦθ᾽ ἔμειναν ἡμέρας τρεῖς καὶ ἐπεσιτίσαντο. 5. ἐντεῦθεν ἐξελαύνει σταθμοὺς ἐρήμους τρισκαίδεκα παρασάγγας ἐνενήκοντα, τὸν Εὐφράτην ποταμὸν ἐν δεξιᾷ ἔχων, καὶ ἀφικνεῖται ἐπὶ Πύλας. ἐν τούτοις τοῖς σταθμοῖς πολλὰ τῶν ὑποζυγίων ἀπώλετο ὑπὸ λιμοῦ· οὐ γὰρ ἦν χόρτος οὐδὲ ἄλλο οὐδὲν δένδρον, ἀλλὰ ψιλὴ ἦν ἅπασα ἡ χώρα· οἱ δὲ ἐνοικοῦντες ὄνους ἀλέτας παρὰ τὸν ποταμὸν ὀρύττοντες καὶ ποιοῦντες εἰς Βαβυλῶνα ἦγον καὶ ἐπώλουν, καὶ ἀνταγοράζοντες σῖτον ἔζων. 6. τὸ δὲ στράτευμα ὁ σῖτος ἐπέλιπε, καὶ πρίασθαι οὐκ ἦν εἰ μὴ ἐν τῇ Λυδίᾳ ἀγορᾷ ἐν τῷ Κύρου βαρβαρικῷ τὴν καπίθην ἀλεύρων ἢ ἀλφίτων τεττάρων σίγλων. ὁ δὲ σίγλος δύναται ἑπτὰ ὀβολοὺς καὶ ἡμιωβόλιον Ἀττικούς· ἡ δὲ καπίθη δύο χοίνικας Ἀττικὰς ἐχώρει. κρέα οὖν ἐσθίοντες οἱ στρατιῶται διεγίγνοντο. 7. ἦν δὲ τούτων τῶν σταθμῶν οὓς πάνυ μακροὺς ἤλαυνεν, ὁπότε ἢ πρὸς ὕδωρ βούλοιτο διατελέσαι ἢ πρὸς χιλόν. καὶ δή ποτε στενοχωρίας καὶ πηλοῦ φανέντος ταῖς ἁμάξαις δυσπορεύτου, ἐπέστη ὁ Κῦρος σὺν τοῖς περὶ αὐτὸν ἀρίστοις καὶ εὐδαιμονεστάτοις καὶ ἔταξε Γλοῦν καὶ Πίγρητα, λαβόντας τοῦ βαρβαρικοῦ στρατοῦ, συνεκβιβάζειν τὰς ἁμάξας. 8. ἐπεὶ δ' ἐδόκουν αὐτῷ σχολαίως ποιεῖν, ὥσπερ ὀργῇ ἐκέλευσε τοὺς περὶ αὐτὸν Πέρσας τοὺς κρατίστους συνεπισπεῦσαι τὰς ἁμάξας. ἔνθα δὴ μέρος τι τῆς εὐταξίας ἦν θεάσασθαι. ῥίψαντες γὰρ τοὺς πορφυροῦς κάνδυς ὅπου ἔτυχεν ἕκαστος ἑστηκώς, ἵεντο ὥσπερ ἂν δράμοι τις περὶ νίκης καὶ μάλα κατὰ πρανοῦς γηλόφου, ἔχοντες τούτους τε τοὺς πολυτελεῖς χιτῶνας καὶ τὰς ποικίλας ἀναξυρίδας, ἔνιοι δὲ καὶ στρεπτοὺς περὶ τοῖς τραχήλοις καὶ ψέλια περὶ ταῖς χερσίν· εὐθὺς δὲ σὺν τούτοις εἰσπηδήσαντες εἰς τὸν πηλὸν θᾶττον ἢ ὥς τις ἂν ᾤετο μετεώρους ἐξεκόμισαν τὰς ἁμάξας. 9. τὸ δὲ σύμπαν δῆλος ἦν Κῦρος ὡς σπεύδων πᾶσαν τὴν ὁδὸν καὶ οὐ διατρίβων ὅπου μὴ ἐπισιτισμοῦ ἕνεκα ἢ τινος ἄλλου ἀναγκαίου ἐκαθέζετο, νομίζων, ὅσῳ μὲν θᾶττον ἔλθοι, τοσούτῳ ἀπαρασκευοτέρῳ βασιλεῖ μαχεῖσθαι, ὅσῳ δὲ σχολαίτερον, τοσούτῳ πλέον συναγείρεσθαι βασιλεῖ στράτευμα. καὶ συνιδεῖν δ' ἦν τῷ προσέχοντι τὸν νοῦν ἡ βασιλέως ἀρχὴ πλήθει μὲν χώρας καὶ ἀνθρώπων ἰσχυρὰ οὖσα, τοῖς δὲ μήκεσι τῶν ὁδῶν καὶ τῷ διεσπάσθαι τὰς δυνάμεις ἀσθενής, εἴ τις διὰ ταχέων τὸν πόλεμον ἐποιεῖτο. 10. πέραν δὲ τοῦ Εὐφράτου ποταμοῦ κατὰ τοὺς ἐρήμους σταθμοὺς ἦν πόλις εὐδαίμων καὶ μεγάλη, ὄνομα δὲ Χαρμάνδη· ἐκ ταύτης οἱ στρατιῶται ἠγόραζον τὰ ἐπιτήδεια, σχεδίαις διαβαίνοντες ὧδε. διφθέρας ἃς εἶχον σκεπάσματα ἐπίμπλασαν χόρτου κούφου, εἶτα συνῆγον καὶ συνέσπων, ὡς μὴ ἅπτεσθαι τῆς κάρφης τὸ ὕδωρ· ἐπὶ τούτων διέβαινον καὶ ἐλάμβανον τὰ ἐπιτήδεια, οἶνόν τε ἐκ τῆς βαλάνου πεποιημένον τῆς ἀπὸ τοῦ φοίνικος καὶ σῖτον μελίνης· τοῦτο γὰρ ἦν ἐν τῇ χώρᾳ πλεῖστον. 11. ἀμφιλεξάντων δέ τι ἐνταῦθα τῶν τε τοῦ Μένωνος στρατιωτῶν καὶ τῶν τοῦ Κλεάρχου, ὁ Κλέαρχος κρίνας ἀδικεῖν τὸν τοῦ Μένωνος πληγὰς ἐνέβαλεν· ὁ δὲ ἐλθὼν πρὸς τὸ ἑαυτοῦ στράτευμα ἔλεγεν· ἀκούσαντες δ' οἱ στρατιῶται ἐχαλέπαινον καὶ ὠργίζοντο ἰσχυρῶς τῷ Κλεάρχῳ. 12. τῇ δὲ αὐτῇ ἡμέρᾳ Κλέαρχος ἐλθὼν ἐπὶ τὴν διάβασιν τοῦ ποταμοῦ καὶ ἐκεῖ κατασκεψάμενος τὴν ἀγοράν, ἀφιππεύει ἐπὶ τὴν ἑαυτοῦ σκηνὴν διὰ τοῦ Μένωνος στρατεύματος σὺν ὀλίγοις τοῖς περὶ αὐτόν· Κῦρος δὲ οὔπω ἧκεν, ἀλλ' ἔτι προσήλαυνε· τῶν δὲ Μένωνος στρατιωτῶν ξύλα σχίζων τις, ὡς εἶδε Κλέαρχον διελαύνοντα, ἵησι τῇ ἀξίνῃ· καὶ οὗτος μὲν αὐτοῦ ἥμαρτεν· ἄλλος δὲ λίθῳ καὶ ἄλλος, εἶτα πολλοί, κραυγῆς γενομένης. 13. ὁ δὲ καταφεύγει εἰς τὸ ἑαυτοῦ στράτευμα, καὶ εὐθὺς παραγγέλλει εἰς τὰ ὅπλα· καὶ τοὺς μὲν ὁπλίτας αὐτοῦ ἐκέλευσε μεῖναι τὰς ἀσπίδας πρὸς τὰ γόνατα θέντας, αὐτὸς δὲ λαβὼν τοὺς Θρᾷκας καὶ τοὺς ἱππέας, οἳ ἦσαν αὐτῷ ἐν τῷ στρατεύματι πλείους ἢ τετταράκοντα, τούτων δὲ οἱ πλεῖστοι Θρᾷκες, ἤλαυνεν ἐπὶ τοὺς Μένωνος, ὥστ' ἐκείνους ἐκπεπλῆχθαι καὶ αὐτὸν Μένωνα, καὶ τρέχειν ἐπὶ τὰ ὅπλα· οἱ δὲ καὶ ἕστασαν ἀποροῦντες τῷ πράγματι. 14. ὁ δὲ Πρόξενος, ἔτυχε γὰρ ὕστερος προσιὼν καὶ τάξις αὐτῷ ἑπομένη τῶν ὁπλιτῶν, εὐθὺς οὖν εἰς τὸ μέσον ἀμφοτέρων ἄγων ἔθετο τὰ ὅπλα καὶ ἰδεῖτο τοῦ Κλεάρχου μὴ ποιεῖν ταῦτα. ὁ δ' ἐχαλέπαινεν ὅτι αὐτοῦ ὀλίγου δεήσαντος καταλευσθῆναι πράως λέγοι τὸ αὐτοῦ πάθος, ἐκέλευσέ τε αὐτὸν ἐκ τοῦ μέσου ἐξίστασθαι. 15. ἐν τούτῳ δὲ ἐπῄει καὶ Κῦρος καὶ ἐπύθετο τὸ πρᾶγμα· εὐθὺς δ' ἔλαβε τὰ παλτὰ εἰς τὰς χεῖρας καὶ σὺν τοῖς παροῦσι τῶν πιστῶν ἧκεν ἐλαύνων εἰς τὸ μέσον, καὶ λέγει τάδε. 16. Κλέαρχε καὶ Πρόξενε καὶ οἱ ἄλλοι οἱ παρόντες Ἕλληνες, οὐκ ἴστε ὅ τι ποιεῖτε. εἰ γάρ τινα ἀλλήλοις μάχην συνάψετε, νομίζετε ἐν τῇδε τῇ ἡμέρᾳ ἐμέ τε κατακεκόψεσθαι καὶ ὑμᾶς οὐ πολὺ ἐμοῦ ὕστερον· κακῶς γὰρ τῶν ἡμετέρων ἐχόντων πάντες οὗτοι οὓς ὁρᾶτε βάρβαροι πολεμιώτεροι ἡμῖν ἔσονται τῶν παρὰ βασιλεῖ ὄντων. 17. ἀκούσας ταῦτα ὁ Κλέαρχος ἐν ἑαυτῷ ἐγένετο· καὶ παυσάμενοι ἀμφότεροι κατὰ χώραν ἔθεντο τὰ ὅπλα.

VI. Ἐντεῦθεν προϊόντων ἐφαίνετο ἴχνη ἵππων καὶ κόπρος· εἰκάζετο δ' εἶναι ὁ στίβος ὡς δισχιλίων ἵππων. οὗτοι προϊόντες ἔκαον καὶ χιλὸν καὶ εἴ τι ἄλλο χρήσιμον ἦν. Ὀρόντας δὲ Πέρσης ἀνήρ, γένει τε προσήκων βασιλεῖ καὶ τὰ πολέμια λεγόμενος ἐν τοῖς ἀρίστοις Περσῶν, ἐπιβουλεύει Κύρῳ, καὶ πρόσθεν πολεμήσας καταλλαγεὶς δέ. 2. οὗτος Κύρῳ εἶπεν, εἰ αὐτῷ δοίη ἱππέας χιλίους, ὅτι τοὺς προκατακάοντας ἱππέας ἢ κατακάνοι ἂν ἐνεδρεύσας ἢ ζῶντας πολλοὺς αὐτῶν ἕλοι καὶ κωλύσειε τοῦ κάειν ἐπιόντας, καὶ ποιήσειεν ὥστε μήποτε δύνασθαι αὐτοὺς ἰδόντας τὸ Κύρου στράτευμα βασιλεῖ διαγγεῖλαι. τῷ δὲ Κύρῳ ἀκούσαντι ταῦτα ἐδόκει ὠφέλιμα εἶναι, καὶ ἐκέλευσεν αὐτὸν λαμβάνειν μέρος παρ' ἑκάστου τῶν ἡγεμόνων. 3. ὁ δ' Ὀρόντας, νομίσας ἑτοίμους εἶναι αὐτῷ τοὺς ἱππέας, γράφει ἐπιστολὴν παρὰ βασιλέα ὅτι ἥξοι ἔχων ἱππέας ὡς ἂν δύνηται πλείστους· ἀλλὰ φράσαι τοῖς ἑαυτοῦ ἱππεῦσιν ἐκέλευεν ὡς φίλιον αὐτὸν ὑποδέχεσθαι. ἐνῆν δὲ ἐν τῇ ἐπιστολῇ καὶ τῆς πρόσθεν φιλίας ὑπομνήματα καὶ πίστεως. ταύτην τὴν ἐπιστολὴν δίδωσι πιστῷ ἀνδρί, ὡς ᾤετο· ὁ δὲ λαβὼν Κύρῳ δίδωσιν. 4. ἀναγνοὺς δὲ αὐτὴν ὁ Κῦρος συλλαμβάνει Ὀρόνταν, καὶ συγκαλεῖ εἰς τὴν ἑαυτοῦ σκηνὴν Πέρσας τοὺς ἀρίστους τῶν περὶ αὐτὸν ἑπτά, καὶ τοὺς τῶν Ἑλλήνων στρατηγοὺς ἐκέλευεν ὁπλίτας ἀγαγεῖν, τούτους δὲ θέσθαι τὰ ὅπλα περὶ τὴν αὐτοῦ σκηνήν. οἱ δὲ ταῦτα ἐποίησαν, ἀγαγόντες ὡς τρισχιλίους ὁπλίτας. 5. Κλέαρχον δὲ καὶ εἴσω παρεκάλεσε σύμβουλον, ὅς γε καὶ αὐτῷ καὶ τοῖς ἄλλοις ἐδόκει προτιμηθῆναι μάλιστα τῶν Ἑλλήνων. ἐπεὶ δ᾽ ἐξῆλθεν, ἐξήγγειλε τοῖς φίλοις τὴν κρίσιν τοῦ Ὀρόντα ὡς ἐγένετο· οὐ γὰρ ἀπόρρητον ἦν. ἔφη δὲ Κῦρον ἄρχειν τοῦ λόγου ὧδε. 6. Παρεκάλεσα ὑμᾶς, ἄνδρες φίλοι, ὅπως σὺν ὑμῖν βουλευόμενος, ὅ τι δίκαιόν ἐστι καὶ πρὸς θεῶν καὶ πρὸς ἀνθρώπων, τοῦτο πράξω περὶ Ὀρόντου τουτουί. τοῦτον γὰρ πρῶτον μὲν ὁ ἐμὸς πατὴρ ἔδωκεν ὑπήκοον εἶναι ἐμοί· ἐπεὶ δὲ ταχθείς, ὡς ἔφη αὐτός, ὑπὸ τοῦ ἐμοῦ ἀδελφοῦ οὗτος ἐπολέμησεν ἐμοὶ ἔχων τὴν ἐν Σάρδεσιν ἀκρόπολιν καὶ ἐγὼ αὐτὸν προσπολεμῶν ἐποίησα ὥστε δόξαι τούτῳ τοῦ πρὸς ἐμὲ πολέμου παύσασθαι καὶ δεξιὰν ἔλαβον καὶ ἔδωκα, 7. μετὰ ταῦτα, ἔφη, ὦ Ὀρόντα, ἔστιν ὅ τι σε ἠδίκησα; ἀπεκρίνατο ὅτι οὔ. πάλιν δὲ ὁ Κῦρος ἠρώτα, Οὐκοῦν ὕστερον, ὡς αὐτὸς σὺ ὁμολογεῖς οὐδὲν ὑπ᾽ ἐμοῦ ἀδικούμενος, ἀποστὰς εἰς Μυσοὺς κακῶς ἐποίεις τὴν ἐμὴν χώραν ὅ τι ἐδύνω; ἔφη ὁ Ὀρόντας. Οὐκοῦν, ἔφη ὁ Κῦρος, ὁπότ᾽ αὖ ἔγνως τὴν σεαυτοῦ δύναμιν, ἐλθὼν ἐπὶ τὸν τῆς Ἀρτέμιδος βωμὸν μεταμέλειν τέ σοι ἔφησθα καὶ πείσας ἐμὲ πιστὰ πάλιν ἔδωκάς μοι καὶ ἔλαβες παρ᾽ ἐμοῦ; καὶ ταῦθ᾽ ὡμολόγει ὁ Ὀρόντας. 8. Τί οὖν, ἔφη ὁ Κῦρος, ἀδικηθεὶς ὑπ᾽ ἐμοῦ νῦν τὸ τρίτον ἐπιβουλεύων μοι φανερὸς γέγονας; εἰπόντος δὲ τοῦ Ὀρόντα ὅτι οὐδὲν ἀδικηθεὶς, ἠρώτησεν ὁ Κῦρος αὐτὸν, Ὁμολογεῖς οὖν περὶ ἐμὲ ἄδικος γεγενῆσθαι; Ἦ γὰρ ἀνάγκη, ἔφη ὁ Ὀρόντας. ἐκ τούτου πάλιν ἠρώτησεν ὁ Κῦρος, Ἔτι οὖν ἂν γένοιο τῷ ἐμῷ ἀδελφῷ πολέμιος, ἐμοὶ δὲ φίλος καὶ πιστός; ὁ δὲ ἀπεκρίνατο ὅτι οὐδ' εἰ γενοίμην, ὦ Κῦρε, σοί γ' ἄν ποτε ἔτι δόξαιμι. 9. πρὸς ταῦτα Κῦρος εἶπε τοῖς παροῦσιν, Ὁ μὲν ἀνὴρ τοιαῦτα μὲν πεποίηκε, τοιαῦτα δὲ λέγει· ὑμῶν δὲ σὺ πρῶτος, ὦ Κλέαρχε, ἀπόφηναι γνώμην ὅ τι σοι δοκεῖ. Κλέαρχος δὲ εἶπε τάδε. Συμβουλεύω ἐγὼ τὸν ἄνδρα τοῦτον ἐκποδὼν ποιεῖσθαι ὡς τάχιστα, ὡς μηκέτι δέῃ τοῦτον φυλάττεσθαι, ἀλλὰ σχολὴ ᾖ ἡμῖν τὸ κατὰ τοῦτον εἶναι τοὺς ἐθελοντὰς φίλους τούτους εὖ ποιεῖν. 10. ταύτῃ δὲ τῇ γνώμῃ ἔφη καὶ τοὺς ἄλλους προσθέσθαι. μετὰ ταῦτα κελεύοντος Κύρου ἔλαβον τῆς ζώνης τὸν Ὀρόνταν ἐπὶ θανάτῳ ἅπαντες ἀναστάντες καὶ οἱ συγγενεῖς· εἶτα δὲ ἐξῆγον αὐτὸν οἷς προσετάχθη. ἐπεὶ δὲ εἶδον αὐτὸν οἵπερ πρόσθεν προσεκύνουν, καὶ τότε προσεκύνησαν, καίπερ εἰδότες ὅτι ἐπὶ θάνατον ἄγοιτο. 11. ἐπεὶ δὲ εἰς τὴν Ἀρταπάτου σκηνὴν εἰσήχθη τοῦ πιστοτάτου τῶν Κύρου σκηπτούχων, μετὰ ταῦτα οὔτε ζῶντα Ὀρόνταν οὔτε τεθνηκότα οὐδεὶς εἶδε πώποτε οὐδὲ ὅπως ἀπέθανεν οὐδεὶς εἰδὼς ἔλεγεν· εἴκαζον δὲ ἄλλοι ἄλλως· τάφος δὲ οὐδεὶς πώποτε αὐτοῦ ἐφάνη.

VII. Ἐντεῦθεν ἐξελαύνει διὰ τῆς Βαβυλωνίας σταθμοὺς τρεῖς παρασάγγας δώδεκα. ἐν δὲ τῷ τρίτῳ σταθμῷ Κῦρος ἐξέτασιν ποιεῖται τῶν Ἑλλήνων καὶ τῶν βαρβάρων ἐν τῷ πεδίῳ περὶ μέσας νύκτας· ἐδόκει γὰρ εἰς τὴν ἐπιοῦσαν ἕω ἥξειν βασιλέα σὺν τῷ στρατεύματι μαχούμενον· καὶ ἐκέλευε Κλέαρχον μὲν τοῦ δεξιοῦ κέρως ἡγεῖσθαι, Μένωνα δὲ τὸν Θετταλὸν τοῦ εὐωνύμου, αὐτὸς δὲ τοὺς ἑαυτοῦ διέταξε. 2. μετὰ δὲ τὴν ἐξέτασιν ἅμα τῇ ἐπιούσῃ ἡμέρᾳ ἥκοντες αὐτόμολοι παρὰ μεγάλου βασιλέως ἀπήγγελλον

Κύρῳ περὶ τῆς βασιλέως στρατιᾶς. Κῦρος δὲ συγκαλέσας τοὺς στρατηγοὺς καὶ λοχαγοὺς τῶν Ἑλλήνων συνεβουλεύετό τε πῶς ἂν τὴν μάχην ποιοῖτο καὶ αὐτὸς παρῄνει θαρρύνων τοιάδε. 3. Ὦ ἄνδρες Ἕλληνες, οὐκ ἀνθρώπων ἀπορῶν βαρβάρων συμμάχους ὑμᾶς ἄγω, ἀλλὰ νομίζων ἀμείνους καὶ κρείττους πολλῶν βαρβάρων ὑμᾶς εἶναι, διὰ τοῦτο προσέλαβον. ὅπως οὖν ἔσεσθε ἄνδρες ἄξιοι τῆς ἐλευθερίας ἧς κέκτησθε καὶ ἧς ὑμᾶς ἐγὼ εὐδαιμονίζω. εὖ γὰρ ἴστε ὅτι τὴν ἐλευθερίαν ἑλοίμην ἂν ἀνθ᾽ ὧν ἔχω πάντων καὶ ἄλλων πολλαπλασίων. 4. ὅπως δὲ καὶ εἰδῆτε εἰς οἷον ἔρχεσθε ἀγῶνα, ὑμᾶς εἰδὼς διδάξω. τὸ μὲν γὰρ πλῆθος πολύ, καὶ κραυγῇ πολλῇ ἐπίασιν· ἂν δὲ ταῦτα ἀνάσχησθε, τἆλλα καὶ αἰσχύνεσθαί μοι δοκῶ οἵους ἡμῖν γνώσεσθε τοὺς ἐν τῇ χώρᾳ ὄντας ἀνθρώπους. ὑμῶν δὲ ἀνδρῶν ὄντων καὶ εὐτόλμων γενομένων, ἐγὼ ὑμῶν τὸν μὲν οἴκαδε βουλόμενον ἀπιέναι τοῖς οἴκοι ζηλωτὸν ποιήσω ἀπελθεῖν, πολλοὺς δὲ οἶμαι ποιήσειν τὰ παρ᾽ ἐμοὶ ἑλέσθαι ἀντὶ τῶν οἴκοι. 5. ἐνταῦθα Γαυλίτης παρὼν φυγὰς Σάμιος, πιστὸς δὲ Κύρῳ, εἶπε, Καὶ μήν, ὦ Κῦρε, λέγουσί τινες ὅτι πολλὰ ὑπισχνεῖ νῦν διὰ τὸ ἐν τοιούτῳ εἶναι τοῦ κινδύνου προσιόντος. ἂν δὲ εὖ γένηταί τι, οὐ μεμνήσεσθαί σέ φασιν· ἔνιοι δὲ οὐδ᾽ εἰ μεμνῇό τε καὶ βούλοιο, δύνασθαι ἂν ἀποδοῦναι ὅσα ὑπισχνεῖ. 6. ἀκούσας ταῦτα ἔλεξεν ὁ Κῦρος, Ἀλλ᾽ ἔστι μὲν ἡμῖν, ὦ ἄνδρες, ἡ ἀρχὴ ἡ πατρῴα πρὸς μὲν μεσημβρίαν μέχρι οὗ διὰ καῦμα οὐ δύνανται οἰκεῖν ἄνθρωποι, πρὸς δὲ ἄρκτον μέχρι οὗ διὰ χειμῶνα· τὰ δ᾽ ἐν μέσῳ τούτων πάντα σατραπεύουσιν οἱ τοῦ ἐμοῦ ἀδελφοῦ φίλοι. 7. ἢν δ᾽ ἡμεῖς νικήσωμεν, ἡμᾶς δεῖ τοὺς ἡμετέρους φίλους τούτων ἐγκρατεῖς ποιῆσαι. ὥστε οὐ τοῦτο δέδοικα μὴ οὐκ ἔχω ὅ τι δῶ ἑκάστῳ τῶν φίλων, ἂν εὖ γένηται, ἀλλὰ μὴ οὐκ ἔχω ἱκανοὺς οἷς δῶ. ὑμῶν δὲ τῶν Ἑλλήνων καὶ στέφανὸν ἑκάστῳ χρυσοῦν δώσω. 8. οἱ δὲ ταῦτα ἀκούσαντες αὐτοί τε ἦσαν πολὺ προθυμότεροι καὶ τοῖς ἄλλοις ἐξήγγελλον. εἰσῄεσαν δὲ παρ' αὐτὸν οἵ τε στρατηγοὶ καὶ τῶν ἄλλων Ἑλλήνων τινὲς, ἀξιοῦντες εἰδέναι τί σφίσιν ἔσται ἐὰν κρατήσωσιν. ὁ δὲ ἐμπιμπλὰς ἁπάντων τὴν γνώμην ἀπέπεμπε. 9. παρεκελεύοντο δὲ αὐτῷ πάντες ὅσοιπερ διελέγοντο μὴ μάχεσθαι, ἀλλ' ὄπισθεν ἑαυτῶν τάττεσθαι. ἐν δὲ τῷ καιρῷ τούτῳ Κλέαρχος ὧδέ πως ἤρετο τὸν Κῦρον. Οἴει γάρ σοι μαχεῖσθαι, ὦ Κῦρε, τὸν ἀδελφόν; Νὴ Δί', ἔφη ὁ Κῦρος, εἴπερ γε Δαρείου καὶ Παρυσάτιδός ἐστι παῖς ἐμὸς δὲ ἀδελφὸς, οὐκ ἀμαχεὶ ταῦτ' ἐγὼ λήψομαι. 10. ἐνταῦθα δὴ ἐν τῇ ἐξοπλισίᾳ ἀριθμὸς ἐγένετο τῶν μὲν Ἑλλήνων ἀσπὶς μυρία καὶ τετρακοσία, πελτασταὶ δὲ δισχίλιοι καὶ πεντακόσιοι, τῶν δὲ μετὰ Κύρου βαρβάρων δέκα μυριάδες καὶ ἅρματα δρεπανηφόρα ἀμφὶ τὰ εἴκοσι. 11. τῶν δὲ πολεμίων ἐλέγοντο εἶναι ἑκατὸν καὶ εἴκοσι μυριάδες καὶ ἅρματα δρεπανηφόρα διακόσια. ἄλλοι δὲ ἦσαν ἑξακισχίλιοι ἱππεῖς, ὧν Ἀρταγέρσης ἦρχεν· οὗτοι δ' αὖ πρὸ αὐτοῦ βασιλέως τεταγμένοι ἦσαν. 12. τοῦ δὲ βασιλέως στρατεύματος ἦσαν ἄρχοντες καὶ στρατηγοὶ καὶ ἡγεμόνες τέτταρες, τριάκοντα μυριάδων ἕκαστος, Ἀβροκόμας, Τισσαφέρνης, Γωβρύας, Ἀρβάκης. τούτων δὲ παρεγένοντο ἐν τῇ μάχῃ ἐνενήκοντα μυριάδες καὶ ἅρματα δρεπανηφόρα ἑκατὸν καὶ πεντήκοντα· Ἀβροκόμας δὲ ὑστέρησε τῆς μάχης ἡμέραις πέντε, ἐκ Φοινίκης ἐλαύνων. 13. ταῦτα δὲ ἤγγελλον πρὸς Κῦρον οἱ αὐτομολήσαντες ἐκ τῶν πολεμίων παρὰ μεγάλου βασιλέως πρὸ τῆς μάχης, καὶ μετὰ τὴν μάχην οἳ ὕστερον ἐλήφθησαν τῶν πολεμίων ταὐτὰ ἤγγελλον. 14. ἐντεῦθεν δὲ Κῦρος ἐξελαύνει σταθμὸν ἕνα παρασάγγας τρεῖς συντεταγμένῳ τῷ στρατεύματι παντὶ καὶ τῷ Ἑλληνικῷ καὶ τῷ βαρβαρικῷ· ᾤετο γὰρ ταύτῃ τῇ ἡμέρᾳ μαχεῖσθαι βασιλέα·

κατὰ γὰρ μέσον τὸν σταθμὸν τοῦτον τάφρος ἦν ὀρυκτὴ βαθεῖα, τὸ μὲν εὖρος ὀργυιαὶ πέντε, τὸ δὲ βάθος ὀργυιαὶ τρεῖς. 15. παρετέτατο δὲ ἡ τάφρος ἄνω διὰ τοῦ πεδίου ἐπὶ δώδεκα παρασάγγας μέχρι τοῦ Μηδίας τείχους. ἔνθα αἱ διώρυχες, ἀπὸ τοῦ Τίγρητος ποταμοῦ (ῥέουσαι) εἰσὶ δὲ τέτταρες, τὸ μὲν εὖρος πλεθριαῖαι, βαθεῖαι δὲ ἰσχυρῶς, καὶ πλοῖα πλεῖ ἐν αὐταῖς σιταγωγά· εἰσβάλλουσι δὲ εἰς τὸν Εὐφράτην, διαλείπουσι δ' ἑκάστη παρασάγγην, γέφυραι δ' (ἔπεισιν.) ἦν δὲ παρὰ τὸν Εὐφράτην πάροδος στενὴ μεταξὺ τοῦ ποταμοῦ καὶ τῆς τάφρου ὡς εἴκοσι ποδῶν τὸ εὖρος· 16. ταύτην δὲ τὴν τάφρον βασιλεὺς ποιεῖ μέγας ἀντὶ ἐρύματος, ἐπειδὴ πυνθάνεται Κῦρον προσελαύνοντα. ταύτην δὴ τὴν πάροδον Κῦρός τε καὶ ἡ στρατιὰ παρῆλθε καὶ ἐγένοντο εἴσω τῆς τάφρου. 17. ταύτῃ μὲν οὖν τῇ ἡμέρᾳ οὐκ ἐμαχέσατο βασιλεύς, ἀλλ' ὑποχωρούντων φανερὰ ἦσαν καὶ ἵππων καὶ ἀνθρώπων ἴχνη πολλά. 18. ἐνταῦθα Κῦρος Σιλανὸν καλέσας τὸν Ἀμβρακιώτην μάντιν ἔδωκεν αὐτῷ δαρεικοὺς τρισχιλίους, ὅτι τῇ ἑνδεκάτῃ ἀπ' ἐκείνης ἡμέρᾳ θυόμενος εἶπεν αὐτῷ ὅτι βασιλεὺς οὐ μαχεῖται δέκα ἡμερῶν, Κῦρος δ' εἶπεν, Οὐκ ἄρα ἔτι μαχεῖται, εἰ ἐν ταύταις οὐ μαχεῖται ταῖς ἡμέραις· ἐὰν δ' ἀληθεύσῃς, ὑπισχνοῦμαί σοι δέκα τάλαντα. τοῦτο τὸ χρυσίον τότε ἀπέδωκεν, ἐπεὶ παρῆλθον αἱ δέκα ἡμέραι. 19. ἐπεὶ δ' ἐπὶ τῇ τάφρῳ οὐκ ἐκώλυε βασιλεὺς τὸ Κύρου στράτευμα διαβαίνειν, ἔδοξε καὶ Κύρῳ καὶ τοῖς ἄλλοις ἀπεγνωκέναι τοῦ μάχεσθαι· ὥστε τῇ ὑστεραίᾳ Κῦρος ἐπορεύετο ἠμελημένως μᾶλλον. 20. τῇ δὲ τρίτῃ ἐπί τε τοῦ ἅρματος καθήμενος τὴν πορείαν ἐποιεῖτο καὶ ὀλίγους ἐν τάξει ἔχων πρὸ αὐτοῦ, τὸ δὲ πολὺ αὐτῷ ἀνατεταραγμένον ἐπορεύετο καὶ τῶν ὅπλων τοῖς στρατιώταις πολλὰ ἐπὶ ἁμαξῶν ἤγετο καὶ ὑποζυγίων.

VIII. Καὶ ἤδη τε ἦν ἀμφὶ ἀγορὰν πλήθουσαν καὶ πλησίον ἦν ὁ σταθμὸς ἔνθα ἔμελλε καταλύειν, ἡνίκα Πατηγύας ἀνὴρ Πέρσης τῶν ἀμφὶ Κῦρον πιστῶν προφαίνεται ἐλαύνων ἀνὰ κράτος ἱδροῦντι τῷ ἵππῳ, καὶ εὐθὺς πᾶσιν οἷς ἐνετύγχανεν ἐβόα καὶ βαρβαρικῶς καὶ ἑλληνικῶς ὅτι βασιλεὺς σὺν στρατεύματι πολλῷ προσέρχεται ὡς εἰς μάχην παρεσκευασμένος. **2.** ἔνθα δὴ πολὺς τάραχος ἐγένετο· αὐτίκα γὰρ ἐδόκουν οἱ Ἕλληνες καὶ πάντες δὲ ἀτάκτοις σφίσιν ἐπιπεσεῖσθαι· **3.** Κῦρός τε καταπηδήσας ἀπὸ τοῦ ἅρματος τὸν θώρακα ἐνέδυ καὶ ἀναβὰς ἐπὶ τὸν ἵππον τὰ παλτὰ εἰς τὰς χεῖρας ἔλαβε, τοῖς τε ἄλλοις πᾶσι παρήγγελλεν ἐξοπλίζεσθαι καὶ καθίστασθαι εἰς τὴν ἑαυτοῦ τάξιν ἕκαστον. **4.** ἔνθα δὴ σὺν πολλῇ σπουδῇ καθίσταντο, Κλέαρχος μὲν τὰ δεξιὰ τοῦ κέρατος ἔχων πρὸς τῷ Εὐφράτῃ ποταμῷ, Πρόξενος δὲ ἐχόμενος, οἱ δ᾽ ἄλλοι μετὰ τοῦτον, Μένων δὲ καὶ τὸ στράτευμα τὸ εὐώνυμον κέρας ἔσχε τοῦ Ἑλληνικοῦ. **5.** τοῦ δὲ βαρβαρικοῦ ἱππεῖς μὲν Παφλαγόνες εἰς χιλίους παρὰ Κλέαρχον ἔστησαν ἐν τῷ δεξιῷ καὶ τὸ Ἑλληνικὸν πελταστικόν, ἐν δὲ τῷ εὐωνύμῳ Ἀριαῖός τε ὁ Κύρου ὕπαρχος καὶ τὸ ἄλλο βαρβαρικόν. **6.** Κῦρος δὲ καὶ οἱ ἱππεῖς τούτου ὅσον ἑξακόσιοι ὡπλισμένοι θώραξι μὲν αὐτοὶ καὶ παραμηριδίοις καὶ κράνεσι πάντες πλὴν Κύρου· Κῦρος δὲ ψιλὴν ἔχων τὴν κεφαλὴν εἰς τὴν μάχην καθίστατο. **7.** οἱ δ᾽ ἵπποι πάντες οἱ μετὰ Κύρου εἶχον καὶ προμετωπίδια καὶ προστερνίδια· εἶχον δὲ καὶ μαχαίρας οἱ ἱππεῖς Ἑλληνικάς. **8.** καὶ ἤδη τε ἦν μέσον ἡμέρας καὶ οὔπω καταφανεῖς ἦσαν οἱ πολέμιοι· ἡνίκα δὲ δείλη ἐγίγνετο, ἐφάνη κονιορτὸς ὥσπερ νεφέλη λευκή, χρόνῳ δὲ συχνῷ ὕστερον ὥσπερ μελανία τις ἐν τῷ πεδίῳ ἐπὶ πολύ. ὅτε δὲ ἐγγύτερον ἐγίγνοντο, τάχα δὴ καὶ χαλκός τις ἤστραπτε καὶ αἱ λόγχαι καὶ αἱ τάξεις καταφανεῖς ἐγίγνοντο. **9.** καὶ ἦσαν ἱππεῖς μὲν λευκοθώρακες ἐπὶ τοῦ εὐωνύμου τῶν πολεμίων· Τισσαφέρνης ἐλέγετο τούτων ἄρχειν· ἐχόμενοι δὲ τούτων γερροφόροι, ἐχόμενοι δὲ ὁπλῖται σὺν ποδήρεσι ξυλίναις ἀσπίσιν· Αἰγύπτιοι δ' οὗτοι ἐλέγοντο εἶναι· ἄλλοι δ' ἱππεῖς, ἄλλοι τοξόται. πάντες δ' οὗτοι κατὰ ἔθνη ἐν πλαισίῳ πλήρει ἀνθρώπων ἕκαστον τὸ ἔθνος ἐπορεύετο. 10. πρὸ δὲ αὐτῶν ἅρματα διαλείποντα συχνὸν ἀπ' ἀλλήλων τὰ δὴ δρεπανηφόρα καλούμενα· εἶχον δὲ τὰ δρέπανα ἐκ τῶν ἀξόνων εἰς πλάγιον ἀποτεταμένα καὶ ὑπὸ τοῖς δίφροις εἰς γῆν βλέποντα, ὡς διακόπτειν ὅτῳ ἐντυγχάνοιεν. ἡ δὲ γνώμη ἦν ὡς εἰς τὰς τάξεις τῶν Ἑλλήνων ἐλῶντα καὶ διακόψοντα. 11. ὃ μέντοι Κῦρος εἶπεν ὅτε καλέσας παρεκελεύετο τοῖς Ἕλλησι τὴν κραυγὴν τῶν βαρβάρων ἀνέχεσθαι, ἐψεύσθη τοῦτο· οὐ γὰρ κραυγῇ ἀλλὰ σιγῇ ὡς ἀνυστὸν καὶ ἡσυχῇ ἐν ἴσῳ καὶ βραδέως προσῇεσαν. 12. καὶ ἐν τούτῳ Κῦρος παρελαύνων αὐτὸς σὺν Πίγρητι τῷ ἑρμηνεῖ καὶ ἄλλοις τρισὶν ἢ τέτταρσι τῷ Κλεάρχῳ ἐβόα ἄγειν τὸ στράτευμα κατὰ μέσον τὸ τῶν πολεμίων, ὅτι ἐκεῖ βασιλεὺς εἴη· κἂν τοῦτ', ἔφη, νικῶμεν, πάνθ' ἡμῖν πεποίηται. 13. ὁρῶν δὲ ὁ Κλέαρχος τὸ μέσον στῖφος καὶ ἀκούων Κύρου ἔξω ὄντα τοῦ Ἑλληνικοῦ εὐωνύμου βασιλέα· τοσοῦτον γὰρ πλήθει περιῆν βασιλεὺς ὥστε μέσον τὸ ἑαυτοῦ ἔχων τοῦ Κύρου εὐωνύμου ἔξω ἦν· ἀλλ' ὅμως ὁ Κλέαρχος οὐκ ἤθελεν ἀποσπάσαι ἀπὸ τοῦ ποταμοῦ τὸ δεξιὸν κέρας, φοβούμενος μὴ κυκλωθείη ἑκατέρωθεν, τῷ δὲ Κύρῳ ἀπεκρίνατο ὅτι αὐτῷ μέλοι ὅπως καλῶς ἔχοι. 14. καὶ ἐν τούτῳ τῷ καιρῷ τὸ μὲν βαρβαρικὸν στράτευμα ὁμαλῶς προῇει, τὸ δὲ Ἑλληνικὸν ἔτι ἐν τῷ αὐτῷ μένον συνετάττετο ἐκ τῶν ἔτι προσιόντων. καὶ ὁ Κῦρος παρελαύνων οὐ πάνυ πρὸς αὐτῷ τῷ στρατεύματι κατεθεᾶτο ἑκατέρωσε ἀποβλέπων εἴς τε τοὺς πολεμίους καὶ τοὺς φίλους. 15. ἰδὼν δὲ αὐτὸν ἀπὸ τοῦ Ἑλληνικοῦ Ξενοφῶν Ἀθηναῖος, ὑπελάσας ὡς συναντῆσαι ἤρετο εἴ τι παραγγέλλοι· ὁ δ' ἐπιστήσας εἶπε καὶ λέ-

γειν ἐκέλευσε πᾶσιν ὅτι καὶ τὰ ἱερὰ καλὰ καὶ τὰ σφάγια
καλά. 16. ταῦτα δὲ λέγων θορύβου ἤκουσε διὰ τῶν τάξεων
ἰόντος, καὶ ἤρετο τίς ὁ θόρυβος εἴη. ὁ δὲ Κλέαρχος εἶπεν ὅτι
τὸ σύνθημα παρέρχεται δεύτερον ἤδη. καὶ ὃς ἐθαύμασε τίς
παραγγέλλει καὶ ἤρετο ὅ τι εἴη τὸ σύνθημα. ὁ δ᾽ ἀπεκρίνατο,
ΖΕΥΣ ΣΩΤΗΡ ΚΑΙ ΝΙΚΗ. 17. ὁ δὲ Κῦρος ἀκούσας
'Αλλὰ δέχομαί τε, ἔφη, καὶ τοῦτο ἔστω. ταῦτα δ᾽ εἰπὼν
εἰς τὴν ἑαυτοῦ χώραν ἀπήλαυνε· καὶ οὐκέτι τρία ἢ τέτταρα
στάδια διειχέτην τὼ φάλαγγε ἀπ᾽ ἀλλήλων ἡνίκα ἐπαιάνι-
ζόν τε οἱ Ἕλληνες καὶ προήρχοντο ἀντίοι ἰέναι τοῖς πολε-
μίοις. 18. ὡς δὲ πορευομένων ἐξεκύμαινέ τι τῆς φάλαγγος,
τὸ ἐπιλειπόμενον ἤρξατο δρόμῳ θεῖν· καὶ ἅμα ἐφθέγξαντο
πάντες οἷόνπερ τῷ Ἐνυαλίῳ ἐλελίζουσι, καὶ πάντες δὲ ἔθεον.
λέγουσι δέ τινες ὡς καὶ ταῖς ἀσπίσι πρὸς τὰ δόρατα ἐδού-
πησαν, φόβον ποιοῦντες τοῖς ἵπποις. 19. πρὶν δὲ τόξευμα
ἐξικνεῖσθαι, ἐκκλίνουσιν οἱ βάρβαροι καὶ φεύγουσι. καὶ
ἐνταῦθα δὴ ἐδίωκον μὲν κατὰ κράτος οἱ Ἕλληνες, ἐβόων δὲ
ἀλλήλοις μὴ θεῖν δρόμῳ ἀλλ᾽ ἐν τάξει ἕπεσθαι. 20. τὰ δ᾽
ἅρματα ἐφέροντο τὰ μὲν δι᾽ αὐτῶν τῶν πολεμίων, τὰ δὲ καὶ
διὰ τῶν Ἑλλήνων κενὰ ἡνιόχων. οἱ δ᾽ ἐπεὶ προΐδοιεν,
διίσταντο· ἔστι δ᾽ ὅστις καὶ κατελήφθη ὥσπερ ἐν ἱππο-
δρόμῳ ἐκπλαγείς· καὶ οὐδὲν μέντοι οὐδὲ τοῦτον παθεῖν
ἔφασαν, οὐδ᾽ ἄλλος δὲ τῶν Ἑλλήνων ἐν ταύτῃ τῇ μάχῃ
ἔπαθεν οὐδεὶς οὐδέν, πλὴν ἐπὶ τῷ εὐωνύμῳ τοξευθῆναί τις
ἐλέγετο. 21. Κῦρος δ᾽ ὁρῶν τοὺς Ἕλληνας νικῶντας τὸ
καθ᾽ αὑτοὺς καὶ διώκοντας, ἡδόμενος καὶ προσκυνούμενος
ἤδη ὡς βασιλεὺς ὑπὸ τῶν ἀμφ᾽ αὐτόν, οὐδ᾽ ὣς ἐξήχθη διώ-
κειν, ἀλλὰ συνεσπειραμένην ἔχων τὴν τῶν σὺν ἑαυτῷ ἑξα-
κοσίων ἱππέων τάξιν ἐπεμελεῖτο ὅ τι ποιήσει βασιλεύς.
καὶ γὰρ ᾔδει αὐτὸν ὅτι μέσον ἔχοι τοῦ Περσικοῦ στρατεύ-
ματος. 22. καὶ πάντες δ᾽ οἱ τῶν βαρβάρων ἄρχοντες μέσον

ἔχοντες τὸ αὑτῶν ἡγοῦνται, νομίζοντες οὕτω καὶ ἐν ἀσφαλεστάτῳ εἶναι, ἢν ᾖ ἡ ἰσχὺς αὐτῶν ἑκατέρωθεν, καὶ εἴ τι παραγγεῖλαι χρῄζοιεν, ἡμίσει ἂν χρόνῳ αἰσθάνεσθαι τὸ στράτευμα. 23. καὶ βασιλεὺς δὴ τότε μέσον ἔχων τῆς αὑτοῦ στρατιᾶς ὅμως ἔξω ἐγένετο τοῦ Κύρου εὐωνύμου κέρατος. ἐπεὶ δὲ οὐδεὶς αὐτῷ ἐμάχετο ἐκ τοῦ ἀντίου οὐδὲ τοῖς αὐτοῦ τεταγμένοις ἔμπροσθεν, ἐπέκαμπτεν ὡς εἰς κύκλωσιν. 24. ἔνθα δὴ Κῦρος δείσας μὴ ὄπισθεν γενόμενος κατακόψῃ τὸ Ἑλληνικὸν ἐλαύνει ἀντίος· καὶ ἐμβαλὼν σὺν τοῖς ἑξακοσίοις νικᾷ τοὺς πρὸ βασιλέως τεταγμένους καὶ εἰς φυγὴν ἔτρεψε τοὺς ἑξακισχιλίους, καὶ ἀποκτεῖναι λέγεται αὐτὸς τῇ ἑαυτοῦ χειρὶ Ἀρταγέρσην τὸν ἄρχοντα αὐτῶν. 25. ὡς δ' ἡ τροπὴ ἐγένετο, διασπείρονται καὶ οἱ Κύρου ἑξακόσιοι εἰς τὸ διώκειν ὁρμήσαντες, πλὴν πάνυ ὀλίγοι ἀμφ' αὐτὸν κατελείφθησαν, σχεδὸν οἱ ὁμοτράπεζοι καλούμενοι. [26. σὺν τούτοις δὲ ὢν καθορᾷ βασιλέα καὶ τὸ ἀμφ' ἐκεῖνον στῖφος· καὶ εὐθὺς οὐκ ἠνέσχετο, ἀλλ' εἰπὼν Τὸν ἄνδρα ὁρῶ, ἵετο ἐπ' αὐτὸν καὶ παίει κατὰ τὸ στέρνον καὶ τιτρώσκει διὰ τοῦ θώρακος, ὥς φησι Κτησίας ὁ ἰατρὸς καὶ ἰᾶσθαι αὐτὸς τὸ τραῦμά φησι. 27. παίοντα δ' αὐτὸν ἀκοντίζει τις παλτῷ ὑπὸ τὸν ὀφθαλμὸν βιαίως· καὶ ἐνταῦθα μαχόμενοι καὶ βασιλεὺς καὶ Κῦρος καὶ οἱ ἀμφ' αὐτοὺς ὑπὲρ ἑκατέρου, ὁπόσοι μὲν τῶν ἀμφὶ βασιλέα ἀπέθνησκον Κτησίας λέγει· παρ' ἐκείνῳ γὰρ ἦν· Κῦρος δὲ αὐτός τε ἀπέθανε καὶ ὀκτὼ οἱ ἄριστοι τῶν περὶ αὐτὸν ἔκειντο ἐπ' αὐτῷ. 28. Ἀρταπάτης δ' ὁ πιστότατος αὐτῷ τῶν σκηπτούχων θεράπων λέγεται, ἐπειδὴ πεπτωκότα εἶδε Κῦρον, καταπηδήσας ἀπὸ τοῦ ἵππου περιπεσεῖν αὐτῷ. 29. καὶ οἱ μέν φασι βασιλέα κελεῦσαί τινα ἐπισφάξαι αὐτὸν Κύρῳ, οἱ δ' ἑαυτὸν ἐπισφάξασθαι σπασάμενον τὸν ἀκινάκην· εἶχε γὰρ χρυσοῦν· καὶ στρεπτὸν δ' ἐφόρει καὶ ψέλια καὶ τἆλλα ὥσπερ οἱ ἄριστοι Περσῶν· ἐτετίμητο γὰρ ὑπὸ Κύρου δι' εὔνοιάν τε καὶ πιστότητα.]

IX. Κῦρος μὲν οὖν οὕτως ἐτελεύτησεν, ἀνὴρ ὢν Περσῶν τῶν μετὰ Κῦρον τὸν ἀρχαῖον γενομένων βασιλικώτατός τε καὶ ἄρχειν ἀξιώτατος, ὡς παρὰ πάντων ὁμολογεῖται τῶν Κύρου δοκούντων ἐν πείρᾳ γενέσθαι. **2.** πρῶτον μὲν γὰρ ἔτι παῖς ὤν, ὅτ᾽ ἐπαιδεύετο καὶ σὺν τῷ ἀδελφῷ καὶ σὺν τοῖς ἄλλοις παισί, πάντων πάντα κράτιστος ἐνομίζετο. **3.** πάντες γὰρ οἱ τῶν ἀρίστων Περσῶν παῖδες ἐπὶ ταῖς βασιλέως θύραις παιδεύονται· ἔνθα πολλὴν μὲν σωφροσύνην καταμάθοι ἄν τις, αἰσχρὸν δ᾽ οὐδὲν οὔτ᾽ ἀκοῦσαι οὔτ᾽ ἰδεῖν ἔστι. **4.** θεῶνται δ᾽ οἱ παῖδες καὶ τιμωμένους ὑπὸ βασιλέως καὶ ἀκούουσι, καὶ ἄλλους ἀτιμαζομένους· ὥστε εὐθὺς παῖδες ὄντες μανθάνουσιν ἄρχειν τε καὶ ἄρχεσθαι. **5.** ἔνθα Κῦρος αἰδημονέστατος μὲν πρῶτον τῶν ἡλικιωτῶν ἐδόκει εἶναι, τοῖς τε πρεσβυτέροις καὶ τῶν ἑαυτοῦ ὑποδεεστέρων μᾶλλον πείθεσθαι, ἔπειτα δὲ φιλιππότατος καὶ τοῖς ἵπποις ἄριστα χρῆσθαι· ἔκρινον δ᾽ αὐτὸν καὶ τῶν εἰς τὸν πόλεμον ἔργων, τοξικῆς τε καὶ ἀκοντίσεως, φιλομαθέστατον εἶναι καὶ μελετηρότατον. **6.** ἐπεὶ δὲ τῇ ἡλικίᾳ ἔπρεπε, καὶ φιλοθηρότατος ἦν καὶ πρὸς τὰ θηρία μέντοι φιλοκινδυνότατος. καὶ ἄρκτον ποτὲ ἐπιφερομένην οὐκ ἔτρεσεν, ἀλλὰ συμπεσὼν κατεσπάσθη ἀπὸ τοῦ ἵππου, καὶ τὰ μὲν ἔπαθεν, ὧν καὶ τὰς ὠτειλὰς εἶχε, τέλος δὲ κατέκανε· καὶ τὸν πρῶτον μέντοι βοηθήσαντα πολλοῖς μακαριστὸν ἐποίησεν. **7.** ἐπεὶ δὲ κατεπέμφθη ὑπὸ τοῦ πατρὸς σατράπης Λυδίας τε καὶ Φρυγίας τῆς μεγάλης καὶ Καππαδοκίας, στρατηγὸς δὲ καὶ πάντων ἀπεδείχθη οἷς καθήκει εἰς Καστωλοῦ πεδίον ἀθροίζεσθαι, πρῶτον μὲν ἐπέδειξεν αὐτὸν ὅτι περὶ πλείστου ποιοῖτο, εἴ τῳ σπείσαιτο καὶ εἴ τῳ συνθοῖτο καὶ εἴ τῳ ὑπόσχοιτό τι, μηδὲν ψεύδεσθαι. **8.** καὶ γὰρ οὖν ἐπίστευον μὲν αὐτῷ αἱ πόλεις ἐπιτρεπόμεναι, ἐπίστευον δ᾽ οἱ ἄνδρες· καὶ εἴ τις πολέμιος ἐγένετο, σπεισαμένου Κύρου ἐπίστευε μηδὲν ἂν παρὰ τὰς σπονδὰς παθεῖν. 9. τοιγαροῦν ἐπεὶ Τισσαφέρνει ἐπολέμησε, πᾶσαι αἱ πόλεις ἑκοῦσαι Κῦρον εἵλοντο ἀντὶ Τισσαφέρνους πλὴν Μιλησίων· οὗτοι δὲ, ὅτι οὐκ ἤθελε τοὺς φεύγοντας προέσθαι, ἐφοβοῦντο αὐτόν. 10. καὶ γὰρ ἔργῳ ἐπεδείκνυτο καὶ ἔλεγεν ὅτι οὐκ ἄν ποτε προοῖτο, ἐπεὶ ἅπαξ φίλος αὐτοῖς ἐγένετο, οὐδ᾽ εἰ ἔτι μὲν μείους γένοιντο ἔτι δὲ κάκιον πράξειαν. 11. φανερὸς δ᾽ ἦν καὶ, εἴ τίς τι ἀγαθὸν ἢ κακὸν ποιήσειεν αὐτὸν, νικᾶν πειρώμενος· καὶ εὐχὴν δέ τινες αὐτοῦ ἐξέφερον ὡς εὔχοιτο τοσοῦτον χρόνον ζῆν ἔστε νικῴη καὶ τοὺς εὖ καὶ τοὺς κακῶς ποιοῦντας ἀλεξόμενος. 12. καὶ γὰρ οὖν πλεῖστοι δὴ αὐτῷ ἑνί γε ἀνδρὶ τῶν ἐφ᾽ ἡμῶν ἐπεθύμησαν καὶ χρήματα καὶ πόλεις καὶ τὰ ἑαυτῶν σώματα προέσθαι. 13. οὐ μὲν δὴ οὐδὲ τοῦτ᾽ ἄν τις εἴποι ὡς τοὺς κακούργους καὶ ἀδίκους εἴα καταγελᾶν, ἀλλ᾽ ἀφειδέστατα πάντων ἐτιμωρεῖτο. πολλάκις δ᾽ ἦν ἰδεῖν παρὰ τὰς στειβομένας ὁδοὺς καὶ ποδῶν καὶ χειρῶν καὶ ὀφθαλμῶν στερομένους ἀνθρώπους· ὥστ᾽ ἐν τῇ Κύρου ἀρχῇ ἐγένετο καὶ Ἕλληνι καὶ βαρβάρῳ μηδὲν ἀδικοῦντι ἀδεῶς πορεύεσθαι ὅποι τις ἤθελεν, ἔχοντι ὅ τι προχωροίη. 14. τούς γε μέντοι ἀγαθοὺς εἰς πόλεμον ὡμολόγητο διαφερόντως τιμᾶν. καὶ πρῶτον μὲν ἦν αὐτῷ πόλεμος πρὸς Πισίδας καὶ Μυσούς· στρατευόμενος οὖν καὶ αὐτὸς εἰς ταύτας τὰς χώρας οὓς ἑώρα ἐθέλοντας κινδυνεύειν, τούτους καὶ ἄρχοντας ἐποίει ἧς κατεστρέφετο χώρας, ἔπειτα δὲ καὶ ἄλλοις δώροις ἐτίμα· 15. ὥστε φαίνεσθαι τοὺς μὲν ἀγαθοὺς εὐδαιμονεστάτους, τοὺς δὲ κακοὺς δούλους τούτων ἀξιοῦσθαι εἶναι. τοιγαροῦν πολλὴ ἦν ἀφθονία αὐτῷ τῶν ἐθελόντων κινδυνεύειν, ὅπου τις οἴοιτο Κῦρον αἰσθήσεσθαι. 16. εἰς γε μὴν δικαιοσύνην εἴ τις αὐτῷ φανερὸς γένοιτο ἐπιδείκνυσθαι βουλόμενος, περὶ παντὸς ἐποιεῖτο τούτους πλουσιωτέρους ποιεῖν τῶν ἐκ τοῦ ἀδίκου φιλοκερδούντων. 17. καὶ γὰρ οὖν ἄλλα τε πολλὰ δικαίως αὐτῷ διεχειρίζετο καὶ στρατεύματι ἀληθινῷ ἐχρήσατο. καὶ γὰρ στρατηγοὶ καὶ λοχαγοὶ οὐ χρημάτων ἕνεκα πρὸς ἐκεῖνον ἔπλευσαν, ἀλλ' ἐπεὶ ἔγνωσαν κερδαλεώτερον εἶναι Κύρῳ καλῶς πειθαρχεῖν ἢ τὸ κατὰ μῆνα κέρδος. 18. ἀλλὰ μὴν εἴ τίς γέ τι αὐτῷ προστάξαντι καλῶς ὑπηρετήσειεν, οὐδενὶ πώποτε ἀχάριστον εἴασε τὴν προθυμίαν. τοιγαροῦν κράτιστοι δὴ ὑπηρέται παντὸς ἔργου Κύρῳ ἐλέχθησαν γενέσθαι. 19. εἰ δέ τινα ὀρῴη δεινὸν ὄντα οἰκονόμον ἐκ τοῦ δικαίου καὶ κατασκευάζοντά τε ἧς ἄρχοι χώρας καὶ προσόδους ποιοῦντα, οὐδένα ἂν πώποτε ἀφείλετο, ἀλλ' ἀεὶ πλείω προσεδίδου· ὥστε καὶ ἡδέως ἐπόνουν καὶ θαρραλέως ἐκτῶντο καὶ ὃ ἐπέπατο αὖ τις ἥκιστα Κῦρον ἔκρυπτεν· οὐ γὰρ φθονῶν τοῖς φανερῶς πλουτοῦσιν ἐφαίνετο, ἀλλὰ πειρώμενος χρῆσθαι τοῖς τῶν ἀποκρυπτομένων χρήμασι. 20. φίλους γε μὴν ὅσους ποιήσαιτο καὶ εὔνους γνοίη ὄντας καὶ ἱκανοὺς κρίνειε συνεργοὺς εἶναι ὅ τι τυγχάνοι βουλόμενος κατεργάζεσθαι, ὁμολογεῖται πρὸς πάντων κράτιστος δὴ γενέσθαι θεραπεύειν. 21. καὶ γὰρ αὐτὸ τοῦτο οὗπερ αὐτὸς ἕνεκα φίλων ᾤετο δεῖσθαι, ὡς συνεργοὺς ἔχοι, καὶ αὐτὸς ἐπειρᾶτο συνεργὸς τοῖς φίλοις κράτιστος εἶναι τούτου ὅτου ἕκαστον αἰσθάνοιτο ἐπιθυμοῦντα. 22. δῶρα δὲ πλεῖστα μὲν οἶμαι εἷς γε ὢν ἀνὴρ ἐλάμβανε διὰ πολλά· ταῦτα δὲ πάντων δὴ μάλιστα τοῖς φίλοις διεδίδου, πρὸς τοὺς τρόπους ἑκάστου σκοπῶν καὶ ὅτου μάλιστα ὀρῴη ἕκαστον δεόμενον. 23. καὶ ὅσα τῷ σώματι αὐτοῦ κόσμον πέμποι τις ἢ ὡς εἰς πόλεμον ἢ ὡς εἰς καλλωπισμόν, καὶ περὶ τούτων λέγειν αὐτὸν ἔφασαν ὅτι τὸ μὲν ἑαυτοῦ σῶμα οὐκ ἂν δύναιτο τούτοις πᾶσι κοσμηθῆναι, φίλους δὲ καλῶς κεκοσμημένους μέγιστον κόσμον ἀνδρὶ νομίζοι. 24. καὶ τὸ μὲν τὰ μεγάλα νικᾶν τοὺς φίλους εὖ ποιοῦντα οὐδὲν θαυμαστόν, ἐπειδή γε καὶ δυνατώτερος ἦν· τὸ δὲ τῇ ἐπιμελείᾳ περιεῖναι τῶν φίλων καὶ τῷ προθυμεῖσθαι χαρίζεσθαι, ταῦτα ἔμοιγε μᾶλλον δοκεῖ ἀγαστὰ εἶναι. 25. Κῦρος γὰρ ἔπεμπε βίκους οἴνου ἡμιδεεῖς πολλάκις ὁπότε πάνυ ἡδὺν λάβοι, λέγων ὅτι οὔπω δὴ πολλοῦ χρόνου τούτου ἡδίονι οἴνῳ ἐπιτύχοι· τοῦτον οὖν σοὶ ἔπεμψε καὶ δεῖταί σου τήμερον τοῦτον ἐκπιεῖν σὺν οἷς μάλιστα φιλεῖς. 26. πολλάκις δὲ χῆνας ἡμιβρώτους ἔπεμπε καὶ ἄρτων ἡμίσεα καὶ ἄλλα τοιαῦτα, ἐπιλέγειν κελεύων τὸν φέροντα, Τούτοις ἥσθη Κῦρος· βούλεται οὖν καὶ σὲ τούτων γεύσασθαι. 27. ὅπου δὲ χιλὸς σπάνιος πάνυ εἴη, αὐτὸς δ' ἐδύνατο παρασκευάσασθαι διὰ τὸ πολλοὺς ἔχειν ὑπηρέτας καὶ διὰ τὴν ἐπιμέλειαν, διαπέμπων ἐκέλευε τοὺς φίλους τοῖς τὰ ἑαυτῶν σώματα ἄγουσιν ἵπποις ἐμβάλλειν τοῦτον τὸν χιλὸν, ὡς μὴ πεινῶντες τοὺς ἑαυτοῦ φίλους ἄγωσιν. 28. εἰ δὲ δή ποτε πορεύοιτο καὶ πλεῖστοι μέλλοιεν ὄψεσθαι, προσκαλῶν τοὺς φίλους ἐσπουδαιολογεῖτο, ὡς δηλοίη οὓς τιμᾷ. ὥστε ἔγωγε ἐξ ὧν ἀκούω οὐδένα κρίνω ὑπὸ πλειόνων πεφιλῆσθαι οὔτε Ἑλλήνων οὔτε βαρβάρων. 29. τεκμήριον δὲ τούτου καὶ τόδε. παρὰ μὲν Κύρου δούλου ὄντος οὐδεὶς ἀπῄει πρὸς βασιλέα, πλὴν Ὀρόντας ἐπεχείρησε· καὶ οὗτος δὴ ὃν ᾤετο πιστόν οἱ εἶναι ταχὺ αὐτὸν εὗρε Κύρῳ φιλαίτερον ἢ ἑαυτῷ· παρὰ δὲ βασιλέως πολλοὶ πρὸς Κῦρον ἀπῆλθον, ἐπειδὴ πολέμιοι ἀλλήλοις ἐγένοντο, καὶ οὗτοι μέντοι οἱ μάλιστα ὑπ' αὐτοῦ ἀγαπώμενοι, νομίζοντες παρὰ Κύρῳ ὄντες ἀγαθοὶ ἀξιωτέρας ἂν τιμῆς τυγχάνειν ἢ παρὰ βασιλεῖ. 30. μέγα δὲ τεκμήριον καὶ τὸ ἐν τῇ τελευτῇ τοῦ βίου αὐτῷ γενόμενον ὅτι καὶ αὐτὸς ἦν ἀγαθὸς καὶ κρίνειν ὀρθῶς ἐδύνατο τοὺς πιστοὺς καὶ εὔνους καὶ βεβαίους. 31. ἀποθνήσκοντος γὰρ αὐτοῦ πάντες οἱ παρ' αὐτὸν φίλοι καὶ συντράπεζοι ἀπέθανον μαχόμενοι ὑπὲρ Κύρου πλὴν Ἀριαίου· οὗτος δὲ τεταγμένος ἐτύγχανεν ἐπὶ τῷ εὐωνύμῳ τοῦ ἱππικοῦ ἄρχων· ὡς δ' ᾔσθετο Κῦρον πεπτωκότα, ἔφυγεν ἔχων καὶ τὸ στράτευμα πᾶν οὗ ἡγεῖτο.

X. Ἐνταῦθα δὴ Κύρου ἀποτέμνεται ἡ κεφαλὴ καὶ ἡ χεὶρ ἡ δεξιά. βασιλεὺς δὲ καὶ οἱ σὺν αὐτῷ διώκων εἰσπίπτει εἰς τὸ Κύρειον στρατόπεδον· καὶ οἱ μὲν μετὰ Ἀριαίου οὐκέτι ἵστανται, ἀλλὰ φεύγουσι διὰ τοῦ αὑτῶν στρατοπέδου εἰς τὸν σταθμὸν ἔνθεν ὥρμηντο· τέτταρες δ' ἐλέγοντο παρασάγγαι εἶναι τῆς ὁδοῦ. 2. βασιλεὺς δὲ καὶ οἱ σὺν αὐτῷ τά τε ἄλλα πολλὰ διαρπάζουσι, καὶ τὴν Φωκαΐδα τὴν Κύρου παλλακίδα τὴν σοφὴν καὶ καλὴν λεγομένην εἶναι λαμβάνει. 3. ἡ δὲ Μιλησία ἡ νεωτέρα ληφθεῖσα ὑπὸ τῶν ἀμφὶ βασιλέα ἐκφεύγει γυμνὴ πρὸς τῶν Ἑλλήνων οἳ ἔτυχον ἐν τοῖς σκευοφόροις ὅπλα ἔχοντες, καὶ ἀντιταχθέντες πολλοὺς μὲν τῶν ἁρπαζόντων ἀπέκτειναν, οἱ δὲ καὶ αὐτῶν ἀπέθανον· οὐ μὴν ἔφυγόν γε, ἀλλὰ καὶ ταύτην ἔσωσαν καὶ ἄλλα ὁπόσα ἐντὸς αὐτῶν καὶ χρήματα καὶ ἄνθρωποι ἐγένοντο πάντα ἔσωσαν. 4. ἐνταῦθα διέσχον ἀλλήλων βασιλεύς τε καὶ οἱ Ἕλληνες ὡς τριάκοντα στάδια, οἱ μὲν διώκοντες τοὺς καθ' αὑτοὺς ὡς πάντας νικῶντες, οἱ δ' ἁρπάζοντες ὡς ἤδη πάντες νικῶντες. 5. ἐπεὶ δ' ᾔσθοντο οἱ μὲν Ἕλληνες ὅτι βασιλεὺς σὺν τῷ στρατεύματι ἐν τοῖς σκευοφόροις εἴη, βασιλεὺς δ' αὖ ἤκουσε Τισσαφέρνους ὅτι οἱ Ἕλληνες νικῷεν τὸ καθ' αὑτοὺς καὶ εἰς τὸ πρόσθεν οἴχονται διώκοντες, ἐνταῦθα δὴ βασιλεὺς μὲν ἀθροίζει τε τοὺς ἑαυτοῦ καὶ συντάττεται, ὁ δὲ Κλέαρχος ἐβουλεύετο Πρόξενον καλέσας, πλησιαίτατος γὰρ ἦν, εἰ πέμποιέν τινας ἢ πάντες ἴοιεν ἐπὶ τὸ στρατόπεδον ἀρήξοντες. 6. ἐν τούτῳ καὶ βασιλεὺς δῆλος ἦν προσιὼν πάλιν ὡς ἐδόκει ὄπισθεν. καὶ οἱ μὲν Ἕλληνες στραφέντες παρεσκευάζοντο ὡς ταύτῃ προσιόντος καὶ δεξόμενοι, ὁ δὲ βασιλεὺς ταύτῃ μὲν οὐκ ἦγεν, ᾗ δὲ παρῆλθεν ἔξω τοῦ εὐωνύμου κέρατος ταύτῃ καὶ ἀπήγαγεν, ἀναλαβὼν καὶ τοὺς ἐν τῇ μάχῃ κατὰ τοὺς Ἕλληνας αὐτομολήσαντας καὶ Τισσαφέρνην καὶ τοὺς σὺν αὐτῷ. 7. ὁ γὰρ Τισσαφέρνης ἐν τῇ πρώτῃ συνόδῳ οὐκ ἔφυγεν, ἀλλὰ διήλασε παρὰ τὸν ποταμὸν κατὰ τοὺς Ἕλληνας πελταστάς· διελαύνων δὲ κατέκανε μὲν οὐδένα, διαστάντες δ' οἱ Ἕλληνες ἔπαιον καὶ καὶ ἠκόντιζον αὐτούς· Ἐπισθένης δὲ Ἀμφιπολίτης ἦρχε τῶν πελταστῶν καὶ ἐλέγετο φρόνιμος γενέσθαι. 8. ὁ δ' οὖν Τισσαφέρνης ὡς μεῖον ἔχων ἀπηλλάγη, πάλιν μὲν οὐκ ἀναστρέφει, εἰς δὲ τὸ στρατόπεδον ἀφικόμενος τὸ τῶν Ἑλλήνων ἐκεῖ συντυγχάνει βασιλεῖ, καὶ ὁμοῦ δὴ πάλιν συνταξάμενοι ἐπορεύοντο. 9. ἐπεὶ δ' ἦσαν κατὰ τὸ εὐώνυμον τῶν Ἑλλήνων κέρας, ἔδεισαν οἱ Ἕλληνες μὴ προσάγοιεν πρὸς τὸ κέρας καὶ περιπτύξαντες ἀμφοτέρωθεν αὐτοὺς κατακόψειαν· καὶ ἐδόκει αὐτοῖς ἀναπτύσσειν τὸ κέρας καὶ ποιήσασθαι ὄπισθεν τὸν ποταμόν. 10. ἐν ᾧ δὲ ταῦτα ἐβουλεύοντο, καὶ δὴ βασιλεὺς παραμειψάμενος εἰς τὸ αὐτὸ σχῆμα κατέστησεν ἀντίαν τὴν φάλαγγα ὥσπερ τὸ πρῶτον μαχούμενος συνῄει. ὡς δὲ εἶδον οἱ Ἕλληνες ἐγγύς τε ὄντας καὶ παρατεταγμένους, αὖθις παιανίσαντες ἐπῄεσαν πολὺ ἔτι προθυμότερον ἢ τὸ πρόσθεν. 11. οἱ δ' αὖ βάρβαροι οὐκ ἐδέχοντο, ἀλλ' ἐκ πλείονος ἢ τὸ πρόσθεν ἔφευγον· οἱ δ' ἐπεδίωκον μέχρι κώμης τινός· 12. ἐνταῦθα δ' ἔστησαν οἱ Ἕλληνες· ὑπὲρ γὰρ τῆς κώμης γήλοφος ἦν, ἐφ' οὗ ἀνεστράφησαν οἱ ἀμφὶ βασιλέα, πεζοὶ μὲν οὐκέτι, τῶν δὲ ἱππέων ὁ λόφος ἐνεπλήσθη, ὥστε τὸ ποιούμενον μὴ γιγνώσκειν. καὶ τὸ βασίλειον σημεῖον ὁρᾶν ἔφασαν ἀετόν τινα χρυσοῦν ἐπὶ πέλτῃ ἐπὶ ξύλου ἀνατεταμένον. 13. ἐπεὶ δὲ καὶ ἐνταῦθ' ἐχώρουν οἱ Ἕλληνες, λείπουσι δὴ καὶ τὸν λόφον οἱ ἱππεῖς· οὐ μὴν ἔτι ἁθρόοι ἀλλ' ἄλλοι ἄλλοθεν· ἐψιλοῦτο δ' ὁ λόφος τῶν ἱππέων· τέλος δὲ καὶ πάντες ὑπεχώρησαν. 14. ὁ οὖν Κλέαρχος οὐκ ἀνεβίβαζεν ἐπὶ τὸν λόφον, ἀλλ' ὑπ' αὐτὸν στήσας τὸ στράτευμα πέμπει Λύκιον τὸν Συρακόσιον καὶ ἄλλον ἐπὶ τὸν λόφον καὶ κελεύει κατιδόντας τὰ ὑπὲρ τοῦ λόφου τί ἐστιν ἀπαγγεῖλαι. **15.** καὶ ὁ Λύκιος ἤλασέ τε καὶ ἰδὼν ἀπαγγέλλει ὅτι φεύγουσιν ἀνὰ κράτος. σχεδὸν δ' ὅτε ταῦτα ἦν καὶ ἥλιος ἐδύετο. **16.** ἐνταῦθα δ' ἔστησαν οἱ Ἕλληνες καὶ θέμενοι τὰ ὅπλα ἀνεπαύοντο· καὶ ἅμα μὲν ἐθαύμαζον ὅτι οὐδαμοῦ Κῦρος φαίνοιτο οὐδ' ἄλλος ἀπ' αὐτοῦ οὐδεὶς παρείη· οὐ γὰρ ᾔδεσαν αὐτὸν τεθνηκότα, ἀλλ' εἴκαζον ἢ διώκοντα οἴχεσθαι ἢ καταληψόμενόν τι προεληλακέναι· **17.** καὶ αὐτοὶ ἐβουλεύοντο εἰ αὐτοῦ μείναντες τὰ σκευοφόρα ἐνταῦθα ἄγοιντο ἢ ἀπίοιεν ἐπὶ τὸ στρατόπεδον. ἔδοξεν αὐτοῖς ἀπιέναι· καὶ ἀφικνοῦνται ἀμφὶ δορπηστὸν ἐπὶ τὰς σκηνάς. **18.** ταύτης μὲν τῆς ἡμέρας τοῦτο τὸ τέλος ἐγένετο. καταλαμβάνουσι δὲ τῶν τε ἄλλων χρημάτων τὰ πλεῖστα διηρπασμένα καὶ εἴ τι σιτίον ἢ ποτὸν ἦν, καὶ τὰς ἁμάξας μεστὰς ἀλεύρων καὶ οἴνου, ἃς παρεσκευάσατο Κῦρος ἵνα, εἴ ποτε σφοδρὰ τὸ στράτευμα λάβοι ἔνδεια, διαδοίη τοῖς Ἕλλησιν· ἦσαν δ' αὗται τετρακόσιαι ὡς ἐλέγοντο ἅμαξαι· καὶ ταύτας τότε οἱ σὺν βασιλεῖ διήρπασαν. **19.** ὥστε ἄδειπνοι ἦσαν οἱ πλεῖστοι τῶν Ἑλλήνων· ἦσαν δὲ καὶ ἀνάριστοι· πρὶν γὰρ δὴ καταλῦσαι τὸ στράτευμα πρὸς ἄριστον βασιλεὺς ἐφάνη. ταύτην μὲν οὖν τὴν νύκτα οὕτω διεγένοντο.

BOOK SECOND.

I. Ὡς μὲν οὖν ἠθροίσθη Κύρῳ τὸ Ἑλληνικὸν ὅτε ἐπὶ τὸν ἀδελφὸν Ἀρταξέρξην ἐστρατεύετο, καὶ ὅσα ἐν τῇ ἀνόδῳ ἐπράχθη καὶ ὡς ἡ μάχη ἐγένετο καὶ ὡς Κῦρος ἐτελεύτησε καὶ ὡς ἐπὶ τὸ στρατόπεδον ἐλθόντες οἱ Ἕλληνες ἐκοιμήθησαν οἰόμενοι τὰ πάντα νικᾶν καὶ Κῦρον ζῆν, ἐν τῷ ἔμπροσθεν λόγῳ δεδήλωται. **2.** ἅμα δὲ τῇ ἡμέρᾳ συνελθόντες οἱ στρατηγοὶ ἐθαύμαζον ὅτι Κῦρος οὔτε ἄλλον πέμποι σημανοῦντα ὅ τι χρὴ ποιεῖν οὔτε αὐτὸς φαίνοιτο. ἔδοξεν οὖν αὐτοῖς συσκευασαμένοις ἃ εἶχον καὶ ἐξοπλισαμένοις προϊέναι εἰς τὸ πρόσθεν ἕως Κύρῳ συμμίξειαν. 3. ἤδη δὲ ἐν ὁρμῇ ὄντων ἅμα ἡλίῳ ἀνίσχοντι ἦλθε Προκλῆς ὁ Τευθρανίας ἄρχων, γεγονὼς ἀπὸ Δαμαράτου τοῦ Λάκωνος, καὶ Γλοῦς ὁ Ταμῶ. οὗτοι ἔλεγον ὅτι Κῦρος μὲν τέθνηκεν, Ἀριαῖος δὲ πεφευγὼς ἐν τῷ σταθμῷ εἴη μετὰ τῶν ἄλλων βαρβάρων ὅθεν τῇ προτεραίᾳ ὥρμηντο, καὶ λέγοι ὅτι ταύτην μὲν τὴν ἡμέραν περιμείνειεν ἂν αὐτούς, εἰ μέλλοιεν ἥκειν, τῇ δὲ ἄλλῃ ἀπιέναι φαίη ἐπὶ Ἰωνίας, ὅθενπερ ἦλθε. 4. ταῦτα ἀκούσαντες οἱ στρατηγοὶ καὶ οἱ ἄλλοι Ἕλληνες πυνθανόμενοι βαρέως ἔφερον. Κλέαρχος δὲ τάδε εἶπεν, Ἀλλ' ὤφελε μὲν Κῦρος ζῆν· ἐπεὶ δὲ τετελεύτηκεν, ἀπαγγέλλετε Ἀριαίῳ ὅτι ἡμεῖς νικῶμέν τε βασιλέα καὶ ὡς ὁρᾶτε οὐδεὶς ἔτι ἡμῖν μάχεται, καὶ εἰ μὴ ὑμεῖς ἤλθετε, ἐπορευόμεθα ἂν ἐπὶ βασιλέα. ἐπαγγελλόμεθα δὲ Ἀριαίῳ, ἐὰν ἐνθάδε ἔλθῃ, εἰς τὸν θρόνον τὸν βασίλειον καθιεῖν αὐτόν· τῶν γὰρ μάχῃ νικώντων καὶ τὸ ἄρχειν ἐστί. 5. ταῦτ' εἰπὼν ἀποστέλλει τοὺς ἀγγέλους καὶ σὺν αὐτοῖς Χειρίσοφον τὸν Λάκωνα καὶ Μένωνα τὸν Θετταλόν· καὶ γὰρ αὐτὸς Μένων ἐβούλετο· ἦν γὰρ φίλος καὶ ξένος Ἀριαίου. 6. οἱ μὲν ᾤχοντο, Κλέαρχος δὲ περιέμενε. τὸ δὲ στράτευμα ἐπορίζετο σῖτον ὅπως ἐδύνατο ἐκ τῶν ὑποζυγίων κόπτοντες τοὺς βοῦς καὶ ὄνους· ξύλοις δ' ἐχρῶντο μικρὸν προϊόντες ἀπὸ τῆς φάλαγγος οὗ ἡ μάχη ἐγένετο τοῖς τε οἰστοῖς πολλοῖς οὖσιν, οὓς ἠνάγκαζον οἱ Ἕλληνες ἐκβάλλειν τοὺς αὐτομολοῦντας παρὰ βασιλέως, καὶ τοῖς γέρροις καὶ ταῖς ἀσπίσι ταῖς ξυλίναις ταῖς Αἰγυπτίαις· πολλαὶ δὲ καὶ πέλται καὶ ἅμαξαι ἦσαν φέρεσθαι ἔρημοι· οἷς πᾶσι χρώμενοι κρέα ἕψοντες ἤσθιον ἐκείνην τὴν ἡμέραν. 7. καὶ ἤδη τε ἦν περὶ πλήθουσαν ἀγορὰν καὶ ἔρχονται παρὰ βασιλέως καὶ Τισσαφέρνους κήρυκες οἱ μὲν ἄλλοι βάρβαροι, ἦν δ᾽ αὐτῶν Φαλῖνος εἷς Ἕλλην, ὃς ἐτύγχανε παρὰ Τισσαφέρνει ὢν καὶ ἐντίμως ἔχων· καὶ γὰρ προσεποιεῖτο ἐπιστήμων εἶναι τῶν ἀμφὶ τάξεις τε καὶ ὁπλομαχίαν. 8. οὗτοι δὲ προσελθόντες καὶ καλέσαντες τοὺς τῶν Ἑλλήνων ἄρχοντας λέγουσιν ὅτι βασιλεὺς κελεύει τοὺς Ἕλληνας, ἐπεὶ νικῶν τυγχάνει καὶ Κῦρον ἀπέκτονε, παραδόντας τὰ ὅπλα ἰόντας ἐπὶ τὰς βασιλέως θύρας εὑρίσκεσθαι ἄν τι δύνωνται ἀγαθόν. 9. ταῦτα μὲν εἶπον οἱ βασιλέως κήρυκες· οἱ δὲ Ἕλληνες βαρέως μὲν ἤκουσαν, ὅμως δὲ Κλέαρχος τοσοῦτον εἶπεν, ὅτι οὐ τῶν νικώντων εἴη τὰ ὅπλα παραδιδόναι· ἀλλ᾽, ἔφη, ὑμεῖς μὲν, ὦ ἄνδρες στρατηγοί, τούτοις ἀποκρίνασθε ὅ τι κάλλιστόν τε καὶ ἄριστον ἔχετε· ἐγὼ δὲ αὐτίκα ἥξω. ἐκάλεσε γάρ τις αὐτὸν τῶν ὑπηρετῶν, ὅπως ἴδοι τὰ ἱερὰ ἐξῃρημένα· ἔτυχε γὰρ θυόμενος. 10. ἔνθα δὴ ἀπεκρίνατο Κλεάνωρ μὲν ὁ Ἀρκὰς πρεσβύτατος ὢν ὅτι πρόσθεν ἂν ἀποθάνοιεν ἢ τὰ ὅπλα παραδοῖεν· Πρόξενος δὲ ὁ Θηβαῖος, Ἀλλ᾽ ἐγὼ, ἔφη, ὦ Φαλῖνε, θαυμάζω πότερα ὡς κρατῶν βασιλεὺς αἰτεῖ τὰ ὅπλα ἢ ὡς διὰ φιλίαν δῶρα. εἰ μὲν γὰρ ὡς κρατῶν, τί δεῖ αὐτὸν αἰτεῖν καὶ οὐ λαβεῖν ἐλθόντα; εἰ δὲ πείσας βούλεται λαβεῖν, λεγέτω τί ἔσται τοῖς στρατιώταις, ἐὰν αὐτῷ ταῦτα χαρίσωνται. 11. πρὸς ταῦτα Φαλῖνος εἶπε, Βασιλεὺς νικᾶν ἡγεῖται. ἐπεὶ Κῦρον ἀπέκτονε. τίς γὰρ αὐτῷ ἔστιν ὅστις τῆς ἀρχῆς ἀντιποιεῖται; νομίζει δὲ καὶ ὑμᾶς ἑαυτοῦ εἶναι, ἔχων ἐν μέσῃ τῇ ἑαυτοῦ χώρᾳ καὶ ποταμῶν ἐντὸς ἀδιαβάτων καὶ πλῆθος ἀνθρώπων ἐφ᾽ ὑμᾶς δυνάμενος ἀγαγεῖν ὅσον οὐδ᾽ εἰ παρέχοι ὑμῖν δύναισθε ἂν ἀποκτεῖναι. 12. μετὰ τοῦτον Θεόπομπος Ἀθηναῖος εἶπεν, Ὦ Φαλῖνε, νῦν, ὡς σὺ ὁρᾷς, ἡμῖν οὐδὲν ἔστιν ἀγαθὸν ἄλλο εἰ μὴ ὅπλα καὶ ἀρετή. ὅπλα μὲν οὖν ἔχοντες οἰόμεθα ἂν καὶ τῇ ἀρετῇ χρῆσθαι, παραδόντες δ' ἂν ταῦτα καὶ τῶν σωμάτων στερηθῆναι. μὴ οὖν οἴου τὰ μόνα ἀγαθὰ ἡμῖν ὄντα ὑμῖν παραδώσειν, ἀλλὰ σὺν τούτοις καὶ περὶ τῶν ὑμετέρων ἀγαθῶν μαχούμεθα. 13. ἀκούσας δὲ ταῦτα ὁ Φαλῖνος ἐγέλασε καὶ εἶπεν, Ἀλλὰ φιλοσόφῳ μὲν ἔοικας, ὦ νεανίσκε, καὶ λέγεις οὐκ ἀχάριστα· ἴσθι μέντοι ἀνόητος ὤν, εἰ οἴει τὴν ὑμετέραν ἀρετὴν περιγενέσθαι ἂν τῆς βασιλέως δυνάμεως. 14. ἄλλους δέ τινας ἔφασαν λέγειν ὑπομαλακιζομένους ὡς καὶ Κύρῳ πιστοὶ ἐγένοντο καὶ βασιλεῖ ἂν πολλοῦ ἄξιοι γένοιντο, εἰ βούλοιτο φίλος γενέσθαι· καὶ εἴτε ἄλλο τι θέλοι χρῆσθαι εἴτ' ἐπ' Αἴγυπτον στρατεύειν, συγκαταστρέψαιντ' ἂν αὐτῷ. 15. ἐν τούτῳ Κλέαρχος ἧκε, καὶ ἠρώτησεν εἰ ἤδη ἀποκεκριμένοι εἶεν. Φαλῖνος δὲ ὑπολαβὼν εἶπεν, Οὗτοι μὲν, ὦ Κλέαρχε, ἄλλος ἄλλα λέγει· σὺ δ' ἡμῖν εἰπὲ τί λέγεις. 16. ὁ δ' εἶπεν, Ἐγώ σε, ὦ Φαλῖνε, ἄσμενος ἑώρακα, οἶμαι δὲ καὶ οἱ ἄλλοι πάντες· σύ τε γὰρ Ἕλλην εἶ καὶ ἡμεῖς τοσοῦτοι ὄντες ὅσους σὺ ὁρᾷς· ἐν τοιούτοις δὲ ὄντες πράγμασι συμβουλευόμεθά σοι τί χρὴ ποιεῖν περὶ ὧν λέγεις. 17. σὺ οὖν πρὸς θεῶν συμβούλευσον ἡμῖν ὅ τι σοι δοκεῖ κάλλιστον καὶ ἄριστον εἶναι, καὶ ὅ σοι τιμὴν οἴσει εἰς τὸν ἔπειτα χρόνον λεγόμενον, ὅτι Φαλῖνός ποτε πεμφθεὶς παρὰ βασιλέως κελεύσων τοὺς Ἕλληνας τὰ ὅπλα παραδοῦναι συμβουλευομένοις συνεβούλευσεν αὐτοῖς τάδε. οἶσθα δὲ ὅτι ἀνάγκη λέγεσθαι ἐν τῇ Ἑλλάδι ἃ ἂν συμβουλεύσῃς. 18. ὁ δὲ Κλέαρχος ταῦτα ὑπήγετο βουλόμενος καὶ αὐτὸν τὸν παρὰ βασιλέως πρεσβεύοντα συμβουλεῦσαι μὴ παραδοῦναι τὰ ὅπλα, ὅπως εὐέλπιδες μᾶλλον εἶεν οἱ Ἕλληνες. Φαλῖνος δὲ ὑποστρέψας παρὰ τὴν δόξαν αὐτοῦ εἶπεν, 19. Ἐγώ, εἰ μὲν τῶν μυρίων ἐλπίδων μία τις ὑμῖν ἐστι σωθῆναι πολεμοῦντας βασιλεῖ, συμβουλεύω μὴ παραδιδόναι τὰ ὅπλα· εἰ δέ τοι μηδεμία σωτηρίας ἐστὶν ἐλπὶς ἄκοντος βασιλέως, συμβουλεύω σώζεσθαι ὑμῖν ὅπῃ δυνατόν. 20. Κλέαρχος δὲ πρὸς ταῦτα εἶπεν, Ἀλλὰ ταῦτα μὲν δὴ σὺ λέγεις· παρ' ἡμῶν δὲ ἀπάγγελλε τάδε, ὅτι ἡμεῖς οἰόμεθα, εἰ μὲν δέοι βασιλεῖ φίλους εἶναι, πλείονος ἂν ἄξιοι εἶναι φίλοι ἔχοντες τὰ ὅπλα ἢ παραδόντες ἄλλῳ, εἰ δὲ δέοι πολεμεῖν, ἄμεινον ἂν πολεμεῖν ἔχοντες τὰ ὅπλα ἢ ἄλλῳ παραδόντες. 21. ὁ δὲ Φαλῖνος εἶπε, Ταῦτα μὲν δὴ ἀπαγγελοῦμεν· ἀλλὰ καὶ τάδε ὑμῖν εἰπεῖν ἐκέλευσε βασιλεὺς ὅτι μένουσι μὲν αὐτοῦ σπονδαὶ εἴησαν, προϊοῦσι δὲ καὶ ἀπιοῦσι πόλεμος. εἴπατε οὖν καὶ περὶ τούτου πότερα μενεῖτε καὶ σπονδαί εἰσιν ἢ ὡς πολέμου ὄντος παρ' ὑμῶν ἀπαγγελῶ. 22. Κλέαρχος δ' ἔλεξεν, Ἀπάγγελλε τοίνυν καὶ περὶ τούτου ὅτι καὶ ἡμῖν ταὐτὰ δοκεῖ ἅπερ καὶ βασιλεῖ. Τί οὖν ταῦτά ἐστιν; ἔφη ὁ Φαλῖνος. ἀπεκρίνατο Κλέαρχος, Ἢν μὲν μένωμεν, σπονδαί, ἀπιοῦσι δὲ καὶ προϊοῦσι πόλεμος. 23. ὁ δὲ πάλιν ἠρώτησε, Σπονδὰς ἢ πόλεμον ἀπαγγελῶ; Κλέαρχος δὲ ταὐτὰ πάλιν ἀπεκρίνατο, Σπονδαὶ μὲν μένουσιν, ἀπιοῦσι δὲ ἢ προϊοῦσι πόλεμος. ὅ τι δὲ ποιήσοι οὐ διεσήμηνε.

II. Φαλῖνος μὲν δὴ ᾤχετο καὶ οἱ σὺν αὐτῷ. οἱ δὲ παρὰ Ἀριαίου ἧκον Προκλῆς καὶ Χειρίσοφος· Μένων δὲ αὐτοῦ ἔμενε παρὰ Ἀριαίῳ· οὗτοι δὲ ἔλεγον ὅτι πολλοὺς φαίη Ἀριαῖος εἶναι Πέρσας ἑαυτοῦ βελτίους, οὓς οὐκ ἂν ἀνασχέσθαι αὐτοῦ βασιλεύοντος· ἀλλ' εἰ βούλεσθε συναπιέναι, ἥκειν ἤδη κελεύει τῆς νυκτός. εἰ δὲ μή, αὐτὸς πρῲ ἀπιέναι φησίν. 2. ὁ δὲ Κλέαρχος εἶπεν, Ἀλλ' οὕτω χρὴ ποιεῖν· ἐὰν μὲν ἥκωμεν, ὥσπερ λέγετε· εἰ δὲ μή, πράττετε ὁποῖον ἄν τι ὑμῖν οἴησθε μάλιστα συμφέρειν. ὅ τι δὲ ποιήσοι οὐδὲ τούτοις εἶπε. 3. μετὰ ταῦτα ἤδη ἡλίου δύνοντος συγκαλέσας τοὺς στρατηγοὺς καὶ λοχαγοὺς ἔλεξε τοιάδε. Ἐμοί, ὦ ἄνδρες, θυομένῳ ἰέναι ἐπὶ βασιλέα οὐκ ἐγίγνετο τὰ ἱερά. καὶ εἰκότως ἄρα οὐκ ἐγίγνετο· ὡς γὰρ ἐγὼ νῦν πυνθάνομαι, ἐν μέσῳ ἡμῶν καὶ βασιλέως ὁ Τίγρης ποταμός ἐστι ναυσί-πόρος, ὃν οὐκ ἂν δυναίμεθα ἄνευ πλοίων διαβῆναι· πλοῖα δὲ ἡμεῖς οὐκ ἔχομεν. οὐ μὲν δὴ αὐτοῦ γε μένειν οἷόν τε· τὰ γὰρ ἐπιτήδεια οὐκ ἔστιν ἔχειν· ἰέναι δὲ παρὰ τοὺς Κύρου φίλους πάνυ καλὰ ἡμῖν τὰ ἱερὰ ἦν. 4. ὧδε οὖν χρὴ ποιεῖν· ἀπιόντας δειπνεῖν ὅ τι τις ἔχει· ἐπειδὰν δὲ σημήνῃ τῷ κέρατι ὡς ἀναπαύεσθαι, συσκευάζεσθε· ἐπειδὰν δὲ τὸ δεύτερον, ἀνατίθεσθε ἐπὶ τὰ ὑποζύγια· ἐπὶ δὲ τῷ τρίτῳ ἕπεσθε τῷ ἡγουμένῳ, τὰ μὲν ὑποζύγια ἔχοντες πρὸς τοῦ ποταμοῦ, τὰ δὲ ὅπλα ἔξω. 5. ταῦτα ἀκούσαντες οἱ στρατηγοὶ καὶ λοχαγοὶ ἀπῆλθον καὶ ἐποίουν οὕτω. καὶ τὸ λοιπὸν ὁ μὲν ἦρχεν, οἱ δὲ ἐπείθοντο, οὐχ ἑλόμενοι, ἀλλὰ ὁρῶντες ὅτι μόνος ἐφρόνει οἷα δεῖ τὸν ἄρχοντα, οἱ δ' ἄλλοι ἄπειροι ἦσαν. 6. ἀριθμὸς δὲ τῆς ὁδοῦ ἣν ἦλθον ἐξ Ἐφέσου τῆς Ἰωνίας μέχρι τῆς μάχης σταθμοὶ τρεῖς καὶ ἐνενήκοντα, παρασάγγαι πέντε καὶ τριάκοντα καὶ πεντακόσιοι, στάδιοι πεντήκοντα καὶ ἑξακισχίλιοι καὶ μύριοι· ἀπὸ δὲ τῆς μάχης ἐλέγοντο εἶναι εἰς Βαβυλῶνα στάδιοι ἑξήκοντα καὶ τριακόσιοι. 7. ἐντεῦθεν ἐπεὶ σκότος ἐγένετο Μιλτοκύθης μὲν ὁ Θρᾷξ ἔχων τούς τε ἱππέας τοὺς μεθ' ἑαυτοῦ εἰς τετταράκοντα καὶ τῶν πεζῶν Θρακῶν ὡς τριακοσίους ηὐτομόλησε πρὸς βασιλέα. 8. Κλέαρχος δὲ τοῖς ἄλλοις ἡγεῖτο κατὰ τὰ παρηγγελμένα, οἱ δ' εἵποντο· καὶ ἀφικνοῦνται εἰς τὸν πρῶτον σταθμὸν παρὰ Ἀριαῖον καὶ τὴν ἐκείνου στρατιὰν ἀμφὶ μέσας νύκτας· καὶ ἐν τάξει θέμενοι τὰ ὅπλα συνῆλθον οἱ στρατηγοὶ καὶ λοχαγοὶ τῶν Ἑλλήνων παρὰ Ἀριαῖον· καὶ ὤμοσαν οἵ τε Ἕλληνες καὶ ὁ Ἀριαῖος καὶ περ ὁ αὐτὸς ὑμῖν στόλος ἐστὶ καὶ ἡμῖν, εἰπὲ τίνα γνώμην ἔχεις περὶ τῆς πορείας, πότερον ἄπιμεν ἥνπερ ἤλθομεν ἢ ἄλλην τινὰ ἐννενοηκέναι δοκεῖς ὁδὸν κρείττω. 11. ὁ δ᾽ εἶπεν, Ἢν μὲν ἤλθομεν ἀπιόντες παντελῶς ἂν ὑπὸ λιμοῦ ἀπολοίμεθα· ὑπάρχει γὰρ νῦν ἡμῖν οὐδὲν τῶν ἐπιτηδείων. ἑπτακαίδεκα γὰρ σταθμῶν τῶν ἐγγυτάτω οὐδὲ δεῦρο ἰόντες ἐκ τῆς χώρας οὐδὲν εἴχομεν λαμβάνειν· ἔνθα δ᾽ εἴ τι ἦν, ἡμεῖς διαπορευόμενοι κατεδαπανήσαμεν. νῦν δ᾽ ἐπινοοῦμεν πορεύεσθαι μακροτέραν μὲν, τῶν δ᾽ ἐπιτηδείων οὐκ ἀπορήσομεν. 12. πορευτέον δ᾽ ἡμῖν τοὺς πρώτους σταθμοὺς ὡς ἂν δυνώμεθα μακροτάτους, ἵνα ὡς πλεῖστον ἀποσπασθῶμεν τοῦ βασιλικοῦ στρατεύματος· ἢν γὰρ ἅπαξ δύο ἢ τριῶν ἡμερῶν ὁδὸν ἀπόσχωμεν, οὐκέτι μὴ δύνηται βασιλεὺς ἡμᾶς καταλαβεῖν. ὀλίγῳ μὲν γὰρ στρατεύματι οὐ τολμήσει ἐφέπεσθαι· πολὺν δ᾽ ἔχων στόλον οὐ δυνήσεται ταχέως πορεύεσθαι· ἴσως δὲ καὶ τῶν ἐπιτηδείων σπανιεῖ. ταύτην, ἔφη, τὴν γνώμην ἔχω ἔγωγε.

13. Ἢν δὲ αὕτη ἡ στρατηγία οὐδὲν ἄλλο δυναμένη ἢ ἀποδρᾶναι ἢ ἀποφυγεῖν· ἡ δὲ τύχη ἐστρατήγησε κάλλιον. ἐπεὶ γὰρ ἡμέρα ἐγένετο, ἐπορεύοντο ἐν δεξιᾷ ἔχοντες τὸν ἥλιον, λογιζόμενοι ἥξειν ἅμα ἡλίῳ δύνοντι εἰς κώμας τῆς Βαβυλωνίας χώρας· καὶ τοῦτο μὲν οὐκ ἐψεύσθησαν. 14. ἔτι δὲ ἀμφὶ δείλην ἔδοξαν πολεμίους ὁρᾶν ἱππέας· καὶ τῶν τε Ἑλλήνων οἳ μὴ ἔτυχον ἐν ταῖς τάξεσιν ὄντες εἰς τὰς τάξεις ἔθεον, καὶ Ἀριαῖος, ἐτύγχανε γὰρ ἐφ᾽ ἁμάξης πορευόμενος διότι ἐτέτρωτο, καταβὰς ἐθωρακίζετο καὶ οἱ σὺν αὐτῷ. 15. ἐν ᾧ δὲ ὡπλίζοντο ἧκον λέγοντες οἱ προπεμφθέντες σκοποὶ ὅτι οὐχ ἱππεῖς εἰσιν ἀλλ᾽ ὑποζύγια νέμοιτο. καὶ εὐθὺς ἔγνωσαν πάντες ὅτι ἐγγύς που ἐστρατοπεδεύετο βασιλεύς· καὶ γὰρ καὶ καπνὸς ἐφαίνετο ἐν κώμαις οὐ πρόσω. 16. Κλέαρχος δὲ ἐπὶ μὲν τοὺς πολεμίους οὐκ ἦγεν· ᾔδει γὰρ καὶ ἀπειρηκότας τοὺς στρατιώτας καὶ ἀσίτους ὄντας· ἤδη δὲ καὶ ὀψὲ ἦν· οὐ μέντοι οὐδὲ ἀπέκλινε, φυλαττόμενος

μὴ δοκοίη φεύγειν, ἀλλ' εὐθύωρον ἄγων ἅμα τῷ ἡλίῳ δυομένῳ εἰς τὰς ἐγγυτάτω κώμας τοὺς πρώτους ἔχων κατεσκήνωσεν, ἐξ ὧν διήρπαστο ὑπὸ τοῦ βασιλικοῦ στρατεύματος καὶ αὐτὰ τὰ ἀπὸ τῶν οἰκιῶν ξύλα. **17.** οἱ μὲν οὖν πρῶτοι ὅμως τρόπῳ τινὶ ἐστρατοπεδεύσαντο, οἱ δὲ ὕστεροι σκοταῖοι προσιόντες ὡς ἐτύγχανον ἕκαστοι ηὐλίζοντο, καὶ κραυγὴν πολλὴν ἐποίουν καλοῦντες ἀλλήλους, ὥστε καὶ τοὺς πολεμίους ἀκούειν· ὥστε οἱ μὲν ἐγγύτατα τῶν πολεμίων καὶ ἔφυγον ἐκ τῶν σκηνωμάτων. **18.** δῆλον δὲ τοῦτο τῇ ὑστεραίᾳ ἐγένετο· οὔτε γὰρ ὑποζύγιον ἔτ' οὐδὲν ἐφάνη οὔτε στρατόπεδον οὔτε καπνὸς οὐδαμοῦ πλησίον. ἐξεπλάγη δὲ, ὡς ἔοικε, καὶ βασιλεὺς τῇ ἐφόδῳ τοῦ στρατεύματος. ἐδήλωσε δὲ τοῦτο οἷς τῇ ὑστεραίᾳ ἔπραττε. **19.** προϊούσης μέντοι τῆς νυκτὸς ταύτης καὶ τοῖς Ἕλλησι φόβος ἐμπίπτει, καὶ θόρυβος καὶ δοῦπος ἦν οἷον εἰκὸς φόβου ἐμπεσόντος γίγνεσθαι. **20.** Κλέαρχος δὲ Τολμίδην Ἠλεῖον, ὃν ἐτύγχανεν ἔχων παρ' ἑαυτῷ κήρυκα ἄριστον τῶν τότε, τοῦτον ἀνειπεῖν ἐκέλευσε σιγὴν κατακηρύξαντα ὅτι προαγορεύουσιν οἱ ἄρχοντες, ὃς ἂν τὸν ἀφέντα τὸν ὄνον εἰς τὰ ὅπλα μηνύσῃ, ὅτι λήψεται μισθὸν τάλαντον ἀργυρίου. **21.** ἐπεὶ δὲ ταῦτα ἐκηρύχθη, ἔγνωσαν οἱ στρατιῶται ὅτι κενὸς ὁ φόβος εἴη καὶ οἱ ἄρχοντες σῶοι. ἅμα δὲ ὄρθρῳ παρήγγειλεν ὁ Κλέαρχος εἰς τάξιν τὰ ὅπλα τίθεσθαι τοὺς Ἕλληνας ᾗπερ εἶχον ὅτε ἦν ἡ μάχη.

III. Ὁ δὲ δὴ ἔγραψα ὅτι βασιλεὺς ἐξεπλάγη τῇ ἐφόδῳ, τῷδε δῆλον ἦν. τῇ μὲν γὰρ πρόσθεν ἡμέρᾳ πέμπων τὰ ὅπλα παραδιδόναι ἐκέλευε, τότε δὲ ἅμα ἡλίῳ ἀνατέλλοντι τῶν δὲ ἀόπλων μηδένα καταφανῆ εἶναι, ἐκάλεσε τοὺς ἀγγέλους, καὶ αὐτός τε προῆλθε τούς τε εὐοπλοτάτους ἔχων καὶ εὐειδεστάτους τῶν αὐτοῦ στρατιωτῶν καὶ τοῖς ἄλλοις στρατηγοῖς ταῦτα ἔφρασεν. 4. ἐπεὶ δὲ ἦν πρὸς τοῖς ἀγγέλοις, ἀνηρώτα τί βούλοιντο. οἱ δ' ἔλεγον ὅτι περὶ σπονδῶν ἥκοιεν ἄνδρες οἵτινες ἱκανοὶ ἔσονται τά τε παρὰ βασιλέως τοῖς Ἕλλησιν ἀπαγγεῖλαι καὶ τὰ παρὰ τῶν Ἑλλήνων βασιλεῖ. 5. ὁ δὲ ἀπεκρίνατο, Ἀπαγγέλλετε τοίνυν αὐτῷ ὅτι μάχης δεῖ πρῶτον· ἄριστον γὰρ οὐκ ἔστιν οὐδ' ὁ τολμήσων περὶ σπονδῶν λέγειν τοῖς Ἕλλησι μὴ πορίσας ἄριστον. 6. ταῦτα ἀκούσαντες οἱ ἄγγελοι ἀπήλαυνον, καὶ ἧκον ταχύ· ᾧ καὶ δῆλον ἦν ὅτι ἐγγύς που βασιλεὺς ἦν ἢ ἄλλος τις ᾧ ἐπετέτακτο ταῦτα πράττειν· ἔλεγον δὲ ὅτι εἰκότα δοκοῖεν λέγειν βασιλεῖ, καὶ ἥκοιεν ἡγεμόνας ἔχοντες οἳ αὐτούς, ἐὰν σπονδαὶ γένωνται, ἄξουσιν ἔνθεν ἕξουσι τὰ ἐπιτήδεια. 7. ὁ δὲ ἠρώτα εἰ αὐτοῖς τοῖς ἀνδράσι σπένδοιτο ἰοῦσι καὶ ἀπιοῦσιν, ἢ καὶ τοῖς ἄλλοις ἔσοιντο σπονδαί. οἱ δέ, Ἅπασιν, ἔφασαν, μέχρι ἂν βασιλεῖ τὰ παρ' ὑμῶν διαγγελθῇ. 8. ἐπεὶ δὲ ταῦτα εἶπον, μεταστησάμενος αὐτοὺς ὁ Κλέαρχος ἐβουλεύετο· καὶ ἐδόκει ταχὺ τὰς σπονδὰς ποιεῖσθαι καὶ καθ' ἡσυχίαν ἐλθεῖν τε ἐπὶ τὰ ἐπιτήδεια καὶ λαβεῖν. 9. ὁ δέ Κλέαρχος εἶπε, Δοκεῖ μὲν κἀμοὶ ταῦτα· οὐ μέντοι ταχύ γε ἀπαγγελῶ, ἀλλὰ διατρίψω ἔστ' ἂν ὀκνήσωσιν οἱ ἄγγελοι μὴ ἀποδόξῃ ἡμῖν τὰς σπονδὰς ποιήσασθαι· οἶμαί γε μέντοι, ἔφη, καὶ τοῖς ἡμετέροις στρατιώταις τὸν αὐτὸν φόβον παρέσεσθαι. ἐπεὶ δὲ ἐδόκει καιρὸς εἶναι, ἀπήγγελλεν ὅτι σπένδοιτο, καὶ εὐθὺς ἡγεῖσθαι ἐκέλευε πρὸς τἀπιτήδεια. 10. καὶ οἱ μὲν ἡγοῦντο, Κλέαρχος μέντοι ἐπορεύετο τὰς μὲν σπονδὰς ποιησόμενος, τὸ δὲ στράτευμα ἔχων ἐν τάξει, καὶ αὐτὸς ὠπισθοφυλάκει. καὶ ἐνετύγχανον τάφροις καὶ αὐλῶσιν ὕδατος πλήρεσιν ὡς μὴ δύνασθαι διαβαίνειν ἄνευ γεφυρῶν· ἀλλ' ἐποιοῦντο ἐκ τῶν φοινίκων οἳ ἦσαν ἐκπεπτωκότες, τοὺς δὲ καὶ ἐξέκοπτον. 11. καὶ ἐνταῦθα ἦν Κλέαρχον καταμαθεῖν ὡς ἐπεστάτει, ἐν μὲν τῇ ἀριστερᾷ χειρὶ τὸ δόρυ ἔχων, ἐν δὲ τῇ δεξιᾷ βακτηρίαν· καὶ εἴ τις αὐτῷ δοκοίη τῶν πρὸς τοῦτο τεταγμένων βλακεύειν, ἐκλεγόμενος τὸν ἐπιτήδειον ἔπαισεν ἄν, καὶ ἅμα αὐτὸς προσελάμβανεν εἰς τὸν πηλὸν ἐμβαίνων· ὥστε πᾶσιν αἰσχύνην εἶναι μὴ οὐ συσπουδάζειν. 12. καὶ ἐτάχθησαν μὲν πρὸς αὐτοῦ οἱ τριάκοντα ἔτη γεγονότες· ἐπεὶ δὲ καὶ Κλέαρχον ἑώρων σπουδάζοντα, προσελάμβανον καὶ οἱ πρεσβύτεροι. 13. πολὺ δὲ μᾶλλον ὁ Κλέαρχος ἔσπευδεν, ὑποπτεύων μὴ ἀεὶ οὕτω πλήρεις εἶναι τὰς τάφρους ὕδατος· οὐ γὰρ ἦν ὥρα οἵα τὸ πεδίον ἄρδειν· ἀλλ' ἵνα ἤδη πολλὰ προφαίνοιτο τοῖς Ἕλλησι δεινὰ εἰς τὴν πορείαν, τούτου ἕνεκα βασιλέα ὑπώπτευεν ἐπὶ τὸ πεδίον τὸ ὕδωρ ἀφεικέναι. 14. πορευόμενοι δὲ ἀφίκοντο εἰς κώμας ὅθεν ἀπέδειξαν οἱ ἡγεμόνες λαμβάνειν τὰ ἐπιτήδεια. ἐνῆν δὲ σῖτος πολὺς καὶ οἶνος φοινίκων καὶ ὄξος ἑψητὸν ἀπὸ τῶν αὐτῶν. 15. αὗται δὲ αἱ βάλανοι τῶν φοινίκων οἵας μὲν ἐν τοῖς Ἕλλησιν ἔστιν ἰδεῖν τοῖς οἰκέταις ἀπέκειντο, αἱ δὲ τοῖς δεσπόταις ἀποκείμεναι ἦσαν ἀπόλεκτοι, θαυμάσιαι τοῦ κάλλους καὶ μεγέθους, ἡ δὲ ὄψις ἠλέκτρου οὐδὲν διέφερε· τὰς δέ τινας ξηραίνοντες τραγήματα ἀπετίθεσαν. καὶ ἦν καὶ παρὰ πότον ἡδὺ μέν, κεφαλαλγὲς δέ. 16. ἐνταῦθα καὶ τὸν ἐγκέφαλον τοῦ φοίνικος πρῶτον ἔφαγον οἱ στρατιῶται, καὶ οἱ πολλοὶ ἐθαύμασαν τό τε εἶδος καὶ τὴν ἰδιότητα τῆς ἡδονῆς. ἦν δὲ σφόδρα καὶ τοῦτο κεφαλαλγές. ὁ δὲ φοῖνιξ ὅθεν ἐξαιρεθείη ὁ ἐγκέφαλος ὅλος αὐαίνετο.

εἶδον εἰς πολλὰ κἀμήχανα πεπτωκότας, εὕρημα ἐποιησάμην εἴ πως δυναίμην παρὰ βασιλέως αἰτήσασθαι δοῦναι ἐμοὶ ἀποσῶσαι ὑμᾶς εἰς τὴν Ἑλλάδα. οἶμαι γὰρ ἂν οὐκ ἀχαρίστως μοι ἔχειν οὔτε πρὸς ὑμῶν οὔτε πρὸς τῆς πάσης Ἑλλάδος. 19. ταῦτα δὲ γνοὺς ᾐτούμην βασιλέα, λέγων αὐτῷ ὅτι δικαίως ἄν μοι χαρίζοιτο, ὅτι αὐτῷ Κῦρόν τε ἐπιστρατεύοντα πρῶτος ἤγγειλα καὶ βοήθειαν ἔχων ἅμα τῇ ἀγγελίᾳ ἀφικόμην, καὶ μόνος τῶν κατὰ τοὺς Ἕλληνας τεταγμένων οὐκ ἔφυγον, ἀλλὰ διήλασα καὶ συνέμιξα βασιλεῖ ἐν τῷ ὑμετέρῳ στρατοπέδῳ, ἔνθα βασιλεὺς ἀφίκετο, ἐπεὶ Κῦρον ἀπέκτεινε, καὶ τοὺς σὺν Κύρῳ βαρβάρους ἐδίωξα σὺν τοῖσδε τοῖς παροῦσι νῦν μετ' ἐμοῦ, οἵπερ αὐτῷ εἰσι πιστότατοι. 20. καὶ περὶ μὲν τούτων ὑπέσχετό μοι βουλεύσεσθαι· ἔρεσθαι δέ με ὑμᾶς ἐκέλευσεν ἐλθόντα τίνος ἕνεκεν ἐστρατεύσατε ἐπ' αὐτόν. καὶ συμβουλεύω ὑμῖν μετρίως ἀποκρίνασθαι, ἵνα μοι εὐπρικτότερον ᾖ ἐάν τι δύνωμαι ἀγαθὸν ὑμῖν παρ' αὐτοῦ διαπράξασθαι. 21. πρὸς ταῦτα μεταστάντες οἱ Ἕλληνες ἐβουλεύοντο· καὶ ἀπεκρίναντο, Κλέαρχος δ' ἔλεγεν· Ἡμεῖς οὔτε συνήλθομεν ὡς βασιλεῖ πολεμήσοντες οὔτ' ἐπορευόμεθα ἐπὶ βασιλέα, ἀλλὰ πολλὰς προφάσεις Κῦρος εὕρισκεν, ὡς καὶ σὺ εὖ οἶσθα, ἵνα ὑμᾶς τε ἀπαρασκεύους λάβοι καὶ ἡμᾶς ἐνθάδε ἀναγάγοι. 22. ἐπεὶ μέντοι ἤδη αὐτὸν ἑωρῶμεν ἐν δεινῷ ὄντα, ᾐσχύνθημεν καὶ θεοὺς καὶ ἀνθρώπους προδοῦναι αὐτόν, ἐν τῷ πρόσθεν χρόνῳ παρέχοντες ἡμᾶς αὐτοὺς εὖ ποιεῖν. 23. ἐπεὶ δὲ Κῦρος τέθνηκεν, οὔτε βασιλεῖ ἀντιποιούμεθα τῆς ἀρχῆς οὔτ' ἔστιν ὅτου ἕνεκα βουλοίμεθ' ἂν τὴν βασιλέως χώραν κακῶς ποιεῖν, οὐδ' αὐτὸν ἀποκτεῖναι ἂν ἐθέλοιμεν, πορευοίμεθα δ' ἂν οἴκαδε, εἴ τις ἡμᾶς μὴ λυποίη· ἀδικοῦντα μέντοι πειρασόμεθα σὺν τοῖς θεοῖς ἀμύνασθαι· ἐὰν μέντοι τις ἡμᾶς καὶ εὖ ποιῶν ὑπάρχῃ, καὶ τούτου εἴς γε δύναμιν οὐχ ἡττησόμεθα εὖ ποιοὖντες. 24. ὁ μὲν οὕτως εἶπεν· ἀκούσας δὲ ὁ Τισσαφέρνης ἔφη, Ταῦτα ἐγὼ ἀπαγγελῶ βασιλεῖ καὶ ὑμῖν πάλιν τὰ παρ' ἐκείνου· μέχρι δ' ἂν ἐγὼ ἥκω αἱ σπονδαὶ μενόντων· ἀγορὰν δὲ ἡμεῖς παρέξομεν. 25. καὶ εἰς μὲν τὴν ὑστεραίαν οὐχ ἧκεν· ὥσθ' οἱ Ἕλληνες ἐφρόντιζον· τῇ δὲ τρίτῃ ἥκων ἔλεγεν ὅτι διαπεπραγμένος ἥκοι παρὰ βασιλέως δοθῆναι αὐτῷ σώζειν τοὺς Ἕλληνας, καίπερ πάνυ πολλῶν ἀντιλεγόντων ὡς οὐκ ἄξιον εἴη βασιλεῖ ἀφεῖναι τοὺς ἐφ' ἑαυτὸν στρατευσαμένους. 26. τέλος δὲ εἶπε, Καὶ νῦν ἔξεστιν ὑμῖν πιστὰ λαβεῖν παρ' ἡμῶν ἦ μὴν φιλίαν παρέξειν ὑμῖν τὴν χώραν καὶ ἀδόλως ἀπάξειν εἰς τὴν Ἑλλάδα ἀγορὰν παρέχοντας· ὅπου δ' ἂν μὴ ᾖ πρίασθαι, λαμβάνειν ὑμᾶς ἐκ τῆς χώρας ἐάσομεν τὰ ἐπιτήδεια. 27. ὑμᾶς δ' αὖ ἡμῖν δεήσει ὀμόσαι ἦ μὴν πορεύσεσθαι ὡς διὰ φιλίας ἀσινῶς σῖτα καὶ ποτὰ λαμβάνοντας ὁπόταν μὴ ἀγορὰν παρέχωμεν· ἢν δὲ παρέχωμεν ἀγορὰν, ὠνουμένους ἕξειν τὰ ἐπιτήδεια. 28. ταῦτα ἔδοξε, καὶ ὤμοσαν καὶ δεξιὰς ἔδοσαν Τισσαφέρνης καὶ ὁ τῆς βασιλέως γυναικὸς ἀδελφὸς τοῖς τῶν Ἑλλήνων στρατηγοῖς καὶ λοχαγοῖς καὶ ἔλαβον παρὰ τῶν Ἑλλήνων. 29. μετὰ δὲ ταῦτα Τισσαφέρνης εἶπε, Νῦν μὲν δὴ ἄπειμι ὡς βασιλέα· ἐπειδὰν δὲ διαπράξωμαι ἃ δέομαι, ἥξω συσκευασάμενος ὡς ἀπάξων ὑμᾶς εἰς τὴν Ἑλλάδα καὶ αὐτὸς ἀπιὼν ἐπὶ τὴν ἐμαυτοῦ ἀρχήν.

IV. Μετὰ ταῦτα περιέμενον Τισσαφέρνην οἵ τε Ἕλληνες καὶ ὁ Ἀριαῖος ἐγγὺς ἀλλήλων ἐστρατοπεδευμένοι ἡμέρας πλείους ἢ εἴκοσιν. ἐν δὲ ταύταις ἀφικνοῦνται πρὸς Ἀριαῖον καὶ οἱ ἀδελφοὶ καὶ οἱ ἄλλοι ἀναγκαῖοι καὶ πρὸς τοὺς σὺν ἐκείνῳ Περσῶν τινες, παρεθάρρυνόν τε καὶ δεξιὰς ἐνίοις παρὰ βασιλέως ἔφερον μὴ μνησικακήσειν βασιλέα αὐτοῖς τῆς σὺν Κύρῳ ἐπιστρατείας μηδὲ ἄλλου μηδενὸς τῶν παροιχομένων. 2. τούτων δὲ γιγνομένων ἔνδηλοι ἦσαν οἱ περὶ Ἀριαῖον ἧττὸν προσέχοντες τοῖς Ἕλλησι τὸν νοῦν· ὥστε καὶ διὰ τοῦτο τοῖς μὲν πολλοῖς τῶν Ἑλλήνων οὐκ ἤρεσκον, ἀλλὰ προσιόντες τῷ Κλεάρχῳ ἔλεγον καὶ τοῖς ἄλλοις στρατηγοῖς, 3. Τί μένομεν; ἢ οὐκ ἐπιστάμεθα ὅτι βασιλεὺς ἡμᾶς ἀπολέσαι ἂν περὶ παντὸς ποιήσαιτο, ἵνα καὶ τοῖς ἄλλοις Ἕλλησι φόβος ᾖ ἐπὶ βασιλέα μέγαν στρατεύειν; καὶ νῦν μὲν ἡμᾶς ὑπάγεται μένειν διὰ τὸ διεσπάρθαι αὐτῷ τὸ στράτευμα· ἐπὴν δὲ πάλιν ἁλισθῇ αὐτῷ ἡ στρατιά, οὐκ ἔστιν ὅπως οὐκ ἐπιθήσεται ἡμῖν. 4. ἴσως δέ που ἢ ἀποσκάπτει τι ἢ ἀποτειχίζει, ὡς ἄπορος ᾖ ἡ ὁδός. οὐ γάρ ποτε ἑκών γε βουλήσεται ἡμᾶς ἐλθόντας εἰς τὴν Ἑλλάδα ἀπαγγεῖλαι ὡς ἡμεῖς τοσοίδε ὄντες ἐνικῶμεν βασιλέα ἐπὶ ταῖς θύραις αὐτοῦ καὶ καταγελάσαντες ἀπήλθομεν. 5. Κλέαρχος δὲ ἀπεκρίνατο τοῖς ταῦτα λέγουσιν, Ἐγὼ ἐνθυμοῦμαι μὲν καὶ ταῦτα πάντα· ἐννοῶ δ' ὅτι εἰ νῦν ἄπιμεν, δόξομεν ἐπὶ πολέμῳ ἀπιέναι καὶ παρὰ τὰς σπονδὰς ποιεῖν. ἔπειτα πρῶτον μὲν ἀγορὰν οὐδεὶς παρέξει ἡμῖν οὐδὲ ὅθεν ἐπισιτιούμεθα· αὖθις δὲ ὁ ἡγησόμενος οὐδεὶς ἔσται· καὶ ἅμα ταῦτα ποιούντων ἡμῶν εὐθὺς Ἀριαῖος ἀφεστήξει· ὥστε φίλος ἡμῖν οὐδεὶς λελείψεται, ἀλλὰ καὶ οἱ πρόσθεν ὄντες πολέμιοι ἡμῖν ἔσονται. 6. ποταμὸς δ' εἰ μέν τις καὶ ἄλλος ἄρα ἡμῖν ἐστι διαβατέος οὐκ οἶδα· τὸν δ' οὖν Εὐφράτην ἴσμεν ὅτι ἀδύνατον διαβῆναι κωλυόντων πολεμίων. οὐ μὲν δὴ ἂν μάχεσθαί γε δέῃ ἱππεῖς εἰσιν ἡμῖν σύμμαχοι, τῶν δὲ πολεμίων ἱππεῖς εἰσιν οἱ πλεῖστοι καὶ πλείστου ἄξιοι· ὥστε νικῶντες μὲν τίνα ἂν ἀποκτείναιμεν; ἡττωμένων δὲ οὐδένα οἷόν τε σωθῆναι. 7. ἐγὼ μὲν οὖν βασιλέα, ᾧ οὕτω πολλά ἐστι τὰ σύμμαχα, εἴπερ προθυμεῖται ἡμᾶς ἀπολέσαι, οὐκ οἶδα ὅ τι δεῖ αὐτὸν ὀμόσαι καὶ δεξιὰν δοῦναι καὶ θεοὺς ἐπιορκῆσαι καὶ τὰ ἑαυτοῦ πιστὰ ἄπιστα ποιῆσαι Ἕλλησί τε καὶ βαρβάροις. τοιαῦτα πολλὰ ἔλεγεν.

8. Ἐν δὲ τούτῳ ἧκε Τισσαφέρνης ἔχων τὴν ἑαυτοῦ δύναμιν ὡς εἰς οἶκον ἀπιὼν καὶ Ὀρόντας τὴν ἑαυτοῦ δύναμιν· ἦγε δὲ καὶ τὴν θυγατέρα τὴν βασιλέως ἐπὶ γάμῳ. 9. ἐντεῦθεν δὲ ἤδη Τισσαφέρνους ἡγουμένου καὶ ἀγορὰν παρέχοντος ἐπορεύοντο· ἐπορεύετο δὲ καὶ Ἀριαῖος τὸ Κύρου βαρβαρικὸν ἔχων στράτευμα ἅμα Τισσαφέρνει καὶ Ὀρόντᾳ καὶ συνεστρατοπεδεύετο σὺν ἐκείνοις. 10. οἱ δὲ Ἕλληνες ὑφορῶντες τούτους αὐτοὶ ἐφ' ἑαυτῶν ἐχώρουν ἡγεμόνας ἔχοντες. ἐστρατοπεδεύοντο δὲ ἑκάστοτε ἀπέχοντες ἀλλήλων παρασάγγην καὶ μεῖον· ἐφυλάττοντο δὲ ἀμφότεροι ὥσπερ πολεμίους ἀλλήλους, καὶ εὐθὺς τοῦτο ὑποψίαν παρεῖχεν. 11. ἐνίοτε δὲ καὶ ξυλιζόμενοι ἐκ τοῦ αὐτοῦ καὶ χόρτον καὶ ἄλλα τοιαῦτα συλλέγοντες πληγὰς ἐνέτεινον ἀλλήλοις· ὥστε καὶ τοῦτο ἔχθραν παρεῖχε. 12. διελθόντες δὲ τρεῖς σταθμοὺς ἀφίκοντο πρὸς τὸ Μηδίας καλούμενον τεῖχος, καὶ παρῆλθον εἴσω αὐτοῦ. ἦν δὲ ᾠκοδομημένον πλίνθοις ὀπταῖς ἐν ἀσφάλτῳ κειμέναις, εὖρος εἴκοσι ποδῶν, ὕψος δὲ ἑκατόν· μῆκος δ' ἐλέγετο εἶναι εἴκοσι παρασαγγῶν· ἀπέχει δὲ Βαβυλῶνος οὐ πολύ. 13. ἐντεῦθεν δ' ἐπορεύθησαν σταθμοὺς δύο παρασάγγας ὀκτώ· καὶ διέβησαν διώρυχας δύο, τὴν μὲν ἐπὶ γεφύρας, τὴν δ' ἐζευγμένην πλοίοις ἑπτά· αὗται δ' ἦσαν ἀπὸ τοῦ Τίγρητος ποταμοῦ· κατετέτμηντο δὲ ἐξ αὐτῶν καὶ τάφροι ἐπὶ τὴν χώραν, αἱ μὲν πρῶται μεγάλαι, ἔπειτα δ' ἐλάττους· τέλος δὲ καὶ μικροὶ ὀχετοί, ὥσπερ ἐν τῇ Ἑλλάδι ἐπὶ τὰς μελίνας· καὶ ἀφικνοῦνται ἐπὶ τὸν Τίγρητα ποταμόν· πρὸς ᾧ πόλις ἦν μεγάλη καὶ πολυάνθρωπος ᾗ ὄνομα Σιττάκη, ἀπέχουσα τοῦ ποταμοῦ σταδίους πεντεκαίδεκα. [14. οἱ μὲν οὖν Ἕλληνες παρ' αὐτὴν ἐσκήνησαν ἐγγὺς παραδείσου μεγάλου καὶ καλοῦ καὶ δασέος παντοίων δένδρων· οἱ δὲ βάρβαροι διαβεβηκότες τὸν Τίγρητα, οὐ μέντοι καταφανεῖς ἦσαν. 15. μετὰ δὲ τὸ δεῖπνον

ἔτυχον ἐν περιπάτῳ ὄντες πρὸ τῶν ὅπλων Πρόξενος καὶ Ξενοφῶν· καὶ προσελθὼν ἄνθρωπός τις ἠρώτησε τοὺς προφύλακας ποῦ ἂν ἴδοι Πρόξενον ἢ Κλέαρχον· Μένωνα δὲ οὐκ ἐζήτει, καὶ ταῦτα παρ' Ἀριαίου ὢν τοῦ Μένωνος ξένου. 16. ἐπεὶ δὲ Πρόξενος εἶπεν ὅτι αὐτός εἰμι ὃν ζητεῖς, εἶπεν ὁ ἄνθρωπος τάδε. Ἔπεμψέ με Ἀριαῖος καὶ Ἀρτάοζος, πιστοὶ ὄντες Κύρῳ καὶ ὑμῖν εὖνοι, καὶ κελεύουσι φυλάττεσθαι μὴ ὑμῖν ἐπιθῶνται τῆς νυκτὸς οἱ βάρβαροι· ἔστι δὲ στράτευμα πολὺ ἐν τῷ πλησίον παραδείσῳ. 17. καὶ παρὰ τὴν γέφυραν τοῦ Τίγρητος ποταμοῦ πέμψαι κελεύουσι φυλακήν, ὡς διανοεῖται αὐτὴν λῦσαι Τισσαφέρνης τῆς νυκτός, ἐὰν δύνηται, ὡς μὴ διαβῆτε ἀλλ' ἐν μέσῳ ἀποληφθῆτε τοῦ ποταμοῦ καὶ τῆς διώρυχος. 18. ἀκούσαντες ταῦτα ἄγουσιν αὐτὸν παρὰ τὸν Κλέαρχον καὶ φράζουσιν ἃ λέγει. ὁ δὲ Κλέαρχος ἀκούσας ἐταράχθη σφόδρα καὶ ἐφοβεῖτο. 19. νεανίσκος δέ τις τῶν παρόντων ἐννοήσας εἶπεν ὡς οὐκ ἀκόλουθα εἴη τό τε ἐπιθήσεσθαι καὶ λύσειν τὴν γέφυραν. δῆλον γὰρ ὅτι ἐπιτιθεμένους ἢ νικᾶν δεήσει ἢ ἡττᾶσθαι. ἐὰν μὲν οὖν νικῶσι, τί δεῖ αὐτοὺς λύειν τὴν γέφυραν; οὐδὲ γὰρ ἂν πολλαὶ γέφυραι ὦσιν, ἔχοιμεν ἂν ὅποι φυγόντες ἡμεῖς σωθῶμεν. 20. ἐὰν δὲ ἡμεῖς νικῶμεν, λελυμένης τῆς γεφύρας οὐχ ἕξουσιν ἐκεῖνοι ὅποι φύγωσιν· οὐδὲ μὴν βοηθῆσαι πολλῶν ὄντων πέραν οὐδεὶς αὐτοῖς δυνήσεται λελυμένης τῆς γεφύρας. 21. ἀκούσας δὲ ὁ Κλέαρχος ταῦτα ἤρετο τὸν ἄγγελον πόση τις εἴη χώρα ἡ ἐν μέσῳ τοῦ Τίγρητος καὶ τῆς διώρυχος. ὁ δὲ εἶπεν ὅτι πολλὴ καὶ κῶμαι ἔνεισι καὶ πόλεις πολλαὶ καὶ μεγάλαι. 22. τότε δὴ καὶ ἐγνώσθη ὅτι οἱ βάρβαροι τὸν ἄνθρωπον ὑποπέμψειαν, ὀκνοῦντες μὴ οἱ Ἕλληνες διελόντες τὴν γέφυραν μείνειαν ἐν τῇ νήσῳ ἐρύματα ἔχοντες ἔνθεν μὲν τὸν Τίγρητα, ἔνθεν δὲ τὴν διώρυχα· τὰ δ' ἐπιτήδεια ἔχοιεν ἐκ τῆς ἐν μέσῳ χώρας πολλῆς καὶ ἀγαθῆς οὔσης καὶ τῶν ἐργασομένων ἐνόντων· εἶτα δὲ καὶ ἀποστροφὴ γένοιτο εἴ τις βούλοιτο βασιλέα κακῶς ποιεῖν. 23. μετὰ δὲ ταῦτα ἀνεπαύοντο· ἐπὶ μέντοι τὴν γέφυραν ὅμως φυλακὴν ἔπεμψαν· καὶ οὔτε ἐπέθετο οὐδεὶς οὐδαμόθεν οὔτε πρὸς τὴν γέφυραν οὐδεὶς ἦλθε τῶν πολεμίων, ὡς οἱ φυλάττοντες ἀπήγγελλον. 24. ἐπειδὴ δ' ἕως ἐγένετο, διέβαινον τὴν γέφυραν ἐζευγμένην πλοίοις τριάκοντα καὶ ἑπτὰ ὡς οἷόν τε μάλιστα πεφυλαγμένως· ἐξήγγελλον γάρ τινες τῶν παρὰ Τισσαφέρνους Ἑλλήνων ὡς διαβαινόντων μέλλοιεν ἐπιθήσεσθαι. ἀλλὰ ταῦτα μὲν ψευδῆ ἦν· διαβαινόντων μέντοι ὁ Γλοῦς αὐτοῖς ἐπεφάνη μετ' ἄλλων σκοπῶν εἰ διαβαίνοιεν τὸν ποταμόν· ἐπειδὴ δὲ εἶδεν, ᾤχετο ἀπελαύνων.

25. Ἀπὸ δὲ τοῦ Τίγρητος ἐπορεύθησαν σταθμοὺς τέτταρας παρασάγγας εἴκοσιν ἐπὶ τὸν Φύσκον ποταμόν, τὸ εὖρος πλέθρου· ἐπῆν δὲ γέφυρα. καὶ ἐνταῦθα ᾠκεῖτο πόλις μεγάλη ᾗ ὄνομα Ὦπις· πρὸς ἣν ἀπήντησε τοῖς Ἕλλησιν ὁ Κύρου καὶ Ἀρταξέρξου νόθος ἀδελφὸς ἀπὸ Σούσων καὶ Ἐκβατάνων στρατιὰν πολλὴν ἄγων ὡς βοηθήσων βασιλεῖ· καὶ ἐπιστήσας τὸ ἑαυτοῦ στράτευμα παρερχομένους τοὺς Ἕλληνας ἐθεώρει. 26. ὁ δὲ Κλέαρχος ἡγεῖτο μὲν εἰς δύο, ἐπορεύετο δὲ ἄλλοτε καὶ ἄλλοτε ἐφιστάμενος. ὅσον δὲ χρόνον τὸ ἡγούμενον τοῦ στρατεύματος ἐπιστήσειε, τοσοῦτον ἦν ἀνάγκη χρόνον δι' ὅλου τοῦ στρατεύματος γίγνεσθαι τὴν ἐπίστασιν· ὥστε τὸ στράτευμα καὶ αὐτοῖς τοῖς Ἕλλησι δόξαι πάμπολυ εἶναι, καὶ τὸν Πέρσην ἐκπεπλῆχθαι θεωροῦντα. 27. ἐντεῦθεν δὲ ἐπορεύθησαν διὰ τῆς Μηδίας σταθμοὺς ἐρήμους ἓξ παρασάγγας τριάκοντα εἰς τὰς Παρυσάτιδος κώμας τῆς Κύρου καὶ βασιλέως μητρός. ταύτας Τισσαφέρνης, Κύρῳ ἐπεγγελῶν, διαρπάσαι τοῖς Ἕλλησιν ἐπέτρεψε πλὴν ἀνδραπόδων. ἐνῆν δὲ σῖτος πολὺς καὶ πρόβατα καὶ ἄλλα χρήματα. 28. ἐντεῦθεν δ' ἐπορεύθησαν

σταθμοὺς ἐρήμους τέτταρας παρασάγγας εἴκοσι τὸν Τίγρητα ποταμὸν ἐν ἀριστερᾷ ἔχοντες. ἐν δὲ τῷ πρώτῳ σταθμῷ πέραν τοῦ ποταμοῦ πόλις ᾠκεῖτο μεγάλη καὶ εὐδαίμων ὄνομα Καιναί, ἐξ ἧς οἱ βάρβαροι διῆγον ἐπὶ σχεδίαις διφθερίναις ἄρτους, τυροὺς, οἶνον. V. Μετὰ ταῦτα ἀφικνοῦνται ἐπὶ τὸν Ζαπάταν ποταμὸν, τὸ εὖρος τεττάρων πλέθρων. καὶ ἐνταῦθα ἔμειναν ἡμέρας τρεῖς· ἐν δὲ ταύταις ὑποψίαι μὲν ἦσαν, φανερὰ δὲ οὐδεμία ἐφαίνετο ἐπιβουλή. 2. ἔδοξεν οὖν τῷ Κλεάρχῳ συγγενέσθαι τῷ Τισσαφέρνει, εἴ πως δύναιτο παῦσαι τὰς ὑποψίας πρὶν ἐξ αὐτῶν πόλεμον γενέσθαι· καὶ ἔπεμψέ τινα ἐροῦντα ὅτι συγγενέσθαι αὐτῷ χρῄζοι. ὁ δὲ ἑτοίμως ἐκέλευεν ἥκειν. 3. ἐπειδὴ δὲ συνῆλθον, λέγει ὁ Κλέαρχος τάδε. Ἐγώ, ὦ Τισσαφέρνη, οἶδα μὲν ἡμῖν ὅρκους γεγενημένους καὶ δεξιὰς δεδομένας μὴ ἀδικήσειν ἀλλήλους· φυλαττόμενον δὲ σέ τε ὁρῶ ὡς πολεμίους ἡμᾶς καὶ ἡμεῖς ὁρῶντες ταῦτα ἀντιφυλαττόμεθα. 4. ἐπεὶ δὲ σκοπῶν οὐ δύναμαι οὔτε σὲ αἰσθέσθαι πειρώμενον ἡμᾶς κακῶς ποιεῖν ἐγώ τε σαφῶς οἶδα ὅτι ἡμεῖς γε οὐδ' ἐπινοοῦμεν τοιοῦτον οὐδέν, ἔδοξέ μοι εἰς λόγους σοι ἐλθεῖν, ὅπως εἰ δυναίμεθα ἐξέλοιμεν ἀλλήλων τὴν ἀπιστίαν. 5. καὶ γὰρ οἶδα ἀνθρώπους ἤδη, τοὺς μὲν ἐκ διαβολῆς τοὺς δὲ καὶ ἐξ ὑποψίας, οἳ φοβηθέντες ἀλλήλους φθάσαι βουλόμενοι πρὶν παθεῖν ἐποίησαν ἀνήκεστα κακὰ τοὺς οὔτε μέλλοντας οὔτ' αὖ βουλομένους τοιοῦτον οὐδέν. 6. τὰς οὖν τοιαύτας ἀγνωμοσύνας νομίζων συνουσίαις μάλιστα ἂν παύεσθαι ἥκω καὶ διδάσκειν σε βούλομαι ὡς σὺ ἡμῖν οὐκ ὀρθῶς ἀπιστεῖς. 7. πρῶτον μὲν γὰρ καὶ μέγιστον οἱ θεῶν ἡμᾶς ὅρκοι κωλύουσι πολεμίους εἶναι ἀλλήλοις· ὅστις δὲ τούτων σύνοιδεν αὑτῷ παρημεληκώς, τοῦτον ἐγὼ οὔποτ' ἂν εὐδαιμονίσαιμι. τὸν γὰρ θεῶν πόλεμον οὐκ οἶδα οὔτ' ἀπὸ ποίου ἂν τάχους φεύγων τις ἀποφύγοι οὔτ' εἰς ποῖον ἂν σκότος ἀποδραίη οὔθ' ὅπως ἂν εἰς ἐχυρὸν χωρίον ἀποσταίη. πάντη γὰρ πάντα τοῖς θεοῖς ὕποχα καὶ πανταχῇ πάντων ἴσον οἱ θεοὶ κρατοῦσι. 8. περὶ μὲν δὴ τῶν θεῶν τε καὶ τῶν ὅρκων οὕτω γιγνώσκω, παρ' οὓς ἡμεῖς τὴν φιλίαν συνθέμενοι κατεθέμεθα· τῶν δ' ἀνθρωπίνων σὲ ἐγὼ ἐν τῷ παρόντι νομίζω μέγιστον εἶναι ἡμῖν ἀγαθόν. 9. σὺν μὲν γὰρ σοὶ πᾶσα μὲν ὁδὸς εὔπορος, πᾶς δὲ ποταμὸς διαβατός, τῶν τε ἐπιτηδείων οὐκ ἀπορία· ἄνευ δὲ σοῦ πᾶσα μὲν διὰ σκότους ἡ ὁδός· οὐδὲν γὰρ αὐτῆς ἐπιστάμεθα· πᾶς δὲ ποταμὸς δύσπορος, πᾶς δὲ ὄχλος φοβερός, φοβερώτατον δ' ἐρημία· μεστὴ γὰρ πολλῆς ἀπορίας ἐστίν. 10. εἰ δὲ δὴ καὶ μανέντες σε κατακτείναιμεν, ἄλλο τι ἂν ἢ τὸν εὐεργέτην κατακτείναντες πρὸς βασιλέα τὸν μέγιστον ἔφεδρον ἀγωνιζοίμεθα; ὅσων δὲ δὴ καὶ οἵων ἂν ἐλπίδων ἐμαυτὸν στερήσαιμι, εἰ σέ τι κακὸν ἐπιχειρήσαιμι ποιεῖν, ταῦτα λέξω. 11. ἐγὼ γὰρ Κύρου ἐπεθύμησά μοι φίλον γενέσθαι, νομίζων τῶν τότε ἱκανώτατον εἶναι εὖ ποιεῖν ὃν βούλοιτο· σὲ δὲ νῦν ὁρῶ τήν τε Κύρου δύναμιν καὶ χώραν ἔχοντα καὶ τὴν σαυτοῦ ἀρχὴν σώζοντα, τὴν δὲ βασιλέως δύναμιν, ᾗ Κῦρος πολεμίᾳ ἐχρῆτο, σοὶ ταύτην σύμμαχον οὖσαν. 12. τούτων δὲ τοιούτων ὄντων τίς οὕτω μαίνεται ὅστις οὐ βούλεταί σοι φίλος εἶναι; ἀλλὰ μὴν ἐρῶ γὰρ καὶ ταῦτα ἐξ ὧν ἔχω ἐλπίδας καὶ σὲ βουλήσεσθαι φίλον ἡμῖν εἶναι. 13. οἶδα μὲν γὰρ ὑμῖν Μυσοὺς λυπηροὺς ὄντας, οὓς νομίζω ἂν σὺν τῇ παρούσῃ δυνάμει ταπεινοὺς ὑμῖν παρασχεῖν· οἶδα δὲ καὶ Πισίδας· ἀκούω δὲ καὶ ἄλλα ἔθνη πολλὰ τοιαῦτα εἶναι, ἃ οἶμαι ἂν παῦσαι ἐνοχλοῦντα ἀεὶ τῇ ὑμετέρᾳ εὐδαιμονίᾳ. Αἰγυπτίους δέ, οἷς μάλιστα ὑμᾶς νῦν γιγνώσκω τεθυμωμένους, οὐχ ὁρῶ ποίᾳ δυνάμει συμμάχῳ χρησάμενοι μᾶλλον ἂν κολάσαισθε τῆς νῦν σὺν ἐμοὶ οὔσης. 14. ἀλλὰ μὴν ἔν γε τοῖς πέριξ οἰκοῦσι σὺ εἰ μὲν βούλοιό τῳ φίλος εἶναι, ὡς μέγιστος ἂν εἴης, εἰ δέ τίς σε λυποίη, ὡς δεσπότης ἂν ἀναστρέφοιο, ἔχων ἡμᾶς ὑπηρέτας. οἵ σοι οὐκ ἂν τοῦ μισθοῦ ἕνεκα μόνον ὑπηρετοῖμεν ἀλλὰ καὶ τῆς χάριτος ἣν σωθέντες ὑπὸ σοῦ σοὶ ἂν ἔχοιμεν δικαίως. **15.** ἐμοὶ μὲν ταῦτα πάντα ἐνθυμουμένῳ οὕτω δοκεῖ θαυμαστὸν εἶναι τὸ σὲ ἡμῖν ἀπιστεῖν ὥστε καὶ ἥδιστ᾽ ἂν ἀκούσαιμι τοὔνομα τίς οὕτως ἐστὶ δεινὸς λέγειν ὥστε σε πεῖσαι λέγων ὡς ἡμεῖς σοι ἐπιβουλεύομεν. Κλέαρχος μὲν οὖν τοσαῦτα εἶπε· Τισσαφέρνης δὲ ὧδε ἀπημείφθη.

16. Ἀλλ᾽ ἥδομαι μὲν, ὦ Κλέαρχε, ἀκούων σου φρονίμους λόγους· ταῦτα γὰρ γιγνώσκων εἴ τι ἐμοὶ κακὸν βουλεύοις, ἅμα ἄν μοι δοκεῖς καὶ σαυτῷ κακόνους εἶναι. ὡς δ᾽ ἂν μάθῃς ὅτι οὐδ᾽ ἂν ὑμεῖς δικαίως οὔτε βασιλεῖ οὔτ᾽ ἐμοὶ ἀπιστοίητε, ἀντάκουσον. **17.** εἰ γὰρ ὑμᾶς ἐβουλόμεθα ἀπολέσαι, πότερά σοι δοκοῦμεν ἱππέων πλήθους ἀπορεῖν ἢ πεζῶν ἢ ὁπλίσεως ἐν ᾗ ὑμᾶς μὲν βλάπτειν ἱκανοὶ εἴημεν ἄν, ἀντιπάσχειν δὲ οὐδεὶς κίνδυνος; **18.** ἀλλὰ χωρίων ἐπιτηδείων ὑμῖν ἐπιτίθεσθαι ἀπορεῖν ἄν σοι δοκοῦμεν; οὐ τοσαῦτα μὲν πεδία ἃ ὑμεῖς φίλια ὄντα σὺν πολλῷ πόνῳ διαπορεύεσθε, τοσαῦτα δὲ ὄρη ὑμῖν ὁρᾶτε ὄντα πορευτέα, ἃ ἡμῖν ἔξεστι προκαταλαβοῦσιν ἄπορα ὑμῖν παρέχειν, τοσοῦτοι δ᾽ εἰσὶ ποταμοὶ ἐφ᾽ ὧν ἔξεστιν ἡμῖν ταμιεύεσθαι, ὁπόσοις ἂν ὑμῶν βουλώμεθα μάχεσθαι; εἰσὶ δ᾽ αὐτῶν οὓς οὐδ᾽ ἂν παντάπασι διαβαίητε, εἰ μὴ ἡμεῖς ὑμᾶς διαπορεύοιμεν. **19.** εἰ δ᾽ ἐν πᾶσι τούτοις ἡττώμεθα, ἀλλὰ τό γέ τοι πῦρ κρεῖττον τοῦ καρποῦ ἐστιν· ὃν ἡμεῖς δυναίμεθ᾽ ἂν κατακαύσαντες λιμὸν ὑμῖν ἀντιτάξαι, ᾧ ὑμεῖς οὐδ᾽ εἰ πάνυ ἀγαθοὶ εἴητε μάχεσθαι ἂν δύναισθε. **20.** πῶς ἂν οὖν ἔχοντες τοσούτους πόρους πρὸς τὸ ὑμῖν πολεμεῖν, καὶ τούτων μηδένα ἡμῖν ἐπικίνδυνον, ἔπειτα ἐκ τούτων πάντων τοῦτον ἂν τὸν τρόπον ἐξελοίμεθα ὃς μόνος μὲν πρὸς θεῶν ἀσεβής, μόνος δὲ πρὸς ἀνθρώπων αἰσχρός; **21.** παντάπασι δὲ ἀπόρων ἐστὶ καὶ ἀμηχάνων

καὶ ἐν ἀνάγκῃ ἐχομένων, καὶ τούτων πονηρῶν, οἵτινες ἐθέ-
λουσι δι' ἐπιορκίας τε πρὸς θεοὺς καὶ ἀπιστίας πρὸς ἀνθρώ-
πους πράττειν τι. οὐχ οὕτως ἡμεῖς, ὦ Κλέαρχε, οὔτε ἀλόγι-
στοι οὔτε ἠλίθιοί ἐσμεν. 22. ἀλλὰ τί δὴ ὑμᾶς ἐξὸν ἀπολέσαι
οὐκ ἐπὶ τοῦτο ἤλθομεν; εὖ ἴσθι ὅτι ὁ ἐμὸς ἔρως τούτου αἴτιος
τὸ τοῖς "Ελλησιν ἐμὲ πιστὸν γενέσθαι, καὶ ᾧ Κῦρος ἀνέβη
ξενικῷ διὰ μισθοδοσίας πιστεύων τούτῳ ἐμὲ καταβῆναι δι'
εὐεργεσίας ἰσχυρόν. 23. ὅσα δ' ἐμοὶ χρήσιμοι ὑμεῖς ἐστε τὰ
μὲν καὶ σὺ εἶπας, τὸ δὲ μέγιστον ἐγὼ οἶδα· τὴν μὲν γὰρ ἐπὶ
τῇ κεφαλῇ τιάραν βασιλεῖ μόνῳ ἔξεστιν ὀρθὴν ἔχειν, τὴν δ' ἐπὶ
τῇ καρδίᾳ ἴσως ἂν ὑμῶν παρόντων καὶ ἕτερος εὐπετῶς ἔχοι.
24. Ταῦτα εἰπὼν ἔδοξε τῷ Κλεάρχῳ ἀληθῆ λέγειν· καὶ
εἶπεν, Οὐκοῦν, ἔφη, οἵτινες τοιούτων ἡμῖν εἰς φιλίαν ὑπαρ-
χόντων πειρῶνται διαβάλλοντες ποιῆσαι πολεμίους ἡμᾶς
ἄξιοί εἰσι τὰ ἔσχατα παθεῖν; 25. Καὶ ἐγὼ μέν γε, ἔφη ὁ
Τισσαφέρνης, εἰ βούλεσθέ μοι οἵ τε στρατηγοὶ καὶ οἱ λοχα-
γοὶ ἐλθεῖν ἐν τῷ ἐμφανεῖ, λέξω τοὺς πρὸς ἐμὲ λέγοντας ὡς
σὺ ἐμοὶ ἐπιβουλεύεις καὶ τῇ σὺν ἐμοὶ στρατιᾷ. 26. Ἐγὼ
δέ, ἔφη ὁ Κλέαρχος, ἄξω πάντας, καὶ σοὶ αὖ δηλώσω ὅθεν
ἐγὼ περὶ σοῦ ἀκούω. 27. ἐκ τούτων δὴ τῶν λόγων ὁ Τισ-
σαφέρνης φιλοφρονούμενος τότε μὲν μένειν τε αὐτὸν ἐκέλευσε
καὶ σύνδειπνον ἐποιήσατο. τῇ δὲ ὑστεραίᾳ ὁ Κλέαρχος
ἐλθὼν ἐπὶ τὸ στρατόπεδον δῆλός τ' ἦν πάνυ φιλικῶς οἰόμε-
νος διακεῖσθαι τῷ Τισσαφέρνει καὶ ἃ ἔλεγεν ἐκεῖνος ἀπήγ-
γελλεν, ἔφη τε χρῆναι ἰέναι παρὰ Τισσαφέρνην οὓς ἐκέλευσε,
καὶ οἳ ἂν ἐλεγχθῶσι διαβάλλοντες τῶν Ἑλλήνων, ὡς προ-
δότας αὐτοὺς καὶ κακόνους τοῖς "Ελλησιν ὄντας τιμωρηθῆναι.
28. ὑπώπτευε δὲ εἶναι τὸν διαβάλλοντα Μένωνα, εἰδὼς αὐ-
τὸν καὶ συγγεγενημένον Τισσαφέρνει μετ' Ἀριαίου καὶ στα-
σιάζοντα αὐτῷ καὶ ἐπιβουλεύοντα, ὅπως τὸ στράτευμα ἅπαν
πρὸς ἑαυτὸν λαβὼν φίλος ᾖ Τισσαφέρνει. 29. ἐβούλετο δὲ

καὶ ὁ Κλέαρχος ἅπαν τὸ στράτευμα πρὸς ἑαυτὸν ἔχειν τὴν γνώμην καὶ τοὺς παραλυποῦντας ἐκποδὼν εἶναι. τῶν δὲ στρατιωτῶν ἀντέλεγόν τινες αὐτῷ μὴ ἰέναι πάντας τοὺς λοχαγοὺς καὶ στρατηγοὺς μηδὲ πιστεύειν Τισσαφέρνει. 30. ὁ δὲ Κλέαρχος ἰσχυρῶς κατέτεινεν, ἔστε διεπράξατο πέντε μὲν στρατηγοὺς ἰέναι, εἴκοσι δὲ λοχαγούς· συνηκολούθησαν δὲ ὡς εἰς ἀγορὰν καὶ τῶν ἄλλων στρατιωτῶν ὡς διακόσιοι.

31. Ἐπεὶ δὲ ἦσαν ἐπὶ ταῖς θύραις ταῖς Τισσαφέρνους, οἱ μὲν στρατηγοὶ παρεκλήθησαν εἴσω, Πρόξενος Βοιώτιος, Μένων Θετταλός, Ἀγίας Ἀρκὰς, Κλέαρχος Λάκων, Σωκράτης Ἀχαιός· οἱ δὲ λοχαγοὶ ἐπὶ ταῖς θύραις ἔμενον. 32. οὐ πολλῷ δὲ ὕστερον ἀπὸ τοῦ αὐτοῦ σημείου οἵ τ' ἔνδον συνελαμβάνοντο καὶ οἱ ἔξω κατεκόπησαν. μετὰ δὲ ταῦτα τῶν βαρβάρων τινὲς ἱππέων διὰ τοῦ πεδίου ἐλαύνοντες ᾧτινι ἐντυγχάνοιεν Ἕλληνι ἢ δούλῳ ἢ ἐλευθέρῳ πάντας ἔκτεινον. 33. οἱ δὲ Ἕλληνες τήν τε ἱππασίαν αὐτῶν ἐθαύμαζον ἐκ τοῦ στρατοπέδου ὁρῶντες καὶ ὅ τι ἐποίουν ἠμφεγνόουν, πρὶν Νίκαρχος Ἀρκὰς ἧκε φεύγων τετρωμένος εἰς τὴν γαστέρα καὶ τὰ ἔντερα ἐν ταῖς χερσὶν ἔχων, καὶ εἶπε πάντα τὰ γεγενημένα. 34. ἐκ τούτου δὴ οἱ Ἕλληνες ἔθεον ἐπὶ τὰ ὅπλα πάντες ἐκπεπληγμένοι καὶ νομίζοντες αὐτίκα ἥξειν αὐτοὺς ἐπὶ τὸ στρατόπεδον. 35. οἱ δὲ πάντες μὲν οὐκ ἦλθον, Ἀριαῖος δὲ καὶ Ἀρτάοζος καὶ Μιθριδάτης, οἳ ἦσαν Κύρῳ πιστότατοι· ὁ δὲ τῶν Ἑλλήνων ἑρμηνεὺς ἔφη καὶ τὸν Τισσαφέρνους ἀδελφὸν σὺν αὐτοῖς ὁρᾶν καὶ γιγνώσκειν· συνηκολούθουν δὲ καὶ ἄλλοι Περσῶν τεθωρακισμένοι εἰς τριακοσίους. 36. οὗτοι ἐπεὶ ἐγγὺς ἦσαν, προσελθεῖν ἐκέλευον εἴ τις εἴη τῶν Ἑλλήνων ἢ στρατηγὸς ἢ λοχαγός, ἵνα ἀπαγγείλωσι τὰ παρὰ βασιλέως. 37. μετὰ ταῦτα ἐξῆλθον φυλαττόμενοι τῶν Ἑλλήνων στρατηγοὶ μὲν Κλεάνωρ Ὀρχομένιος καὶ Σοφαίνετος Στυμφάλιος, σὺν αὐτοῖς δὲ Ξενοφῶν Ἀθηναῖος, ὅπως μάθοι τὰ

περὶ Προξένου· Χειρίσοφος δ' ἐτύγχανεν ἀπὼν ἐν κώμῃ τινὶ σὺν ἄλλοις ἐπισιτιζόμενος. 38. ἐπεὶ δὲ ἔστησαν εἰς ἐπήκοον, εἶπεν Ἀριαῖος τάδε. Κλέαρχος μὲν, ὦ ἄνδρες Ἕλληνες, ἐπεὶ ἐπιορκῶν τε ἐφάνη καὶ τὰς σπονδὰς λύων, ἔχει τὴν δίκην καὶ τέθνηκε, Πρόξενος δὲ καὶ Μένων, ὅτι κατήγγειλαν αὐτοῦ τὴν ἐπιβουλήν, ἐν μεγάλῃ τιμῇ εἰσιν. ὑμᾶς δὲ βασιλεὺς τὰ ὅπλα ἀπαιτεῖ· ἑαυτοῦ γὰρ εἶναί φησιν, ἐπείπερ Κύρου ἦσαν τοῦ ἐκείνου δούλου. 39. πρὸς ταῦτα ἀπεκρίναντο οἱ Ἕλληνες, ἔλεγε δὲ Κλεάνωρ ὁ Ὀρχομένιος· Ὦ κάκιστε ἀνθρώπων Ἀριαῖε καὶ οἱ ἄλλοι ὅσοι ἦτε Κύρου φίλοι, οὐκ αἰσχύνεσθε οὔτε θεοὺς οὔτ' ἀνθρώπους, οἵτινες ὀμόσαντες ἡμῖν τοὺς αὐτοὺς φίλους καὶ ἐχθροὺς νομιεῖν, προδόντες ἡμᾶς σὺν Τισσαφέρνει τῷ ἀθεωτάτῳ τε καὶ πανουργοτάτῳ τούς τε ἄνδρας αὐτοὺς οἷς ὤμνυτε ἀπολωλέκατε καὶ τοὺς ἄλλους ἡμᾶς προδεδωκότες σὺν τοῖς πολεμίοις ἐφ' ἡμᾶς ἔρχεσθε; 40. ὁ δὲ Ἀριαῖος εἶπε, Κλέαρχος γὰρ πρόσθεν ἐπιβουλεύων φανερὸς ἐγένετο Τισσαφέρνει τε καὶ Ὀρόντᾳ, καὶ πᾶσιν ἡμῖν τοῖς σὺν τούτοις. 41. ἐπὶ τούτοις Ξενοφῶν τάδε εἶπε. Κλέαρχος μὲν τοίνυν εἰ παρὰ τοὺς ὅρκους ἔλυε τὰς σπονδὰς, τὴν δίκην ἔχει· δίκαιον γὰρ ἀπόλλυσθαι τοὺς ἐπιορκοῦντας· Πρόξενος δὲ καὶ Μένων ἐπείπερ εἰσὶν ὑμέτεροι μὲν εὐεργέται, ἡμέτεροι δὲ στρατηγοί, πέμψατε αὐτοὺς δεῦρο· δῆλον γὰρ ὅτι φίλοι γε ὄντες ἀμφοτέροις πειράσονται καὶ ὑμῖν καὶ ἡμῖν τὰ βέλτιστα συμβουλεῦσαι. 42. πρὸς ταῦτα οἱ βάρβαροι πολὺν χρόνον διαλεχθέντες ἀλλήλοις ἀπῆλθον οὐδὲν ἀποκρινάμενοι.

VI. Οἱ μὲν δὴ στρατηγοὶ οὕτω ληφθέντες ἀνήχθησαν ὡς βασιλέα καὶ ἀποτμηθέντες τὰς κεφαλὰς ἐτελεύτησαν, εἷς μὲν αὐτῶν Κλέαρχος ὁμολογουμένως ἐκ πάντων τῶν ἐμπείρως αὐτοῦ ἐχόντων δόξας γενέσθαι ἀνὴρ καὶ πολεμικὸς καὶ φιλοπόλεμος ἐσχάτως. [2. καὶ γὰρ δὴ ἕως μὲν πόλεμος ἦν τοῖς Λακεδαιμονίοις πρὸς τοὺς Ἀθηναίους παρέμενεν, ἐπεὶ δὲ εἰρήνη ἐγένετο, πείσας τὴν αὑτοῦ πόλιν ὡς οἱ Θρᾷκες ἀδικοῦσι τοὺς Ἕλληνας καὶ διαπραξάμενος ὡς ἐδύνατο παρὰ τῶν ἐφόρων ἐξέπλει ὡς πολεμήσων τοῖς ὑπὲρ Χερρονήσου καὶ Περίνθου Θρᾳξίν. 3. ἐπεὶ δὲ μεταγνόντες πως οἱ ἔφοροι ἤδη ἔξω ὄντος αὐτοῦ ἀποστρέφειν αὐτὸν ἐπειρῶντο ἐξ Ἰσθμοῦ, ἐνταῦθα οὐκέτι πείθεται, ἀλλ' ᾤχετο πλέων εἰς Ἑλλήσποντον. 4. ἐκ τούτου καὶ ἐθανατώθη ὑπὸ τῶν ἐν τῇ Σπάρτῃ τελῶν ὡς ἀπειθῶν. ἤδη δὲ φυγὰς ὢν ἔρχεται πρὸς Κῦρον, καὶ ὁποίοις μὲν λόγοις ἔπεισε Κῦρον ἄλλῃ γέγραπται, δίδωσι δὲ αὐτῷ Κῦρος μυρίους δαρεικούς· 5. ὁ δὲ λαβὼν οὐκ ἐπὶ ῥᾳθυμίαν ἐτράπετο, ἀλλ' ἀπὸ τούτων τῶν χρημάτων συλλέξας στράτευμα ἐπολέμει τοῖς Θρᾳξί, καὶ μάχῃ τε ἐνίκησε καὶ ἀπὸ τούτου δὴ ἔφερε καὶ ἦγε τούτους καὶ πολεμῶν διεγίνετο μέχρι Κῦρος ἐδεήθη τοῦ στρατεύματος· τότε δὲ ἀπῆλθεν ὡς σὺν ἐκείνῳ αὖ πολεμήσων. 6. ταῦτα οὖν φιλοπολέμου μοι δοκεῖ ἀνδρὸς ἔργα εἶναι, ὅστις ἐξὸν μὲν εἰρήνην ἔχειν ἄνευ αἰσχύνης καὶ βλάβης αἱρεῖται πολεμεῖν, ἐξὸν δὲ ῥᾳθυμεῖν βούλεται πονεῖν ὥστε πολεμεῖν, ἐξὸν δὲ χρήματα ἔχειν ἀκινδύνως αἱρεῖται πολεμῶν μείονα ταῦτα ποιεῖν· ἐκεῖνος δὲ ὥσπερ εἰς παιδικὰ ἢ εἰς ἄλλην τινὰ ἡδονὴν ἤθελε δαπανᾶν εἰς πόλεμον. οὕτω μὲν φιλοπόλεμος ἦν· 7. πολεμικὸς δὲ αὖ ταύτῃ ἐδόκει εἶναι ὅτι φιλοκίνδυνός τε ἦν καὶ ἡμέρας καὶ νυκτὸς ἄγων ἐπὶ τοὺς πολεμίους καὶ ἐν τοῖς δεινοῖς φρόνιμος, ὡς οἱ παρόντες πανταχοῦ πάντες ὡμολόγουν. 8. καὶ ἀρχικὸς δ' ἐλέγετο εἶναι ὡς δυνατὸν ἐκ τοῦ τοιούτου τρόπου οἷον κἀκεῖνος εἶχεν. ἱκανὸς μὲν γὰρ ὥς τις καὶ ἄλλος φροντίζειν ἦν ὅπως ἔχοι ἡ στρατιὰ αὐτῷ τὰ ἐπιτήδεια καὶ παρασκευάζειν ταῦτα, ἱκανὸς δὲ καὶ ἐμποιῆσαι τοῖς παροῦσιν ὡς πειστέον εἴη Κλεάρχῳ. 9. τοῦτο δ' ἐποίει ἐκ τοῦ χαλεπὸς εἶναι· καὶ γὰρ ὁρᾶν στυγνὸς ἦν καὶ τῇ φωνῇ τραχύς, ἐκόλαζέ τε ἀεὶ ἰσχυρῶς, καὶ ὀργῇ ἐνίοτε, ὡς καὶ αὐτῷ μεταμέλειν ἔσθ' ὅτε. καὶ γνώμῃ δ' ἐκόλαζεν· ἀκολάστου γὰρ στρατεύματος οὐδὲν ἡγεῖτο ὄφελος εἶναι, 10. ἀλλὰ καὶ λέγειν αὐτὸν ἔφασαν ὡς δέοι τὸν στρατιώτην φοβεῖσθαι μᾶλλον τὸν ἄρχοντα ἢ τοὺς πολεμίους, εἰ μέλλοι ἢ φυλακὰς φυλάξειν ἢ φίλων ἀφέξεσθαι ἢ ἀπροφασίστως ἰέναι πρὸς τοὺς πολεμίους. 11. ἐν μὲν οὖν τοῖς δεινοῖς ἤθελον αὐτοῦ ἀκούειν σφόδρα καὶ οὐκ ἄλλον ᾑροῦντο οἱ στρατιῶται· καὶ γὰρ τὸ στυγνὸν τότε φαιδρὸν αὐτοῦ ἐν τοῖς προσώποις ἔφασαν φαίνεσθαι καὶ τὸ χαλεπὸν ἐρρωμένον πρὸς τοὺς πολεμίους ἐδόκει εἶναι, ὥστε σωτήριον, οὐκέτι χαλεπὸν ἐφαίνετο· 12. ὅτε δ' ἔξω τοῦ δεινοῦ γένοιντο καὶ ἐξείη πρὸς ἄλλον ἀρχομένους ἀπιέναι, πολλοὶ αὐτὸν ἀπέλειπον· τὸ γὰρ ἐπίχαρι οὐκ εἶχεν, ἀλλ' ἀεὶ χαλεπὸς ἦν καὶ ὠμός· ὥστε διέκειντο πρὸς αὐτὸν οἱ στρατιῶται ὥσπερ παῖδες πρὸς διδάσκαλον. 13. καὶ γὰρ οὖν φιλίᾳ μὲν καὶ εὐνοίᾳ ἑπομένους οὐδέποτε εἶχεν· οἵτινες δὲ ἢ ὑπὸ πόλεως τεταγμένοι ἢ ὑπὸ τοῦ δεῖσθαι ἢ ἄλλῃ τινὶ ἀνάγκῃ κατεχόμενοι παρείησαν αὐτῷ, σφόδρα πειθομένοις ἐχρῆτο. 14. ἐπεὶ δὲ ἤρξαντο νικᾶν σὺν αὐτῷ τοὺς πολεμίους, ἤδη μεγάλα ἦν τὰ χρησίμους ποιοῦντα εἶναι τοὺς σὺν αὐτῷ στρατιώτας· τό τε γὰρ πρὸς τοὺς πολεμίους θαρραλέως ἔχειν παρῆν καὶ τὸ τὴν παρ' ἐκείνου τιμωρίαν φοβεῖσθαι αὐτοὺς εὐτάκτους ἐποίει. 15. τοιοῦτος μὲν δὴ ἄρχων ἦν· ἄρχεσθαι δὲ ὑπὸ ἄλλων οὐ μάλα ἐθέλειν ἐλέγετο. ἦν δὲ ὅτε ἐτελεύτα ἀμφὶ τὰ πεντήκοντα ἔτη.

16. Πρόξενος δὲ ὁ Βοιώτιος εὐθὺς μὲν μειράκιον ὢν ἐπεθύμει γενέσθαι ἀνὴρ τὰ μεγάλα πράττειν ἱκανός· καὶ διὰ ταύτην τὴν ἐπιθυμίαν ἔδωκε Γοργίᾳ ἀργύριον τῷ Λεοντίνῳ. 17. ἐπεὶ δὲ συνεγένετο ἐκείνῳ, ἱκανὸς νομίσας ἤδη εἶναι καὶ ἄρχειν καὶ φίλος ὢν τοῖς πρώτοις μὴ ἡττᾶσθαι εὐεργετῶν, ἦλθεν εἰς ταύτας τὰς σὺν Κύρῳ πράξεις· καὶ ᾤετο κτήσεσθαι ἐκ τούτων ὄνομα μέγα καὶ δύναμιν μεγάλην καὶ χρήματα πολλά· 18. τοσούτων δ' ἐπιθυμῶν σφόδρα ἔνδηλον αὖ καὶ τοῦ-

το είχεν ότι τούτων ουδέν αν θέλοι κτάσθαι μετά αδικίας, αλλά σύν τω δικαίω και καλώ ώετο δείν τούτων τυγχάνειν, άνευ δε τούτων μή. 19. άρχειν δε καλών μεν κάγαθων δυνατός ήν· ου μέντοι ούτ' αιδώ τοις στρατιώταις εαυτού ούτε φόβον ικανός εμποιήσαι, αλλά και ησχύνετο μάλλον τους στρατιώτας ή οι αρχόμενοι εκείνον· και φοβούμενος μάλλον ην φανερός το απεχθάνεσθαι τοις στρατιώταις ή οι στρατιώται το απιστείν εκείνω. 20. ώετο δε αρκείν προς το αρχικόν είναι και δοκείν τον μεν καλώς ποιούντα επαινείν, τον δε αδικούντα μη επαινείν. τοιγαρούν αυτώ οι μεν καλοί τε κάγαθοί των συνόντων εύνοι ήσαν, οι δε άδικοι επεβούλευον ως ευμεταχειρίστω όντι. ότε δε απέθνησκεν ην ετών ως τριάκοντα.

21. Μένων δε ο Θετταλός δήλος ην επιθυμών μεν πλουτείν ισχυρώς, επιθυμών δε άρχειν, όπως πλείω λαμβάνοι, επιθυμών δε τιμάσθαι, ίνα πλείω κερδαίνοι· φίλος τε εβούλετο είναι τοις μέγιστον δυναμένοις, ίνα αδικών μη διδοίη δίκην. 22. επί δε το κατεργάζεσθαι ων επιθυμοίη συντομωτάτην ώετο οδόν είναι δια του επιορκείν τε και ψεύδεσθαι και εξαπατάν· το δ' απλούν και αληθές το αυτό τω ηλιθίω είναι. 23. στέργων δε φανερός μεν ην ουδένα, ότω δε φαίη φίλος είναι, τούτω ένδηλος εγίγνετο επιβουλεύων. και πολεμίου μεν ουδενός κατεγέλα, των δε συνόντων πάντων ως καταγελών αεί διελέγετο. 24. και τοις μεν των πολεμίων κτήμασιν ουκ επεβούλευε· χαλεπόν γαρ ώετο είναι τα των φυλαττομένων λαμβάνειν· τα δε των φίλων μόνος ώετο ειδέναι ράστον ον αφύλακτα λαμβάνειν. 25. και όσους μεν αισθάνοιτο επιόρκους και αδίκους ως εύ ωπλισμένους εφοβείτο, τοις δ' οσίοις και αλήθειαν ασκούσιν ως ανάνδροις επειράτο χρήσθαι. 26. ώσπερ δε τις αγάλλεται επί θεοσεβεία και αληθεία και δικαιότητι, ούτω Μένων ηγάλλετο τω εξαπατάν δύνασθαι, τω πλάσασθαι ψευδή, τω φίλους

Fall and Restoration of Athens.

διαγελᾶν· τὸν δὲ μὴ πανοῦργον τῶν ἀπαιδεύτων ἀεὶ ἐνόμιζεν εἶναι. καὶ παρ' οἷς μὲν ἐπεχείρει πρωτεύειν φιλίᾳ, διαβάλλων τοὺς πρώτους τούτους ᾤετο δεῖν κτήσασθαι. 27. τὸ δὲ πειθομένους τοὺς στρατιώτας παρέχεσθαι ἐκ τοῦ συναδικεῖν αὐτοῖς ἐμηχανᾶτο. τιμᾶσθαι δὲ καὶ θεραπεύεσθαι ἠξίου ἐπιδεικνύμενος ὅτι πλεῖστα δύναιτο καὶ ἐθέλοι ἂν ἀδικεῖν. εὐεργεσίαν δὲ κατέλεγεν, ὁπότε τις αὐτοῦ ἀφίσταιτο, ὅτι χρώμενος αὐτῷ οὐκ ἀπώλεσεν αὐτόν. 28. καὶ τὰ μὲν δὴ ἀφανῆ ἔξεστι περὶ αὐτοῦ ψεύδεσθαι, ἃ δὲ πάντες ἴσασι τάδ' ἐστί. παρὰ Ἀριστίππῳ μὲν ἔτι ὡραῖος ὢν στρατηγεῖν διεπράξατο τῶν ξένων, Ἀριαίῳ δὲ βαρβάρῳ ὄντι, ὅτι μειρακίοις καλοῖς ἥδετο, οἰκειότατος ἔτι ὡραῖος ὢν ἐγένετο, αὐτὸς δὲ παιδικὰ εἶχε Θαρύπαν ἀγένειος ὢν γενειῶντα. 29. ἀποθνησκόντων δὲ τῶν συστρατήγων ὅτι ἐστράτευσαν ἐπὶ βασιλέα σὺν Κύρῳ, ταὐτὰ πεποιηκὼς οὐκ ἀπέθανε, μετὰ δὲ τὸν τῶν ἄλλων θάνατον στρατηγῶν τιμωρηθεὶς ὑπὸ βασιλέως ἀπέθανεν, οὐχ ὥσπερ Κλέαρχος καὶ οἱ ἄλλοι στρατηγοὶ ἀποτμηθέντες τὰς κεφαλάς, ὅσπερ τάχιστος θάνατος δοκεῖ εἶναι, ἀλλὰ ζῶν αἰκισθεὶς ἐνιαυτὸν ὡς πονηρὸς λέγεται τῆς τελευτῆς τυχεῖν.

30. Ἀγίας δὲ ὁ Ἀρκὰς καὶ Σωκράτης ὁ Ἀχαιὸς καὶ τούτω ἀπεθανέτην. τούτων δὲ οὔθ' ὡς ἐν πολέμῳ κακῶν οὐδεὶς κατεγέλα οὔτ' εἰς φιλίαν αὐτοὺς ἐμέμφετο. ἤστην δὲ ἄμφω ἀμφὶ τὰ πέντε καὶ τριάκοντα ἔτη ἀπὸ γενεᾶς.

II. FALL AND RESTORATION OF ATHENS.

[Hellenica, II.]

II. 3. Ἐν δὲ ταῖς Ἀθήναις, τῆς Παράλου ἀφικομένης νυκτός, ἐλέγετο ἡ ξυμφορά, καὶ ἡ οἰμωγὴ ἐκ τοῦ Πειραιῶς διὰ τῶν μακρῶν τειχῶν ἐς ἄστυ διῆκεν, ὁ ἕτερος τῷ ἑτέρῳ παραγγέλλων· ὥστ' ἐκείνης τῆς νυκτὸς οὐδεὶς ἐκοιμήθη, οὐ μόνον τοὺς ἀπολωλότας πενθοῦντες, ἀλλὰ πολὺ μᾶλλον ἔτι αὐτοὶ ἑαυτούς, πείσεσθαι νομίζοντες οἷα ἐποίησαν Μηλίους τε Λακεδαιμονίων ἀποίκους ὄντας, κρατήσαντες πολιορκίᾳ, καὶ Ἱστιαιέας, καὶ Σκιωναίους, καὶ Τορωναίους, καὶ Αἰγινήτας, καὶ ἄλλους πολλοὺς τῶν Ἑλλήνων. **4.** τῇ δ' ὑστεραίᾳ ἐκκλησίαν ἐποίησαν, ἐν ᾗ ἔδοξε τούς τε λιμένας ἀποχῶσαι πλὴν ἑνός, καὶ τὰ τείχη εὐτρεπίζειν, καὶ φύλακας ἐφιστάναι, καὶ τἆλλα πάντα ὡς ἐς πολιορκίαν παρασκευάζειν τὴν πόλιν. Καὶ οὗτοι μὲν περὶ ταῦτα ἦσαν.

5. Λύσανδρος δ' ἐκ τοῦ Ἑλλησπόντου ναυσὶ διακοσίαις ἀφικόμενος εἰς Λέσβον, κατεσκευάσατο τάς τε ἄλλας πόλεις ἐν αὐτῇ, καὶ Μιτυλήνην· εἰς δὲ τὰ ἐπὶ Θρᾴκης χωρία ἔπεμψε δέκα τριήρεις ἔχοντα Ἐτεόνικον, ὃς τὰ ἐκεῖ πάντα πρὸς Λακεδαιμονίους μετέστησεν. **6.** εὐθὺς δὲ καὶ ἡ ἄλλη Ἑλλὰς ἀφειστήκει Ἀθηναίων μετὰ τὴν ναυμαχίαν, πλὴν Σαμίων. οὗτοι δέ, σφαγὰς τῶν γνωρίμων ποιήσαντες, κατεῖχον τὴν πόλιν. **7.** Λύσανδρος δὲ μετὰ ταῦτα ἔπεμψε πρὸς Ἆγίν τε εἰς Δεκέλειαν καὶ εἰς Λακεδαίμονα, ὅτι προσπλεῖ σὺν διακοσίαις ναυσί. Λακεδαιμόνιοι δὲ ἐξῄεσαν πανδημεί, καὶ οἱ ἄλλοι Πελοποννήσιοι, πλὴν Ἀργείων, παραγγείλαντος τοῦ ἑτέρου Λακεδαιμονίων βασιλέως, Παυσανίου. **8.** ἐπεὶ δὲ ἅπαντες ἠθροίσθησαν, ἀναλαβὼν αὐτούς, πρὸς τὴν πόλιν ἐστρατοπέδευσεν ἐν τῇ Ἀκαδημίᾳ, τῷ καλουμένῳ γυμνασίῳ. **9.** Λύσανδρος δέ, ἀφικόμενος πρὸς Αἴγιναν, ἀπέδωκε τὴν πόλιν Αἰγινήταις, ὅσους ἐδύνατο πλείστους ἀθροίσας αὐτῶν· ὡς δ' αὕτως καὶ Μηλίοις, καὶ τοῖς ἄλλοις ὅσοι τῆς αὑτῶν ἐστέροντο. μετὰ δὲ τοῦτο δῃώσας Σαλαμῖνα, ὡρμίσατο πρὸς τὸν Πειραιᾶ ναυσὶ πεντήκοντα καὶ ἑκατόν, καὶ τὰ πλοῖα εἶργε τοῦ εἴσπλου.

10. Οἱ δ' Ἀθηναῖοι, πολιορκούμενοι κατὰ γῆν καὶ κατὰ θάλατταν, ἠπόρουν τί χρὴ ποιεῖν, οὔτε νεῶν οὔτε συμμά-

χων αὐτοῖς ὄντων, οὔτε σίτου· ἐνόμιζον δ᾽ οὐδεμίαν εἶναι σωτηρίαν τοῦ μὴ παθεῖν ἃ οὐ τιμωρούμενοι ἐποίησαν, ἀλλὰ διὰ τὴν ὕβριν ἠδίκουν ἀνθρώπους μικροπολίτας, οὐδ᾽ ἐπὶ μιᾷ αἰτίᾳ ἑτέρᾳ ἢ ὅτι ἐκείνοις συνεμάχουν. **11.** διὰ ταῦτα τοὺς ἀτίμους ἐπιτίμους ποιήσαντες, ἐκαρτέρουν· καὶ ἀποθνησκόντων ἐν τῇ πόλει λιμῷ πολλῶν, οὐ διελέγοντο περὶ διαλλαγῆς. Ἐπεὶ δὲ παντελῶς ἤδη ὁ σῖτος ἐπελελοίπει, ἔπεμψαν πρέσβεις παρὰ Ἆγιν, βουλόμενοι ξύμμαχοι εἶναι Λακεδαιμονίοις, ἔχοντες τὰ τείχη καὶ τὸν Πειραιᾶ, καὶ ἐπὶ τούτοις ξυνθήκας ποιεῖσθαι. **12.** ὁ δὲ αὐτοὺς ἐς Λακεδαίμονα ἐκέλευεν ἰέναι· οὐ γὰρ εἶναι κύριος αὐτός. ἐπεὶ δ᾽ ἀπήγγειλαν οἱ πρέσβεις ταῦτα τοῖς Ἀθηναίοις, ἔπεμψαν αὐτοὺς ἐς Λακεδαίμονα. **13.** οἱ δ᾽, ἐπεὶ ἦσαν ἐν Σελλασίᾳ, πλησίον τῆς Λακωνικῆς, καὶ ἐπύθοντο αὐτῶν οἱ Ἔφοροι ἃ ἔλεγον, ὄντα οἷά περ καὶ πρὸς Ἆγιν, αὐτόθεν αὐτοὺς ἐκέλευον ἀπιέναι, καὶ, εἴ τι δέονται εἰρήνης, κάλλιον ἥκειν βουλευσαμένους. **14.** Οἱ δὲ πρέσβεις ἐπεὶ ἧκον οἴκαδε, καὶ ἀπήγγειλαν ταῦτα ἐς τὴν πόλιν, ἀθυμία ἐνέπεσε πᾶσιν· ᾤοντο γὰρ ἀνδραποδισθήσεσθαι, καὶ, ἕως ἂν πέμπωσιν ἑτέρους πρέσβεις, πολλοὺς τῷ λιμῷ ἀπολεῖσθαι. **15.** περὶ δὲ τῶν τειχῶν τῆς καθαιρέσεως οὐδεὶς ἐβούλετο ξυμβουλεύειν· Ἀρχέστρατος γὰρ, εἰπὼν ἐν τῇ βουλῇ Λακεδαιμονίοις κράτιστον εἶναι ἐφ᾽ οἷς προεκαλοῦντο εἰρήνην ποιεῖσθαι, ἐδέθη· (προεκαλοῦντο δὲ τῶν μακρῶν τειχῶν ἐπὶ δέκα σταδίους καθελεῖν ἑκάτερον·) ἐγένετο δὲ ψήφισμα μὴ ἐξεῖναι περὶ τούτων ξυμβουλεύειν.
16. Τοιούτων δὲ ὄντων, Θηραμένης εἶπεν ἐν ἐκκλησίᾳ, ὅτι, εἰ βούλονται αὐτὸν πέμψαι παρὰ Λύσανδρον, εἰδὼς ἥξει Λακεδαιμονίους πότερον ἐξανδραποδίσασθαι τὴν πόλιν βουλόμενοι ἀντέχουσι περὶ τῶν τειχῶν, ἢ πίστεως ἕνεκα. πεμφθεὶς δὲ διέτριβε παρὰ Λυσάνδρῳ τρεῖς μῆνας καὶ

πλείω, ἐπιτηρῶν ὁπότε Ἀθηναῖοι ἔμελλον, διὰ τὸ ἐπιλε λοιπέναι τὸν σῖτον ἅπαντα, ὅ τι τις λέγοι ὁμολογήσειν. **17.** ἐπεὶ δὲ ἧκε τῷ τετάρτῳ μηνί, ἀπήγγειλεν ἐν ἐκκλησίᾳ ὅτι αὐτὸν Λύσανδρος τέως μὲν κατέχοι, εἶτα κελεύοι ἐς Λακεδαίμονα ἰέναι· οὐ γὰρ εἶναι κύριος ὧν ἐρωτῷτο ὑπ' αὐτοῦ, ἀλλὰ τοὺς Ἐφόρους. μετὰ ταῦτα ᾑρέθη πρεσβευτὴς ἐς Λακεδαίμονα αὐτοκράτωρ δέκατος αὐτός. **18.** Λύσανδρος δὲ τοῖς Ἐφόροις ἔπεμψεν ἀγγελοῦντα μετ' ἄλλων Λακεδαιμονίων Ἀριστοτέλην, φυγάδα Ἀθηναῖον ὄντα, ὅτι ἀποκρίναιτο Θηραμένει ἐκείνους κυρίους εἶναι εἰρήνης καὶ πολέμου. **19.** Θηραμένης δὲ καὶ οἱ ἄλλοι πρέσβεις, ἐπεὶ ἦσαν ἐν Σελλασίᾳ, ἐρωτώμενοι ἐπὶ τίνι λόγῳ ἥκοιεν, εἶπον ὅτι αὐτοκράτορες περὶ εἰρήνης. μετὰ ταῦτα οἱ Ἔφοροι καλεῖν ἐκέλευον. ἐπεὶ δ' ἧκον, ἐκκλησίαν ἐποίησαν, ἐν ᾗ ἀντέλεγον Κορίνθιοι καὶ Θηβαῖοι μάλιστα, πολλοὶ δὲ καὶ ἄλλοι τῶν Ἑλλήνων, μὴ σπένδεσθαι Ἀθηναίοις, ἀλλ' ἐξαιρεῖν. **20.** Λακεδαιμόνιοι δὲ οὐκ ἔφασαν πόλιν Ἑλληνίδα ἀνδραποδιεῖν, μέγα ἀγαθὸν εἰργασμένην ἐν τοῖς μεγίστοις κινδύνοις γενομένοις τῇ Ἑλλάδι· ἀλλ' ἐποιοῦντο εἰρήνην, ἐφ' ᾧ τά τε μακρὰ τείχη καὶ τὸν Πειραιᾶ καθελόντας, καὶ τὰς ναῦς πλὴν δώδεκα παραδόντας, καὶ τοὺς φυγάδας καθέντας, τὸν αὐτὸν ἐχθρὸν καὶ φίλον νομίζοντας, Λακεδαιμονίοις ἕπεσθαι καὶ κατὰ γῆν καὶ κατὰ θάλατταν, ὅποι ἂν ἡγῶνται. **21.** Θηραμένης δὲ καὶ οἱ σὺν αὐτῷ πρέσβεις ἐπανεφέροντο ταῦτα ἐς τὰς Ἀθήνας. εἰσιόντας δ' αὐτοὺς ὄχλος περιεχεῖτο πολύς, φοβούμενοι μὴ ἄπρακτοι ἥκοιεν· οὐ γὰρ ἔτι ἐνεχώρει μένειν διὰ τὸ πλῆθος τῶν ἀπολλυμένων τῷ λιμῷ. **22.** Τῇ δὲ ὑστεραίᾳ ἀπήγγελλον οἱ πρέσβεις ἐφ' οἷς οἱ Λακεδαιμόνιοι ποιοῖντο τὴν εἰρήνην· προηγόρει δὲ αὐτῶν Θηραμένης, λέγων ὡς χρὴ πείθεσθαι Λακεδαιμονίοις καὶ τὰ τείχη περιαιρεῖν.

ἀντειπόντων δέ τινων αὐτῷ, πολλῷ δὲ πλειόνων ξυνεπαινεσάντων, ἔδοξε δέχεσθαι τὴν εἰρήνην. 23. Μετὰ δὲ ταῦτα Λύσανδρός τε κατέπλει ἐς τὸν Πειραιᾶ, καὶ οἱ φυγάδες κατῇεσαν, καὶ τὰ τείχη κατέσκαπτον ὑπ᾽ αὐλητρίδων πολλῇ προθυμίᾳ, νομίζοντες ἐκείνην τὴν ἡμέραν τῇ Ἑλλάδι ἄρχειν τῆς ἐλευθερίας.

III. Τῷ δ᾽ ἐπιόντι ἔτει — ἐν ᾧ ἦν Ὀλυμπιάς, ᾗ τὸ στάδιον ἐνίκα Κροκίνας Θετταλὸς, Εὐδίου ἐν Σπάρτῃ ἐφορεύοντος, Πυθοδώρου δ᾽ ἐν Ἀθήναις ἄρχοντος, ὃν Ἀθηναῖοι, ὅτε ἐν ὀλιγαρχίᾳ ᾑρέθη, οὐκ ὀνομάζουσιν, ἀλλ᾽ ἀναρχίαν τὸν ἐνιαυτὸν καλοῦσιν· ἐγένετο δὲ αὕτη ἡ ὀλιγαρχία ὧδε — 2. ἔδοξε τῷ δήμῳ τριάκοντα ἄνδρας ἑλέσθαι, οἳ τοὺς πατρίους νόμους ξυγγράψουσι, καθ᾽ οὓς πολιτεύσουσι· καὶ ᾑρέθησαν οὗτοι, Πολυάρχης, Κριτίας, Μηλόβιος, Ἱππόλοχος, Εὐκλείδης, Ἱέρων, Μνησίλοχος, Χρέμων, Θηραμένης, Ἀρεσίας, Διοκλῆς, Φαιδρίας, Χαιρέλεως, Ἀναίτιος, Πείσων, Σοφοκλῆς, Ἐρατοσθένης, Χαρικλῆς, Ὀνομακλῆς, Θέογνις, Αἰσχίνης, Θεογένης, Κλεομήδης, Ἐρασίστρατος, Φείδων, Δρακοντίδης, Εὐμάθης, Ἀριστοτέλης, Ἱππόμαχος, Μνησιθείδης. 3. Τούτων δὴ πραχθέντων, ἀπέπλει Λύσανδρος πρὸς Σάμον· Ἆγις δ᾽ ἐκ τῆς Δεκελείας ἀπαγαγὼν τὸ πεζὸν στράτευμα, διέλυσε κατὰ πόλεις ἑκάστους. . . . .

11. Οἱ δὲ τριάκοντα ᾑρέθησαν μὲν ἐπεὶ τάχιστα τὰ μακρὰ τείχη καὶ τὰ περὶ τὸν Πειραιᾶ καθῃρέθη· αἱρεθέντες δὲ ἐφ᾽ ᾧτε ξυγγράψαι νόμους, καθ᾽ οὕστινας πολιτεύσοιντο, τούτους μὲν ἀεὶ ἔμελλον ξυγγράφειν τε καὶ ἀποδεικνύναι, βουλὴν δὲ καὶ τὰς ἄλλας ἀρχὰς κατέστησαν, ὡς ἐδόκει αὐτοῖς. 12. Ἔπειτα πρῶτον μὲν, οὓς πάντες ᾔδεσαν ἐν τῇ δημοκρατίᾳ ἀπὸ συκοφαντίας ζῶντας, καὶ τοῖς καλοῖς καὶ ἀγαθοῖς βαρεῖς ὄντας, συλλαμβάνοντες ὑπῆγον θανάτου· καὶ ἥ τε βουλὴ ἡδέως αὐτῶν κατεψηφίζετο, οἵ τε

ἄλλοι, ὅσοι ξυνῄδεσαν ἑαυτοῖς μὴ ὄντες τοιοῦτοι, οὐδὲν ἤχθοντο. 13. Ἐπεὶ δὲ ἤρξαντο βουλεύεσθαι ὅπως ἂν ἐξείη αὐτοῖς τῇ πόλει χρῆσθαι ὅπως βούλοιντο, ἐκ τούτου πρῶτον μὲν, πέμψαντες ἐς Λακεδαίμονα Αἰσχίνην τε καὶ Ἀριστοτέλην, ἔπεισαν Λύσανδρον φρουροὺς σφίσι ξυμπρᾶξαι ἐλθεῖν, ἕως δὴ, τοὺς πονηροὺς ἐκποδὼν ποιησάμενοι, καταστήσαιντο τὴν πολιτείαν· θρέψειν δὲ αὐτοὶ ὑπισχνοῦντο. ὁ δὲ πεισθεὶς, τούς τε φρουροὺς καὶ Καλλίβιον ἁρμοστὴν ξυνέπραξεν αὐτοῖς πεμφθῆναι.

14. Οἱ δ᾽ ἐπεὶ τὴν φρουρὰν ἔλαβον, τὸν μὲν Καλλίβιον ἐθεράπευον πάσῃ θεραπείᾳ, ὡς πάντα ἐπαινοίη ἃ πράττοιεν· τῶν δὲ φρουρῶν τούτου ξυμπέμποντος αὐτοῖς οὓς ἐβούλοντο, ξυνελάμβανον οὐκέτι τοὺς πονηρούς τε καὶ ὀλίγου ἀξίους, ἀλλ᾽ ἤδη οὓς ἐνόμιζον ἥκιστα μὲν παρωθουμένους ἀνέχεσθαι, ἀντιπράττειν δέ τι ἐπιχειροῦντας πλείστους ἂν τοὺς ξυνεθέλοντας λαμβάνειν. 15. Τῷ μὲν οὖν πρώτῳ χρόνῳ ὁ Κριτίας τῷ Θηραμένει ὁμογνώμων τε καὶ φίλος ἦν· ἐπεὶ δὲ αὐτὸς μὲν προπετὴς ἦν ἐπὶ τὸ πολλοὺς ἀποκτείνειν, ἅτε καὶ φυγὼν ὑπὸ τοῦ δήμου, ὁ δὲ Θηραμένης ἀντέκοπτε, λέγων ὅτι οὐκ εἰκὸς εἴη θανατοῦν, εἴ τις ἐτιμᾶτο ὑπὸ τοῦ δήμου, τοὺς δὲ καλοὺς καὶ ἀγαθοὺς μηδὲν κακὸν εἰργάζετο· Ἐπεὶ καὶ ἐγώ, ἔφη, καὶ σὺ πολλὰ δὴ τοῦ ἀρέσκειν ἕνεκα τῇ πόλει καὶ εἴπομεν καὶ ἐπράξαμεν. 16. Ὁ δὲ (ἔτι γὰρ οἰκείως ἐχρῆτο τῷ Θηραμένει) ἀντέλεγεν, ὅτι οὐκ ἐγχωροίη τοῖς πλεονεκτεῖν βουλομένοις, μὴ οὐκ ἐκποδὼν ποιεῖσθαι τοὺς ἱκανωτάτους διακωλύειν· Εἰ δὲ, ὅτι τριάκοντά ἐσμεν καὶ οὐχ εἷς, ἧττόν τι οἴει, ὥσπερ τυραννίδος, ταύτης τῆς ἀρχῆς χρῆναι ἐπιμελεῖσθαι, εὐήθης εἶ.

[17. Ἐπεὶ δὲ, ἀποθνησκόντων πολλῶν καὶ ἀδίκως, πολλοὶ δῆλοι ἦσαν ξυνιστάμενοί τε καὶ θαυμάζοντες τί ἔσοιτο ἡ πολιτεία, πάλιν ἔλεγεν ὁ Θηραμένης, ὅτι, εἰ μὴ τις κοινωνοὺς ἱκανοὺς λήψοιτο τῶν πραγμάτων, ἀδύνατον ἔσοιτο τὴν ὀλιγαρχίαν διαμένειν. 18. ἐκ τούτου μέντοι Κριτίας καὶ οἱ ἄλλοι τριάκοντα, ἤδη φοβούμενοι, καὶ οὐχ ἥκιστα τὸν Θηραμένην, μὴ συρρυείησαν πρὸς αὐτὸν οἱ πολῖται, καταλέγουσι τρισχιλίους τοὺς μεθέξοντας δὴ τῶν πραγμάτων. 19. ὁ δ' αὖ Θηραμένης καὶ πρὸς ταῦτα ἔλεγεν, ὅτι ἄτοπον δοκοίη ἑαυτῷ εἶναι, τὸ πρῶτον μὲν βουλομένους τοὺς βελτίστους τῶν πολιτῶν κοινωνοὺς ποιήσασθαι τρισχιλίους, ὥσπερ τὸν ἀριθμὸν τοῦτον ἔχοντά τινα ἀνάγκην καλοὺς καὶ ἀγαθοὺς εἶναι, καὶ οὔτ' ἔξω τούτων σπουδαίους, οὔτ' ἐντὸς τούτων πονηροὺς οἷόν τε εἴη γενέσθαι· Ἔπειτα δ', ἔφη, ὁρῶ ἔγωγε δύο ὑμᾶς τὰ ἐναντιώτατα πράττοντας, βιαίαν τε τὴν ἀρχὴν καὶ ἥττονα τῶν ἀρχομένων κατασκευαζομένους. 20. Ὁ μὲν ταῦτ' ἔλεγεν. οἱ δ' ἐξέτασιν ποιήσαντες τῶν μὲν τρισχιλίων ἐν τῇ ἀγορᾷ, τῶν δὲ ἔξω τοῦ καταλόγου ἄλλων ἀλλαχοῦ, ἔπειτα κελεύσαντες ἐπὶ τὰ ὅπλα ἐν ᾧ ἐκεῖνοι ἀπεληλύθεσαν, πέμψαντες τοὺς φρουροὺς καὶ τῶν πολιτῶν τοὺς ὁμογνώμονας αὐτοῖς, τὰ ὅπλα πάντων, πλὴν τῶν τρισχιλίων, παρείλοντο· καὶ ἀνακομίσαντες ταῦτα ἐς τὴν ἀκρόπολιν, ξυνέθηκαν ἐν τῷ ναῷ.

21. Τούτων δὲ γενομένων, ὡς ἐξὸν ἤδη ποιεῖν αὐτοῖς ὅ τι βούλοιντο, πολλοὺς μὲν ἔχθρας ἕνεκα ἀπέκτεινον, πολλοὺς δὲ χρημάτων. ἔδοξε δ' αὐτοῖς, ὅπως ἔχοιεν καὶ τοῖς φρουροῖς χρήματα διδόναι, καὶ τῶν μετοίκων ἕνα ἕκαστον λαβεῖν καὶ αὐτοὺς μὲν ἀποκτεῖναι, τὰ δὲ χρήματα αὐτῶν ἀποσημήνασθαι. 22. Ἐκέλευον δὲ καὶ τὸν Θηραμένην λαβεῖν ὅντινα βούλοιτο. ὁ δ' ἀπεκρίνατο· Ἀλλ' οὐ δοκεῖ μοι, ἔφη, καλὸν εἶναι, φάσκοντας βελτίστους εἶναι, ἀδικώτερα τῶν συκοφαντῶν ποιεῖν. ἐκεῖνοι μὲν γὰρ, παρ' ὧν χρήματα λαμβάνοιεν, ζῆν εἴων· ἡμεῖς δὲ ἀποκτενοῦμεν

μηδὲν ἀδικοῦντας, ἵνα χρήματα λαμβάνωμεν; πῶς οὐ ταῦτα τῷ παντὶ ἐκείνων ἀδικώτερα; 23. Οἱ δ', ἐμποδὼν νομίζοντες αὐτὸν εἶναι τῷ ποιεῖν ὅ τι βούλοιντο, ἐπιβουλεύουσιν αὐτῷ, καὶ ἰδίᾳ πρὸς τοὺς βουλευτὰς ἄλλος πρὸς ἄλλον διέβαλλον, ὡς λυμαινόμενον τὴν πολιτείαν. καὶ παραγγείλαντες νεανίσκοις, οἳ ἐδόκουν αὐτοῖς θρασύτατοι εἶναι, ξιφίδια ὑπὸ μάλης ἔχοντας παραγενέσθαι, ξυνέλεξαν τὴν βουλήν. 24. ἐπεὶ δὲ ὁ Θηραμένης παρῆν, ἀναστὰς ὁ Κριτίας ἔλεξεν ὧδε·

Ὦ ἄνδρες βουλευταὶ, εἰ μέν τις ὑμῶν νομίζει πλέονας τοῦ καιροῦ ἀποθνήσκειν, ἐννοησάτω ὅτι, ὅπου πολιτεῖαι μεθίστανται, πανταχοῦ ταῦτα γίγνεται· πλείστους δ' ἀνάγκη πολεμίους εἶναι τοῖς ἐς ὀλιγαρχίαν μεθιστᾶσι, διά τε τὸ πολυανθρωποτάτην τῶν Ἑλληνίδων τὴν πόλιν εἶναι, καὶ διὰ τὸ πλεῖστον χρόνον ἐν ἐλευθερίᾳ τὸν δῆμον τεθράφθαι. 25. ἡμεῖς δὲ, γνόντες μὲν τοῖς οἵοις ἡμῖν τε καὶ ὑμῖν χαλεπὴν πολιτείαν εἶναι δημοκρατίαν, γνόντες δὲ ὅτι Λακεδαιμονίοις τοῖς περισώσασιν ἡμᾶς ὁ μὲν δῆμος οὔποτ' ἂν φίλος γένοιτο, οἱ δὲ βέλτιστοι ἀεὶ ἂν πιστοὶ διατελοῖεν, διὰ ταῦτα σὺν τῇ Λακεδαιμονίων γνώμῃ τήνδε τὴν πολιτείαν καθίσταμεν. 26. καὶ ἐάν τινα αἰσθανώμεθα ἐναντίον τῇ ὀλιγαρχίᾳ, ὅσον δυνάμεθα ἐκποδὼν ποιούμεθα· πολὺ δὲ μάλιστα ἡμῖν δοκεῖ δίκαιον εἶναι, εἴ τις ἡμῶν αὐτῶν λυμαίνεται ταύτῃ τῇ καταστάσει, δίκην αὐτὸν διδόναι. 27. Νῦν οὖν αἰσθανόμεθα Θηραμένην τουτονὶ, οἷς δύναται, ἀπολλύντα ἡμᾶς τε καὶ ὑμᾶς. ὡς δὲ ταῦτα ἀληθῆ, ἢν κατανοῆτε, εὑρήσετε οὔτε ψέγοντα οὐδένα μᾶλλον Θηραμένους τουτουὶ τὰ παρόντα, οὔτε ἐναντιούμενον, ὅταν τινὰ ἐκποδὼν βουλώμεθα ποιήσασθαι τῶν δημαγωγῶν. εἰ μὲν τοίνυν ἐξ ἀρχῆς ταῦτα ἐγίγνωσκε, πολέμιος μὲν ἦν, οὐ μέντοι πονηρός γ' ἂν δικαίως ἐνομίζετο· 28. νῦν δὲ,—

αὐτὸς μὲν ἄρξας τῆς πρὸς Λακεδαιμονίους πίστεως καὶ φιλίας, αὐτὸς δὲ τῆς τοῦ δήμου καταλύσεως, μάλιστα δὲ ἐξορμήσας ἡμᾶς τοῖς πρώτοις ὑπαγομένοις εἰς ὑμᾶς δίκην ἐπιτιθέναι, — νῦν, ἐπεὶ καὶ ὑμεῖς καὶ ἡμεῖς φανερῶς ἐχθροὶ τῷ δήμῳ γεγενήμεθα, οὐκέτ' αὐτῷ τὰ γιγνόμενα ἀρέσκει, ὅπως αὐτὸς μὲν αὖ ἐν τῷ ἀσφαλεῖ καταστῇ, ἡμεῖς δὲ δίκην δῶμεν τῶν πεπραγμένων. 29. ὥστε οὐ μόνον ὡς ἐχθρῷ αὐτῷ προσήκει, ἀλλὰ καὶ ὡς προδότῃ ὑμῶν τε καὶ ἡμῶν, διδόναι τὴν δίκην. καίτοι τοσούτῳ μὲν δεινότερον προδοσία πολέμου, ὅσῳ χαλεπώτερον φυλάξασθαι τὸ ἀφανὲς τοῦ φανεροῦ· τοσούτῳ δ' ἔχθιον, ὅσῳ πολέμιοι μὲν ἄνθρωποι καὶ σπένδονται αὖθις, καὶ πιστοὶ γίγνονται· ὃν δ' ἂν προδιδόντα λαμβάνωσι, τούτῳ οὔτε ἐσπείσατο πώποτε οὐδείς, οὔτ' ἐπίστευσε τοῦ λοιποῦ. 30. Ἵνα δὲ εἰδῆτε ὅτι οὐ καινὰ ταῦτα οὗτος ποιεῖ, ἀλλὰ φύσει προδότης ἐστίν, ἀναμνήσω ὑμᾶς τὰ τούτῳ πεπραγμένα. οὗτος γάρ, ἐξ ἀρχῆς μὲν τιμώμενος ὑπὸ τοῦ δήμου κατὰ τὸν πατέρα Ἅγνωνα, προπετέστατος ἐγένετο τὴν δημοκρατίαν μεταστῆσαι εἰς τοὺς τετρακοσίους, καὶ ἐπρώτευεν ἐν ἐκείνοις. ἐπεὶ δ' ᾔσθετο ἀντίπαλόν τι τῇ ὀλιγαρχίᾳ ξυνιστάμενον, πρῶτος αὖ ἡγεμὼν τῷ δήμῳ ἐπ' ἐκείνους ἐγένετο. 31. ὅθεν δήπου καὶ κόθορνος ἐπικαλεῖται. καὶ γὰρ ὁ κόθορνος ἁρμόττειν μὲν τοῖς ποσὶν ἀμφοτέροις δοκεῖ, ἀποβλέπει δ' ἐπ' ἀμφότερον. δεῖ δέ, ὦ Θηράμενες, ἄνδρα τὸν ἄξιον ζῆν οὐ προάγειν μὲν δεινὸν εἶναι εἰς πράγματα τοὺς ξυνόντας, ἢν δέ τι ἀντικόπτῃ, εὐθὺς μεταβάλλεσθαι· ἀλλ' ὥσπερ ἐν νηὶ διαπονεῖσθαι, ἕως ἂν εἰς οὖρον καταστῶσιν· εἰ δὲ μή, πῶς ἂν ἀφίκοιντό ποτε ἔνθα δεῖ, εἰ, ἐπειδάν τι ἀντικόψῃ, εὐθὺς ἐς τἀναντία πλέοιεν;] 32. Καὶ εἰσὶ μὲν δήπου πᾶσαι μεταβολαὶ πολιτειῶν θανατηφόροι· σὺ δέ, διὰ τὸ εὐμετάβολος εἶναι, πλείστοις μὲν μεταίτιος εἶ ἐξ ὀλιγαρχίας ὑπὸ τοῦ δήμου ἀπολωλέναι, πλείστοις δ' ἐκ δημοκρατίας ὑπὸ τῶν βελτιόνων. Οὗτος δέ τοί ἐστιν, ὃς, ταχθεὶς ἀνελέσθαι ὑπὸ τῶν στρατηγῶν τοὺς καταδύντας Ἀθηναίων ἐν τῇ περὶ Λέσβον ναυμαχίᾳ, αὐτὸς οὐκ ἀνελόμενος, ὅμως τῶν στρατηγῶν κατηγορῶν ἀπέκτεινεν αὐτοὺς, ἵνα αὐτὸς περισωθείη. 33. ὅστις γε μὴν φανερός ἐστι τοῦ μὲν πλεονεκτεῖν ἀεὶ ἐπιμελούμενος, τοῦ δὲ καλοῦ καὶ τῶν φίλων μηδὲν ἐντρεπόμενος, πῶς τούτου χρή ποτε φείσασθαι; πῶς δ' οὐ φυλάξασθαι, εἰδότας αὐτοῦ τὰς μεταβολὰς, ὡς μὴ καὶ ἡμᾶς ταὐτὸ δυνασθῇ ποιῆσαι; ἡμεῖς οὖν τοῦτον ὑπάγομεν καὶ ὡς ἐπιβουλεύοντα, καὶ ὡς προδιδόντα ἡμᾶς τε καὶ ὑμᾶς. 34. Ὡς δ' εἰκότα ποιοῦμεν, καὶ τάδ' ἐννοήσατε. καλλίστη μὲν γὰρ δήπου δοκεῖ πολιτεία εἶναι ἡ Λακεδαιμονίων· εἰ δ' ἐν ἐκείνῃ ἐπιχειρήσειέ τις τῶν Ἐφόρων, ἀντὶ τοῦ τοῖς πλείοσι πείθεσθαι, ψέγειν τε τὴν ἀρχὴν καὶ ἐναντιοῦσθαι τοῖς πραττομένοις, οὐκ ἂν οἴεσθε αὐτὸν καὶ ὑπ' αὐτῶν τῶν Ἐφόρων καὶ ὑπὸ τῆς ἄλλης ἁπάσης πόλεως τῆς μεγίστης τιμωρίας ἀξιωθῆναι; καὶ ὑμεῖς οὖν, ἐὰν σωφρονῆτε, οὐ τούτου ἀλλ' ὑμῶν αὐτῶν φείσεσθε· ὡς οὗτος, σωθεὶς μὲν, πολλοὺς ἂν μέγα φρονεῖν ποιήσειε τῶν ἐναντία γιγνωσκόντων ὑμῖν· ἀπολόμενος δὲ, πάντων καὶ τῶν ἐν τῇ πόλει καὶ τῶν ἔξω ὑποτέμοι ἂν τὰς ἐλπίδας.

35. Ὁ μὲν ταῦτ' εἰπὼν ἐκαθέζετο· Θηραμένης δὲ ἀναστὰς ἔλεξεν· Ἀλλὰ πρῶτον μὲν μνησθήσομαι, ὦ ἄνδρες, ὃ τελευταῖον κατ' ἐμοῦ εἶπε. φησὶ γάρ με τοὺς στρατηγοὺς ἀποκτεῖναι κατηγοροῦντα. ἐγὼ δὲ οὐκ ἦρχον κατ' ἐκείνων λόγου, ἀλλ' ἐκεῖνοι ἔφασαν, προσταχθέν μοι ὑφ' ἑαυτῶν, οὐκ ἀνελέσθαι τοὺς δυστυχοῦντας ἐν τῇ περὶ Λέσβον ναυμαχίᾳ. ἐγὼ δὲ ἀπολογούμενος, ὡς διὰ τὸν χειμῶνα οὐδὲ πλεῖν, μὴ ὅτι ἀναιρεῖσθαι τοὺς ἄνδρας, δυνατὸν ἦν, ἔδοξα τῇ πόλει εἰκότα λέγειν, ἐκεῖνοι δὲ ἑαυτῶν κατηγορεῖν ἐφαί-

νοντο· φάσκοντες γὰρ οἷόν τε εἶναι σῶσαι τοὺς ἄνδρας, προέμενοι αὐτοὺς ἀπολέσθαι, ἀποπλέοντες ᾤχοντο. 36. οὐ μέντοι θαυμάζω γε τὸ Κριτίαν παρανενομηκέναι· ὅτε γὰρ ταῦτα ἦν, οὐ παρὼν ἐτύγχανεν, ἀλλ᾽ ἐν Θετταλίᾳ μετὰ Προμηθέως δημοκρατίαν κατεσκεύαζε, καὶ τοὺς πενέστας ὥπλιζεν ἐπὶ τοὺς δεσπότας. 37. ὧν μὲν οὖν οὗτος ἐκεῖ ἔπραττε, μηδὲν ἐνθάδε γένοιτο· τάδε γε μέντοι ὁμολογῶ ἐγὼ τούτῳ, εἴ τις ὑμᾶς μὲν τῆς ἀρχῆς βούλεται παῦσαι, τοὺς δ᾽ ἐπιβουλεύοντας ὑμῖν ἰσχυροὺς ποιεῖν, δίκαιον εἶναι τῆς μεγίστης αὐτὸν τιμωρίας τυγχάνειν· ὅστις μέντοι ὁ ταῦτα πράττων ἐστίν, οἶμαι ἂν ὑμᾶς κάλλιστα κρίνειν, τά τε πεπραγμένα καὶ ἃ νῦν πράττει ἕκαστος ἡμῶν εἰ κατανοήσετε. 38. Οὐκοῦν μέχρι μὲν τοῦ ὑμᾶς τε καταστῆναι ἐς τὴν βουλείαν, καὶ ἀρχὰς ἀποδειχθῆναι, καὶ τοὺς ὁμολογουμένως συκοφάντας ὑπάγεσθαι, πάντες ταὐτὰ ἐγιγνώσκομεν· ἐπεὶ δέ γε οὗτοι ἤρξαντο ἄνδρας καλούς τε κἀγαθοὺς ξυλλαμβάνειν, ἐκ τούτου κἀγὼ ἠρξάμην τἀναντία τούτοις γιγνώσκειν. 39. ᾔδειν γὰρ ὅτι, ἀποθνήσκοντος μὲν Λέοντος τοῦ Σαλαμινίου, ἀνδρὸς καὶ ὄντος καὶ δοκοῦντος ἱκανοῦ εἶναι, ἀδικοῦντος δ᾽ οὐδὲ ἕν, οἱ ὅμοιοι τούτῳ φοβήσοιντο, φοβούμενοι δὲ ἐναντίοι τῇδε τῇ πολιτείᾳ ἔσοιντο. ἐγίγνωσκον δὲ ὅτι, ξυλλαμβανομένου Νικηράτου τοῦ Νικίου, καὶ πλουσίου καὶ οὐδὲν πώποτε δημοτικὸν οὔτε αὐτοῦ οὔτε τοῦ πατρὸς πράξαντος, οἱ τούτῳ ὅμοιοι δυσμενεῖς ὑμῖν γενήσοιντο. 40. ἀλλὰ μὴν, καὶ Ἀντιφῶντος ὑφ᾽ ὑμῶν ἀπολλυμένου, ὃς ἐν τῷ πολέμῳ δύο τριήρεις εὖ πλεούσας παρείχετο, ἠπιστάμην ὅτι καὶ οἱ πρόθυμοι τῇ πόλει γεγενημένοι πάντες ὑπόπτως ὑμῖν ἕξοιεν. ἀντεῖπον δὲ καὶ ὅτε τῶν μετοίκων ἕνα ἕκαστον λαβεῖν ἔφασαν χρῆναι· εὔδηλον γὰρ ἦν ὅτι, τούτων ἀπολομένων, καὶ οἱ μέτοικοι ἅπαντες πολέμιοι τῇ πολιτείᾳ ἔσοιντο. 41. ἀντεῖπον δὲ καὶ ὅτε τὰ ὅπλα τοῦ πλήθους παρῃροῦντο, οὐ νομίζων χρῆναι ἀσθενῆ τὴν πόλιν ποιεῖν· οὐδὲ γὰρ τοὺς Λακεδαιμονίους ἑώρων τούτου ἕνεκα βουλομένους περισῶσαι ἡμᾶς, ὅπως, ὀλίγοι γενόμενοι, μηδὲν δυναίμεθα αὐτοὺς ὠφελεῖν· ἐξῆν γὰρ αὐτοῖς, εἰ τούτου γ᾽ ἐδέοντο, καὶ μηδένα λιπεῖν, ὀλίγον ἔτι χρόνον τῷ λιμῷ πιέσαντας. 42. οὐδέ γε τὸ φρουροὺς μισθοῦσθαι ξυνήρεσκέ μοι, ἐξὸν αὐτῶν τῶν πολιτῶν τοσούτους προσλαμβάνειν, ἕως ῥᾳδίως οἱ ἄρχοντες ἐμέλλομεν τῶν ἀρχομένων κρατήσειν. Ἐπεί γε μὴν πολλοὺς ἑώρων ἐν τῇ πόλει τῇ ἀρχῇ τῇδε δυσμενεῖς, πολλοὺς δὲ φυγάδας γιγνομένους, οὐκ αὖ ἐδόκει μοι οὔτε Θρασύβουλον οὔτε Ἄνυτον οὔτε Ἀλκιβιάδην φυγαδεύειν· ᾔδειν γὰρ ὅτι οὕτω γε τὸ ἀντίπαλον ἰσχυρὸν ἔσοιτο, εἰ τῷ μὲν πλήθει ἡγεμόνες ἱκανοὶ προσγενήσοιντο, τοῖς δὲ ἡγεῖσθαι βουλομένοις ξύμμαχοι πολλοὶ φανήσοιντο. 43. Ὁ ταῦτα οὖν νουθετῶν ἐν τῷ φανερῷ, πότερα εὐμενὴς ἂν δικαίως, ἢ προδότης νομίζοιτο; οὐχ οἱ ἐχθροὺς, ὦ Κριτία, κωλύοντες πολλοὺς ποιεῖσθαι, οὐδὲ οἱ ξυμμάχους πλείστους διδάσκοντες κτᾶσθαι, οὗτοι τοὺς πολεμίους ἰσχυροὺς ποιοῦσιν· ἀλλὰ πολὺ μᾶλλον οἱ ἀδίκως τε χρήματα ἀφαιρούμενοι, καὶ τοὺς οὐδὲν ἀδικοῦντας ἀποκτείνοντες, οὗτοί εἰσιν οἱ καὶ πολλοὺς τοὺς ἐναντίους ποιοῦντες, καὶ προδιδόντες οὐ μόνον τοὺς φίλους, ἀλλὰ καὶ ἑαυτούς, δι᾽ αἰσχροκέρδειαν. 44. Εἰ δὲ μὴ ἄλλως γνωστὸν ὅτι ἀληθῆ λέγω, ὧδε ἐπισκέψασθε. πότερον οἴεσθε Θρασύβουλον, καὶ Ἄνυτον, καὶ τοὺς ἄλλους φυγάδας, ἃ ἐγὼ λέγω μᾶλλον ἂν ἐνθάδε βούλεσθαι γίγνεσθαι, ἢ ἃ οὗτοι πράττουσιν; ἐγὼ μὲν γὰρ οἶμαι νῦν μὲν αὐτοὺς νομίζειν ξυμμάχων πάντα μεστὰ εἶναι· εἰ δὲ τὸ κράτιστον τῆς πόλεως προσφιλῶς ἡμῖν εἶχε, χαλεπὸν ἂν ἡγεῖσθαι εἶναι καὶ τὸ ἐπιβαίνειν ποι τῆς χώρας. 45. Ἃ δ᾽ αὖ εἶπεν, ὡς ἐγώ εἰμι οἷος ἀεί ποτε μεταβάλλεσθαι, κατανοήσατε καὶ ταῦτα. τὴν μὲν γὰρ τῶν τετρακοσίων πολιτείαν καὶ αὐτὸς δήπου ὁ δῆμος ἐψηφίσατο, διδασκόμενος ὡς οἱ Λακεδαιμόνιοι πάσῃ πολιτείᾳ μᾶλλον ἂν ἢ δημοκρατίᾳ πιστεύσειαν. 46. ἐπεὶ δέ γε ἐκεῖνοι μὲν οὐδὲν ἀνίεσαν, οἱ δὲ ἀμφὶ Ἀριστοτέλην καὶ Μελάνθιον καὶ Ἀρίσταρχον, στρατηγοῦντες, φανεροὶ ἐγένοντο ἐπὶ τῷ χώματι ἔρυμα τειχίζοντες, ἐς ὃ ἐβούλοντο τοὺς πολεμίους δεξάμενοι ὑφ' αὑτοῖς καὶ τοῖς ἑτέροις τὴν πόλιν ποιήσασθαι, — εἰ ταῦτ' αἰσθόμενος ἐγὼ διεκώλυσα, τοῦτ' ἔστι προδότην εἶναι τῶν φίλων; 47. Ἀποκαλεῖ δὲ κοθορνόν με, ὡς ἀμφοτέροις πειρώμενον ἁρμόττειν· ὅστις δὲ μηδετέροις ἀρέσκει, τοῦτον — ὦ πρὸς τῶν θεῶν — τί ποτε καὶ καλέσαι χρή; σὺ γὰρ δὴ ἐν μὲν τῇ δημοκρατίᾳ πάντων μισοδημότατος ἐνομίζου, ἐν δὲ τῇ ἀριστοκρατίᾳ πάντων μισοχρηστότατος γεγένησαι. 48. ἐγὼ δ', ὦ Κριτία, ἐκείνοις μὲν ἀεί ποτε πολεμῶ τοῖς οὐ πρόσθεν οἰομένοις καλὴν ἂν δημοκρατίαν εἶναι, πρὶν καὶ οἱ δοῦλοι, καὶ οἱ δι' ἀπορίαν δραχμῆς ἂν ἀποδόμενοι τὴν πόλιν, δραχμῆς μετέχοιεν· καὶ τοῖσδέ γ' αὖ ἀεὶ ἐναντίος εἰμὶ, οἳ οὐκ οἴονται καλὴν ἂν ἐγγενέσθαι ὀλιγαρχίαν, πρὶν εἰς τὸ ὑπ' ὀλίγων τυραννεῖσθαι τὴν πόλιν καταστήσειαν. τὸ μέντοι σὺν τοῖς δυναμένοις, καὶ μεθ' ἵππων καὶ μετ' ἀσπίδων ὠφελεῖν διὰ τούτων τὴν πολιτείαν, πρόσθεν ἄριστον ἡγούμην εἶναι, καὶ νῦν οὐ μεταβάλλομαι. 49. εἰ δ' ἔχεις εἰπεῖν, ὦ Κριτία, ὅπου ἐγὼ ξὺν τοῖς δημοτικοῖς ἢ τυραννικοῖς τοὺς καλούς τε κἀγαθοὺς ἀποστερεῖν πολιτείας ἐπεχείρησα, λέγε· ἐὰν γὰρ ἐλεγχθῶ ἢ νῦν ταῦτα πράττων, ἢ πρότερον πώποτε ταῦτα πεποιηκώς, ὁμολογῶ τὰ πάντων ἐσχατώτατα παθὼν ἂν δικαίως ἀποθνήσκειν.

50. Ὡς δ' εἰπὼν ταῦτα ἐπαύσατο, καὶ ἡ βουλὴ δήλη ἐγένετο εὐμενῶς ἐπιθορυβήσασα, γνοὺς ὁ Κριτίας ὅτι, εἰ

ἐπιτρέψει τῇ βουλῇ διαψηφίζεσθαι περὶ αὐτοῦ, ἀναφεύξοιτο, καὶ τοῦτο οὐ βιωτὸν ἡγησάμενος, προσελθὼν καὶ διαλεχθείς τι τοῖς τριάκοντα, ἐξῆλθε, καὶ ἐπιστῆναι ἐκέλευσε τοὺς τὰ ἐγχειρίδια ἔχοντας φανερῶς τῇ βουλῇ ἐπὶ τοῖς δρυφάκτοις. 51. πάλιν δ' εἰσελθών, εἶπεν· Ἐγώ, ὦ βουλή, νομίζω προστάτου ἔργον εἶναι οἵου δεῖ, ὃς ἂν ὁρῶν τοὺς φίλους ἐξαπατωμένους μὴ ἐπιτρέπῃ. καὶ ἐγὼ οὖν τοῦτο ποιήσω. καὶ γὰρ οἵδε οἱ ἐφεστηκότες οὔ φασιν ἡμῖν ἐπιτρέψειν, εἰ ἀνήσομεν ἄνδρα τὸν φανερῶς τὴν ὀλιγαρχίαν λυμαινόμενον. ἔστι δὲ ἐν τοῖς καινοῖς νόμοις, τῶν μὲν ἐν τοῖς τρισχιλίοις ὄντων μηδένα ἀποθνήσκειν ἄνευ τῆς ὑμετέρας ψήφου· τῶν δ' ἔξω τοῦ καταλόγου κυρίους εἶναι τοὺς τριάκοντα θανατοῦν. ἐγὼ οὖν, ἔφη, Θηραμένην τουτονὶ ἐξαλείφω ἐκ τοῦ καταλόγου, ξυνδοκοῦν ἅπασιν ἡμῖν. καὶ τοῦτον, ἔφη, ἡμεῖς θανατοῦμεν.]

52. Ἀκούσας ταῦτα ὁ Θηραμένης ἀνεπήδησεν ἐπὶ τὴν Ἑστίαν, καὶ εἶπεν· Ἐγὼ δ', ἔφη, ὦ ἄνδρες, ἱκετεύω τὰ πάντων ἐννομώτατα, μὴ ἐπὶ Κριτίᾳ εἶναι ἐξαλείφειν μήτε ἐμέ, μήτε ὑμῶν ὃν ἂν βούληται, ἀλλ', ὅνπερ νόμον οὗτοι ἔγραψαν περὶ τῶν ἐν τῷ καταλόγῳ, κατὰ τοῦτον καὶ ὑμῖν καὶ ἐμοὶ τὴν κρίσιν εἶναι. 53. καὶ τοῦτο μέν, ἔφη, μὰ τοὺς θεούς, οὐκ ἀγνοῶ, ὅτι οὐδέν μοι ἀρκέσει ὅδε ὁ βωμός· ἀλλὰ βούλομαι καὶ τοῦτο ἐπιδεῖξαι, ὅτι οὗτοι οὐ μόνον εἰσὶ περὶ ἀνθρώπους ἀδικώτατοι, ἀλλὰ καὶ περὶ θεοὺς ἀσεβέστατοι. Ὑμῶν μέντοι, ἔφη, ὦ ἄνδρες καλοὶ κἀγαθοί, θαυμάζω, εἰ μὴ βοηθήσετε ὑμῖν αὐτοῖς, καὶ ταῦτα γιγνώσκοντες ὅτι οὐδὲν τὸ ἐμὸν ὄνομα εὐεξαλειπτότερον ἢ τὸ ὑμῶν ἑκάστου. 54. Ἐκ δὲ τούτου ἐκέλευσε μὲν ὁ τῶν τριάκοντα κῆρυξ τοὺς ἕνδεκα ἐπὶ τὸν Θηραμένην. ἐκεῖνοι δὲ εἰσελθόντες σὺν τοῖς ὑπηρέταις, ἡγουμένου αὐτῶν Σατύρου, τοῦ θρασυτάτου αὐτῶν καὶ ἀναιδεστάτου, εἶπε μὲν ὁ Κριτίας· Παρα-

δίδομεν ὑμῖν, ἔφη, Θηραμένην τουτονί, κατακεκριμένον κατὰ τὸν νόμον· ὑμεῖς δὲ λαβόντες καὶ ἀπαγαγόντες, οἱ ἕνδεκα, οὗ δεῖ, τὰ ἐκ τούτων πράσσετε. 55. Ὡς δὲ ταῦτα εἶπεν, εἷλκε μὲν ἀπὸ τοῦ βωμοῦ ὁ Σάτυρος, εἷλκον δὲ οἱ ὑπηρέται. ὁ δὲ Θηραμένης, ὥσπερ εἰκὸς, καὶ θεοὺς ἐπεκαλεῖτο καὶ ἀνθρώπους καθορᾶν τὰ γιγνόμενα. ἡ δὲ βουλὴ ἡσυχίαν εἶχεν, ὁρῶσα καὶ τοὺς ἐπὶ τοῖς δρυφάκτοις ὁμοίους Σατύρῳ, καὶ τὸ ἔμπροσθεν τοῦ βουλευτηρίου πλῆρες τῶν φρουρῶν, καὶ οὐκ ἀγνοοῦντες ὅτι ἐγχειρίδια ἔχοντες παρῆσαν. 56. οἱ δ' ἀπήγαγον τὸν ἄνδρα διὰ τῆς ἀγορᾶς, μάλα μεγάλῃ τῇ φωνῇ δηλοῦντα οἷα ἔπασχε. Λέγεται δὲ ἓν ῥῆμα καὶ τοῦτο αὐτοῦ· ὡς εἶπεν ὁ Σάτυρος, ὅτι οἰμώξοιτο εἰ μὴ σιωπήσειεν, ἐπήρετο· Ἂν δὲ σιωπῶ, οὐκ ἄρα, ἔφη, οἰμώξομαι; Καὶ ἐπεί γε ἀποθνήσκειν ἀναγκαζόμενος τὸ κώνειον ἔπιε, τὸ λειπόμενον ἔφασαν ἀποκοτταβίσαντα εἰπεῖν αὐτόν· Κριτίᾳ τοῦτ' ἔστω τῷ καλῷ. Καὶ τοῦτο μὲν οὐκ ἀγνοῶ, ὅτι ταῦτα ἀποφθέγματα οὐκ ἀξιόλογα· ἐκεῖνο δὲ κρίνω τοῦ ἀνδρὸς ἀγαστόν, τὸ τοῦ θανάτου παρεστηκότος μήτε τὸ φρόνιμον μήτε τὸ παιγνιῶδες ἀπολιπεῖν ἐκ τῆς ψυχῆς.

IV. Θηραμένης μὲν δὴ οὕτως ἀπέθανεν· οἱ δὲ τριάκοντα, ὡς ἐξὸν ἤδη αὐτοῖς τυραννεῖν ἀδεῶς, προεῖπον μὲν τοῖς ἔξω τοῦ καταλόγου μὴ εἰσιέναι ἐς τὸ ἄστυ, ἦγον δὲ ἐκ τῶν χωρίων, ἵνα αὐτοὶ καὶ οἱ φίλοι τοὺς τούτων ἀγροὺς ἔχοιεν. φευγόντων δὲ ἐς τὸν Πειραιᾶ, καὶ ἐντεῦθεν πολλοὺς ἄγοντες, ἐνέπλησαν καὶ τὰ Μέγαρα καὶ τὰς Θήβας τῶν ὑποχωρούντων.

2. Ἐκ δὲ τούτου Θρασύβουλος, ὁρμηθεὶς ἐκ Θηβῶν ὡς σὺν ἑβδομήκοντα, Φυλὴν χωρίον καταλαμβάνει ἰσχυρόν. οἱ δὲ τριάκοντα ἐβοήθουν ἐκ τοῦ ἄστεος σύν τε τοῖς τρισχιλίοις καὶ σὺν τοῖς ἱππεῦσι, καὶ μάλ' εὐημερίας οὔσης.

ἐπεὶ δὲ ἀφίκοντο, εὐθὺς μὲν θρασυνόμενοί τινες τῶν νέων προσέβαλον πρὸς τὸ χωρίον, καὶ ἐποίησαν μὲν οὐδέν, τραύματα δὲ λαβόντες ἀπῆλθον. 3. βουλομένων δὲ τῶν τριάκοντα ἀποτειχίζειν, ὅπως ἐκπολιορκήσειαν αὐτοὺς ἀποκλείσαντες αὐτοῖς τὰς ἐφόδους τῶν ἐπιτηδείων, ἐπιγίγνεται τῆς νυκτὸς χιὼν παμπληθὴς καὶ τῇ ὑστεραίᾳ· οἱ δὲ νιφόμενοι ἀπῆλθον εἰς τὸ ἄστυ, μάλα συχνοὺς τῶν σκευοφόρων ὑπὸ τῶν ἐκ Φυλῆς ἀποβαλόντες. 4. γιγνώσκοντες δὲ ὅτι καὶ ἐκ τῶν ἀγρῶν λεηλατήσοιεν, εἰ μή τις φυλακὴ ἔσοιτο, διαπέμπουσιν εἰς τὰς ἐσχατιάς, ὅσον πεντεκαίδεκα στάδια ἀπὸ Φυλῆς, τούς τε Λακωνικοὺς πλὴν ὀλίγων φρουροὺς, καὶ τῶν ἱππέων δύο φυλάς. οὗτοι δὲ στρατοπεδευσάμενοι ἐν χωρίῳ λασίῳ, ἐφύλαττον.

5. Ὁ δὲ Θρασύβουλος, ἤδη συνειλεγμένων ἐς τὴν Φυλὴν περὶ ἑπτακοσίους, λαβὼν αὐτοὺς, καταβαίνει τῆς νυκτός· θέμενος δὲ τὰ ὅπλα ἴσον τρία ἢ τέτταρα στάδια ἀπὸ τῶν φρουρῶν, ἡσυχίαν εἶχεν. 6. ἐπεὶ δὲ πρὸς ἡμέραν ἐγίγνετο, καὶ ἤδη ἀνίσταντο, ὅποι ἐδεῖτο ἕκαστος, ἀπὸ τῶν ὅπλων, καὶ οἱ ἱπποκόμοι ψήχοντες τοὺς ἵππους ψόφον ἐποίουν, ἐν τούτῳ ἀναλαβόντες οἱ περὶ Θρασύβουλον τὰ ὅπλα, δρόμῳ προσέπιπτον· καὶ ἔστι μὲν οὓς αὐτῶν κατέβαλον, πάντας δὲ τρεψάμενοι ἐδίωξαν ἓξ ἢ ἑπτὰ στάδια· καὶ ἀπέκτειναν τῶν μὲν ὁπλιτῶν πλέον ἢ εἴκοσι καὶ ἑκατόν, τῶν δὲ ἱππέων Νικόστρατόν τε τὸν καλὸν ἐπικαλούμενον, καὶ ἄλλους δὲ δύο, ἔτι καταλαβόντες ἐν ταῖς εὐναῖς. 7. ἐπαναχωρήσαντες δὲ καὶ τρόπαιον στησάμενοι, συσκευασάμενοι ὅπλα τε ὅσα ἔλαβον καὶ σκεύη, ἀπῆλθον ἐπὶ Φυλῆς. οἱ δὲ ἐξ ἄστεος ἱππεῖς βοηθήσαντες τῶν μὲν πολεμίων οὐδένα ἔτι εἶδον· προσμείναντες δὲ ἕως τοὺς νεκροὺς ἀνείλοντο οἱ προσήκοντες, ἀνεχώρησαν ἐς τὸ ἄστυ.

8. Ἐκ δὲ τούτου οἱ τριάκοντα, οὐκέτι νομίζοντες ἀσφαλῆ

σφίσι τὰ πρώγματα, ἐβουλήθησαν Ἐλευσῖνα ἐξιδιώσασθαι, ὥστε εἶναι σφίσι καταφυγὴν, εἰ δεήσειε. καὶ παραγγείλαντες τοῖς ἱππεῦσιν, ἦλθον εἰς Ἐλευσῖνα Κριτίας τε καὶ οἱ ἄλλοι τῶν τριάκοντα· ἐξέτασίν τε ποιήσαντες ἐν τοῖς ἱππεῦσι, φάσκοντες εἰδέναι βούλεσθαι πόσοι εἶεν καὶ πόσης φυλακῆς προσδέησοιντο, ἐκέλευον ἀπογράφεσθαι πάντας· τὸν δὲ ἀπογραψάμενον ἀεὶ διὰ τῆς πυλίδος ἐπὶ τὴν θάλατταν ἐξιέναι. ἐπὶ δὲ τῷ αἰγιαλῷ τοὺς μὲν ἱππέας ἔνθεν καὶ ἔνθεν κατέστησαν, τὸν δ' ἐξιόντα ἀεὶ οἱ ὑπηρέται ξυνέδουν. ἐπεὶ δὲ πάντες ξυνειλημμένοι ἦσαν, Λυσίμαχον τὸν ἵππαρχον ἐκέλευσαν ἀναγαγόντα παραδοῦναι αὐτοὺς τοῖς ἕνδεκα.

9. Τῇ δ' ὑστεραίᾳ εἰς τὸ Ὠιδεῖον παρεκάλεσαν τοὺς ἐν τῷ καταλόγῳ ὁπλίτας καὶ τοὺς ἄλλους ἱππέας. ἀναστὰς δὲ Κριτίας ἔλεξεν· Ἡμεῖς, ἔφη, ὦ ἄνδρες, οὐδὲν ἧττον ὑμῖν κατασκευάζομεν τὴν πολιτείαν ἢ ἡμῖν αὐτοῖς. δεῖ οὖν ὑμᾶς, ὥσπερ καὶ τιμῶν μεθέξετε, οὕτω καὶ τῶν κινδύνων μετέχειν. τῶν οὖν ξυνειλεγμένων Ἐλευσινίων καταψηφιστέον ἐστὶν, ἵνα ταὐτὰ ἡμῖν καὶ θαρρῆτε καὶ φοβῆσθε. Δείξας δέ τι χωρίον, εἰς τοῦτο ἐκέλευσε φανερὰν φέρειν τὴν ψῆφον. 10. οἱ δὲ Λακωνικοὶ φρουροὶ ἐν τῷ ἡμίσει τοῦ Ὠιδείου ἐξωπλισμένοι ἦσαν· ἦν δὲ ταῦτα ἀρεστὰ καὶ τῶν πολιτῶν ὅσοις τὸ πλεονεκτεῖν μόνον ἔμελεν.

Ἐκ δὲ τούτου λαβὼν ὁ Θρασύβουλος τοὺς ἀπὸ Φυλῆς, περὶ χιλίους ἤδη ξυνειλεγμένους, ἀφικνεῖται τῆς νυκτὸς ἐς τὸν Πειραιᾶ. οἱ δὲ τριάκοντα, ἐπεὶ ἤσθοντο ταῦτα, εὐθὺς ἐβοήθουν σύν τε τοῖς Λακωνικοῖς, καὶ σὺν τοῖς ἱππεῦσι καὶ τοῖς ὁπλίταις· ἔπειτα ἐχώρουν κατὰ τὴν εἰς τὸν Πειραιᾶ ἁμαξιτὸν ἀναφέρουσαν. 11. οἱ δὲ ἀπὸ Φυλῆς ἔτι μὲν ἐπεχείρησαν μὴ ἀνιέναι αὐτούς· ἐπεὶ δὲ μέγας ὁ κύκλος ὢν πολλῆς φυλακῆς ἐδόκει δεῖσθαι, οὔπω πολλοῖς οὖσι, συνεσπειράθησαν ἐπὶ τὴν Μουνυχίαν. οἱ δὲ ἐκ τοῦ ἄστεος εἰς τὴν Ἱπποδάμειον ἀγορὰν ἐλθόντες, πρῶτον μὲν ξυνετάξαντο, ὥστε ἐμπλῆσαι τὴν ὁδὸν ἣ φέρει πρός τε τὸ ἱερὸν τῆς Μουνυχίας Ἀρτέμιδος καὶ τὸ Βενδίδειον· καὶ ἐγένοντο βάθος οὐκ ἔλαττον ἢ ἐπὶ πεντήκοντα ἀσπίδων. οὕτω δὲ συντεταγμένοι ἐχώρουν ἄνω. 12. οἱ δὲ ἀπὸ Φυλῆς ἀντανέπλησαν μὲν τὴν ὁδόν, βάθος δὲ οὐ πλέον ἢ εἰς δέκα ὁπλίτας ἐγένοντο. ἐτάχθησαν μέντοι ἐπ' αὐτοῖς πελτοφόροι τε καὶ ψιλοὶ ἀκοντισταί, ἐπὶ δὲ τούτοις οἱ πετροβόλοι. οὗτοι μέντοι συχνοὶ ἦσαν· καὶ γὰρ αὐτόθεν προσεγένοντο. ἐν ᾧ δὲ προσῇσαν οἱ ἐναντίοι, Θρασύβουλος τοὺς μετ' αὐτοῦ θέσθαι κελεύσας τὰς ἀσπίδας, καὶ αὐτὸς θέμενος, τὰ δ' ἄλλα ὅπλα ἔχων, κατὰ μέσον στὰς, ἔλεξεν·

13. Ἄνδρες πολῖται, τοὺς μὲν διδάξαι, τοὺς δὲ ἀναμνῆσαι ὑμῶν βούλομαι, ὅτι εἰσὶ τῶν προσιόντων οἱ μὲν τὸ δεξιὸν ἔχοντες, οὓς ὑμεῖς ἡμέραν πέμπτην τρεψάμενοι ἐδιώξατε· οἱ δ' ἐπὶ τοῦ εὐωνύμου ἔσχατοι, οὗτοι δὴ οἱ τριάκοντα, οἳ ἡμᾶς καὶ πόλεως ἀπεστέρουν οὐδὲν ἀδικοῦντας, καὶ οἰκιῶν ἐξήλαυνον, καὶ τοὺς φιλτάτους τῶν ἡμετέρων ἀπεσημαίνοντο. ἀλλὰ νῦν τοι παραγεγένηνται, οὗ οὗτοι μὲν οὔποτε ᾤοντο, ἡμεῖς δὲ ἀεὶ εὐχόμεθα. 14. ἔχοντες γὰρ ὅπλα μὲν ἐναντίοι αὐτοῖς καθέσταμεν· οἱ δὲ θεοὶ—ὅτι ποτὲ καὶ δειπνοῦντες ξυνελαμβανόμεθα καὶ καθεύδοντες καὶ ἀγοράζοντες, οἱ δὲ καὶ οὐχ ὅπως ἀδικοῦντες, ἀλλ' οὐδ' ἐπιδημοῦντες ἐφυγαδευόμεθα — νῦν φανερῶς ἡμῖν συμμαχοῦσι. καὶ γὰρ ἐν εὐδίᾳ χειμῶνα ποιοῦσιν, ὅταν ἡμῖν συμφέρῃ· καὶ ὅταν ἐγχειρῶμεν, πολλῶν ὄντων ἐναντίων, ὀλίγοις οὖσι τρόπαια ἵστασθαι διδόασι. 15. καὶ νῦν δὲ κεκομίκασιν ἡμᾶς εἰς χωρίον, ἐν ᾧ οὗτοι μὲν οὔτε βάλλειν οὔτε ἀκοντίζειν ὑπὲρ τῶν προτεταγμένων, διὰ τὸ πρὸς ὄρθιον ἰέναι, δύναιντ' ἄν· ἡμεῖς δὲ, ἐς τὸ κάταντες καὶ

δόρατα ἀφιέντες καὶ ἀκόντια καὶ πέτρους, ἐξιξόμεθά τε αὐτῶν, καὶ πολλοὺς κατατρώσομεν. **16.** καὶ ᾤετο μὲν ἂν τις δεήσειν τοῖς γε πρωτοστάταις ἐκ τοῦ ἴσου μάχεσθαι· νῦν δέ, ἂν ὑμεῖς, ὥσπερ προσήκει, προθύμως ἀφιῆτε τὰ βέλη, ἁμαρτήσεται μὲν οὐδεὶς ὧν γε μεστὴ ἡ ὁδός, φυλαττόμενοι δὲ δραπετεύσουσιν ἀεὶ ὑπὸ ταῖς ἀσπίσιν· ὥστε ἐξέσται ὥσπερ τυφλοὺς καὶ τύπτειν, ὅπου ἂν βουλώμεθα, καὶ ἐναλλομένους ἀνατρέπειν. **17.** Ἀλλ', ὦ ἄνδρες, οὕτω χρὴ ποιεῖν, ὅπως ἕκαστός τις ἑαυτῷ συνείσεται τῆς νίκης αἰτιώτατος ὤν. αὕτη γὰρ ἡμῖν, ἂν θεὸς θέλῃ, νῦν ἀποδώσει καὶ πατρίδα καὶ οἴκους καὶ ἐλευθερίαν καὶ τιμὰς καὶ παῖδας, οἷς εἰσί, καὶ γυναῖκας. ὦ μακάριοι δῆτα, οἳ ἂν ἡμῶν νικήσαντες ἐπίδωσι τὴν πασῶν ἡδίστην ἡμέραν· εὐδαίμων δὲ καὶ ἄν τις ἀποθάνῃ· μνημείου γὰρ οὐδεὶς οὕτω πλούσιος ὢν καλοῦ τεύξεται. Ἐξάρξω μὲν οὖν ἐγώ, ἡνίκ' ἂν καιρὸς ᾖ, παιᾶνα· ὅταν δὲ τὸν Ἐνυάλιον παρακαλέσωμεν, τότε πάντες ὁμοθυμαδὸν, ἀνθ' ὧν ὑβρίσθημεν, τιμωρώμεθα τοὺς ἄνδρας.

18. Ταῦτα δ' εἰπών, καὶ μεταστραφεὶς πρὸς τοὺς ἐναντίους, ἡσυχίαν εἶχε· καὶ γὰρ ὁ μάντις παρήγγειλεν αὐτοῖς μὴ πρότερον ἐπιτίθεσθαι, πρὶν τῶν σφετέρων ἢ πέσοι τις ἢ τρωθείη· Ἐπειδὰν μέντοι τοῦτο γένηται, ἡγησόμεθα μέν, ἔφη, ἡμεῖς· νίκη δὲ ἡμῖν ἔσται ἑπομένη, ἐμοὶ μέντοι θάνατος, ὥς γ' ἐμοὶ δοκεῖ. **19.** καὶ οὐκ ἐψεύσατο, ἀλλ' ἐπεὶ ἀνέλαβον τὰ ὅπλα, αὐτὸς μέν, ὥσπερ ὑπὸ μοίρας τινὸς ἀγόμενος, ἐκπηδήσας πρῶτος, ἐμπεσὼν τοῖς πολεμίοις ἀποθνήσκει· καὶ τέθαπται ἐν τῇ διαβάσει τοῦ Κηφισοῦ· οἱ δ' ἄλλοι ἐνίκων καὶ κατεδίωξαν μέχρι τοῦ ὁμαλοῦ. ἀπέθανον δ' ἐνταῦθα τῶν μὲν τριάκοντα Κριτίας τε καὶ Ἱππόμαχος· τῶν δ' ἐν Πειραιεῖ δέκα ἀρχόντων, Χαρμίδης ὁ Γλαύκωνος· τῶν δ' ἄλλων περὶ ἑβδομήκοντα. καὶ τὰ μὲν ὅπλα ἔλαβον, τοὺς δὲ χιτῶνας οὐδενὸς τῶν πολιτῶν ἐσκύλευσαν. ἐπεὶ δὲ τοῦτο ἐγένετο καὶ τοὺς νεκροὺς ὑποσπόνδους ἀπεδίδοσαν, προσιόντες ἀλλήλοις πολλοὶ διελέγοντο. **20.** Κλεόκριτος δὲ, ὁ τῶν μυστῶν κῆρυξ, μάλ' εὔφωνος ὤν, κατασιωπησάμενος ἔλεξεν· "Ἄνδρες πολῖται, τί ἡμᾶς ἐξελαύνετε; τί ἀποκτεῖναι βούλεσθε; ἡμεῖς γὰρ ὑμᾶς κακὸν οὐδὲν πώποτε ἐποιήσαμεν, μετεσχήκαμεν δὲ ὑμῖν καὶ ἱερῶν τῶν σεμνοτάτων, καὶ θυσιῶν καὶ ἑορτῶν τῶν καλλίστων, καὶ ξυγχορευταὶ καὶ ξυμφοιτηταὶ γεγενήμεθα καὶ ξυστρατιῶται, καὶ πολλὰ μεθ' ὑμῶν κεκινδυνεύκαμεν κατὰ γῆν καὶ κατὰ θάλατταν ὑπὲρ τῆς κοινῆς ἀμφοτέρων ἡμῶν σωτηρίας τε καὶ ἐλευθερίας.] **21.** πρὸς θεῶν πατρῴων καὶ μητρῴων, καὶ ξυγγενείας, καὶ κηδεστίας, καὶ ἑταιρίας (πάντων γὰρ τούτων πολλοὶ κοινωνοῦμεν ἀλλήλοις), αἰδούμενοι καὶ θεοὺς καὶ ἀνθρώπους, παύσασθε ἁμαρτάνοντες ἐς τὴν πατρίδα, καὶ μὴ πείθεσθε τοῖς ἀνοσιωτάτοις τριάκοντα, οἳ ἰδίων κερδέων ἕνεκα ὀλίγου δεῖν πλείους ἀπεκτόνασιν Ἀθηναίων ἐν ὀκτὼ μησὶν, ἢ πάντες Πελοποννήσιοι δέκα ἔτη πολεμοῦντες. **22.** ἐξὸν δ' ἡμῖν ἐν εἰρήνῃ πολιτεύεσθαι, οὗτοι τὸν πάντων αἴσχιστόν τε καὶ χαλεπώτατον καὶ ἀνοσιώτατον καὶ ἔχθιστον καὶ θεοῖς καὶ ἀνθρώποις πόλεμον ἡμῖν πρὸς ἀλλήλους παρέχουσιν. ἀλλ' εὖ γε μέντοι ἐπίστασθε, ὅτι καὶ τῶν νῦν ὑφ' ἡμῶν ἀποθανόντων οὐ μόνον ὑμεῖς, ἀλλὰ καὶ ἡμεῖς ἔστιν οὓς πολλὰ κατεδακρύσαμεν.

Ὁ μὲν τοιαῦτα ἔλεγεν. οἱ δὲ λοιποὶ ἄρχοντες, καὶ διὰ τὸ τοιαῦτα προσακούειν, τοὺς μεθ' ἑαυτῶν ἀπήγαγον εἰς τὸ ἄστυ. **23.** τῇ δ' ὑστεραίᾳ οἱ μὲν τριάκοντα πάνυ δὴ ταπεινοὶ καὶ ἔρημοι ξυνεκάθηντο ἐν τῷ ξυνεδρίῳ· τῶν δὲ τρισχιλίων ὅπου ἕκαστοι τεταγμένοι ἦσαν, πανταχοῦ διεφέροντο πρὸς ἀλλήλους. ὅσοι μὲν γὰρ ἐπεποιήκεσάν τι βιαιότερον καὶ ἐφοβοῦντο, ἐντόνως ἔλεγον ὡς οὐ χρὴ καθυφίεσθαι τοῖς ἐν Πειραιεῖ· ὅσοι δὲ ἐπίστευον μηδὲν ἠδικηκέναι, αὐτοί τε ἀνελογίζοντο καὶ τοὺς ἄλλους ἐδίδασκον, ὡς οὐδὲν δέοιντο τούτων τῶν κακῶν, καὶ τοῖς τριάκοντα οὐκ ἔφασαν χρῆναι πείθεσθαι, οὐδ' ἐπιτρέπειν ἀπολλύναι τὴν πόλιν. καὶ τὸ τελευταῖον ἐψηφίσαντο ἐκείνους μὲν καταπαῦσαι, ἄλλους δὲ ἑλέσθαι· καὶ εἵλοντο δέκα, ἕνα ἀπὸ φυλῆς. 24. Καὶ οἱ μὲν τριάκοντα Ἐλευσῖνάδε ἀπῆλθον· οἱ δὲ δέκα τῶν ἐν ἄστει, καὶ μάλα τεταραγμένων καὶ ἀπιστούντων ἀλλήλοις, σὺν τοῖς ἱππάρχοις ἐπεμέλοντο. ἐξεκάθευδον δὲ καὶ οἱ ἱππεῖς ἐν τῷ Ὠιδείῳ, τούς τε ἵππους καὶ τὰς ἀσπίδας ἔχοντες, καὶ δι' ἀπιστίαν ἐφώδευον τὸ μὲν ἀφ' ἑσπέρας σὺν ταῖς ἀσπίσι κατὰ τὰ τείχη, τὸ δὲ πρὸς ὄρθρον σὺν τοῖς ἵπποις, ἀεὶ φοβούμενοι μὴ ἐπεισπέσοιέν τινες αὐτοῖς τῶν ἐκ τοῦ Πειραιῶς. 25. Οἱ δὲ, πολλοί τε ἤδη ὄντες καὶ παντοδαποὶ, ὅπλα ἐποιοῦντο, οἱ μὲν ξύλινα, οἱ δὲ οἰσύϊνα, καὶ ταῦτα ἐλευκοῦντο. πρὶν δὲ ἡμέρας δέκα γενέσθαι, πιστὰ δόντες οἵτινες ξυμπολεμήσειαν, καὶ εἰ ξένοι εἶεν, ἰσοτέλειαν ἔσεσθαι, ἐξῄεσαν πολλοὶ μὲν ὁπλῖται, πολλοὶ δὲ γυμνῆτες (ἐγένοντο δὲ αὐτοῖς καὶ ἱππεῖς ὡσεὶ ἑβδομήκοντα), προνομὰς δὲ ποιούμενοι, καὶ λαμβάνοντες ξύλα καὶ ὀπώραν, ἐκάθευδον πάλιν ἐν Πειραιεῖ. 26. τῶν δ' ἐκ τοῦ ἄστεος ἄλλος μὲν οὐδεὶς σὺν ὅπλοις ἐξῄει, οἱ δὲ ἱππεῖς ἔστιν ὅτε καὶ λῃστὰς ἐχειροῦντο τῶν ἐκ τοῦ Πειραιῶς, καὶ τὴν φάλαγγα αὐτῶν ἐκακούργουν. περιέτυχον δὲ καὶ τῶν Αἰξωνέων τισὶν, εἰς τοὺς αὐτῶν ἀγροὺς ἐπὶ τὰ ἐπιτήδεια πορευομένοις· καὶ τούτους Λυσίμαχος ὁ ἵππαρχος ἀπέσφαξε, πολλὰ λιτανεύοντας, καὶ πολλῶν χαλεπῶς φερόντων ἱππέων. 27. ἀνταπέκτεινον δὲ καὶ οἱ ἐν Πειραιεῖ τῶν ἱππέων ἐπ' ἀγροῦ λαβόντες Καλλίστρατον, φυλῆς Λεοντίδος· καὶ γὰρ ἤδη μέγα ἐφρόνουν, ὥστε καὶ πρὸς τὸ τεῖχος τοῦ ἄστεος προσέβαλλον. Εἰ δὲ καὶ τοῦτο δεῖ εἰπεῖν τοῦ μηχανοποιοῦ τοῦ ἐν τῷ ἄστει, ὃς, ἐπεὶ ἔγνω ὅτι κατὰ τὸν ἐκ Λυκείου δρόμον μέλλοιεν τὰς μηχανὰς προσάγειν, τὰ ζεύγη ἐκέλευσε πάντα ἁμαξιαίους λίθους ἄγειν, καὶ καταβάλλειν ὅπου ἕκαστος βούλοιτο τοῦ δρόμου. ὡς δὲ τοῦτο ἐγίνετο, πολλὰ εἷς ἕκαστος τῶν λίθων πράγματα παρεῖχε. 28. Πεμπόντων δὲ πρέσβεις ἐς Λακεδαίμονα, τῶν μὲν τριάκοντα ἐξ Ἐλευσῖνος, τῶν δ' ἐν καταλόγῳ ἐξ ἄστεος, καὶ βοηθεῖν κελευόντων, ὡς ἀφεστηκότος τοῦ δήμου ἀπὸ Λακεδαιμονίων, Λύσανδρος, λογισάμενος ὅτι οἷόν τε εἴη ταχὺ ἐκπολιορκῆσαι τοὺς ἐν τῷ Πειραιεῖ κατά τε γῆν καὶ κατὰ θάλατταν, εἰ τῶν ἐπιτηδείων ἀποκλεισθείησαν, ξυνέπραξεν ἑκατόν τε τάλαντα αὐτοῖς δανεισθῆναι, καὶ αὐτὸν μὲν κατὰ γῆν ἁρμοστὴν, Λίβυν δὲ τὸν ἀδελφὸν ναυαρχοῦντα ἐκπεμφθῆναι. 29. καὶ ἐξελθὼν αὐτὸς μὲν Ἐλευσῖνάδε, ξυνελέγετο ὁπλίτας πολλοὺς Πελοποννησίους· ὁ δὲ ναύαρχος κατὰ θάλατταν ἐφύλαττεν, ὅπως μηδὲν εἰσπλέοι αὐτοῖς τῶν ἐπιτηδείων· ὥστε ταχὺ πάλιν ἐν ἀπορίᾳ ἦσαν οἱ ἐν Πειραιεῖ, οἱ δ' ἐν τῷ ἄστει πάλιν αὖ μέγα ἐφρόνουν ἐπὶ τῷ Λυσάνδρῳ. οὕτω δὲ προχωρούντων, Παυσανίας ὁ βασιλεὺς, φθονήσας Λυσάνδρῳ, εἰ κατειργασμένος ταῦτα ἅμα μὲν εὐδοκιμήσοι, ἅμα δὲ ἰδίας ποιήσοιτο τὰς Ἀθήνας, πείσας τῶν Ἐφόρων τρεῖς, ἐξάγει φρουράν. 30. συνείποντο δὲ καὶ οἱ σύμμαχοι πάντες πλὴν Βοιωτῶν καὶ Κορινθίων. οὗτοι δ' ἔλεγον μὲν, ὅτι οὐ νομίζοιεν εὐορκεῖν ἂν στρατευόμενοι ἐπ' Ἀθηναίους; μηδὲν παράσπονδον ποιοῦντας· ἔπραττον δὲ ταῦτα, ὅτι ἐγίγνωσκον Λακεδαιμονίους βουλομένους τὴν τῶν Ἀθηναίων χώραν οἰκείαν καὶ πιστὴν ποιήσασθαι. ὁ δὲ Παυσανίας ἐστρατοπεδεύσατο μὲν ἐν τῷ Ἁλιπέδῳ καλουμένῳ πρὸς τῷ Πειραιεῖ, δεξιὸν ἔχων κέρας, Λύσανδρος δὲ σὺν τοῖς μισθοφόροις τὸ εὐώνυμον.

31. Πέμπων δὲ πρέσβεις ὁ Παυσανίας πρὸς τοὺς ἐν Πειραιεῖ, ἐκέλευεν ἀπιέναι ἐπὶ τὰ ἑαυτῶν· ἐπεὶ δ' οὐκ ἐπείθοντο, προσέβαλλεν ὅσον ἀπὸ βοῆς ἕνεκεν, ὅπως μὴ δῆλος εἴη εὐμενὴς αὐτοῖς ὤν. ἐπεὶ δ' οὐδὲν ἀπὸ τῆς προσβολῆς πράξας ἀπῆλθε, τῇ ὑστεραίᾳ, λαβὼν τῶν μὲν Λακεδαιμονίων δύο μόρας, τῶν δὲ Ἀθηναίων ἱππέων τρεῖς φυλάς, παρῆλθεν ἐπὶ τὸν κωφὸν λιμένα, σκοπῶν πῇ εὐαποτείχιστος εἴη ὁ Πειραιεύς. **32.** ἐπεὶ δὲ ἀπιόντος αὐτοῦ προσεθέον τινες, καὶ πράγματα αὐτῷ παρεῖχον, ἀχθεσθεὶς παρήγγειλε τοὺς μὲν ἱππέας ἐλαύνειν εἰς αὐτοὺς ἐνέντας, καὶ τοὺς τὰ δέκα ἀφ' ἥβης συνέπεσθαι· σὺν δὲ τοῖς ἄλλοις αὐτὸς ἐπηκολούθει. καὶ ἀπέκτειναν μὲν ἐγγὺς τριάκοντα τῶν ψιλῶν, τοὺς δ' ἄλλους κατεδίωξαν πρὸς τὸ ἐν Πειραιεῖ θέατρον. **33.** ἐκεῖ δὲ ἔτυχον ἐξοπλιζόμενοι οἵ τε πελτασταὶ πάντες, καὶ οἱ ὁπλῖται τῶν ἐκ Πειραιῶς. καὶ οἱ μὲν ψιλοὶ εὐθὺς ἐκδραμόντες ἠκόντιζον, ἔβαλλον, ἐτόξευον, ἐσφενδόνων· οἱ δὲ Λακεδαιμόνιοι, ἐπεὶ αὐτῶν πολλοὶ ἐτιτρώσκοντο, μάλα πιεζόμενοι ἀνεχώρησαν ἐπὶ πόδα· οἱ δ' ἐν τούτῳ πολὺ μᾶλλον ἐπέκειντο. ἐνταῦθα δὲ ἀποθνήσκει Χαίρων τε καὶ Θίβραχος, ἄμφω πολεμάρχω, καὶ Λακράτης ὁ ὀλυμπιονίκης, καὶ ἄλλοι οἱ τεθαμμένοι Λακεδαιμονίων πρὸ τῶν πυλῶν ἐν Κεραμεικῷ. **34.** ὁρῶν δὲ ταῦτα ὁ Θρασύβουλος καὶ οἱ ἄλλοι ὁπλῖται ἐβοήθουν, καὶ ταχὺ παρετάξαντο πρὸ τῶν ἄλλων ἐπ' ὀκτώ. Ὁ δὲ Παυσανίας, μάλα πιεσθεὶς, καὶ ἀναχωρήσας ὅσον στάδια τέτταρα ἢ πέντε πρὸς λόφον τινὰ, παρήγγειλε τοῖς Λακεδαιμονίοις καὶ τοῖς ἄλλοις ξυμμάχοις ἐπιχωρεῖν πρὸς ἑαυτόν. ἐκεῖ δὲ συνταξάμενος βαθεῖαν παντελῶς τὴν φάλαγγα, ἦγεν ἐπὶ τοὺς Ἀθηναίους. οἱ δ' εἰς χεῖρας μὲν ἐδέξαντο, ἔπειτα δὲ οἱ μὲν ἐξεώσθησαν εἰς τὸν ἐν ταῖς Ἁλαῖς πηλὸν, οἱ δὲ ἐνέκλιναν, καὶ ἀποθνήσκουσιν αὐτῶν ὡς πεντήκοντα καὶ ἑκατόν.

35. Ὁ δὲ Παυσανίας τρόπαιον στησάμενος ἀνεχώρησε· καὶ οὐδ' ὣς ὠργίζετο αὐτοῖς, ἀλλὰ λάθρα πέμπων ἐδίδασκε τοὺς ἐν Πειραιεῖ οἷα χρὴ λέγοντας πρέσβεις πέμπειν πρὸς ἑαυτὸν καὶ τοὺς παρόντας Ἐφόρους. οἱ δ' ἐπείθοντο. διίστη δὲ καὶ τοὺς ἐν τῷ ἄστει, καὶ ἐκέλευε πρὸς σφᾶς προσιέναι ὡς πλείστους συλλεγομένους, λέγοντας ὅτι οὐδὲν δέονται τοῖς ἐν τῷ Πειραιεῖ πολεμεῖν, ἀλλὰ διαλυθέντες κοινῇ ἀμφότεροι Λακεδαιμονίοις φίλοι εἶναι. **36.** ἡδέως ταῦτα καὶ Ναυκλείδας Ἔφορος ὢν συνήκουεν· ὥσπερ γὰρ νομίζεται σὺν βασιλεῖ δύο τῶν Ἐφόρων συστρατεύεσθαι, καὶ τότε παρῆν οὗτός τε καὶ ἄλλος, ἀμφότεροι τῆς μετὰ Παυσανίου γνώμης ὄντες, μᾶλλον ἢ τῆς μετὰ Λυσάνδρου. διὰ ταῦτα οὖν καὶ ἐς τὴν Λακεδαίμονα προθύμως ἔπεμπον τούς τ' ἐκ Πειραιῶς, ἔχοντας τὰς πρὸς Λακεδαιμονίους σπονδὰς, καὶ τοὺς ἀπὸ τῶν ἐν τῷ ἄστει ἰδιώτας, Κηφισοφῶντά τε καὶ Μέλητον. **37.** Ἐπεὶ μέντοι οὗτοι ᾤχοντο ἐς Λακεδαίμονα, ἔπεμπον δὴ καὶ οἱ ἀπὸ τοῦ κοινοῦ ἐκ τοῦ ἄστεος, λέγοντας ὅτι αὐτοὶ μὲν παραδιδόασι καὶ τὰ τείχη, ἃ ἔχουσι, καὶ σφᾶς αὐτοὺς Λακεδαιμονίοις χρῆσθαι ὅ τι βούλονται· ἀξιοῦν δ' ἔφασαν καὶ τοὺς ἐν Πειραιεῖ, εἰ φίλοι φασὶν εἶναι Λακεδαιμονίοις, παραδιδόναι τόν τε Πειραιᾶ καὶ τὴν Μουνυχίαν. **38.** ἀκούσαντες δὲ πάντων αὐτῶν οἱ Ἔφοροι καὶ οἱ ἔκκλητοι, ἐξέπεμψαν πεντεκαίδεκα ἄνδρας εἰς τὰς Ἀθήνας, καὶ ἐπέταξαν σὺν Παυσανίᾳ διαλλάξαι ὅπη δύναιντο κάλλιστα. Οἱ δὲ διήλλαξαν, ἐφ' ᾧτε εἰρήνην μὲν ἔχειν ὡς πρὸς ἀλλήλους, ἀπιέναι δὲ ἐπὶ τὰ ἑαυτῶν ἑκάστους, πλὴν τῶν τριάκοντα, καὶ τῶν ἕνδεκα, καὶ τῶν ἐν τῷ Πειραιεῖ ἀρξάντων δέκα· εἰ δέ τινες φοβοῖντο τῶν ἐξ ἄστεος, ἔδοξεν αὐτοῖς τὴν Ἐλευσῖνα κατοικεῖν.

39. Τούτων δὲ περανθέντων, Παυσανίας μὲν διῆκε τὸ στράτευμα· οἱ δὲ ἐκ τοῦ Πειραιῶς, ἀνελθόντες σὺν τοῖς

The Democracy Restored.

ὅπλοις εἰς τὴν ἀκρόπολιν, ἔθυσαν τῇ Ἀθηνᾷ. ἐπεὶ δὲ κατέβησαν οἱ στρατηγοί, ἔνθα δὴ ὁ Θρασύβουλος ἔλεξεν· 40. Ὑμῖν, ἔφη, ὦ ἐκ τοῦ ἄστεος ἄνδρες, συμβουλεύω ἐγὼ γνῶναι ὑμᾶς αὐτούς. μάλιστα δ' ἂν γνοίητε, εἰ ἀναλογίσαισθε, ἐπὶ τίνι ὑμῖν μέγα φρονητέον ἐστὶν, ὥστε ἡμῶν ἄρχειν ἐπιχειρεῖν. πότερον δικαιότεροί ἐστε; ἀλλ' ὁ μὲν δῆμος, πενέστερος ὑμῶν ὢν, οὐδὲν πώποτε ἕνεκα χρημάτων ὑμᾶς ἠδίκησεν· ὑμεῖς δὲ, πλουσιώτεροι πάντων ὄντες, πολλὰ καὶ αἰσχρὰ ἕνεκα κερδέων πεποιήκατε. ἐπεὶ δὲ δικαιοσύνης οὐδὲν ὑμῖν προσήκει, σκέψασθε εἰ ἄρα ἐπ' ἀνδρείᾳ ὑμῖν μέγα φρονητέον. 41. καὶ τίς ἂν καλλίων κρίσις τούτου γένοιτο, ἢ ὡς ἐπολεμήσαμεν πρὸς ἀλλήλους; ἀλλὰ γνώμῃ φαίητ' ἂν προέχειν, οἳ, ἔχοντες καὶ τεῖχος καὶ ὅπλα καὶ χρήματα καὶ ξυμμάχους Πελοποννησίους, ὑπὸ τῶν οὐδὲν τούτων ἐχόντων παρελύθητε; ἀλλ' ἐπὶ Λακεδαιμονίοις δὴ οἴεσθε μέγα φρονητέον εἶναι; πῶς; οἵ γε, ὥσπερ τοὺς δάκνοντας κύνας κλοιῷ δήσαντες παραδιδόασιν, οὕτω κἀκεῖνοι, ὑμᾶς παραδόντες τῷ ἠδικημένῳ τούτῳ δήμῳ, οἴχονται ἀπιόντες; 42. οὐ μέντοι γε ὑμᾶς, ὦ ἄνδρες, ἀξιῶ ἐγὼ ὧν ὀμωμόκατε παραβῆναι οὐδὲν, ἀλλὰ καὶ τοῦτο πρὸς τοῖς ἄλλοις καλοῖς ἐπιδεῖξαι, ὅτι καὶ εὔορκοι καὶ ὅσιοί ἐστε.

Εἰπὼν δὲ ταῦτα καὶ ἄλλα τοιαῦτα, καὶ ὅτι οὐδὲν δέοι ταράττεσθαι, ἀλλὰ τοῖς νόμοις τοῖς ἀρχαίοις χρῆσθαι, ἀνέστησε τὴν ἐκκλησίαν. 43. καὶ τότε μὲν ἀρχὰς καταστησάμενοι ἐπολιτεύοντο· ὑστέρῳ δὲ χρόνῳ, ἀκούσαντες ξένους μισθοῦσθαι τοὺς ἐν Ἐλευσῖνι, στρατευσάμενοι πανδημεὶ ἐπ' αὐτοὺς, τοὺς μὲν στρατηγοὺς αὐτῶν εἰς λόγους ἐλθόντας ἀπέκτειναν, τοῖς δὲ ἄλλοις εἰσπέμψαντες τοὺς φίλους καὶ ἀναγκαίους, ἔπεισαν συναλλαγῆναι· καὶ ὀμόσαντες ὅρκους, ἦ μὴν μὴ μνησικακήσειν, ἔτι καὶ νῦν ὁμοῦ τε πολιτεύονται, καὶ τοῖς ὅρκοις ἐμμένει ὁ δῆμος.

III. THE BATTLE OF MANTINEA.

[Hellenica, VII.]

V. 11. Ἐπεὶ δὲ ἐγένετο Ἐπαμεινώνδας ἐν τῇ πόλει τῶν Σπαρτιατῶν, ὅπου μὲν ἔμελλον ἔν τε ἰσοπέδῳ μαχεῖσθαι καὶ ἀπὸ τῶν οἰκιῶν βληθήσεσθαι, οὐκ εἰσῄει ταύτῃ, οὐδ᾽ ὅπου γε μηδὲν πλέον μαχεῖσθαι τῶν ὀλίγων πολλοὶ ὄντες· ἔνθα δὲ πλεονεκτεῖν ἂν ἐνόμιζε, τοῦτο λαβὼν τὸ χωρίον κατέβαινε, καὶ οὐκ ἀνέβαινεν εἰς τὴν πόλιν. **12.** τό γε μὴν ἐντεῦθεν γενόμενον ἔξεστι μὲν τὸ θεῖον αἰτιᾶσθαι, ἔξεστι δὲ λέγειν ὡς τοῖς ἀπονενοημένοις οὐδεὶς ἂν ὑποσταίη. ἐπεὶ γὰρ ἡγεῖτο Ἀρχίδαμος οὐδὲ ἑκατὸν ἔχων ἄνδρας, καὶ διαβὰς ὅπερ ἐδόκει τι ἔχειν κώλυμα, ἐπορεύετο πρὸς ὄρθιον ἐπὶ τοὺς ἀντιπάλους, ἐνταῦθα δὴ οἱ πῦρ πνέοντες, οἱ νενικηκότες τοὺς Λακεδαιμονίους, οἱ τῷ παντὶ πλέονες καὶ προσέτι ὑπερδέξια χωρία ἔχοντες, οὐκ ἐδέξαντο τοὺς περὶ τὸν Ἀρχίδαμον, ἀλλ᾽ ἐγκλίνουσι. **13.** καὶ οἱ μὲν πρῶτοι τῶν Ἐπαμεινώνδου ἀποθνήσκουσιν· ἐπεὶ μέντοι ἀγαλλόμενοι τῇ νίκῃ ἐδίωξαν οἱ ἔνδοθεν πορρωτέρω τοῦ καιροῦ, οὗτοι αὖ ἀποθνήσκουσι· περιεγέγραπτο γὰρ, ὡς ἔοικεν, ὑπὸ τοῦ θείου μέχρι ὅσου ἡ νίκη ἐδέδοτο αὐτοῖς. καὶ ὁ μὲν δὴ Ἀρχίδαμος τρόπαιόν τε ἵστατο ἔνθα ἐπεκράτησε, καὶ τοὺς ἐνταῦθα πεσόντας τῶν πολεμίων ὑποσπόνδους ἀπεδίδου.

14. Ὁ δ᾽ Ἐπαμεινώνδας, λογιζόμενος ὅτι βοηθήσοιεν οἱ Ἀρκάδες εἰς τὴν Λακεδαίμονα, ἐκείνοις μὲν οὐκ ἐβούλετο καὶ πᾶσι Λακεδαιμονίοις ὁμοῦ γενομένοις μάχεσθαι, ἄλλως τε καὶ εὐτυχηκόσι, τῶν δὲ ἀποτετυχηκότων· πάλιν δὲ πορευθεὶς ὡς ἐδύνατο τάχιστα εἰς τὴν Τεγέαν, τοὺς μὲν ὁπλίτας ἀνέπαυσε, τοὺς δ᾽ ἱππέας ἔπεμψεν εἰς τὴν Μαντίνειαν, δεηθεὶς αὐτῶν προσκαρτερῆσαι, καὶ διδάσκων ὡς πάντα μὲν εἰκὸς ἔξω εἶναι τὰ τῶν Μαντινέων βοσκήματα, πάντας δὲ τοὺς ἀνθρώπους, ἄλλως τε καὶ σίτου συγκομιδῆς οὔσης. 15. Καὶ οἱ μὲν ᾤχοντο· οἱ δ' Ἀθηναῖοι ἱππεῖς ὁρμηθέντες ἐξ Ἐλευσῖνος ἐδειπνοποιήσαντο μὲν ἐν Ἰσθμῷ, διελθόντες δὲ τὰς Κλεωνὰς ἐτύγχανον προσιόντες εἰς τὴν Μαντίνειαν, καὶ καταστρατοπεδευσάμενοι ἐντὸς τείχους ἐν ταῖς οἰκίαις. ἐπεὶ δὲ δῆλοι ἦσαν προσελαύνοντες οἱ πολέμιοι, ἐδέοντο οἱ Μαντινεῖς τῶν Ἀθηναίων ἱππέων βοηθῆσαι, εἴ τι δύναιντο· ἔξω γὰρ εἶναι καὶ τὰ βοσκήματα πάντα καὶ τοὺς ἐργάτας, πολλοὺς δὲ καὶ παῖδας καὶ γεραιτέρους τῶν ἐλευθέρων· ἀκούσαντες δὲ ταῦτα οἱ Ἀθηναῖοι ἐκβοηθοῦσιν, ἔτι ὄντες ἀνάριστοι καὶ αὐτοὶ καὶ οἱ ἵπποι. 16. ἐνταῦθα δὴ τούτων αὖ τὴν ἀρετὴν τίς οὐκ ἂν ἀγασθείη; οἳ καὶ πολὺ πλείονας ὁρῶντες τοὺς πολεμίους, καὶ ἐν Κορίνθῳ δυστυχήματος γεγενημένου τοῖς ἱππεῦσιν, οὐδὲν τούτων ἐπελογίσαντο, οὐδ' ὅτι καὶ Θηβαίοις καὶ Θετταλοῖς τοῖς κρατίστοις ἱππεῦσιν εἶναι δοκοῦσιν ἔμελλον μάχεσθαι, ἀλλ' αἰσχυνόμενοι, εἰ παρόντες μηδὲν ὠφελήσειαν τοὺς συμμάχους, ὡς εἶδον τάχιστα τοὺς πολεμίους, συνέρραξαν, ἐρῶντες ἀνασώσασθαι τὴν πατρῴαν δόξαν. 17. καὶ μαχόμενοι αἴτιοι μὲν ἐγένοντο τὰ ἔξω πάντα σωθῆναι τοῖς Μαντινεῦσιν, αὐτῶν δὲ ἀπέθανον ἄνδρες ἀγαθοὶ, καὶ ἀπέκτειναν δὲ δῆλον ὅτι τοιούτους· οὐδὲν γὰρ οὕτω βραχὺ ὅπλον ἑκάτεροι εἶχον ᾧ οὐκ ἐξικνοῦντο ἀλλήλων. καὶ τοὺς μὲν φιλίους νεκροὺς οὐ προήκαντο, τῶν δὲ πολεμίων ἦν οὓς ὑποσπόνδους ἀπέδοσαν.

18. Ὁ δ' αὖ Ἐπαμεινώνδας,—ἐνθυμούμενος ὅτι ὀλίγων μὲν ἡμερῶν ἀνάγκη ἔσοιτο ἀπιέναι, διὰ τὸ ἐξήκειν τῇ στρατείᾳ τὸν χρόνον, εἰ δὲ καταλείψοι ἐρήμους οἷς ἦλθε σύμμαχος, ἐκεῖνοι πολιορκήσοιντο ὑπὸ τῶν ἀντιπάλων, αὐτὸς δὲ τῇ ἑαυτοῦ δόξῃ παντάπασιν ἔσοιτο λελυμασμένος, ἡττη-

μένος μὲν ἐν Λακεδαίμονι σὺν πολλῷ ὁπλιτικῷ ὑπ' ὀλίγων, ἡττημένος δὲ ἐν Μαντινείᾳ ἱππομαχίᾳ, αἴτιος δὲ γεγενημένος, διὰ τὴν εἰς Πελοπόννησον στρατείαν, τοῦ συνεστάναι Λακεδαιμονίους καὶ Ἀρκάδας καὶ Ἀχαιοὺς καὶ Ἠλείους καὶ Ἀθηναίους· ὥστε οὐκ ἐδόκει αὐτῷ δυνατὸν εἶναι ἀμαχεὶ παρελθεῖν, λογιζομένῳ ὅτι εἰ μὲν νικῴη, πάντα ταῦτα ἀναλύσοιτο· εἰ δὲ ἀποθάνοι, καλὴν τὴν τελευτὴν ἡγήσατο ἔσεσθαι πειρωμένῳ τῇ πατρίδι ἀρχὴν Πελοποννήσου καταλιπεῖν. 19. τὸ μὲν οὖν αὐτὸν τοιαῦτα διανοεῖσθαι οὐ πάνυ μοι δοκεῖ θαυμαστὸν εἶναι· φιλοτίμων γὰρ ἀνδρῶν τὰ τοιαῦτα διανοήματα· τὸ μέντοι τὸ στράτευμα παρεσκευακέναι ὡς πόνον τε μηδένα ἀποκάμνειν μήτε νυκτὸς μήτε ἡμέρας, κινδύνου τε μηδενὸς ἀφίστασθαι, σπάνιά τε τὰ ἐπιτήδεια ἔχοντας ὅμως πείθεσθαι ἐθέλειν, ταῦτά μοι δοκεῖ θαυμαστότερα εἶναι. 20. καὶ γὰρ ὅτε τὸ τελευταῖον παρήγγειλεν αὐτοῖς παρασκευάζεσθαι ὡς μάχης ἐσομένης, προθύμως μὲν ἐλευκοῦντο οἱ ἱππεῖς τὰ κράνη κελεύοντος ἐκείνου, ἐπεγράφοντο δὲ καὶ οἱ τῶν Ἀρκάδων ὁπλῖται ῥόπαλα, ὡς Θηβαῖοι ὄντες, πάντες δὲ ἠκονῶντο καὶ λόγχας καὶ μαχαίρας, καὶ ἐλαμπρύνοντο τὰς ἀσπίδας.

21. Ἐπεὶ μέντοι οὕτω παρεσκευασμένους ἐξήγαγεν, ἄξιον αὖ κατανοῆσαι ἃ ἐποίησε. πρῶτον μὲν γὰρ, ὥσπερ εἰκὸς, συνετάττετο. τοῦτο δὲ πράττων, σαφηνίζειν ἐδόκει ὅτι εἰς μάχην παρεσκευάζετο· ἐπεί γε μὴν ἐτέτακτο αὐτῷ τὸ στράτευμα ὡς ἐβούλετο, τὴν μὲν συντομωτάτην πρὸς τοὺς πολεμίους οὐκ ἦγε, πρὸς δὲ τὰ πρὸς ἑσπέραν ὄρη καὶ ἀντιπέραν τῆς Τεγέας ἡγεῖτο· ὥστε δόξαν παρεῖχε τοῖς πολεμίοις μὴ ποιήσεσθαι μάχην ἐκείνῃ τῇ ἡμέρᾳ. 22. καὶ γὰρ δὴ ὡς πρὸς τῷ ὄρει ἐγένετο, ἐπεὶ ἐξετάθη αὐτῷ ἡ φάλαγξ, ὑπὸ τοῖς ὑψηλοῖς ἔθετο τὰ ὅπλα, ὥστε εἰκάσθη στρατοπεδευομένῳ. τοῦτο δὲ ποιήσας, ἔλυσε μὲν τῶν

πλείστων πολεμίων τὴν ἐν ταῖς ψυχαῖς πρὸς μάχην παρασκευὴν, ἔλυσε δὲ τὴν ἐν ταῖς συντάξεσιν. ἐπεί γε μὴν παραγαγὼν τοὺς ἐπὶ κέρως πορευομένους λόχους εἰς μέτωπον, ἰσχυρὸν ἐποιήσατο τὸ περὶ ἑαυτὸν ἔμβολον, τότε δὴ ἀναλαβεῖν παραγγείλας τὰ ὅπλα ἡγεῖτο· οἱ δ' ἠκολούθουν. οἱ δὲ πολέμιοι ὡς εἶδον παρὰ δόξαν ἐπιόντας, οὐδεὶς αὐτῶν ἡσυχίαν ἔχειν ἠδύνατο, ἀλλ' οἱ μὲν ἔθεον εἰς τὰς τάξεις, οἱ δὲ παρετάττοντο, οἱ δὲ ἵππους ἐχαλίνουν, οἱ δὲ θώρακας ἐνεδύοντο, πάντες δὲ πεισομένοις τι μᾶλλον ἢ ποιήσουσιν ἐῴκεσαν. 23. Ὁ δὲ τὸ στράτευμα ἀντίπρωρον ὥσπερ τριήρη προσῆγε, νομίζων, ὅπῃ ἐμβαλὼν διακόψειε, διαφθερεῖν ὅλον τὸ τῶν ἐναντίων στράτευμα· καὶ γὰρ δὴ τῷ μὲν ἰσχυροτάτῳ παρεσκευάζετο ἀγωνίζεσθαι, τὸ δὲ ἀσθενέστατον πόρρω ἀπέστησεν, εἰδὼς ὅτι ἡττηθὲν ἀθυμίαν ἂν παράσχοι τοῖς μεθ' ἑαυτοῦ, ῥώμην δὲ τοῖς πολεμίοις. καὶ μὴν τοὺς ἱππέας οἱ μὲν πολέμιοι ἀντιπαρετάξαντο ὥσπερ ὁπλιτῶν φάλαγγα βάθος, ἐφεξῆς καὶ ἔρημον πεζῶν ἀμίππων· 24. ὁ δ' Ἐπαμεινώνδας αὖ καὶ τοῦ ἱππικοῦ ἔμβολον ἰσχυρὸν ἐποιήσατο, καὶ ἀμίππους πεζοὺς συνέταξεν αὐτοῖς, νομίζων τὸ ἱππικὸν ἐπεὶ διακόψειεν, ὅλον τὸ ἀντίπαλον νενικηκὼς ἔσεσθαι· μάλα γὰρ χαλεπὸν εὑρεῖν τοὺς ἐθελήσοντας μένειν, ἐπειδάν τινας φεύγοντας τῶν ἑαυτῶν ὁρῶσι· καὶ ὅπως μὴ ἐπιβοηθῶσιν οἱ Ἀθηναῖοι ἀπὸ τοῦ εὐωνύμου κέρατος ἐπὶ τὸ ἐχόμενον, κατέστησεν ἐπὶ γηλόφων τινῶν ἐναντίους αὐτοῖς καὶ ἱππέας καὶ ὁπλίτας, φόβον βουλόμενος καὶ τούτοις παρέχειν ὡς, εἰ βοηθήσαιεν, ὄπισθεν οὗτοι ἐπικείσοιντο αὐτοῖς. τὴν μὲν δὴ συμβολὴν οὕτως ἐποιήσατο, καὶ οὐκ ἐψεύσθη τῆς ἐλπίδος· κρατήσας γὰρ ᾗ προσέβαλεν ὅλον ἐποίησε φεύγειν τὸ τῶν ἐναντίων. 25. Ἐπεί γε μὴν ἐκεῖνος ἔπεσεν, οἱ λοιποὶ οὐδὲ τῇ νίκῃ ὀρθῶς ἔτι ἐδυνάσθησαν χρήσασθαι. ἀλλὰ φυγούσης μὲν αὐτοῖς τῆς ἐναντίας φάλαγγος, οὐδένα ἀπέκτειναν οἱ ὁπλῖται, οὐδὲ προῆλθον ἐκ τοῦ χωρίου ἔνθα ἡ συμβολὴ ἐγένετο· φυγόντων δ' αὐτοῖς καὶ τῶν ἱππέων, ἀπέκτειναν μὲν οὐδ' οἱ ἱππεῖς διώκοντες οὔτε ἱππέας οὔθ' ὁπλίτας, ὥσπερ δὲ ἡττώμενοι πεφοβημένως διὰ τῶν φευγόντων πολεμίων διέπεσον. καὶ μὴν οἱ ἄμιπποι καὶ οἱ πελτασταὶ, συννενικηκότες τοῖς ἱππεῦσιν, ἀφίκοντο μὲν ἐπὶ τοῦ εὐωνύμου, ὡς κρατοῦντες, ἐκεῖ δ' ὑπὸ τῶν Ἀθηναίων οἱ πλεῖστοι αὐτῶν ἀπέθανον.

26. Τούτων δὲ πραχθέντων, τοὐναντίον ἐγεγένητο οὗ ἐνόμισαν πάντες ἄνθρωποι ἔσεσθαι. συνεληλυθυίας γὰρ σχεδὸν ἁπάσης τῆς Ἑλλάδος, καὶ ἀντιτεταγμένων, οὐδεὶς ἦν ὅστις οὐκ ᾤετο, εἰ μάχη ἔσοιτο, τοὺς μὲν κρατήσαντας ἄρξειν, τοὺς δὲ κρατηθέντας ὑπηκόους ἔσεσθαι· ὁ δὲ θεὸς οὕτως ἐποίησεν ὥστε ἀμφότεροι μὲν τρόπαιον ὡς νενικηκότες ἐστήσαντο, τοὺς δὲ ἱσταμένους οὐδέτεροι ἐκώλυον, νεκροὺς δὲ ἀμφότεροι μὲν ὡς νενικηκότες ὑποσπόνδους ἀπέδοσαν, ἀμφότεροι δὲ ὡς ἡττημένοι ὑποσπόνδους ἀπελάμβανον. **27.** νενικηκέναι δὲ φάσκοντες ἑκάτεροι οὔτε χώρᾳ οὔτε πόλει οὔτ' ἀρχῇ οὐδέτεροι οὐδὲν πλέον ἔχοντες ἐφάνησαν ἢ πρὶν τὴν μάχην γενέσθαι· ἀκρισία δὲ καὶ ταραχὴ ἔτι πλείων μετὰ τὴν μάχην ἐγένετο ἢ πρόσθεν ἐν τῇ Ἑλλάδι. ἐμοὶ μὲν δὴ μέχρι τούτου γραφέσθω· τὰ δὲ μετὰ ταῦτα ἴσως ἄλλῳ μελήσει.

IV. CHARACTER OF SOCRATES.

[Memorabilia, I.]

I. Πολλάκις ἐθαύμασα, τίσι ποτὲ λόγοις Ἀθηναίους ἔπεισαν οἱ γραψάμενοι Σωκράτην, ὡς ἄξιος εἴη θανάτου τῇ πόλει. ἡ μὲν γὰρ γραφὴ κατ' αὐτοῦ τοιάδε τις ἦν· —

Ἀδικεῖ Σωκράτης οὓς μὲν ἡ πόλις νομίζει θεοὺς οὐ νομίζων, ἕτερα δὲ καινὰ δαιμόνια εἰσφέρων· ἀδικεῖ δὲ καὶ τοὺς νέους διαφθείρων. 2. Πρῶτον μὲν οὖν, ὡς οὐκ ἐνόμιζεν οὓς ἡ πόλις νομίζει θεούς, ποίῳ ποτ' ἐχρήσαντο τεκμηρίῳ; θύων τε γὰρ φανερὸς ἦν, πολλάκις μὲν οἴκοι, πολλάκις δὲ ἐπὶ τῶν κοινῶν τῆς πόλεως βωμῶν, καὶ μαντικῇ χρώμενος οὐκ ἀφανὴς ἦν· διετεθρύλητο γὰρ, ὡς φαίη Σωκράτης τὸ δαιμόνιον ἑαυτῷ σημαίνειν· ὅθεν δὴ καὶ μάλιστά μοι δοκοῦσιν αὐτὸν αἰτιάσασθαι καινὰ δαιμόνια εἰσφέρειν. 3. ὁ δὲ οὐδὲν καινότερον εἰσέφερε τῶν ἄλλων, ὅσοι, μαντικὴν νομίζοντες, οἰωνοῖς τε χρῶνται καὶ φήμαις καὶ συμβόλοις καὶ θυσίαις. οὗτοί τε γὰρ ὑπολαμβάνουσιν οὐ τοὺς ὄρνιθας οὐδὲ τοὺς ἀπαντῶντας εἰδέναι τὰ συμφέροντα τοῖς μαντευομένοις, ἀλλὰ τοὺς θεοὺς διὰ τούτων αὐτὰ σημαίνειν, κἀκεῖνος οὕτως ἐνόμιζεν. 4. ἀλλ' οἱ μὲν πλεῖστοί φασιν ὑπό τε τῶν ὀρνίθων καὶ τῶν ἀπαντώντων ἀποτρέπεσθαί τε καὶ προτρέπεσθαι· Σωκράτης δὲ ὥσπερ ἐγίγνωσκεν οὕτως ἔλεγε· τὸ δαιμόνιον γὰρ ἔφη σημαίνειν. καὶ πολλοῖς τῶν ξυνόντων προηγόρευε τὰ μὲν ποιεῖν, τὰ δὲ μὴ ποιεῖν, ὡς τοῦ δαιμονίου προσημαίνοντος. καὶ τοῖς μὲν πειθομένοις αὐτῷ συνέφερε, τοῖς δὲ μὴ πειθομένοις μετέμελε. 5. καίτοι τίς οὐκ ἂν ὁμολογήσειεν αὐτὸν βούλεσθαι μήτ' ἠλίθιον μήτ' ἀλαζόνα φαίνεσθαι τοῖς συνοῦσιν; ἐδόκει δ' ἂν ἀμφότερα ταῦτα, εἰ προαγορεύων ὡς ὑπὸ θεοῦ φαινόμενα εἶτα ψευδόμενος ἐφαίνετο. δῆλον οὖν, ὅτι οὐκ ἂν προέλεγεν, εἰ μὴ ἐπίστευεν ἀληθεύσειν. ταῦτα δὲ τίς ἂν ἄλλῳ πιστεύσειεν ἢ θεῷ; πιστεύων δὲ θεοῖς, πῶς οὐκ εἶναι θεοὺς ἐνόμιζεν;

6. Ἀλλὰ μὴν ἐποίει καὶ τάδε πρὸς τοὺς ἐπιτηδείους. τὰ μὲν γὰρ ἀναγκαῖα συνεβούλευε καὶ πράττειν, ὡς ἐνό-

μίξεν ἄριστ' ἂν πραχθῆναι· περὶ δὲ τῶν ἀδήλων ὅπως ἀποβήσοιτο, μαντευσομένους ἔπεμπεν εἰ ποιητέα. 7. καὶ τοὺς μέλλοντας οἴκους τε καὶ πόλεις καλῶς οἰκήσειν μαντικῆς ἔφη προσδεῖσθαι. τεκτονικὸν μὲν γὰρ ἢ χαλκευτικὸν ἢ γεωργικὸν ἢ ἀνθρώπων ἀρχικὸν ἢ τῶν τοιούτων ἔργων ἐξεταστικὸν ἢ λογιστικὸν ἢ οἰκονομικὸν ἢ στρατηγικὸν γενέσθαι, πάντα τὰ τοιαῦτα μαθήματα καὶ ἀνθρώπου γνώμῃ αἱρετέα ἐνόμιζεν εἶναι· 8. τὰ δὲ μέγιστα τῶν ἐν τούτοις ἔφη τοὺς θεοὺς ἑαυτοῖς καταλείπεσθαι, ὧν οὐδὲν δῆλον εἶναι τοῖς ἀνθρώποις. οὔτε γὰρ τῷ καλῶς ἀγρὸν φυτευσαμένῳ δῆλον ὅστις καρπώσεται· οὔτε τῷ καλῶς οἰκίαν οἰκοδομησαμένῳ δῆλον ὅστις οἰκήσει· οὔτε τῷ στρατηγικῷ δῆλον εἰ συμφέρει στρατηγεῖν· οὔτε τῷ πολιτικῷ δῆλον εἰ συμφέρει τῆς πόλεως προστατεῖν· οὔτε τῷ καλὴν γήμαντι, ἵνα εὐφραίνηται, δῆλον εἰ διὰ ταύτην ἀνιάσεται· οὔτε τῷ δυνατοὺς ἐν τῇ πόλει κηδεστὰς λαβόντι δῆλον εἰ διὰ τούτους στερήσεται τῆς πόλεως. 9. τοὺς δὲ μηδὲν τῶν τοιούτων οἰομένους εἶναι δαιμόνιον, ἀλλὰ πάντα τῆς ἀνθρωπίνης γνώμης, δαιμονᾶν ἔφη· δαιμονᾶν δὲ καὶ τοὺς μαντευομένους ἃ τοῖς ἀνθρώποις ἔδωκαν οἱ θεοὶ μαθοῦσι διακρίνειν· οἷον, εἴ τις ἐπερωτῴη πότερον ἐπιστάμενον ἡνιοχεῖν ἐπὶ ζεῦγος λαβεῖν κρεῖττον, ἢ μὴ ἐπιστάμενον· ἢ πότερον ἐπιστάμενον κυβερνᾶν ἐπὶ τὴν ναῦν κρεῖττον λαβεῖν, ἢ μὴ ἐπιστάμενον· ἢ ἃ ἔξεστιν ἀριθμήσαντας ἢ μετρήσαντας ἢ στήσαντας εἰδέναι, τοὺς τὰ τοιαῦτα παρὰ τῶν θεῶν πυνθανομένους ἀθέμιτα ποιεῖν ἡγεῖτο. ἔφη δὲ δεῖν, ἃ μὲν μαθόντας ποιεῖν ἔδωκαν οἱ θεοί, μανθάνειν· ἃ δὲ μὴ δῆλα τοῖς ἀνθρώποις ἐστί, πειρᾶσθαι διὰ μαντικῆς παρὰ τῶν θεῶν πυνθάνεσθαι· τοὺς θεοὺς γὰρ, οἷς ἂν ὦσιν ἵλεῳ, σημαίνειν.

10. Ἀλλὰ μὴν ἐκεῖνός γε ἀεὶ μὲν ἦν ἐν τῷ φανερῷ· πρῲ

τε γὰρ εἰς τοὺς περιπάτους καὶ τὰ γυμνάσια ἤει, καὶ πληθούσης ἀγορᾶς ἐκεῖ φανερὸς ἦν, καὶ τὸ λοιπὸν ἀεὶ τῆς ἡμέρας ἦν ὅπου πλείστοις μέλλοι συνέσεσθαι· καὶ ἔλεγε μὲν ὡς τὸ πολὺ, τοῖς δὲ βουλομένοις ἐξῆν ἀκούειν. **11.** οὐδεὶς δὲ πώποτε Σωκράτους οὐδὲν ἀσεβὲς οὐδὲ ἀνόσιον οὔτε πράττοντος εἶδεν, οὔτε λέγοντος ἤκουσεν. οὐδὲ γὰρ περὶ τῆς τῶν πάντων φύσεως, ᾗπερ τῶν ἄλλων οἱ πλεῖστοι, διελέγετο, — σκοπῶν ὅπως ὁ καλούμενος ὑπὸ τῶν σοφιστῶν κόσμος ἔχει, καὶ τίσιν ἀνάγκαις ἕκαστα γίγνεται τῶν οὐρανίων, — ἀλλὰ καὶ τοὺς φροντίζοντας τὰ τοιαῦτα μωραίνοντας ἀπεδείκνυ.

12. Καὶ πρῶτον μὲν αὐτῶν ἐσκόπει, πότερά ποτε νομίσαντες ἱκανῶς ἤδη τἀνθρώπινα εἰδέναι, ἔρχονται ἐπὶ τὸ περὶ τῶν τοιούτων φροντίζειν, ἢ τὰ μὲν ἀνθρώπινα παρέντες, τὰ δαιμόνια δὲ σκοποῦντες, ἡγοῦνται τὰ προσήκοντα πράττειν. **13.** ἐθαύμαζε δὲ εἰ μὴ φανερὸν αὐτοῖς ἐστιν, ὅτι ταῦτα οὐ δυνατόν ἐστιν ἀνθρώποις εὑρεῖν· ἐπεὶ καὶ τοὺς μέγιστον φρονοῦντας ἐπὶ τῷ περὶ τούτων λέγειν οὐ ταὐτὰ δοξάζειν ἀλλήλοις, ἀλλὰ τοῖς μαινομένοις ὁμοίως διακεῖσθαι πρὸς ἀλλήλους. **14.** τῶν τε γὰρ μαινομένων τοὺς μὲν οὐδὲ τὰ δεινὰ δεδιέναι, τοὺς δὲ καὶ τὰ μὴ φοβερὰ φοβεῖσθαι· καὶ τοῖς μὲν οὐδ' ἐν ὄχλῳ δοκεῖν αἰσχρὸν εἶναι λέγειν ἢ ποιεῖν ὁτιοῦν, τοῖς δὲ οὐδ' ἐξιτητέον εἰς ἀνθρώπους εἶναι δοκεῖν· καὶ τοὺς μὲν οὔθ' ἱερὸν οὔτε βωμὸν οὔτε ἄλλο τῶν θείων οὐδὲν τιμᾶν, τοὺς δὲ καὶ λίθους καὶ ξύλα τὰ τυχόντα καὶ θηρία σέβεσθαι· τῶν τε περὶ τῆς τῶν πάντων φύσεως μεριμνώντων τοῖς μὲν δοκεῖν ἓν μόνον τὸ ὂν εἶναι, τοῖς δὲ ἄπειρα τὸ πλῆθος· καὶ τοῖς μὲν ἀεὶ κινεῖσθαι πάντα, τοῖς δὲ οὐδὲν ἄν ποτε κινηθῆναι· καὶ τοῖς μὲν πάντα γίγνεσθαί τε καὶ ἀπόλλυσθαι, τοῖς δὲ οὔτ' ἂν γενέσθαι ποτὲ οὐδὲν οὔτε ἀπολέσθαι. **15.** Ἐσκόπει δὲ περὶ αὐτῶν καὶ τάδε· ἆρ', ὥσπερ οἱ τἀνθρώπεια μανθάνοντες ἡγοῦνται τοῦθ', ὅ τι ἂν μάθωσιν, ἑαυτοῖς τε καὶ τῶν ἄλλων ὅτῳ ἂν βούλωνται ποιήσειν, οὕτω καὶ οἱ τὰ θεῖα ζητοῦντες νομίζουσιν, ἐπειδὰν γνῶσιν αἷς ἀνάγκαις ἕκαστα γίγνεται, ποιήσειν, ὅταν βούλωνται, καὶ ἀνέμους καὶ ὕδατα καὶ ὥρας καὶ ὅτου ἂν ἄλλου δέωνται τῶν τοιούτων; ἢ τοιοῦτο μὲν οὐδὲν οὐδ' ἐλπίζουσιν, ἀρκεῖ δ' αὐτοῖς γνῶναι μόνον ᾗ τῶν τοιούτων ἕκαστα γίγνεται; 16. περὶ μὲν οὖν τῶν ταῦτα πραγματευομένων τοιαῦτα ἔλεγεν. αὐτὸς δὲ περὶ τῶν ἀνθρωπείων ἀεὶ διελέγετο, σκοπῶν τί εὐσεβές, τί ἀσεβές· τί καλόν, τί αἰσχρόν· τί δίκαιον, τί ἄδικον· τί σωφροσύνη, τί μανία· τί ἀνδρία, τί δειλία· τί πόλις, τί πολιτικός· τί ἀρχὴ ἀνθρώπων, τί ἀρχικὸς ἀνθρώπων· καὶ περὶ τῶν ἄλλων, ἃ τοὺς μὲν εἰδότας ἡγεῖτο καλοὺς καὶ ἀγαθοὺς εἶναι, τοὺς δὲ ἀγνοοῦντας ἀνδραποδώδεις ἂν δικαίως κεκλῆσθαι.

17. Ὅσα μὲν οὖν μὴ φανερὸς ἦν ὅπως ἐγίγνωσκεν, οὐδὲν θαυμαστὸν ὑπὲρ τούτων περὶ αὐτοῦ παραγνῶναι τοὺς δικαστάς· ὅσα δὲ πάντες ᾔδεσαν, θαυμαστὸν εἰ μὴ τούτων ἐνεθυμήθησαν. 18. βουλεύσας γάρ ποτε, καὶ τὸν βουλευτικὸν ὅρκον ὀμόσας, ἐν ᾧ ἦν κατὰ τοὺς νόμους βουλεύσειν, ἐπιστάτης ἐν τῷ δήμῳ γενόμενος, ἐπιθυμήσαντος τοῦ δήμου παρὰ τοὺς νόμους ἐννέα στρατηγοὺς μιᾷ ψήφῳ τοὺς ἀμφὶ Θράσυλλον καὶ Ἐρασινίδην ἀποκτεῖναι πάντας, οὐκ ἠθέλησεν ἐπιψηφίσαι, ὀργιζομένου μὲν αὐτῷ τοῦ δήμου, πολλῶν δὲ καὶ δυνατῶν ἀπειλούντων· ἀλλὰ περὶ πλείονος ἐποιήσατο εὐορκεῖν ἢ χαρίσασθαι τῷ δήμῳ παρὰ τὸ δίκαιον καὶ φυλάξασθαι τοὺς ἀπειλοῦντας. 19. καὶ γὰρ ἐπιμελεῖσθαι θεοὺς ἐνόμιζεν ἀνθρώπων, οὐχ ὃν τρόπον οἱ πολλοὶ νομίζουσιν. οὗτοι μὲν γὰρ οἴονται τοὺς θεοὺς τὰ μὲν εἰδέναι, τὰ δὲ οὐκ εἰδέναι· Σωκράτης δ' ἡγεῖτο πάντα μὲν θεοὺς εἰδέναι, τά τε λεγόμενα καὶ πραττόμενα καὶ τὰ

σιγῇ βουλευόμενα, πανταχοῦ δὲ παρεῖναι, καὶ σημαίνειν τοῖς ἀνθρώποις περὶ τῶν ἀνθρωπείων πάντων.

20. Θαυμάζω οὖν, ὅπως ποτὲ ἐπείσθησαν Ἀθηναῖοι Σωκράτην περὶ τοὺς θεοὺς μὴ σωφρονεῖν, τὸν ἀσεβὲς μὲν οὐδέν ποτε πρὸς τοὺς θεοὺς οὔτ' εἰπόντα οὔτε πράξαντα· τοιαῦτα δὲ καὶ λέγοντα καὶ πράττοντα περὶ θεῶν, οἷά τις ἂν καὶ λέγων καὶ πράττων εἴη τε καὶ νομίζοιτο εὐσεβέστατος.

[Book IV., ch. viii.]

11. Τῶν δὲ Σωκράτην γιγνωσκόντων οἷος ἦν, οἱ ἀρετῆς ἐφιέμενοι πάντες ἔτι καὶ νῦν διατελοῦσι πάντων μάλιστα ποθοῦντες ἐκεῖνον, ὡς ὠφελιμώτατον ὄντα πρὸς ἀρετῆς ἐπιμέλειαν. ἐμοὶ μὲν δή, τοιοῦτος ὢν οἷον ἐγὼ διήγημαι,— εὐσεβὴς μὲν οὕτως, ὥστε μηδὲν ἄνευ τῆς τῶν θεῶν γνώμης ποιεῖν· δίκαιος δέ, ὥστε βλάπτειν μὲν μηδὲ μικρὸν μηδένα, ὠφελεῖν δὲ τὰ μέγιστα τοὺς χρωμένους ἑαυτῷ· ἐγκρατὴς δέ, ὥστε μηδέποτε προαιρεῖσθαι τὸ ἥδιον ἀντὶ τοῦ βελτίονος· φρόνιμος δέ, ὥστε μὴ διαμαρτάνειν κρίνων τὰ βελτίω καὶ τὰ χείρω, μηδὲ ἄλλου προσδεῖσθαι, ἀλλ' αὐτάρκης εἶναι πρὸς τὴν τούτων γνῶσιν, ἱκανὸς δὲ καὶ λόγῳ εἰπεῖν τε καὶ διορίσασθαι τὰ τοιαῦτα, ἱκανὸς δὲ καὶ ἄλλους δοκιμάσαι τε καὶ ἁμαρτάνοντας ἐξελέγξαι, καὶ προτρέψασθαι ἐπ' ἀρετὴν καὶ καλοκἀγαθίαν,— ἐδόκει τοιοῦτος εἶναι, οἷος ἂν εἴη ἄριστός τε ἀνὴρ καὶ εὐδαιμονέστατος. εἰ δέ τῳ μὴ ἀρέσκει ταῦτα, παραβάλλων τὸ ἄλλου ἦθος πρὸς ταῦτα, οὕτω κρινέτω.

PLATO.

I. SOCRATES BEFORE HIS JUDGES.

1. Οὐ πολλοῦ γ' ἕνεκα χρόνου, ὦ ἄνδρες Ἀθηναῖοι, ὄνομα ἕξετε καὶ αἰτίαν ὑπὸ τῶν βουλομένων τὴν πόλιν λοιδορεῖν, ὡς Σωκράτη ἀπεκτόνατε, ἄνδρα σοφόν· φήσουσι γὰρ δή με σοφὸν εἶναι, εἰ καὶ μὴ εἰμί, οἱ βουλόμενοι ὑμῖν ὀνειδίζειν. εἰ οὖν περιεμείνατε ὀλίγον χρόνον, ἀπὸ τοῦ αὐτομάτου ἂν ὑμῖν τοῦτο ἐγένετο· ὁρᾶτε γὰρ δὴ τὴν ἡλικίαν, ὅτι πόρρω ἤδη ἐστὶ τοῦ βίου, θανάτου δὲ ἐγγύς. λέγω δὲ τοῦτο οὐ πρὸς πάντας ὑμᾶς, ἀλλὰ πρὸς τοὺς ἐμοῦ καταψηφισαμένους θάνατον. 2. λέγω δὲ καὶ τόδε πρὸς τοὺς αὐτοὺς τούτους· ἴσως με οἴεσθε, ὦ ἄνδρες, ἀπορίᾳ λόγων ἑαλωκέναι τοιούτων οἷς ἂν ὑμᾶς ἔπεισα, εἰ ᾤμην δεῖν ἅπαντα ποιεῖν καὶ λέγειν ὥστε ἀποφυγεῖν τὴν δίκην. πολλοῦ γε δεῖ. ἀλλ' ἀπορίᾳ μὲν ἑάλωκα, οὐ μέντοι λόγων, ἀλλὰ τόλμης καὶ ἀναισχυντίας καὶ τοῦ ἐθέλειν λέγειν πρὸς ὑμᾶς τοιαῦτα οἷ' ἂν ὑμῖν ἥδιστ' ἦν ἀκούειν. θρηνοῦντός τέ μου καὶ ὀδυρομένου καὶ ἄλλα ποιοῦντος καὶ λέγοντος πολλὰ καὶ ἀνάξια ἐμοῦ, ὡς ἐγώ φημι· οἷα δὴ καὶ εἴθισθε ὑμεῖς τῶν ἄλλων ἀκούειν. 3. ἀλλ' οὔτε τότε ᾠήθην δεῖν ἕνεκα τοῦ κινδύνου πρᾶξαι οὐδὲν ἀνελεύθερον, οὔτε νῦν μοι μεταμέλει οὕτως ἀπολογησαμένῳ, ἀλλὰ πολὺ μᾶλλον αἱροῦμαι ὧδε ἀπολογησάμενος τεθνάναι ἢ ἐκείνως ζῆν· οὔτε γὰρ ἐν δίκῃ οὔτ' ἐν πολέμῳ οὔτ' ἐμὲ οὔτ' ἄλλον οὐδένα δεῖ τοῦτο μηχανᾶσθαι, ὅπως ἀποφεύξεται πᾶν ποιῶν θάνατον. καὶ γὰρ ἐν ταῖς μάχαις πολλάκις δῆλον γίγνεται ὅτι τό γε

ἀποθανεῖν ἄν τις ἐκφύγοι καὶ ὅπλα ἀφεὶς, καὶ ἐφ' ἱκετείαν τραπόμενος τῶν διωκόντων· καὶ ἄλλαι μηχαναὶ πολλαί εἰσιν ἐν ἑκάστοις τοῖς κινδύνοις ὥστε διαφεύγειν θάνατον, ἐάν τις τολμᾷ πᾶν ποιεῖν καὶ λέγειν. 4. ἀλλὰ μὴ οὐ τοῦτ' ᾖ χαλεπὸν, ὦ ἄνδρες, θάνατον ἐκφυγεῖν, ἀλλὰ πολὺ χαλεπώτερον πονηρίαν· θᾶττον γὰρ θανάτου θεῖ. καὶ νῦν ἐγὼ μὲν, ἅτε βραδὺς ὢν καὶ πρεσβύτης, ὑπὸ τοῦ βραδυτέρου ἑάλων, οἱ δ' ἐμοὶ κατήγοροι, ἅτε δεινοὶ καὶ ὀξεῖς ὄντες, ὑπὸ τοῦ θάττονος, τῆς κακίας. καὶ νῦν ἐγὼ μὲν ἄπειμι ὑφ' ὑμῶν θανάτου δίκην ὀφλὼν, οὗτοι δ' ὑπὸ τῆς ἀληθείας ὠφληκότες μοχθηρίαν καὶ ἀδικίαν. καὶ ἐγώ τε τῷ τιμήματι ἐμμένω, καὶ οὗτοι. ταῦτα μέν που ἴσως οὕτω καὶ ἔδει σχεῖν, καὶ οἶμαι αὐτὰ μετρίως ἔχειν.

[5. Τὸ δὲ δὴ μετὰ τοῦτο ἐπιθυμῶ ὑμῖν χρησμῳδῆσαι, ὦ καταψηφισάμενοί μου· καὶ γάρ εἰμι ἤδη ἐνταῦθα, ἐν ᾧ μάλιστ' ἄνθρωποι χρησμῳδοῦσιν, ὅταν μέλλωσιν ἀποθανεῖσθαι. φημὶ γὰρ, ὦ ἄνδρες οἳ ἐμὲ ἀπεκτόνατε, τιμωρίαν ὑμῖν ἥξειν εὐθὺς μετὰ τὸν ἐμὸν θάνατον πολὺ χαλεπωτέραν, νὴ Δί', ἢ οἵαν ἐμὲ ἀπεκτόνατε· νῦν γὰρ τοῦτο εἰργάσασθε, οἰόμενοι μὲν ἀπαλλάξεσθαι τοῦ διδόναι ἔλεγχον τοῦ βίου· τὸ δὲ ὑμῖν πολὺ ἐναντίον ἀποβήσεται, ὡς ἐγώ φημι. 6. πλείους ἔσονται ὑμᾶς οἱ ἐλέγχοντες, οὓς νῦν ἐγὼ κατεῖχον, ὑμεῖς δὲ οὐκ ᾐσθάνεσθε· καὶ χαλεπώτεροι ἔσονται ὅσῳ νεώτεροί εἰσι, καὶ ὑμεῖς μᾶλλον ἀγανακτήσετε. εἰ γὰρ οἴεσθε, ἀποκτείνοντες ἀνθρώπους, ἐπισχήσειν τοῦ ὀνειδίζειν τινὰ ὑμῖν ὅτι οὐκ ὀρθῶς ζῆτε, οὐκ ὀρθῶς διανοεῖσθε· οὐ γάρ ἐσθ' αὕτη ἡ ἀπαλλαγὴ οὔτε πάνυ δυνατὴ οὔτε καλή, ἀλλ' ἐκείνη καὶ καλλίστη καὶ ῥᾴστη, μὴ τοὺς ἄλλους κολούειν, ἀλλ' ἑαυτὸν παρασκευάζειν ὅπως ἔσται ὡς βέλτιστος. ταῦτα μὲν οὖν ὑμῖν τοῖς καταψηφισαμένοις μαντευσάμενος ἀπαλλάττομαι.]

7. Τοῖς δὲ ἀποψηφισαμένοις ἡδέως ἂν διαλεχθείην ὑπὲρ τοῦ γεγονότος τουτουὶ πράγματος, ἐν ᾧ οἱ ἄρχοντες ἀσχολίαν ἄγουσι, καὶ οὔπω ἔρχομαι οἷ ἐλθόντα με δεῖ τεθνάναι. ἀλλά μοι, ὦ ἄνδρες, παραμείνατε τοσοῦτον χρόνον· οὐδὲν γὰρ κωλύει διαμυθολογῆσαι πρὸς ἀλλήλους, ἕως ἔξεστιν. ὑμῖν γὰρ ὡς φίλοις οὖσιν ἐπιδεῖξαι ἐθέλω τὸ νυνί μοι ξυμβεβηκὸς τί ποτε νοεῖ. 8. ἐμοὶ γάρ, ὦ ἄνδρες δικασταί — ὑμᾶς γὰρ δικαστὰς καλῶν ὀρθῶς ἂν καλοίην — θαυμάσιόν τι γέγονεν. ἡ γὰρ εἰωθυῖά μοι μαντική, ἡ τοῦ δαιμονίου, ἐν μὲν τῷ πρόσθεν χρόνῳ παντὶ πάνυ πυκνὴ ἀεὶ ἦν, καὶ πάνυ ἐπὶ σμικροῖς ἐναντιουμένη, εἴ τι μέλλοιμι μὴ ὀρθῶς πράξειν· νυνὶ δὲ ξυμβέβηκέ μοι, ἅπερ ὁρᾶτε καὶ αὐτοί, ταυτὶ ἅ γε δὴ οἰηθείη ἄν τις καὶ νομίζεται ἔσχατα κακῶν εἶναι. 9. ἐμοὶ δὲ οὔτε ἐξιόντι ἕωθεν οἴκοθεν ἠναντιώθη τὸ τοῦ θεοῦ σημεῖον, οὔτε ἡνίκα ἀνέβαινον ἐνταυθοῖ ἐπὶ τὸ δικαστήριον, οὔτ' ἐν τῷ λόγῳ οὐδαμοῦ μέλλοντί τι ἐρεῖν· καίτοι ἐν ἄλλοις λόγοις πολλαχοῦ δή με ἐπέσχε λέγοντα μεταξύ· νυνὶ δὲ οὐδαμοῦ περὶ ταύτην τὴν πρᾶξιν οὔτ' ἐν ἔργῳ οὐδενὶ οὔτ' ἐν λόγῳ ἠναντίωταί μοι. 10. τί οὖν αἴτιον εἶναι ὑπολαμβάνω; ἐγὼ ὑμῖν ἐρῶ· κινδυνεύει γάρ μοι τὸ ξυμβεβηκὸς τοῦτο ἀγαθὸν γεγονέναι, καὶ οὐκ ἔσθ' ὅπως ἡμεῖς ὀρθῶς ὑπολαμβάνομεν, ὅσοι οἰόμεθα κακὸν εἶναι τὸ τεθνάναι. μέγα μοι τεκμήριον τούτου γέγονεν· οὐ γὰρ ἔσθ' ὅπως οὐκ ἠναντιώθη ἄν μοι τὸ εἰωθὸς σημεῖον, εἰ μή τι ἔμελλον ἐγὼ ἀγαθὸν πράξειν.

11. Ἐννοήσωμεν δὲ καὶ τῇδε, ὡς πολλὴ ἐλπίς ἐστιν ἀγαθὸν αὐτὸ εἶναι. δυοῖν γὰρ θάτερόν ἐστι τὸ τεθνάναι· ἢ γὰρ οἷον μηδὲν εἶναι, μηδ' αἴσθησιν μηδεμίαν μηδενὸς ἔχειν τὸν τεθνεῶτα, ἢ κατὰ τὰ λεγόμενα μεταβολή τις τυγχάνει οὖσα, καὶ μετοίκησις τῇ ψυχῇ τοῦ τόπου τοῦ ἐνθένδε εἰς ἄλλον τόπον. 12. Καὶ εἴτε μηδεμία αἴσθησίς

ἐστιν, ἀλλ' οἷον ὕπνος ἐπειδάν τις καθεύδων μηδ' ὄναρ μηδὲν ὁρᾷ, θαυμάσιον κέρδος ἂν εἴη ὁ θάνατος. ἐγὼ γὰρ ἂν οἶμαι, εἴ τινα ἐκλεξάμενον δέοι ταύτην τὴν νύκτα, ἐν ᾗ οὕτω κατέδαρθεν ὥστε μηδ' ὄναρ ἰδεῖν, καὶ τὰς ἄλλας νύκτας τε καὶ ἡμέρας τὰς τοῦ βίου τοῦ ἑαυτοῦ ἀντιπαραθέντα ταύτῃ τῇ νυκτὶ δέοι σκεψάμενον εἰπεῖν, πόσας ἄμεινον καὶ ἥδιον ἡμέρας καὶ νύκτας ταύτης τῆς νυκτὸς βεβίωκεν ἐν τῷ ἑαυτοῦ βίῳ, οἶμαι ἂν μὴ ὅτι ἰδιώτην τινά, ἀλλὰ τὸν μέγαν βασιλέα εὐαριθμήτους ἂν εὑρεῖν αὐτὸν ταύτας πρὸς τὰς ἄλλας ἡμέρας καὶ νύκτας. 13. εἰ οὖν τοιοῦτον ὁ θάνατός ἐστι, κέρδος ἔγωγε λέγω· καὶ γὰρ οὐδὲν πλείων ὁ πᾶς χρόνος φαίνεται οὕτω δὴ εἶναι ἢ μία νύξ. Εἰ δ' αὖ οἷον ἀποδημῆσαί ἐστιν ὁ θάνατος ἐνθένδε εἰς ἄλλον τόπον, καὶ ἀληθῆ ἐστι τὰ λεγόμενα, ὡς ἄρα ἐκεῖ εἰσιν ἅπαντες οἱ τεθνεῶτες, τί μεῖζον ἀγαθὸν τούτου εἴη ἄν, ὦ ἄνδρες δικασταί; 14. εἰ γάρ τις ἀφικόμενος εἰς Ἅιδου, ἀπαλλαγεὶς τούτων τῶν φασκόντων δικαστῶν εἶναι, εὑρήσει τοὺς ἀληθῶς δικαστάς, οἵπερ καὶ λέγονται ἐκεῖ δικάζειν, — Μίνως τε καὶ Ῥαδάμανθυς καὶ Αἰακὸς καὶ Τριπτόλεμος καὶ ἄλλοι ὅσοι τῶν ἡμιθέων δίκαιοι ἐγένοντο ἐν τῷ ἑαυτῶν βίῳ, — ἆρα φαύλη ἂν εἴη ἡ ἀποδημία; ἢ αὖ Ὀρφεῖ ξυγγενέσθαι καὶ Μουσαίῳ καὶ Ἡσιόδῳ καὶ Ὁμήρῳ ἐπὶ πόσῳ ἄν τις δέξαιτ' ἂν ὑμῶν; 15. ἐγὼ μὲν γὰρ πολλάκις ἐθέλω τεθνάναι, εἰ ταῦτ' ἐστὶν ἀληθῆ· ἐπεὶ ἔμοιγε καὶ αὐτῷ θαυμαστὴ ἂν εἴη ἡ διατριβὴ αὐτόθι, ὁπότε ἐντύχοιμι Παλαμήδει καὶ Αἴαντι τῷ Τελαμῶνος καὶ εἴ τις ἄλλος τῶν παλαιῶν διὰ κρίσιν ἄδικον τέθνηκεν, ἀντιπαραβάλλοντι τὰ ἐμαυτοῦ πάθη πρὸς τὰ ἐκείνων, ὡς ἐγὼ οἶμαι, οὐκ ἂν ἀηδὲς εἴη. Καὶ δὴ τὸ μέγιστον, τοὺς ἐκεῖ ἐξετάζοντα καὶ ἐρευνῶντα ὥσπερ τοὺς ἐνταῦθα διάγειν, τίς αὐτῶν σοφός ἐστι, καὶ τίς οἴεται μὲν ἔστι δ' οὔ. 16. ἐπὶ πόσῳ δ' ἄν τις, ὦ ἄνδρες δικασταὶ, δέξαιτο ἐξετάσαι τὸν ἐπὶ Τροίαν ἀγαγόντα τὴν πολλὴν στρατιὰν, ἢ Ὀδυσσέα, ἢ Σίσυφον, ἢ ἄλλους μυρίους ἄν τις εἴποι καὶ ἄνδρας καὶ γυναῖκας; οἷς ἐκεῖ διαλέγεσθαι καὶ ξυνεῖναι καὶ ἐξετάζειν ἀμήχανον ἂν εἴη εὐδαιμονίας. πάντως οὐ δήπου τούτου γε ἕνεκα οἱ ἐκεῖ ἀποκτείνουσι· τά τε γὰρ ἄλλα εὐδαιμονέστεροί εἰσιν οἱ ἐκεῖ τῶν ἐνθάδε, καὶ ἤδη τὸν λοιπὸν χρόνον ἀθάνατοί εἰσιν, εἴπερ γε τὰ λεγόμενα ἀληθῆ ἐστιν.

17. Ἀλλὰ καὶ ὑμᾶς χρὴ, ὦ ἄνδρες δικασταὶ, εὐέλπιδας εἶναι πρὸς τὸν θάνατον, καὶ ἕν τι τοῦτο διανοεῖσθαι ἀληθές, ὅτι οὐκ ἔστιν ἀνδρὶ ἀγαθῷ κακὸν οὐδὲν οὔτε ζῶντι οὔτε τελευτήσαντι, οὐδὲ ἀμελεῖται ὑπὸ θεῶν τὰ τούτου πράγματα· οὐδὲ τὰ ἐμὰ νῦν ἀπὸ τοῦ αὐτομάτου γέγονεν, ἀλλά μοι δῆλόν ἐστι τοῦτο, ὅτι ἤδη τεθνάναι καὶ ἀπηλλάχθαι πραγμάτων βέλτιον ἦν μοι. διὰ τοῦτο καὶ ἐμὲ οὐδαμοῦ ἀπέτρεψε τὸ σημεῖον, καὶ ἔγωγε τοῖς καταψηφισαμένοις μου καὶ τοῖς κατηγόροις οὐ πάνυ χαλεπαίνω. καίτοι οὐ ταύτῃ τῇ διανοίᾳ κατεψηφίζοντό μου καὶ κατηγόρουν, ἀλλ' οἰόμενοι βλάπτειν· τοῦτο αὐτοῖς ἄξιον μέμφεσθαι. **18.** Τοσόνδε μέντοι αὐτῶν δέομαι· τοὺς υἱεῖς μου, ἐπειδὰν ἡβήσωσι, τιμωρήσασθε, ὦ ἄνδρες, ταὐτὰ ταῦτα λυποῦντες ἅπερ ἐγὼ ὑμᾶς ἐλύπουν, ἐὰν ὑμῖν δοκῶσιν ἢ χρημάτων ἢ ἄλλου του πρότερον ἐπιμελεῖσθαι ἢ ἀρετῆς, καὶ ἐὰν δοκῶσί τι εἶναι μηδὲν ὄντες, ὀνειδίζετε αὐτοῖς, ὥσπερ ἐγὼ ὑμῖν, ὅτι οὐκ ἐπιμελοῦνται ὧν δεῖ, καὶ οἴονταί τι εἶναι ὄντες οὐδενὸς ἄξιοι. καὶ ἐὰν ταῦτα ποιῆτε, δίκαια πεπονθὼς ἐγὼ ἔσομαι ὑφ' ὑμῶν, αὐτός τε καὶ οἱ υἱεῖς.

Ἀλλὰ γὰρ ἤδη ὥρα ἀπιέναι, ἐμοὶ μὲν ἀποθανουμένῳ, ὑμῖν δὲ βιωσομένοις· ὁπότεροι δὲ ἡμῶν ἔρχονται ἐπὶ ἄμεινον πρᾶγμα, ἄδηλον παντὶ πλὴν ἢ τῷ θεῷ.

II. THE DEATH OF SOCRATES.

[Phaedo, I.-V.; LXIII.-LXVI.]

1. Ἐχεκράτης. Αὐτός, ὦ Φαίδων, παρεγένου Σωκράτει ἐκείνῃ τῇ ἡμέρᾳ, ᾗ τὸ φάρμακον ἔπιεν ἐν τῷ δεσμωτηρίῳ, ἢ ἄλλου του ἤκουσας;

Φαίδων. Αὐτός, ὦ Ἐχέκρατες.

E. Τί οὖν δή ἐστιν ἄττα εἶπεν ὁ ἀνὴρ πρὸ τοῦ θανάτου; καὶ πῶς ἐτελεύτα; ἡδέως γὰρ ἂν ἐγὼ ἀκούσαιμι. καὶ γὰρ οὔτε τῶν πολιτῶν Φλιασίων οὐδεὶς πάνυ τι ἐπιχωριάζει τὰ νῦν Ἀθήναζε, οὔτε τις ξένος ἀφῖκται χρόνου συχνοῦ ἐκεῖθεν, ὅστις ἂν ἡμῖν σαφές τι ἀγγεῖλαι οἷός τ᾽ ἦν περὶ τούτων, πλήν γε δὴ ὅτι φάρμακον πιὼν ἀποθάνοι· τῶν δὲ ἄλλων οὐδὲν εἶχε φράζειν.

2. Φ. Οὐδὲ τὰ περὶ τῆς δίκης ἄρα ἐπύθεσθε ὃν τρόπον ἐγένετο;

E. Ναί, ταῦτα μὲν ἡμῖν ἤγγειλέ τις, καὶ ἐθαυμάζομέν γε ὅτι, πάλαι γενομένης αὐτῆς, πολλῷ ὕστερον φαίνεται ἀποθανών. τί οὖν ἦν τοῦτο, ὦ Φαίδων;

Φ. Τύχη τις αὐτῷ, ὦ Ἐχέκρατες, συνέβη· ἔτυχε γὰρ τῇ προτεραίᾳ τῆς δίκης ἡ πρύμνα ἐστεμμένη τοῦ πλοίου, ὃ εἰς Δῆλον Ἀθηναῖοι πέμπουσιν.

E. Τοῦτο δὲ δὴ τί ἐστιν;

3. Φ. Τοῦτό ἐστι τὸ πλοῖον, ὥς φασιν Ἀθηναῖοι, ἐν ᾧ Θησεύς ποτε εἰς Κρήτην τοὺς δὶς ἑπτὰ ἐκείνους ᾤχετο ἄγων, καὶ ἔσωσέ τε καὶ αὐτὸς ἐσώθη. τῷ οὖν Ἀπόλλωνι εὔξαντο, ὥς λέγεται, τότε, εἰ σωθεῖεν, ἑκάστου ἔτους θεωρίαν ἀπάξειν εἰς Δῆλον· ἣν δὴ ἀεὶ καὶ νῦν ἔτι ἐξ ἐκείνου κατ᾽ ἐνιαυτὸν τῷ θεῷ πέμπουσιν. ἐπειδὰν οὖν ἄρξωνται τῆς θεωρίας, νόμος ἐστὶν αὐτοῖς ἐν τῷ χρόνῳ τούτῳ καθαρεύειν τὴν πόλιν, καὶ δημοσίᾳ μηδένα ἀποκτιννύναι, πρὶν ἂν εἰς Δῆλον ἀφίκηται τὸ πλοῖον καὶ πάλιν δεῦρο· τοῦτο δ' ἐνίοτε ἐν πολλῷ χρόνῳ γίγνεται, ὅταν τύχωσιν ἄνεμοι ἀπολαβόντες αὐτούς. ἀρχὴ δ' ἐστὶ τῆς θεωρίας, ἐπειδὰν ὁ ἱερεὺς τοῦ Ἀπόλλωνος στέψῃ τὴν πρύμναν τοῦ πλοίου· τοῦτο δ' ἔτυχεν, ὥσπερ λέγω, τῇ προτεραίᾳ τῆς δίκης γεγονός. διὰ ταῦτα καὶ πολὺς χρόνος ἐγένετο τῷ Σωκράτει ἐν τῷ δεσμωτηρίῳ, ὁ μεταξὺ τῆς δίκης τε καὶ τοῦ θανάτου.

4. Ε. Τί δὲ δὴ τὰ περὶ αὐτὸν τὸν θάνατον, ὦ Φαίδων; τίνα ἦν τὰ λεχθέντα καὶ πραχθέντα, καὶ τίνες οἱ παραγενόμενοι τῶν ἐπιτηδείων τῷ ἀνδρί; ἢ οὐκ εἴων οἱ ἄρχοντες παρεῖναι, ἀλλ' ἔρημος ἐτελεύτα φίλων;

Φ. Οὐδαμῶς· ἀλλὰ παρῆσάν τινες, καὶ πολλοί γε.

Ε. Ταῦτα δὴ πάντα προθυμήθητι ὡς σαφέστατα ἡμῖν ἀπαγγεῖλαι, εἰ μή τίς σοι ἀσχολία τυγχάνει οὖσα.

Φ. Ἀλλὰ σχολάζω γε, καὶ πειράσομαι ὑμῖν διηγήσασθαι· καὶ γὰρ τὸ μεμνῆσθαι Σωκράτους καὶ αὐτὸν λέγοντα καὶ ἄλλου ἀκούοντα ἔμοιγε ἀεὶ πάντων ἥδιστον.

Ε. Ἀλλὰ μὴν, ὦ Φαίδων, καὶ τοὺς ἀκουσομένους γε τοιούτους ἑτέρους ἔχεις· ἀλλὰ πειρῶ ὡς ἂν δύνῃ ἀκριβέστατα διελθεῖν πάντα.

5. Φ. Καὶ μὴν ἔγωγε θαυμάσια ἔπαθον παραγενόμενος. οὔτε γὰρ ὡς θανάτῳ παρόντα με ἀνδρὸς ἐπιτηδείου ἔλεος εἰσῄει· εὐδαίμων γάρ μοι ἀνὴρ ἐφαίνετο, ὦ Ἐχέκρατες, καὶ τοῦ τρόπου καὶ τῶν λόγων, ὡς ἀδεῶς καὶ γενναίως ἐτελεύτα, ὥστε μοι ἐκεῖνον παρίστασθαι μηδ' εἰς Ἅιδου ἰόντα ἄνευ θείας μοίρας ἰέναι, ἀλλὰ κἀκεῖσε ἀφικόμενον εὖ πράξειν, εἴπερ τις πώποτε καὶ ἄλλος. διὰ δὴ ταῦτα οὐδὲν πάνυ μοι ἐλεεινὸν εἰσῄει, ὡς εἰκὸς ἂν δόξειεν εἶναι παρόντι πένθει· οὔτε αὖ ἡδονὴ ὡς ἐν φιλοσοφίᾳ ἡμῶν ὄντων, ὥσπερ εἰώθειμεν· καὶ γὰρ οἱ λόγοι τοιοῦτοί τινες ἦσαν· ἀλλ' ἀτεχνῶς ἄτοπόν τί μοι πάθος παρῆν, καὶ

τις ἀήθης κρᾶσις ἀπό τε τῆς ἡδονῆς συγκεκραμένη ὁμοῦ καὶ ἀπὸ τῆς λύπης, ἐνθυμουμένῳ ὅτι αὐτίκα ἐκεῖνος ἔμελλε τελευτᾶν. καὶ πάντες οἱ παρόντες σχεδόν τι οὕτω διεκείμεθα, ὁτὲ μὲν γελῶντες, ἐνίοτε δὲ δακρύοντες, εἷς δὲ ἡμῶν καὶ διαφερόντως, Ἀπολλόδωρος· οἶσθα γάρ που τὸν ἄνδρα καὶ τὸν τρόπον αὐτοῦ.

6. E. Πῶς γὰρ οὔ;

Φ. Ἐκεῖνός τε τοίνυν παντάπασιν οὕτως εἶχε, καὶ αὐτὸς ἔγωγε ἐτεταράγμην καὶ οἱ ἄλλοι.

E. Ἔτυχον δέ, ὦ Φαίδων, τίνες παραγενόμενοι;

Φ. Οὗτός τε δὴ ὁ Ἀπολλόδωρος τῶν ἐπιχωρίων παρῆν, καὶ ὁ Κριτόβουλος, καὶ ὁ πατὴρ αὐτοῦ [Κρίτων], καὶ ἔτι Ἑρμογένης καὶ Ἐπιγένης καὶ Αἰσχίνης καὶ Ἀντισθένης· ἦν δὲ καὶ Κτήσιππος ὁ Παιανιεύς, καὶ Μενέξενος, καὶ ἄλλοι τινὲς τῶν ἐπιχωρίων· Πλάτων δέ, οἶμαι, ἠσθένει.

E. Ξένοι δέ τινες παρῆσαν;

Φ. Ναί, Σιμμίας τέ γε ὁ Θηβαῖος καὶ Κέβης καὶ Φαιδωνίδης, καὶ Μεγαρόθεν Εὐκλείδης τε καὶ Τερψίων.

E. Τί δέ; Ἀρίστιππος καὶ Κλεόμβροτος παρεγένοντο;

Φ. Οὐ δῆτα· ἐν Αἰγίνῃ γὰρ ἐλέγοντο εἶναι.

E. Ἄλλος δέ τις παρῆν;

Φ. Σχεδόν τι οἶμαι τούτους παραγενέσθαι.

E. Τί οὖν δή; τίνες, φῄς, ἦσαν οἱ λόγοι;

7. Φ. Ἐγώ σοι ἐξ ἀρχῆς πάντα πειράσομαι διηγήσασθαι. ἀεὶ γὰρ δὴ καὶ τὰς πρόσθεν ἡμέρας εἰώθειμεν φοιτᾶν, καὶ ἐγὼ καὶ οἱ ἄλλοι, παρὰ τὸν Σωκράτη, συλλεγόμενοι ἕωθεν εἰς τὸ δικαστήριον, ἐν ᾧ καὶ ἡ δίκη ἐγένετο· πλησίον γὰρ ἦν τοῦ δεσμωτηρίου. περιεμένομεν οὖν ἑκάστοτε, ἕως ἀνοιχθείη τὸ δεσμωτήριον, διατρίβοντες μετ' ἀλλήλων· ἀνεῴγετο γὰρ οὐ πρῴ· ἐπειδὴ δὲ ἀνοιχθείη,

εἰσῄειμεν παρὰ τὸν Σωκράτη, καὶ τὰ πολλὰ διημερεύομεν μετ' αὐτοῦ. καὶ δὴ καὶ τότε πρωϊαίτερον ξυνελέγημεν. τῇ γὰρ προτεραίᾳ ἡμέρᾳ, ἐπειδὴ ἐξήλθομεν ἐκ τοῦ δεσμωτηρίου ἑσπέρας, ἐπυθόμεθα ὅτι τὸ πλοῖον ἐκ Δήλου ἀφιγμένον εἴη. παρηγγείλαμεν οὖν ἀλλήλοις ἥκειν ὡς πρωϊαίτατα εἰς τὸ εἰωθός. 8. καὶ ἥκομεν, καὶ ἡμῖν ἐξελθὼν ὁ θυρωρός, ὅσπερ εἰώθει ὑπακούειν, εἶπε περιμένειν καὶ μὴ πρότερον παριέναι, ἕως ἂν αὐτὸς κελεύσῃ· λύουσι γὰρ, ἔφη, οἱ ἕνδεκα Σωκράτη καὶ παραγγέλλουσιν, ὅπως ἂν τῇδε τῇ ἡμέρᾳ τελευτήσῃ. οὐ πολὺν δ' οὖν χρόνον ἐπισχὼν, ἧκε καὶ ἐκέλευεν ἡμᾶς εἰσιέναι. εἰσιόντες οὖν κατελαμβάνομεν τὸν μὲν Σωκράτη ἄρτι λελυμένον, τὴν δὲ Ξανθίππην — γιγνώσκεις γὰρ — ἔχουσάν τε τὸ παιδίον αὐτοῦ καὶ παρακαθημένην. ὡς οὖν εἶδεν ἡμᾶς ἡ Ξανθίππη, ἀνευφήμησέ τε καὶ τοιαῦτ' ἄττα εἶπεν, οἷα δὴ εἰώθασιν αἱ γυναῖκες, ὅτι Ὦ Σώκρατες, ὕστατον δή σε προσεροῦσι νῦν οἱ ἐπιτήδειοι, καὶ σὺ τούτους. καὶ ὁ Σωκράτης, βλέψας εἰς τὸν Κρίτωνα, Ὦ Κρίτων, ἔφη, ἀπαγέτω τις αὐτὴν οἴκαδε. καὶ ἐκείνην μὲν ἀπῆγόν τινες τῶν τοῦ Κρίτωνος βοῶσάν τε καὶ κοπτομένην. 9. ὁ δὲ Σωκράτης, ἀνακαθιζόμενος εἰς τὴν κλίνην, συνέκαμψέ τε τὸ σκέλος καὶ ἐξέτριψε τῇ χειρί, καὶ τρίβων ἅμα, Ὡς ἄτοπον, ἔφη, ὦ ἄνδρες, ἔοικέ τι εἶναι τοῦτο, ὃ καλοῦσιν οἱ ἄνθρωποι ἡδύ· ὡς θαυμασίως πέφυκε πρὸς τὸ δοκοῦν ἐναντίον εἶναι, τὸ λυπηρόν, τῷ ἅμα μὲν αὐτὼ μὴ ἐθέλειν παραγίγνεσθαι τῷ ἀνθρώπῳ, ἐὰν δέ τις διώκῃ τὸ ἕτερον καὶ λαμβάνῃ, σχεδόν τι ἀναγκάζεσθαι λαμβάνειν καὶ τὸ ἕτερον, ὥσπερ ἐκ μιᾶς κορυφῆς συνημμένω δύ' ὄντε. καί μοι δοκεῖ, ἔφη, εἰ ἐνενόησεν αὐτὰ Αἴσωπος, μῦθον ἂν συνθεῖναι, ὡς ὁ θεὸς βουλόμενος αὐτὰ διαλλάξαι πολεμοῦντα, ἐπειδὴ οὐκ ἠδύνατο, ξυνῆψεν εἰς ταὐτὸν αὐτοῖς τὰς κορυφὰς, καὶ διὰ ταῦτα ᾧ ἂν τὸ ἕτερον παραγένηται. ἐπακολουθεῖ ὕστερον καὶ τὸ ἕτερον. ὥσπερ οὖν καὶ αὐτῷ μοι ἔοικεν, ἐπειδὴ ὑπὸ τοῦ δεσμοῦ ἦν ἐν τῷ σκέλει πρότερον τὸ ἀλγεινὸν, ἥκειν δὴ φαίνεται ἐπακολουθοῦν τὸ ἡδύ.

10. Ὁ οὖν Κέβης ὑπολαβών, Νὴ τὸν Δία, ὦ Σώκρατες, ἔφη, εὖ γ᾽ ἐποίησας ἀναμνήσας με. περὶ γάρ τοι τῶν ποιημάτων ὧν πεποίηκας, ἐντείνας τοὺς τοῦ Αἰσώπου λόγους καὶ τὸ εἰς τὸν Ἀπόλλω προοίμιον, καὶ ἄλλοι τινές με ἤδη ἤροντο· ἀτὰρ καὶ Εὐηνὸς πρώην, ὅ τι ποτὲ διανοηθείς, ἐπειδὴ δεῦρο ἦλθες, ἐποίησας αὐτά, πρότερον οὐδὲν πώποτε ποιήσας. εἰ οὖν τί σοι μέλει τοῦ ἔχειν ἐμὲ Εὐήνῳ ἀποκρίνασθαι ὅταν με αὖθις ἐρωτᾷ (εὖ οἶδα γὰρ ὅτι ἐρήσεται), εἰπὲ τί χρή με λέγειν. 11. Λέγε τοίνυν, ἔφη, αὐτῷ, ὦ Κέβης, τἀληθῆ, ὅτι οὐκ ἐκείνῳ βουλόμενος οὐδὲ τοῖς ποιήμασιν αὐτοῦ ἀντίτεχνος εἶναι ἐποίησα ταῦτα· ᾔδειν γὰρ ὡς οὐ ῥᾴδιον εἴη· ἀλλ᾽ ἐνυπνίων τινῶν ἀποπειρώμενος τί λέγει, καὶ ἀφοσιούμενος εἰ ἄρα πολλάκις ταύτην τὴν μουσικήν μοι ἐπιτάττοι ποιεῖν. ἦν γὰρ δὴ ἄττα τοιάδε· πολλάκις μοι φοιτῶν τὸ αὐτὸ ἐνύπνιον ἐν τῷ παρελθόντι βίῳ, ἄλλοτ᾽ ἐν ἄλλῃ ὄψει φαινόμενον, τὰ αὐτὰ δὲ λέγον, Ὦ Σώκρατες, ἔφη, μουσικὴν ποίει καὶ ἐργάζου. 12. καὶ ἐγὼ ἔν γε τῷ πρόσθεν χρόνῳ, ὅπερ ἔπραττον τοῦτο ὑπελάμβανον αὐτό μοι παρακελεύεσθαί τε καὶ ἐπικελεύειν, ὥσπερ οἱ τοῖς θέουσι διακελευόμενοι· καὶ ἐμοὶ οὕτω τὸ ἐνύπνιον ὅπερ ἔπραττον τοῦτο ἐπικελεύειν, μουσικὴν ποιεῖν, ὡς φιλοσοφίας μὲν οὔσης μεγίστης μουσικῆς, ἐμοῦ δὲ τοῦτο πράττοντος· νῦν δ᾽ ἐπειδὴ ἥ τε δίκη ἐγένετο. καὶ ἡ τοῦ θεοῦ ἑορτὴ διεκώλυέ με ἀποθνήσκειν, ἔδοξε χρῆναι, εἰ ἄρα πολλάκις μοι προστάττοι τὸ ἐνύπνιον ταύτην τὴν δημώδη μουσικὴν ποιεῖν, μὴ ἀπειθῆσαι αὐτῷ, ἀλλὰ ποιεῖν. ἀσφαλέστερον γὰρ εἶναι μὴ ἀπιέναι πρὶν ἀφοσιώσασθαι

ποιήσαντα ποιήματα, καὶ πειθόμενον τῷ ἐνυπνίῳ. 13. οὕτω δὴ πρῶτον μὲν εἰς τὸν θεὸν ἐποίησα, οὗ ἦν ἡ παροῦσα θυσία· μετὰ δὲ τὸν θεόν, ἐννοήσας ὅτι τὸν ποιητὴν δέοι, εἴπερ μέλλοι ποιητὴς εἶναι, ποιεῖν μύθους ἀλλ᾽ οὐ λόγους, καὶ αὐτὸς οὐκ ἦ μυθολογικός, διὰ ταῦτα δὴ οὓς προχείρους εἶχον καὶ ἠπιστάμην μύθους τοὺς Αἰσώπου, τούτους ἐποίησα—οἷς πρώτοις ἐνέτυχον. ταῦτα οὖν, ὦ Κέβης, Εὐήνῳ φράζε, καὶ ἐρρῶσθαι, καὶ ἂν σωφρονῇ, ἐμὲ διώκειν ὡς τάχιστα. ἄπειμι δέ, ὡς ἔοικε, τήμερον· κελεύουσι γὰρ Ἀθηναῖοι.

14. Καὶ ὁ Σιμμίας, Οἷον παρακελεύει, ἔφη, τοῦτο, ὦ Σώκρατες, Εὐήνῳ; πολλὰ γὰρ ἤδη ἐντετύχηκα τῷ ἀνδρί· σχεδὸν οὖν, ἐξ ὧν ἐγὼ ᾔσθημαι, οὐδ᾽ ὁπωστιοῦν σοι ἑκὼν εἶναι πείσεται. Τί δαί; ἦ δ᾽ ὅς· οὐ φιλόσοφος Εὐηνός; Ἔμοιγε δοκεῖ, ἔφη ὁ Σιμμίας. Ἐθελήσει τοίνυν, ἔφη, καὶ Εὐηνὸς καὶ πᾶς ὅτῳ ἀξίως τούτου τοῦ πράγματος μέτεστιν. οὐ μέντοι γ᾽ ἴσως βιάσεται αὐτόν· οὐ γάρ φασι θεμιτὸν εἶναι. 15. Καὶ ἅμα λέγων ταῦτα καθῆκε τὰ σκέλη [ἀπὸ τῆς κλίνης] ἐπὶ τὴν γῆν, καὶ καθεζόμενος οὕτως ἤδη τὰ λοιπὰ διελέγετο. ἤρετο οὖν αὐτὸν ὁ Κέβης· Πῶς τοῦτο λέγεις, ὦ Σώκρατες, τὸ μὴ θεμιτὸν εἶναι ἑαυτὸν βιάζεσθαι, ἐθέλειν δ᾽ ἂν τῷ ἀποθνῄσκοντι τὸν φιλόσοφον ἕπεσθαι; Τί δέ, ὦ Κέβης; οὐκ ἀκηκόατε σύ τε καὶ Σιμμίας περὶ τῶν τοιούτων, Φιλολάῳ συγγεγονότες; Οὐδέν γε σαφῶς, ὦ Σώκρατες. Ἀλλὰ μὴν κἀγὼ ἐξ ἀκοῆς περὶ αὐτῶν λέγω· ἃ μὲν οὖν τυγχάνω ἀκηκοώς, φθόνος οὐδεὶς λέγειν. καὶ γὰρ ἴσως καὶ μάλιστα πρέπει, μέλλοντα ἐκεῖσε ἀποδημεῖν, διασκοπεῖν τε καὶ μυθολογεῖν περὶ τῆς ἀποδημίας τῆς ἐκεῖ, ποίαν τινὰ αὐτὴν οἰόμεθα εἶναι· τί γὰρ ἄν τις καὶ ποιοῖ ἄλλο ἐν τῷ μέχρι ἡλίου δυσμῶν χρόνῳ;

16. Ἀλλὰ τούτων δὴ ἕνεκα χρὴ ὧν διεληλύθαμεν, ὦ Σιμμία, πᾶν ποιεῖν, ὥστε ἀρετῆς καὶ φρονήσεως ἐν τῷ βίῳ μετασχεῖν· καλὸν γὰρ τὸ ἆθλον, καὶ ἡ ἐλπὶς μεγάλη. ὑμεῖς μὲν οὖν, ἔφη, ὦ Σιμμία τε καὶ Κέβης καὶ οἱ ἄλλοι, εἰσαῦθις ἔν τινι χρόνῳ ἕκαστοι πορεύσεσθε· ἐμὲ δὲ νῦν ἤδη καλεῖ, φαίη ἂν ἀνὴρ τραγικός, ἡ εἱμαρμένη, καὶ σχεδόν τί μοι ὥρα τραπέσθαι πρὸς τὸ λουτρόν· δοκεῖ γὰρ δὴ βέλτιον εἶναι λουσάμενον πιεῖν τὸ φάρμακον, καὶ μὴ πράγματα ταῖς γυναιξὶ παρέχειν νεκρὸν λούειν.

17. Ταῦτα δὴ εἰπόντος αὐτοῦ, ὁ Κρίτων, Εἶεν, ἔφη, ὦ Σώκρατες· τί δὲ τούτοις ἢ ἐμοὶ ἐπιστέλλεις, ἢ περὶ τῶν παίδων ἢ περὶ ἄλλου του, ὅ τι ἄν σοι ποιοῦντες ἡμεῖς ἐν χάριτι μάλιστα ποιοῖμεν; Ἅπερ ἀεὶ λέγω, ἔφη, ὦ Κρίτων, οὐδὲν καινότερον· ὅτι ὑμῶν αὐτῶν ἐπιμελούμενοι ὑμεῖς, καὶ ἐμοὶ καὶ τοῖς ἐμοῖς καὶ ὑμῖν αὐτοῖς ἐν χάριτι ποιήσετε ἅττ' ἂν ποιῆτε, κἂν μὴ νῦν ὁμολογήσητε· ἐὰν δὲ ὑμῶν μὲν αὐτῶν ἀμελῆτε, καὶ μὴ θέλητε, ὥσπερ κατ' ἴχνη, κατὰ τὰ νῦν τε εἰρημένα καὶ τὰ ἐν τῷ ἔμπροσθεν χρόνῳ ζῆν, οὐδ' ἐὰν πολλὰ ὁμολογήσητε ἐν τῷ παρόντι καὶ σφόδρα, οὐδὲν πλέον ποιήσετε. **18.** Ταῦτα μὲν τοίνυν προθυμηθησόμεθα, ἔφη, οὕτω ποιεῖν· θάπτωμεν δέ σε τίνα τρόπον; Ὅπως ἂν, ἔφη, βούλησθε, ἐάνπερ γε λάβητέ με, καὶ μὴ ἐκφύγω ὑμᾶς. γελάσας δὲ ἅμα ἡσυχῇ, καὶ πρὸς ἡμᾶς ἀποβλέψας, εἶπεν· Οὐ πείθω, ἔφη, ὦ ἄνδρες, Κρίτωνα, ὡς ἐγώ εἰμι οὗτος ὁ Σωκράτης, ὁ νυνὶ διαλεγόμενος καὶ διατάττων ἕκαστον τῶν λεγομένων, ἀλλ' οἴεταί με ἐκεῖνον εἶναι, ὃν ὄψεται ὀλίγον ὕστερον νεκρὸν, καὶ ἐρωτᾷ δὴ πῶς με θάπτῃ. ὅτι δὲ ἐγὼ πάλαι πολὺν λόγον πεποίημαι, ὡς, ἐπειδὰν πίω τὸ φάρμακον, οὐκέτι ὑμῖν παραμενῶ, ἀλλ' οἰχήσομαι ἀπιὼν εἰς μακάρων δή τινας εὐδαιμονίας, ταῦτά μοι δοκῶ αὐτῷ ἄλλως λέγειν, παραμυθούμενος ἅμα μὲν ὑμᾶς, ἅμα δ' ἐμαυτόν. 19. ἐγγυήσασθε οὖν με πρὸς Κρίτωνα, ἔφη, τὴν ἐναντίαν ἐγγύην ἢ ἣν οὗτος πρὸς τοὺς δικαστὰς ἠγγυᾶτο. οὗτος μὲν γὰρ ἦ μὴν παραμενεῖν· ὑμεῖς δὲ ἦ μὴν μὴ παραμενεῖν ἐγγυήσασθε, ἐπειδὰν ἀποθάνω, ἀλλὰ οἰχήσεσθαι ἀπιόντα, ἵνα Κρίτων ῥᾷον φέρῃ, καὶ μὴ ὁρῶν μου τὸ σῶμα ἢ καιόμενον ἢ κατορυττόμενον ἀγανακτῇ ὑπὲρ ἐμοῦ ὡς δεινὰ πάσχοντος, μηδὲ λέγῃ ἐν τῇ ταφῇ, ὡς ἢ προτίθεται· Σωκράτη ἢ ἐκφέρει ἢ κατορύττει. εὖ γὰρ ἴσθι, ἦ δ' ὅς, ὦ ἄριστε Κρίτων, τὸ μὴ καλῶς λέγειν οὐ μόνον εἰς αὐτὸ τοῦτο πλημμελές, ἀλλὰ καὶ κακόν τι ἐμποιεῖ ταῖς ψυχαῖς. ἀλλὰ θαρρεῖν τε χρή, καὶ φάναι τοὐμὸν σῶμα θάπτειν, καὶ θάπτειν οὕτως ὅπως ἄν σοι φίλον ᾖ, καὶ μάλιστα ἡγῇ νόμιμον εἶναι.

20. Ταῦτ' εἰπὼν ἐκεῖνος μὲν ἀνίστατο εἰς οἴκημά τι ὡς λουσόμενος, καὶ ὁ Κρίτων εἵπετο αὐτῷ, ἡμᾶς δ' ἐκέλευε περιμένειν. περιεμένομεν οὖν πρὸς ἡμᾶς αὐτοὺς διαλεγόμενοι περὶ τῶν εἰρημένων, καὶ ἀνασκοποῦντες, τοτὲ δ' αὖ περὶ τῆς ξυμφορᾶς διεξιόντες, ὅση ἡμῖν γεγονυῖα εἴη, ἀτεχνῶς ἡγούμενοι ὥσπερ πατρὸς στερηθέντες διάξειν ὀρφανοὶ τὸν ἔπειτα βίον. ἐπειδὴ δὲ ἐλούσατο, καὶ ἠνέχθη παρ' αὐτὸν τὰ παιδία — δύο γὰρ αὐτῷ υἱεῖς σμικροὶ ἦσαν, εἷς δὲ μέγας — καὶ αἱ οἰκεῖαι γυναῖκες ἀφίκοντο, ἐκείναις ἐναντίον τοῦ Κρίτωνος διαλεχθείς τε καὶ ἐπιστείλας ἄττα ἐβούλετο, τὰς μὲν γυναῖκας καὶ τὰ παιδία ἀπιέναι ἐκέλευσεν, αὐτὸς δὲ ἧκε παρ' ἡμᾶς.

21. Καὶ ἦν ἤδη ἐγγὺς ἡλίου δυσμῶν· χρόνον γὰρ πολὺν διέτριψεν ἔνδον. ἐλθὼν δ' ἐκαθέζετο λελουμένος, καὶ οὐ πόλλ' ἄττα μετὰ ταῦτα διελέχθη· καὶ ἧκεν ὁ τῶν ἕνδεκα ὑπηρέτης, καὶ στὰς παρ' αὐτὸν, Ὦ Σώκρατες, ἔφη, οὐ καταγνώσομαί σου ὅπερ ἄλλων καταγιγνώσκω, ὅτι μοι χαλεπαίνουσι καὶ καταρῶνται, ἐπειδὰν αὐτοῖς παραγγέλλω

πίνειν τὸ φάρμακον, ἀναγκαζόντων τῶν ἀρχόντων. σὺ δ' ἐγὼ καὶ ἄλλως ἔγνωκα ἐν τούτῳ τῷ χρόνῳ γενναιότατον καὶ πραότατον καὶ ἄριστον ἄνδρα ὄντα τῶν πώποτε δεῦρο ἀφικομένων· καὶ δὴ καὶ νῦν εὖ οἶδ' ὅτι οὐκ ἐμοὶ χαλεπαίνεις, γιγνώσκεις γὰρ τοὺς αἰτίους, ἀλλ' ἐκείνοις. νῦν οὖν, οἶσθα γὰρ ἃ ἦλθον ἀγγέλλων, χαῖρέ τε καὶ πειρῶ ὡς ῥᾷστα φέρειν τὰ ἀναγκαῖα. καὶ ἅμα δακρύσας μεταστρεφόμενος ἀπῄει. 22. Καὶ ὁ Σωκράτης ἀναβλέψας πρὸς αὐτὸν, Καὶ σὺ, ἔφη, χαῖρε. καὶ ἡμεῖς ταῦτα ποιήσομεν. καὶ ἅμα πρὸς ἡμᾶς, Ὡς ἀστεῖος, ἔφη, ὁ ἄνθρωπος· καὶ παρὰ πάντα μοι τὸν χρόνον προσῄει, καὶ διελέγετο ἐνίοτε, καὶ ἦν ἀνδρῶν λῷστος, καὶ νῦν ὡς γενναίως με ἀποδακρύει. ἀλλ' ἄγε δὴ, ὦ Κρίτων, πειθώμεθα αὐτῷ, καὶ ἐνεγκάτω τις τὸ φάρμακον, εἰ τέτριπται· εἰ δὲ μὴ, τριψάτω ὁ ἄνθρωπος. 23. καὶ ὁ Κρίτων, Ἀλλ' οἶμαι, ἔφη, ἔγωγε ὦ Σώκρατες, ἔτι ἥλιον εἶναι ἐπὶ τοῖς ὄρεσι, καὶ οὔπω δεδυκέναι. καὶ ἅμα ἐγὼ οἶδα καὶ ἄλλους πάνυ ὀψὲ πίνοντας, ἐπειδὰν παραγγελθῇ αὐτοῖς, δειπνήσαντάς τε καὶ πιόντας εὖ μάλα. — ἀλλὰ μηδὲν ἐπείγου· ἔτι γὰρ ἐγχωρεῖ. καὶ ὁ Σωκράτης, Εἰκότως γ', ἔφη, ὦ Κρίτων, ἐκεῖνοί τε ταῦτα ποιοῦσιν, οὓς σὺ λέγεις, οἴονται γὰρ κερδανεῖν ταῦτα ποιήσαντες, καὶ ἔγωγε ταῦτα εἰκότως οὐ ποιήσω· οὐδὲν γὰρ οἶμαι κερδαίνειν ὀλίγον ὕστερον πιὼν, ἄλλο γε ἢ γέλωτα ὀφλήσειν παρ' ἐμαυτῷ, γλιχόμενος τοῦ ζῆν, καὶ φειδόμενος οὐδενὸς ἔτι ἐνόντος. ἀλλ' ἴθι, ἔφη, πιθοῦ καὶ μὴ ἄλλως ποίει.

24. Καὶ ὁ Κρίτων ἀκούσας ἔνευσε τῷ παιδὶ πλησίον ἑστῶτι, καὶ ὁ παῖς ἐξελθὼν, καὶ συχνὸν χρόνον διατρίψας, ἧκεν ἄγων τὸν μέλλοντα διδόναι τὸ φάρμακον, ἐν κύλικι φέροντα τετριμμένον· ἰδὼν δὲ ὁ Σωκράτης τὸν ἄνθρωπον, Εἶεν, ἔφη, ὦ βέλτιστε, σὺ γὰρ τούτων ἐπιστήμων, τί χρὴ ποιεῖν; Οὐδὲν ἄλλο, ἔφη, ἢ πιόντα περιιέναι, ἕως ἄν σου

βάρος ἐν τοῖς σκέλεσι γένηται, ἔπειτα κατακεῖσθαι· καὶ οὕτως αὐτὸ ποιήσει. καὶ ἅμα ὤρεξε τὴν κύλικα τῷ Σωκράτει. 25. καὶ ὃς λαβὼν, καὶ μάλα ἵλεως, ὦ Ἐχέκρατες, οὐδὲν τρέσας, οὐδὲ διαφθείρας οὔτε τοῦ χρώματος οὔτε τοῦ προσώπου, ἀλλ' ὥσπερ εἰώθει, ταυρηδὸν ὑποβλέψας πρὸς τὸν ἄνθρωπον, Τί λέγεις, ἔφη, περὶ τοῦδε τοῦ πόματος πρὸς τὸ ἀποσπεῖσαί τινι; ἔξεστιν, ἢ οὔ; Τοσοῦτον, ἔφη, ὦ Σώκρατες, τρίβομεν, ὅσον οἰόμεθα μέτριον εἶναι πιεῖν. Μανθάνω, ἢ δ' ὅς· ἀλλ' εὔχεσθαί γέ που τοῖς θεοῖς ἔξεστί τε καὶ χρή, τὴν μετοίκησιν τὴν ἐνθένδε ἐκεῖσε εὐτυχῆ γενέσθαι· ἃ δὴ καὶ ἐγὼ εὔχομαί τε καὶ γένοιτο ταύτῃ· καὶ ἅμα εἰπὼν ταῦτα, ἐπισχόμενος καὶ μάλα εὐχερῶς καὶ εὐκόλως ἐξέπιε.

26. Καὶ ἡμῶν οἱ πολλοὶ τέως μὲν ἐπιεικῶς οἷοί τε ἦσαν κατέχειν τὸ μὴ δακρύειν· ὡς δὲ εἴδομεν πίνοντά τε καὶ πεπωκότα, οὐκέτι, ἀλλ' ἐμοῦ γε βίᾳ καὶ αὐτοῦ ἀστακτὶ ἐχώρει τὰ δάκρυα, ὥστε ἐγκαλυψάμενος ἀπέκλαιον ἐμαυτόν· οὐ γὰρ δὴ ἐκεῖνόν γε, ἀλλὰ τὴν ἐμαυτοῦ τύχην, οἵου ἀνδρὸς ἑταίρου ἐστερημένος εἴην. ὁ δὲ Κρίτων ἔτι πρότερος ἐμοῦ, ἐπειδὴ οὐχ οἷός τ' ἦν κατέχειν τὰ δάκρυα, ἐξανέστη. Ἀπολλόδωρος δὲ καὶ ἐν τῷ ἔμπροσθεν χρόνῳ οὐδὲν ἐπαύετο δακρύων, καὶ δὴ καὶ τότε ἀναβρυχησάμενος κλαίων καὶ ἀγανακτῶν οὐδένα ὅντινα οὐ κατέκλασε τῶν παρόντων, πλήν γε αὐτοῦ Σωκράτους. ἐκεῖνος δὲ, Οἷα, ἔφη, ποιεῖτε, ὦ θαυμάσιοι. ἐγὼ μέντοι οὐχ ἥκιστα τούτου ἕνεκα τὰς γυναῖκας ἀπέπεμψα, ἵνα μὴ τοιαῦτα πλημμελοῖεν· καὶ γὰρ ἀκήκοα, ὅτι ἐν εὐφημίᾳ χρὴ τελευτᾶν. ἀλλ' ἡσυχίαν τε ἄγετε καὶ καρτερεῖτε. καὶ ἡμεῖς ἀκούσαντες ᾐσχύνθημέν τε καὶ ἐπέσχομεν τοῦ δακρύειν. 27. Ὁ δὲ περιελθὼν, ἐπειδὴ οἱ βαρύνεσθαι ἔφη τὰ σκέλη, κατεκλίθη ὕπτιος· οὕτω γὰρ ἐκέλευεν ὁ ἄνθρωπος·

καὶ ἅμα ἐφαπτόμενος αὐτοῦ οὗτος ὁ δοὺς τὸ φάρμακον, διαλιπὼν χρόνον ἐπεσκόπει τοὺς πόδας καὶ τὰ σκέλη, κἄπειτα σφόδρα πιέσας αὐτοῦ τὸν πόδα, ἤρετο εἰ αἰσθάνοιτο· ὁ δ' οὐκ ἔφη. καὶ μετὰ τοῦτο αὖθις τὰς κνήμας· καὶ ἐπανιὼν οὕτως ἡμῖν αὐτοῖς ἐπεδείκνυτο, ὅτι ψύχοιτό τε καὶ πηγνύοιτο. καὶ αὐτὸς ἥπτετο, καὶ εἶπεν ὅτι, ἐπειδὰν πρὸς τῇ καρδίᾳ γένηται αὐτῷ, τότε οἰχήσεται. ἤδη οὖν σχεδόν τι αὐτοῦ ἦν τὰ περὶ τὸ ἦτρον ψυχόμενα, καὶ ἐκκαλυψάμενος, ἐνεκεκάλυπτο γάρ, εἶπεν, — ὃ δὴ τελευταῖον ἐφθέγξατο, — Ὦ Κρίτων, ἔφη, τῷ Ἀσκληπιῷ ὀφείλομεν ἀλεκτρυόνα· ἀλλ' ἀπόδοτε καὶ μὴ ἀμελήσητε. 28. Ἀλλὰ ταῦτα, ἔφη, ἔσται, ὁ Κρίτων· ἀλλ' ὅρα, εἴ τι ἄλλο λέγεις. ταῦτα ἐρομένου αὐτοῦ οὐδὲν ἔτι ἀπεκρίνατο, ἀλλ' ὀλίγον χρόνον διαλιπών, ἐκινήθη τε καὶ ὁ ἄνθρωπος ἐξεκάλυψεν αὐτόν, καὶ ὃς τὰ ὄμματα ἔστησεν· ἰδὼν δὲ ὁ Κρίτων ξυνέλαβε τὸ στόμα τε καὶ τοὺς ὀφθαλμούς.

Ἥδε ἡ τελευτή, ὦ Ἐχέκρατες, τοῦ ἑταίρου ἡμῖν ἐγένετο, ἀνδρός, ὡς ἡμεῖς φαῖμεν ἄν, τῶν τότε ὧν ἐπειράθημεν ἀρίστου, καὶ ἄλλως φρονιμωτάτου καὶ δικαιοτάτου.

HERODOTUS.

I. INVASION OF GREECE BY DARIUS.

1. Βασιλέϊ δὲ Δαρείῳ ὡς ἐξηγγέλθη Σάρδις ἁλούσας ἐμπεπρῆσθαι ὑπό τε Ἀθηναίων καὶ Ἰώνων, πρῶτα μὲν λέγεται αὐτόν, ὡς ἐπύθετο ταῦτα, Ἰώνων οὐδένα λόγον ποιησάμενον, εἴρεσθαι οἵτινες εἶεν οἱ Ἀθηναῖοι· μετὰ δὲ πυθόμενον αἰτῆσαι τὸ τόξον, λαβόντα δὲ καὶ ἐπιθέντα ὀϊστόν, ἄνω ἐς τὸν οὐρανὸν ἀπεῖναι, καί μιν ἐς τὸν ἠέρα βάλλοντα εἰπεῖν, Ὦ Ζεῦ, ἐκγενέσθαι μοι Ἀθηναίους τίσασθαι· εἴπαντα δὲ ταῦτα προστάξαι ἑνὶ τῶν θεραπόντων, δείπνου προκειμένου αὐτῷ, ἐς τρὶς ἑκάστοτε εἰπεῖν, Δέσποτα, μέμνεο τῶν Ἀθηναίων.

2. Μετὰ δὲ τοῦτο ἀπεπειρᾶτο ὁ Δαρεῖος τῶν Ἑλλήνων, ὅ τι ἐν νόῳ ἔχοιεν, κότερα πολεμέειν ἑωυτῷ ἢ παραδιδόναι σφέας αὐτούς. διέπεμπε ὦν κήρυκας, ἄλλους ἄλλῃ τάξας ἀνὰ τὴν Ἑλλάδα, κελεύων αἰτέειν βασιλέϊ γῆν τε καὶ ὕδωρ. τούτους μὲν δὴ εἰς τὴν Ἑλλάδα ἔπεμπε, ἄλλους δὲ κήρυκας διέπεμπε ἐς τὰς ἑωυτοῦ δασμοφόρους πόλιας τὰς παραθαλασσίους, κελεύων νέας τε μακρὰς καὶ ἱππαγωγὰ πλοῖα ποιέεσθαι. 3. Οὗτοί τε δὴ παρεσκευάζοντο ταῦτα, καὶ τοῖσι ἥκουσι ἐς τὴν Ἑλλάδα κήρυξι πολλοὶ μὲν ἠπειρωτέων ἔδοσαν τὰ προΐσχετο αἰτέων ὁ Πέρσης, πάντες δὲ νησιῶται ἐς τοὺς ἀπικοίατο αἰτήσοντες. οἵ τε δὴ ἄλλοι νησιῶται διδοῦσι γῆν τε καὶ ὕδωρ Δαρείῳ, καὶ δὴ καὶ Αἰγινῆται· ποιήσασι δέ σφι ταῦτα ἰθέως Ἀθηναῖοι ἐπεκέατο, δοκέοντες ἐπὶ σφίσι ἔχοντας τοὺς Αἰγινήτας δεδω-

κέναι, ὡς ἅμα τῷ Πέρσῃ ἐπὶ σφέας στρατεύωνται. καὶ ἄσμενοι προφάσιος ἐπελάβοντο, φοιτέοντές τε ἐς τὴν Σπάρτην κατηγόρεον τῶν Αἰγινητέων τὰ πεποιήκοιεν προδόντες τὴν Ἑλλάδα. Ἀθηναίοισι μὲν δὴ πόλεμος συνῆπτο πρὸς Αἰγινήτας.

4. Ὁ δὲ Πέρσης τὸ ἑωυτοῦ ἐποίεε, ὥστε ἀναμιμνήσκοντός τε αἰεὶ τοῦ θεράποντος μεμνῆσθαί μιν τῶν Ἀθηναίων, καὶ Πεισιστρατιδέων προσκατημένων καὶ διαβαλλόντων Ἀθηναίους, ἅμα δὲ βουλόμενος ὁ Δαρεῖος ταύτης ἐχόμενος τῆς προφάσιος καταστρέφεσθαι τῆς Ἑλλάδος τοὺς μὴ δόντας αὐτῷ γῆν τε καὶ ὕδωρ. Μαρδόνιον μὲν δὴ φλαύρως πρήξαντα τῷ στόλῳ παραλύει τῆς στρατηγίης, ἄλλους δὲ στρατηγοὺς ἀποδέξας ἀπέστελλε ἐπί τε Ἐρέτριαν καὶ Ἀθήνας. Δᾶτίν τε ἐόντα Μῆδον γένος, καὶ Ἀρτιφέρνεα τὸν Ἀρταφέρνεος παῖδα, ἀδελφιδέον ἑωυτοῦ· ἐντειλάμενος δὲ ἀπέπεμπε, ἐξανδραποδίσαντας Ἀθήνας καὶ Ἐρέτριαν, ἀγαγεῖν ἑωυτῷ εἰς ὄψιν τὰ ἀνδράποδα.

5. Χειρωσάμενοι δὲ τὴν Ἐρέτριαν, καὶ ἐπισχόντες ὀλίγας ἡμέρας, ἔπλωον ἐς τὴν Ἀττικὴν, κατέργοντές τε πολλὸν, καὶ δοκέοντες ταὐτὰ τοὺς Ἀθηναίους ποιήσειν τὰ καὶ τοὺς Ἐρετριέας ἐποίησαν· καὶ, ἢν γὰρ ὁ Μαραθὼν ἐπιτηδεώτατον χωρίον τῆς Ἀττικῆς ἐνιππεῦσαι, καὶ ἀγχοτάτω τῆς Ἐρετρίης, ἐς τοῦτό σφι κατηγέετο Ἱππίης ὁ Πεισιστράτου. Ἀθηναῖοι δὲ ὡς ἐπύθοντο ταῦτα, ἐβοήθεον καὶ αὐτοὶ ἐς τὸν Μαραθῶνα. ἦγον δέ σφεας στρατηγοὶ δέκα, τῶν ὁ δέκατος ἦν Μιλτιάδης, τοῦ τὸν πατέρα Κίμωνα τὸν Στησαγόρεω κατέλαβε φυγεῖν ἐξ Ἀθηνέων Πεισίστρατον τὸν Ἱπποκράτεος. 6. οὗτος δὴ ὢν τότε ὁ Μιλτιάδης ἥκων ἐκ τῆς Χερσονήσου, καὶ ἐκπεφευγὼς διπλόον θάνατον, ἐστρατήγεε Ἀθηναίων. ἅμα μὲν γὰρ οἱ Φοίνικες αὐτὸν οἱ ἐπιδιώξαντες μέχρι Ἴμβρου, περὶ πολ-

λοῦ ἐποιεῦντο λαβεῖν τε καὶ ἀναγαγεῖν παρὰ βασιλέα· ἅμα δὲ ἐκφυγόντα τε τούτους, καὶ ἀπικόμενον ἐς τὴν ἑωυτοῦ, δοκέοντά τε εἶναι ἐν σωτηρίῃ ἤδη, τὸ ἐνθεῦτέν μιν οἱ ἐχθροὶ ὑποδεξάμενοι, καὶ ὑπὸ δικαστήριον αὐτὸν ἀγαγόντες, ἐδίωξαν τυραννίδος τῆς ἐν Χερσονήσῳ. ἀποφυγὼν δὲ καὶ τούτους, στρατηγὸς οὕτω Ἀθηναίων ἀπεδέχθη, αἱρεθεὶς ὑπὸ τοῦ δήμου.

7. Καὶ πρῶτα μὲν, ἐόντες ἔτι ἐν τῷ ἄστεϊ, οἱ στρατηγοὶ ἀποπέμπουσι ἐς Σπάρτην κήρυκα Φειδιππίδην, Ἀθηναῖον μὲν ἄνδρα, ἄλλως δὲ ἡμεροδρόμον τε καὶ τοῦτο μελετῶντα· τῷ δὴ (ὡς αὐτός τε ἔλεγε Φειδιππίδης καὶ Ἀθηναίοισι ἀπήγγελλε) περὶ τὸ Παρθένιον οὖρος τὸ ὑπὲρ Τεγέης ὁ Πὰν περιπίπτει. βώσαντα δὲ τοὔνομα τοῦ Φειδιππίδεω, τὸν Πᾶνα Ἀθηναίοισι κελεῦσαι ἀπαγγεῖλαι, διότι ἑωυτοῦ οὐδεμίαν ἐπιμέλειαν ποιεῦνται, ἐόντος εὐνόου Ἀθηναίοισι, καὶ πολλαχῇ γενομένου ἤδη σφι χρησίμου, τὰ δ' ἔτι καὶ ἐσομένου. καὶ ταῦτα μὲν Ἀθηναῖοι, καταστάντων σφίσι εὖ ἤδη τῶν πρηγμάτων, πιστεύσαντες εἶναι ἀληθέα, ἱδρύσαντο ὑπὸ τῇ ἀκροπόλι Πανὸς ἱρὸν, καὶ αὐτὸν ἀπὸ ταύτης τῆς ἀγγελίης θυσίῃσι ἐπετέῃσι καὶ λαμπάδι ἱλάσκονται. 8. Τότε δὲ πεμφθεὶς ὑπὸ τῶν στρατηγῶν ὁ Φειδιππίδης οὗτος, ὅτε πέρ οἱ ἔφη καὶ τὸν Πᾶνα φανῆναι, δευτεραῖος ἐκ τοῦ Ἀθηναίων ἄστεος ἦν ἐν Σπάρτῃ, ἀπικόμενος δὲ ἐπὶ τοὺς ἄρχοντας ἔλεγε· *Ὦ Λακεδαιμόνιοι, Ἀθηναῖοι ὑμέων δέονται σφίσι βοηθῆσαι, καὶ μὴ περιιδεῖν πόλιν ἀρχαιοτάτην ἐν τοῖσι Ἕλλησι δουλοσύνῃ περιπεσοῦσαν πρὸς ἀνδρῶν βαρβάρων· καὶ γὰρ νῦν Ἐρέτριά τε ἠνδραπόδισται, καὶ πόλι λογίμῳ ἡ Ἑλλὰς γέγονε ἀσθενεστέρη. Ὁ μὲν δή σφι τὰ ἐντεταλμένα ἀπήγγελλε· τοῖσι δὲ ἕαδε μὲν βοηθέειν Ἀθηναίοισι, ἀδύνατα δέ σφι ἦν τὸ παραυτίκα ποιέειν ταῦτα, οὐ βουλομένοισι λύειν τὸν νόμον·

ἦν γὰρ ἱσταμένου τοῦ μηνὸς εἰνάτη, εἰνάτῃ δὲ οὐκ ἐξελεύσεσθαι ἔφασαν, μὴ οὐ πλήρεος ἐόντος τοῦ κύκλου. οὗτοι μέν νυν τὴν πανσέληνον ἔμενον.

9. Τοῖσι δὲ βαρβάροισι κατηγέετο Ἱππίης ὁ Πεισιστράτου ἐς τὸν Μαραθῶνα, τῆς παροιχομένης νυκτὸς ὄψιν ἰδὼν ἐν τῷ ὕπνῳ τοιήνδε· ἐδόκεε ὁ Ἱππίης τῇ μητρὶ τῇ ἑωυτοῦ συνευνηθῆναι. συνεβάλετο ὦν ἐκ τοῦ ὀνείρου, κατελθὼν ἐς τὰς Ἀθήνας καὶ ἀνασωσάμενος τὴν ἀρχὴν, τελευτήσειν ἐν τῇ ἑωυτοῦ γηραιός. ἐκ μὲν δὴ τῆς ὄψιος συνεβάλετο ταῦτα· 10. τότε δὲ κατηγεόμενος, τοῦτο μὲν τὰ ἀνδράποδα τὰ ἐξ Ἐρετρίης ἀπέβησε ἐς τὴν νῆσον τὴν Στυρέων, καλεομένην δὲ Αἰγίλειαν, τοῦτο δὲ καταγομένας ἐς τὸν Μαραθῶνα τὰς νέας ὥρμιζε οὗτος, ἐκβάντας τε ἐς γῆν τοὺς βαρβάρους διέτασσε. καὶ οἱ ταῦτα διέποντι ἐπῆλθε πταρεῖν τε καὶ βῆξαι μεζόνως ἢ ὡς ἐώθεε, οἷα δέ οἱ πρεσβυτέρῳ ἐόντι τῶν ὀδόντων οἱ πλεῦνες ἐσείοντο. τούτων ὦν ἕνα τῶν ὀδόντων ἐκβάλλει ὑπὸ βίης βήξας· ἐκπεσόντος δὲ ἐς τὴν ψάμμον αὐτοῦ, ἐποιέετο πολλὴν σπουδὴν ἐξευρεῖν. ὡς δὲ οὐκ ἐφαίνετό οἱ ὁ ὀδὼν, ἀναστενάξας εἶπε πρὸς τοὺς παραστάτας· Ἡ γῆ ἥδε οὐκ ἡμετέρη ἐστὶ, οὐδέ μιν δυνησόμεθα ὑποχειρίην ποιήσασθαι· ὁκόσον δέ τί μοι μέρος μετῆν, ὁ ὀδὼν μετέχει. Ἱππίης μὲν δὴ ταύτῃ τὴν ὄψιν συνεβάλετο ἐξεληλυθέναι.

11. Ἀθηναίοισι δὲ τεταγμένοισι ἐν τεμένεϊ Ἡρακλέος ἐπῆλθον βοηθέοντες Πλαταιέες πανδημεί· καὶ γὰρ καὶ ἐδεδώκεσαν σφέας αὐτοὺς τοῖσι Ἀθηναίοισι οἱ Πλαταιέες, καὶ πόνους ὑπὲρ αὐτῶν οἱ Ἀθηναῖοι συχνοὺς ἤδη ἀναραιρέατο· ἔδοσαν δὲ ὧδε. πιεζόμενοι ὑπὸ Θηβαίων οἱ Πλαταιέες ἐδίδοσαν πρῶτα παρατυχοῦσι Κλεομένεΐ τε τῷ Ἀναξανδρίδεω καὶ Λακεδαιμονίοισι σφέας αὐτούς, οἱ δὲ οὐ δεκόμενοι ἔλεγόν σφι τάδε· Ἡμεῖς μὲν ἑκαστέρω τε οἰκέο-

μεν, καὶ ὑμῖν τοιῇδε τις γίνοιτ᾽ ἂν ἐπικουρίη ψυχρή· φθαίητε γὰρ ἂν πολλάκις ἐξανδραποδισθέντες ἤ τινα πυθέσθαι ἡμέων. συμβουλεύομεν δὲ ὑμῖν δοῦναι ὑμέας αὐτοὺς Ἀθηναίοισι, πλησιοχώροισί τε ἀνδράσι καὶ τιμωρέειν ἐοῦσι οὐ κακοῖσι. ταῦτα συνεβούλευον οἱ Λακεδαιμόνιοι, οὐ κατὰ εὔνοιαν οὕτω τῶν Πλαταιέων, ὡς βουλόμενοι τοὺς Ἀθηναίους ἔχειν πόνους συνεστεῶτας Βοιωτοῖσι. 12. Λακεδαιμόνιοι μέν νυν Πλαταιεῦσι ταῦτα συνεβούλευον· οἱ δὲ οὐκ ἠπίστησαν, ἀλλ᾽ Ἀθηναίων ἱρὰ ποιεύντων τοῖσι δυώδεκα θεοῖσι, ἱκέται ἱζόμενοι ἐπὶ τὸν βωμὸν ἐδίδοσαν σφέας αὐτούς. Θηβαῖοι δὲ πυθόμενοι ταῦτα ἐστρατεύοντο ἐπὶ τοὺς Πλαταιέας· Ἀθηναῖοι δέ σφι ἐβοήθεον. μελλόντων δὲ συνάπτειν μάχην, Κορίνθιοι οὐ περιεῖδον, παρατυχόντες δὲ καὶ καταλλάξαντες, ἐπιτρεψάντων ἀμφοτέρων, οὔρισαν τὴν χώρην ἐπὶ τοισίδε, ἐὰν Θηβαίους Βοιωτῶν τοὺς μὴ βουλομένους ἐς Βοιωτοὺς τελέειν. 13. Κορίνθιοι μὲν δὴ ταῦτα γνόντες ἀπαλλάσσοντο· Ἀθηναίοισι δὲ ἀπιοῦσι ἐπεθήκαντο Βοιωτοί, ἐπιθέμενοι δὲ ἑσσώθησαν τῇ μάχῃ. ὑπερβάντες δὲ οἱ Ἀθηναῖοι τοὺς οἱ Κορίνθιοι ἔθηκαν Πλαταιεῦσι εἶναι οὔρους, τούτους ὑπερβάντες τὸν Ἀσωπὸν αὐτὸν ἐποιήσαντο οὖρον Θηβαίοισι πρὸς Πλαταιέας εἶναι καὶ Ὑσιάς. ἔδοσαν μὲν δὴ οἱ Πλαταιέες σφέας αὐτοὺς Ἀθηναίοισι τρόπῳ τῷ εἰρημένῳ, ἧκον δὲ τότε ἐς Μαραθῶνα βοηθέοντες.

14. Τοῖσι δὲ Ἀθηναίων στρατηγοῖσι ἐγίνοντο δίχα αἱ γνῶμαι· τῶν μὲν οὐκ ἐώντων συμβάλλειν, ὀλίγους γὰρ εἶναι στρατιῇ τῇ Μήδων συμβαλεῖν, τῶν δὲ καὶ Μιλτιάδεω κελευόντων. ὡς δὲ δίχα τε ἐγίνοντο, καὶ ἐνίκα ἡ χείρων τῶν γνωμέων, ἐνθαῦτα (ἦν γὰρ ἑνδέκατος ψηφιδοφόρος ὁ τῷ κυάμῳ λαχὼν Ἀθηναίων πολεμαρχέειν, τὸ παλαιὸν γὰρ Ἀθηναῖοι ὁμόψηφον τὸν πολέμαρχον ἐποιεῦντο τοῖσι στρα-

τηγοῖσι, ἦν τε τότε πολέμαρχος Καλλίμαχος 'Αφιδναῖος) πρὸς τοῦτον ἐλθὼν Μιλτιάδης ἔλεγε τάδε· 15. Ἐν σοὶ νῦν, Καλλίμαχε, ἐστὶ ἢ καταδουλῶσαι Ἀθήνας, ἢ ἐλευθέρας ποιήσαντα, μνημόσυνα λιπέσθαι ἐς τὸν ἄπαντα ἀνθρώπων βίον, οἷα οὐδὲ Ἁρμόδιός τε καὶ Ἀριστογείτων λείπουσι. νῦν γὰρ δὴ, ἐξ οὗ ἐγένοντο Ἀθηναῖοι, ἐς κίνδυνον ἥκουσι μέγιστον. καὶ ἢν μέν γε ὑποκύψωσι τοῖσι Μήδοισι, δέδοκται τὰ πείσονται παραδεδομένοι Ἱππίῃ· ἢν δὲ περιγένηται αὕτη ἡ πόλις, οἵη τέ ἐστι πρώτη τῶν Ἑλληνίδων πολίων γενέσθαι. κῶς ἂν δὴ ταῦτα οἷά τέ ἐστι γενέσθαι, καὶ κῶς ἐς σέ τι τούτων ἀνήκει τῶν πρηγμάτων τὸ κῦρος ἔχειν, νῦν ἔρχομαι φράσων. ἡμέων τῶν στρατηγῶν, ἐόντων δέκα, δίχα γίνονται αἱ γνῶμαι, τῶν μὲν κελευόντων συμβαλεῖν, τῶν δὲ οὐ συμβαλεῖν. ἢν μέν νυν μὴ συμβάλωμεν, ἔλπομαί τινα στάσιν μεγάλην ἐμπεσοῦσαν διασείσειν τὰ Ἀθηναίων φρονήματα ὥστε μηδίσαι· ἢν δὲ συμβάλωμεν πρίν τι καὶ σαθρὸν Ἀθηναίων μετεξετέροισι ἐγγενέσθαι, θεῶν τὰ ἴσα νεμόντων, οἷοί τέ εἰμεν περιγενέσθαι τῇ συμβολῇ. ταῦτα ὦν πάντα ἐς σὲ νῦν τείνει καὶ ἐκ σέο ἤρτηται· ἢν γὰρ σὺ γνώμῃ τῇ ἐμῇ προσθῇ, ἔστι τοι πατρίς τε ἐλευθέρη καὶ πόλις πρώτη τῶν ἐν τῇ Ἑλλάδι, ἢν δὲ τὴν τῶν ἀποσπευδόντων τὴν συμβολὴν ἕλῃ, ὑπάρξει τοι τῶν ἐγὼ κατέλεξα ἀγαθῶν τὰ ἐναντία. 16. Ταῦτα λέγων ὁ Μιλτιάδης προσκτᾶται τὸν Καλλίμαχον. προσγενομένης δὲ τοῦ πολεμάρχου τῆς γνώμης, ἐκεκύρωτο συμβάλλειν. μετὰ δὲ οἱ στρατηγοὶ τῶν ἡ γνώμη ἔφερε συμβάλλειν, ὡς ἑκάστου αὐτῶν ἐγίνετο πρυτανηίη τῆς ἡμέρης, Μιλτιάδῃ παρεδίδοσαν· ὁ δὲ δεκόμενος οὔ τί κω συμβολὴν ἐποιέετο, πρίν γε δὴ αὐτοῦ πρυτανηίη ἐγένετο.

17. Ὡς δὲ ἐς ἐκεῖνον περιῆλθε, ἐνθαῦτα δὴ ἐτάσσοντο ὧδε Ἀθηναῖοι ὡς συμβαλέοντες. τοῦ μὲν δεξιοῦ κέρεος

ἡγέετο ὁ πολέμαρχος Καλλίμαχος· ὁ γὰρ νόμος τότε εἶχε οὕτω τοῖσι Ἀθηναίοισι, τὸν πολέμαρχον ἔχειν κέρας τὸ δεξιόν. ἡγεομένου δὲ τούτου, ἐξεδέκοντο ὡς ἠριθμέοντο αἱ φυλαὶ, ἐχόμεναι ἀλλήλων· τελευταῖοι δὲ ἐτάσσοντο, ἔχοντες τὸ εὐώνυμον κέρας, Πλαταιέες. ἀπὸ ταύτης γάρ σφι τῆς μάχης, θυσίας Ἀθηναίων ἀναγόντων καὶ πανηγύριας τὰς ἐν τῇσι πενταετηρίσι γινομένας, κατεύχεται ὁ κῆρυξ ὁ Ἀθηναῖος, ἅμα τε Ἀθηναίοισι λέγων γίνεσθαι τὰ ἀγαθὰ καὶ Πλαταιεῦσι. τότε δὲ, τασσομένων τῶν Ἀθηναίων ἐν τῷ Μαραθῶνι, ἐγίνετο τοιόνδε τι· τὸ στρατόπεδον ἐξισούμενον τῷ Μηδικῷ στρατοπέδῳ, τὸ μὲν αὐτοῦ μέσον ἐγίνετο ἐπὶ τάξιας ὀλίγας, καὶ ταύτη ἦν ἀσθενέστατον τὸ στρατόπεδον, τὸ δὲ κέρας ἑκάτερον ἔρρωτο πλήθεϊ. **18.** Ὡς δέ σφι διετέτακτο, καὶ τὰ σφάγια ἐγίνετο καλὰ, ἐνθαῦτα ὡς ἀπείθησαν οἱ Ἀθηναῖοι, δρόμῳ ἵεντο ἐς τοὺς βαρβάρους. ἦσαν δὲ στάδιοι οὐκ ἐλάσσονες τὸ μεταίχμιον αὐτῶν ἢ ὀκτώ. οἱ δὲ Πέρσαι ὁρέοντες δρόμῳ ἐπιόντας, παρεσκευάζοντο ὡς δεξόμενοι· μανίην τε τοῖσι Ἀθηναίοισι ἐπέφερον καὶ πάγχυ ὀλεθρίην, ὁρέοντες αὐτοὺς ὀλίγους, καὶ τούτους δρόμῳ ἐπειγομένους, οὔτε ἵππου ὑπαρχούσης σφι οὔτε τοξευμάτων. ταῦτα μέν νυν οἱ βάρβαροι κατείκαζον· Ἀθηναῖοι δὲ, ἐπεί τε ἀθρόοι προσέμιξαν τοῖσι βαρβάροισι, ἐμάχοντο ἀξίως λόγου. πρῶτοι μὲν γὰρ Ἑλλήνων πάντων τῶν ἡμεῖς ἴδμεν δρόμῳ ἐς πολεμίους ἐχρήσαντο, πρῶτοι δὲ ἀνέσχοντο ἐσθῆτά τε Μηδικὴν ὁρέοντες, καὶ τοὺς ἄνδρας ταύτην ἐσθημένους· τέως δὲ ἦν τοῖσι Ἕλλησι καὶ τὸ οὔνομα τὸ Μήδων φόβος ἀκοῦσαι. **19.** Μαχομένων δὲ ἐν τῷ Μαραθῶνι χρόνος ἐγίνετο πολλός. καὶ τὸ μὲν μέσον τοῦ στρατοπέδου ἐνίκων οἱ βάρβαροι, τῇ Πέρσαι τε αὐτοὶ καὶ Σάκαι ἐτετάχατο· κατὰ τοῦτο μὲν δὴ ἐνίκων οἱ βάρβαροι, καὶ ῥήξαντες ἐδίωκον ἐς τὴν μεσόγαιαν, τὸ δὲ κέρας ἑκάτερον ἐνίκων Ἀθηναῖοί τε καὶ Πλαταιέες. νικῶντες δέ, τὸ μὲν τετραμμένον τῶν βαρβάρων φεύγειν ἔων, τοῖσι δὲ τὸ μέσον ῥήξασι αὐτῶν, συναγαγόντες τὰ κέρεα ἀμφότερα, ἐμάχοντο καὶ ἐνίκων Ἀθηναῖοι. φεύγουσι δὲ τοῖσι Πέρσῃσι εἵποντο κόπτοντες, ἐς ὃ ἐπὶ τὴν θάλασσαν ἀπικόμενοι πῦρ τε αἴτεον καὶ ἐπελαμβάνοντο τῶν νεῶν. 20. Καὶ τοῦτο μὲν ἐν τούτῳ τῷ πόνῳ ὁ πολέμαρχος Καλλίμαχος διαφθείρεται, ἀνὴρ γενόμενος ἀγαθός, ἀπὸ δ᾽ ἔθανε τῶν στρατηγῶν Στησίλεως ὁ Θρασύλεω· τοῦτο δὲ Κυνέγειρος ὁ Εὐφορίωνος, ἐνθαῦτα ἐπιλαβόμενος τῶν ἀφλάστων νεὸς τὴν χεῖρα ἀποκοπεὶς πελέκεϊ πίπτει, τοῦτο δὲ ἄλλοι Ἀθηναίων πολλοί τε καὶ οὐνομαστοί. 21. Ἑπτὰ μὲν δὴ τῶν νεῶν ἐπεκράτησαν τρόπῳ τοιούτῳ Ἀθηναῖοι, τῇσι δὲ λοιπῇσι οἱ βάρβαροι ἐξανακρουσάμενοι, καὶ ἀναλαβόντες ἐκ τῆς νήσου, ἐν τῇ ἔλιπον, τὰ ἐξ Ἐρετρίης ἀνδράποδα, περιέπλωον Σούνιον, βουλόμενοι φθῆναι τοὺς Ἀθηναίους ἀπικόμενοι ἐς τὸ ἄστυ. αἰτίη δὲ ἔσχε ἐν Ἀθηναίοισι ἐξ Ἀλκμαιωνιδέων μηχανῆς αὐτοὺς ταῦτα ἐπινοηθῆναι· τούτους γὰρ, συνθεμένους τοῖσι Πέρσῃσι, ἀναδέξαι ἀσπίδα ἐοῦσι ἤδη ἐν τῇσι νηυσί. 22. οὗτοι μὲν δὴ περιέπλωον Σούνιον, Ἀθηναῖοι δὲ ὡς ποδῶν εἶχον τάχιστα ἐβοήθεον ἐς τὸ ἄστυ, καὶ ἔφθησάν τε ἀπικόμενοι πρὶν ἢ τοὺς βαρβάρους ἥκειν, καὶ ἐστρατοπεδεύσαντο ἀπιγμένοι ἐξ Ἡρακλείου τοῦ ἐν Μαραθῶνι ἐν ἄλλῳ Ἡρακλείῳ τῷ ἐν Κυνοσάργεϊ. οἱ δὲ βάρβαροι τῇσι νηυσὶ ὑπεραιωρηθέντες Φαλήρου (τοῦτο γὰρ ἦν ἐπίνειον τότε τῶν Ἀθηναίων), ὑπὲρ τούτου ἀνακωχεύσαντες τὰς νέας, ἀπέπλωον ὀπίσω ἐς τὴν Ἀσίην.

23. Ἐν ταύτῃ τῇ ἐν Μαραθῶνι μάχῃ ἀπέθανον τῶν βαρβάρων κατὰ ἑξακισχιλίους καὶ τετρακοσίους ἄνδρας, Ἀθηναίων δὲ ἑκατὸν ἐνενήκοντα καὶ δύο. ἔπεσον μὲν ἀμφοτέρων τοσοῦτοι· συνήνεικε δὲ αὐτόθι θῶυμα γενέσθαι

τοιόνδε· Ἀθηναῖον ἄνδρα Ἐπίζηλον τὸν Κουφαγόρεω, ἐν τῇ συστάσι μαχόμενόν τε καὶ ἄνδρα γινόμενον ἀγαθὸν, τῶν ὀμμάτων στερηθῆναι, οὔτε πληγέντα οὐδὲν τοῦ σώματος οὔτε βληθέντα, καὶ τὸ λοιπὸν τῆς ζόης διατελέειν ἀπὸ τούτου τοῦ χρόνου ἐόντα τυφλόν. λέγειν δὲ αὐτὸν ἤκουσα περὶ τοῦ πάθεος τοιόνδε τινὰ λόγον, ἄνδρα οἱ δοκέειν ὁπλίτην ἀντιστῆναι μέγαν, τοῦ τὸ γένειον τὴν ἀσπίδα πᾶσαν σκιάζειν· τὸ δὲ φάσμα τοῦτο ἑωυτὸν μὲν παρεξελθεῖν, τὸν δὲ ἑωυτοῦ παραστάτην ἀποκτεῖναι. ταῦτα μὲν δὴ Ἐπίζηλον ἐπυθόμην λέγειν.

24. Λακεδαιμονίων δὲ ἧκον ἐς τὰς Ἀθήνας δισχίλιοι μετὰ τὴν πανσέληνον, ἔχοντες σπουδὴν πολλὴν καταλαβεῖν οὕτω, ὥστε τριταῖοι ἐκ Σπάρτης ἐγένοντο ἐν τῇ Ἀττικῇ. ὕστεροι δὲ ἀπικόμενοι τῆς συμβολῆς, ἱμείροντο ὅμως θηήσασθαι τοὺς Μήδους· ἐλθόντες δὲ ἐς τὸν Μαραθῶνα ἐθηήσαντο. μετὰ δὲ, αἰνέοντες Ἀθηναίους καὶ τὸ ἔργον αὐτῶν, ἀπαλλάσσοντο ὀπίσω.

II. MARCH OF XERXES.—PREPARATIONS OF THE GREEKS.

1. Ἐπεὶ δὲ ἡ ἀγγελίη ἀπίκετο περὶ τῆς μάχης τῆς ἐν Μαραθῶνι γενομένης παρὰ βασιλέα Δαρεῖον τὸν Ὑστάσπεος, καὶ πρὶν μεγάλως κεχαραγμένον τοῖσι Ἀθηναίοισι διὰ τὴν ἐς Σάρδις ἐσβολὴν, καὶ δὴ καὶ τότε πολλῷ τε δεινότερα ἐποίεε, καὶ μᾶλλον ὥρμητο στρατεύεσθαι ἐπὶ τὴν Ἑλλάδα. καὶ αὐτίκα μὲν ἐπηγγέλλετο πέμπων ἀγγέλους κατὰ πόλις ἑτοιμάζειν στρατιήν, πολλῷ πλέω ἐπιτάσσων ἑκάστοισι ἢ πρότερον παρεῖχον, καὶ νέας τε καὶ ἵππους καὶ σῖτον καὶ πλοῖα. τούτων δὲ περιαγγελλομένων, ἡ

Ἀσίη ἐδονέετο ἐπὶ τρία ἔτεα, καταλεγομένων τε τῶν ἀρίστων ὡς ἐπὶ τὴν Ἑλλάδα στρατευσομένων, καὶ παρασκευαζομένων. 2. τετάρτῳ δὲ ἔτεϊ Αἰγύπτιοι ὑπὸ Καμβύσεω δουλωθέντες ἀπέστησαν ἀπὸ Περσέων. ἐνθαῦτα δὴ καὶ μᾶλλον ὥρμητο καὶ ἐπ' ἀμφοτέρους στρατεύεσθαι. Στελλομένου δὲ Δαρείου ἐπ' Αἴγυπτον καὶ Ἀθήνας, τῶν παίδων αὐτοῦ στάσις ἐγένετο μεγάλη περὶ τῆς ἡγεμονίης, ὡς δέει μιν ἀποδέξαντα βασιλέα κατὰ τὸν Περσέων νόμον οὕτω στρατεύεσθαι. Ἀποδέξας δὲ βασιλέα Πέρσῃσι Δαρεῖος Ξέρξεα, ὥρμητο στρατεύεσθαι. ἀλλὰ γὰρ μετὰ ταῦτά τε καὶ Αἰγύπτου ἀπόστασιν τῷ ὑστέρῳ ἔτεϊ παρασκευαζόμενον συνήνεικε αὐτὸν Δαρεῖον, βασιλεύσαντα τὰ πάντα ἔτεα ἕξ τε καὶ τριήκοντα, ἀποθανεῖν, οὐδέ οἱ ἐξεγένετο οὔτε τοὺς ἀπεστεῶτας Αἰγυπτίους οὔτε Ἀθηναίους τιμωρήσασθαι. ἀποθανόντος δὲ Δαρείου ἡ βασιληίη ἀνεχώρησε ἐς τὸν παῖδα τὸν ἐκείνου Ξέρξεα. 3. Καὶ Ξέρξης . . ἐπὶ μὲν τέσσερα ἔτεα πλήρεα παραρτέετο στρατιήν τε καὶ τὰ πρόσφορα τῇ στρατιῇ, πέμπτῳ δὲ ἔτεϊ ἀνομένῳ ἐστρατηλάτεε χειρὶ μεγάλῃ πλήθεος. στόλων γὰρ τῶν ἡμεῖς ἴδμεν πολλῷ δὴ μέγιστος οὗτος ἐγένετο. τί γὰρ οὐκ ἤγαγε ἐκ τῆς Ἀσίης ἔθνος ἐπὶ τὴν Ἑλλάδα Ξέρξης; κοῖον δὲ πινόμενόν μιν ὕδωρ οὐκ ἐπέλιπε, πλὴν τῶν μεγάλων ποταμῶν; οἱ μὲν γὰρ νέας παρείχοντο, οἱ δὲ ἐς πεζὸν ἐτετάχατο, τοῖσι δὲ ἵππος προσετέτακτο, τοῖσι δὲ ἱππαγωγὰ πλοῖα ἅμα στρατευομένοισι, τοῖσι δὲ ἐς τὰς γεφύρας μακρὰς νέας παρέχειν, τοῖσι δὲ σῖτά τε καὶ νέας. 4. Καὶ τοῦτο μέν, ὡς προσπταισάντων τῶν πρώτων περιπλωόντων περὶ τὸν Ἄθων, προετοιμάζετο ἐκ τριῶν ἐτέων κου μάλιστα ἐς τὸν Ἄθων· ἐν γὰρ Ἐλαιοῦντι τῆς Χερσονήσου ὥρμεον τριήρεες, ἐνθεῦτεν δὲ ὁρμεόμενοι ὥρυσσον ὑπὸ μαστίγων παντοδαποὶ τῆς στρατιῆς, διάδοχοι δ' ἐφοίτων· ὥρυσσον δὲ καὶ οἱ περὶ τὸν Ἄθων κατοικημένοι. Ὁ γὰρ Ἄθως ἐστὶ οὖρος μέγα τε καὶ οὐνομαστὸν, ἐς θάλασσαν κατῆκον, οἰκημένον ὑπὸ ἀνθρώπων. τῇ δὲ τελευτᾷ ἐς τὴν ἤπειρον τὸ οὖρος, χερσονησοειδές τε ἐστι καὶ ἰσθμὸς ὡς δυώδεκα σταδίων, πεδίον δὲ τοῦτο καὶ κολωνοὶ οὐ μεγάλοι ἐκ θαλάσσης τῆς Ἀκανθίων ἐπὶ θάλασσαν τὴν ἀντίον Τορώνης. 5. Ὤρυσσον δὲ ὧδε· δασάμενοι τὸν χῶρον οἱ βάρβαροι κατὰ ἔθνεα, κατὰ Σάνην πόλιν σχοινοτενὲς ποιησάμενοι, ἐπειδὴ ἐγένετο βαθέα ἡ διῶρυξ, οἱ μὲν κατώτατα ἑστεῶτες ὤρυσσον, ἕτεροι δὲ παρεδίδοσαν τὸν αἰεὶ ἐξορυσσόμενον χοῦν ἄλλοισι κατύπερθε ἑστεῶσι ἐπὶ βάθρων, οἱ δ᾽ αὖ ἐκδεκόμενοι ἑτέροισι, ἕως ἀπίκοντο ἐς τοὺς ἀνωτάτω, οὗτοι δὲ ἐξεφόρεόν τε καὶ ἐξέβαλλον. ἐνθαῦτα δὴ λειμών ἐστι, ἵνα σφι ἀγορή τε ἐγίνετο καὶ πρητήριον· σῖτος δέ σφι πολλὸς ἐφοίτα ἐκ τῆς Ἀσίης ἀληλεσμένος. 6. ὡς μὲν ἐμὲ συμβαλλόμενον εὑρίσκειν, μεγαλοφροσύνης εἵνεκεν αὐτὸ Ξέρξης ὀρύσσειν ἐκέλευε, ἐθέλων τε δύναμιν ἀποδείκνυσθαι καὶ μνημόσυνα λιπέσθαι· παρεὸν γὰρ μηδένα πόνον λαβόντας τὸν ἰσθμὸν τὰς νέας διειρύσαι, ὀρύσσειν ἐκέλευε διώρυχα τῇ θαλάσσῃ, εὖρος ὡς δύο τριήρεας πλώειν ὁμοῦ ἐλαστρευμένας. τοῖσι δὲ αὐτοῖσι τούτοισι, τοῖσί περ καὶ τὸ ὄρυγμα, προσετέτακτο καὶ τὸν Στρυμόνα ποταμὸν ζεύξαντας γεφυρῶσαι.

7. Ἐν ᾧ δὲ οὗτοι τὸν προκείμενον πόνον ἐργάζοντο, ἐν τούτῳ ὁ πεζὸς ἅπας συλλελεγμένος ἅμα Ξέρξῃ ἐπορεύετο ἐς Σάρδις, ἐκ Κριτάλλων ὁρμηθεὶς τῶν ἐν Καππαδοκίῃ· ἐνθαῦτα γὰρ εἴρητο συλλέγεσθαι πάντα τὸν κατ᾽ ἤπειρον μέλλοντα ἅμα αὐτῷ Ξέρξῃ πορεύεσθαι στρατόν. ἀπικόμενος δὲ ἐς Σάρδις, πρῶτα μὲν ἀπέπεμπε κήρυκας ἐς τὴν Ἑλλάδα αἰτήσοντας γῆν τε καὶ ὕδωρ, καὶ προερέοντας δεῖπνα βασιλέϊ παρασκευάζειν.

8. Μετὰ δὲ ταῦτα παρεσκευάζετο ὡς ἐλῶν ἐς Ἄβυδον.

οἱ δὲ ἐν τούτῳ τὸν Ἑλλήσποντον ἐζεύγνυσαν ἐκ τῆς Ἀσίης ἐς τὴν Εὐρώπην. ἔστι δὲ τῆς Χερσονήσου τῆς ἐν Ἑλλησπόντῳ, Σηστοῦ τε πόλιος μεταξὺ καὶ Μαδύτου, ἀκτὴ τρηχέα ἐς θάλασσαν κατήκουσα Ἀβύδῳ καταντίον. ἐς ταύτην ὦν τὴν ἀκτὴν ἐξ Ἀβύδου ὁρμεόμενοι ἐγεφύρουν τοῖσι προσεκέετο, τὴν μὲν λευκολίνου Φοίνικες, τὴν δ' ἑτέρην τὴν βυβλίνην Αἰγύπτιοι. ἔστι δὲ ἑπτὰ στάδιοι ἐξ Ἀβύδου ἐς τὴν ἀπαντίον. καὶ δὴ ἐζευγμένου τοῦ πόρου ἐπιγενόμενος χειμὼν μέγας συνέκοψέ τε ἐκεῖνα πάντα καὶ διέλυσε. 9. ὡς δ' ἐπύθετο Ξέρξης, δεινὰ ποιεύμενος, τὸν Ἑλλήσποντον ἐκέλευσε τριηκοσίας ἐπικέσθαι μάστιγι πληγὰς, καὶ κατεῖναι ἐς τὸ πέλαγος πεδέων ζεῦγος. ἤδη δὲ ἤκουσα, ὡς καὶ στιγέας ἅμα τούτοισι ἀπέπεμψε στίξοντας τὸν Ἑλλήσποντον. ἐνετέλλετο δὴ ὦν ῥαπίζοντας λέγειν βάρβαρά τε καὶ ἀτάσθαλα· Ὦ πικρὸν ὕδωρ, δεσπότης τοι δίκην ἐπιτιθεῖ τήνδε, ὅτι μιν ἠδίκησας οὐδὲν πρὸς ἐκείνου ἄδικον παθών. καὶ βασιλεὺς μὲν Ξέρξης διαβήσεταί σε, ἤν τε σύ γε βούλῃ ἤν τε μή· σοὶ δὲ κατὰ δίκην ἄρα οὐδεὶς ἀνθρώπων θύει, ὡς ἐόντι δολερῷ τε καὶ ἁλμυρῷ ποταμῷ. Τὴν τε δὴ θάλασσαν ἐνετέλλετο τούτοισι ζημιοῦν, καὶ τῶν ἐπεστεώτων τῇ ζεύξι τοῦ Ἑλλησπόντου ἀποταμεῖν τὰς κεφαλάς. 10. καὶ οἱ μὲν ταῦτα ἐποίεον, τοῖσι προσεκέετο αὕτη ἡ ἄχαρις τιμή, τὰς δὲ ἄλλοι ἀρχιτέκτονες ἐζεύγνυσαν. ἐζεύγνυσαν δὲ ὧδε· πεντηκοντέρους καὶ τριήρεας συνθέντες, — ὑπὸ μὲν τὴν πρὸς τοῦ Εὐξείνου Πόντου ἑξήκοντά τε καὶ τριηκοσίας, ὑπὸ δὲ τὴν ἑτέρην τεσσερεσκαίδεκα καὶ τριηκοσίας, τοῦ μὲν Πόντου ἐπικαρσίας, τοῦ δὲ Ἑλλησπόντου κατὰ ῥόον, ἵνα ἀνακωχεύῃ τὸν τόνον τῶν ὅπλων, — συνθέντες δὲ ἀγκύρας κατῆκαν περιμήκεας, τὰς μὲν πρὸς τοῦ Πόντου τῆς ἑτέρης τῶν ἀνέμων εἵνεκεν τῶν ἔσωθεν ἐκπνεόντων, τῆς δὲ ἑτέρης πρὸς ἑσπέρης τε καὶ τοῦ Αἰγαίου εὔρου τε καὶ νότου εἵνεκεν· διέκπλοον δὲ ὑπόφαυσιν κατέλιπον τῶν πεντηκοντέρων καὶ τριηρέων τριχοῦ, ἵνα καὶ ἐς τὸν Πόντον ἔχῃ ὁ βουλόμενος πλώειν πλοίοισι λεπτοῖσι, καὶ ἐκ τοῦ Πόντου ἔξω. 11. ταῦτα δὲ ποιήσαντες, κατέτεινον ἐκ γῆς στρεβλοῦντες ὄνοισι ξυλίνοισι τὰ ὅπλα, οὐκέτι χωρὶς ἑκάτερα τάξαντες, ἀλλὰ δύο μὲν λευκολίνου δασάμενοι ἐς ἑκατέρην, τέσσερα δὲ τῶν βυβλίνων. παχύτης μὲν ἦν ἡ αὐτὴ καὶ καλλονὴ, κατὰ λόγον δὲ ἦν ἐμβριθέστερα τὰ λίνεα, τοῦ τάλαντον ὁ πῆχυς εἷλκε. ἐπειδὴ δὲ ἐγεφυρώθη ὁ πόρος, κορμοὺς ξύλων καταπρίσαντες, καὶ ποιήσαντες ἴσους τῆς σχεδίης τῷ εὔρεϊ, κόσμῳ ἐπετίθεσαν κατύπερθε τῶν ὅπλων τοῦ τόνου, θέντες δὲ ἐπεξῆς ἐνθαῦτα αὖτις ἐπεζεύγνυον. ποιήσαντες δὲ ταῦτα ὕλην ἐπεφόρησαν, κόσμῳ δὲ θέντες καὶ τὴν ὕλην, γῆν ἐπεφόρησαν· κατανάξαντες δὲ καὶ τὴν γῆν, φραγμὸν παρείρυσαν ἔνθεν καὶ ἔνθεν, ἵνα μὴ φοβέηται τὰ ὑποζύγια τὴν θάλασσαν ὑπερορῶντα καὶ οἱ ἵπποι.

12. Ὡς δὲ τά τε τῶν γεφυρέων κατεσκεύαστο καὶ τὰ περὶ τὸν Ἄθων, οἵ τε χυτοὶ περὶ τὰ στόματα τῆς διώρυχος (οἳ τῆς ῥηχίης εἵνεκεν ἐποιήθησαν, ἵνα μὴ πίμπληται τὰ στόματα τοῦ ὀρύγματος), καὶ αὐτὴ ἡ διῶρυξ παντελέως πεποιημένη ἠγγέλλετο, ἐνθαῦτα χειμερίσας, ἅμα τῷ ἔαρι παρεσκευασμένος ὁ στρατὸς ἐκ τῶν Σαρδίων ὡρμᾶτο ἐλῶν ἐς Ἄβυδον. ὡρμημένῳ δέ οἱ ὁ ἥλιος ἐκλιπὼν τὴν ἐκ τοῦ οὐρανοῦ ἕδρην ἀφανὴς ἦν, οὔτ᾿ ἐπινεφέλων ἐόντων, αἰθρίης τε τὰ μάλιστα, ἀντὶ ἡμέρης τε νὺξ ἐγένετο. ἰδόντι δὲ καὶ μαθόντι τοῦτο τῷ Ξέρξῃ ἐπιμελὲς ἐγένετο, καὶ εἴρετο τοὺς Μάγους, τὸ ἐθέλοι προφαίνειν τὸ φάσμα. οἱ δὲ ἔφραζον, ὡς Ἕλλησι προδεικνύει ὁ θεὸς ἔκλειψιν τῶν πολίων, λέγοντες ἥλιον εἶναι Ἑλλήνων προδέκτορα, σελήνην δὲ σφέων. πυθόμενος δὲ ταῦτα ὁ Ξέρξης περιχαρὴς ἐὼν

ἐποιέετο τὴν ἔλασιν. **13.** ἡγέοντο δὲ πρῶτοι μὲν οἱ σκευοφόροι τε καὶ τὰ ὑποζύγια, μετὰ δὲ τούτους στρατὸς παντοίων ἐθνέων ἀναμίξ, οὐ διακεκριμένοι· τῇ δὲ ὑπερημίσεες ἦσαν, ἐνθαῦτα διελέλειπτο, καὶ οὐ συνέμισγον οὗτοι βασιλέϊ. προηγεῦντο μὲν δὴ ἱππόται χίλιοι ἐκ Περσέων πάντων ἀπολελεγμένοι· μετὰ δὲ αἰχμοφόροι χίλιοι, καὶ οὗτοι ἐκ πάντων ἀπολελεγμένοι. τὰς λόγχας κάτω ἐς τὴν γῆν τρέψαντες· μετὰ δὲ ἱροὶ Νισαῖοι καλεύμενοι ἵπποι δέκα, κεκοσμημένοι ὡς κάλλιστα. Νισαῖοι δὲ καλέονται ἵπποι ἐπὶ τοῦδε· ἔστι πεδίον μέγα τῆς Μηδικῆς, τῷ οὔνομά ἐστι Νίσαιον. τοὺς ὦν δὴ ἵππους τοὺς μεγάλους φέρει τὸ πεδίον τοῦτο. ὄπισθε δὲ τούτων τῶν δέκα ἵππων ἅρμα Διὸς ἱρὸν ἐπετέτακτο, τὸ ἵπποι μὲν εἷλκον λευκοὶ ὀκτώ, ὄπισθε δὲ τῶν ἵππων εἵπετο πεζῇ ἡνίοχος ἐχόμενος τῶν χαλινῶν· οὐδεὶς γὰρ δὴ ἐπὶ τοῦτον τὸν θρόνον ἀνθρώπων ἀναβαίνει. τούτου δὲ ὄπισθε αὐτὸς Ξέρξης ἐπ᾽ ἅρματος ἵππων Νισαίων· παραβεβήκεε δέ οἱ ἡνίοχος, τῷ οὔνομα ἦν Πατιράμφης, Ὀτάνεω παῖς ἀνδρὸς Πέρσεω.

14. Ἐξήλασε μὲν οὕτω ἐκ Σαρδίων Ξέρξης, μετεκβαίνεσκε δέ, ὅκως μιν λόγος αἱρέοι, ἐκ τοῦ ἅρματος ἐς ἁρμάμαξαν. αὐτοῦ δὲ ὄπισθε αἰχμοφόροι Περσέων οἱ ἄριστοί τε καὶ γενναιότατοι χίλιοι, κατὰ νόμον τὰς λόγχας ἔχοντες, μετὰ δὲ ἵππος ἄλλη χιλίη ἐκ Περσέων ἀπολελεγμένη, μετὰ δὲ τὴν ἵππον ἐκ τῶν λοιπῶν Περσέων ἀπολελεγμένοι μύριοι. οὗτος πεζὸς ἦν· καὶ τούτων χίλιοι μὲν ἐπὶ τοῖσι δόρασι ἀντὶ τῶν σαυρωτήρων ῥοιὰς εἶχον χρυσέας, καὶ πέριξ συνεκλήϊον τοὺς ἄλλους, οἱ δὲ εἰνακισχίλιοι ἐντὸς τούτων ἐόντες ἀργυρέας ῥοιὰς εἶχον. εἶχον δὲ χρυσέας ῥοιὰς καὶ οἱ εἰς τὴν γῆν τράποντες τὰς λόγχας, καὶ μῆλα οἱ ἄγχιστα ἑπόμενοι Ξέρξῃ. τοῖσι δὲ μυρίοισι ἐπετέτακτο ἵππος Περσέων μυρίη. μετὰ δὲ τὴν ἵππον διελέλειπτο

καὶ δύο σταδίους, καὶ ἔπειτεν ὁ λοιπὸς ὅμιλος ἤϊε ἀναμίξ.
15. ἀπικομένου δὲ τοῦ στρατοῦ ἐπὶ τὸν Σκάμανδρον, ὃς πρῶτος ποταμῶν, ἐπεί τε ἐκ Σαρδίων ὁρμηθέντες ἐπεχείρησαν τῇ ὁδῷ, ἐπέλιπε τὸ ῥέεθρον, οὐδ' ἀπέχρησε τῇ στρατιῇ τε καὶ τοῖσι κτήνεσι πινόμενος· ἐπὶ τοῦτον δὴ τὸν ποταμὸν ὡς ἀπίκετο Ξέρξης, ἐς τὸ Πριάμου Πέργαμον ἀνέβη, ἵμερον ἔχων θηήσασθαι. θηησάμενος δὲ, καὶ πυθόμενος ἐκείνων ἕκαστα, τῇ Ἀθηναίῃ τῇ Ἰλιάδι ἔθυσε βοῦς χιλίας, χοὰς δὲ οἱ Μάγοι τοῖσι ἥρωσι ἐχέαντο. ταῦτα δὲ ποιησαμένοισι νυκτὸς φόβος ἐς τὸ στρατόπεδον ἐνέπεσε. ἅμα ἡμέρῃ δὲ ἐπορεύετο ἐνθεῦτεν.
16. Ἐπεὶ δ' ἐγένοντο ἐν Ἀβύδῳ, ἠθέλησε Ξέρξης ἰδέσθαι πάντα τὸν στρατόν. καὶ προεπεποίητο γὰρ ἐπὶ κολωνοῦ ἐπίτηδες αὐτῷ ταύτῃ προεξέδρη λίθου λευκοῦ (ἐποίησαν δὲ Ἀβυδηνοὶ ἐντειλαμένου πρότερον βασιλέος), ἐνθαῦτα ὡς ἵζετο, κατορῶν ἐπὶ τῆς ἠϊόνος ἐθηεῖτο καὶ τὸν πεζὸν καὶ τὰς νέας. θηεύμενος δὲ ἱμέρθη τῶν νεῶν ἅμιλλαν γινομένην ἰδέσθαι. ἐπεὶ δ' ἐγένετό τε καὶ ἐνίκων Φοίνικες Σιδώνιοι, ἥσθη τε τῇ ἁμίλλῃ καὶ τῇ στρατιῇ. Ὡς δὲ ὥρα πάντα μὲν τὸν Ἑλλήσποντον ὑπὸ τῶν νεῶν ἀποκεκρυμμένον, πάσας δὲ τὰς ἀκτὰς καὶ τὰ Ἀβυδηνῶν πεδία ἐπίπλεα ἀνθρώπων, ἐνθαῦτα Ξέρξης ἑωυτὸν ἐμακάρισε, μετὰ δὲ τοῦτο ἐδάκρυσε. 17. μαθὼν δέ μιν Ἀρτάβανος ὁ πάτρως — ὃς τὸ πρῶτον γνώμην ἀπεδέξατο ἐλευθέρως, οὐ συμβουλεύων Ξέρξῃ στρατεύεσθαι ἐπὶ τὴν Ἑλλάδα — οὗτος ὡνὴρ φρασθεὶς Ξέρξεα δακρύσαντα, εἴρετο τάδε· Ὦ βασιλεῦ, ὡς πολλὸν ἀλλήλων κεχωρισμένα ἐργάσαο νῦν τε καὶ ὀλίγῳ πρότερον· μακαρίσας γὰρ σεωυτὸν δακρύεις. ὁ δὲ εἶπε· Ἐσῆλθε γάρ με λογισάμενον κατοικτεῖραι, ὡς βραχὺς εἴη ὁ πᾶς ἀνθρώπινος βίος, εἰ τούτων γε ἐόντων τοσούτων οὐδεὶς ἐς ἑκατοστὸν ἔτος περιέσται.

ὁ δὲ ἀμείβετο λέγων· "Ἕτερα τούτου παρὰ τὴν ζόην πεπόνθαμεν οἰκτρότερα. ἐν γὰρ οὕτω βραχέϊ βίῳ οὐδεὶς οὕτω ἄνθρωπος ἐὼν εὐδαίμων πέφυκε, οὔτε τούτων οὔτε τῶν ἄλλων, τῷ οὐ παραστήσεται πολλάκις, καὶ οὐκὶ ἅπαξ, τεθνάναι βούλεσθαι μᾶλλον ἢ ζώειν. αἵ τε γὰρ συμφοραὶ προσπίπτουσαι, καὶ αἱ νοῦσοι συνταράσσουσαι, καὶ βραχὺν ἐόντα μακρὸν δοκέειν εἶναι ποιεῦσι τὸν βίον. οὕτω ὁ μὲν θάνατος, μοχθηρῆς ἐούσης τῆς ζόης, καταφυγὴ αἱρετωτάτη τῷ ἀνθρώπῳ γέγονε· ὁ δὲ θεὸς, γλυκὺν γεύσας τὸν αἰῶνα, φθονερὸς ἐν αὐτῷ εὑρίσκεται ἐών. Ξέρξης δὲ ἀμείβετο λέγων· Ἀρτάβανε, βιοτῆς μέν νυν ἀνθρωπηΐης πέρι, ἐούσης τοιαύτης οἵην περ σὺ διαιρέεαι εἶναι, παυσώμεθα, μηδὲ κακῶν μεμνεώμεθα, χρηστὰ ἔχοντες πρήγματα ἐν χερσί.

18. Καὶ Ἀρτάβανον ἀποστείλας ἐς Σοῦσα, δεύτερα μετεπέμψατο Ξέρξης Περσέων τοὺς δοκιμωτάτους· ἐπεὶ δέ οἱ παρῆσαν, ἔλεγέ σφι τάδε· ˚Ω Πέρσαι, τῶνδ' ἐγὼ ὑμέων χρηΐζων συνέλεξα, ἄνδρας τε γίνεσθαι ἀγαθοὺς, καὶ μὴ καταισχύνειν τὰ πρόσθε ἐργασμένα Πέρσῃσι, ἐόντα μεγάλα τε καὶ πολλοῦ ἄξια, ἀλλ' εἴς τε ἕκαστος καὶ οἱ σύμπαντες προθυμίην ἔχωμεν· ξυνὸν γὰρ τοῦτο πᾶσι ἀγαθὸν σπεύδεται. τῶνδε δὲ εἵνεκεν προαγορεύω ἀντέχεσθαι τοῦ πολέμου ἐντεταμένως· ὡς γὰρ ἐγὼ πυνθάνομαι, ἐπ' ἄνδρας στρατευόμεθα ἀγαθοὺς, τῶν ἢν κρατήσωμεν, οὐ μή τις ἡμῖν ἄλλος στρατὸς ἀντιστῇ κοτε ἀνθρώπων. νῦν δὲ διαβαίνωμεν, ἐπευξάμενοι τοῖσι θεοῖσι οἳ Περσίδα γῆν λελόγχασι.

19. Ταύτην μὲν τὴν ἡμέρην παρεσκευάζοντο ἐς τὴν διάβασιν, τῇ δὲ ὑστεραίῃ ἀνέμενον τὸν ἥλιον ἐθέλοντες ἰδέσθαι ἀνίσχοντα, θυμιήματά τε παντοῖα ἐπὶ τῶν γεφυρέων καταγίζοντες καὶ μυρσίνῃσι στορνύντες τὴν ὁδόν. ὡς δ' ἐπανέτελλε ὁ ἥλιος, σπένδων ἐκ χρυσέης φιάλης Ξέρξης ἐς τὴν θάλασσαν, εὔχετο πρὸς τὸν ἥλιον μηδεμίαν οἱ συντυχίην τοιαύτην γενέσθαι, ἥ μιν παύσει καταστρέψασθαι τὴ[ν] Εὐρώπην, πρότερον ἢ ἐπὶ τέρμασι τοῖσι ἐκείνης γένηται. εὐξάμενος δὲ ἐσέβαλε τὴν φιάλην ἐς τὸν Ἑλλήσποντον κα[ὶ] χρύσεον κρητῆρα καὶ Περσικὸν ξίφος, τὸν ἀκινάκην καλέ[ουσι. ταῦτα οὐκ ἔχω ἀτρεκέως διακρῖναι, οὔτε εἰ τῷ ἡλί[ῳ] ἀνατιθεὶς κατῆκε ἐς τὸ πέλαγος, οὔτε εἰ μετεμέλησέ οἱ τὸ[ν] Ἑλλήσποντον μαστιγώσαντι καὶ ἀντὶ τούτων τὴν θάλασσαν ἐδωρέετο. **20.** Ὡς δὲ ταῦτά οἱ ἐπεποίητο, διέβαινο[ν] κατὰ μὲν τὴν ἑτέρην τῶν γεφυρέων τὴν πρὸς τοῦ Πόντου ο[ἱ] πεζοί τε καὶ ἡ ἵππος ἅπασα, κατὰ δὲ τὴν πρὸς τὸ Αἰγαῖο[ν] τὰ ὑποζύγια καὶ ἡ θεραπηΐη. ἡγέοντο δὲ πρῶτα μὲν ο[ἱ] μύριοι Πέρσαι, ἐστεφανωμένοι πάντες, μετὰ δὲ τούτους ὁ σύμμικτος στρατὸς παντοίων ἐθνέων. ταύτην μὲν τὴ[ν] ἡμέρην οὗτοι, τῇ δὲ ὑστεραίῃ πρῶτοι μὲν οἵ τε ἱππόται καὶ οἱ τὰς λόγχας κάτω τράποντες· ἐστεφάνωντο δὲ καὶ οὗτοι· μετὰ δὲ οἵ τε ἵπποι οἱ ἱροὶ καὶ τὸ ἄρμα τὸ ἱρόν, ἐπὶ δὲ αὐτός τε Ξέρξης καὶ οἱ αἰχμοφόροι καὶ οἱ ἱππόται οἱ χίλιοι, ἐπὶ δὲ τούτοισι ὁ ἄλλος στρατός. καὶ αἱ νέες ἅμα ἀνήγοντο ἐς τὴν ἀπεναντίον. ἤδη δὲ ἤκουσα καὶ ὕστατον διαβῆναι βασιλέα πάντων. **21.** Ξέρξης δὲ ἐπεί τε διέβη ἐς τὴν Εὐρώπην, ἐθηεῖτο τὸν στρατὸν ὑπὸ μαστίγων διαβαίνοντα. διέβη δὲ ὁ στρατὸς αὐτοῦ ἐν ἑπτὰ ἡμέρῃσι καὶ ἐν ἑπτὰ εὐφρόνῃσι, ἐλινύσας οὐδένα χρόνον. ἐνθαῦτα λέγεται, Ξέρξεω ἤδη διαβεβηκότος τὸν Ἑλλήσποντον, ἄνδρα εἰπεῖν Ἑλλησπόντιον· Ὦ Ζεῦ, τί δὴ ἀνδρὶ εἰδόμενος Πέρσῃ καὶ οὔνομα ἀντὶ Διὸς Ξέρξεα θέμενος, ἀνάστατον τὴν Ἑλλάδα ἐθέλεις ποιῆσαι, ἄγων πάντας ἀνθρώπους; καὶ γὰρ ἄνευ τούτων ἐξῆν τοι ποιέειν ταῦτα.

22. Ὁ δὲ ναυτικὸς ἔξω τὸν Ἑλλήσποντον πλώων παρὰ γῆν ἐκομίζετο, τὰ ἔμπαλιν πρήσσων τοῦ πεζοῦ. Ὁ δὲ Δορίσκος ἐστὶ τῆς Θρηΐκης αἰγιαλός τε καὶ πεδίον μέγα, διὰ δὲ αὐτοῦ ῥέει ποταμὸς μέγας "Εβρος. ἔδοξε ὦν τῷ Ξέρξῃ ὁ χῶρος εἶναι ἐπιτήδεος ἐνδιατάξαι τε καὶ ἐξαριθμῆσαι τὸν στρατὸν, καὶ ἐποίεε ταῦτα. τὰς μὲν δὴ νέας τὰς πάσας ἀπικομένας ἐς Δορίσκον οἱ ναύαρχοι κελεύσαντος Ξέρξεω ἐς τὸν αἰγιαλὸν τὸν προσεχέα Δορίσκῳ ἐκόμισαν. 23. ὁ δὲ ἐν τῷ Δορίσκῳ τοῦτον τὸν χρόνον τῆς στρατιῆς ἀριθμὸν ἐποιέετο. Ὅσον μέν νυν ἕκαστοι παρεῖχον πλήθεος ἀριθμὸν, οὐκ ἔχω εἶπαι τὸ ἀτρεκὲς (οὐ γὰρ λέγεται πρὸς οὐδαμῶν ἀνθρώπων), σύμπαντος δὲ τοῦ στρατοῦ τοῦ πεζοῦ τὸ πλῆθος ἐφάνη ἑβδομήκοντα καὶ ἑκατὸν μυριάδες. ἐξηρίθμησαν δὲ τόνδε τὸν τρόπον· συναγαγόντες ἐς ἕνα χῶρον μυριάδα ἀνθρώπων, καὶ συννάξαντες ταύτην ὡς μάλιστα εἶχον, περιέγραψαν ἔξωθεν κύκλον, περιγράψαντες δὲ καὶ ἀπέντες τοὺς μυρίους, αἱμασιὴν περιέβαλον κατὰ τὸν κύκλον, ὕψος ἀνήκουσαν ἀνδρὶ ἐς τὸν ὀμφαλόν. ταύτην δὲ ποιήσαντες, ἄλλους ἐσεβίβαζον ἐς τὸ περιοικοδομημένον, μέχρι οὗ πάντας τούτῳ τῷ τρόπῳ ἐξηρίθμησαν. ἀριθμήσαντες δὲ κατὰ ἔθνεα διέτασσον.

24. Ξέρξης δὲ, ἐπεὶ ἠριθμήθη τε καὶ διετάχθη ὁ στρατὸς, ἐπεθύμησε αὐτός σφεας διεξελάσας θηήσασθαι. μετὰ δὲ ἐποίεε ταῦτα, καὶ διεξελαύνων ἐπὶ ἅρματος παρὰ ἔθνος ἓν ἕκαστον ἐπυνθάνετο, καὶ ἀπέγραφον οἱ γραμματισταὶ, ἕως ἐξ ἐσχάτων ἐς ἔσχατα ἀπίκετο, καὶ τῆς ἵππου καὶ τοῦ πεζοῦ. ὡς δὲ ταῦτά οἱ ἐπεποίητο, τῶν νεῶν κατελκυσθεισέων ἐς θάλασσαν, ἐνθαῦτα ὁ Ξέρξης, μετεκβὰς ἐκ τοῦ ἅρματος ἐς νέα Σιδωνίην, ἵζετο ὑπὸ σκηνῇ χρυσέῃ καὶ παρέπλωε παρὰ τὰς πρῴρας τῶν νεῶν, ἐπειρωτῶν τε ἑκάστας ὁμοίως ὡς καὶ τὸν πεζόν, καὶ ἀπογραφόμενος. τὰς δὲ νέας οἱ ναύαρχοι ἀναγαγόντες ὅσον τε τέσσερα πλέθρα ἀπὸ τοῦ αἰγιαλοῦ ἀνεκώχευον, τὰς πρῴρας ἐς γῆν τρέψαντες πάντες μετωπηδὸν, καὶ ἐξοπλίσαντες τοὺς ἐπιβάτας ὡς ἐς πόλεμον. ὁ δ' ἐντὸς τῶν πρωρέων πλώων ἐθηεῖτο καὶ τοῦ αἰγιαλοῦ.

25. Ξέρξης δὲ ἐκ τοῦ Δορίσκου ἐπορεύετο ἐπὶ τὴν Ἑλλάδα, τοὺς δὲ αἰεὶ γινομένους ἐμποδὼν συστρατεύεσθαι ἠνάγκαζε. οἱ δὲ ὑποδεκόμενοι Ἑλλήνων τὴν στρατιὴν καὶ δειπνίζοντες Ξέρξεα ἐς πᾶν κακοῦ ἀπίκατο, οὕτω ὥστε ἀνάστατοι ἐκ τῶν οἰκίων ἐγίνοντο· ὅκου γε Θασίοισι ὑπὲρ τῶν ἐν τῇ ἠπείρῳ πολίων τῶν σφετέρων δεξαμένοισι τὴν Ξέρξεω στρατιὴν καὶ δειπνίσασι, Ἀντίπατρος ὁ Ὀργέος ἀραιρημένος, τῶν ἀστῶν ἀνὴρ δόκιμος ὁμοῖα τῷ μάλιστα, ἀπέδεξε ἐς τὸ δεῖπνον τετρακόσια τάλαντα ἀργυρίου τετελεσμένα. 26. ἔνθα δὴ Μεγακρέοντος ἀνδρὸς Ἀβδηρίτεω ἔπος εὖ εἰρημένον ἐγένετο, ὃς συνεβούλευσε Ἀβδηρίτῃσι πανδημεὶ αὐτοὺς καὶ γυναῖκας ἐλθόντας ἐς τὰ σφέτερα ἱρὰ ἵζεσθαι ἱκέτας τῶν θεῶν, παραιτεομένους καὶ τὸ λοιπόν σφι ἀπαμύνειν τῶν ἐπιόντων κακῶν τὰ ἡμίσεα, τῶν τε παροιχομένων ἔχειν σφι μεγάλην χάριν, ὅτι βασιλεὺς Ξέρξης οὐ δὶς ἑκάστης ἡμέρης ἐνόμισε σῖτον αἱρέεσθαι· παρέχειν γὰρ ἂν Ἀβδηρίτῃσι, εἰ καὶ ἄριστον προείρητο ὁμοῖα τῷ δείπνῳ παρασκευάζειν, ἢ μὴ ὑπομένειν Ξέρξεα ἐπιόντα, ἢ καταμείναντας κάκιστα πάντων ἀνθρώπων διατριβῆναι. 27. Οἱ μὲν δὴ πιεζόμενοι ὅμως τὸ ἐπιτασσόμενον ἐπετέλεον. Ξέρξης δὲ ἐκ τῆς Ἀκάνθου ἐντειλάμενος τοῖσι στρατηγοῖσι τὸν ναυτικὸν στρατὸν ὑπομένειν ἐν Θέρμῃ, ἀπῆκε ἀπ' ἑωυτοῦ τὰς νέας πορεύεσθαι, (Θέρμη δὲ τῇ ἐν τῷ Θερμαίῳ κόλπῳ οἰκημένῃ, ἀπ' ἧς καὶ ὁ κόλπος οὗτος τὴν ἐπωνυμίην ἔχει·) ταύτῃ γὰρ ἐπυνθάνετο συντομώτατον εἶναι. 28. Ὁ μὲν δὴ περὶ Πιερίην διέτριβε ἡμέρας συχνάς. οἱ δὲ δὴ κήρυκες οἱ ἀποπεμφθέντες ἐς τὴν Ἑλλάδα ἐπὶ γῆς αἴτησιν ἀπίκατο, οἱ μὲν κεινοί, οἱ δὲ φέροντες γῆν τε καὶ

ὕδωρ. Τῶν δὲ δόντων ταῦτα ἐγένοντο οἵδε, Θεσσαλοὶ, Δόλοπες, Αἰνιῆνες, Περραιβοὶ, Λοκροὶ, Μάγνητες, Μηλιέες, Ἀχαιοὶ οἱ Φθιῆται, καὶ Θηβαῖοι, καὶ οἱ ἄλλοι Βοιωτοὶ πλὴν Θεσπιέων τε καὶ Πλαταιέων. ἐπὶ τούτοισι οἱ Ἕλληνες ἔταμον ὅρκιον οἱ τῷ βαρβάρῳ πόλεμον ἀειράμενοι. τὸ δὲ ὅρκιον ὧδε εἶχε· "Ὅσοι τῷ Πέρσῃ ἔδοσαν σφέας αὐτοὺς Ἕλληνες ἐόντες, μὴ ἀναγκασθέντες, καταστάντων σφι εὖ τῶν πρηγμάτων, τούτους δεκατεῦσαι τῷ ἐν Δελφοῖσι θεῷ. τὸ μὲν δὴ ὅρκιον ὧδε εἶχε τοῖσι Ἕλλησι. 29. ἐς δὲ Ἀθήνας καὶ Σπάρτην οὐκ ἀπέπεμψε Ξέρξης ἐπὶ γῆς αἴτησιν κήρυκας τῶνδε εἵνεκεν· πρότερον Δαρείου πέμψαντος ἐπ᾽ αὐτὸ τοῦτο, οἱ μὲν αὐτῶν τοὺς αἰτέοντας ἐς τὸ βάραθρον, οἱ δ᾽ ἐς φρέαρ ἐσβαλόντες, ἐκέλευον γῆν τε καὶ ὕδωρ ἐκ τούτων φέρειν παρὰ βασιλέα. τούτων μὲν εἵνεκεν οὐκ ἔπεμψε Ξέρξης τοὺς αἰτήσοντας. ὅ τι δὲ τοῖσι Ἀθηναίοισι ταῦτα ποιήσασι τοὺς κήρυκας συνήνεικε ἀνεθέλητον γενέσθαι, οὐκ ἔχω εἶπαι, πλὴν ὅτι σφέων ἡ χώρη καὶ ἡ πόλις ἐδηϊώθη. ἀλλὰ τοῦτο οὐ διὰ ταύτην τὴν αἰτίην δοκέω γενέσθαι.

30. Ἡ δὲ στρατηλασίη ἡ βασιλέος οὔνομα μὲν εἶχε ὡς ἐπ᾽ Ἀθήνας ἐλαύνει, κατίετο δὲ ἐς πᾶσαν τὴν Ἑλλάδα. πυνθανόμενοι δὲ ταῦτα πρὸ πολλοῦ, οἱ Ἕλληνες οὐκ ἐν ὁμοίῳ πάντες ἐποιεῦντο· οἱ μὲν γὰρ αὐτῶν δόντες γῆν τε καὶ ὕδωρ τῷ Πέρσῃ εἶχον θάρσος, ὡς οὐδὲν πεισόμενοι ἄχαρι πρὸς τοῦ βαρβάρου· οἱ δὲ οὐ δόντες ἐν δείματι μεγάλῳ κατέστασαν, ἅτε οὔτε νεῶν ἐουσέων ἐν τῇ Ἑλλάδι ἀριθμὸν ἀξιομάχων δέκεσθαι τὸν ἐπιόντα, οὔτε βουλομένων τῶν πολλῶν ἀντάπτεσθαι τοῦ πολέμου, μηδιζόντων δὲ προθύμως. 31. ἐνθαῦτα ἀναγκαίῃ ἐξέργομαι γνώμην ἀποδέξασθαι ἐπίφθονον μὲν πρὸς τῶν πλεόνων ἀνθρώπων, ὅμως δὲ, τῇ γ᾽ ἐμοὶ φαίνεται εἶναι ἀληθὲς, οὐκ ἐπισχήσω. εἰ

Ἀθηναῖοι καταρρωδήσαντες τὸν ἐπιόντα κίνδυνον ἐξέλιπον τὴν σφετέρην, ἢ καὶ μὴ ἐκλιπόντες ἀλλὰ μείναντες ἔδοσαν σφέας αὐτοὺς Ξέρξῃ, κατὰ τὴν θάλασσαν οὐδαμοὶ ἂν ἐπειρῶντο ἀντιεύμενοι βασιλέϊ. εἰ τοίνυν κατὰ τὴν θάλασσαν μηδεὶς ἠντιοῦτο Ξέρξῃ, κατά γε ἂν τὴν ἤπειρον τοιάδε ἐγίνετο· εἰ καὶ πολλοὶ τειχέων κιθῶνες ἦσαν ἐληλαμένοι διὰ τοῦ Ἰσθμοῦ Πελοποννησίοισι, προδοθέντες ἂν Λακεδαιμόνιοι ὑπὸ τῶν συμμάχων οὐκ ἑκόντων, ἀλλ᾽ ὑπ᾽ ἀναγκαίης, κατὰ πόλις ἁλισκομένων ὑπὸ τοῦ ναυτικοῦ στρατοῦ τοῦ βαρβάρου, ἐμουνώθησαν, μουνωθέντες δὲ ἂν καὶ ἀποδεξάμενοι ἔργα μεγάλα ἀπέθανον γενναίως. 32. ἢ ταῦτα ἂν ἔπαθον, ἢ πρὸ τοῦ ὁρέοντες ἂν καὶ τοὺς ἄλλους Ἕλληνας μηδίζοντας, ὁμολογίῃ ἂν ἐχρήσαντο πρὸς Ξέρξεα. καὶ οὕτω ἂν ἐπ᾽ ἀμφότερα ἡ Ἑλλὰς ἐγίνετο ὑπὸ Πέρσῃσι. τὴν γὰρ ὠφελίην τὴν τῶν τειχέων τῶν διὰ τοῦ Ἰσθμοῦ ἐληλαμένων οὐ δύναμαι πυθέσθαι ἥτις ἂν ἦν, βασιλέος ἐπικρατέοντος τῆς θαλάσσης. νῦν δὲ Ἀθηναίους ἄν τις λέγων σωτῆρας γενέσθαι τῆς Ἑλλάδος οὐκ ἂν ἁμαρτάνοι τἀληθέος· οὗτοι γὰρ ἐπὶ ὁκότερα τῶν πρηγμάτων ἐτράποντο, ταῦτα ῥέψειν ἔμελλε. ἑλόμενοι δὲ τὴν Ἑλλάδα περιεῖναι ἐλευθέρην, τοῦτο τὸ Ἑλληνικὸν πᾶν τὸ λοιπόν, ὅσον μὴ ἐμήδισε, αὐτοὶ οὗτοι ἦσαν οἱ ἐπεγείραντες, καὶ βασιλέα μετά γε θεοὺς ἀνωσάμενοι. οὐδέ σφεας χρηστήρια φοβερὰ ἐλθόντα ἐκ Δελφῶν καὶ ἐς δεῖμα βαλόντα ἔπεισε ἐκλιπεῖν τὴν Ἑλλάδα, ἀλλὰ καταμείναντες ἀνέσχοντο τὸν ἐπιόντα ἐπὶ τὴν χώρην δέξασθαι.

33. Πέμψαντες γὰρ οἱ Ἀθηναῖοι ἐς Δελφοὺς θεοπρόπους χρηστηριάζεσθαι ἦσαν ἕτοιμοι. καί σφι ποιήσασι περὶ τὸ ἱρὸν τὰ νομιζόμενα, ὡς ἐς τὸ μέγαρον ἐσελθόντες ἵζοντο, χρᾷ ἡ Πυθίη, τῇ οὔνομα ἦν Ἀριστονίκη, τάδε·

Ὦ μέλεοι, τί κάθησθε; λιπὼν φεῦγ' ἔσχατα γαίης
Δώματα καὶ πόλιος τροχοειδέος ἄκρα κάρηνα.
Οὔτε γὰρ ἡ κεφαλὴ μένει ἔμπεδον, οὔτε τὸ σῶμα,
Οὔτε πόδες νέατοι, οὔτ' ὦν χέρες, οὔτε τι μέσσης
Λείπεται, ἀλλ' ἀίδηλα πέλει. κατὰ γάρ μιν ἐρείπει   5
Πῦρ τε καὶ ὀξὺς Ἄρης, Συριηγενὲς ἅρμα διώκων.
Πολλὰ δὲ κἄλλ' ἀπολεῖ πυργώματα, κοὐ τὸ σὸν οἶον·
Πολλοὺς δ' ἀθανάτων νηοὺς μαλερῷ πυρὶ δώσει,
Οἵ που νῦν ἱδρῶτι ῥεούμενοι ἑστήκασι,
Δείματι παλλόμενοι, κατὰ δ' ἀκροτάτοις ὀρόφοισι   10
Αἷμα μέλαν κέχυται, προϊδὸν κακότητος ἀνάγκας.
Ἀλλ' ἴτον ἐξ ἀδύτοιο, κακοῖς δ' ἐπικίδνατε θυμόν.

34. Ταῦτα ἀκούσαντες, οἱ τῶν Ἀθηναίων θεοπρόποι συμφορῇ τῇ μεγίστῃ ἐχρέοντο. προβάλλουσι δὲ σφέας αὐτοὺς ὑπὸ τοῦ κακοῦ τοῦ κεχρησμένου, Τίμων ὁ Ἀνδροβούλου, τῶν Δελφῶν ἀνὴρ δόκιμος ὁμοῖα τῷ μάλιστα, συνεβούλευέ σφι ἱκετηρίας λαβοῦσι δεύτερα αὖτις ἐλθόντας χρᾶσθαι τῷ χρηστηρίῳ ὡς ἱκέτας. πειθομένοισι δὲ ταῦτα τοῖσι Ἀθηναίοισι, καὶ λέγουσι· Ὦναξ, χρῆσον ἡμῖν ἄμεινόν τι περὶ τῆς πατρίδος, αἰδεσθεὶς τὰς ἱκετηρίας τάσδε τάς τοι ἥκομεν φέροντες· ἢ οὔ τοι ἄπιμεν ἐκ τοῦ ἀδύτου, ἀλλ' αὐτοῦ τῇδε μενέομεν, ἔστ' ἂν καὶ τελευτήσωμεν· 35. ταῦτα δὲ λέγουσι ἡ πρόμαντις χρᾷ δεύτερα τάδε·

Οὐ δύναται Παλλὰς Δί' Ὀλύμπιον ἐξιλάσασθαι,
Λισσομένη πολλοῖσι λόγοις καὶ μήτιδι πυκνῇ.
Σοὶ δὲ τόδ' αὖτις ἔπος ἐρέω, ἀδάμαντι πελάσσας.
Τῶν ἄλλων γὰρ ἁλισκομένων, ὅσα Κέκροπος οὖρος
Ἐντὸς ἔχει κευθμών τε Κιθαιρῶνος ζαθέοιο,   5
Τεῖχος Τριτογενεῖ ξύλινον διδοῖ εὐρύοπα Ζεὺς
Μοῦνον ἀπόρθητον τελέθειν, τὸ σὲ τέκνα τ' ὀνήσει.
Μηδὲ σύ γ' ἱπποσύνην τε μένειν καὶ πεζὸν ἰόντα
Πολλὸν ἀπ' ἠπείρου στρατὸν ἥσυχος, ἀλλ' ὑποχωρεῖν

Νῶτον ἐπιστρέψας· ἔτι τοί κοτε κἀντίος ἔσσῃ. 10
ὦ θείη Σαλαμίς, ἀπολεῖς δὲ σὺ τέκνα γυναικῶν
Ἢ που σκιδναμένης Δημήτερος ἢ συνιούσης.

36. Ταῦτά σφι ἠπιώτερα γὰρ τῶν προτέρων καὶ ἦν καὶ ἐδόκεε εἶναι, συγγραψάμενοι ἀπαλλάσσοντο ἐς τὰς Ἀθήνας. ὡς δὲ ἀπελθόντες οἱ θεοπρόποι ἀπήγγελλον ἐς τὸν δῆμον, γνῶμαι καὶ ἄλλαι πολλαὶ ἐγίνοντο διζημένων τὸ μαντήϊον, καὶ αἵδε συνεστηκυῖαι μάλιστα· τῶν πρεσβυτέρων ἔλεγον μετεξέτεροι δοκέειν σφι τὸν θεὸν τὴν ἀκρόπολιν χρῆσαι περιέσεσθαι· ἡ γὰρ ἀκρόπολις τὸ πάλαι τῶν Ἀθηνέων ῥηχῷ ἐπέφρακτο. οἱ μὲν δὴ κατὰ τὸν φραγμὸν συνεβάλλοντο τοῦτο τὸ ξύλινον τεῖχος εἶναι· οἱ δ' αὖ ἔλεγον τὰς νέας σημαίνειν τὸν θεόν, καὶ ταύτας παραρτέεσθαι ἐκέλευον τὰ ἄλλα ἀπέντας. τοὺς ὦν δὴ τὰς νέας λέγοντας εἶναι τὸ ξύλινον τεῖχος ἔσφαλλε τὰ δύο τὰ τελευταῖα ῥηθέντα ὑπὸ τῆς Πυθίης,

ὦ θείη Σαλαμίς, ἀπολεῖς δὲ σὺ τέκνα γυναικῶν
Ἢ που σκιδναμένης Δημήτερος ἢ συνιούσης.

κατὰ ταῦτα τὰ ἔπεα συνεχέοντο αἱ γνῶμαι τῶν φαμένων τὰς νέας τὸ ξύλινον τεῖχος εἶναι. οἱ γὰρ χρησμολόγοι ταύτῃ ταῦτα ἐλάμβανον, ὡς ἀμφὶ Σαλαμῖνα δεῖ σφέας ἑσσωθῆναι ναυμαχίην παρασκευασαμένους. 37. Ἦν δὲ τῶν τις Ἀθηναίων ἀνὴρ ἐς πρώτους νεωστὶ παριών, τῷ οὔνομα μὲν ἦν Θεμιστοκλέης, παῖς δὲ Νεοκλέος ἐκαλέετο. οὗτος ὡνὴρ οὐκ ἔφη πᾶν ὀρθῶς τοὺς χρησμολόγους συμβάλλεσθαι, λέγων τοιάδε· εἰ ἐς Ἀθηναίους εἶχε τὸ ἔπος εἰρημένον ἐόντως, οὐκ ἂν οὕτω μιν δοκέειν ἠπίως χρησθῆναι, ἀλλὰ ὧδε, ὦ σχετλίη Σαλαμίς, ἀντὶ τοῦ ὦ θείη Σαλαμίς, εἴ πέρ γε ἔμελλον οἱ οἰκήτορες ἀμφ' αὐτῇ τελευτήσειν. ἀλλὰ γὰρ ἐς τοὺς πολεμίους τῷ θεῷ εἰρῆσθαι τὸ χρηστήριον συλλαμβάνοντι κατὰ τὸ ὀρθόν, ἀλλ' οὐκ ἐς Ἀθηναίους. παρασκευάζεσθαι ὦν αὐτοὺς ὡς ναυμαχήσοντας συνεβούλευε, ὡς τούτου ἐόντος τοῦ ξυλίνου τείχεος. ταύτῃ Θεμιστοκλέος ἀποφαινομένου, Ἀθηναῖοι ταῦτά σφι ἔγνωσαν αἱρετώτερα εἶναι μᾶλλον ἢ τὰ τῶν χρησμολόγων, οἳ οὐκ ἔων ναυμαχίην ἀρτέεσθαι, τὸ δὲ σύμπαν εἶναι οὐδὲ χεῖρας ἀνταείρεσθαι, ἀλλὰ ἐκλιπόντας χώρην τὴν Ἀττικὴν ἄλλην τινὰ οἰκίζειν. 38. Ἑτέρη τε Θεμιστοκλέϊ γνώμη ἔμπροσθε ταύτης ἐς καιρὸν ἠρίστευσε, ὅτε Ἀθηναίοισι γενομένων χρημάτων μεγάλων ἐν τῷ κοινῷ, τὰ ἐκ τῶν μετάλλων σφι προσῆλθε τῶν ἀπὸ Λαυρείου, ἔμελλον λάξεσθαι ὀρχηδὸν ἕκαστος δέκα δραχμάς. τότε Θεμιστοκλέης ἀνέγνωσε Ἀθηναίους, τῆς διαιρέσιος ταύτης παυσαμένους, νέας τούτων τῶν χρημάτων ποιήσασθαι διηκοσίας ἐς τὸν πόλεμον, τὸν πρὸς Αἰγινήτας λέγων. οὗτος γὰρ ὁ πόλεμος συστὰς ἔσωσε τότε τὴν Ἑλλάδα, ἀναγκάσας θαλασσίους γενέσθαι Ἀθηναίους. αἱ δὲ ἐς τὸ μὲν ἐποιήθησαν οὐκ ἐχρήσθησαν, ἐς δέον δὲ οὕτω τῇ Ἑλλάδι ἐγένοντο. αὐταί τε δὴ αἱ νέες τοῖσι Ἀθηναίοισι προποιηθεῖσαι ὑπῆρχον, ἑτέρας τε ἔδεε προσναυπηγέεσθαι. ἔδοξέ τέ σφι μετὰ τὸ χρηστήριον βουλευομένοισι, ἐπιόντα ἐπὶ τὴν Ἑλλάδα τὸν βάρβαρον δέκεσθαι τῇσι νηυσὶ πανδημεί, τῷ θεῷ πειθομένους, ἅμα Ἑλλήνων τοῖσι βουλομένοισι.

39. Τὰ μὲν δὴ χρηστήρια ταῦτα τοῖσι Ἀθηναίοισι ἐγεγόνεε· συλλεγομένων δὲ ἐς τὠυτὸ τῶν περὶ τὴν Ἑλλάδα τὰ ἀμείνω φρονεόντων, καὶ διδόντων σφίσι λόγον καὶ πίστιν, ἐνθαῦτα ἐδόκεε βουλευομένοισι αὐτοῖσι πρῶτον μὲν χρημάτων πάντων καταλλάσσεσθαι τάς τε ἔχθρας καὶ τοὺς κατ' ἀλλήλους ἐόντας πολέμους. ἦσαν δὲ πρός τινας καὶ ἄλλους ἐγκεκρημένοι, ὁ δὲ ὦν μέγιστος Ἀθηναίοισί τε καὶ Αἰγινήτῃσι. μετὰ δὲ, πυνθανόμενοι Ξέρξεα σὺν τῷ

στρατῷ εἶναι ἐν Σάρδισι, ἐβουλεύσαντο κατασκόπους πέμπειν ἐς τὴν Ἀσίην τῶν βασιλέος πρηγμάτων, ἐς Ἄργος τε ἀγγέλους ὁμαιχμίην συνθησομένους πρὸς τὸν Πέρσην, καὶ ἐς Σικελίην ἄλλους πέμπειν παρὰ Γέλωνα τὸν Δεινομένεος, ἔς τε Κέρκυραν, κελεύσοντας βοηθέειν τῇ Ἑλλάδι, καὶ ἐς Κρήτην ἄλλους, φρονήσαντες εἴ κως ἕν τε γένοιτο τὸ Ἑλληνικὸν, καὶ εἰ συγκύψαντες τὠυτὸ πρήσσοιεν πάντες, ὡς δεινῶν ἐπιόντων ὁμοίως πᾶσι Ἕλλησι.

III. THE PASS OF THERMOPYLAE.

1. Οἱ δὲ Ἕλληνες ἐβουλεύοντο τῇ τε στήσονται τὸν πόλεμον, καὶ ἐν οἵοισι χώροισι. ἡ νικῶσα δὲ γνώμη ἐγένετο τὴν ἐν Θερμοπύλῃσι ἐσβολὴν φυλάξαι. στεινοτέρη γὰρ ἐφαίνετο ἐοῦσα τῆς ἐς Θεσσαλίην, καὶ μία, ἀγχοτέρη τε τῆς ἑωυτῶν. τὴν δὲ ἀτραπὸν, δι' ἣν ἥλωσαν οἱ ἁλόντες Ἑλλήνων ἐν Θερμοπύλῃσι, οὐδὲ ᾔδεσαν ἐοῦσαν πρότερον ἤπερ ἀπικόμενοι ἐς Θερμοπύλας ἐπύθοντο Τρηχινίων. ταύτην ὧν ἐβουλεύσαντο φυλάσσοντες τὴν ἐσβολὴν μὴ παριέναι ἐς τὴν Ἑλλάδα τὸν βάρβαρον, τὸν δὲ ναυτικὸν στρατὸν πλέειν γῆς τῆς Ἰστιαιήτιδος ἐπὶ Ἀρτεμίσιον. ταῦτα γὰρ ἀγχοῦ τε ἀλλήλων ἐστὶ, ὥστε πυνθάνεσθαι τὰ κατ' ἑκατέρους ἐόντα. **2.** Οἵ τε χῶροι οὕτω ἔχουσι· τοῦτο μὲν, τὸ Ἀρτεμίσιον, ἐκ τοῦ πελάγεος τοῦ Θρηϊκίου ἐξ εὐρέος συνάγεται ἐς στεινὸν ἐόντα τὸν πόρον τὸν μεταξὺ νήσου τε Σκιάθου καὶ ἠπείρου Μαγνησίης· ἐκ δὲ τοῦ στεινοῦ τῆς Εὐβοίης ἤδη τὸ Ἀρτεμίσιον δέκεται αἰγιαλὸς, ἐν δὲ Ἀρτέμιδος ἱρόν. ἡ δὲ αὖ διὰ Τρηχῖνος ἔσοδος ἐς τὴν Ἑλλάδα ἐστὶ, τῇ στεινοτάτῃ, ἡμίπλεθρον. οὐ μέντοι κατὰ τοῦτό γ' ἐστὶ τὸ στεινότατον τῆς χώρης τῆς ἄλλης, ἀλλ' ἔμπροσθέ τε Θερμοπυλέων καὶ ὄπισθε, κατά τε Ἀλπηνοὺς ὄπισθε ἐόντας ἐοῦσα ἁμαξιτὸς μούνη, καὶ ἔμπροσθε κατὰ Φοίνικα ποταμὸν ἀγχοῦ Ἀνθηλῆς πόλιος ἁμαξιτὸς ἄλλη μούνη. 3. τῶν δὲ Θερμοπυλέων τὸ μὲν πρὸς ἑσπέρης οὖρος ἄβατόν τε καὶ ἀπόκρημνον, ὑψηλὸν, ἀνατεῖνον ἐς τὴν Οἴτην, τὸ δὲ πρὸς τὴν ἠῶ τῆς ὁδοῦ θάλασσα ὑποδέκεται καὶ τενάγεα. ἔστι δὲ ἐν τῇ ἐσόδῳ ταύτῃ θερμὰ λουτρὰ, τὰ Χύτρους καλέουσι οἱ ἐπιχώριοι, καὶ βωμὸς ἵδρυται Ἡρακλέος ἐπ' αὐτοῖσι. ἐδέδμητο δὲ τεῖχος κατὰ ταύτας τὰς ἐσβολὰς, καὶ τό γε παλαιὸν πύλαι ἐπῆσαν. ἔδειμαν δὲ Φωκέες τὸ τεῖχος, δείσαντες, ἐπεὶ Θεσσαλοὶ ἦλθον ἐκ Θεσπρωτῶν οἰκήσοντες γῆν τὴν Αἰολίδα, τήν περ νῦν ἐκτέαται. ἅτε δὴ πειρωμένων τῶν Θεσσαλῶν καταστρέφεσθαί σφεας, τοῦτο προεφυλάξαντο οἱ Φωκέες· καὶ τὸ ὕδωρ τὸ θερμὸν τότε ἐπῆκαν ἐπὶ τὴν ἔσοδον, ὡς ἂν χαραδρωθείη ὁ χῶρος, πᾶν μηχανεόμενοι, ὅκως μή σφι ἐσβάλοιεν οἱ Θεσσαλοὶ ἐς τὴν χώρην. τὸ μέν νυν τεῖχος τὸ ἀρχαῖον ἐκ παλαιοῦ τε ἐδέδμητο, καὶ τὸ πλέον αὐτοῦ ἤδη ὑπὸ χρόνου ἐκέετο. 4. τοῖσι δὲ αὖτις ὀρθώσασι ἔδοξε ταύτῃ ἀπαμύνειν ἀπὸ τῆς Ἑλλάδος τὸν βάρβαρον. κώμη δέ ἐστι ἀγχοτάτω τῆς ὁδοῦ, Ἀλπηνοὶ οὔνομα· ἐκ ταύτης δὲ ἐπισιτιεῖσθαι ἐλογίζοντο οἱ Ἕλληνες. οἱ μέν νυν χῶροι οὗτοι τοῖσι Ἕλλησι εἶναι ἐφαίνοντο ἐπιτήδεοι. ἅπαντα γὰρ προσκεψάμενοι, καὶ ἐπιλογισθέντες ὅτι οὔτε πλήθεϊ ἕξουσι χρᾶσθαι οἱ βάρβαροι οὔτε ἵππῳ, ταύτῃ σφι ἔδοξε δέκεσθαι τὸν ἐπιόντα ἐπὶ τὴν Ἑλλάδα. ὡς δὲ ἐπύθοντο τὸν Πέρσην ἐόντα ἐν Πιερίῃ, διαλυθέντες ἐκ τοῦ Ἰσθμοῦ ἐστρατεύοντο αὐτῶν οἱ μὲν ἐς Θερμοπύλας πεζῇ, ἄλλοι δὲ κατὰ θάλασσαν ἐπ' Ἀρτεμίσιον.

5. Ὁ δὲ ναυτικὸς Ξέρξεω στρατὸς ὁρμεόμενος ἐκ Θέρμης πόλιος παρέβαλε νηυσὶ τῇσι ἄριστα πλεούσῃσι δέκα

ἰθὺ Σκιάθου, ἔνθα ἦσαν προφυλάσσουσαι νέες τρεῖς Ἑλληνίδες, Τροιζηνίη τε καὶ Αἰγιναίη καὶ Ἀττική. προϊδόντες δὲ οὗτοι τὰς νέας τῶν βαρβάρων, ἐς φυγὴν ὥρμησαν. 6. Τῶν δὲ δέκα νεῶν τῶν βαρβάρων τρεῖς ἐπήλασαν περὶ τὸ ἕρμα τὸ μεταξὺ ἐὸν Σκιάθου τε καὶ Μαγνησίης, καλεόμενον δὲ Μύρμηκα. ἐνθαῦτα οἱ βάρβαροι, ἐπειδὴ στήλην λίθου ἐπέθηκαν κομίσαντες ἐπὶ τὸ ἕρμα, ὁρμηθέντες αὐτοὶ ἐκ Θέρμης, ὥς σφι τὸ ἐμποδὼν ἐγεγόνεε καθαρόν, ἐπέπλεον πάσῃσι τῇσι νηυσί, ἕνδεκα ἡμέρας παρέντες μετὰ τὴν βασιλέος ἐξέλασιν ἐκ Θέρμης. τὸ δὲ ἕρμα σφι κατηγήσατο ἐὸν ἐν πόρῳ μάλιστα Πάμμων Σκύριος. πανημερὸν δὲ πλώοντες οἱ βάρβαροι ἐξανύουσι τῆς Μαγνησίης χώρης ἐπὶ Σηπιάδα τε καὶ τὸν αἰγιαλὸν τὸν μεταξὺ Κασθαναίης τε πόλιος ἐόντα καὶ Σηπιάδος ἀκτῆς. Μέχρι μέν νυν τούτου τοῦ χώρου καὶ Θερμοπυλέων ἀπαθής τε κακῶν ἦν ὁ στρατός.

7. Αἱ μὲν δὴ πρῶται τῶν νεῶν ὥρμεον πρὸς γῇ, ἄλλαι δ' ἐπ' ἐκείνῃσι ἐπ' ἀγκυρέων· ἅτε γὰρ τοῦ αἰγιαλοῦ ἐόντος οὐ μεγάλου, πρόκροσσαι ὡρμέοντο ἐς πόντον καὶ ἐπὶ ὀκτὼ νέας. ταύτην μὲν τὴν εὐφρόνην οὕτω· ἅμα δὲ ὄρθρῳ, ἐξ αἰθρίης τε καὶ νηνεμίης τῆς θαλάσσης ζεσάσης, ἐπέπεσέ σφι χειμών τε μέγας καὶ πολλὸς ἄνεμος ἀπηλιώτης, τὸν δὴ Ἑλλησποντίην καλέουσι οἱ περὶ ταῦτα τὰ χωρία οἰκημένοι. ὅσοι μέν νυν αὐτῶν αὐξόμενον ἔμαθον τὸν ἄνεμον, καὶ τοῖσι οὕτω εἶχε ὅρμου, οἱ δ' ἔφθησαν τὸν χειμῶνα ἀνασπάσαντες τὰς νέας, καὶ αὐτοί τε περιῆσαν καὶ αἱ νέες αὐτῶν· ὅσας δὲ τῶν νεῶν μεταρσίας ἔλαβε, τὰς μὲν ἐξέφερε πρὸς Ἰπνοὺς καλεομένους τοὺς ἐν Πηλίῳ, τὰς δὲ ἐς τὸν αἰγιαλόν. αἱ δὲ περὶ αὐτὴν τὴν Σηπιάδα περιέπιπτον, αἱ δὲ ἐς Μελίβοιαν πόλιν, αἱ δὲ ἐς Κασθαναίην ἐξεβράσσοντο. ἦν δὲ τοῦ χειμῶνος χρῆμα ἀφόρητον. 8. Λέγεται δὲ

λόγος, ὡς Ἀθηναῖοι τὸν Βορέην ἐκ θεοπροπίου ἐπεκαλέσαντο, ἐλθόντος σφι ἄλλου χρηστηρίου τὸν γαμβρὸν ἐπίκουρον καλέσασθαι. Βορέης δὲ κατὰ τὸν Ἑλλήνων λόγον ἔχει γυναῖκα Ἀττικήν, Ὠρείθυιαν τὴν Ἐρεχθέος. κατὰ δὴ τὸ κῆδος τοῦτο οἱ Ἀθηναῖοι, ὡς φάτις ὥρμηται, συμβαλλόμενοί σφι τὸν Βορέην γαμβρὸν εἶναι, ναυλοχέοντες τῆς Εὐβοίης ἐν Χαλκίδι, ὡς ἔμαθον αὐξόμενον τὸν χειμῶνα, ἢ καὶ πρὸ τούτου, ἔθυόν τε καὶ ἐπεκαλέοντο τόν τε Βορέην καὶ τὴν Ὠρείθυιαν τιμωρῆσαί σφι καὶ διαφθεῖραι τῶν βαρβάρων τὰς νέας, ὡς καὶ πρότερον περὶ Ἄθων. εἰ μέν νυν διὰ ταῦτα τοῖσι βαρβάροισι ὁρμέουσι ὁ Βορέης ἐπέπεσε, οὐκ ἔχω εἶπαι· οἱ δ' ὦν Ἀθηναῖοί σφι λέγουσι βοηθήσαντα τὸν Βορέην πρότερον καὶ τότε ἐκεῖνα κατεργάσασθαι, καὶ ἱρὸν ἀπελθόντες Βορέω ἱδρύσαντο παρὰ ποταμὸν Ἰλισσόν. 9. ἐν τούτῳ τῷ πόνῳ νέας οἱ ἐλαχίστας λέγουσι διαφθαρῆναι, τετρακοσιέων οὐκ ἐλάσσονας, ἄνδρας τε ἀναρίθμητους, χρημάτων τε πλῆθος ἄφθονον· ὥστε Ἀμεινοκλέϊ τῷ Κρητίνεω ἀνδρὶ Μάγνητι γηοχέοντι περὶ Σηπιάδα μεγάλως ἡ ναυηγίη αὕτη χρηστὴ ἐγένετο, ὃς πολλὰ μὲν χρύσεα ποτήρια ὑστέρῳ χρόνῳ ἐκβρασσόμενα ἀνείλετο, πολλὰ δὲ ἀργύρεα, θησαυρούς τε τῶν Περσέων εὗρε, ἄλλα τε [χρύσεα] ἄφατα χρήματα περιεβάλετο. ἀλλ' ὁ μὲν τἆλλα οὐκ εὐτυχέων εὑρήμασι μέγα πλούσιος ἐγένετο· ἦν γάρ τις καὶ τοῦτον ἄχαρις συμφορὴ λυπεῦσα παιδοφόνος. 10. σιταγωγῶν δὲ ὁλκάδων καὶ τῶν ἄλλων πλοίων διαφθειρομένων οὐκ ἐπῆν ἀριθμός, ὥστε δείσαντες οἱ στρατηγοὶ τοῦ ναυτικοῦ στρατοῦ, μή σφι κεκακωμένοισι ἐπιθέωνται οἱ Θεσσαλοί, ἕρκος ὑψηλὸν ἐκ τῶν ναυηγίων περιεβάλοντο. ἡμέρας γὰρ δὴ ἐχείμαζε τρεῖς· τέλος δὲ ἔντομά τε ποιεῦντες καὶ καταείδοντες γόησι τῷ ἀνέμῳ οἱ Μάγοι, πρὸς δὲ τούτοισι καὶ τῇ Θέτι καὶ τῇσι Νηρηΐσι θύοντες, ἔπαυσαν τετάρτῃ ἡμέρῃ, ἢ ἄλλως κως αὐτὸς ἐθέλων ἐκόπασε. τῇ δὲ Θέτι ἔθυον πυθόμενοι παρὰ τῶν Ἰώνων τὸν λόγον, ὡς ἐκ τοῦ χώρου τούτου ἁρπασθείη ὑπὸ Πηλέος, εἴη τε ἅπασα ἡ ἀκτὴ ἡ Σηπιὰς ἐκείνης τε καὶ τῶν ἄλλων Νηρηΐδων. 11. Ὁ μὲν δὴ τετάρτῃ ἡμέρῃ ἐπέπαυτο· τοῖσι δὲ Ἕλλησι οἱ ἡμεροσκόποι, ἀπὸ τῶν ἄκρων τῶν Εὐβοϊκῶν καταδραμόντες δευτέρῃ ἡμέρῃ ἀπ' ἧς ὁ χειμὼν ὁ πρῶτος ἐγένετο, ἐσήμαινον πάντα τὰ γενόμενα περὶ τὴν ναυηγίην. οἱ δὲ ὡς ἐπύθοντο, Ποσειδέωνι σωτῆρι εὐξάμενοι, καὶ σπονδὰς προχέαντες τὴν ταχίστην, ὀπίσω ἠπείγοντο ἐπὶ τὸ Ἀρτεμίσιον, ἐλπίσαντες ὀλίγας τινάς σφι ἀντιξόους ἔσεσθαι νέας. οἱ μὲν δὴ τὸ δεύτερον ἐλθόντες περὶ τὸ Ἀρτεμίσιον ἐναυλόχεον, Ποσειδέωνος σωτῆρος ἐπωνυμίην ἀπὸ τούτου ἔτι καὶ ἐς τόδε νομίζοντες. 12. Οἱ δὲ βάρβαροι, ὡς ἐπαύσατό τε ὁ ἄνεμος καὶ τὸ κῦμα ἔστρωτο, κατασπάσαντες τὰς νέας ἔπλεον παρὰ τὴν ἤπειρον, κάμψαντες δὲ τὴν ἄκρην τῆς Μαγνησίης, ἰθέαν ἔπλεον ἐς τὸν κόλπον τὸν ἐπὶ Παγασέων φέροντα. ἔστι δὲ χῶρος ἐν τῷ κόλπῳ τούτῳ τῆς Μαγνησίης, ἔνθα λέγεται τὸν Ἡρακλέα καταλειφθῆναι ὑπὸ Ἰήσονός τε καὶ τῶν συνεταίρων ἐκ τῆς Ἀργοῦς ἐπ' ὕδωρ πεμφθέντα, εὖτ' ἐπὶ τὸ κῶας ἔπλεον ἐς Αἶαν τὴν Κολχίδα· ἐνθεῦτεν γὰρ ἔμελλον ὑδρευσάμενοι ἐς τὸ πέλαγος ἀφήσειν, ἐπὶ τούτου δὲ τῷ χώρῳ οὔνομα γέγονε Ἀφεταί. ἐν τούτῳ ὦν ὅρμον οἱ Ξέρξεω ἐποιεῦντο.

13. Ξέρξης δὲ καὶ ὁ πεζὸς, πορευθεὶς διὰ Θεσσαλίης καὶ Ἀχαιίης, ἐσβεβληκὼς ἦν καὶ δὴ τριταῖος ἐς Μηλιέας· ἐν Θεσσαλίῃ μὲν ἅμιλλαν ποιησάμενος ἵππων τῶν ἑωυτοῦ, ἀποπειρεόμενος καὶ τῆς Θεσσαλίης ἵππου, πυθόμενος ὡς ἀρίστη εἴη τῶν ἐν Ἕλλησι· ἔνθα δὴ αἱ Ἑλληνίδες ἵπποι ἐλείποντο πολλόν. τῶν μέν νυν ἐν Θεσσαλίῃ ποταμῶν Ὀνόχωνος μοῦνος οὐκ ἀπέχρησε τῇ στρατιῇ τὸ ῥέεθρον

πινόμενος, τῶν δὲ ἐν Ἀχαιίη ποταμῶν ῥεόντων οὐδὲ ὅστις μέγιστος αὐτῶν ἐστὶ Ἠπιδανός, οὐδὲ οὗτος ἀντέσχε εἰ μὴ φλαύρως. 14. Ταῦτα μὲν τὰ ἐν Θεσσαλίῃ καὶ τὰ ἐν Ἀχαιίῃ· ἀπὸ δὲ τούτων τῶν χώρων ἤϊε ἐς τὴν Μηλίδα παρὰ κόλπον θαλάσσης, ἐν τῷ ἄμπωτίς τε καὶ ῥηχίη ἀνὰ πᾶσαν ἡμέρην γίνεται. περὶ δὲ τὸν κόλπον τοῦτόν ἐστι χῶρος πεδινός, τῇ μὲν εὐρύς, τῇ δὲ καὶ κάρτα στεινός. περὶ δὲ τὸν χῶρον οὔρεα ὑψηλὰ καὶ ἄβατα περικληΐει πᾶσαν τὴν Μηλίδα γῆν, Τρηχίνιαι πέτραι καλεόμεναι. πρώτη μέν νυν πόλις ἐστὶ ἐν τῷ κόλπῳ ἰόντι ἀπ' Ἀχαιίης Ἀντικύρη, παρ' ἣν ποταμὸς Σπερχειὸς ῥέων ἐξ Ἐνιήνων ἐς θάλασσαν ἐκδιδοῖ. ἀπὸ δὲ τούτου διὰ εἴκοσί κου σταδίων ἄλλος ποταμός, τῷ οὔνομα κέεται Δύρας, τὸν βοηθέοντα τῷ Ἡρακλέϊ καιομένῳ λόγος ἐστὶ ἀναφανῆναι. ἀπὸ δὲ τούτου δι' ἄλλων εἴκοσι σταδίων ἄλλος ποταμός ἐστι, ὃς καλέεται Μέλας. 15. Τρηχὶς δὲ πόλις ἀπὸ τοῦ Μέλανος τούτου ποταμοῦ πέντε στάδια ἀπέχει. ταύτῃ δὲ καὶ εὐρύτατόν ἐστι πάσης τῆς χώρης ταύτης ἐκ τῶν οὐρέων ἐς θάλασσαν, κατ' ἃ Τρηχὶς πεπόλισται· δισχίλιά τε γὰρ καὶ δισμύρια πλέθρα τοῦ πεδίου ἐστί. τοῦ δὲ οὔρεος, τὸ περικληΐει τὴν γῆν τὴν Τρηχινίην, ἔστι διασφὰξ πρὸς μεσαμβρίην Τρηχῖνος, διὰ δὲ τῆς διασφάγος Ἀσωπὸς ποταμὸς ῥέει παρὰ τὴν ὑπώρεαν τοῦ οὔρεος. 16. Ἔστι δὲ ἄλλος Φοῖνιξ ποταμὸς οὐ μέγας πρὸς μεσαμβρίην τοῦ Ἀσωποῦ, ὃς ἐκ τῶν οὐρέων τούτων ῥέων ἐς τὸν Ἀσωπὸν ἐκδιδοῖ. κατὰ δὲ τὸν Φοίνικα ποταμὸν στεινότατόν ἐστι· ἁμαξιτὸς γὰρ μία μούνη δέδμηται. ἀπὸ δὲ τοῦ Φοίνικος ποταμοῦ πεντεκαίδεκα στάδιά ἐστι ἐς Θερμοπύλας. ἐν δὲ τῷ μεταξὺ Φοίνικος ποταμοῦ καὶ Θερμοπυλέων κώμη τέ ἐστι, τῇ οὔνομα Ἀνθήλη κέεται, παρ' ἣν δὴ παραρρέων ὁ Ἀσωπὸς ἐς θάλασσαν ἐκδιδοῖ, καὶ χῶρος περὶ αὐτὴν εὐρύς, ἐν τῷ Δήμητρός τε ἰρὸν Ἀμφικτυονίδος ἵδρυται, καὶ ἕδραι εἰσὶ Ἀμφικτύοσι καὶ αὐτοῦ τοῦ Ἀμφικτύονος ἱρόν. 17. Βασιλεὺς μὲν δὴ Ξέρξης ἐστρατοπεδεύετο τῆς Μηλίδος ἐν τῇ Τρηχινίῃ, οἱ δὲ δὴ Ἕλληνες ἐν τῇ διόδῳ. καλέεται δὲ ὁ χῶρος οὗτος ὑπὸ μὲν τῶν πλεόνων Ἑλλήνων Θερμοπύλαι, ὑπὸ δὲ τῶν ἐπιχωρίων καὶ περιοίκων Πύλαι. ἐστρατοπεδεύοντο μέν νυν ἑκάτεροι ἐν τούτοισι τοῖσι χωρίοισι· ἐπεκράτεε δὲ ὁ μὲν τῶν πρὸς βορέην ἄνεμον ἐχόντων πάντων μέχρι Τρηχῖνος, οἱ δὲ τῶν πρὸς νότον καὶ μεσαμβρίην φερόντων τὸ ἐπὶ ταύτης τῆς ἠπείρου. 18. Ἦσαν δὲ οἵδε Ἑλλήνων οἱ ὑπομένοντες τὸν Πέρσην ἐν τούτῳ τῷ χώρῳ· Σπαρτιητέων τε τριηκόσιοι ὁπλῖται, καὶ Τεγεητέων καὶ Μαντινέων χίλιοι, ἡμίσεες ἑκατέρων, ἐξ Ὀρχομενοῦ τε τῆς Ἀρκαδίης εἴκοσι καὶ ἑκατόν, καὶ ἐκ τῆς λοιπῆς Ἀρκαδίης χίλιοι· τοσοῦτοι μὲν Ἀρκάδων, ἀπὸ δὲ Κορίνθου τετρακόσιοι καὶ ἀπὸ Φλιοῦντος διηκόσιοι καὶ Μυκηναίων ὀγδώκοντα· οὗτοι μὲν ἀπὸ Πελοποννήσου παρῆσαν, ἀπὸ δὲ Βοιωτῶν Θεσπιέων τε ἑπτακόσιοι καὶ Θηβαίων τετρακόσιοι. 19. πρὸς τούτοισι ἐπίκλητοι ἐγένοντο Λοκροί τε οἱ Ὀπούντιοι πανστρατιῇ, καὶ Φωκέων χίλιοι. αὐτοὶ γάρ σφεας οἱ Ἕλληνες ἐπεκαλέσαντο, λέγοντες δι' ἀγγέλων ὡς αὐτοὶ μεν ἥκοιεν πρόδρομοι τῶν ἄλλων, οἱ δὲ λοιποὶ τῶν συμμάχων πρόσδόκιμοι πᾶσαν εἶεν ἡμέρην· ἡ θάλασσά τέ σφι εἴη ἐι φυλακῇ, ὑπ' Ἀθηναίων τε φρουρεομένη καὶ Αἰγινητέων καὶ τῶν ἐς τὸν ναυτικὸν στρατὸν ταχθέντων, καί σφι εἴη δεινὸι οὐδέν· οὐ γὰρ θεὸν εἶναι τὸν ἐπιόντα ἐπὶ τὴν Ἑλλάδα, ἀλλ' ἄνθρωπον· εἶναι δὲ θνητὸν οὐδένα οὐδὲ ἔσεσθαι, τῷ κακὸν ἐξ ἀρχῆς γινομένῳ οὐ συνεμίχθη, τοῖσι δὲ μεγίστοισι αὐτῶν μέγιστα· ὀφείλειν ὦν καὶ τὸν ἐπελαύνοντα, ὡς ἐόντα θνητὸν, ἀπὸ τῆς δόξης πεσεῖν ἄν. Οἱ δὲ ταῦτα πυνθανόμενοι ἐβοήθεον ἐς τὴν Τρηχῖνα. 20. Τούτοισι ἦσαν μέι νῦν καὶ ἄλλοι στρατηγοὶ κατὰ πόλιας ἑκάστων· ὁ δὲ θωυμαζόμενος μάλιστα, καὶ παντὸς τοῦ στρατεύματος ἡγεύμενος, Λακεδαιμόνιος ἦν Λεωνίδης ὁ Ἀναξανδρίδεω τοῦ Λέοντος τοῦ Εὐρυκρατίδεω τοῦ Ἀναξάνδρου τοῦ Εὐρυκράτεος τοῦ Πολυδώρου τοῦ Ἀλκαμένεος τοῦ Τηλέκλου τοῦ Ἀρχέλεω τοῦ Ἡγησίλεω τοῦ Δορύσσου τοῦ Λεωβώτεω τοῦ Ἐχεστράτου τοῦ Ἤγιος τοῦ Εὐρυσθένεος τοῦ Ἀριστοδήμου τοῦ Ἀριστομάχου τοῦ Κλεοδαίου τοῦ Ὕλλου τοῦ Ἡρακλέος, κτησάμενος τὴν βασιληίην ἐν Σπάρτῃ ἐξ ἀπροσδοκήτου. **21.** διξῶν γάρ οἱ ἐόντων πρεσβυτέρων ἀδελφεῶν, Κλεομένεός τε καὶ Δωριέος, ἀπελήλατο τῆς φροντίδος περὶ τῆς βασιληίης. ἀποθανόντος δὲ Κλεομένεος ἄπαιδος ἔρσενος γόνου, Δωριέος τε οὐκέτι ἐόντος, ἀλλὰ τελευτήσαντος καὶ τούτου ἐν Σικελίῃ, οὕτω δὴ ἐς Λεωνίδην ἀνέβαινε ἡ βασιληίη, καὶ διότι πρότερος ἐγεγόνεε Κλεομβρότου (οὗτος γὰρ ἦν νεώτατος Ἀναξανδρίδεω παῖς), καὶ δὴ καὶ εἶχε Κλεομένεος θυγατέρα. ὃς τότε ἤιε ἐς Θερμοπύλας, ἐπιλεξάμενος ἄνδρας τε τοὺς κατεστεῶτας τριηκοσίους, καὶ τοῖσι ἐτύγχανον παῖδες ἐόντες. **22.** παραλαβὼν δὲ ἀπίκετο καὶ Θηβαίων τοὺς ἐς τὸν ἀριθμὸν λογισάμενος εἶπον, τῶν ἐστρατήγεε Λεοντιάδης ὁ Εὐρυμάχου. τοῦδε δὲ εἴνεκεν τούτους σπουδὴν ἐποιήσατο Λεωνίδης μούνους Ἑλλήνων παραλαβεῖν, ὅτι σφέων μεγάλως κατηγόρητο μηδίζειν. παρεκάλεε ὦν ἐς τὸν πόλεμον, ἐθέλων εἰδέναι εἴτε συμπέμψουσι εἴτε καὶ ἀπερέουσι ἐκ τοῦ ἐμφανέος τὴν Ἑλλήνων συμμαχίην· οἱ δὲ ἀλλοφρονέοντες ἔπεμπον. **23.** Τούτους μὲν τοὺς ἀμφὶ Λεωνίδην πρώτους ἀπέπεμψαν Σπαρτιῆται, ἵνα τούτους ὁρῶντες οἱ ἄλλοι σύμμαχοι στρατεύωνται, μηδὲ καὶ οὗτοι μηδίσωσι, ἢν αὐτοὺς πυνθάνωνται ὑπερβαλλομένους· μετὰ δὲ, Κάρνεια γάρ σφι ἦν ἐμποδὼν, ἔμελλον ὁρτάσαντες, καὶ φυλακὰς λιπόντες ἐν τῇ Σπάρτῃ, κατὰ τάχος βοηθήσειν πανδημεί. ὡς δὲ καὶ οἱ λοιποὶ τῶν συμμάχων ἐνένωντο καὶ αὐτοὶ ἕτερα τοιαῦτα ποιήσειν· ἦν γὰρ κατὰ τὠυτὸ Ὀλυμπιὰς τούτοισι τοῖσι πρήγμασι συμπεσοῦσα. οὐκ ὦν δοκέοντες κατὰ τάχος οὕτω διακριθήσεσθαι τὸν ἐν Θερμοπύλῃσι πόλεμον, ἔπεμπον τοὺς προδρόμους. **24.** Οὗτοι μὲν δὴ οὕτω διενένωντο ποιήσειν· οἱ δὲ ἐν Θερμοπύλῃσι Ἕλληνες, ἐπειδὴ πέλας ἐγένετο τῆς ἐσβολῆς ὁ Πέρσης, καταρρωδέοντες ἐβουλεύοντο περὶ ἀπαλλαγῆς. τοῖσι μέν νυν ἄλλοισι Πελοποννησίοισι ἐδόκεε, ἐλθοῦσι ἐς Πελοπόννησον, τὸν Ἰσθμὸν ἔχειν ἐν φυλακῇ· Λεωνίδης δὲ, Φωκέων καὶ Λοκρῶν περισπερχεόντων τῇ γνώμῃ ταύτῃ, αὐτοῦ τε μένειν ἐψηφίζετο, πέμπειν τε ἀγγέλους ἐς τὰς πόλιας κελεύοντάς σφι ἐπιβοηθέειν, ὡς ἐόντων αὐτῶν ὀλίγων στρατὸν τὸν Μήδων ἀλέξασθαι. **25.** Ταῦτα βουλευομένων σφέων, ἔπεμπε Ξέρξης κατάσκοπον ἱππέα, ἰδέσθαι ὁκόσοι τέ εἰσι καὶ ὅ τι ποιέοιεν. ἠκηκόεε δὲ, ἔτι ἐὼν ἐν Θεσσαλίῃ, ὡς ἡλισμένη εἴη ταύτῃ στρατιὴ ὀλίγη, καὶ τοὺς ἡγεμόνας ὡς εἴησαν Λακεδαιμόνιοί τε καὶ Λεωνίδης ἐὼν γένος Ἡρακλείδης. ὡς δὲ προσήλασε ὁ ἱππεὺς πρὸς τὸ στρατόπεδον, ἐθηεῖτό τε καὶ κατώρα πᾶν μὲν οὐ τὸ στρατόπεδον· τοὺς γὰρ ἔσω τεταγμένους τοῦ τείχεος, τὸ ἀνορθώσαντες εἶχον ἐν φυλακῇ, οὐκ οἷά τε ἦν κατιδέσθαι· ὁ δὲ τοὺς ἔξω ἐμάνθανε, τοῖσι πρὸ τοῦ τείχεος τὰ ὅπλα ἐκέετο. ἔτυχον δὲ τοῦτον τὸν χρόνον Λακεδαιμόνιοι ἔξω τεταγμένοι. τοὺς μὲν δὴ ὥρα γυμναζομένους τῶν ἀνδρῶν, τοὺς δὲ τὰς κόμας κτενιζομένους. ταῦτα δὴ θηεύμενος ἐθώυμαζε, καὶ τὸ πλῆθος ἐμάνθανε. μαθὼν δὲ πάντα ἀτρεκέως, ἀπήλαυνε ὀπίσω κατ' ἡσυχίην· οὔτε γάρ τις ἐδίωκε, ἀλογίης τε ἐκύρησε πολλῆς· ἀπελθὼν δὲ ἔλεγε πρὸς Ξέρξεα τά περ ὀπώπεε πάντα. **26.** ἀκούων δὲ Ξέρξης οὐκ εἶχε συμβαλέοθαι τὸ ἐὸν, ὅτι παρασκευάζοιντο ὡς ἀπολεύμενοί τε καὶ ἀπολέοντες κατὰ δύναμιν· ἀλλ' αὐτῷ γελοῖα γὰρ ἐφαίνοντο ποιέειν, μετεπέμψατο Δημάρητον τὸν Ἀρίστωνος, ἐόντα ἐν τῷ στρατοπέδῳ. ἀπικόμενον δέ μιν εἰρώτα Ξέρξης ἕκαστα τούτων, ἐθέλων μαθεῖν τὸ ποιεύμενον πρὸς τῶν Λακεδαιμονίων. ὁ δὲ εἶπε· "Ἤκουσας μέν μευ καὶ πρότερον, εὖτε ὡρμῶμεν ἐπὶ τὴν Ἑλλάδα, περὶ τῶν ἀνδρῶν τούτων· ἀκούσας δὲ γελωτά με ἔθευ λέγοντα τῇ περ ὥρων ἐκβησόμενα πρήγματα ταῦτα. ἐμοὶ γὰρ τὴν ἀληθείην ἀσκέειν ἀντία σεῦ, ὦ βασιλεῦ, ἀγὼν μέγιστός ἐστι. ἄκουσον δὲ καὶ νῦν. 27. οἱ ἄνδρες οὗτοι ἀπίκαται μαχεσόμενοι ἡμῖν περὶ τῆς ἐσόδου, καὶ ταῦτα παρασκευάζονται. νόμος γάρ σφι οὕτω ἔχων ἐστί· ἐπεὰν μέλλωσι κινδυνεύειν τῇ ψυχῇ, τότε τὰς κεφαλὰς κοσμέονται. ἐπίστασο δέ, εἰ τούτους τε καὶ τὸ ὑπομένον ἐν Σπάρτῃ καταστρέψεαι, ἔστι οὐδὲν ἄλλο ἔθνος ἀνθρώπων τό σε, βασιλεῦ, ὑπομενέει χεῖρας ἀνταειρόμενον· νῦν γὰρ πρὸς βασιληίην τε καλλίστην τῶν ἐν Ἕλλησι προσφέρεαι, καὶ ἄνδρας ἀρίστους. Κάρτα τε δὴ ἄπιστα Ξέρξῃ ἐφαίνετο τὰ λεγόμενα εἶναι, καὶ δεύτερα ἐπειρώτα, ὄντινα τρόπον τοσοῦτοι ἐόντες τῇ ἑωυτοῦ στρατιῇ μαχέσονται. ὁ δὲ εἶπε· Ὦ βασιλεῦ, ἐμοὶ χρᾶσθαι ὡς ἀνδρὶ ψεύστῃ, ἢν μὴ ταῦτά τοι ταύτῃ ἐκβῇ, τῇ ἐγὼ λέγω. ταῦτα λέγων οὐκ ἔπειθε τὸν Ξέρξεα.

28. Τέσσερας μὲν δὴ παρεξῆκε ἡμέρας, ἐλπίζων αἰεί σφεας ἀποδρήσεσθαι. πέμπτῃ δέ, ὡς οὐκ ἀπαλλάσσοντο, ἀλλά οἱ ἐφαίνοντο ἀναιδείῃ τε καὶ ἀβουλίῃ διαχρεόμενοι μένειν, πέμπει ἐπ' αὐτοὺς Μήδους τε καὶ Κισσίους θυμωθείς, ἐντειλάμενός σφεας ζωγρήσαντας ἄγειν ἐς ὄψιν τὴν ἑωυτοῦ. ὡς δ' ἐπέπεσον φερόμενοι ἐς τοὺς Ἕλληνας οἱ Μῆδοι, ἔπιπτον πολλοί· ἄλλοι δ' ἐπεσῄισαν καὶ οὐκ ἀπηλαύνον, καίπερ μεγάλως προσπταίοντες. δῆλον δ' ἐποίευν

παντὶ τεῳ καὶ οὐκ ἥκιστα αὐτῷ βασιλέϊ, ὅτι πολλοὶ μὲν ἄνθρωποι εἶεν, ὀλίγοι δὲ ἄνδρες. ἐγίνετο δὲ ἡ συμβολὴ δι᾽ ἡμέρης. 29. ἐπείτε δὲ οἱ Μῆδοι τρηχέως περιείποντο, ἐνθαῦτα οὗτοι μὲν ὑπεξήϊσαν, οἱ δὲ Πέρσαι ἐκδεξάμενοι ἐπήϊσαν, τοὺς ἀθανάτους ἐκάλεε βασιλεὺς, τῶν ἦρχε Ὑδάρνης, ὡς δὴ οὗτοί γε εὐπετέως κατεργασόμενοι. ὡς δὲ καὶ οὗτοι συνέμισγον τοῖσι Ἕλλησι, οὐδὲν πλέον ἐφέροντο τῆς στρατιῆς τῆς Μηδικῆς, ἀλλὰ τὰ αὐτὰ, ἅτε ἐν στεινοπόρῳ τε χώρῳ μαχόμενοι, καὶ δούρασι βραχυτέροισι χρεόμενοι ἤπερ οἱ Ἕλληνες, καὶ οὐκ ἔχοντες πλήθεϊ χρήσασθαι.

30. Λακεδαιμόνιοι δὲ ἐμάχοντο ἀξίως λόγου, ἄλλα τε ἀποδεικνύμενοι ἐν οὐκ ἐπισταμένοισι μάχεσθαι ἐξεπιστάμενοι, καὶ ὅκως ἐντρέψειαν τὰ νῶτα, ἁλέες φεύγεσκον δῆθεν· οἱ δὲ βάρβαροι ὁρέοντες φεύγοντας βοῇ τε καὶ πατάγῳ ἐπήϊσαν, οἱ δ᾽ ἂν καταλαμβανόμενοι ὑπέστρεφον ἀντίοι εἶναι τοῖσι βαρβάροισι, μεταστρεφόμενοι δὲ κατέβαλλον πλήθεϊ ἀναριθμήτους τῶν Περσέων· ἔπιπτον δὲ καὶ αὐτῶν τῶν Σπαρτιητέων ἐνθαῦτα ὀλίγοι. ἐπεὶ δὲ οὐδὲν ἐδυνέατο παραλαβεῖν οἱ Πέρσαι τῆς ἐσόδου, πειρεόμενοι καὶ κατὰ τέλεα καὶ παντοίως προσβάλλοντες, ἀπήλαυνον ὀπίσω.

31. Ἐν ταύτῃσι τῇσι προσόδοισι τῆς μάχης λέγεται βασιλέα θηεύμενον τρὶς ἀναδραμεῖν ἐκ τοῦ θρόνου, δείσαντα περὶ τῇ στρατιῇ. τότε μὲν οὕτω ἠγωνίσαντο, τῇ δ᾽ ὑστεραίῃ οἱ βάρβαροι οὐδὲν ἄμεινον ἀέθλεον· ἅτε γὰρ ὀλίγων ἐόντων, ἐλπίσαντές σφεας κατατετρωματίσθαι τε καὶ οὐκ οἵους τε ἔσεσθαι ἔτι χεῖρας ἀνταείρασθαι, συνέβαλλον. οἱ δὲ Ἕλληνες κατὰ τάξις τε καὶ κατὰ ἔθνεα κεκοσμημένοι ἦσαν, καὶ ἐν μέρεϊ ἕκαστοι ἐμάχοντο, πλὴν Φωκέων· οὗτοι δὲ ἐς τὸ οὖρος ἐτάχθησαν φυλάξοντες τὴν ἀτραπόν. ὡς δὲ οὐδὲν εὕρισκον ἀλλοιότερον οἱ Πέρσαι ἢ τῇ προτεραίῃ ἐνώ-

ρων, ἀπήλαυνον. 32. Ἀπορέοντος δὲ βασιλέος ὅ τι χρήσηται τῷ παρεόντι πρήγματι, Ἐπιάλτης ὁ Εὐρυδήμου ἀνὴρ Μηλιεὺς ἦλθέ οἱ ἐς λόγους, ὡς μέγα τι παρὰ βασιλέος δοκέων οἴσεσθαι, ἔφρασέ τε τὴν ἀτραπὸν τὴν διὰ τοῦ οὔρεος φέρουσαν ἐς Θερμοπύλας, καὶ διέφθειρε τοὺς ταύτῃ ὑπομείναντας Ἑλλήνων. ὕστερον δὲ δείσας Λακεδαιμονίους ἔφυγε ἐς Θεσσαλίην, καί οἱ φυγόντι ὑπὸ τῶν Πυλαγόρων, τῶν Ἀμφικτυόνων ἐς τὴν Πυλαίην συλλεγομένων, ἀργύριον ἐπεκηρύχθη. χρόνῳ δὲ ὕστερον, κατῆλθε γὰρ ἐς Ἀντικύρην, ἀπέθανε ὑπὸ Ἀθηνάδεω, ἀνδρὸς Τρηχινίου. ὁ δὲ Ἀθηνάδης οὗτος ἀπέκτεινε μὲν Ἐπιάλτην δι' ἄλλην αἰτίην, τὴν ἐγὼ ἐν τοῖσι ὄπισθε λόγοισι σημανέω, ἐτιμήθη μέντοι ὑπὸ Λακεδαιμονίων οὐδὲν ἔσσον. Ἐπιάλτης μὲν οὕτω ὕστερον τούτων ἀπέθανε. 33. Ἔστι δὲ ἕτερος λεγόμενος λόγος, ὡς Ὀνήτης τε ὁ Φαναγόρεω ἀνὴρ Καρύστιος καὶ Κορύδαλος Ἀντικυρεύς εἰσι οἱ εἴπαντες πρὸς βασιλέα τούτους τοὺς λόγους, καὶ περιηγησάμενοι τὸ οὖρος τοῖσι Πέρσῃσι, οὐδαμῶς ἔμοιγε πιστός. τοῦτο μὲν γὰρ τῇδε χρὴ σταθμώσασθαι, ὅτι οἱ τῶν Ἑλλήνων Πυλαγόροι ἐπεκήρυξαν οὐκ ἐπὶ Ὀνήτῃ τε καὶ Κορυδαλῷ ἀργύριον, ἀλλ' ἐπὶ Ἐπιάλτῃ τῷ Τρηχινίῳ, πάντως κου τὸ ἀτρεκέστατον πυθόμενοι, τοῦτο δὲ φεύγοντα τὸν Ἐπιάλτην ταύτην τὴν αἰτίην οἴδαμεν. εἰδείη μὲν γὰρ ἂν, καὶ ἐὼν μὴ Μηλιεὺς, ταύτην τὴν ἀτραπὸν Ὀνήτης, εἰ τῇ χώρῃ πολλὰ ὡμιληκὼς εἴη· ἀλλ' Ἐπιάλτης γάρ ἐστι ὁ περιηγησάμενος τὸ οὖρος κατὰ τὴν ἀτραπὸν, τοῦτον αἴτιον γράφω.

34. Ξέρξης δὲ, ἐπεί οἱ ἤρεσε τὰ ὑπέσχετο ὁ Ἐπιάλτης κατεργάσεσθαι, αὐτίκα περιχαρὴς γενόμενος ἔπεμπε Ὑδάρνεα καὶ τῶν ἐστρατήγεε Ὑδάρνης. ὡρμέατο δὲ περὶ λύχνων ἁφὰς ἐκ τοῦ στρατοπέδου. τὴν δὲ ἀτραπὸν ταύτην ἐξεῦρον μὲν οἱ ἐπιχώριοι Μηλιέες, ἐξευρόντες δὲ Θεσσα-

λοῖσι κατηγήσαντο ἐπὶ Φωκέας τότε ὅτε οἱ Φωκέες, φράξαντες τείχει τὴν ἐσβολὴν, ἦσαν ἐν σκέπῃ τοῦ πολέμου· ἔκ τε τοσοῦδε κατεδέδεκτο ἐοῦσα οὐδὲν χρηστὴ Μηλιεῦσι. 35. Ἔχει δὲ ὧδε ἡ ἀτραπὸς αὕτη· ἄρχεται μὲν ἀπὸ τοῦ Ἀσωποῦ ποταμοῦ τοῦ διὰ τῆς διασφάγος ῥέοντος· οὔνομα δὲ τῷ οὔρεϊ τούτῳ καὶ τῇ ἀτραπῷ τὠυτὸ κέεται, Ἀνόπαια· τείνει δὲ ἡ Ἀνόπαια αὕτη κατὰ ῥάχιν τοῦ οὔρεος, λήγει δὲ κατά τε Ἀλπηνὸν πόλιν, πρώτην ἐοῦσαν τῶν Λοκρίδων πρὸς τῶν Μηλιέων, καὶ κατὰ Μελάμπυγόν τε καλεόμενον λίθον καὶ κατὰ Κερκώπων ἕδρας, τῇ καὶ τὸ στεινότατόν ἐστι. 36. κατὰ ταύτην δὴ τὴν ἀτραπὸν καὶ οὕτω ἔχουσαν οἱ Πέρσαι, τὸν Ἀσωπὸν διαβάντες, ἐπορεύοντο πᾶσαν τὴν νύκτα, ἐν δεξιῇ μὲν ἔχοντες οὔρεα τὰ Οἰταίων, ἐν ἀριστερῇ δὲ τὰ Τρηχινίων· ἠώς τε δὴ διέφαινε, καὶ ἐγένοντο ἐπ' ἀκρωτηρίῳ τοῦ οὔρεος. κατὰ δὲ τοῦτο τοῦ οὔρεος ἐφύλασσον, ὡς καὶ πρότερόν μοι δεδήλωται, Φωκέων χίλιοι ὁπλῖται, ῥυόμενοί τε τὴν σφετέρην χώρην καὶ φρουρέοντες τὴν ἀτραπόν. ἡ μὲν γὰρ κάτω ἐσβολὴ ἐφυλάσσετο ὑπ' ὧν εἴρηται, τὴν δὲ διὰ τοῦ οὔρεος ἀτραπὸν ἐθελονταὶ Φωκέες ὑποδεξάμενοι Λεωνίδῃ ἐφύλασσον. 37. Ἔμαθον δέ σφεας οἱ Φωκέες ὧδε ἀναβεβηκότας· ἀναβαίνοντες γὰρ ἐλάνθανον οἱ Πέρσαι τὸ οὖρος πᾶν ἰὸν δρυῶν ἐπίπλεον. ἦν μὲν δὴ νηνεμίη, ψόφου δὲ γινομένου πολλοῦ, ὡς οἰκὸς ἦν φύλλων ὑποκεχυμένων ὑπὸ τοῖσι ποσὶ, ἀνά τε ἔδραμον οἱ Φωκέες καὶ ἐνέδυνον τὰ ὅπλα, καὶ αὐτίκα οἱ βάρβαροι παρῆσαν. ὡς δὲ εἶδον ἄνδρας ἐνδυομένους ὅπλα, ἐν θώυματι ἐγένοντο· ἐλπόμενοι γὰρ οὐδέν σφι φανήσεσθαι ἀντίξοον, ἐνεκύρησαν στρατῷ. 38. ἐνθαῦτα Ὑδάρνης, καταρρωδήσας μὴ οἱ Φωκέες ἔωσι Λακεδαιμόνιοι, εἴρετο τὸν Ἐπιάλτην ὁποδαπὸς εἴη ὁ στρατός. πυθόμενος δὲ ἀτρεκέως, διέτασσε τοὺς Πέρσας ὡς ἐς μάχην. οἱ δὲ Φωκέες, ὡς ἐβάλλοντο τοῖσι τοξεύμασι πολλοῖσί τε καὶ πυκνοῖσι, οἴχοντο φεύγοντες ἐπὶ τοῦ οὔρεος τὸν κόρυμβον, ἐπιστάμενοι ὡς ἐπὶ σφέας ὡρμήθησαν ἀρχήν, καὶ παρεσκευάδατο ὡς ἀπολεόμενοι. οὗτοι μὲν δὴ ταῦτα ἐφρόνεον, οἱ δὲ ἀμφὶ Ἐπιάλτεα καὶ Ὑδάρνεα Πέρσαι Φωκέων μὲν οὐδένα λόγον ἐποιεῦντο, οἱ δὲ κατέβαινον τὸ οὖρος κατὰ τάχος. 39. Τοῖσι δὲ ἐν Θερμοπύλῃσι ἐοῦσι Ἑλλήνων πρῶτον μὲν ὁ μάντις Μεγιστίης, ἐσιδὼν ἐς τὰ ἱρά, ἔφρασε τὸν μέλλοντα ἔσεσθαι ἅμα ἠοῖ σφι θάνατον. ἐπὶ δὲ καὶ αὐτόμολοι ἦσαν οἱ ἐξαγγείλαντες τῶν Περσέων τὴν περίοδον. οὗτοι μὲν ἔτι νυκτὸς ἐσήμηναν, τρίτοι δὲ οἱ ἡμεροσκόποι καταδραμόντες ἀπὸ τῶν ἄκρων, ἤδη διαφαινούσης ἡμέρης. ἐνθαῦτα ἐβουλεύοντο οἱ Ἕλληνες, καί σφεων ἐσχίζοντο αἱ γνῶμαι· οἱ μὲν γὰρ οὐκ ἔων τὴν τάξιν ἐκλιπεῖν, οἱ δὲ ἀντέτεινον. μετὰ δὲ τοῦτο διακριθέντες, οἱ μὲν ἀπαλλάσσοντο καὶ διασκεδασθέντες κατὰ πόλις ἕκαστοι ἐτράποντο, οἱ δὲ αὐτῶν ἅμα Λεωνίδῃ μένειν αὐτοῦ παρεσκευάδατο. 40. λέγεται δὲ καὶ ὡς αὐτός σφεας ἀπέπεμψε Λεωνίδης, μὴ ἀπόλωνται κηδόμενος· αὐτῷ δὲ καὶ Σπαρτιητέων τοῖσι παρεοῦσι οὐκ ἔχειν εὐπρεπέως ἐκλιπεῖν τὴν τάξιν, ἐς τὴν ἦλθον φυλάξοντες ἀρχήν. ταύτῃ καὶ μᾶλλον τῇ γνώμῃ πλεῖστός εἰμι, Λεωνίδην, ἐπείτε αἴσθετο τοὺς συμμάχους ἐόντας ἀπροθύμους, καὶ οὐκ ἐθέλοντας συνδιακινδυνεύειν, κελεῦσαί σφεας ἀπαλλάσσεσθαι, αὐτῷ δὲ ἀπιέναι οὐ καλῶς ἔχειν. μένοντι δὲ αὐτοῦ κλέος μέγα ἐλείπετο, καὶ ἡ Σπάρτης εὐδαιμονίη οὐκ ἐξηλείφετο. 41. ἐκέχρηστο γὰρ ὑπὸ τῆς Πυθίης τοῖσι Σπαρτιήτῃσι χρεομένοισι περὶ τοῦ πολέμου τούτου αὐτίκα κατ' ἀρχὰς ἐγειρομένου, ἢ Λακεδαίμονα ἀνάστατον γενέσθαι ὑπὸ τῶν βαρβάρων, ἢ τὸν βασιλέα σφέων ἀπολέσθαι. ταῦτα δέ σφι ἐν ἔπεσι ἑξαμέτροισι χρᾷ, ἔχοντα ὧδε·

The Pass of Thermopylae. [HEROD.

'Υμῖν δ', ὦ Σπάρτης οἰκήτορες εὐρυχόροιο,
Ἢ μέγα ἄστυ ἐρικυδὲς ὑπ' ἀνδράσι Περσεΐδῃσι
Πέρθεται, ἢ τὸ μὲν οὐκὶ, ἀφ' Ἡρακλέος δὲ γενέθλης
Πενθήσει βασιλῆ φθίμενον Λακεδαίμονος οὖρος.
Οὐ γὰρ τὸν ταύρων σχήσει μένος οὐδὲ λεόντων 5
Ἀντιβίην· Ζηνὸς γὰρ ἔχει μένος· οὐδέ ἕ φημι
Σχήσεσθαι, πρὶν τῶνδ' ἕτερον διὰ πάντα δάσηται.

Ταῦτά τε δὴ ἐπιλεγόμενον Λεωνίδην, καὶ βουλόμενον κλέος καταθέσθαι μούνων Σπαρτιητέων, ἀποπέμψαι τοὺς συμμάχους, μᾶλλον ἢ γνώμῃ διενειχθέντας οὕτω ἀκόσμως οἴχεσθαι τοὺς οἰχομένους. 42. μαρτύριον δέ μοι καὶ τόδε οὐκ ἐλάχιστον τούτου πέρι γέγονε· οὐ γὰρ μοῦνον τοὺς ἄλλους, ἀλλὰ καὶ τὸν μάντιν ὃς εἵπετο τῇ στρατιῇ ταύτῃ, Μεγιστίην τὸν Ἀκαρνῆνα, λεγόμενον εἶναι τὰ ἀνέκαθεν ἀπὸ Μελάμποδος, τοῦτον τὸν εἴπαντα ἐκ τῶν ἱρῶν τὰ μέλλοντά σφι ἐκβαίνειν, φανερός ἐστι Λεωνίδης ἀποπέμπων, ἵνα μὴ συναπόληταί σφι. ὁ δὲ ἀποπεμπόμενος αὐτὸς μὲν οὐκ ἀπελείπετο, τὸν δὲ παῖδα συστρατευόμενον, ἐόντα οἱ μουνογενέα, ἀπέπεμψε. 43. Οἱ μέν νυν σύμμαχοι οἱ ἀποπεμπόμενοι οἴχοντό τε ἀπιόντες, καὶ ἐπείθοντο Λεωνίδῃ· Θεσπιέες δὲ καὶ Θηβαῖοι κατέμειναν μοῦνοι παρὰ Λακεδαιμονίοισι. τούτων δὲ Θηβαῖοι μὲν ἀέκοντες ἔμενον, καὶ οὐ βουλόμενοι (κατεῖχε γάρ σφεας Λεωνίδης ἐν ὁμήρων λόγῳ ποιεύμενος)· Θεσπιέες δὲ ἑκόντες μάλιστα, οἳ οὐκ ἔφασαν ἀπολιπόντες Λεωνίδην καὶ τοὺς μετ' αὐτοῦ ἀπαλλάξεσθαι, ἀλλὰ καταμείναντες συναπέθανον. ἐστρατήγεε δὲ αὐτῶν Δημόφιλος Διαδρόμεω.

44. Ξέρξης δὲ ἐπεὶ ἡλίου ἀνατείλαντος σπονδὰς ἐποιήσατο, ἐπισχὼν χρόνον ἐς ἀγορῆς κου μάλιστα πληθώρην, πρόσοδον ἐποιέετο· καὶ γὰρ ἐπέσταλτο ἐξ Ἐπιάλτεω οὕτω. ἀπὸ γὰρ τοῦ οὔρεος ἡ κατάβασις συντομωτέρη τέ ἐστι, καὶ

βραχύτερος ὁ χῶρος πολλὸν ἤπερ ἡ περίοδός τε καὶ ἀνάβασις. οἵ τε δὴ βάρβαροι οἱ ἀμφὶ Ξέρξεα προσήισαν· καὶ οἱ ἀμφὶ Λεωνίδην Ἕλληνες, ὡς τὴν ἐπὶ θανάτῳ ἔξοδον ποιεύμενοι, ἤδη πολλῷ μᾶλλον ἢ κατ' ἀρχὰς ἐπεξήισαν ἐς τὸ εὐρύτερον τοῦ αὐχένος. τὸ μὲν γὰρ ἔρυμα τοῦ τείχεος ἐφυλάσσετο, οἱ δὲ ἀνὰ τὰς προτέρας ἡμέρας ὑπεξιόντες ἐς τὰ στεινόπορα ἐμάχοντο. τότε δὲ συμμίσγοντες ἔξω τῶν στεινῶν, ἔπιπτον πλήθεϊ πολλοὶ τῶν βαρβάρων· ὄπισθε γὰρ οἱ ἡγεμόνες τῶν τελέων ἔχοντες μάστιγας ἐρράπιζον πάντα ἄνδρα, αἰεὶ ἐς τὸ πρόσω ἐποτρύνοντες. 45. πολλοὶ μὲν δὴ ἐσέπιπτον αὐτῶν ἐς τὴν θάλασσαν καὶ διεφθείροντο, πολλῷ δ' ἔτι πλεῦνες κατεπατέοντο ζωοὶ ὑπ' ἀλλήλων· ἦν δὲ λόγος οὐδεὶς τοῦ ἀπολλυμένου. ἅτε γὰρ ἐπιστάμενοι τὸν μέλλοντά σφι ἔσεσθαι θάνατον ἐκ τῶν περιιόντων τὸ οὖρος, ἀπεδείκνυντο ῥώμης ὅσον εἶχον μέγιστον ἐς τοὺς βαρβάρους, παραχρεόμενοί τε καὶ ἀτέοντες. δούρατα μέν νυν τοῖσι πλέοσι αὐτῶν τηνικαῦτα ἐτύγχανε κατηγότα ἤδη, οἱ δὲ τοῖσι ξίφεσι διεργάζοντο τοὺς Πέρσας. 46. Καὶ Λεωνίδης τε ἐν τούτῳ τῷ πόνῳ πίπτει, ἀνὴρ γενόμενος ἄριστος, καὶ ἕτεροι μετ' αὐτοῦ οὐνομαστοὶ Σπαρτιητέων, τῶν ἐγὼ ὡς ἀνδρῶν ἀξίων γενομένων ἐπυθόμην τὰ οὐνόματα· ἐπυθόμην δὲ καὶ ἁπάντων τῶν τριηκοσίων. καὶ δὴ καὶ Περσέων πίπτουσι ἐνθαῦτα ἄλλοι τε πολλοὶ καὶ οὐνομαστοί, ἐν δὲ δὴ καὶ Δαρείου δύο παῖδες, Ἀβροκόμης τε καὶ Ὑπεράνθης, ἐκ τῆς Ἀρτάνεω θυγατρὸς Φραταγούνης γεγονότες Δαρείῳ. ὁ δὲ Ἀρτάνης Δαρείου μὲν τοῦ βασιλέος ἦν ἀδελφεός, Ὑστάσπεος δὲ τοῦ Ἀρσάμεος παῖς, ὃς καὶ ἐκδιδοὺς τὴν θυγατέρα Δαρείῳ τὸν οἶκον πάντα τὸν ἑωυτοῦ ἐπέδωκε, ὡς μούνου οἱ ἐούσης ταύτης τέκνου. 47. Ξέρξεώ τε δὴ δύο ἀδελφεοὶ ἐνθαῦτα πίπτουσι μαχόμενοι ὑπὲρ τοῦ νεκροῦ τοῦ Λεωνίδεω· Περσέων τε καὶ Λακεδαιμονίων ὠθισμὸς ἐγένετο πολλός, ἐς ὃ τοῦτόν τε ἀρετῇ οἱ Ἕλληνες ὑπεξείρυσαν, καὶ ἐτρέψαντο τοὺς ἐναντίους τετράκις. τοῦτο δὲ συνεστήκεε μέχρι οὗ οἱ σὺν Ἐπιάλτῃ παρεγένοντο. ὡς δὲ τούτους ἥκειν ἐπύθοντο οἱ Ἕλληνες, ἐνθεῦτεν ἤδη ἑτεροιοῦτο τὸ νεῖκος. 48. ἔς τε γὰρ τὸ στεινὸν τῆς ὁδοῦ ἀνεχώρεον ὀπίσω, καὶ παραμειψάμενοι τὸ τεῖχος, ἐλθόντες ἵζοντο ἐπὶ τὸν κολωνὸν πάντες ἁλέες οἱ ἄλλοι πλὴν Θηβαίων. ὁ δὲ κολωνός ἐστι ἐν τῇ ἐσόδῳ, ὅκου νῦν ὁ λίθινος λέων ἕστηκε ἐπὶ Λεωνίδῃ. ἐν τούτῳ σφέας τῷ χώρῳ ἀλεξομένους μαχαίρῃσι, τοῖσι αὐτῶν ἐτύγχανον ἔτι περιεοῦσαι, καὶ χερσὶ καὶ στόμασι, κατέχωσαν οἱ βάρβαροι βάλλοντες, οἱ μὲν ἐξ ἐναντίης ἐπισπόμενοι καὶ τὸ ἔρυμα τοῦ τείχεος συγχώσαντες, οἱ δὲ περιελθόντες πάντοθεν περισταδόν.

49. Λακεδαιμονίων δὲ καὶ Θεσπιέων τοιούτων γενομένων, ὅμως λέγεται ἄριστος ἀνὴρ γενέσθαι Σπαρτιήτης Διηνέκης, τὸν τόδε φασὶ εἰπεῖν τὸ ἔπος πρὶν ἢ συμμῖξαί σφεας τοῖσι Μήδοισι· πυθόμενον πρός τευ τῶν Τρηχινίων ὡς, ἐπεὰν οἱ βάρβαροι ἀπιέωσι τὰ τοξεύματα, τὸν ἥλιον ὑπὸ τοῦ πλήθεος τῶν οϊστῶν ἀποκρύπτουσι, —τοσοῦτό τι πλῆθος αὐτῶν εἶναι· τὸν δὲ οὐκ ἐκπλαγέντα τούτοισι εἰπεῖν, ἐν ἀλογίῃ ποιεύμενον τὸ τῶν Μήδων πλῆθος, ὡς πάντα σφι ἀγαθὰ ὁ Τρηχίνιος ξεῖνος ἀγγέλλοι, εἰ ἀποκρυπτόντων τῶν Μήδων τὸν ἥλιον, ὑπὸ σκιῇ ἔσοιτο πρὸς αὐτοὺς ἡ μάχη, καὶ οὐκ ἐν ἡλίῳ. 50. ταῦτα μὲν καὶ ἄλλα τοιουτότροπα ἔπεά φασι Διηνέκεα τὸν Λακεδαιμόνιον λιπέσθαι μνημόσυνα. μετὰ δὲ τοῦτον ἀριστεῦσαι λέγονται Λακεδαιμόνιοι δύο ἀδελφεοί, Ἀλφεός τε καὶ Μάρων Ὀρσιφάντου παῖδες. Θεσπιέων δὲ εὐδοκίμεε μάλιστα τῷ οὔνομα ἦν Διθύραμβος Ἁρματίδεω.

51. Θαφθεῖσι δέ σφι αὐτοῦ ταύτῃ τῇ περ ἔπεσον, καὶ τοῖσι πρότερον τελευτήσασι ἢ ὑπὸ Λεωνίδεω ἀποπεμφθέντας οἴχεσθαι, ἐπιγέγραπται γράμματα λέγοντα τάδε·

Μυριάσιν ποτὲ τῆδε τριηκοσίαις ἐμάχοντο
Ἐκ Πελοποννάσου χιλιάδες τέτορες.

Ταῦτα μὲν δὴ τοῖσι πᾶσι ἐπιγέγραπται, τοῖσι δὲ Σπαρτιήτησι ἰδίῃ·

Ὦ ξεῖν', ἀγγέλλειν Λακεδαιμονίοις, ὅτι τῆδε
Κείμεθα τοῖς κείνων ῥήμασι πειθόμενοι.

Λακεδαιμονίοισι μὲν δὴ τοῦτο, τῷ δὲ μάντι τόδε·

Μνῆμα τόδε κλεινοῖο Μεγιστία, ὅν ποτε Μῆδοι
Σπερχειὸν ποταμὸν κτεῖναν ἀμειψάμενοι,
Μάντιος, ὃς τότε Κῆρας ἐπερχομένας σάφα εἰδὼς
Οὐκ ἔτλη Σπάρτης ἡγεμόνας προλιπεῖν.

ἐπιγράμμασι μέν νυν καὶ στήλῃσι, ἔξω ἢ τὸ τοῦ μάντιος ἐπίγραμμα, Ἀμφικτύονές εἰσί σφεας οἱ ἐπικοσμήσαντες, τὸ δὲ τοῦ μάντιος Μεγιστίεω Σιμωνίδης ὁ Λεωπρέπεός ἐστι κατὰ ξεινίην ὁ ἐπιγράψας.

52. Δύο δὲ τούτων τῶν τριηκοσίων λέγεται Εὔρυτόν τε καὶ Ἀριστόδημον, παρεὸν αὐτοῖσι ἀμφοτέροισι κοινῷ λόγῳ χρησαμένοισι ἢ ἀποσωθῆναι ὁμοῦ ἐς Σπάρτην (ὡς μεμετιμένοι τε ἦσαν ἐκ τοῦ στρατοπέδου ὑπὸ Λεωνίδεω, καὶ κατεκέατο ἐν Ἀλπηνοῖσι ὀφθαλμιῶντες ἐς τὸ ἔσχατον), ἢ εἴ γε μὴ ἐβούλοντο νοστῆσαι, ἀποθανεῖν ἅμα τοῖσι ἄλλοισι, παρεόν σφι τούτων τὰ ἕτερα ποιέειν, οὐκ ἐθελῆσαι ὁμοφρονέειν· ἀλλὰ γνώμῃ διενειχθέντας, Εὔρυτον μὲν πυθόμενον τὴν τῶν Περσέων περίοδον, αἰτήσαντά τε τὰ ὅπλα καὶ ἐνδύντα, ἄγειν αὐτὸν κελεῦσαι τὸν εἵλωτα ἐς τοὺς μαχομένους· ὅκως δὲ αὐτὸν ἤγαγε, τὸν μὲν ἀγαγόντα οἴχεσθαι φεύγοντα, τὸν δὲ ἐσπεσόντα ἐς τὸν ὅμιλον διαφθαρῆναι· Ἀριστόδημον δὲ λειποψυχέοντα λειφθῆναι. **53.** εἰ μέν νυν ἦν μοῦνον Ἀριστόδημον ἀλγήσαντα ἀπονοστῆσαι ἐς Σπάρτην, ἢ καὶ ὁμοῦ σφέων ἀμφοτέρων τὴν κομιδὴν γενέσθαι, δοκέειν ἐμοί,

οὐκ ἄν σφι Σπαρτιήτας μῆνιν οὐδεμίαν προσθέσθαι· νυνὶ
δέ, τοῦ μὲν αὐτῶν ἀπολομένου, τοῦ δὲ τῆς μὲν αὐτῆς ἐχομέ-
νου προφάσιος, οὐκ ἐθελήσαντος δὲ ἀποθνήσκειν, ἀναγκαίως
σφι ἔχειν μηνῖσαι μεγάλως Ἀριστοδήμῳ. οἱ μέν νυν οὕτω
σωθῆναι λέγουσι Ἀριστόδημον ἐς Σπάρτην, καὶ διὰ πρό-
φασιν τοιήνδε· οἱ δὲ ἄγγελον πεμφθέντα ἐκ τοῦ στρατοπέ-
δου, ἐξεὸν αὐτῷ καταλαβεῖν τὴν μάχην γινομένην, οὐκ ἐθε-
λῆσαι, ἀλλ' ὑπομείναντα ἐν τῇ ὁδῷ περιγενέσθαι, τὸν δὲ
συνάγγελον αὐτοῦ ἀπικόμενον ἐς τὴν μάχην ἀποθανεῖν.
54. ἀπονοστήσας δὲ ἐς Λακεδαίμονα ὁ Ἀριστόδημος ὄνειδός
τε εἶχε καὶ ἀτιμίην. πάσχων δὲ τοιάδε ἠτίμωτο· οὔτε οἱ
πῦρ οὐδεὶς ἔναυε Σπαρτιητέων οὔτε διελέγετο, ὄνειδός τε
εἶχε ὁ τρέσας Ἀριστόδημος καλεόμενος. ἀλλ' ὁ μὲν ἐν
τῇ ἐν Πλαταιῇσι μάχῃ ἀνέλαβε πᾶσαν τὴν ἐπενειχθεῖσάν οἱ
αἰτίην. Λέγεται δὲ καὶ ἄλλον ἀποπεμφθέντα ἄγγελον ἐς
Θεσσαλίην τῶν τριηκοσίων τούτων περιγενέσθαι, τῷ οὔνομα
εἶναι Παντίτην· νοστήσαντα δὲ τοῦτον ἐς Σπάρτην, ὡς ἠτί-
μωτο, ἀπάγξασθαι.

55. Οἱ δὲ Θηβαῖοι, τῶν ὁ Λεοντιάδης ἐστρατήγεε,
τέως μὲν μετὰ τῶν Ἑλλήνων ἐόντες ἐμάχοντο ὑπ' ἀναγ-
καίης ἐχόμενοι πρὸς τὴν βασιλέος στρατιήν· ὡς δὲ εἶδον
κατυπέρτερα τῶν Περσέων γινόμενα τὰ πρήγματα, οὕτω
δὴ τῶν σὺν Λεωνίδῃ Ἑλλήνων ἐπειγομένων ἐπὶ τὸν κο-
λωνὸν, ἀποσχισθέντες τούτων, χεῖράς τε προέτεινον καὶ
ἤισαν ἆσσον τῶν βαρβάρων, λέγοντες τὸν ἀληθέστατον
τῶν λόγων, ὡς καὶ μηδίζουσι καὶ γῆν τε καὶ ὕδωρ ἐν πρώ-
τοισι ἔδοσαν βασιλέι, ὑπὸ δὲ ἀναγκαίης ἐχόμενοι ἐς Θερμο-
πύλας ἀπικοίατο, καὶ ἀναίτιοι εἶεν τοῦ τρώματος τοῦ γεγο-
νότος βασιλέι· ὥστε ταῦτα λέγοντες περιεγίνοντο· εἶχον
γὰρ καὶ Θεσσαλοὺς τῶν λόγων τούτων μάρτυρας. 56. οὐ
μέντοι τά γε πάντα εὐτύχησαν· ὡς γὰρ αὐτοὺς ἔλαβον οἱ

βάρβαροι ἐλθόντας, τοὺς μέν τινας καὶ ἀπέκτειναν προσιόντας, τοὺς δὲ πλεῦνας αὐτῶν, κελεύσαντος Ξέρξεω, ἔστιζον στίγματα βασιλήϊα, ἀρξάμενοι ἀπὸ τοῦ στρατηγοῦ Λεοντιάδεω, τοῦ τὸν παῖδα Εὐρύμαχον χρόνῳ μετέπειτεν ἐφόνευσαν Πλαταιέες, στρατηγήσαντα ἀνδρῶν Θηβαίων τετρακοσίων, καὶ σχόντα τὸ ἄστυ τὸ Πλαταιέων.

57. Οἱ μὲν δὴ περὶ Θερμοπύλας Ἕλληνες οὕτω ἠγωνίσαντο· Ξέρξης δὲ καλέσας Δημάρητον εἰρώτα ἀρξάμενος ἐνθένδε· Δημάρητε, ἀνὴρ εἶς ἀγαθός. τεκμαίρομαι δὲ τῇ ἀληθείῃ· ὅσα γὰρ εἶπας, ἅπαντα ἀπέβη οὕτω. νῦν δὲ μοι εἰπέ, κόσοι τινές εἰσι οἱ λοιποὶ Λακεδαιμόνιοι, καὶ τούτων ὁκόσοι τοιοῦτοι τὰ πολέμια, εἴτε καὶ ἅπαντες. ὁ δ᾽ εἶπε· Ὦ βασιλεῦ, πλῆθος μὲν πάντων τῶν Λακεδαιμονίων πολλὸν, καὶ πόλιες πολλαί· τὸ δὲ ἐθέλεις ἐκμαθεῖν, εἰδήσεις. ἔστι ἐν τῇ Λακεδαίμονι Σπάρτη, πόλις ἀνδρῶν ὀκτακισχιλίων μάλιστά κῃ, καὶ οὗτοι πάντες εἰσὶ ὁμοῖοι τοῖσι ἐνθάδε μαχεσαμένοισι· οἵ γε μὲν ἄλλοι Λακεδαιμόνιοι τούτοισι μὲν οὐκ ὁμοῖοι. ἀγαθοὶ δέ. εἶπε πρὸς ταῦτα Ξέρξης· Δημάρητε, τέῳ τρόπῳ ἀπονητότατα τῶν ἀνδρῶν τούτων ἐπικρατήσομεν; ἴθι ἐξηγέο. σὺ γὰρ ἔχεις αὐτῶν τὰς διεξόδους τῶν βουλευμάτων, οἷα βασιλεὺς γενόμενος. . . . .

58. Ταῦτα εἴπας Ξέρξης διεξήϊε διὰ τῶν νεκρῶν· καὶ Λεωνίδεω, ἀκηκοὼς ὅτι βασιλεύς τε ἦν καὶ στρατηγὸς Λακεδαιμονίων, ἐκέλευσε ἀποταμόντας τὴν κεφαλὴν ἀνασταυρῶσαι. δῆλά μοι πολλοῖσι μὲν καὶ ἄλλοισι τεκμηρίοισι, ἐν δὲ καὶ τῷδε οὐκ ἥκιστα γέγονε, ὅτι βασιλεὺς Ξέρξης πάντων δὴ μάλιστα ἀνδρῶν ἐθυμώθη ζώοντι Λεωνίδῃ· οὐ γὰρ ἄν κοτε ἐς τὸν νεκρὸν ταῦτα παρενόμησε, ἐπεὶ τιμᾶν μάλιστα νομίζουσι τῶν ἐγὼ οἶδα ἀνθρώπων Πέρσαι ἄνδρας ἀγαθοὺς τὰ πολέμια. οἱ μὲν δὴ ταῦτα ἐποίευν, τοῖσι ἐπετέτακτο ποιέειν.

IV. ARTEMISIUM.—MARCH OF XERXES TO ATHENS.—
SALAMIS.—RETREAT OF XERXES TO ASIA.

1. Οἱ δὲ Ἑλλήνων ἐς τὸν ναυτικὸν στρατὸν ταχθέντες ἦσαν οἵδε· Ἀθηναῖοι μὲν νέας παρεχόμενοι ἑπτὰ καὶ εἴκοσι καὶ ἑκατόν· ὑπὸ δὲ ἀρετῆς τε καὶ προθυμίης Πλαταιέες, ἄπειροι τῆς ναυτικῆς ἐόντες, συνεπλήρουν τοῖσι Ἀθηναίοισι τὰς νέας· Κορίνθιοι δὲ τεσσεράκοντα νέας παρείχοντο, Μεγαρέες δὲ εἴκοσι. καὶ Χαλκιδέες ἐπλήρουν εἴκοσι, Ἀθηναίων σφι παρεχόντων τὰς νέας· Αἰγινῆται δὲ ὀκτωκαίδεκα, Σικυώνιοι δὲ δυώδεκα, Λακεδαιμόνιοι δὲ δέκα, Ἐπιδαύριοι δὲ ὀκτώ, Ἐρετριέες δὲ ἑπτά, Τροιζήνιοι δὲ πέντε, Στυρέες δὲ δύο, καὶ Κεῖοι δύο τε νέας καὶ πεντηκοντέρους δύο. Λοκροὶ δέ σφι οἱ Ὀπούντιοι ἐπεβοήθεον πεντηκοντέρους ἔχοντες ἑπτά. 2. ἦσαν μὲν ὦν οὗτοι οἱ στρατευόμενοι ἐπ᾽ Ἀρτεμίσιον, εἴρηται δέ μοι καὶ ὡς τὸ πλῆθος ἕκαστοι τῶν νεῶν παρείχοντο. ἀριθμὸς δὲ τῶν συλλεχθεισέων νεῶν ἐπ᾽ Ἀρτεμίσιον ἦν, πάρεξ τῶν πεντηκοντέρων, μία καὶ ἑβδομήκοντα καὶ διηκόσιαι. τὸν δὲ στρατηγὸν τὸν τὸ μέγιστον κράτος ἔχοντα παρείχοντο Σπαρτιῆται, Εὐρυβιάδεα τὸν Εὐρυκλείδεω. οἱ γὰρ σύμμαχοι οὐκ ἔφασαν, ἢν μὴ ὁ Λάκων ἡγεμονεύῃ, Ἀθηναίοισι ἕψεσθαι ἡγεομένοισι, ἀλλὰ λύσειν τὸ μέλλον ἔσεσθαι στράτευμα. 3. ἐγένετο γὰρ κατ᾽ ἀρχὰς λόγος, πρὶν ἢ καὶ ἐς Σικελίην πέμπειν ἐπὶ συμμαχίην, ὡς τὸ ναυτικὸν Ἀθηναίοισι χρεὼν εἴη ἐπιτράπειν. ἀντιβάντων δὲ τῶν συμμάχων, εἶκον οἱ Ἀθηναῖοι, μέγα πεποιημένοι περιεῖναι τὴν Ἑλλάδα, καὶ γνόντες, εἰ στασιάσουσι περὶ τῆς ἡγεμονίης, ὡς ἀπολέεται ἡ Ἑλλὰς, ὀρθὰ νοεῦντες· στάσις γὰρ ἔμφυλος πολέμου ὁμοφρονέοντος τοσούτῳ κάκιόν ἐστι, ὅσῳ πόλεμος εἰρήνης. ἐπιστάμενοι ὦν αὐτὸ τοῦτο, οὐκ ἀντέτεινον, ἀλλ᾽ εἶκον μέχρι

ὅσου κάρτα ἐδέοντο αὐτῶν, ὡς διέδεξαν. ὡς γὰρ δὴ ὠσάμενοι τὸν Πέρσεα, περὶ τῆς ἐκείνου ἤδη τὸν ἀγῶνα ἐποιεῦντο, πρόφασιν τὴν Παυσανίεω ὕβριν προϊσχόμενοι, ἀπείλοντο τὴν ἡγεμονίην τοὺς Λακεδαιμονίους. ἀλλὰ ταῦτα μὲν ὕστερον ἐγένετο.

4. Τότε δὲ οὗτοι οἱ καὶ ἐπ' Ἀρτεμίσιον Ἑλλήνων ἀπικόμενοι, ὡς εἶδον νέας τε πολλὰς καταχθείσας ἐς τὰς Ἀφετὰς, καὶ στρατιῆς ἅπαντα πλέα, ἐπεὶ αὐτοῖσι παρὰ δόξαν τὰ πρήγματα τῶν βαρβάρων ἀπέβαινε ἢ ὡς αὐτοὶ κατεδόκεον, καταρρωδήσαντες δρησμὸν ἐβουλεύοντο ἀπὸ τοῦ Ἀρτεμισίου ἔσω ἐς τὴν Ἑλλάδα. γνόντες δέ σφεας οἱ Εὐβοέες ταῦτα βουλευομένους, ἐδέοντο Εὐρυβιάδεω προσμεῖναι χρόνον ὀλίγον, ἔστ' ἂν αὐτοὶ τέκνα τε καὶ τοὺς οἰκέτας ὑπεκθέωνται. ὡς δὲ οὐκ ἔπειθον, μεταβάντες τὸν Ἀθηναίων στρατηγὸν πείθουσι Θεμιστοκλέα ἐπὶ μισθῷ τριήκοντα ταλάντοισι, ἐπ' ᾧ τε καταμείναντες πρὸ τῆς Εὐβοίης ποιήσονται τὴν ναυμαχίην. 5. ὁ δὲ Θεμιστοκλέης τοὺς Ἕλληνας ἐπισχεῖν ὧδε ποιέει· Εὐρυβιάδῃ τούτων τῶν χρημάτων μεταδιδοῖ πέντε τάλαντα, ὡς παρ' ἑωυτοῦ δῆθεν διδούς. ὡς δέ οἱ οὗτος ἀνεπέπειστο, — Ἀδείμαντος γὰρ ὁ Ὠκύτου, Κορινθίων στρατηγὸς, τῶν λοιπῶν ἤσπαιρε μοῦνος, φάμενος ἀποπλώσεσθαί τε ἀπὸ τοῦ Ἀρτεμισίου καὶ οὐ παραμενέειν, — πρὸς δὴ τοῦτον εἶπε ὁ Θεμιστοκλέης ἐπομόσας· Οὐ σύ γε ἡμέας ἀπολείψεις, ἐπεί τοι ἐγὼ μέζω δῶρα δώσω ἢ βασιλεὺς ἄν τοι ὁ Μήδων πέμψειε ἀπολιπόντι τοὺς συμμάχους. ταῦτά τε ἅμα ἠγόρευε, καὶ πέμπει ἐπὶ τὴν νέα τὴν Ἀδειμάντου τάλαντα ἀργυρίου τρία. οὗτοί τε δὴ πληγέντες δώροισι ἀναπεπεισμένοι ἦσαν, καὶ τοῖσι Εὐβοεῦσι ἐκεχάριστο· αὐτός τε ὁ Θεμιστοκλέης ἐκέρδηνε, ἐλάνθανε δὲ τὰ λοιπὰ ἔχων· ἀλλ' ἠπιστέατο οἱ μεταλαβόντες τούτων τῶν χρημάτων, ἐκ τῶν Ἀθηνέων ἐλθεῖν ἐπὶ τῷ λόγῳ τούτῳ τὰ χρήματα.

6. Οὕτω δὴ κατέμεινάν τε ἐν τῇ Εὐβοίῃ καὶ ἐναυμάχησαν. ἐγένετο δὲ ὧδε· ἐπείτε δὴ ἐς τὰς Ἀφετὰς περὶ δείλην πρωΐην γινομένην ἀπίκατο οἱ βάρβαροι, πυθόμενοι μὲν ἔτι καὶ πρότερον περὶ τὸ Ἀρτεμίσιον ναυλοχέειν νέας Ἑλληνίδας ὀλίγας, τότε δὲ αὐτοὶ ἰδόντες, πρόθυμοι ἦσαν ἐπιχειρέειν, εἴ κως ἕλοιεν αὐτάς. ἐκ μὲν δὴ τῆς ἀντίης προσπλώειν οὔ κώ σφι ἐδόκεε, τῶνδε εἵνεκεν, μή κως ἰδόντες οἱ Ἕλληνες προσπλώοντας ἐς φυγὴν ὁρμήσειαν, φεύγοντάς τε εὐφρόνη καταλάβοι· καὶ ἔμελλον δῆθεν ἐκφεύξεσθαι, ἔδεε δὲ μηδὲ πυρφόρον, τῷ ἐκείνων λόγῳ, ἐκφυγόντα περιγενέσθαι. 7. πρὸς ταῦτα ὦν τάδε ἐμηχανέοντο· τῶν νεῶν ἁπασέων ἀποκρίναντες διηκοσίας, περιέπεμπον ἔξωθεν Σκιάθου (ὡς ἂν μὴ ὀφθέωσι ὑπὸ τῶν πολεμίων περιπλώουσαι Εὔβοιαν) κατά τε Καφηρέα καὶ περὶ Γεραιστὸν ἐς τὸν Εὔριπον, ἵνα δὴ περιλάβοιεν, οἱ μὲν ταύτῃ ἀπικόμενοι καὶ φράξαντες αὐτῶν τὴν ὀπίσω φέρουσαν ὁδὸν, σφεῖς δὲ ἐπισπόμενοι ἐξ ἐναντίης. ταῦτα βουλευσάμενοι, ἀπέπεμπον τῶν νεῶν τὰς ταχθείσας, αὐτοὶ οὐκ ἐν νόῳ ἔχοντες ταύτης τῆς ἡμέρης τοῖσι Ἕλλησι ἐπιθήσεσθαι, οὐδὲ πρότερον ἢ τὸ σύνθημά σφι ἔμελλε φανήσεσθαι παρὰ τῶν περιπλωόντων, ὡς ἡκόντων. ταύτας μὲν δὴ περιέπεμπον, τῶν δὲ λοιπέων νεῶν ἐν τῇσι Ἀφετῇσι ἐποιεῦντο ἀριθμόν.

8. Ἐν δὲ τούτῳ τῷ χρόνῳ, ἐν τῷ οὗτοι ἀριθμὸν ἐποιεῦντο τῶν νεῶν,—ἦν γὰρ ἐν τῷ στρατοπέδῳ τούτῳ Σκυλλίης Σκιωναῖος, δύτης τῶν τότε ἀνθρώπων ἄριστος, ὃς καὶ ἐν τῇ ναυηγίῃ τῇ κατὰ τὸ Πήλιον γενομένῃ πολλὰ μὲν ἔσωσε τῶν χρημάτων τοῖσι Πέρσῃσι, πολλὰ δὲ καὶ αὐτὸς περιεβάλετο,—οὗτος ὁ Σκυλλίης ἐν νόῳ μὲν εἶχε ἄρα καὶ πρότερον αὐτομολήσειν ἐς τοὺς Ἕλληνας, ἀλλ' οὐ γάρ οἱ παρέσχε ὡς τότε. ὅτεῳ μὲν δὴ τρόπῳ τὸ ἐνθεῦτεν ἔτι ἀπίκετο ἐς τοὺς Ἕλληνας, οὐκ ἔχω εἶπαι ἀτρεκέως·

θωυμάζω δὲ, εἰ τὰ λεγόμενά ἐστι ἀληθέα. λέγεται γὰρ, ὡς ἐξ Ἀφετέων δὺς ἐς τὴν θάλασσαν, οὐ πρότερον ἀνέσχε πρὶν ἢ ἀπίκετο ἐπὶ τὸ Ἀρτεμίσιον, σταδίους μάλιστά κῃ τούτους ἐς ὀγδώκοντα διὰ τῆς θαλάσσης διεξελθών. 9. λέγεται μέν νυν καὶ ἄλλα ψευδέσι ἴκελα περὶ τοῦ ἀνδρὸς τούτου, τὰ δὲ μετεξέτερα ἀληθέα. περὶ μέντοι τούτου γνώμη μοι ἀποδεδέχθω, πλοίῳ μιν ἀπικέσθαι ἐπὶ τὸ Ἀρτεμίσιον. ὡς δὲ ἀπίκετο, αὐτίκα ἐσήμηνε τοῖσι στρατηγοῖσι τήν τε ναυηγίην ὡς γένοιτο, καὶ τὰς περιπεμφθείσας τῶν νεῶν περὶ Εὔβοιαν. τοῦτο δὲ ἀκούσαντες οἱ Ἕλληνες, λόγον σφίσι αὐτοῖσι ἐδίδοσαν. πολλῶν δὲ λεχθέντων, ἐνίκα τὴν ἡμέρην ἐκείνην αὐτοῦ μείναντάς τε καὶ αὐλισθέντας, μετέπειτεν νύκτα μέσην παρέντας πορεύεσθαι καὶ ἀπαντᾶν τῇσι περιπλωούσῃσι τῶν νεῶν. 10. Μετὰ δὲ τοῦτο, ὡς οὐδείς σφι ἐπέπλωε, δείλην ὀψίην γινομένην τῆς ἡμέρης φυλάξαντες, αὐτοὶ ἐπανέπλωον ἐπὶ τοὺς βαρβάρους, ἀπόπειραν αὐτῶν ποιήσασθαι βουλόμενοι τῆς τε μάχης καὶ τοῦ διεκπλόου. ὁρέοντες δέ σφεας οἵ τε ἄλλοι στρατιῶται οἱ Ξέρξεω καὶ οἱ στρατηγοὶ ἐπιπλώοντας νηυσὶ ὀλίγῃσι, πάγχυ σφι μανίην ἐπενείκαντες, ἀνῆγον καὶ αὐτοὶ τὰς νέας, ἐλπίσαντές σφεας εὐπετέως αἱρήσειν, οἰκότα κάρτα ἐλπίσαντες· τὰς μέν γε τῶν Ἑλλήνων ὁρέοντες ὀλίγας νέας, τὰς δὲ ἑωυτῶν πλήθεΐ τε πολλαπλησίας καὶ ἄμεινον πλωούσας, καταφρονήσαντες ταῦτα, ἐκυκλοῦντο αὐτοὺς ἐς μέσον. ὅσοι μέν νυν τῶν Ἰώνων ἦσαν εὔνοοι τοῖσι Ἕλλησι, ἀέκοντές τε ἐστρατεύοντο, συμφορήν τε ἐποιεῦντο μεγάλην, ὁρέοντες περιεχομένους αὐτοὺς, καὶ ἐπιστάμενοι ὡς οὐδεὶς αὐτῶν ἀπονοστήσει· οὕτω ἀσθενέα σφι ἐφαίνετο εἶναι τὰ τῶν Ἑλλήνων πρήγματα. ὅσοισι δὲ καὶ ἡδομένοισι ἦν τὸ γινόμενον, ἅμιλλαν ἐποιεῦντο, ὅκως αὐτὸς ἕκαστος πρῶτος νέα Ἀττικὴν ἑλὼν δῶρα παρὰ βασιλέος λάμψεται. Ἀθηναίων γὰρ αὐτοῖσι λόγος ἦν πλεῖστος ἀνὰ τὰ στρατόπεδα. **11.** Τοῖσι δὲ Ἕλλησι ὡς ἐσήμηνε, πρῶτα μὲν ἀντίπρῳροι τοῖσι βαρβάροισι γενόμενοι ἐς τὸ μέσον τὰς πρύμνας συνήγαγον· δεύτερα δὲ σημήναντος, ἔργου εἴχοντο, ἐν ὀλίγῳ περ ἀπολαμφθέντες καὶ κατὰ στόμα. ἐνθαῦτα τριήκοντα νέας αἱρέουσι τῶν βαρβάρων, καὶ τὸν Γόργου τοῦ Σαλαμινίων βασιλέος ἀδελφεὸν Φιλάονα τὸν Χέρσιος, λόγιμον ἐόντα ἐν τῷ στρατοπέδῳ ἄνδρα. πρῶτός δὲ Ἑλλήνων νέα τῶν πολεμίων εἷλε ἀνὴρ Ἀθηναῖος Λυκομήδης Αἰσχραίου, καὶ τὸ ἀριστήϊον ἔλαβε οὗτος. τοὺς δ' ἐν τῇ ναυμαχίῃ ταύτῃ ἑτεραλκέως ἀγωνιζομένους νὺξ ἐπελθοῦσα διέλυσε. οἱ μὲν δὴ Ἕλληνες ἐπὶ τὸ Ἀρτεμίσιον ἀπέπλωον, οἱ δὲ βάρβαροι ἐς τὰς Ἀφετὰς, πολλὸν παρὰ δόξαν ἀγωνισάμενοι. ἐν ταύτῃ τῇ ναυμαχίῃ Ἀντίδωρος Λήμνιος μοῦνος τῶν σὺν βασιλέϊ Ἑλλήνων ἐόντων αὐτομολέει ἐς τοὺς Ἕλληνας, καὶ οἱ Ἀθηναῖοι διὰ τοῦτο τὸ ἔργον ἔδοσαν αὐτῷ χῶρον ἐν Σαλαμῖνι. **12.** Ὡς δὲ εὐφρόνη ἐγεγόνεε, ἦν μὲν τῆς ὥρης μέσον θέρος, ἐγίνετο δὲ ὕδωρ τε ἄπλετον διὰ πάσης τῆς νυκτός, καὶ βρονταὶ σκληραὶ ἀπὸ τοῦ Πηλίου· οἱ δὲ νεκροὶ καὶ τὰ ναυήγια ἐξεφορέοντο ἐς τὰς Ἀφετὰς, καὶ περί τε τὰς πρῴρας τῶν νεῶν εἱλέοντο, καὶ ἐτάρασσον τοὺς ταρσοὺς τῶν κωπέων. οἱ δὲ στρατιῶται οἱ ταύτῃ ἀκούοντες ταῦτα ἐς φόβον κατιστέατο, ἐλπίζοντες πάγχυ ἀπολέεσθαι ἐς οἷα κακὰ ἧκον· πρὶν γὰρ ἢ καὶ ἀναπνεῦσαί σφεας ἔκ τε τῆς ναυηγίης καὶ τοῦ χειμῶνος τοῦ γενομένου κατὰ Πήλιον, ὑπέλαβε ναυμαχίη καρτερή, ἐκ δὲ τῆς ναυμαχίης ὄμβρος τε λάβρος, καὶ ῥεύματα ἰσχυρὰ ἐς θάλασσαν ὡρμημένα, βρονταί τε σκληραί. **13.** καὶ τούτοισι μὲν τοιαύτη νὺξ ἐγίνετο· τοῖσι δὲ ταχθεῖσι αὐτῶν περιπλώειν Εὔβοιαν ἡ αὐτή περ ἐοῦσα νὺξ πολλὸν ἦν ἔτι ἀγριωτέρη, τοσούτῳ ὅσῳ ἐν πελάγεϊ φερομένοισι ἐπέπιπτε, καὶ τὸ τέλος σφι ἐγένετο ἄχαρι· ὡς γὰρ δὴ πλώουσι αὐτοῖσι χειμών τε καὶ τὸ ὕδωρ ἐπεγίνετο ἐοῦσι κατὰ τὰ Κοῖλα τῆς Εὐβοίης, φερόμενοι τῷ πνεύματι, καὶ οὐκ εἰδότες τῇ ἐφέροντο, ἐξέπιπτον πρὸς τὰς πέτρας. ἐποιέετό τε πᾶν ὑπὸ τοῦ θεοῦ, ὅκως ἂν ἐξισωθείη τῷ Ἑλληνικῷ τὸ Περσικόν, μηδὲ πολλῷ πλέον εἴη. οὗτοι μέν νυν περὶ τὰ Κοῖλα τῆς Εὐβοίης διεφθείροντο.

14. Οἱ δὲ ἐν Ἀφετῇσι βάρβαροι, ὥς σφι ἀσμένοισι ἡμέρη ἐπέλαμψε, ἀτρέμας τε εἶχον τὰς νέας, καί σφι ἀπέχρᾶτο κακῶς πρήσσουσι ἡσυχίην ἄγειν ἐν τῷ παρεόντι. τοῖσι δὲ Ἕλλησι ἐπεβώθεον νέες τρεῖς καὶ πεντήκοντα Ἀττικαί. αὗταί τε δὴ σφέας ἐπέρρωσαν ἀπικόμεναι, καὶ ἅμα ἀγγελίη ἐλθοῦσα ὡς τῶν βαρβάρων οἱ περιπλώοντες τὴν Εὔβοιαν πάντες εἴησαν διεφθαρμένοι ὑπὸ τοῦ γενομένου χειμῶνος. φυλάξαντες δὴ τὴν αὐτὴν ὥρην, πλώοντες ἐπέπεσον νηυσὶ Κιλίσσῃσι, ταύτας δὲ διαφθείραντες, ὡς εὐφρόνη ἐγένετο, ἀπέπλωον ὀπίσω ἐπὶ τὸ Ἀρτεμίσιον.

15. Τρίτῃ δὲ ἡμέρῃ, δεινόν τι ποιησάμενοι οἱ στρατηγοὶ τῶν βαρβάρων νέας οὕτω σφι ὀλίγας λυμαίνεσθαι, καὶ τὸ ἀπὸ Ξέρξεω δειμαίνοντες, οὐκ ἀνέμειναν ἔτι τοὺς Ἕλληνας μάχης ἄρξαι, ἀλλὰ παρακελευσάμενοι κατὰ μέσον ἡμέρης ἀνῆγον τὰς νέας. συνέπιπτε δὲ ὥστε τῇσι αὐτῇσι ἡμέρῃσι τὰς ναυμαχίας ·γίνεσθαι ταύτας, καὶ τὰς πεζομαχίας τὰς ἐν Θερμοπύλῃσι. ἦν δὲ πᾶς ὁ ἀγὼν τοῖσι κατὰ θάλασσαν περὶ τοῦ Εὐρίπου, ὥσπερ τοῖσι ἀμφὶ Λεωνίδεα τὴν ἐσβολὴν φυλάσσειν. οἱ μὲν δὴ παρεκελεύοντο ὅκως μὴ παρήσουσι ἐς τὴν Ἑλλάδα τοὺς βαρβάρους, οἱ δ' ὅκως τὸ Ἑλληνικὸν στράτευμα διαφθείραντες τοῦ πόρου κρατήσουσι.

16. ὡς δὲ ταξάμενοι οἱ Ξέρξεω ἐπέπλωον, οἱ Ἕλληνες ἀτρέμας εἶχον πρὸς τῷ Ἀρτεμισίῳ. οἱ δὲ βάρβαροι μη-

νοειδὲς ποιήσαντες τῶν νεῶν, ἐκυκλεῦντο ὡς περιλάβοιεν αὐτούς. ἐνθεῦτεν οἱ Ἕλληνες ἐπανέπλωόν τε καὶ συνέμισγον. ἐν ταύτῃ τῇ ναυμαχίῃ παραπλήσιοι ἀλλήλοισι ἐγένοντο. ὁ γὰρ Ξέρξεω στρατὸς ὑπὸ μεγάθεός τε καὶ πλήθεος αὐτὸς ὑπ' ἑωυτοῦ ἔπιπτε, ταρασσομένων τε τῶν νεῶν καὶ περιπιπτουσέων περὶ ἀλλήλας· ὅμως μέντοι ἀντεῖχε καὶ οὐκ εἶκε· δεινὸν γὰρ χρῆμα ἐποιεῦντο ὑπὸ νεῶν ὀλίγων ἐς φυγὴν τράπεσθαι. πολλαὶ μὲν δὴ τῶν Ἑλλήνων νέες διεφθείροντο, πολλοὶ δὲ ἄνδρες, πολλῷ δ' ἔτι πλεῦνες νέες τε τῶν βαρβάρων καὶ ἄνδρες. οὕτω δὲ ἀγωνιζόμενοι διέστησαν χωρὶς ἑκάτεροι.

17. Παρῆν δὲ ὁ ἐκ Τρηχῖνος κατάσκοπος·—ἦν μὲν γὰρ ἐπ' Ἀρτεμισίῳ κατάσκοπος Πολύας, γένος Ἀντικυρεύς, τῷ προσετέτακτο, καὶ εἶχε πλοῖον κατῆρες ἑτοῖμον, εἰ παλήσειε ὁ ναυτικὸς στρατός, σημαίνειν τοῖσι ἐν Θερμοπύλῃσι ἐοῦσι· ὡς δ' αὔτως ἦν Ἀβρώνιχος ὁ Λυσικλέος Ἀθηναῖος καὶ παρὰ Λεωνίδῃ ἑτοῖμος τοῖσι ἐπ' Ἀρτεμισίῳ ἐοῦσι ἀγγέλλειν τριηκοντέρῳ, ἤν τι καταλαμβάνῃ νεώτερον τὸν πεζόν·—οὗτος ὦν ὁ Ἀβρώνιχος ἀπικόμενός σφι ἐσήμαινε τὰ γεγονότα περὶ Λεωνίδεα καὶ τὸν στρατὸν αὐτοῦ. οἱ δὲ ὡς ἐπύθοντο ταῦτα, οὐκέτι ἐς ἀναβολὰς ἐποιεῦντο τὴν ἀποχώρησιν, ἐκομίζοντο δὲ ὡς ἕκαστοι ἐτάχθησαν, Κορίνθιοι πρῶτοι, ὕστατοι δὲ Ἀθηναῖοι. 18. Ἀθηναίων δὲ νέας τὰς ἄριστα πλωούσας ἐπιλεξάμενος Θεμιστοκλέης ἐπορεύετο περὶ τὰ πότιμα ὕδατα, ἐντάμνων ἐν τοῖσι λίθοισι γράμματα, τὰ Ἴωνες ἐπελθόντες τῇ ὑστεραίῃ ἡμέρῃ ἐπὶ τὸ Ἀρτεμίσιον ἐπελέξαντο. τὰ δὲ γράμματα τάδε ἔλεγε· "Ἄνδρες Ἴωνες, οὐ ποιέετε δίκαια ἐπὶ τοὺς πατέρας σρατευόμενοι καὶ τὴν Ἑλλάδα καταδουλούμενοι. ἀλλὰ μάλιστα μὲν πρὸς ἡμέων γίνεσθε· εἰ δὲ ὑμῖν ἐστι τοῦτο μὴ δυνατὸν ποιῆσαι, ὑμεῖς δὲ ἔτι καὶ νῦν ἐκ τοῦ μέσου ἡμῖν ἕζεσθε

καὶ αὐτοὶ, καὶ τῶν Καρῶν δέεσθε τὰ αὐτὰ ὑμῖν ποιέειν·
εἰ δὲ μηδέτερον τουτων οἷόν τε γίνεσθαι, ἀλλ' ὑπ' ἀναγκαίης
μέζονος κατέζευχθε ἢ ὥστε ἀπίστασθαι, ὑμεῖς δὲ ἐν τῷ
ἔργῳ, ἐπεὰν συμμίσγωμεν, ἐθελοκακέετε, μεμνημένοι ὅτι
ἀπ' ἡμέων γεγόνατε, καὶ ὅτι ἀρχῆθεν ἡ ἔχθρη πρὸς τὸν
βάρβαρον ἀπ' ὑμέων ἡμῖν γέγονε. Θεμιστοκλέης δὲ ταῦτα
ἔγραψε, δοκέειν ἐμοὶ, ἐπ' ἀμφότερα νοέων, ἵνα ἢ λαθόντα
τὰ γράμματα βασιλέα Ἴωνας ποιήσῃ μεταβαλεῖν καὶ γενέ-
σθαι πρὸς ἑωυτῶν, ἢ ἐπείτε ἀνενειχθῇ καὶ διαβληθῇ πρὸς
Ξέρξεα, ἀπίστους ποιήσῃ τοὺς Ἴωνας καὶ τῶν ναυμαχιέων
αὐτοὺς ἀπόσχῃ. . . .

19. Ἐκ μὲν δὴ τῆς Τρηχινίης ἐς τὴν Δωρίδα ἐσέβαλον
[οἱ βάρβαροι]. τῆς γὰρ Δωρίδος χώρης ποδεὼν στεινὸς
ταύτῃ κατατείνει, ὡς τριήκοντα σταδίων μάλιστά κῃ εὖρος,
κείμενος μεταξὺ τῆς τε Μηλίδος καὶ τῆς Φωκίδος χώρης,
ἥ περ ἦν τὸ παλαιὸν Δρυοπίς· ἡ δὲ χώρη αὕτη ἐστὶ μητρό-
πολις Δωριέων τῶν ἐν Πελοποννήσῳ. ταύτην ὦν τὴν
Δωρίδα γῆν οὐκ ἐσίναντο ἐσβαλόντες οἱ βάρβαροι· ἐμήδι-
ζόν τε γὰρ καὶ οὐκ ἐδόκεε Θεσσαλοῖσι. **20.** Ὡς δὲ ἐκ τῆς
Δωρίδος ἐς τὴν Φωκίδα ἐσέβαλον, αὐτοὺς μὲν τοὺς Φωκέας
οὐκ αἱρέουσι· οἱ μὲν γὰρ τῶν Φωκέων ἐς τὰ ἄκρα τοῦ
Παρνησσοῦ ἀνέβησαν (ἔστι δὲ καὶ ἐπιτηδέη δέξασθαι ὅμιλον
τοῦ Παρνησσοῦ ἡ κορυφὴ, κατὰ Νέωνα πόλιν κειμένη ἐπ'
ἑωυτῆς· Τιθορέα οὔνομα αὐτῇ, ἐς τὴν δὴ ἀνηνείκαντο καὶ
αὐτοὶ ἀνέβησαν)· οἱ δὲ πλεῦνες αὐτῶν ἐς τοὺς Ὀζόλας
Λοκροὺς ἐξεκομίσαντο, ἐς Ἄμφισσαν πόλιν τὴν ὑπὲρ τοῦ
Κρισαίου πεδίου οἰκεομένην. οἱ δὲ βάρβαροι τὴν χώρην
πᾶσαν ἐπέδραμον τὴν Φωκίδα· Θεσσαλοὶ γὰρ οὕτω ἦγον
τὸν στρατόν· ὁκόσα δὲ ἐπέσχον, πάντα ἐπέφλεγον καὶ
ἔκειρον, καὶ ἐς τὰς πόλις ἐνιέντες πῦρ καὶ ἐς τὰ ἱρά.
21. Παραποταμίους δὲ παραμειβόμενοι οἱ βάρβαροι ἀπί-

κοντο ἐς Πανοπέας. ἐνθεῦτεν δὲ ἤδη διακρινομένη ἡ στρατιὴ αὐτῶν ἐσχίζετο. τὸ μὲν πλεῖστον καὶ δυνατώτατον τοῦ στρατοῦ ἅμα αὐτῷ Ξέρξῃ πορευόμενον ἐπ᾿ Ἀθήνας ἐσέβαλε ἐς Βοιωτούς, ἐς γῆν τὴν Ὀρχομενίων. Βοιωτῶν δὲ πᾶν τὸ πλῆθος ἐμήδιζε, τὰς δὲ πόλις αὐτῶν ἄνδρες Μακεδόνες διατεταγμένοι ἔσωζον, ὑπὸ Ἀλεξάνδρου ἀποπεμφθέντες. ἔσωζον δὲ τῇδε, βουλόμενοι δῆλον ποιέειν Ξέρξῃ ὅτι τὰ Μήδων Βοιωτοὶ φρονέοιεν. 22. Οὗτοι μὲν δὴ τῶν βαρβάρων ταύτῃ ἐτράποντο, ἄλλοι δὲ αὐτῶν ἡγεμόνας ἔχοντες ὡρμέατο ἐπὶ τὸ ἱρὸν τὸ ἐν Δελφοῖσι, ἐν δεξιῇ τὸν Παρνησσὸν ἀπέργοντες. ὅσα δὲ καὶ οὗτοι ἐπέσχον τῆς Φωκίδος, πάντα ἐσιναμώρεον· καὶ γὰρ τῶν Πανοπέων τὴν πόλιν ἐνέπρησαν καὶ Δαυλίων καὶ Αἰολιδέων. ἐπορεύοντο δὲ ταύτῃ ἀποσχισθέντες τῆς ἄλλης στρατιῆς τῶνδε εἵνεκεν, ὅκως συλήσαντες τὸ ἱρὸν τὸ ἐν Δελφοῖσι βασιλέϊ Ξέρξῃ ἀποδέξαιεν τὰ χρήματα. πάντα δ᾿ ἠπίστατο τὰ ἐν τῷ ἱρῷ ὅσα λόγου ἦν ἄξια Ξέρξης, ὡς ἐγὼ πυνθάνομαι, ἄμεινον ἢ τὰ ἐν τοῖσι οἰκίοισι ἔλιπε, πολλῶν αἰεὶ λεγόντων, καὶ μάλιστα τὰ Κροίσου τοῦ Ἀλυάττεω ἀναθήματα. 23. Οἱ δὲ Δελφοὶ πυνθανόμενοι ταῦτα ἐς πᾶσαν ἀρρωδίην ἀπίκατο· ἐν δείματι δὲ μεγάλῳ κατεστεῶτες, ἐμαντεύοντο περὶ τῶν ἱρῶν χρημάτων, εἴτε σφέα κατὰ γῆς κατορύξωσι, εἴτε ἐκκομίσωσι ἐς ἄλλην χώρην. ὁ δὲ θεός σφεας οὐκ ἔα κινέειν, φὰς αὐτὸς ἱκανὸς εἶναι τῶν ἑωυτοῦ προκατῆσθαι. Δελφοὶ δὲ ταῦτα ἀκούσαντες σφέων αὐτῶν πέρι ἐφρόντιζον. τέκνα μέν νυν καὶ γυναῖκας πέρην ἐς τὴν Ἀχαιίην διέπεμψαν, αὐτῶν δὲ οἱ μὲν πλεῖστοι ἀνέβησαν ἐς τοῦ Παρνησσοῦ τὰς κορυφὰς καὶ ἐς τὸ Κωρύκιον ἄντρον ἀνηνείκαντο, οἱ δὲ ἐς Ἄμφισσαν τὴν Λοκρίδα ὑπεξῆλθον. πάντες δὲ ὦν οἱ Δελφοὶ ἐξέλιπον τὴν πόλιν, πλὴν ἑξήκοντα ἀνδρῶν καὶ τοῦ προφήτεω. 24. Ἐπεὶ δὲ ἀγχοῦ τε ἦσαν οἱ βάρβαροι ἐπιόντες καὶ ἀπώρεον τὸ ἱρὸν, ἐν τούτῳ ὁ προφήτης, τῷ οὔνομα ἦν Ἀκήρατος, ὁρᾷ πρὸ τοῦ νηοῦ ὅπλα προκείμενα ἔσωθεν ἐκ τοῦ μεγάρου ἐξενηνειγμένα ἱρά, τῶν οὐκ ὅσιον ἦν ἅπτεσθαι ἀνθρώπων οὐδενί. ὁ μὲν δὴ ἤϊε Δελφῶν τοῖσι παρεοῦσι σημανέων τὸ τέρας· οἱ δὲ βάρβαροι ἐπειδὴ ἐγίνοντο ἐπειγόμενοι κατὰ τὸ ἱρὸν τῆς Προνηΐης Ἀθηναίης, ἐπιγίνεταί σφι τέρεα ἔτι μέζονα τοῦ πρὶν γενομένου τέρεος. θῶυμα μὲν γὰρ καὶ τοῦτο κάρτα ἐστὶ, ὅπλα ἀρήϊα αὐτόματα φανῆναι ἔξω προκείμενα τοῦ νηοῦ· τὰ δὲ δὴ ἐπὶ τούτῳ δεύτερα ἐπιγενόμενα καὶ διὰ πάντων φασμάτων ἄξια θωυμάσαι μάλιστα. 25. ἐπεὶ γὰρ δὴ ἦσαν ἐπιόντες οἱ βάρβαροι κατὰ τὸ ἱρὸν τῆς Προνηΐης Ἀθηναίης, ἐν τούτῳ ἐκ μὲν τοῦ οὐρανοῦ κεραυνοὶ αὐτοῖσι ἐνέπιπτον, ἀπὸ δὲ τοῦ Παρνησσοῦ ἀπορραγεῖσαι δύο κορυφαὶ ἐφέροντο πολλῷ πατάγῳ ἐς αὐτοὺς καὶ κατέλαβον συχνούς σφεων, ἐκ δὲ τοῦ ἱροῦ τῆς Προνηΐης βοή τε καὶ ἀλαλαγμὸς ἐγίνετο. Συμμιγέντων δὲ τούτων πάντων, φόβος τοῖσι βαρβάροισι ἐνεπεπτώκεε. μαθόντες δὲ οἱ Δελφοὶ φεύγοντάς σφεας, ἐπικαταβάντες ἀπέκτειναν πλῆθός τι αὐτῶν. οἱ δὲ περιεόντες ἰθὺ Βοιωτῶν ἔφευγον. ἔλεγον δὲ οἱ ἀπονοστήσαντες οὗτοι τῶν βαρβάρων, ὡς ἐγὼ πυνθάνομαι, ὡς πρὸς τούτοισι καὶ ἄλλα ὥρεον θεῖα· δύο γὰρ ὁπλίτας, μέζονας ἢ κατὰ ἀνθρώπων φύσιν [ἔχοντας], ἔπεσθαί σφι κτείνοντας καὶ διώκοντας. 26. τούτους δὲ τοὺς δύο Δελφοὶ λέγουσι ἐπιχωρίους ἥρωας εἶναι, Φύλακόν τε καὶ Αὐτόνοον, τῶν τὰ τεμένεά ἐστι περὶ τὸ ἱρὸν, Φυλάκου μὲν παρ' αὐτὴν τὴν ὁδὸν κατύπερθε τοῦ ἱροῦ τῆς Προνηΐης, Αὐτονόου δὲ πέλας τῆς Κασταλίης ὑπὸ τῇ Ὑαμπείῃ κορυφῇ. οἱ δὲ πεσόντες ἀπὸ τοῦ Παρνησσοῦ λίθοι ἔτι καὶ ἐς ἡμέας ἦσαν σόοι, ἐν τῷ τεμένεϊ τῆς Προνηΐης Ἀθηναίης κείμενοι, ἐς τὸ ἐνέσκηψαν διὰ τῶν βαρβάρων φερόμενοι. τούτων μέν νυν τῶν ἀνδρῶν αὕτη ἀπὸ τοῦ ἱροῦ ἀπαλλαγὴ γίνεται. 27. Ὁ δὲ Ἑλλήνων ναυτικὸς στρατὸς ἀπὸ τοῦ Ἀρτεμισίου, Ἀθηναίων δεηθέντων, ἐς Σαλαμῖνα κατίσχει τὰς νέας. τῶνδε δὲ εἵνεκεν προσεδεήθησαν αὐτῶν σχεῖν πρὸς Σαλαμῖνα Ἀθηναῖοι, ἵνα αὐτοὶ παῖδάς τε καὶ γυναῖκας ὑπεξαγάγωνται ἐκ τῆς Ἀττικῆς, πρὸς δὲ καὶ βουλεύσωνται τὸ ποιητέον αὐτοῖσι ἔσται. ἐπὶ γὰρ τοῖσι κατήκουσι πρήγμασι βουλὴν ἔμελλον ποιήσεσθαι, ὡς ἐψευσμένοι γνώμης. δοκέοντες γὰρ εὑρήσειν Πελοποννησίους πανδημεὶ ἐν τῇ Βοιωτίῃ ὑποκατημένους τὸν βάρβαρον, τῶν μὲν εὗρον οὐδὲν ἐόν· οἱ δὲ ἐπυνθάνοντο τὸν Ἰσθμὸν αὐτοὺς τειχέοντας, τὴν Πελοπόννησον περὶ πλείστου τε ποιευμένους περιεῖναι, καὶ ταύτην ἔχοντας ἐν φυλακῇ, τὰ δὲ ἄλλα ἀπιέναι. ταῦτα πυνθανόμενοι οὕτω δὴ προσεδεήθησάν σφεων σχεῖν πρὸς τὴν Σαλαμῖνα. 28. οἱ μὲν δὴ ἄλλοι κατέσχον ἐς τὴν Σαλαμῖνα, Ἀθηναῖοι δὲ ἐς τὴν ἑωυτῶν. μετὰ δὲ τὴν ἄπιξιν κήρυγμα ἐποιήσαντο, Ἀθηναίων τῇ τις δύναται σώζειν τὰ τέκνα τε καὶ τοὺς οἰκέτας. ἐνθαῦτα οἱ μὲν πλεῖστοι ἐς Τροιζῆνα ἀπέστειλαν, οἱ δὲ ἐς Αἴγιναν, οἱ δὲ ἐς Σαλαμῖνα. ἔσπευσαν δὲ ταῦτα ὑπεκθέσθαι, τῷ χρηστηρίῳ τε βουλόμενοι ὑπηρετέειν, καὶ δὴ καὶ τοῦδε εἵνεκεν οὐκ ἥκιστα. λέγουσι Ἀθηναῖοι ὄφιν μέγαν φύλακον τῆς ἀκροπόλιος ἐνδιαιτᾶσθαι ἐν τῷ ἱρῷ. λέγουσί τε ταῦτα, καὶ δὴ καὶ ὡς ἐόντι ἐπιμήνια ἐπιτελέουσι προτιθέντες· τὰ δ' ἐπιμήνια μελιτόεσσά ἐστι. αὕτη δ' ἡ μελιτόεσσα, ἐν τῷ πρόσθε αἰεὶ χρόνῳ ἀναισιμουμένη, τότε ἦν ἄψαυστος. σημηνάσης δὲ ταῦτα τῆς ἱρείης, μᾶλλόν τι οἱ Ἀθηναῖοι καὶ προθυμότερον ἐξέλιπον τὴν πόλιν, ὡς καὶ τῆς θεοῦ ἀπολελοιπυίης τὴν ἀκρόπολιν. ὡς δέ σφι πάντα ὑπεξεκέετο, ἔπλωον ἐς τὸ στρατόπεδον. 29. Ἐπεὶ δὲ οἱ ἀπ' Ἀρτεμισίου ἐς Σαλαμῖνα κατέσχον τὰς νέας, συνέρρεε καὶ ὁ λοιπὸς πυνθανόμενος ὁ τῶν Ἑλλήνων ναυτικὸς στρατὸς ἐκ Τροιζῆνος· ἐς γὰρ Πώγωνα τὸν Τροιζηνίων λιμένα προείρητο συλλέγεσθαι. συνελέχθησάν τε δὴ πολλῷ πλεῦνες νέες ἢ ἐπ' Ἀρτεμισίῳ ἐναυμάχεον, καὶ ἀπὸ πολίων πλεύνων. ναύαρχος μέν νυν ἐπῆν ὡυτὸς ὅσπερ ἐπ' Ἀρτεμισίῳ, Εὐρυβιάδης ὁ Εὐρυκλείδεω ἀνὴρ Σπαρτιήτης, οὐ μέντοι γένεός γε τοῦ βασιληίου ἐών. νέας δὲ πολλῷ πλείστας τε καὶ ἄριστα πλωούσας παρείχοντο Ἀθηναῖοι. ἀριθμὸς δὲ ἐγένετο ὁ πᾶς τῶν νεῶν, πάρεξ τῶν πεντηκοντέρων, ὀκτὼ καὶ ἑβδομήκοντα καὶ τριηκόσιαι.

30. Ὡς δὲ ἐς τὴν Σαλαμῖνα συνῆλθον οἱ στρατηγοί, ἐβουλεύοντο, προθέντος Εὐρυβιάδεω γνώμην ἀποφαίνεσθαι τὸν βουλόμενον, ὅκου δοκέοι ἐπιτηδεώτατον εἶναι ναυμαχίην ποιέεσθαι τῶν αὐτοὶ χωρέων ἐγκρατέες εἰσί· ἡ γὰρ Ἀττικὴ ἀπεῖτο ἤδη, τῶν δὲ λοιπέων πέρι προετίθεε. αἱ γνῶμαι δὲ τῶν λεγόντων αἱ πλεῖσται συνεξέπιπτον πρὸς τὸν Ἰσθμὸν πλώσαντας ναυμαχέειν πρὸ τῆς Πελοποννήσου· ἐπιλέγοντες τὸν λόγον τόνδε, ὡς ἢν νικηθέωσι τῇ ναυμαχίῃ, ἐν Σαλαμῖνι μὲν ἐόντες πολιορκήσονται ἐν νήσῳ, ἵνα σφι τιμωρίη οὐδεμία ἐπιφανήσεται, πρὸς δὲ τῷ Ἰσθμῷ ἐς τοὺς ἑωυτῶν ἐξοίσονται. 31. ταῦτα τῶν ἀπὸ Πελοποννήσου στρατηγῶν ἐπιλεγομένων, ἐληλύθεε ἀνὴρ Ἀθηναῖος ἀγγέλλων ἥκειν τὸν βάρβαρον ἐς τὴν Ἀττικὴν καὶ πᾶσαν αὐτὴν πυρπολέεσθαι. ὁ γὰρ διὰ Βοιωτῶν τραπόμενος στρατὸς ἅμα Ξέρξῃ, ἐμπρήσας Θεσπιέων τὴν πόλιν (αὐτῶν ἐκλελοιπότων ἐς Πελοπόννησον) καὶ τὴν Πλαταιέων ὡσαύτως, ἧκέ τε ἐς τὰς Ἀθήνας καὶ πάντα ἐκεῖνα ἐδηίου. ἐνέπρησε δὲ Θεσπειάν τε καὶ Πλάταιαν, πυθόμενος Θηβαίων ὅτι οὐκ ἐμήδιζον.

32. Ἀπὸ δὲ τῆς διαβάσιος τοῦ Ἑλλησπόντου, ἔνθεν πορεύεσθαι ἤρξαντο οἱ βάρβαροι, ἕνα αὐτοῦ διατρίψαντες μῆνα, ἐν τῷ διέβαινον ἐς τὴν Εὐρώπην, ἐν τρισὶ ἑτέροισι μησὶ ἐγένοντο ἐν τῇ Ἀττικῇ, Καλλιάδεω ἄρχοντος Ἀθηναίοισι. καὶ αἱρέουσι ἔρημον τὸ ἄστυ, καί τινας ὀλίγους εὑρίσκουσι τῶν Ἀθηναίων ἐν τῷ ἱρῷ ἐόντας, ταμίας τε τοῦ ἱροῦ καὶ πένητας ἀνθρώπους, οἳ φραξάμενοι τὴν ἀκρόπολιν θύρῃσί τε καὶ ξύλοισι ἠμύνοντο τοὺς ἐπιόντας· ἅμα μὲν ὑπ' ἀσθενείης βίου οὐκ ἐκχωρήσαντες ἐς Σαλαμῖνα, πρὸς δὲ αὐτοὶ δοκέοντες ἐξευρηκέναι τὸ μαντήιον, τὸ ἡ Πυθίη σφι ἔχρησε, τὸ ξύλινον τεῖχος ἀνάλωτον ἔσεσθαι, καὶ αὐτὸ δὴ τοῦτο εἶναι τὸ κρησφύγετον κατὰ τὸ μαντήιον, καὶ οὐ τὰς νέας. 33. Οἱ δὲ Πέρσαι ἱζόμενοι ἐπὶ τὸν καταντίον τῆς ἀκροπόλιος ὄχθον, τὸν Ἀθηναῖοι καλέουσι Ἀρήιον πάγον, ἐπολιόρκεον τρόπον τοιόνδε· ὅκως στυπεῖον περὶ τοὺς ὀιστοὺς περιθέντες ἅψειαν, ἐτόξευον ἐς τὸ φράγμα. ἐνθαῦτα Ἀθηναίων οἱ πολιορκεόμενοι ὅμως ἠμύνοντο, καίπερ ἐς τὸ ἔσχατον κακοῦ ἀπιγμένοι, καὶ τοῦ φράγματος προδεδωκότος. οὐδὲ λόγους τῶν Πεισιστρατιδέων προσφερόντων περὶ ὁμολογίης ἐνεδέκοντο, ἀμυνόμενοι δὲ ἄλλα τε ἀντεμηχανέοντο, καὶ δὴ καὶ προσιόντων τῶν βαρβάρων πρὸς τὰς πύλας ὀλοιτρόχους ἀπίεσαν, ὥστε Ξέρξεα ἐπὶ χρόνον συχνὸν ἀπορίῃσι ἐνέχεσθαι, οὐ δυνάμενόν σφεας ἑλεῖν. 34. χρόνῳ δ' ἐκ τῶν ἀπόρων ἐφάνη δή τις ἔσοδος τοῖσι βαρβάροισι· ἔδεε γὰρ κατὰ τὸ θεοπρόπιον πᾶσαν τὴν Ἀττικὴν τὴν ἐν τῇ ἠπείρῳ γενέσθαι ὑπὸ Πέρσῃσι. ἔμπροσθε ὦν πρὸ τῆς ἀκροπόλιος, ὄπισθε δὲ τῶν πυλίων καὶ τῆς ἀνόδου, τῇ δὴ οὔτε τις ἐφύλασσε οὔτ' ἂν ἤλπισε μή κοτέ τις κατὰ ταῦτα ἀναβαίη ἀνθρώπων, ταύτῃ ἀνέβησάν τινες κατὰ τὸ ἱρὸν τῆς Κέκροπος θυγατρὸς Ἀγλαύρου, καίτοι περ ἀποκρήμνου ἐόντος τοῦ χώρου. ὡς δὲ εἶδον

αὐτοὺς ἀναβεβηκότας οἱ Ἀθηναῖοι ἐπὶ τὴν ἀκρόπολιν, οἱ μὲν ἐρρίπτεον ἑωυτοὺς κατὰ τοῦ τείχεος κάτω καὶ διεφθείροντο, οἱ δὲ ἐς τὸ μέγαρον κατέφευγον. τῶν δὲ Περσέων οἱ ἀναβεβηκότες πρῶτον μὲν ἐτράποντο πρὸς τὰς πύλας, ταύτας δὲ ἀνοίξαντες τοὺς ἱκέτας ἐφόνευον· ἐπεὶ δέ σφι πάντες κατέστρωντο, τὸ ἱρὸν συλήσαντες ἐνέπρησαν πᾶσαν τὴν ἀκρόπολιν. 35. Σχὼν δὲ παντελέως τὰς Ἀθήνας, Ξέρξης ἀπέπεμψε ἐς Σοῦσα ἄγγελον ἱππέα Ἀρταβάνῳ ἀγγελέοντα τὴν παρεοῦσάν σφι εὐπρηξίην. ἀπὸ δὲ τῆς πέμψιος τοῦ κήρυκος δευτέρῃ ἡμέρῃ, συγκαλέσας Ἀθηναίων τοὺς φυγάδας, ἑωυτῷ δὲ ἑπομένους, ἐκέλευε τρόπῳ τῷ σφετέρῳ θῦσαι τὰ ἱρὰ, ἀναβάντας ἐς τὴν ἀκρόπολιν,— εἴτε δή ὦν ὄψιν τινὰ ἰδὼν ἐνυπνίου ἐνετέλλετο ταῦτα, εἴτε καὶ ἐνθύμιόν οἱ ἐγένετο ἐμπρήσαντι τὸ ἱρόν. οἱ δὲ φυγάδες τῶν Ἀθηναίων ἐποίησαν τὰ ἐντεταλμένα. 36. τοῦ δὲ εἵνεκεν τούτων ἐπεμνήσθην, φράσω. ἔστι ἐν τῇ ἀκροπόλι ταύτῃ Ἐρεχθέος τοῦ γηγενέος λεγομένου εἶναι νηὸς, ἐν τῷ ἐλαίη τε καὶ θάλασσα ἔνι, τὰ λόγος παρ' Ἀθηναίων Ποσειδέωνί τε καὶ Ἀθηναίην ἐρίσαντας περὶ τῆς χώρης μαρτύρια θέσθαι. ταύτην ὦν τὴν ἐλαίην ἅμα τῷ ἄλλῳ ἱρῷ κατέλαβε ἐμπρησθῆναι ὑπὸ τῶν βαρβάρων· δευτέρῃ δὲ ἡμέρῃ ἀπὸ τῆς ἐμπρήσιος, Ἀθηναίων οἱ θύειν ὑπὸ βασιλέος κελευόμενοι ὡς ἀνέβησαν ἐς τὸ ἱρὸν, ὥρεον βλαστὸν ἐκ τοῦ στελέχεος ὅσον τε πηχυαῖον ἀναδεδραμηκότα. οὗτοι μέν νυν ταῦτα ἔφρασαν.

37. Οἱ δὲ ἐν Σαλαμῖνι Ἕλληνες, ὥς σφι ἐξηγγέλθη ὡς ἔσχε τὰ περὶ τὴν Ἀθηνέων ἀκρόπολιν, ἐς τοσοῦτον θόρυβον ἀπίκοντο, ὥστε ἔνιοι τῶν στρατηγῶν οὐδὲ κυρωθῆναι ἔμενον τὸ προκείμενον πρῆγμα, ἀλλ' ἔς τε τὰς νέας ἐσέπιπτον καὶ ἱστία ἀείροντο ὡς ἀποθευσόμενοι. τοῖσί τε ὑπολειπομένοισι αὐτῶν ἐκυρώθη πρὸ τοῦ Ἰσθμοῦ ναυμα-

χέειν. νύξ τε εγίνετο, και οι διαλυθέντες εκ του συνεδρίου εσέβαινον ες τας νέας. 38. ενθαύτα δη Θεμιστοκλέα απικόμενον επί την νέα είρετο Μνησίφιλος ανήρ Αθηναίος, ό τι σφι είη βεβουλευμένον. πυθόμενος δε προς αυτού ως είη δεδογμένον ανάγειν τας νέας προς τον Ισθμόν και προ της Πελοποννήσου ναυμαχέειν, είπε· Ου τοι άρα, ην απαείρωσι τας νέας από Σαλαμίνος, περί ουδεμιής έτι πατρίδος ναυμαχήσεις. κατά γαρ πόλις έκαστοι τρέψονται, και ούτε σφέας Ευρυβιάδης κατέχειν δυνήσεται, ούτε τις ανθρώπων άλλος, ώστε μη ου διασκεδασθήναι την στρατιήν, απολέεται τε η Ελλάς αβουλίησι. αλλ' εί τις έστι μηχανή, ίθι και πειρώ διαχέαι τα βεβουλευμένα, ήν κως δύνη αναγνώσαι Ευρυβιάδεα μεταβουλεύσασθαι ώστε αυτού μενέειν. 39. κάρτα δη τω Θεμιστοκλέϊ ήρεσε η υποθήκη, και ουδέν προς ταύτα αμειψάμενος ήιε επί την νέα την Ευρυβιάδεω. απικόμενος δε έφη εθέλειν οι κοινόν τι πρήγμα συμμίξαι. ο δ' αυτόν ες την νέα εκέλευε εσβάντα λέγειν, εί τι εθέλοι. ενθαύτα ο Θεμιστοκλέης παριζόμενός οι καταλέγει εκείνα τε πάντα τα ήκουσε Μνησιφίλου, εωυτού ποιεύμενος, και άλλα πολλά προστιθείς, ες ο ανέγνωσε χρηΐζων έκ τε της νεός εκβήναι συλλέξαι τε τους στρατηγούς ες το συνέδριον. 40. Ως δε άρα συνελέχθησαν, πριν ή τον Ευρυβιάδεα προθείναι τον λόγον των είνεκεν συνήγαγε τους στρατηγούς, πολλός ην ο Θεμιστοκλέης εν τοίσι λόγοισι οία κάρτα δεόμενος. λέγοντος δε αυτού ο Κορίνθιος στρατηγός Αδείμαντος ο Ωκύτου είπε· Ω Θεμιστόκλεες, εν τοίσι αγώσι οι προεξανιστάμενοι ραπίζονται. ο δε απολυόμενος έφη· Οι δε γε εγκαταλειπόμενοι ου στεφανεύνται. 41. Τότε μεν ηπίως προς τον Κορίνθιον αμείψατο, προς δε τον Ευρυβιάδεα έλεγε εκείνων μεν ουκέτι ουδέν των πρότερον λεχθέντων, ως ἐπεὰν ἀπαείρωσι ἀπὸ Σαλαμῖνος διαδρήσονται· παρεόντων γὰρ τῶν συμμάχων οὐκ ἔφερέ οἱ κόσμον οὐδένα κατηγορέειν· ὁ δὲ ἄλλου λόγου εἴχετο, λέγων τάδε· Ἐν σοὶ νῦν ἐστὶ σῶσαι τὴν Ἑλλάδα, ἤν ἐμοὶ πείθῃ ναυμαχίην αὐτοῦ μένων ποιέεσθαι, μηδὲ πειθόμενος τούτων τοῖσι λέγουσι ἀναζεύξῃς πρὸς τὸν Ἰσθμὸν τὰς νέας. ἀντίθες γὰρ ἑκάτερον ἀκούσας. πρὸς μὲν τῷ Ἰσθμῷ συμβάλλων ἐν πελάγεϊ ἀναπεπταμένῳ ναυμαχήσεις, ἐς τὸ ἥκιστα ἡμῖν σύμφορόν ἐστι νέας ἔχουσι βαρυτέρας καὶ ἀριθμὸν ἐλάσσονας, τοῦτο δὲ ἀπολέεις Σαλαμῖνά τε καὶ Μέγαρα καὶ Αἴγιναν, ἤν περ καὶ τὰ ἄλλα εὐτυχήσωμεν. ἅμα γὰρ τῷ ναυτικῷ αὐτῶν ἕψεται καὶ ὁ πεζὸς στρατός· καὶ οὕτω σφέας αὐτὸς ἄξεις ἐπὶ τὴν Πελοπόννησον, κινδυνεύσεις τε ἁπάσῃ τῇ Ἑλλάδι. 42. ἢν δὲ τὰ ἐγὼ λέγω ποιήσῃς, τοσάδε ἐν αὐτοῖσι χρηστὰ εὑρήσεις· πρῶτα μὲν ἐν στεινῷ συμβάλλοντες νηυσὶ ὀλίγῃσι πρὸς πολλάς, ἢν τὰ οἰκότα ἐκ τοῦ πολέμου ἐκβαίνῃ, πολλὸν κρατήσομεν, — τὸ γὰρ ἐν στεινῷ ναυμαχέειν πρὸς ἡμέων ἐστί, ἐν εὐρυχωρίῃ δὲ πρὸς ἐκείνων, — αὖτις δὲ Σαλαμὶς περιγίνεται, ἐς τὴν ἡμῖν ὑπεκκέεται τέκνα τε καὶ γυναῖκες. καὶ μὴν καὶ τόδε ἐν αὐτοῖσι ἔνεστι, τοῦ καὶ περιέχεσθε μάλιστα· ὁμοίως αὐτοῦ τε μένων προναυμαχήσεις Πελοποννήσου καὶ πρὸς τῷ Ἰσθμῷ, οὐδέ σφεας, εἴ περ εὖ φρονέεις, ἄξεις ἐπὶ τὴν Πελοπόννησον. 43. ἢν δέ γε καὶ τὰ ἐγὼ ἐλπίζω γένηται καὶ νικήσωμεν τῇσι νηυσί, οὔτε ὑμῖν ἐς τὸν Ἰσθμὸν παρέσονται οἱ βάρβαροι, οὔτε προβήσονται ἑκαστέρω τῆς Ἀττικῆς, ἀπίασί τε οὐδενὶ κόσμῳ· Μεγάροισί τε κερδανέομεν περιεοῦσι καὶ Αἰγίνῃ καὶ Σαλαμῖνι, ἐν τῇ ἡμῖν καὶ λόγιόν ἐστι τῶν ἐχθρῶν κατύπερθε γενέσθαι. οἰκότα μέν νυν βουλευομένοισι ἀνθρώποισι ὡς τὸ ἐπίπαν ἐθέλει γίνεσθαι· μὴ δὲ οἰκότα βουλευομένοισι οὐκ ἐθέλει οὐδὲ ὁ θεὸς προσχωρέειν πρὸς τὰς ἀνθρωπηίας γνώμας. 44. Ταῦτα λέγοντος Θεμιστοκλέος, αὖτις ὁ Κορίνθιος Ἀδείμαντος ἐπεφέρετο, σιγᾶν τε κελεύων τῷ μή ἐστι πατρὶς, καὶ Εὐρυβιάδεα οὐκ ἐῶν ἐπιψηφίζειν ἀπόλι ἀνδρί· πόλιν γὰρ τὸν Θεμιστοκλέα παρεχόμενον οὕτω ἐκέλευε γνώμας συμβάλλεσθαι. ταῦτα δέ οἱ προέφερε, ὅτι ἡλώκεσάν τε καὶ κατείχοντο αἱ Ἀθῆναι. τότε δὴ ὁ Θεμιστοκλέης ἐκεῖνόν τε καὶ τοὺς Κορινθίους πολλά τε καὶ κακὰ ἔλεγε, ἑωυτοῖσί τε ἐδήλου λόγῳ ὡς εἴη καὶ πόλις καὶ γῆ μέζων ἤπερ ἐκείνοισι, ἔστ' ἂν διηκόσιαι νέες σφι ἔωσι πεπληρωμέναι· οὐδαμοὺς γὰρ Ἑλλήνων αὐτοὺς ἐπιόντας ἀποκρούσεσθαι. 45. Σημαίνων δὲ ταῦτα τῷ λόγῳ διέβαινε ἐς Εὐρυβιάδεα, λέγων μᾶλλον ἐπεστραμμένα· Σὺ εἰ μενέεις αὐτοῦ καὶ μένων ἔσεαι ἀνὴρ ἀγαθός· εἰ δὲ μή, ἀνατρέψεις τὴν Ἑλλάδα. τὸ πᾶν γὰρ ἡμῖν τοῦ πολέμου φέρουσι αἱ νέες. ἀλλ' ἐμοὶ πείθεο. εἰ δὲ ταῦτα μὴ ποιήσεις, ἡμεῖς μὲν, ὡς ἔχομεν, ἀναλαβόντες τοὺς οἰκέτας, κομιεύμεθα ἐς Σῖριν τὴν ἐν Ἰταλίῃ, ἥ περ ἡμετέρη τέ ἐστι ἐκ παλαιοῦ ἔτι, καὶ τὰ λόγια λεγει ὑπ' ἡμέων αὐτὴν δέειν κτισθῆναι· ὑμεῖς δὲ συμμάχων τοιῶνδε μουνωθέντες μεμνήσεσθε τῶν ἐμῶν λόγων. 46. Ταῦτα δὲ Θεμιστοκλέος λέγοντος ἀνεδιδάσκετο Εὐρυβιάδης. δοκέειν δέ μοι, ἀρρωδήσας μάλιστα τοὺς Ἀθηναίους ἀνεδιδάσκετο μή σφεας ἀπολίπωσι, ἢν πρὸς τὸν Ἰσθμὸν ἀνάγῃ τὰς νέας. ἀπολιπόντων γὰρ Ἀθηναίων οὐκέτι ἐγίνοντο ἀξιόμαχοι οἱ λοιποί. ταύτην δὲ αἱρέεται τὴν γνώμην, αὐτοῦ μένοντας διαναυμαχέειν. Οὕτω μὲν οἱ περὶ Σαλαμῖνα ἔπεσι ἀκροβολισάμενοι, ἐπείτε Εὐρυβιάδῃ ἔδοξε, αὐτοῦ παρεσκευάζοντο ὡς ναυμαχήσοντες. ἡμέρη τε ἐγίνετο, καὶ ἅμα τῷ ἡλίῳ ἀνιόντι σεισμὸς ἐγένετο ἔν τε τῇ γῇ καὶ τῇ θαλάσσῃ. ἔδοξε δέ σφι εὔξασθαι τοῖσι θεοῖσι καὶ ἐπικαλέσασθαι τοὺς Αἰακίδας συμμάχους. ὡς δέ σφι ἔδοξε, καὶ ἐποίευν ταῦτα· εὐξάμενοι γὰρ πᾶσι τοῖσι θεοῖσι, αὐτόθεν μὲν ἐκ Σαλαμῖνος Αἴαντά τε καὶ Τελαμῶνα ἐπεκαλέοντο, ἐπὶ δὲ Αἰακὸν καὶ τοὺς ἄλλους Αἰακίδας νέα ὑπέστελλον ἐς Αἴγιναν.

47. Ἔφη δὲ Δίκαιος ὁ Θεοκύδεος, ἀνὴρ Ἀθηναῖος, φυγάς τε καὶ παρὰ Μήδοισι λόγιμος γενόμενος τοῦτον τὸν χρόνον, ἐπείτε ἐκείρετο ἡ Ἀττικὴ χώρη ὑπὸ τοῦ πεζοῦ στρατοῦ τοῦ Ξέρξεω ἐοῦσα ἐρῆμος Ἀθηναίων, τυχεῖν τότε ἐὼν ἅμα Δημαρήτῳ τῷ Λακεδαιμονίῳ ἐν τῷ Θριασίῳ πεδίῳ, ἰδεῖν δὲ κονιορτὸν χωρέοντα ἀπὸ Ἐλευσῖνος ὡς ἀνδρῶν μάλιστά κῃ τρισμυρίων· ἀποθωυμάζειν τέ σφεας τὸν κονιορτὸν ὅτεών κοτε εἴη ἀνθρώπων, καὶ πρόκατε φωνῆς ἀκούειν, καί οἱ φαίνεσθαι τὴν φωνὴν εἶναι τὸν μυστικὸν ἴακχον. εἶναι δ᾽ ἀδαήμονα τῶν ἱρῶν τῶν ἐν Ἐλευσῖνι γινομένων τὸν Δημάρητον, εἴρεσθαί τε αὐτόν, ὅ τι τὸ φθεγγόμενον εἴη τοῦτο· **48.** αὐτὸς δὲ εἶπαι· Δημάρητε, οὐκ ἔστι ὅκως οὐ μέγα τι σίνος ἔσται τῇ βασιλέος στρατιῇ. τάδε γὰρ ἀρίδηλα ἐρήμου ἐούσης τῆς Ἀττικῆς, ὅτι θεῖον τὸ φθεγγόμενον, ἀπὸ Ἐλευσῖνος ἰὸν ἐς τιμωρίην Ἀθηναίοισί τε καὶ τοῖσι συμμάχοισι. καὶ ἢν μέν γε κατασκήψῃ ἐς τὴν Πελοπόννησον, κίνδυνος αὐτῷ τε βασιλέϊ καὶ τῇ στρατιῇ τῇ ἐν τῇ ἠπείρῳ ἔσται, ἢν δὲ ἐπὶ τὰς νέας τράπηται τὰς ἐν Σαλαμῖνι, τὸν ναυτικὸν στρατὸν κινδυνεύσει βασιλεὺς ἀποβαλεῖν. τὴν δὲ ὁρτὴν ταύτην ἄγουσι Ἀθηναῖοι ἀνὰ πάντα ἔτεα τῇ Μητρὶ καὶ τῇ Κούρῃ, καὶ αὐτῶν τε ὁ βουλόμενος καὶ τῶν ἄλλων Ἑλλήνων μυεῖται, καὶ τὴν φωνὴν, τῆς ἀκούεις, ἐν ταύτῃ τῇ ὁρτῇ ἰακχάζουσι. **49.** πρὸς ταῦτα εἰπεῖν Δημάρητον· Σίγα τε καὶ μηδενὶ ἄλλῳ τὸν λόγον τοῦτον εἴπῃς. ἢν γάρ τοι ἐς βασιλέα ἀνενειχθῇ τὰ ἔπεα ταῦτα, ἀποβαλέεις τὴν κεφαλήν, καί σε οὔτε ἐγὼ δυνήσομαι ῥύσασθαι, οὔτ' ἄλλος ἀνθρώπων ουδὲ εἶς. ἀλλ' ἔχ' ἥσυχος, περὶ δὲ στρατιῆς τῆσδε θεοῖσι μελήσει. Τὸν μὲν δὴ ταῦτα παραινέειν, ἐκ δὲ τοῦ κονιορτοῦ καὶ τῆς φωνῆς γενέσθαι νέφος, καὶ μεταρσιωθὲν φέρεσθαι ἐπὶ Σαλαμῖνος ἐπὶ τὸ στρατόπεδον τὸ τῶν Ἑλλήνων. οὕτω δὲ αὐτοὺς μαθεῖν ὅτι τὸ ναυτικὸν τὸ Ξέρξεω ἀπολέεσθαι μέλλοι. Ταῦτα μὲν Δίκαιος ὁ Θεοκύδεος ἔλεγε, Δημαρήτου τε καὶ ἄλλων μαρτύρων καταπτόμενος.

50. Οἱ δὲ ἐς τὸν Ξέρξεω ναυτικὸν στρατὸν ταχθέντες, ἐπειδὴ ἐκ Τρηχῖνος θηησάμενοι τὸ τρῶμα τὸ Λακωνικὸν διέβησαν ἐς τὴν Ἱστίαιαν, ἐπισχόντες ἡμέρας τρεῖς ἔπλωον δι' Εὐρίπου, καὶ ἐν ἑτέρῃσι τρισὶ ἡμέρῃσι ἐγένοντο ἐν Φαλήρῳ. ἐπειδὴ δὲ παρήγγελλον ἀναπλώειν, ἀνῆγον τὰς νέας ἐπὶ τὴν Σαλαμῖνα, καὶ παρεκρίθησαν διαταχθέντες κατ' ἡσυχίην. τότε μέν νυν οὐκ ἐξέχρησέ σφι ἡ ἡμέρη ναυμαχίην ποιήσασθαι, νὺξ γὰρ ἐπεγένετο, οἱ δὲ παρεσκευάζοντο ἐς τὴν ὑστεραίην. τοὺς δὲ Ἕλληνας εἶχε δέος τε καὶ ἀρρωδίη, οὐκ ἥκιστα δὲ τοὺς ἀπὸ Πελοποννήσου. ἀρρώδεον δέ, ὅτι αὐτοὶ μὲν ἐν Σαλαμῖνι κατήμενοι ὑπὲρ γῆς τῆς Ἀθηναίων ναυμαχέειν μέλλοιεν, νικηθέντες τε ἐν νήσῳ ἀπολαμφθέντες πολιορκήσονται, ἀπέντες τὴν ἑωυτῶν ἀφύλακτον. 51. Τῶν δὲ βαρβάρων ὁ πεζὸς ὑπὸ τὴν παρεοῦσαν νύκτα ἐπορεύετο ἐπὶ τὴν Πελοπόννησον· καίτοι τὰ δυνατὰ πάντα ἐμεμηχάνητο, ὅκως κατ' ἤπειρον μὴ ἐσβάλοιεν οἱ βάρβαροι. ὡς γὰρ ἐπύθοντο τάχιστα Πελοποννήσιοι τοὺς ἀμφὶ Λεωνίδεα ἐν Θερμοπύλῃσι τετελευτηκέναι, συνδραμόντες ἐκ τῶν πολίων ἐς τὸν Ἰσθμὸν ἵζοντο, καί σφι ἐπῆν στρατηγὸς Κλεόμβροτος ὁ Ἀναξανδρίδεω, Λεωνίδεω δὲ ἀδελφεός. ἱζόμενοι δὲ ἐν τῷ Ἰσθμῷ καὶ συγχώσαντες τὴν Σκιρωνίδα ὁδόν, μετὰ τοῦτο ὥς σφι ἔδοξε βουλευομένοισι, οἰκοδόμεον διὰ τοῦ Ἰσθμοῦ τεῖχος·

ἄτε δὲ ἐουσέων μυριάδων πολλέων καὶ παντὸς ἀνδρὸς ἐργαζομένου, ἠνύετο τὸ ἔργον, καὶ γὰρ λίθοι καὶ πλίνθοι καὶ ξύλα καὶ φορμοὶ ψάμμου πλήρεες ἐσεφορέοντο, καὶ ἐλίννον οὐδένα χρόνον οἱ βοηθήσαντες ἐργαζόμενοι, οὔτε νυκτὸς οὔτε ἡμέρης.

52. Οἱ μὲν δὴ ἐν τῷ Ἰσθμῷ τοιούτῳ πόνῳ συνέστασαν, ἅτε περὶ τοῦ παντὸς ἤδη δρόμον θέοντες, καὶ τῇσι νηυσὶ οὐκ ἐλπίζοντες ἐλλάμψεσθαι· οἱ δὲ ἐν Σαλαμῖνι ὅμως ταῦτα πυνθανόμενοι ἀρρώδεον, οὐκ οὕτω περὶ σφίσι αὐτοῖσι δειμαίνοντες ὡς περὶ τῇ Πελοποννήσῳ. τέως μὲν δὴ αὐτῶν ἀνὴρ ἀνδρὶ παραστὰς σιγῇ λόγον ἐποιέετο, θῶυμα ποιεύμενοι τὴν Εὐρυβιάδεω ἀβουλίην, τέλος δὲ ἐξερράγη ἐς τὸ μέσον. σύλλογός τε δὴ ἐγίνετο, καὶ πολλὰ ἐλέγετο περὶ τῶν αὐτῶν· οἱ μὲν, ὡς ἐς τὴν Πελοπόννησον χρεὼν εἴη ἀποπλώειν καὶ περὶ ἐκείνης κινδυνεύειν, μηδὲ πρὸ χώρης δοριαλώτου μένοντας μάχεσθαι, Ἀθηναῖοι δὲ καὶ Αἰγινῆται καὶ Μεγαρέες αὐτοῦ μένοντας ἀμύνεσθαι.

53. Ἐνθαῦτα Θεμιστοκλέης, ὡς ἐσσοῦτο τῇ γνώμῃ ὑπὸ τῶν Πελοποννησίων, λαθὼν ἐξέρχεται ἐκ τοῦ συνεδρίου, ἐξελθὼν δὲ πέμπει ἐς τὸ στρατόπεδον τὸ Μήδων ἄνδρα πλοίῳ, ἐντειλάμενος τὰ λέγειν χρεών, τῷ οὔνομα μὲν ἦν Σίκιννος, οἰκέτης δὲ καὶ παιδαγωγὸς ἦν τῶν Θεμιστοκλέος παίδων· τὸν δὴ ὕστερον τούτων τῶν πρηγμάτων Θεμιστοκλέης Θεσπιέα τε ἐποίησε, ὡς ἐπεδέκοντο οἱ Θεσπιέες πολιήτας, καὶ χρήμασι ὄλβιον. ὃς τότε πλοίῳ ἀπικόμενος, ἔλεγε πρὸς τοὺς στρατηγοὺς τῶν βαρβάρων τάδε· Ἔπεμψέ με στρατηγὸς ὁ Ἀθηναίων λάθρῃ τῶν ἄλλων Ἑλλήνων (τυγχάνει γὰρ φρονέων τὰ βασιλέος καὶ βουλόμενος μᾶλλον τὰ ὑμέτερα κατύπερθε γίνεσθαι ἢ τὰ τῶν Ἑλλήνων πρήγματα) φράσοντα ὅτι οἱ Ἕλληνες δρησμὸν βουλεύονται καταρρωδηκότες· καὶ νῦν παρέχει κάλλιστον ὑμέας ἔργον

ἁπάντων ἐξεργάσασθαι, ἢν μὴ περιίδητε διαδράντας αὐτούς. οὔτε γὰρ ἀλλήλοισι ὁμοφρονέουσι, οὔτ' ἔτι ἀντιστήσονται ὑμῖν, πρὸς ἑωυτούς τε σφέας ὄψεσθε ναυμαχέοντας τοὺς τὰ ὑμέτερα φρονέοντας καὶ τοὺς μή. 54. ὁ μὲν ταῦτά σφι σημήνας ἐκποδὼν ἀπαλλάσσετο· τοῖσι δὲ ὡς πιστὰ ἐγίνετο τὰ ἀγγελθέντα, τοῦτο μὲν ἐς τὴν νησῖδα τὴν Ψυττάλειαν, μεταξὺ Σαλαμῖνός τε κειμένην καὶ τῆς ἠπείρου, πολλοὺς τῶν Περσέων ἀπεβίβασαν, τοῦτο δέ, ἐπειδὴ ἐγίνοντο μέσαι νύκτες, ἀνῆγον μὲν τὸ ἀπ' ἑσπέρης κέρας κυκλούμενοι πρὸς τὴν Σαλαμῖνα, ἀνῆγον δὲ οἱ ἀμφὶ τὴν Κέον τε καὶ τὴν Κυνόσουραν τεταγμένοι, κατεῖχόν τε μέχρι Μουνυχίης πάντα τὸν πορθμὸν τῇσι νηυσί. τῶνδε δὲ εἵνεκεν ἀνῆγον τὰς νέας, ἵνα δὴ τοῖσι Ἕλλησι μηδὲ φυγεῖν ἐξῇ, ἀλλ' ἀπολαμφθέντες ἐν τῇ Σαλαμῖνι δοῖεν τίσιν τῶν ἐπ' Ἀρτεμισίῳ ἀγωνισμάτων. ἐς δὲ τὴν νησῖδα τὴν Ψυττάλειαν καλεομένην ἀπεβίβαζον τῶν Περσέων τῶνδε εἵνεκεν, ὡς, ἐπεὰν γένηται ναυμαχίη, ἐνθαῦτα μάλιστα ἐξοισομένων τῶν τε ἀνδρῶν καὶ τῶν ναυηγίων (ἐν γὰρ δὴ πόρῳ τῆς ναυμαχίης τῆς μελλούσης ἔσεσθαι ἐκέετο ἡ νῆσος), ἵνα τοὺς μὲν περιποιῶσι, τοὺς δὲ διαφθείρωσι. ἐποίευν δὲ σιγῇ ταῦτα, ὡς μὴ πυνθανοίατο οἱ ἐναντίοι. Οἱ μὲν δὴ ταῦτα τῆς νυκτὸς οὐδὲν ἀποκοιμηθέντες παραρτίοντο.

55. Τῶν δὲ ἐν Σαλαμῖνι στρατηγῶν ἐγίνετο ὠθισμὸς λόγων πολλός. ᾔδεσαν δὲ οὔκω ὅτι σφέας περιεκυκλέοντο τῇσι νηυσὶ οἱ βάρβαροι, ἀλλ' ὥσπερ τῆς ἡμέρης ὥρεον αὐτοὺς τεταγμένους, ἐδόκεον κατὰ χώρην εἶναι. συνεστηκότων δὲ τῶν στρατηγῶν, ἐξ Αἰγίνης διέβη Ἀριστείδης ὁ Λυσιμάχου, ἀνὴρ Ἀθηναῖος μέν, ἐξωστρακισμένος δὲ ὑπὸ τοῦ δήμου, τὸν ἐγὼ νενόμικα, πυνθανόμενος αὐτοῦ τὸν τρόπον, ἄριστον ἄνδρα γενέσθαι ἐν Ἀθήνῃσι καὶ δικαιότατον.

οὗτος ὡνὴρ στὰς ἐπὶ τὸ συνέδριον ἐξεκαλέετο Θεμιστοκλέα, ἐόντα μὲν ἑωυτῷ οὐ φίλον, ἐχθρὸν δὲ τὰ μάλιστα· ὑπὸ δὲ μεγάθεος τῶν παρεόντων κακῶν λήθην ἐκείνων ποιεύμενος ἐξεκαλέετο, ἐθέλων αὐτῷ συμμῖξαι. προακηκόεε δὲ ὅτι σπεύδοιεν οἱ ἀπὸ Πελοποννήσου ἀνάγειν τὰς νέας πρὸς τὸν Ἰσθμόν. 56. ὡς δὲ ἐξῆλθέ οἱ Θεμιστοκλέης, ἔλεγε Ἀριστείδης τάδε· Ἡμέας στασιάζειν χρεών ἐστι, ἔν τε τῷ ἄλλῳ καιρῷ καὶ δὴ καὶ ἐν τῷδε, περὶ τοῦ ὁκότερος ἡμέων πλέω ἀγαθὰ τὴν πατρίδα ἐργάσεται. λέγω δέ τοι, ὅτι ἴσον ἐστὶ πολλά τε καὶ ὀλίγα λέγειν περὶ ἀποπλόου τοῦ ἐνθεῦτεν Πελοποννησίοισι. ἐγὼ γὰρ αὐτόπτης τοι λέγω γενόμενος, ὅτι νῦν, οὐδ' ἢν ἐθέλωσι Κορίνθιοί τε καὶ αὐτὸς Εὐρυβιάδης, οἷοί τε ἔσονται ἐκπλῶσαι· περιεχόμεθα γὰρ ὑπὸ τῶν πολεμίων κύκλῳ. ἀλλ' ἐσελθών σφι ταῦτα σήμηνον. 57. Ὁ δ' ἀμείβετο τοισίδε· Κάρτα τε χρηστὰ διακελεύεαι καὶ εὖ ἤγγειλας. τὰ γὰρ ἐγὼ ἐδεόμην γενέσθαι, αὐτὸς αὐτόπτης γενόμενος ἥκεις. ἴσθι γὰρ ἐξ ἐμέο τὰ ποιεύμενα ὑπὸ Μήδων. ἔδεε γάρ, ὅτε οὐκ ἑκόντες ἤθελον ἐς μάχην κατίστασθαι οἱ Ἕλληνες, ἀέκοντας παραστήσασθαι. σὺ δὲ ἐπεί περ ἥκεις χρηστὰ ἀπαγγέλλων, αὐτός σφι ἄγγειλον. ἢν γὰρ ἐγὼ αὐτὰ λέγω, δόξω πλάσας λέγειν, καὶ οὐ πείσω ὡς οὐ ποιεύντων τῶν βαρβάρων ταῦτα. ἀλλά σφι σήμηνον αὐτὸς παρελθὼν ὡς ἔχει. ἐπεὰν δὲ σημήνῃς, ἢν μὲν πείθωνται, ταῦτα δὴ τὰ κάλλιστα· ἢν δὲ αὐτοῖσι μὴ πιστὰ γένηται, ὁμοῖον ἡμῖν ἔσται. οὐ γὰρ ἔτι διαδρήσονται, εἴ περ περιεχόμεθα πανταχόθεν, ὡς σὺ λέγεις. 58. Ταῦτα ἔλεγε παρελθὼν ὁ Ἀριστείδης, φάμενος ἐξ Αἰγίνης τε ἥκειν καὶ μόγις ἐκπλῶσαι λαθὼν τοὺς ἐπορμέοντας· περιέχεσθαι γὰρ πᾶν τὸ στρατόπεδον τὸ Ἑλληνικὸν ὑπὸ τῶν νεῶν τῶν Ξέρξεω· παραρτέεσθαί τε συνεβούλευε ὡς ἀλεξησομένους. Καὶ ὁ μὲν ταῦτα εἴπας μετεστήκεε, τῶν δὲ αὖτις ἐγίνετο λόγων ἀμφισβασίη· οἱ γὰρ πλεῦνες τῶν στρατηγῶν οὐκ ἐπείθοντο τὰ ἐξαγγελθέντα. 59. ἀπιστεόντων δὲ τούτων, ἧκε τριήρης ἀνδρῶν Τηνίων αὐτομολέουσα, τῆς ἦρχε ἀνὴρ Παναίτιος ὁ Σωσιμένεος, ἥ περ δὴ ἔφερε τὴν ἀληθείην πᾶσαν. διὰ δὲ τοῦτο τὸ ἔργον ἐνεγράφησαν Τήνιοι ἐν Δελφοῖσι ἐς τὸν τρίποδα ἐν τοῖσι τὸν βάρβαρον κατελοῦσι. σὺν δὲ ὦν ταύτῃ τῇ νηὶ τῇ αὐτομολησάσῃ ἐς Σαλαμῖνα, καὶ τῇ πρότερον ἐπ' Ἀρτεμίσιον τῇ Λημνίῃ, ἐξεπληροῦτο τὸ ναυτικὸν τοῖσι Ἕλλησι ἐς τὰς ὀγδώκοντα καὶ τριηκοσίας νέας. δύο γὰρ δὴ νεῶν τότε κατέδεε ἐς τὸν ἀριθμόν.

60. Τοῖσι δὲ Ἕλλησι ὡς πιστὰ δὴ τὰ λεγόμενα ἦν τῶν Τηνίων ῥήματα, παρεσκευάζοντο ὡς ναυμαχήσοντες. ἠώς τε δὴ διέφαινε, καὶ οἱ σύλλογον τῶν ἐπιβατέων ποιησάμενοι, προηγόρευε εὖ ἔχοντα μὲν ἐκ πάντων Θεμιστοκλῆς, τὰ δὲ ἔπεα ἦν πάντα κρέσσω τοῖσι ἔσσοσι ἀντιτιθέμενα. ὅσα δὲ ἐν ἀνθρώπου φύσι καὶ καταστάσι ἐγγίνεται, παραινέσας δὴ τούτων τὰ κρέσσω αἱρέεσθαι, καὶ καταπλέξας τὴν ῥῆσιν, ἐσβαίνειν ἐκέλευε ἐς τὰς νέας. καὶ οὗτοι μὲν δὴ ἐσέβαινον, καὶ ἧκε ἡ ἀπ' Αἰγίνης τριήρης, ἣ κατὰ τοὺς Αἰακίδας ἀπεδήμησε. ἐνθαῦτα ἀνῆγον τὰς νέας ἁπάσας οἱ Ἕλληνες. 61. ἀναγομένοισι δέ σφι αὐτίκα ἐπεκέατο οἱ βάρβαροι. οἱ μὲν δὴ ἄλλοι Ἕλληνες ἐπὶ πρύμνην ἀνεκρούοντο καὶ ὤκελλον τὰς νέας, Ἀμεινίης δὲ Παλληνεὺς ἀνὴρ Ἀθηναῖος ἐξαναχθεὶς νηὶ ἐμβάλλει. συμπλακείσης δὲ τῆς νεός, καὶ οὐ δυναμένων ἀπαλλαγῆναι, οὕτω δὴ οἱ ἄλλοι Ἀμεινίῃ βοηθέοντες συνέμισγον. Ἀθηναῖοι μὲν οὕτω λέγουσι τῆς ναυμαχίης γενέσθαι τὴν ἀρχήν· Αἰγινῆται δὲ τὴν κατὰ τοὺς Αἰακίδας ἀποδημήσασαν ἐς Αἴγιναν, ταύτην εἶναι τὴν ἄρξασαν. λέγεται δὲ καὶ τάδε, ὡς φάσμα σφι γυναικὸς ἐφάνη, φανεῖσαν δὲ διακελεύσασθαι, ὥστε καὶ

ἅπαν ἀκοῦσαι τὸ τῶν Ἑλλήνων στρατόπεδον, ὀνείδισαν πρότερον τάδε· Ὦ δαιμόνιοι, μέχρι κόσου ἔτι πρύμνην ἀνακρούεσθε; 62. Κατὰ μὲν δὴ Ἀθηναίους ἐτετάχατο Φοίνικες (οὗτοι γὰρ εἶχον τὸ πρὸς Ἐλευσῖνός τε καὶ ἑσπέρης κέρας), κατὰ δὲ Λακεδαιμονίους Ἴωνες· οὗτοι δ' εἶχον τὸ πρὸς τὴν ἠῶ τε καὶ τὸν Πειραιέα. ἐθελοκάκεον μέντοι αὐτῶν κατὰ τὰς Θεμιστοκλέος ἐντολὰς ὀλίγοι, οἱ δὲ πλεῦνες οὔ. ἔχω μέν νυν συχνῶν οὐνόματα τριηράρχων καταλέξαι τῶν νέας Ἑλληνίδας ἑλόντων, χρήσομαι δὲ αὐτοῖσι οὐδὲν πλὴν Θεομήστορός τε τοῦ Ἀνδροδάμαντος καὶ Φυλάκου τοῦ Ἰστιαίου, Σαμίων ἀμφοτέρων. τοῦδε δὲ εἵνεκεν μέμνημαι τούτων μούνων, ὅτι Θεομήστωρ μὲν διὰ τοῦτο τὸ ἔργον Σάμου ἐτυράννευσε καταστησάντων τῶν Περσέων, Φύλακος δὲ εὐεργέτης βασιλέος ἀνεγράφη καὶ χώρη οἱ ἐδωρήθη πολλή. οἱ δ' εὐεργέται βασιλέος ὀροσάγγαι καλέονται Περσιστί. 63. Περὶ μέν νυν τούτους οὕτω εἶχε, τὸ δὲ πλῆθος τῶν νεῶν ἐν τῇ Σαλαμῖνι ἐκεραΐζετο, αἱ μὲν ὑπ' Ἀθηναίων διαφθειρόμεναι, αἱ δὲ ὑπ' Αἰγινητέων. ἅτε γὰρ τῶν μὲν Ἑλλήνων σὺν κόσμῳ ναυμαχεόντων κατὰ τάξιν, τῶν δὲ βαρβάρων οὐ τεταγμένων ἔτι, οὔτε σὺν νόῳ ποιεόντων οὐδέν, ἔμελλε τοιοῦτό σφι συνοίσεσθαι οἷόν περ ἀπέβη. καίτοι ἦσάν γε καὶ ἐγένοντο ταύτην τὴν ἡμέρην μακρῷ ἀμείνονες αὐτοὶ ἑωυτῶν ἢ πρὸς Εὐβοίῃ, πᾶς τις προθυμεόμενος καὶ δειμαίνων Ξέρξεα, ἐδόκεέ τε ἕκαστος ἑωυτὸν θηήσεσθαι βασιλέα. 64. κατὰ μὲν δὴ τοὺς ἄλλους οὐκ ἔχω μετεξετέρους εἰπεῖν ἀτρεκέως ὡς ἕκαστοι τῶν βαρβάρων ἢ τῶν Ἑλλήνων ἠγωνίζοντο, κατὰ δὲ Ἀρτεμισίην τάδε ἐγένετο, ἀπ' ὧν εὐδοκίμησε μᾶλλον ἔτι παρὰ βασιλέϊ· ἐπειδὴ γὰρ ἐς θόρυβον πολλὸν ἀπίκετο τὰ βασιλέος πρήγματα, ἐν τούτῳ τῷ καιρῷ ἡ νηῦς ἡ Ἀρτεμισίης ἐδιώκετο ὑπὸ νεὸς Ἀττικῆς· καὶ ἣ οὐκ ἔχουσα διαφυγεῖν, ἔμπροσθε γὰρ αὐτῆς ἦσαν ἄλλαι νέες φίλιαι, ἡ δὲ αὐτῆς πρὸς τῶν πολεμίων μάλιστα ἐτύγχανε ἐοῦσα, ἔδοξέ οἱ τόδε ποιῆσαι, τὸ καὶ συνήνεικε ποιησάσῃ· διωκομένη γὰρ ὑπὸ τῆς Ἀττικῆς, φέρουσα ἐνέβαλε νηὶ φιλίῃ ἀνδρῶν τε Καλυνδέων, καὶ αὐτοῦ ἐπιπλώοντος τοῦ Καλυνδέων βασιλέος Δαμασιθύμου. 65 εἰ μὲν καί τι νεῖκος πρὸς αὐτὸν ἐγεγόνεε ἔτι περὶ Ἑλλήσποντον ἐόντων, οὐ μέντοι ἔγωγε ἔχω εἰπεῖν, οὔτε εἰ ἐκ προνοίης αὐτὰ ἐποίησε, οὔτε εἰ συνεκύρησε ἡ τῶν Καλυνδέων κατὰ τύχην παραπεσοῦσα νηῦς. ὡς δὲ ἐνέβαλέ τε καὶ κατέδυσε, εὐτυχίῃ χρησαμένη διπλόα ἑωυτὴν ἀγαθὰ ἐργάσατο· ὅ τε γὰρ τῆς Ἀττικῆς νεὸς τριήραρχος, ὡς εἶδέ μιν ἐμβάλλουσαν νηὶ ἀνδρῶν βαρβάρων, νομίσας τὴν νέα τὴν Ἀρτεμισίης ἢ Ἑλληνίδα εἶναι ἢ αὐτομολέειν ἐκ τῶν βαρβάρων καὶ αὐτοῖσι ἀμύνειν, ἀποστρέψας πρὸς ἄλλας ἐτράπετο. 66. τοῦτο μὲν τοιοῦτο αὐτῇ συνήνεικε γενέσθαι διαφυγεῖν τε καὶ μὴ ἀπολέσθαι· τοῦτο δὲ συνέβη ὥστε κακὸν ἐργασαμένην ἀπὸ τούτων αὐτὴν μάλιστα εὐδοκιμῆσαι παρὰ Ξέρξῃ. λέγεται γὰρ βασιλέα θηεύμενον μαθεῖν τὴν νέα ἐμβαλοῦσαν, καὶ δή τινα εἶπαι τῶν παρεόντων· Δέσποτα, ὁρᾷς Ἀρτεμισίην, ὡς εὖ ἀγωνίζεται καὶ νέα τῶν πολεμίων κατέδυσε; καὶ τὸν ἐπείρεσθαι εἰ ἀληθέως ἐστὶ Ἀρτεμισίης τὸ ἔργον, καὶ τοὺς φάναι, σαφέως τὸ ἐπίσημον τῆς νεὸς ἐπισταμένους· τὴν δὲ διαφθαρεῖσαν ἠπιστέατο εἶναι πολεμίην. τά τε γὰρ ἄλλα, ὡς εἴρηται, αὐτῇ συνήνεικε ἐς εὐτυχίην γενόμενα, καὶ τὸ τῶν ἐκ τῆς Καλυνδικῆς νεὸς μηδένα ἀποσωθέντα κατήγορον γενέσθαι. Ξέρξην δὲ εἶπαι λέγεται πρὸς τὰ φραζόμενα· Οἱ μὲν ἄνδρες γεγόνασί μοι γυναῖκες, αἱ δὲ γυναῖκες ἄνδρες. ταῦτα μὲν Ξέρξην φασὶ εἶπαι.

67. Ἐν δὲ τῷ πόνῳ τούτῳ ἀπὸ μὲν ἔθανε ὁ στρατηγὸς Ἀριαβίγνης ὁ Δαρείου, Ξέρξεω ἐὼν ἀδελφεὸς, ἀπὸ δὲ

ἄλλοι πολλοί τε καὶ οὐνομαστοὶ Περσέων καὶ Μήδων καὶ τῶν ἄλλων συμμάχων, ὀλίγοι δέ τινες καὶ Ἑλλήνων. ἅτε γὰρ νέειν ἐπιστάμενοι, τοῖσι αἱ νέες διεφθείροντο, καὶ μὴ ἐν χειρῶν νόμῳ ἀπολλύμενοι, ἐς τὴν Σαλαμῖνα διένεον. τῶν δὲ βαρβάρων οἱ πολλοὶ ἐν τῇ θαλάσσῃ διεφθάρησαν, νέειν οὐκ ἐπιστάμενοι. ἐπεὶ δὲ αἱ πρῶται ἐς φυγὴν ἐτράποντο, ἐνθαῦτα αἱ πλεῖσται διεφθείροντο. οἱ γὰρ ὄπισθε τεταγμένοι, ἐς τὸ πρόσθε τῇσι νηυσὶ παριέναι πειρώμενοι, ὡς ἀποδεξόμενοί τι καὶ αὐτοὶ ἔργον βασιλέϊ, τῇσι σφετέρῃσι νηυσὶ φευγούσῃσι περιέπιπτον. 68. Ἐγένετο δὲ καὶ τόδε ἐν τῷ θορύβῳ τούτῳ· τῶν τινες Φοινίκων, τῶν αἱ νέες διεφθάρατο, ἐλθόντες παρὰ βασιλέα διέβαλλον τοὺς Ἴωνας, ὡς δι' ἐκείνους ἀπολοίατο αἱ νέες, ὡς προδόντων. συνήνεικε ὦν οὕτω ὥστε Ἰώνων τε τοὺς στρατηγοὺς μὴ ἀπολέσθαι, Φοινίκων τε τοὺς διαβάλλοντας λαβεῖν τοιόνδε μισθόν· ἔτι τούτων ταῦτα λεγόντων ἐνέβαλε νηῒ Ἀττικῇ Σαμοθρηϊκίη νηῦς. ἥ τε δὴ Ἀττικὴ κατεδύετο, καὶ ἐπιφερομένη Αἰγιναίη νηῦς κατέδυσε τῶν Σαμοθρηϊκων τὴν νέα. ἅτε δὴ ἐόντες ἀκοντισταὶ οἱ Σαμοθρῄκες τοὺς ἐπιβάτας ἀπὸ τῆς καταδυσάσης νεὸς βάλλοντες ἀπήραξαν, καὶ ἐπέβησάν τε καὶ ἔσχον αὐτήν. 69. ταῦτα γενόμενα τοὺς Ἴωνας ἐρρύσατο· ὡς γὰρ εἰδέ σφεας Ξέρξης ἔργον μέγα ἐργασαμένους, ἐτράπετο πρὸς τοὺς Φοίνικας, οἷα ὑπερλυπεόμενός τε καὶ πάντας αἰτιώμενος, καὶ σφεων ἐκέλευσε τὰς κεφαλὰς ἀποταμεῖν, ἵνα μὴ αὐτοὶ κακοὶ γενόμενοι τοὺς ἀμείνονας διαβάλλωσι. ὅκως γάρ τινα ἴδοι Ξέρξης τῶν ἑωυτοῦ ἔργον τι ἀποδεικνύμενον ἐν τῇ ναυμαχίῃ, κατήμενος ὑπὸ τῷ οὔρεϊ τῷ ἀντίον Σαλαμῖνος, τὸ καλέεται Αἰγάλεως, ἀνεπυνθάνετο τὸν ποιήσαντα, καὶ οἱ γραμματισταὶ ἀνέγραφον πατρόθεν τὸν τριήραρχον καὶ τὴν πόλιν. πρὸς δέ τι καὶ προσεβάλετο φίλος ἐὼν

Ἀριαράμνης ἀνὴρ Πέρσης παρεὼν τούτου τοῦ Φοινικηίου πάθεος. **70.** Οἱ μὲν δὴ πρὸς τοὺς Φοίνικας ἐτράποντο· τῶν δὲ βαρβάρων ἐς φυγὴν τραπομένων καὶ ἐκπλωόντων πρὸς τὸ Φάληρον, Αἰγινῆται ὑποστάντες ἐν τῷ πορθμῷ ἔργα ἀπεδέξαντο λόγου ἄξια. οἱ μὲν γὰρ Ἀθηναῖοι ἐν τῷ θορύβῳ ἐκεραΐζον τάς τε ἀντισταμένας καὶ τὰς φευγούσας τῶν νεῶν, οἱ δὲ Αἰγινῆται τὰς ἐκπλωούσας· ὅκως δέ τινες τοὺς Ἀθηναίους διαφύγοιεν, φερόμενοι ἐσέπιπτον ἐς τοὺς Αἰγινήτας. **71.** Ἐνθαῦτα συνεκύρεον νέες ἥ τε Θεμιστοκλέος διώκουσα νέα, καὶ ἡ Πολυκρίτου τοῦ Κρίου ἀνδρὸς Αἰγινήτεω νηῒ ἐμβαλοῦσα Σιδωνίῃ, ἥ περ εἷλε τὴν προφυλάσσουσαν ἐπὶ Σκιάθῳ τὴν Αἰγιναίην, ἐπ᾿ ἧς ἔπλεε Πυθέης ὁ Ἰσχενόου, τὸν οἱ Πέρσαι κατακοπέντα ἀρετῆς εἵνεκεν εἶχον ἐν τῇ νηῒ ἐκπαγλεόμενοι. τὸν δὴ περιάγουσα ἅμα τοῖσι Πέρσῃσι ἥλω νηῦς ἡ Σιδωνίη, ὥστε Πυθέην οὕτω σωθῆναι ἐς Αἴγιναν. ὡς δὲ ἐσεῖδε τὴν νέα τὴν Ἀττικὴν ὁ Πολύκριτος, ἔγνω τὸ σημήιον ἰδὼν τῆς στρατηγίδος, καὶ βώσας τὸν Θεμιστοκλέα ἐπεκερτόμησε ἐς τῶν Αἰγινητέων τὸν μηδισμὸν ὀνειδίζων. ταῦτα μέν νυν νηῒ ἐμβαλὼν ὁ Πολύκριτος ἀπέρριψε ἐς Θεμιστοκλέα· οἱ δὲ βάρβαροι, τῶν αἱ νέες περιεγένοντο, φεύγοντες ἀπίκοντο ἐς Φάληρον ὑπὸ τὸν πεζὸν στρατόν. **72.** Ἐν δὲ τῇ ναυμαχίῃ ταύτῃ ἤκουσαν Ἑλλήνων ἄριστα Αἰγινῆται, ἐπὶ δὲ Ἀθηναῖοι, ἀνδρῶν δὲ Πολύκριτός τε ὁ Αἰγινήτης καὶ Ἀθηναῖοι Εὐμένης τε ὁ Ἀναγυράσιος καὶ Ἀμεινίης Παλληνεύς, ὃς καὶ Ἀρτεμισίην ἐπεδίωξε. εἰ μέν νυν ἔμαθε ὅτι ἐν ταύτῃ πλώοι Ἀρτεμισίη, οὐκ ἂν ἐπαύσατο πρότερον ἢ εἷλέ μιν ἢ καὶ αὐτὸς ἥλω. τοῖσι γὰρ Ἀθηναίων τριηράρχοισι παρεκεκέλευστο, πρὸς δὲ καὶ ἄεθλον ἔκειτο μύριαι δραχμαί, ὃς ἄν μιν ζωὴν ἕλῃ· δεινὸν γάρ τι ἐποιεῦντο γυναῖκα ἐπὶ τὰς Ἀθήνας στρατεύεσθαι. αὕτη μὲν δὴ, ὡς πρότερον εἴρηται, διέφυγε, ἦσαν δὲ καὶ οἱ ἄλλοι, τῶν αἱ νέες περιεγεγόνεσαν, ἐν τῷ Φαλήρῳ.

73. Ἀδείμαντον δὲ τὸν Κορίνθιον στρατηγὸν λέγουσι Ἀθηναῖοι αὐτίκα κατ' ἀρχὰς, ὡς συνέμισγον αἱ νέες, ἐκπλαγέντα τε καὶ ὑπερδείσαντα, τὰ ἱστία ἀειράμενον οἴχεσθαι φεύγοντα, ἰδόντας δὲ τοὺς Κορινθίους τὴν στρατηγίδα φεύγουσαν, ὡσαύτως οἴχεσθαι. ὡς δὲ ἄρα φεύγοντας γίνεσθαι τῆς Σαλαμινίης κατὰ τὸ ἱρὸν Ἀθηναίης Σκιράδος, περιπίπτειν σφι κέλητα θείῃ πομπῇ, τὸν οὔτε πέμψαντα φανῆναι οὐδένα, οὔτε τι τῶν ἀπὸ τῆς στρατιῆς εἰδόσι προσφέρεσθαι τοῖσι Κορινθίοισι. τῇδε δὲ συμβάλλονται εἶναι θεῖον τὸ πρῆγμα· ὡς γὰρ ἀγχοῦ γενέσθαι τῶν νεῶν, τοὺς ἀπὸ τοῦ κέλητος λέγειν τάδε· Ἀδείμαντε, σὺ μὲν ἀποστρέψας τὰς νέας ἐς φυγὴν ὥρμησαι καταπροδοὺς τοὺς Ἕλληνας· οἱ δὲ καὶ δὴ νικῶσι, ὅσον αὐτοὶ ἠρῶντο ἐπικρατῆσαι τῶν ἐχθρῶν. 74. Ταῦτα λεγόντων, ἀπιστέειν γὰρ τὸν Ἀδείμαντον, αὖτις τάδε λέγειν, ὡς αὐτοὶ οἷοί τε εἶεν ἀγόμενοι ὅμηροι ἀποθνήσκειν, ἢν μὴ νικῶντες φαίνωνται οἱ Ἕλληνες. οὕτω δὴ ἀποστρέψαντα τὴν νέα, αὐτόν τε καὶ τοὺς ἄλλους, ἐπ' ἐξεργασμένοισι ἐλθεῖν ἐς τὸ στρατόπεδον. Τούτους μὲν τοιαύτη φάτις ἔχει ὑπὸ Ἀθηναίων, οὐ μέντοι αὐτοί γε Κορίνθιοι ὁμολογέουσι, ἀλλ' ἐν πρώτοισι σφέας αὐτοὺς τῆς ναυμαχίης νομίζουσι γενέσθαι, μαρτυρέει δέ σφι καὶ ἡ ἄλλη Ἑλλάς. 75. Ἀριστείδης δὲ ὁ Λυσιμάχου ἀνὴρ Ἀθηναῖος, τοῦ καὶ ὀλίγῳ τι πρότερον τούτων ἐπεμνήσθην ὡς ἀνδρὸς ἀρίστου, οὗτος ἐν τῷ θορύβῳ τούτῳ τῷ περὶ Σαλαμῖνα γενομένῳ τάδε ἐποίεε· παραλαβὼν πολλοὺς τῶν ὁπλιτέων, οἳ παρατετάχατο παρὰ τὴν ἀκτὴν τῆς Σαλαμινίης χώρης, γένος ἐόντες Ἀθηναῖοι, ἐς τὴν Ψυττάλειαν νῆσον ἀπέβησε ἄγων, οἳ τοὺς Πέρσας τοὺς ἐν τῇ νησῖδι ταύτῃ κατεφόνευσαν πάντας.

76. Ὡς δὲ ἡ ναυμαχίη διελέλυτο, κατειρύσαντες ἐς τὴν Σαλαμῖνα οἱ Ἕλληνες τῶν ναυηγίων ὅσα ταύτῃ ἐτύγχανε ἔτι ἐόντα, ἑτοῖμοι ἦσαν ἐς ἄλλην ναυμαχίην, ἐλπίζοντες τῇσι περιεούσῃσι νηυσὶ ἔτι χρήσεσθαι βασιλέα. τῶν δὲ ναυηγίων πολλὰ ὑπολαβὼν ἄνεμος ζέφυρος ἔφερε τῆς Ἀττικῆς ἐπὶ τὴν ἠϊόνα τὴν καλεομένην Κωλιάδα· ὥστε ἀποπλῆσαι τὸν χρησμὸν τόν τε ἄλλον πάντα τὸν περὶ τῆς ναυμαχίης ταύτης εἰρημένον Βάκιδι καὶ Μουσαίῳ, καὶ δὴ καὶ κατὰ τὰ ναυήγια τὰ ταύτῃ ἐξενειχθέντα τὸ εἰρημένον πολλοῖσι ἔτεσι πρότερον τούτων ἐν χρησμῷ Λυσιστράτῳ Ἀθηναίῳ ἀνδρὶ χρησμολόγῳ, τὸ ἐλελήθεε πάντας τοὺς Ἕλληνας,

Κωλιάδες δὲ γυναῖκες ἐρετμοῖσι φρύξουσι·

τοῦτο δὲ ἔμελλε ἀπελάσαντος βασιλέος ἔσεσθαι.

77. Ξέρξης δέ, ὡς ἔμαθε τὸ γεγονὸς πάθος, δείσας μή τις τῶν Ἰώνων ὑποθῆται τοῖσι Ἕλλησι, ἢ αὐτοὶ νοήσωσι πλώειν ἐς τὸν Ἑλλήσποντον λύσοντες τὰς γεφύρας, καὶ ἀπολαμφθεὶς ἐν τῇ Εὐρώπῃ ἀπολέσθαι κινδυνεύσῃ, δρησμὸν ἐβούλευε· ἐθέλων δὲ μὴ ἐπίδηλος εἶναι μήτε τοῖσι Ἕλλησι μήτε τοῖσι ἑωυτοῦ, ἐς τὴν Σαλαμῖνα χῶμα ἐπειρᾶτο διαχοῦν, γαυλούς τε Φοινικηΐους συνέδεε, ἵνα ἀντί τε σχεδίης ἔωσι καὶ τείχεος, ἀρτέετό τε ἐς πόλεμον, ὡς ναυμαχίην ἄλλην ποιησόμενος. ὁρέοντες δέ μιν πάντες οἱ ἄλλοι ταῦτα πρήσσοντα, εὖ ἠπιστέατο ὡς ἐκ παντὸς νόου παρεσκεύασται μένων πολεμήσειν· Μαρδόνιον δ' οὐδὲν τούτων ἐλάνθανε, ὡς μάλιστα ἔμπειρον ἐόντα τῆς ἐκείνου διανοίης. **78.** Ταῦτά τε ἅμα Ξέρξης ἐποίεε, καὶ ἔπεμπε ἐς Πέρσας ἀγγελέοντα τὴν παρεοῦσάν σφι συμφορήν. τούτων δὲ τῶν ἀγγέλων ἔστι οὐδὲν ὅ τι θᾶσσον παραγίνεται θνητὸν ἐόν· οὕτω τοῖσι Πέρσῃσι ἐξεύρηται τοῦτο. λέγουσι γὰρ, ὡς ὅσων ἂν ἡμερέων ᾖ ἡ πᾶσα ὁδὸς, τοσοῦτοι ἵπποι τε καὶ ἄνδρες διεστᾶσι, κατὰ ἡμερησίην ὁδὸν ἑκάστην ἵππος τε καὶ ἀνὴρ τεταγμένος, τοὺς οὔτε νιφετὸς, οὐκ ὄμβρος, οὐ καῦμα, οὐ νὺξ ἔργει μὴ οὐ κατανύσαι τὸν προκείμενον ἑωυτῷ δρόμον τὴν ταχίστην. ὁ μὲν δὴ πρῶτος δραμὼν παραδιδοῖ τὰ ἐντεταλμένα τῷ δευτέρῳ, ὁ δὲ δεύτερος τῷ τρίτῳ· τὸ δὲ ἐνθεῦτεν ἤδη κατ' ἄλλον διεξέρχεται παραδιδόμενα, κατάπερ Ἕλλησι ἡ λαμπαδηφορίη, τὴν τῷ Ἡφαίστῳ ἐπιτελέουσι. τοῦτο τὸ δράμημα τῶν ἵππων καλέουσι Πέρσαι ἀγγαρήϊον. 79. Ἡ μὲν δὴ πρώτη ἐς Σοῦσα ἀγγελίη ἀπικομένη, ὡς ἔχοι Ἀθήνας Ξέρξης, ἔτερψε οὕτω δή τι Περσέων τοὺς ὑπολειφθέντας, ὡς τάς τε ὁδοὺς μυρσίνῃ πάσας ἐστόρεσαν, καὶ ἐθυμίεον θυμιήματα, καὶ αὐτοὶ ἦσαν ἐν θυσίῃσί τε καὶ εὐπαθείῃσι· ἡ δὲ δευτέρη σφι ἀγγελίη ἐπεξελθοῦσα συνέχεε οὕτω, ὥστε τοὺς κιθῶνας κατερρήξαντο πάντες, βοῇ τε καὶ οἰμωγῇ ἐχρέοντο ἀπλέτῳ, Μαρδόνιον ἐν αἰτίῃ τιθέντες. οὐκ οὕτω δὲ περὶ τῶν νεῶν ἀχθόμενοι ταῦτα οἱ Πέρσαι ἐποίευν, ὡς περὶ αὐτῷ Ξέρξῃ δειμαίνοντες.

80. Ξέρξης δὲ ὡς τοὺς παῖδας Ἀρτεμισίῃ ἐπέτρεψε ἀπάγειν ἐς Ἔφεσον, καλέσας Μαρδόνιον ἐκέλευσέ μιν τῆς στρατιῆς διαλέγειν τοὺς βούλεται, καὶ ποιέειν τοῖσι λόγοισι τὰ ἔργα πειρεόμενον ὁμοῖα. ταύτην μὲν τὴν ἡμέρην ἐς τοσοῦτο ἐγίνετο· τῆς δὲ νυκτὸς, κελεύσαντος βασιλέος, τὰς νέας οἱ στρατηγοὶ ἐκ τοῦ Φαλήρου ἀπῆγον ὀπίσω ἐς τὸν Ἑλλήσποντον, ὡς τάχεος εἶχε ἕκαστος, διαφυλαξούσας τὰς σχεδίας πορευθῆναι βασιλέϊ. ἐπεὶ δὲ ἀγχοῦ ἦσαν Ζωστῆρος πλώοντες οἱ βάρβαροι, ἀνατείνουσι γὰρ ἄκραι λεπταὶ τῆς ἠπείρου ταύτης, ἔδοξάν τε νέας εἶναι καὶ ἔφευγον ἐπὶ πολλόν. χρόνῳ δὲ μαθόντες ὅτι οὐ νέες εἶεν ἀλλ' ἄκραι, συλλεχθέντες ἐκομίζοντο. 81. Ὡς δὲ ἡμέρη ἐγέ-

νετο, ὁρέοντες οἱ Ἕλληνες κατὰ χώρην μένοντα τὸν στρατὸν τὸν πεζὸν, ἤλπιζον καὶ τὰς νέας εἶναι περὶ Φάληρον, ἐδόκεόν τε ναυμαχήσειν σφέας, παραρτέοντό τε ὡς ἀλεξησόμενοι. ἐπεὶ δὲ ἐπύθοντο τὰς νέας οἰχωκυίας, αὐτίκα μετὰ ταῦτα ἐδόκεε ἐπιδιώκειν. τὸν μέν νυν ναυτικὸν τὸν Ξέρξεω στρατὸν οὐκ ἐπεῖδον διώξαντες μέχρι Ἄνδρου, ἐς δὲ τὴν Ἄνδρον ἀπικόμενοι ἐβουλεύοντο. Θεμιστοκλέης μέν νυν γνώμην ἀπεδείκνυτο, διὰ νήσων τραπομένους καὶ ἐπιδιώξαντας τὰς νέας, πλώειν ἰθέως ἐπὶ τὸν Ἑλλήσποντον λύσοντας τὰς γεφύρας. 82. Εὐρυβιάδης δὲ τὴν ἐναντίην ταύτῃ γνώμην ἐτίθετο, λέγων ὡς, εἰ λύσουσι τὰς σχεδίας, τοῦτ' ἂν μέγιστον πάντων σφεῖς κακὸν τὴν Ἑλλάδα ἐργάσαιντο. εἰ γὰρ ἀναγκασθείη ἀπολαμφθεὶς ὁ Πέρσης μένειν ἐν τῇ Εὐρώπῃ, πειρῷτο ἂν ἡσυχίην μὴ ἄγειν· ὡς ἄγοντι μέν οἱ ἡσυχίην οὔτε τι προχωρέειν οἷόν τε ἔσται τῶν πρηγμάτων, οὔτε τις κομιδὴ τὸ ὀπίσω φανήσεται, λιμῷ τέ οἱ ἡ στρατιὴ διαφθαρέεται· ἐπιχειρέοντι δὲ αὐτῷ καὶ ἔργου ἐχομένῳ πάντα τὰ κατὰ τὴν Εὐρώπην οἷά τε ἔσται προσχωρῆσαι κατὰ πόλις τε καὶ κατ' ἔθνεα, ἤτοι ἁλισκομένων γε ἢ πρὸ τούτου ὁμολογεόντων. τροφήν τε ἕξειν σφέας τὸν ἐπέτεον αἰεὶ τῶν Ἑλλήνων καρπόν. ἀλλὰ δοκέειν γὰρ νικηθέντα τῇ ναυμαχίῃ οὐ μενέειν ἐν τῇ Εὐρώπῃ τὸν Πέρσεα, ἐατέον ὦν εἶναι φεύγειν, ἐς ὃ ἔλθῃ φεύγων ἐς τὴν ἑωυτοῦ. τὸ ἐνθεῦτεν δὲ περὶ τῆς ἐκείνου ποιέεσθαι ἤδη τὸν ἀγῶνα ἐκέλευε. ταύτης δὲ εἴχοντο τῆς γνώμης καὶ Πελοποννησίων τῶν ἄλλων οἱ στρατηγοί.

83. Ὡς δὲ ἔμαθε ὅτι οὐ πείσει τούς γε πολλοὺς πλώειν ἐς τὸν Ἑλλήσποντον, ὁ Θεμιστοκλέης, μεταβαλὼν πρὸς τοὺς Ἀθηναίους (οὗτοι γὰρ μάλιστα ἐκπεφευγότων περιημέκτεον, ὡρμέατό τε ἐς τὸν Ἑλλήσποντον πλώειν καὶ ἐπὶ σφέων αὐτῶν βαλλόμενοι, εἰ ὧλλοι μὴ βουλοίατο) ἔλεγέ

σφι τάδε· Καὶ αὐτὸς ἤδη πολλοῖσι παρεγενόμην, καὶ πολλῷ πλέω ἀκήκοα τοιάδε γενέσθαι· ἄνδρας ἐς ἀναγκαίην ἀπειληθέντας νενικημένους ἀναμάχεσθαί τε καὶ ἀναλαμβάνειν τὴν προτέρην κακότητα. ἡμεῖς δὲ (εὕρημα γὰρ εὑρήκαμεν ἡμέας τε αὐτοὺς καὶ τὴν Ἑλλάδα, νέφος τοσοῦτο ἀνθρώπων ἀνωσάμενοι) μὴ διώκωμεν ἄνδρας φεύγοντας. 84. τάδε γὰρ οὐκ ἡμεῖς κατεργασάμεθα, ἀλλὰ θεοί τε καὶ ἥρωες, οἳ ἐφθόνησαν ἄνδρα ἕνα τῆς τε Ἀσίης καὶ τῆς Εὐρώπης βασιλεῦσαι, ἐόντα ἀνόσιόν τε καὶ ἀτάσθαλον· ὃς τὰ ἱρὰ καὶ τὰ ἴδια ἐν ὁμοίῳ ἐποιέετο, ἐμπιπράς τε καὶ καταβάλλων τῶν θεῶν τὰ ἀγάλματα· ὃς καὶ τὴν θάλασσαν ἀπεμαστίγωσε πέδας τε κατῆκε. ἀλλ᾽ εὖ γὰρ ἔχει ἐς τὸ παρεὸν ἡμῖν, νῦν μὲν ἐν τῇ Ἑλλάδι καταμείναντας ἡμέων τε αὐτῶν ἐπιμεληθῆναι καὶ τῶν οἰκετέων· καί τις οἰκίην τε ἀναπλασάσθω καὶ σπόρου ἀνακῶς ἐχέτω, παντελέως ἀπελάσας τὸν βάρβαρον· ἅμα δὲ τῷ ἔαρι καταπλέωμεν ἐπὶ Ἑλλησπόντου καὶ Ἰωνίης. Ταῦτα ἔλεγε ἀποθήκην μέλλων ποιήσεσθαι ἐς τὸν Πέρσεα, ἵνα, ἢν ἄρα τί μιν καταλαμβάνῃ πρὸς Ἀθηναίων πάθος, ἔχῃ ἀποστροφήν· τά περ ὦν καὶ ἐγένετο. 85. Θεμιστοκλέης μὲν ταῦτα λέγων διέβαλλε, Ἀθηναῖοι δὲ ἐπείθοντο· ἐπειδὴ γὰρ, καὶ πρότερον δεδογμένος εἶναι σοφός, ἐφάνη ἐὼν ἀληθέως σοφός τε καὶ εὔβουλος, πάντως ἕτοιμοι ἦσαν λέγοντι πείθεσθαι. ὡς δὲ οὗτοί οἱ ἀνεγνωσμένοι ἦσαν, αὐτίκα μετὰ ταῦτα ὁ Θεμιστοκλέης ἄνδρας ἀπέπεμπε ἔχοντας πλοῖον, τοῖσι ἐπίστευε σιγᾶν, ἐς πᾶσαν βάσανον ἀπικνεομένοισι, τὰ αὐτὸς ἐνετείλατο βασιλέι φράσαι· τῶν καὶ Σίκιννος ὁ οἰκέτης αὖτις ἐγένετο. οἳ ἐπεί τε ἀπίκοντο πρὸς τὴν Ἀττικήν, οἱ μὲν κατέμενον ἐπὶ τῷ πλοίῳ, Σίκιννος δὲ ἀναβὰς παρὰ Ξέρξεα ἔλεγε τάδε· "Ἔπεμψέ με Θεμιστοκλέης ὁ Νεοκλέος, στρατηγὸς μὲν Ἀθηναίων, ἀνὴρ δὲ τῶν συμμάχων πάντων ἀριστος καὶ σοφώτατος, φράσοντά τοι ὅτι Θεμιστοκλέης ὁ Ἀθηναῖος, σοὶ βουλόμενος ὑπουργέειν, ἔσχε τοὺς Ἕλληνας τὰς νέας βουλομένους διώκειν καὶ τὰς ἐν Ἑλλησπόντῳ γεφύρας λύειν. καὶ νῦν κατ' ἡσυχίην πολλὴν κομίζεο. Οἱ μὲν ταῦτα σημήναντες ἀπέπλωον ὀπίσω.

86. Οἱ δ' ἀμφὶ Ξέρξεα, ἐπισχόντες ὀλίγας ἡμέρας μετὰ τὴν ναυμαχίην, ἐξήλαυνον ἐς Βοιωτοὺς τὴν αὐτὴν ὁδόν. ἔδοξε γὰρ Μαρδονίῳ ἅμα μὲν προπέμψαι βασιλέα, ἅμα δὲ ἀνωρίη εἶναι τοῦ ἔτεος πολεμέειν· χειμερίσαι δὲ ἄμεινον εἶναι ἐν Θεσσαλίῃ, καὶ ἔπειτεν ἅμα τῷ ἔαρι πειρᾶσθαι τῆς Πελοποννήσου. ὡς δὲ ἀπίκατο ἐς τὴν Θεσσαλίην, ἐνθαῦτα Μαρδόνιος ἐξελέγετο πρώτους μὲν Πέρσας πάντας τοὺς ἀθανάτους καλεομένους, πλὴν Ὑδάρνεος τοῦ στρατηγοῦ (οὗτος γὰρ οὐκ ἔφη λείψεσθαι βασιλέος), μετὰ δὲ τῶν ἄλλων Περσέων τοὺς θωρηκοφόρους καὶ τὴν ἵππον τὴν χιλίην, καὶ Μήδους τε καὶ Σάκας καὶ Βακτρίους τε καὶ Ἰνδούς, καὶ τὸν πεζὸν καὶ τὴν ἵππον. ταῦτα μὲν ἔθνεα ὅλα εἵλετο, ἐκ δὲ τῶν ἄλλων συμμάχων ἐξελέγετο κατ' ὀλίγους· ὥστε σύμπαντας τριήκοντα μυριάδας γενέσθαι σὺν ἱππεῦσι. 87. Ξέρξης δὲ, Μαρδόνιον ἐν Θεσσαλίῃ καταλιπὼν, αὐτὸς ἐπορεύετο κατὰ τάχος ἐς τὸν Ἑλλήσποντον, καὶ ἀπικνέεται ἐς τὸν πόρον τῆς διαβάσιος ἐν πέντε καὶ τεσσεράκοντα ἡμέρῃσι, ἀπάγων τῆς στρατιῆς οὐδὲν μέρος ὡς εἰπεῖν. ὅκου δὲ πορευόμενοι γινοίατο καὶ κατ' οὕστινας ἀνθρώπους, τὸν τούτων καρπὸν ἁρπάζοντες ἐσιτέοντο· εἰ δὲ καρπὸν μηδένα εὕροιεν, οἱ δὲ τὴν ποίην τὴν ἐκ τῆς γῆς ἀναφυομένην καὶ τῶν δενδρέων τὸν φλοιὸν περιλέποντες καὶ τὰ φύλλα καταδρέποντες κατήσθιον, ὁμοίως τῶν τε ἡμέρων καὶ τῶν ἀγρίων, καὶ ἔλειπον οὐδέν· ταῦτα δ' ἐποίευν ὑπὸ λιμοῦ. ἐπιλαβὼν δὲ λοιμός τε τὸν στρατὸν καὶ δυσεντερίη κατ' ὁδὸν διέφθειρε. τοὺς δὲ καὶ

νοσέοντας αὐτῶν κατέλιπε, ἐπιτάσσων τῇσι πόλισι, ἵνα ἑκάστοτε γίνοιτο ἐλαύνων, μελεδαίνειν τε καὶ τρέφειν, ἐν Θεσσαλίῃ τέ τινας καὶ ἐν Σίρι τῆς Παιονίης καὶ ἐν Μακεδονίῃ. ἔνθα καὶ τὸ ἱρὸν ἅρμα καταλιπὼν τοῦ Διὸς, ὅτε ἐπὶ τὴν Ἑλλάδα ἤλαυνε, ἀπιὼν οὐκ ἀπέλαβε· ἀλλὰ δόντες οἱ Παίονες τοῖσι Θρήιξι, ἀπαιτέοντος Ξέρξεω, ἔφασαν νεμομένας ἁρπασθῆναι ὑπὸ τῶν ἄνω Θρηΐκων τῶν περὶ τὰς πηγὰς τοῦ Στρυμόνος οἰκημένων. 88. οἱ δὲ Πέρσαι, ὡς ἐκ τῆς Θρηίκης πορευόμενοι ἀπίκοντο ἐπὶ τὸν πόρον, ἐπειγόμενοι τὸν Ἑλλήσποντον τῇσι νηυσὶ διέβησαν ἐς Ἄβυδον· τὰς γὰρ σχεδίας οὐκ εὗρον ἔτι ἐντεταμένας, ἀλλ᾽ ὑπὸ χειμῶνος διαλελυμένας. ἐνθαῦτα δὲ κατεχόμενοι σιτία τε πλέω ἢ κατ᾽ ὁδὸν ἐλάγχανον, οὐδένα τε κόσμον ἐμπιπλάμενοι, καὶ ὕδατα μεταβάλλοντες, ἀπέθνησκον τοῦ στρατοῦ τοῦ περιεόντος πολλοί. οἱ δὲ λοιποὶ ἅμα Ξέρξῃ ἀπικνέονται ἐς Σάρδις. 89. Ἔστι δὲ καὶ ἄλλος ὅδε λόγος λεγόμενος, ὡς, ἐπειδὴ Ξέρξης ἀπελαύνων ἐξ Ἀθηνέων ἀπίκετο ἐπ᾽ Ἠιόνα τὴν ἐπὶ Στρυμόνι, ἐνθεῦτεν οὐκέτι ὁδοιπορίῃσι διεχρᾶτο, ἀλλὰ τὴν μὲν στρατιὴν Ὑδάρνεϊ ἐπιτράπει ἀπάγειν ἐς τὸν Ἑλλήσποντον, αὐτὸς δ᾽ ἐπὶ νεὸς Φοινίσσης ἐπιβὰς ἐκομίζετο ἐς τὴν Ἀσίην. πλώοντα δέ μιν ἄνεμον Στρυμονίην ὑπολαβεῖν μέγαν καὶ κυματίην. καὶ δὴ, μᾶλλον γάρ τι χειμαίνεσθαι, γεμούσης τῆς νεὸς ὥστε ἐπὶ τοῦ καταστρώματος ἐπεόντων συχνῶν Περσέων τῶν σὺν Ξέρξῃ κομιζομένων, ἐνθαῦτα ἐς δεῖμα πεσόντα τὸν βασιλέα εἴρεσθαι βώσαντα τὸν κυβερνήτην, εἴ τις ἐστί σφι σωτηρίη. καὶ τὸν εἶπαι· Δέσποτα, οὐκ ἔστι οὐδεμία, ἢν μὴ τούτων ἀπαλλαγή τις γένηται τῶν πολλῶν ἐπιβατέων. 90. καὶ Ξέρξεα λέγεται ἀκούσαντα ταῦτα εἶπαι· Ἄνδρες Πέρσαι, νῦν τις διαδεξάτω ὑμέων βασιλέος κηδόμενος· ἐν ὑμῖν γὰρ οἶκε εἶναι ἐμοὶ ἡ σωτηρίη. Τὸν μὲν ταῦτα λέγειν, τοὺς δὲ προσκυνέοντας ἐκπηδᾶν ἐς τὴν θάλασσαν, καὶ τὴν νέα ἐπικουφισθεῖσαν οὕτω δὴ ἀποσωθῆναι ἐς τὴν Ἀσίην. ὡς δὲ ἐκβῆναι τάχιστα ἐς γῆν τὸν Ξέρξεα, ποιῆσαι τοιόνδε· ὅτι μὲν ἔσωσε βασιλέος τὴν ψυχήν, δωρήσασθαι χρυσέῃ στεφάνῃ τὸν κυβερνήτεα, ὅτι δὲ Περσέων πολλοὺς ἀπώλεσε, ἀποταμεῖν τὴν κεφαλὴν αὐτοῦ.

91. Οὗτος δὲ ἄλλος λέγεται λόγος περὶ τοῦ Ξέρξεω νόστου, οὐδαμῶς ἔμοιγε πιστός, οὔτε ἄλλως οὔτε τὸ Περσέων τοῦτο πάθος. εἰ γὰρ δὴ ταῦτα οὕτω εἰρέθη ἐκ τοῦ κυβερνήτεω πρὸς Ξέρξεα, ἐν μυρίῃσι γνώμῃσι μίαν οὐκ ἔχω ἀντίξοον μὴ οὐκ ἂν ποιῆσαι βασιλέα τοιόνδε, τοὺς μὲν ἐκ τοῦ καταστρώματος καταβιβάσαι ἐς κοίλην νέα, ἐόντας Πέρσας καὶ Περσέων τοὺς πρώτους, τῶν δ' ἐρετέων ἐόντων Φοινίκων ὅκως οὐκ ἂν ἴσον πλῆθος τοῖσι Πέρσῃσι ἐξέβαλε ἐς τὴν θάλασσαν. ἀλλ' ὁ μὲν, ὡς καὶ πρότερόν μοι εἴρηται, ὁδῷ χρεόμενος ἅμα τῷ ἄλλῳ στρατῷ ἀπενόστησε ἐς τὴν Ἀσίην.

92. Οἱ δὲ Ἕλληνες, τραπόμενοι ἐς Κάρυστον καὶ δηϊώσαντες αὐτῶν τὴν χώρην, ἀπαλλάσσοντο ἐς Σαλαμῖνα. πρῶτα μέν νυν τοῖσι θεοῖσι ἐξεῖλον ἀκροθίνια ἄλλα τε καὶ τριήρεας τρεῖς Φοινίσσας, τὴν μὲν ἐς Ἰσθμὸν ἀναθεῖναι, ἥ περ ἔτι καὶ ἐς ἐμὲ ἦν, τὴν δὲ ἐπὶ Σούνιον, τὴν δὲ τῷ Αἴαντι αὐτοῦ ἐς Σαλαμῖνα. μετὰ δὲ τοῦτο διεδάσαντο τὴν ληΐην καὶ τὰ ἀκροθίνια ἀπέπεμψαν ἐς Δελφούς, ἐκ τῶν ἐγένετο ἀνδριὰς ἔχων ἐν τῇ χειρὶ ἀκρωτήριον νεός, ἐὼν μέγαθος δυώδεκα πηχέων.

93. Μετὰ δὲ τὴν διαίρεσιν τῆς ληΐης ἔπλωον οἱ Ἕλληνες ἐς τὸν Ἰσθμὸν ἀριστήϊα δώσοντες τῷ ἀξιωτάτῳ γενομένῳ Ἑλλήνων ἀνὰ τὸν πόλεμον τοῦτον. ὡς δὲ ἀπικόμενοι οἱ στρατηγοὶ διενέμοντο τὰς ψήφους ἐπὶ τοῦ Ποσειδέωνος τῷ βωμῷ, τὸν πρῶτον καὶ τὸν δεύτερον κρίνοντες ἐκ πάντων, ἐνθαῦτα πᾶς τις αὐτῶν ἑωυτῷ ἐτίθετο τὴν ψῆφον, αὐτὸς ἕκαστος δοκέων ἄριστος

γενέσθαι, δεύτερα δὲ οἱ πολλοὶ συνεξέπιπτον Θεμιστοκλέα κρίνοντες. οἱ μὲν δὴ ἐμουνοῦντο, Θεμιστοκλέης δὲ δευτερείοισι ὑπερεβάλλετο πολλόν. 94. Οὐ βουλομένων δὲ ταῦτα κρίνειν τῶν Ἑλλήνων φθόνῳ, ἀλλ' ἀποπλωόντων ἑκάστων ἐς τὴν ἑωυτῶν ἀκρίτων, ὅμως Θεμιστοκλέης ἐβώσθη τε καὶ ἐδοξώθη εἶναι ἀνὴρ πολλὸν Ἑλλήνων σοφώτατος ἀνὰ πᾶσαν τὴν Ἑλλάδα. ὅτι δὲ νικῶν οὐκ ἐτιμήθη πρὸς τῶν ἐν Σαλαμῖνι ναυμαχησάντων, αὐτίκα μετὰ ταῦτα ἐς Λακεδαίμονα ἀπίκετο ἐθέλων τιμηθῆναι. καί μιν Λακεδαιμόνιοι καλῶς μὲν ὑπεδέξαντο, μεγάλως δὲ ἐτίμησαν. ἀριστήϊα μέν νυν ἔδοσαν Εὐρυβιάδῃ ἐλαίης στέφανον, σοφίης δὲ καὶ δεξιότητος Θεμιστοκλέϊ, καὶ τούτῳ στέφανον ἐλαίης. ἐδωρήσαντο δέ μιν ὄχῳ τῷ ἐν Σπάρτῃ καλλιστεύοντι. αἰνέσαντες δὲ πολλὰ, προέπεμψαν ἀπιόντα τριηκόσιοι Σπαρτιητέων λογάδες, οὗτοι οἵπερ ἱππέες καλέονται, μέχρι οὔρων τῶν Τεγεητικῶν· μοῦνον δὴ τοῦτον πάντων ἀιθρώπων τῶν ἡμεῖς ἴδμεν Σπαρτιῆται προέπεμψαν. 95. Ὡς δὲ ἐκ τῆς Λακεδαίμονος ἀπίκετο ἐς τὰς Ἀθήνας, ἐνθαῦτα Τιμόδημος Ἀφιδναῖος, τῶν ἐχθρῶν μὲν τῶν Θεμιστοκλέος ἐών, ἄλλως δὲ οὐ τῶν ἐπιφανέων ἀνδρῶν, φθόνῳ καταμαργέων ἐνείκεε τὸν Θεμιστοκλέα, τὴν ἐς Λακεδαίμονα ἄπιξιν προφέρων, ὡς διὰ τὰς Ἀθήνας ἔχοι τὰ γερεα τὰ παρὰ Λακεδαιμονίων, ἀλλ' οὐ δι' ἑωυτόν. ὁ δὲ, ἐπείτε οὐκ ἐπαύετο ταῦτα λέγων ὁ Τιμόδημος, εἶπε· Οὕτω ἔχει τοι· οὔτ' ἂν ἐγὼ ἐὼν Βελβινίτης ἐτιμήθην οὕτω πρὸς Σπαρτιητέων, οὔτ' ἂν σὺ, ὤνθρωπε, ἐὼν Ἀθηναῖος.

96. Ὁ δὲ ναυτικὸς ὁ Ξέρξεω περιγενόμενος, ὡς προσέμιξε τῇ Ἀσίῃ φεύγων ἐκ Σαλαμῖνος καὶ βασιλέα τε καὶ τὴν στρατιὴν ἐκ Χερσονήσου διεπόρθμευσε ἐς Ἄβυδον, ἐχειμέρισε ἐν Κύμῃ.

THUCYDIDES.

PYLUS AND SPHACTERIA.

1. Ὑπὸ δὲ τοὺς αὐτοὺς χρόνους τοῦ ἦρος, πρὶν τὸν σῖτον ἐν ἀκμῇ εἶναι, Πελοποννήσιοι καὶ οἱ ξύμμαχοι ἐσέβαλον ἐς τὴν Ἀττικήν, ἡγεῖτο δὲ Ἆγις ὁ Ἀρχιδάμου, Λακεδαιμονίων βασιλεύς· καὶ ἐγκαθεζόμενοι ἐδῄουν τὴν γῆν. Ἀθηναῖοι δὲ τάς τε τεσσαράκοντα ναῦς ἐς Σικελίαν ἀπέστειλαν, ὥσπερ παρεσκευάζοντο, καὶ στρατηγοὺς τοὺς ὑπολοίπους Εὐρυμέδοντα καὶ Σοφοκλέα· Πυθόδωρος γὰρ ὁ τρίτος αὐτῶν ἤδη προαφῖκτο ἐς Σικελίαν. **2.** εἶπον δὲ τούτοις καὶ Κερκυραίων ἅμα παραπλέοντας τῶν ἐν τῇ πόλει ἐπιμεληθῆναι, οἳ ἐλῃστεύοντο ὑπὸ τῶν ἐν τῷ ὄρει φυγάδων· καὶ Πελοποννησίων αὐτόσε νῆες ἑξήκοντα παρεπεπλεύκεσαν τοῖς ἐν τῷ ὄρει τιμωροί, καὶ λιμοῦ ὄντος μεγάλου ἐν τῇ πόλει νομίζοντες κατασχήσειν ῥᾳδίως τὰ πράγματα. Δημοσθένει δέ, ὄντι ἰδιώτῃ μετὰ τὴν ἀναχώρησιν τὴν ἐξ Ἀκαρνανίας, αὐτῷ δεηθέντι εἶπον χρῆσθαι ταῖς ναυσὶ ταύταις, ἢν βούληται, περὶ τὴν Πελοπόννησον. **3.** καὶ ὡς ἐγένοντο πλέοντες κατὰ τὴν Λακωνικήν, καὶ ἐπυνθάνοντο ὅτι αἱ νῆες ἐν Κερκύρᾳ ἤδη εἰσὶ τῶν Πελοποννησίων, ὁ μὲν Εὐρυμέδων καὶ Σοφοκλῆς ἠπείγοντο ἐς τὴν Κέρκυραν, ὁ δὲ Δημοσθένης ἐς τὴν Πύλον πρῶτον ἐκέλευε σχόντας αὐτοὺς καὶ πράξαντας ἃ δεῖ τὸν πλοῦν ποιεῖσθαι· ἀντιλεγόντων δέ, κατὰ τύχην χειμὼν ἐπιγενόμενος κατήνεγκε τὰς ναῦς ἐς τὴν Πύλον. **4.** καὶ ὁ Δημοσθένης εὐθὺς ἠξίου τειχίζεσθαι τὸ χωρίον, — ἐπὶ τούτῳ γὰρ ξυνέπλευσε, — καὶ ἀπέφαινε πολλὴν εὐπορίαν ξύλων τε καὶ λίθων, καὶ φύσει καρτερὸν ὂν καὶ ἐρῆμον αὐτό τε καὶ ἐπὶ πολὺ τῆς χώρας· ἀπέχει γὰρ σταδίους μάλιστα ἡ Πύλος τῆς Σπάρτης τετρακοσίους, καὶ ἔστιν ἐν τῇ Μεσσηνίᾳ ποτὲ οὔσῃ γῇ, καλοῦσι δὲ αὐτὴν οἱ Λακεδαιμόνιοι Κορυφάσιον. οἱ δὲ πολλὰς ἔφασαν εἶναι ἄκρας ἐρήμους τῆς Πελοποννήσου, ἣν βούληται καταλαμβάνων τὴν πόλιν δαπανᾶν. 5. ὡς δὲ οὐκ ἔπειθεν οὔτε τοὺς στρατηγοὺς οὔτε τοὺς στρατιώτας, ὕστερον καὶ τοῖς ταξιάρχοις κοινώσας, ἡσύχαζεν ὑπὸ ἀπλοίας, μέχρι αὐτοῖς τοῖς στρατιώταις σχολάζουσιν ὁρμὴ ἐπέπεσε περιστᾶσιν ἐκτειχίσαι τὸ χωρίον. καὶ ἐγχειρήσαντες εἰργάζοντο, σιδήρια μὲν λιθουργὰ οὐκ ἔχοντες, λογάδην δὲ φέροντες λίθους, καὶ ξυνετίθεσαν ὡς ἕκαστόν τι ξυμβαίνοι· καὶ τὸν πηλὸν, εἴ που δέοι χρῆσθαι, ἀγγείων ἀπορίᾳ ἐπὶ τοῦ νώτου ἔφερον, ἐγκεκυφότες τε ὡς μάλιστα μέλλοι ἐπιμένειν, καὶ τὼ χεῖρε ἐς τοὐπίσω ξυμπλέκοντες, ὅπως μὴ ἀποπίπτοι. 6. παντὶ τε τρόπῳ ἠπείγοντο φθῆναι τοὺς Λακεδαιμονίους τὰ ἐπιμαχώτατα ἐξεργασάμενοι πρὶν ἐπιβοηθῆσαι· τὸ γὰρ πλέον τοῦ χωρίου αὐτὸ καρτερὸν ὑπῆρχε, καὶ οὐδὲν ἔδει τείχους. οἱ δὲ ἑορτήν τινα ἔτυχον ἄγοντες, καὶ ἅμα πυνθανόμενοι ἐν ὀλιγωρίᾳ ἐποιοῦντο, ὡς ὅταν ἐξέλθωσιν ἢ οὐχ ὑπομενοῦντας σφᾶς ἢ ῥᾳδίως ληψόμενοι βίᾳ· καί τι καὶ αὐτοὺς ὁ στρατὸς ἔτι ἐν ταῖς Ἀθήναις ὢν ἐπέσχεν. τειχίσαντες δὲ οἱ Ἀθηναῖοι τοῦ χωρίου τὰ πρὸς ἤπειρον καὶ ἃ μάλιστα ἔδει ἐν ἡμέραις ἕξ, τὸν μὲν Δημοσθένην μετὰ νεῶν πέντε αὐτοῦ φύλακα καταλείπουσιν, ταῖς δὲ πλείοσι ναυσὶ τὸν ἐς τὴν Κέρκυραν πλοῦν καὶ Σικελίαν ἠπείγοντο. 7. οἱ δ' ἐν τῇ Ἀττικῇ ὄντες Πελοποννήσιοι, ὡς ἐπύθοντο τῆς Πύλου κατειλημμένης, ἀνεχώρουν κατὰ τάχος ἐπ' οἴκου, νομίζοντες μὲν οἱ Λακεδαιμόνιοι καὶ Ἆγις ὁ βασιλεὺς οἰκεῖον σφίσι τὸ περὶ τὴν Πύλον· ἅμα δὲ πρῲ ἐσβαλόντες, καὶ τοῦ σίτου ἔτι χλωροῦ ὄντος, ἐσπάνιζον τροφῆς τοῖς πολλοῖς, χειμών τε ἐπιγενόμενος μείζων παρὰ τὴν καθεστηκυῖαν ὥραν ἐπίεσε τὸ στράτευμα. ὥστε πολλαχόθεν ξυνέβη ἀναχωρῆσαί τε θᾶσσον αὐτοὺς καὶ βραχυτάτην γενέσθαι τὴν ἐσβολὴν ταύτην· ἡμέρας γὰρ πεντεκαίδεκα ἔμειναν ἐν τῇ Ἀττικῇ.

8. Ἀναχωρησάντων δὲ τῶν ἐκ τῆς Ἀττικῆς Πελοποννησίων, οἱ Σπαρτιᾶται αὐτοὶ μὲν καὶ οἱ ἐγγύτατα τῶν περιοίκων εὐθὺς ἐβοήθουν ἐπὶ τὴν Πύλον, τῶν δὲ ἄλλων Λακεδαιμονίων βραδυτέρα ἐγίγνετο ἡ ἔφοδος, ἄρτι ἀφιγμένων ἀφ᾽ ἑτέρας στρατιᾶς. περιήγγελλον δὲ καὶ κατὰ τὴν Πελοπόννησον βοηθεῖν ὅτι τάχιστα ἐπὶ Πύλον, καὶ ἐπὶ τὰς ἐν τῇ Κερκύρᾳ ναῦς σφῶν τὰς ἑξήκοντα ἔπεμψαν, αἳ ὑπερενεχθεῖσαι τὸν Λευκαδίων ἰσθμὸν, καὶ λαθοῦσαι τὰς ἐν Ζακύνθῳ Ἀττικὰς ναῦς, ἀφικνοῦνται ἐπὶ Πύλον· παρῆν δὲ ἤδη καὶ ὁ πεζὸς στρατός. Δημοσθένης δὲ, προσπλεόντων ἔτι τῶν Πελοποννησίων, ὑπεκπέμπει φθάσας δύο ναῦς ἀγγεῖλαι Εὐρυμέδοντι καὶ τοῖς ἐν ταῖς ναυσὶν ἐν Ζακύνθῳ Ἀθηναίοις παρεῖναι, ὡς τοῦ χωρίου κινδυνεύοντος. καὶ αἱ μὲν νῆες κατὰ τάχος ἔπλεον κατὰ τὰ ἐπεσταλμένα ὑπὸ Δημοσθένους· 9. οἱ δὲ Λακεδαιμόνιοι παρεσκευάζοντο ὡς τῷ τειχίσματι προσβαλοῦντες κατά τε γῆν καὶ κατὰ θάλασσαν, ἐλπίζοντες ῥᾳδίως αἱρήσειν οἰκοδόμημα διὰ ταχέων εἰργασμένον, καὶ ἀνθρώπων ὀλίγων ἐνόντων. προσδεχόμενοι δὲ καὶ τὴν ἀπὸ Ζακύνθου τῶν Ἀττικῶν νεῶν βοήθειαν, ἐν νῷ εἶχον, ἢν ἄρα μὴ πρότερον ἕλωσι, καὶ τοὺς ἔσπλους τοῦ λιμένος ἐμφράξαι, ὅπως μὴ ᾖ τοῖς Ἀθηναίοις ἐφορμίσασθαι ἐς αὐτόν. 10. ἡ γὰρ νῆσος ἡ Σφακτηρία καλουμένη τόν τε λιμένα, παρατείνουσα καὶ ἐγγὺς ἐπικειμένη, ἐχυρὸν ποιεῖ καὶ τοὺς ἔσπλους στενούς, τῇ μὲν δυοῖν

νεοῖν διάπλουν κατὰ τὸ τείχισμα τῶν Ἀθηναίων καὶ τὴν Πύλον, τῇ δὲ πρὸς τὴν ἄλλην ἤπειρον ὀκτὼ ἢ ἐννέα· ὑλώδης τε καὶ ἀτριβὴς πᾶσα ὑπ' ἐρημίας ἦν, καὶ μέγεθος περὶ πεντεκαίδεκα σταδίους μάλιστα. τοὺς μὲν οὖν ἔσπλους ταῖς ναυσὶν ἀντιπρώροις βύζην κλῄσειν ἔμελλον· τὴν δὲ νῆσον ταύτην φοβούμενοι μὴ ἐξ αὐτῆς τὸν πόλεμον σφίσι ποιῶνται, ὁπλίτας διεβίβασαν ἐς αὐτὴν καὶ παρὰ τὴν ἤπειρον ἄλλους ἔταξαν.

11. Δημοσθένης δέ, ὁρῶν τοὺς Λακεδαιμονίους μέλλοντας προσβάλλειν ναυσί τε ἅμα καὶ πεζῷ, παρεσκευάζετο καὶ αὐτός, καὶ τὰς τριήρεις αἵπερ ἦσαν αὐτῷ ἀπὸ τῶν καταλειφθεισῶν ἀνασπάσας ὑπὸ τὸ τείχισμα προεσταύρωσεν, καὶ τοὺς ναύτας ἐξ αὐτῶν ὥπλισεν ἀσπίσι τε φαύλαις καὶ οἰσυΐναις ταῖς πολλαῖς· οὐ γὰρ ἦν ὅπλα ἐν χωρίῳ ἐρήμῳ πορίσασθαι, ἀλλὰ καὶ ταῦτα ἐκ λῃστρικῆς Μεσσηνίων τριακοντόρου καὶ κέλητος ἔλαβον, οἳ ἔτυχον παραγενόμενοι. **12.** ὁπλῖταί τε τῶν Μεσσηνίων τούτων ὡς τεσσαράκοντα ἐγένοντο, οἷς ἐχρῆτο μετὰ τῶν ἄλλων. τοὺς μὲν οὖν πολλοὺς τῶν τε ἀόπλων καὶ ὡπλισμένων ἐπὶ τὰ τετειχισμένα μάλιστα καὶ ἐχυρὰ τοῦ χωρίου πρὸς τὴν ἤπειρον ἔταξε, προειπὼν ἀμύνασθαι τὸν πεζόν, ἢν προσβάλλῃ· αὐτὸς δέ, ἀπολεξάμενος ἐκ πάντων ἑξήκοντα ὁπλίτας καὶ τοξότας ὀλίγους, ἐχώρει ἔξω τοῦ τείχους ἐπὶ τὴν θάλασσαν, ᾗ μάλιστα ἐκείνους προσεδέχετο πειράσειν ἀποβαίνειν.

13. Οἱ δὲ Λακεδαιμόνιοι, ἄραντες, τῷ τε κατὰ γῆν στρατῷ προσέβαλλον τῷ τειχίσματι καὶ ταῖς ναυσὶν ἅμα, οὔσαις τεσσαράκοντα καὶ τρισίν· ναύαρχος δὲ αὐτῶν ἐπέπλει Θρασυμηλίδας ὁ Κρατησικλέους, Σπαρτιάτης· προσέβαλλε δὲ ᾗπερ ὁ Δημοσθένης προσεδέχετο. καὶ οἱ μὲν Ἀθηναῖοι ἀμφοτέρωθεν, ἔκ τε γῆς καὶ ἐκ θαλάσσης, ἠμύνοντο· οἱ δὲ κατ' ὀλίγας ναῦς διελόμενοι, διότι οὐκ ἦν πλείοσι προσσχεῖν, καὶ ἀναπαύοντες ἐν τῷ μέρει, τοὺς ἐπίπλους ἐποιοῦντο, προθυμίᾳ τε πάσῃ χρώμενοι καὶ παρακελευσμῷ, εἴ πως ὠσάμενοι ἕλοιεν τὸ τείχισμα. **14.** πάντων δὲ φανερώτατος Βρασίδας ἐγένετο. τριηράρχων γάρ, καὶ ὁρῶν τοῦ χωρίου χαλεποῦ ὄντος τοὺς τριηράρχους καὶ κυβερνήτας, εἴ πῃ καὶ δοκοίη δυνατὸν εἶναι σχεῖν, ἀποκνοῦντας καὶ φυλασσομένους τῶν νεῶν μὴ ξυντρίψωσιν, ἐβόα λέγων ὡς οὐκ εἰκὸς εἴη, ξύλων φειδομένους, τοὺς πολεμίους ἐν τῇ χώρᾳ περιιδεῖν τεῖχος πεποιημένους, ἀλλὰ τάς τε σφετέρας ναῦς βιαζομένους τὴν ἀπόβασιν καταγνύναι ἐκέλευεν, καὶ τοὺς ξυμμάχους μὴ ἀποκνῆσαι ἀντὶ μεγάλων εὐεργεσιῶν τὰς ναῦς τοῖς Λακεδαιμονίοις ἐν τῷ παρόντι ἐπιδοῦναι, ὀκείλαντας δὲ καὶ παντὶ τρόπῳ ἀποβάντας, τῶν τε ἀνδρῶν καὶ τοῦ χωρίου κρατῆσαι. **15.** καὶ ὁ μὲν τούς τε ἄλλους τοιαῦτα ἐπέσπερχεν, καὶ τὸν ἑαυτοῦ κυβερνήτην ἀναγκάσας ὀκεῖλαι τὴν ναῦν, ἐχώρει ἐπὶ τὴν ἀποβάθραν· καὶ πειρώμενος ἀποβαίνειν, ἀνεκόπη ὑπὸ τῶν Ἀθηναίων, καὶ τραυματισθεὶς πολλὰ ἐλειποψύχησέ τε καὶ πεσόντος αὐτοῦ ἐς τὴν παρεξειρεσίαν ἡ ἀσπὶς περιερρύη ἐς τὴν θάλασσαν, καὶ ἐξενεχθείσης αὐτῆς ἐς τὴν γῆν, οἱ Ἀθηναῖοι ἀνελόμενοι ὕστερον πρὸς τὸ τροπαῖον ἐχρήσαντο ὃ ἔστησαν τῆς προσβολῆς ταύτης. οἱ δ' ἄλλοι προὐθυμοῦντο μέν, ἀδύνατοι δ' ἦσαν ἀποβῆναι, τῶν τε χωρίων χαλεπότητι καὶ τῶν Ἀθηναίων μενόντων καὶ οὐδὲν ὑποχωρούντων. **16.** ἐς τοῦτό τε περιέστη ἡ τύχη, ὥστε Ἀθηναίους μὲν ἐκ γῆς τε καὶ ταύτης Λακωνικῆς ἀμύνεσθαι ἐκείνους ἐπιπλέοντας, Λακεδαιμονίους δὲ ἐκ νεῶν τε καὶ ἐς τὴν ἑαυτῶν πολεμίαν οὖσαν ἐπ' Ἀθηναίους ἀποβαίνειν· ἐπὶ πολὺ γὰρ ἐποίει τῆς δόξης ἐν τῷ τότε, τοῖς μὲν ἠπειρώταις μάλιστα εἶναι καὶ τὰ πεζὰ κρατίστοις, τοῖς δὲ θαλασσίοις τε καὶ ταῖς ναυσὶ πλεῖστον προέχειν.

17. Ταύτην μὲν οὖν τὴν ἡμέραν καὶ τῆς ὑστεραίας μέρος τι προσβολὰς ποιησάμενοι ἐπέπαυντο· καὶ τῇ τρίτῃ ἐπὶ ξύλα ἐς μηχανὰς παρέπεμψαν τῶν νεῶν τινας ἐς Ἀσίνην, ἐλπίζοντες τὸ κατὰ τὸν λιμένα τεῖχος ὕψος μὲν ἔχειν, ἀποβάσεως δὲ μάλιστα οὔσης ἑλεῖν μηχαναῖς. ἐν τούτῳ δὲ αἱ ἐκ τῆς Ζακύνθου νῆες τῶν Ἀθηναίων παραγίγνονται πεντήκοντα· προσεβοήθησαν γὰρ τῶν τε φρουρίδων τινὲς αὐτοῖς τῶν ἐκ Ναυπάκτου καὶ Χῖαι τέσσαρες. ὡς δὲ εἶδον τήν τε ἤπειρον ὁπλιτῶν περίπλεων τήν τε νῆσον, ἔν τε τῷ λιμένι οὔσας τὰς ναῦς καὶ οὐκ ἐκπλεούσας, ἀπορήσαντες ὅπῃ καθορμίσωνται, τότε μὲν ἐς Πρωτὴν τὴν νῆσον, ἣ οὐ πολὺ ἀπέχει, ἐρῆμος οὖσα, ἔπλευσαν καὶ ηὐλίσαντο, τῇ δ᾽ ὑστεραίᾳ παρασκευασάμενοι ὡς ἐπὶ ναυμαχίαν ἀνήγοντο, ἢν μὲν ἀντεκπλεῖν ἐθέλωσι σφίσιν ἐς τὴν εὐρυχωρίαν, εἰ δὲ μή, ὡς αὐτοὶ ἐπεσπλευσούμενοι. καὶ οἱ μὲν οὔτε ἀντανήγοντο, οὔτε ἃ διενοήθησαν, φράξαι τοὺς ἔσπλους, ἔτυχον ποιήσαντες, ἡσυχάζοντες δ᾽ ἐν τῇ γῇ τάς τε ναῦς ἐπλήρουν καὶ παρεσκευάζοντο, ἢν ἐσπλέῃ τις, ὡς ἐν τῷ λιμένι ὄντι οὐ σμικρῷ ναυμαχήσοντες. **18.** οἱ δ᾽ Ἀθηναῖοι γνόντες καθ᾽ ἑκάτερον τὸν ἔσπλουν ὥρμησαν ἐπ᾽ αὐτούς, καὶ τὰς μὲν πλείους καὶ μετεώρους ἤδη τῶν νεῶν καὶ ἀντιπρώρους προσπεσόντες ἐς φυγὴν κατέστησαν, καὶ ἐπιδιώκοντες ὡς διὰ βραχέος ἔτρωσαν μὲν πολλάς, πέντε δ᾽ ἔλαβον καὶ μίαν τούτων αὐτοῖς ἀνδράσιν· ταῖς δὲ λοιπαῖς ἐν τῇ γῇ καταπεφευγυίαις ἐνέβαλλον. αἱ δὲ καὶ πληρούμεναι ἔτι πρὶν ἀνάγεσθαι ἐκόπτοντο. καί τινας καὶ ἀναδούμενοι κενὰς εἷλκον, τῶν ἀνδρῶν ἐς φυγὴν ὡρμημένων. **19.** ἃ ὁρῶντες οἱ Λακεδαιμόνιοι καὶ περιαλγοῦντες τῷ πάθει, ὅτι περ αὐτῶν οἱ ἄνδρες ἀπελαμβάνοντο ἐν τῇ νήσῳ, παρεβοήθουν, καὶ ἐπεσβαίνοντες ἐς τὴν θάλασσαν ξὺν τοῖς ὅπλοις ἀνθεῖλκον ἐπιλαμβανόμενοι τῶν νεῶν· καὶ ἐν τούτῳ κεκωλῦσθαι ἐδόκει ἕκαστος ᾧ μή τινι καὶ αὐτὸς ἔργῳ παρῆν. ἐγένετό τε ὁ θόρυβος μέγας, καὶ ἀντηλλαγμένος τοῦ ἑκατέρων τρόπου, περὶ τὰς ναῦς. οἵ τε γὰρ Λακεδαιμόνιοι ὑπὸ προθυμίας καὶ ἐκπλήξεως, ὡς εἰπεῖν, ἄλλο οὐδὲν ἢ ἐκ γῆς ἐναυμάχουν· οἵ τε Ἀθηναῖοι κρατοῦντες, καὶ βουλόμενοι τῇ παρούσῃ τύχῃ ὡς ἐπὶ πλεῖστον ἐπεξελθεῖν, ἀπὸ νεῶν ἐπεζομάχουν. πολύν τε πόνον παρασχόντες ἀλλήλοις καὶ τραυματίσαντες, διεκρίθησαν, καὶ οἱ Λακεδαιμόνιοι τὰς κενὰς ναῦς πλὴν τῶν τὸ πρῶτον ληφθεισῶν διέσωσαν. καταστάντες δὲ ἑκάτεροι ἐς τὸ στρατόπεδον, οἱ μὲν τροπαῖόν τε ἔστησαν καὶ νεκροὺς ἀπέδοσαν καὶ ναυαγίων ἐκράτησαν, καὶ τὴν νῆσον εὐθὺς περιέπλεον, καὶ ἐν φυλακῇ εἶχον ὡς τῶν ἀνδρῶν ἀπειλημμένων· οἱ δ' ἐν τῇ ἠπείρῳ Πελοποννήσιοι καὶ ἀπὸ πάντων ἤδη βεβοηθηκότες ἔμενον κατὰ χώραν ἐπὶ τῇ Πύλῳ.

20. Ἐς δὲ τὴν Σπάρτην ὡς ἠγγέλθη τὰ γεγενημένα περὶ Πύλον, ἔδοξεν αὐτοῖς, ὡς ἐπὶ ξυμφορᾷ μεγάλῃ, τὰ τέλη καταβάντας ἐς τὸ στρατόπεδον βουλεύειν, παραχρῆμα ὁρῶντας, ὅ τι ἂν δοκῇ. καὶ ὡς εἶδον ἀδύνατον ὂν τιμωρεῖν τοῖς ἀνδράσι, καὶ κινδυνεύειν οὐκ ἐβούλοντο ἢ ὑπὸ λιμοῦ τι παθεῖν αὐτοὺς ἢ ὑπὸ πλήθους βιασθέντας κρατηθῆναι, ἔδοξεν αὐτοῖς, πρὸς τοὺς στρατηγοὺς τῶν Ἀθηναίων, ἢν ἐθέλωσι, σπονδὰς ποιησαμένους τὰ περὶ Πύλον, ἀποστεῖλαι ἐς τὰς Ἀθήνας πρέσβεις περὶ ξυμβάσεως, καὶ τοὺς ἄνδρας ὡς τάχιστα πειρᾶσθαι κομίσασθαι. **21.** δεξαμένων δὲ τῶν στρατηγῶν τὸν λόγον, ἐγίγνοντο σπονδαὶ τοιαίδε. Λακεδαιμονίους μὲν τὰς ναῦς ἐν αἷς ἐναυμάχησαν καὶ τὰς ἐν τῇ Λακωνικῇ πάσας, ὅσαι ἦσαν μακραί, παραδοῦναι κομίσαντας ἐς Πύλον Ἀθηναίοις, καὶ ὅπλα μὴ ἐπιφέρειν τῷ τειχίσματι μήτε κατὰ γῆν μήτε κατὰ θάλασσαν, Ἀθηναίους δὲ τοῖς ἐν τῇ νήσῳ ἀνδράσι σῖτον ἐᾶν τοὺς ἐν τῇ ἠπείρῳ Λακεδαιμονίους ἐκπέμπειν τακτὸν καὶ μεμαγμένον, δύο χοίνικας ἑκάστῳ Ἀττικὰς ἀλφίτων καὶ δύο κοτύλας οἴνου καὶ κρέας, θεράποντι δὲ τούτων ἡμίσεα, ταῦτα δὲ ὁρώντων τῶν Ἀθηναίων, ἐσπέμπειν, καὶ πλοῖον μηδὲν ἐσπλεῖν λάθρᾳ· φυλάσσειν δὲ καὶ τὴν νῆσον Ἀθηναίους μηδὲν ἧσσον, ὅσα μὴ ἀποβαίνοντας, καὶ ὅπλα μὴ ἐπιφέρειν τῷ Πελοποννησίων στρατῷ μήτε κατὰ γῆν μήτε κατὰ θάλασσαν. **22.** ὅ τι δ' ἂν τούτων παραβαίνωσιν ἑκάτεροι καὶ ὁτιοῦν, τότε λελύσθαι τὰς σπονδάς. ἐσπεῖσθαι δὲ αὐτὰς μέχρι οὗ ἐπανέλθωσιν οἱ ἐκ τῶν Ἀθηνῶν Λακεδαιμονίων πρέσβεις· ἀποστεῖλαι δὲ αὐτοὺς τριήρει Ἀθηναίους καὶ πάλιν κομίσαι. ἐλθόντων δέ, τάς τε σπονδὰς λελύσθαι ταύτας, καὶ τὰς ναῦς ἀποδοῦναι Ἀθηναίους ὁμοίας οἵασπερ ἂν παραλάβωσιν. αἱ μὲν σπονδαὶ ἐπὶ τούτοις ἐγένοντο, καὶ αἱ νῆες παρεδόθησαν οὖσαι περὶ ἑξήκοντα, καὶ οἱ πρέσβεις ἀπεστάλησαν. . . .

23. Οἱ μὲν οὖν Λακεδαιμόνιοι τοσαῦτα εἶπον, νομίζοντες τοὺς Ἀθηναίους ἐν τῷ πρὶν χρόνῳ σπονδῶν μὲν ἐπιθυμεῖν, σφῶν δὲ ἐναντιουμένων κωλύεσθαι, διδομένης δὲ εἰρήνης ἀσμένως δέξεσθαί τε καὶ τοὺς ἄνδρας ἀποδώσειν. οἱ δὲ τὰς μὲν σπονδὰς, ἔχοντες τοὺς ἄνδρας ἐν τῇ νήσῳ, ἤδη σφίσιν ἐνόμιζον ἑτοίμους εἶναι, ὁπόταν βούλωνται, ποιεῖσθαι πρὸς αὐτούς, τοῦ δὲ πλέονος ὠρέγοντο. **24.** μάλιστα δὲ αὐτοὺς ἐνῆγε Κλέων ὁ Κλεαινέτου, ἀνὴρ δημαγωγὸς κατ' ἐκεῖνον τὸν χρόνον ὢν καὶ τῷ πλήθει πιθανώτατος· καὶ ἔπεισεν ἀποκρίνασθαι ὡς χρὴ τὰ μὲν ὅπλα καὶ σφᾶς αὐτοὺς τοὺς ἐν τῇ νήσῳ παραδόντας πρῶτον κομισθῆναι Ἀθήναζε, ἐλθόντων δὲ, ἀποδόντας Λακεδαιμονίους Νίσαιαν καὶ Πηγὰς καὶ Τροιζῆνα καὶ Ἀχαΐαν, — ἃ οὐ πολέμῳ ἔλαβον ἀλλ' ἀπὸ τῆς προτέρας ξυμβάσεως, Ἀθηναίων ξυγχωρησάντων κατὰ ξυμφορὰς καὶ ἐν τῷ τότε δεομένων τι μᾶλλον σπονδῶν, — κομίσασθαι τοὺς ἄνδρας, καὶ σπονδὰς ποιήσασθαι ὁπόσον ἂν δοκῇ χρόνον ἀμφοτέροις. **25.** οἱ δὲ πρὸς μὲν τὴν ἀπόκρισιν οὐδὲν ἀντεῖπον, ξυνέδρους δὲ σφίσιν ἐκέλευον ἑλέσθαι, οἵτινες λέγοντες καὶ ἀκούοντες περὶ ἑκάστου ξυμβήσονται κατὰ ἡσυχίαν ὅ τι ἂν πείθωσιν ἀλλήλους. Κλέων δὲ ἐνταῦθα δὴ πολὺς ἐνέκειτο, λέγων γιγνώσκειν μὲν καὶ πρότερον οὐδὲν ἐν νῷ ἔχοντας δίκαιον αὐτούς, σαφὲς δ' εἶναι καὶ νῦν, οἵτινες τῷ μὲν πλήθει οὐδὲν ἐθέλουσιν εἰπεῖν, ὀλίγοις δὲ ἀνδράσι ξύνεδροι βούλονται γίγνεσθαι· ἀλλὰ εἴ τι ὑγιὲς διανοοῦνται, λέγειν ἐκέλευσεν ἅπασιν. ὁρῶντες δὲ οἱ Λακεδαιμόνιοι οὔτε σφίσιν οἷόν τε ὂν ἐν πλήθει εἰπεῖν, εἴ τι καὶ ὑπὸ τῆς ξυμφορᾶς ἐδόκει αὐτοῖς ξυγχωρεῖν, μὴ ἐς τοὺς ξυμμάχους διαβληθῶσιν εἰπόντες καὶ οὐ τυχόντες, οὔτε τοὺς Ἀθηναίους ἐπὶ μετρίοις ποιήσοντας ἃ προυκαλοῦντο, ἀνεχώρησαν ἐκ τῶν Ἀθηνῶν ἄπρακτοι. **26.** ἀφικομένων δὲ αὐτῶν, διελύοντο εὐθὺς αἱ σπονδαὶ αἱ περὶ Πύλον, καὶ τὰς ναῦς οἱ Λακεδαιμόνιοι ἀπῄτουν, καθάπερ ξυνέκειτο· οἱ δ' Ἀθηναῖοι ἐγκλήματα ἔχοντες — ἐπιδρομήν τε τῷ τειχίσματι παράσπονδον καὶ ἄλλα οὐκ ἀξιόλογα δοκοῦντα εἶναι — οὐκ ἀπεδίδοσαν, ἰσχυριζόμενοι ὅτι δὴ εἴρητο, ἐὰν καὶ ὁτιοῦν παραβαθῇ, λελύσθαι τὰς σπονδάς. οἱ δὲ Λακεδαιμόνιοι ἀντέλεγόν τε καὶ, ἀδίκημα ἐπικαλέσαντες τὸ τῶν νεῶν, ἀπελθόντες ἐς πόλεμον καθίσταντο. **27.** καὶ τὰ περὶ Πύλον ὑπ' ἀμφοτέρων κατὰ κράτος ἐπολεμεῖτο, Ἀθηναῖοι μὲν δυοῖν νεοῖν ἐναντίαιν ἀεὶ τὴν νῆσον περιπλέοντες τῆς ἡμέρας, — τῆς δὲ νυκτὸς καὶ ἅπασαι περιώρμουν, πλὴν τὰ πρὸς τὸ πέλαγος, ὁπότε ἄνεμος εἴη· καὶ ἐκ τῶν Ἀθηνῶν αὐτοῖς εἴκοσι νῆες ἀφίκοντο ἐς τὴν φυλακήν, ὥστε αἱ πᾶσαι ἑβδομήκοντα ἐγένοντο, — Πελοποννήσιοι δὲ ἐν τῇ ἠπείρῳ στρατοπεδευόμενοι καὶ προσβολὰς ποιούμενοι τῷ τείχει, σκοποῦντες καιρὸν εἴ τις παραπέσοι ὥστε τοὺς ἄνδρας σῶσαι.

28. Ἐν δὲ τῇ Πύλῳ ἔτι ἐπολιόρκουν τοὺς ἐν τῇ νήσῳ Λακεδαιμονίους οἱ Ἀθηναῖοι, καὶ τὸ ἐν τῇ ἠπείρῳ στρατόπεδον τῶν Πελοποννησίων κατὰ χώραν ἔμενεν, ἐπίπονος δ' ἦν τοῖς Ἀθηναίοις ἡ φυλακὴ σίτου τε ἀπορίᾳ καὶ ὕδατος· οὐ γὰρ ἦν κρήνη ὅτι μὴ μία ἐν αὐτῇ τῇ ἀκροπόλει τῆς Πύλου, καὶ αὕτη οὐ μεγάλη, ἀλλὰ διαμώμενοι τὸν κάχληκα οἱ πλεῖστοι ἐπὶ τῇ θαλάσσῃ ἔπινον οἷον εἰκὸς ὕδωρ. στενοχωρία τε ἐν ὀλίγῳ στρατοπεδευομένοις ἐγίγνετο· καὶ τῶν νεῶν οὐκ ἐχουσῶν ὅρμον, αἱ μὲν σῖτον ἐν τῇ γῇ ᾑροῦντο κατὰ μέρος, αἱ δὲ μετέωροι ὥρμουν. 29. ἀθυμίαν τε πλείστην ὁ χρόνος παρεῖχε παρὰ λόγον ἐπιγιγνόμενος, οὓς ᾤοντο ἡμερῶν ὀλίγων ἐκπολιορκήσειν, ἐν νήσῳ τε ἐρήμῃ καὶ ὕδατι ἁλμυρῷ χρωμένους. αἴτιον δὲ ἦν οἱ Λακεδαιμόνιοι, προειπόντες ἐς τὴν νῆσον ἐσάγειν σῖτόν τε τὸν βουλόμενον ἀληλεσμένον καὶ οἶνον καὶ εἴ τι ἄλλο βρῶμα, οἷον ἂν ἐς πολιορκίαν ξυμφέρῃ, τάξαντες ἀργυρίου πολλοῦ, καὶ τῶν Εἱλώτων τῷ ἐσαγαγόντι ἐλευθερίαν ὑπισχνούμενοι. καὶ ἐσῆγον ἄλλοι τε παρακινδυνεύοντες καὶ μάλιστα οἱ Εἵλωτες, ἀπαίροντες ἀπὸ τῆς Πελοποννήσου ὁπόθεν τύχοιεν, καὶ καταπλέοντες ἔτι νυκτὸς ἐς τὰ πρὸς τὸ πέλαγος τῆς νήσου. 30. μάλιστα δὲ ἐτήρουν ἀνέμῳ καταφέρεσθαι· ῥᾷον γὰρ τὴν φυλακὴν τῶν τριήρων ἐλάνθανον, ὁπότε πνεῦμα ἐκ πόντου εἴη· ἄπορον γὰρ ἐγίγνετο περιορμεῖν, τοῖς δὲ ἀφειδὴς ὁ κατάπλους καθεστήκει· ἐπώκελλον γὰρ τὰ πλοῖα τετιμημένα χρημάτων, καὶ οἱ ὁπλῖται περὶ τὰς κατάρσεις τῆς νήσου ἐφύλασσον. ὅσοι δὲ γαλήνῃ κινδυνεύσειαν ἡλίσκοντο. ἐσένεον δὲ καὶ κατὰ τὸν λιμένα κολυμβηταὶ ὕφυδροι, καλῳδίῳ ἐν ἀσκοῖς ἐφέλκοντες μήκωνα μεμελιτωμένην καὶ λίνου σπέρμα κεκομ-

μένον· ὧν τὸ πρῶτον λανθανόντων, φυλακαὶ ὕστερον ἐγένοντο· παντί τε τρόπῳ ἑκάτεροι ἐτεχνῶντο, οἱ μὲν ἐσπέμπειν τὰ σιτία, οἱ δὲ μὴ λανθάνειν σφᾶς.

31. Ἐν δὲ ταῖς Ἀθήναις πυνθανόμενοι περὶ τῆς στρατιᾶς, ὅτι ταλαιπωρεῖται καὶ σῖτος τοῖς ἐν τῇ νήσῳ ὅτι ἐσπλεῖ, ἠπόρουν καὶ ἐδεδοίκεσαν μὴ σφῶν χειμὼν τὴν φυλακὴν ἐπιλάβοι. πάντων δὲ ἐφοβοῦντο μάλιστα τοὺς Λακεδαιμονίους, ὅτι ἔχοντάς τι ἰσχυρὸν αὐτοὺς ἐνόμιζον οὐκέτι σφίσιν ἐπικηρυκεύεσθαι· καὶ μετεμέλοντο τὰς σπονδὰς οὐ δεξάμενοι. 32. Κλέων δέ, γνοὺς αὐτῶν τὴν ἐς αὐτὸν ὑποψίαν περὶ τῆς κωλύμης τῆς ξυμβάσεως, οὐ τἀληθῆ ἔφη λέγειν τοὺς ἐξαγγέλλοντας. παραινούντων δὲ τῶν ἀφιγμένων, εἰ μὴ σφίσι πιστεύουσι, κατασκόπους τινὰς πέμψαι, ᾑρέθη κατάσκοπος αὐτὸς μετὰ Θεογένους ὑπὸ Ἀθηναίων· καὶ γνοὺς ὅτι ἀναγκασθήσεται ἢ ταὐτὰ λέγειν οἷς διέβαλλεν ἢ τἀναντία εἰπὼν ψευδὴς φανήσεσθαι, παρῄνει τοῖς Ἀθηναίοις, ὁρῶν αὐτοὺς καὶ ὡρμημένους τι τὸ πλέον τῇ γνώμῃ στρατεύειν, ὡς χρὴ κατασκόπους μὲν μὴ πέμπειν μηδὲ διαμέλλειν καιρὸν παριέντας, εἰ δὲ δοκεῖ αὐτοῖς ἀληθῆ εἶναι τὰ ἀγγελλόμενα, πλεῖν ἐπὶ τοὺς ἄνδρας. καὶ ἐς Νικίαν τὸν Νικηράτου στρατηγὸν ὄντα ἀπεσήμαινεν, ἐχθρὸς ὢν καὶ ἐπιτιμῶν, ῥᾴδιον εἶναι παρασκευῇ, εἰ ἄνδρες εἶεν οἱ στρατηγοί, πλεύσαντας λαβεῖν τοὺς ἐν τῇ νήσῳ, καὶ αὐτός γ᾽ ἄν, εἰ ἦρχεν, ποιῆσαι τοῦτο.

33. Ὁ δὲ Νικίας, τῶν τε Ἀθηναίων τι ὑποθορυβησάντων ἐς τὸν Κλέωνα, ὅ τι οὐ καὶ νῦν πλέει εἰ ῥᾴδιόν γε αὐτῷ φαίνεται, καὶ ἅμα ὁρῶν αὐτὸν ἐπιτιμῶντα, ἐκέλευεν ἥντινα βούλεται δύναμιν λαβόντα τὸ ἐπὶ σφᾶς εἶναι ἐπιχειρεῖν. ὁ δὲ τὸ μὲν πρῶτον, οἰόμενος αὐτὸν λόγῳ μόνον ἀφιέναι, ἕτοιμος ἦν· γνοὺς δὲ τῷ ὄντι παραδωσείοντα, ἀνε-

χώρει, καὶ οὐκ ἔφη αὐτὸς ἀλλ' ἐκεῖνον στρατηγεῖν, δεδιὼς ἤδη, καὶ οὐ κἂν οἰόμενος οἱ αὐτὸν τολμῆσαι ὑποχωρῆσαι. αὖθις δὲ ὁ Νικίας ἐκέλευε, καὶ ἐξίστατο τῆς ἐπὶ Πύλῳ ἀρχῆς, καὶ μάρτυρας τοὺς Ἀθηναίους ἐποιεῖτο. 34. οἱ δὲ, οἷον ὄχλος φιλεῖ ποιεῖν, ὅσῳ μᾶλλον ὁ Κλέων ὑπέφευγε τὸν πλοῦν καὶ ἐξανεχώρει τὰ εἰρημένα, τόσῳ ἐπεκελεύοντο τῷ Νικίᾳ παραδιδόναι τὴν ἀρχὴν, καὶ ἐκείνῳ ἐπεβόων πλεῖν. ὥστε οὐκ ἔχων ὅπως τῶν εἰρημένων ἔτι ἐξαπαλλαγῇ, ὑφίσταται τὸν πλοῦν, καὶ παρελθὼν οὔτε φοβεῖσθαι ἔφη Λακεδαιμονίους, πλεύσεσθαί τε λαβὼν ἐκ μὲν τῆς πόλεως οὐδένα, Λημνίους δὲ καὶ Ἰμβρίους τοὺς παρόντας, καὶ πελταστὰς οἳ ἦσαν ἔκ τε Αἴνου βεβοηθηκότες, καὶ ἄλλοθεν τοξότας τετρακοσίους· ταῦτα δὲ ἔχων, ἔφη, πρὸς τοῖς ἐν Πύλῳ στρατιώταις, ἐντὸς ἡμερῶν εἴκοσιν ἢ ἄξειν Λακεδαιμονίους ζῶντας ἢ αὐτοῦ ἀποκτενεῖν. τοῖς δὲ Ἀθηναίοις ἐνέπεσε μέν τι καὶ γέλωτος τῇ κουφολογίᾳ αὐτοῦ· ἀσμένοις δ' ὅμως ἐγίγνετο τοῖς σώφροσι τῶν ἀνθρώπων, λογιζομένοις δυοῖν ἀγαθοῖν τοῦ ἑτέρου τεύξεσθαι, ἢ Κλέωνος ἀπαλλαγήσεσθαι (ὃ μᾶλλον ἤλπιζον), ἢ σφαλεῖσι γνώμης Λακεδαιμονίους σφίσι χειρώσασθαι.

35. Καὶ πάντα διαπραξάμενος ἐν τῇ ἐκκλησίᾳ, καὶ ψηφισαμένων Ἀθηναίων αὐτῷ τὸν πλοῦν, τῶν τε ἐν Πύλῳ στρατηγῶν ἕνα προσελόμενος, Δημοσθένην, τὴν ἀναγωγὴν διὰ τάχους ἐποιεῖτο. τὸν δὲ Δημοσθένην προσέλαβε πυνθανόμενος τὴν ἀπόβασιν αὐτὸν ἐς τὴν νῆσον διανοεῖσθαι. οἱ γὰρ στρατιῶται, κακοπαθοῦντες τοῦ χωρίου τῇ ἀπορίᾳ, καὶ μᾶλλον πολιορκούμενοι ἢ πολιορκοῦντες, ὥρμηντο διακινδυνεῦσαι. καὶ αὐτῷ ἔτι ῥώμην καὶ ἡ νῆσος ἐμπρησθεῖσα παρέσχεν. πρότερον μὲν γὰρ αὐτῆς οὔσης ὑλώδους ἐπὶ τὸ πολὺ καὶ ἀτριβοῦς διὰ τὴν ἀεὶ ἐρημίαν, ἐφοβεῖτο, καὶ πρὸς τῶν πολεμίων τοῦτο ἐνόμιζε μᾶλλον εἶναι· πολλῷ

γὰρ ἂν στρατοπέδῳ ἀποβάντι ἐξ ἀφανοῦς χωρίου προσβάλλοντας αὐτοὺς βλάπτειν. 36. τῶν δὲ στρατιωτῶν ἀναγκασθέντων διὰ τὴν στενοχωρίαν τῆς νήσου τοῖς ἐσχάτοις προσίσχοντας ἀριστοποιεῖσθαι διὰ προφυλακῆς, καὶ ἐμπρήσαντός τινος κατὰ μικρὸν τῆς ὕλης ἄκοντος, [καὶ] ἀπὸ τούτου πνεύματος ἐπιγενομένου τὸ πολὺ αὐτῆς ἔλαθε κατακαυθέν. οὕτω δὴ τούς τε Λακεδαιμονίους μᾶλλον κατιδὼν πλείους ὄντας (ὑπονοῶν πρότερον ἐλάσσοσι τὸν σῖτον αὐτοὺς ἐσπέμπειν) τήν τε νῆσον εὐαποβατωτέραν οὖσαν, τότε — ὡς ἐπ᾽ ἀξιόχρεων τοὺς Ἀθηναίους μᾶλλον σπουδὴν ποιεῖσθαι — τὴν ἐπιχείρησιν παρεσκευάζετο, στρατιάν τε μεταπέμπων ἐκ τῶν ἐγγὺς ξυμμάχων, καὶ τὰ ἄλλα ἑτοιμάζων.

37. Κλέων δὲ, ἐκείνῳ τε προπέμψας ἄγγελον ὡς ἥξων, καὶ ἔχων στρατιὰν ἣν ᾐτήσατο, ἀφικνεῖται ἐς Πύλον. καὶ ἅμα γενόμενοι πέμπουσι πρῶτον ἐς τὸ ἐν τῇ ἠπείρῳ στρατόπεδον κήρυκα, προκαλούμενοι εἰ βούλοιντο ἄνευ κινδύνου τοὺς ἐν τῇ νήσῳ ἄνδρας σφίσι τά τε ὅπλα καὶ σφᾶς αὐτοὺς κελεύειν παραδοῦναι, ἐφ᾽ ᾧ φυλακῇ τῇ μετρίᾳ τηρήσονται, ἕως ἄν τι περὶ τοῦ πλέονος ξυμβαθῇ. οὐ προσδεξαμένων δὲ αὐτῶν, μίαν μὲν ἡμέραν ἐπέσχον, τῇ δ᾽ ὑστεραίᾳ ἀνηγάγοντο μὲν νυκτός, ἐπ᾽ ὀλίγας ναῦς τοὺς ὁπλίτας πάντας ἐπιβιβάσαντες, πρὸ δὲ τῆς ἕω ὀλίγον ἀπέβαινον τῆς νήσου ἑκατέρωθεν, ἔκ τε τοῦ πελάγους καὶ πρὸς τοῦ λιμένος, ὀκτακόσιοι μάλιστα ὄντες ὁπλῖται, καὶ ἐχώρουν δρόμῳ ἐπὶ τὸ πρῶτον φυλακτήριον τῆς νήσου. 38. ὧδε γὰρ διετετάχατο· ἐν ταύτῃ μὲν τῇ πρώτῃ φυλακῇ ὡς τριάκοντα ἦσαν ὁπλῖται, μέσον δὲ καὶ ὁμαλώτατόν τε καὶ περὶ τὸ ὕδωρ οἱ πλεῖστοι αὐτῶν καὶ Ἐπιτάδας ὁ ἄρχων εἶχεν, μέρος δέ τι οὐ πολὺ αὐτὸ τοὔσχατον ἐφύλασσε τῆς νήσου τὸ πρὸς τὴν Πύλον, ὃ ἦν ἔκ τε θαλάσσης ἀπόκρημνον καὶ

ἐκ τῆς γῆς ἥκιστα ἐπίμαχον· καὶ γάρ τι καὶ ἔρυμα αὐτόθι
ἦν παλαιὸν λίθων λογάδην πεποιημένον, ὃ ἐνόμιζον σφίσιν
ὠφέλιμον ἂν εἶναι, εἰ καταλαμβάνοι ἀναχώρησις βιαιο-
τέρα. 39. Οὕτω μὲν τεταγμένοι ἦσαν. οἱ δὲ Ἀθηναῖοι τοὺς
μὲν πρώτους φύλακας, οἷς ἐπέδραμον, εὐθὺς διαφθείρουσιν
ἔν τε ταῖς εὐναῖς ἔτι, ἀναλαμβάνοντας τὰ ὅπλα, καὶ λα-
θόντες τὴν ἀπόβασιν, οἰομένων αὐτῶν τὰς ναῦς κατὰ τὸ
ἔθος ἐς ἔφορμον τῆς νυκτὸς πλεῖν. ἅμα δὲ ἕῳ γιγνομένῃ
καὶ ὁ ἄλλος στρατὸς ἀπέβαινον, ἐκ μὲν νεῶν ἑβδομήκοντα
καὶ ὀλίγῳ πλειόνων πάντες πλὴν θαλαμίων, ὡς ἕκαστοι
ἐσκευασμένοι, τοξόται τε ὀκτακόσιοι καὶ πελτασταὶ οὐκ
ἐλάσσους τούτων, Μεσσηνίων τε οἱ βεβοηθηκότες, καὶ
ἄλλοι ὅσοι περὶ Πύλον κατεῖχον πάντες πλὴν τῶν ἐπὶ τοῦ
τείχους φυλάκων. 40. Δημοσθένους δὲ τάξαντος διέστη-
σαν κατὰ διακοσίους τε καὶ πλείους, ἔστι δ' ᾗ ἐλάσσους,
τῶν χωρίων τὰ μετεωρότατα λαβόντες, ὅπως ὅτι πλείστη
ἀπορία ᾖ τοῖς πολεμίοις πανταχόθεν κεκυκλωμένοις, καὶ
μὴ ἔχωσι πρὸς ὅ τι ἀντιτάξωνται, ἀλλ' ἀμφίβολοι γίγνων-
ται τῷ πλήθει, εἰ μὲν τοῖς πρόσθεν ἐπίοιεν, ὑπὸ τῶν κατό-
πιν βαλλόμενοι, εἰ δὲ τοῖς πλαγίοις, ὑπὸ τῶν ἑκατέρωθεν
παρατεταγμένων. 41. τοιαύτῃ μὲν γνώμῃ ὁ Δημοσθέ-
νης τό τε πρῶτον τὴν ἀπόβασιν ἐπενόει καὶ ἐν τῷ ἔργῳ
ἔταξεν· οἱ δὲ περὶ τὸν Ἐπιτάδαν, καὶ ὅπερ ἦν πλεῖστον
τῶν ἐν τῇ νήσῳ, ὡς εἶδον τό τε πρῶτον φυλακτήριον διε-
φθαρμένον, καὶ στρατὸν σφίσιν ἐπιόντα, ξυνετάξαντο καὶ
τοῖς ὁπλίταις τῶν Ἀθηναίων ἐπῄεσαν, βουλόμενοι ἐς χεῖ-
ρας ἐλθεῖν· ἐξ ἐναντίας γὰρ οὗτοι καθεστήκεσαν, ἐκ πλα-
γίου δὲ οἱ ψιλοὶ καὶ κατὰ νώτου. τοῖς μὲν οὖν ὁπλίταις
οὐκ ἠδυνήθησαν προσμῖξαι οὐδὲ τῇ σφετέρᾳ ἐμπειρίᾳ χρή-
σασθαι· οἱ γὰρ ψιλοὶ ἑκατέρωθεν βάλλοντες εἶργον, καὶ

ἅμα ἐκεῖνοι οὐκ ἀντεπῇεσαν ἀλλ' ἡσύχαζον· τοὺς δὲ ψιλούς, ᾗ μάλιστα αὐτοῖς προσθέοντες προσκέοιντο, ἔτρεπον· καὶ οἳ ὑποστρέφοντες ἠμύνοντο, ἄνθρωποι κούφως τε ἐσκευασμένοι καὶ προλαμβάνοντες ῥᾳδίως τῆς φυγῆς, χωρίων τε χαλεπότητι καὶ ὑπὸ τῆς πρὶν ἐρημίας τραχέων ὄντων, ἐν οἷς οἱ Λακεδαιμόνιοι οὐκ ἠδύναντο διώκειν ὅπλα ἔχοντες.

42. Χρόνον μὲν οὖν τινα ὀλίγον οὕτω πρὸς ἀλλήλους ἠκροβολίσαντο· τῶν δὲ Λακεδαιμονίων οὐκέτι ὀξέως ἐπεκθεῖν ᾗ προσπίπτοιεν δυναμένων, γνόντες αὐτοὺς οἱ ψιλοὶ βραδυτέρους ἤδη ὄντας τῷ ἀμύνασθαι, . . . καταφρονήσαντες καὶ ἐμβοήσαντες ἀθρόοι ὥρμησαν ἐπ' αὐτούς, καὶ ἔβαλλον λίθοις τε καὶ τοξεύμασι καὶ ἀκοντίοις, ὡς ἕκαστός τι πρόχειρον εἶχεν. γενομένης δὲ τῆς βοῆς ἅμα τῇ ἐπιδρομῇ, ἔκπληξίς τε ἐνέπεσεν ἀνθρώποις ἀήθεσι τοιαύτης μάχης, καὶ ὁ κονιορτὸς τῆς ὕλης νεωστὶ κεκαυμένης ἐχώρει πολὺς ἄνω, ἄπορόν τε ἦν ἰδεῖν τὸ πρὸ αὐτοῦ ὑπὸ τῶν τοξευμάτων καὶ λίθων ἀπὸ πολλῶν ἀνθρώπων μετὰ τοῦ κονιορτοῦ ἅμα φερομένων. 43. τό τε ἔργον ἐνταῦθα χαλεπὸν τοῖς Λακεδαιμονίοις καθίστατο· οὔτε γὰρ οἱ πῖλοι ἔστεγον τὰ τοξεύματα, δοράτιά τε ἐναποκέκλαστο βαλλομένων, εἶχόν τε οὐδὲν σφίσιν αὐτοῖς χρήσασθαι, ἀποκεκλῃμένοι μὲν τῇ ὄψει τοῦ προορᾶν, ὑπὸ δὲ τῆς μείζονος βοῆς τῶν πολεμίων τὰ ἐν αὐτοῖς παραγγελλόμενα οὐκ ἐσακούοντες, κινδύνου τε πανταχόθεν περιεστῶτος, καὶ οὐκ ἔχοντες ἐλπίδα καθ' ὅ τι χρὴ ἀμυνομένους σωθῆναι.

44. Τέλος δέ, τραυματιζομένων ἤδη πολλῶν διὰ τὸ ἀεὶ ἐν τῷ αὐτῷ ἀναστρέφεσθαι, ξυγκλῄσαντες ἐχώρησαν ἐς τὸ ἔσχατον ἔρυμα τῆς νήσου, ὃ οὐ πολὺ ἀπεῖχεν, καὶ τοὺς ἑαυτῶν φύλακας. ὡς δὲ ἐνέδοσαν, ἐνταῦθα ἤδη πολλῷ ἔτι πλέονι βοῇ τεθαρσηκότες οἱ ψιλοὶ ἐπέκειντο· καὶ τῶν

Λακεδαιμονίων ὅσοι μὲν ὑποχωροῦντες ἐγκατελαμβάνοντο ἀπέθνησκον, οἱ δὲ πολλοὶ, διαφυγόντες ἐς τὸ ἔρυμα, μετὰ ὧν ταύτῃ φυλάκων ἐτάξαντο παρὰ πᾶν, ὡς ἀμυνούμενοι ᾗπερ ἦν ἐπίμαχον. **45.** καὶ οἱ Ἀθηναῖοι ἐπισπόμενοι περίοδον μὲν αὐτῶν καὶ κύκλωσιν χωρίου ἰσχύϊ οὐκ εἶχον, προσιόντες δὲ ἐξ ἐναντίας ὤσασθαι ἐπειρῶντο. καὶ χρόνον μὲν πολὺν καὶ τῆς ἡμέρας τὸ πλεῖστον ταλαιπωρούμενοι ἀμφότεροι ὑπό τε τῆς μάχης καὶ δίψους καὶ ἡλίου ἀντεῖχον, πειρώμενοι οἱ μὲν ἐξελάσασθαι ἐκ τοῦ μετεώρου, οἱ δὲ μὴ ἐνδοῦναι· ῥᾷον δ' οἱ Λακεδαιμόνιοι ἠμύναντο ἢ ἐν ᾧ πρὶν, οὐκ οὔσης σφῶν τῆς κυκλώσεως ἐς τὰ πλάγια.

46. Ἐπειδὴ δὲ ἀπέραντον ἦν, προσελθὼν ὁ τῶν Μεσσηνίων στρατηγὸς Κλέωνι καὶ Δημοσθένει, ἄλλως ἔφη πονεῖν σφᾶς· εἰ δὲ βούλονται ἑαυτῷ δοῦναί τῶν τοξοτῶν μέρος τι καὶ τῶν ψιλῶν, περιιέναι κατὰ νώτου αὐτοῖς ὁδῷ ᾗ ἂν αὐτὸς εὕρῃ, δοκεῖν βιάσασθαι τὴν ἔφοδον. λαβὼν δὲ ᾐτήσατο, ἐκ τοῦ ἀφανοῦς ὁρμήσας, ὥστε μὴ ἰδεῖν ἐκείνους, κατὰ τὸ ἀεὶ παρεῖκον τοῦ κρημνώδους τῆς νήσου προβαίνων, καὶ ᾗ οἱ Λακεδαιμόνιοι χωρίου ἰσχύϊ πιστεύσαντες οὐκ ἐφύλασσον, χαλεπῶς τε καὶ μόλις περιελθὼν ἔλαθεν· καὶ ἐπὶ τοῦ μετεώρου ἐξαπίνης ἀναφανεὶς κατὰ νώτου αὐτῶν, τοὺς μὲν τῷ ἀδοκήτῳ ἐξέπληξεν, τοὺς δὲ ἃ προσεδέχοντο ἰδόντας πολλῷ μᾶλλον ἐπέρρωσεν. **47.** καὶ οἱ Λακεδαιμόνιοι, βαλλόμενοί τε ἀμφοτέρωθεν ἤδη, καὶ γιγνόμενοι ἐν τῷ αὐτῷ ξυμπτώματι (ὡς μικρὸν μεγάλῳ εἰκάσαι) ᾧ ἐν Θερμοπύλαις, — ἐκεῖνοί τε γὰρ τῇ ἀτραπῷ περιελθόντων τῶν Περσῶν διεφθάρησαν, οὗτοί τε ἀμφίβολοι ἤδη ὄντες οὐκέτι ἀντεῖχον, ἀλλὰ πολλοῖς τε ὀλίγοι μαχόμενοι καὶ ἀσθενείᾳ σωμάτων διὰ τὴν σιτοδείαν ὑπεχώρουν, καὶ οἱ Ἀθηναῖοι ἐκράτουν ἤδη τῶν ἐφόδων. **48.** Γνοὺς δὲ ὁ Κλέων καὶ ὁ Δημοσθένης ὅτι, εἰ καὶ ὁποσονοῦν μᾶλλον ἐνδώσουσι, διαφθαρησομένους αὐτοῦ ὑπὸ τῆς σφετέρας στρατιᾶς, ἔπαυσαν τὴν μάχην καὶ τοῦ ἑαυτῶν ἀπεῖρξαν, βουλόμενοι ἀγαγεῖν αὐτοὺς Ἀθηναῖοι ζῶντας, εἴ πως τοῦ κηρύγματος ἀκούσαντες ἐπικλασθεῖεν τ γνώμῃ [τὰ ὅπλα παραδοῦναι] καὶ ἡσσηθεῖεν τοῦ παρόντο δεινοῦ. ἐκήρυξάν τε εἰ βούλοιντο τὰ ὅπλα παραδοῦναι κι σφᾶς αὐτοὺς Ἀθηναίοις, ὥστε βουλεῦσαι ὅ τι ἂν ἐκείνο, δοκῇ· οἱ δὲ ἀκούσαντες παρῆκαν τὰς ἀσπίδας οἱ πλεῖστι καὶ τὰς χεῖρας ἀνέσεισαν, δηλοῦντες προσίεσθαι τὰ κεκη ρυγμένα. 49. μετὰ δὲ ταῦτα, γενομένης τῆς ἀνακωχῆ ξυνῆλθον ἐς λόγους ὅ τε Κλέων καὶ ὁ Δημοσθένης, κι ἐκείνων Στύφων ὁ Φάρακος, τῶν πρότερον ἀρχόντων τ μὲν πρώτου τεθνηκότος, Ἐπιτάδου, τοῦ δὲ μετ' αὐτὸν Ἱπ παγρέτου ἐφῃρημένου ἐν τοῖς νεκροῖς ἔτι ζῶντος κειμένι ὡς τεθνεῶτος, αὐτὸς τρίτος ἐφῃρημένος ἄρχειν κατὰ νόμο εἴ τι ἐκεῖνοι πάσχοιεν. 50. ἔλεγε δὲ ὁ Στύφων καὶ μετ' αὐτοῦ ὅτι βούλονται διακηρυκεύσασθαι πρὸς τοὺς τῇ ἠπείρῳ Λακεδαιμονίους ὅ τι χρὴ σφᾶς ποιεῖν. κ. ἐκείνων μὲν οὐδένα ἀφέντων, αὐτῶν δὲ τῶν Ἀθηναίι καλούντων ἐκ τῆς ἠπείρου κήρυκας καὶ γενομένων ἐπερ τήσεων δὶς ἢ τρίς, ὁ τελευταῖος διαπλεύσας αὐτοῖς α τῶν ἐκ τῆς ἠπείρου Λακεδαιμονίων ἀνὴρ ἀπήγγειλεν ὅτι Λ α κ ε δ α ι μ ό ν ι ο ι κ ε λ ε ύ ο υ σ ι ν ὑ μ ᾶ ς α ὐ τ ο ὺ ς π ε ὑ μ ῶ ν α ὐ τ ῶ ν β ο υ λ ε ύ ε σ θ α ι, μ η δ ὲ ν α ἰ σ χ ρ ὸ ν π ο ο ῦ ν τ α ς. 51. οἱ δὲ καθ' ἑαυτοὺς βουλευσάμενοι, τὰ ὅπ παρέδοσαν καὶ σφᾶς αὐτούς. καὶ ταύτην μὲν τὴν ἡμέρ καὶ τὴν ἐπιοῦσαν νύκτα ἐν φυλακῇ εἶχον αὐτοὺς οἱ Ἀθ ναῖοι· τῇ δ' ὑστεραίᾳ οἱ μὲν Ἀθηναῖοι τροπαῖον στήσι τες ἐν τῇ νήσῳ τἆλλα διεσκευάζοντο ὡς ἐς πλοῦν, καὶ τ ἄνδρας τοῖς τριηράρχοις διεδίδοσαν ἐς φυλακήν, οἱ δὲ Λ κεδαιμόνιοι κήρυκα πέμψαντες τοὺς νεκροὺς διεκομίσαντ

52. Ἀπέθανον δ' ἐν τῇ νήσῳ καὶ ζῶντες ἐλήφθησαν τοσοίδε· εἴκοσι μὲν ὁπλῖται διέβησαν καὶ τετρακόσιοι οἱ πάντες· τούτων ζῶντες ἐκομίσθησαν ὀκτὼ ἀποδέοντες τριακόσιοι, οἱ δὲ ἄλλοι ἀπέθανον. καὶ Σπαρτιᾶται τούτων ἦσαν τῶν ζώντων περὶ εἴκοσι καὶ ἑκατόν. Ἀθηναίων δὲ οὐ πολλοὶ διεφθάρησαν· ἡ γὰρ μάχη οὐ σταδία ἦν. χρόνος δὲ ὁ ξύμπας ἐγένετο ὅσον οἱ ἄνδρες οἱ ἐν τῇ νήσῳ ἐπολιορκήθησαν, ἀπὸ τῆς ναυμαχίας μέχρι τῆς ἐν τῇ νήσῳ μάχης, ἑβδομήκοντα ἡμέραι καὶ δύο. τούτων περὶ εἴκοσιν ἡμέρας, ἐν αἷς οἱ πρέσβεις περὶ τῶν σπονδῶν ἀπῇσαν, ἐσιτοδοτοῦντο, τὰς δὲ ἄλλας τοῖς ἐσπλέουσι λάθρᾳ διετρέφοντο. καὶ ἦν σῖτος ἐν τῇ νήσῳ καὶ ἄλλα βρώματα ἐγκατελήφθη· ὁ γὰρ ἄρχων Ἐπιτάδας ἐνδεεστέρως ἑκάστῳ παρεῖχεν ἢ πρὸς τὴν ἐξουσίαν.

53. Οἱ μὲν δὴ Ἀθηναῖοι καὶ οἱ Πελοποννήσιοι ἀνεχώρησαν τῷ στρατῷ ἐκ τῆς Πύλου ἑκάτεροι ἐπ' οἴκου, καὶ τοῦ Κλέωνος, καίπερ μανιώδης οὖσα, ἡ ὑπόσχεσις ἀπέβη· ἐντὸς γὰρ εἴκοσιν ἡμερῶν ἤγαγε τοὺς ἄνδρας, ὥσπερ ὑπέστη. παρὰ γνώμην τε δὴ μάλιστα τῶν κατὰ τὸν πόλεμον τοῦτο τοῖς Ἕλλησιν ἐγένετο· τοὺς γὰρ Λακεδαιμονίους οὔτε λιμῷ οὔτ' ἀνάγκῃ οὐδεμιᾷ ἠξίουν τὰ ὅπλα παραδοῦναι, ἀλλὰ ἔχοντας καὶ μαχομένους ὡς ἐδύναντο ἀποθνῄσκειν. **54.** ἀπιστοῦντές τε μὴ εἶναι τοὺς παραδόντας τοῖς τεθνεῶσιν ὁμοίους, καί τινος ἐρομένου ποτὲ ὕστερον τῶν Ἀθηναίων ξυμμάχων δι' ἀχθηδόνα ἕνα τῶν ἐκ τῆς νήσου αἰχμαλώτων εἰ οἱ τεθνεῶτες αὐτῶν καλοὶ κἀγαθοί, ἀπεκρίνατο αὐτῷ, πολλοῦ ἂν ἄξιον εἶναι τὸν ἄτρακτον (λέγων τὸν οἰστὸν) εἰ τοὺς ἀγαθοὺς διεγίγνωσκε, δήλωσιν ποιούμενος ὅτι ὁ ἐντυγχάνων τοῖς τε λίθοις καὶ τοξεύμασι διεφθείρετο.

55. Κομισθέντων δὲ τῶν ἀνδρῶν, οἱ Ἀθηναῖοι ἐβούλευσαν δεσμοῖς μὲν αὐτοὺς φυλάσσειν μέχρι οὗ τι ξυμβῶσιν, ἢν δ' οἱ Πελοποννήσιοι πρὸ τούτου ἐς τὴν γῆν ἐσβάλλωσιν, ἐξαγαγόντες ἀποκτεῖναι. τῆς δὲ Πύλου φυλακὴν κατεστήσαντο, καὶ οἱ ἐκ τῆς Ναυπάκτου Μεσσήνιοι ὡς ἐς πατρίδα ταύτην (ἔστι γὰρ ἡ Πύλος τῆς Μεσσηνίδος ποτὲ οὔσης γῆς) πέμψαντες σφῶν αὐτῶν τοὺς ἐπιτηδειοτάτους, ἐλῄζόν τε τὴν Λακωνικὴν καὶ πλεῖστα ἔβλαπτον, ὁμόφωνοι ὄντες. 56. οἱ δὲ Λακεδαιμόνιοι, ἀμαθεῖς ὄντες ἐν τῷ πρὶν χρόνῳ λῃστείας καὶ τοιούτου πολέμου, τῶν τε Εἱλώτων αὐτομολούντων, καὶ φοβούμενοι μὴ καὶ ἐπὶ μακρότερον σφίσι τι νεωτερισθῇ τῶν κατὰ τὴν χώραν, οὐ ῥᾳδίως ἔφερον, ἀλλὰ, καίπερ οὐ βουλόμενοι ἔνδηλοι εἶναι τοῖς Ἀθηναίοις, ἐπρεσβεύοντο παρ' αὐτοὺς, καὶ ἐπειρῶντο τήν τε Πύλον καὶ τοὺς ἄνδρας κομίζεσθαι. οἱ δὲ μειζόνων τε ὠρέγοντο, καὶ πολλάκις φοιτώντων αὐτοὺς ἀπράκτους ἀπέπεμπον. ταῦτα μὲν τὰ περὶ Πύλον γενόμενα.

NOTES.

XENOPHON: ANABASIS.

THE Expedition of Cyrus the Younger against his brother Artaxerxes to wrest from his possession the throne of Persia — the ANABASIS — was made in the year 401 B. C. The march from Sardis began in the spring, and about six months later a battle was fought at the village of Cunaxa, some forty or fifty miles from Babylon. In this battle Cyrus was killed in a hand-to-hand encounter with his brother; and the Greeks, though victorious over that part of the opposing force which they had attacked, suffered virtual defeat in losing their leader. They had marched more than 1800 miles from Ephesus to Cunaxa. (See ii. 2. 6.) But this route, the only one with which they were acquainted, was closed to them; for the first part of it lay through the desert of Arabia, in which, had they undertaken to return as they came, they would have perished of hunger. They set out, therefore, northward under the guidance of Ariaeus, who had been the commander of the barbarian forces of Cyrus; but subsequently they entered into negotiations with the King which led to a treaty. By the terms of this treaty Tissaphernes, one of the King's four generals in the battle, was to lead them back in safety to Ionia. Beyond the Tigris, however, Tissaphernes treacherously entrapped five of the generals, four of whom were soon after put to death. Great dejection fell in consequence upon the army; but recovering their courage, especially under the exhortations of Xenophon, they elected new generals, and began their retreat along the upper waters of the Tigris and through the highlands of Armenia to the Greek colonies on the Black Sea. This "Retreat of the Ten Thousand" from the river Zapatas to Trapezus was one of incredible hardship, — a constant fight for about 700 miles through an enemy's country in the winter-time. The account of it by Xenophon contains by far the most vivid picture that has ever been given of the temper, discipline, and endurance of those citizen-soldiers who constituted the armies of Greece; and along with that an authentic and most interesting account of the tribes of

Asiatic mountaineers, who lived just outside the circle of the then civilized world. The Greeks reached Trapezus, the modern Trebizond, at the end of the winter of 400 B. C., and after a month's halt proceeded westward, partly by land and partly by sea, to Chrysopolis on the Thracian Bosphorus opposite Byzantium, which they reached in the summer. After passing over into Thrace and subsequently returning to Asia, in the spring of 399 B. C. they joined the army of Thibron, and, as the "Ten Thousand," disappeared from history. Consult more at length, on the events here described, Smith's *History of Greece*, Chap. XXXVI., or the three excellent chapters of Grote, LXIX.–LXXI. The last constitute a good running commentary on the *Anabasis*.

Cyrus the Younger, the unfortunate leader of this expedition, was the second of the four sons of Darius II., who was the grandson of Xerxes I. In 407 B. C. he was made by his father satrap of Lydia, Phrygia the Greater, and Cappadocia, and military commander (κάρανος) of the forces that mustered at Castōlus (*Anab*. i. 1. 2). He could not have been at this time more than seventeen years of age at most, for he was born after his father's accession to the throne. The commission given him by Darius is found in *Hell*. i. 4. 3: καὶ Κῦρος (sc. ἀπήντησεν), ἄρξων πάντων τῶν ἐπὶ θαλάττῃ καὶ συμπολεμήσων Λακεδαιμονίοις, ἐπιστολήν τε ἔφερε τοῖς κάτω πᾶσι τὸ βασίλειον σφράγισμα ἔχουσαν, ἐν ᾗ ἐνῆν καὶ τάδε, Καταπέμπω Κῦρον κάρανον τῶν εἰς Καστωλὸν ἀθροιζομένων. His high position made it possible for him to aid the Lacedaemonians in the war they were then waging with Athens. And he did this, partly at the direction of his father, who had sent with him large sums of money for this purpose, and partly from his own desire. For there is evidence that even at this time he aspired to the throne, and that foreseeing as possible what eventually took place, the succession of his brother, he was preparing to wrest the government from him by violence if need be. He became the warm friend of Lysander; and, on being summoned to his father's bedside at Babylon in 405 B. C., he turned over to the Spartan admiral the money which he had in hand, and placed at his disposal his entire personal revenue from the province of which he was satrap. The timely aid thus rendered to the Lacedaemonians did much to hasten the end of the Peloponnesian War. As to the fact that funds were furnished by Cyrus, see Thucydides ii. 65: Κύρῳ τε (sc. ἀντεῖχον ὕστερον βασιλέως παιδὶ προσγενομένῳ, ὃς παρεῖχε χρήματα Πελοποννησίοις ἐς τὸ ναυτικόν. An account of him from this time until his death is given in the first book of the *Anabasis*. Consult further Smith' *Dict. of Biography and Mythology*, s. v. CYRUS THE YOUNGER.

Xenophon, the historian of the expedition, was an Athenian gentleman of culture, the pupil and friend of Socrates the philosopher. Neither the date of his birth nor that of his death is known with certainty. It is generally believed, however, that he lived to be more than ninety years of age. From a story that was current in antiquity that he fought at Delium in 424 B. C., it has been concluded that at the time of the expedition of Cyrus he must have been past forty; but judging from the internal evidence afforded by the *Anabasis* itself, he could not have been at this time more than thirty. He himself relates (*Anab.* iii. 1) the circumstances under which he came to join the army of Cyrus. His friend Proxenus was already with the Persian prince, and invited Xenophon to come and join him at Sardis, promising to introduce him to Cyrus. Xenophon did this after consulting the oracle at Delphi, and at the urgent solicitations of Cyrus he joined the expedition. He does not appear, however, with any prominence until after the murder of the generals, when his rare qualities became known and he became the inspiration of the army. During their perilous retreat northward to the sea, he always showed that high-born courage and endurance that have since won the admiration of posterity as they then gained him the complete confidence of his fellow-soldiers. When in 399 B. C. the "Ten Thousand" became incorporated with the forces of Thibron, Xenophon appears to have returned to Athens, but in 396 B. C. he was again in Asia, and in 394 B. C. fought at the battle of Coronēa with the Spartans against the allies. Though an Athenian, he was anti-democratical, and much more in sympathy with the institutions of Sparta than with those of his native city. He was now banished, and took up his residence in Scillus in Elis, where in entertaining his friends, hunting, and writing, he is reported to have lived a happy life. He was subsequently expelled from Scillus by the Elēans and went to Corinth, where he died. Though the decree of banishment against him was eventually repealed, there is no evidence that he ever returned to Athens. Xenophon was a prolific writer. His most celebrated works besides the *Anabasis* are the *Memorabilia* (Memorials of Socrates) in 4 books, the *Hellenica* (a continuation of the history of Thucydides) in 7 books, and the *Cyropedeia* (an historical novel) in 8 books. His style is perspicuous and unaffected. Consult also Smith's *Dict. of Biography and Mythology*, s. v. XENOPHON; and on the question of his age at the time of the *Anabasis*, an interesting article by Professor Morris in the *Proceedings of the American Philological Association* for 1874.

BOOK FIRST.

The Levying of an Army. — The March to the Neighborhood of Babylon. — The Battle at Cunaxa and Death of Cyrus.

CHAPTER I.

Synopsis: Darius, falling dangerously sick, summons to him his two sons, Artaxerxes and Cyrus (1, 2). On the King's death the former succeeds to the throne, and being persuaded by the satrap Tissaphernes that his brother is plotting against him, he has him arrested. Cyrus, saved from death only by his mother's entreaty, returns disgraced to his province and concerts measures against the king (3, 4). He conciliates all who come to him, sees to his own native troops (5), and secretly collects Greek mercenaries. A part of this army he enlists in western Asia Minor, alleging as a reason that the Greek cities which have put themselves under his protection are in danger from the machinations of Tissaphernes, and lays siege to Miletus (6 – 8). Other Greek mercenaries are enlisted in the Thracian Chersonēsus (9), in Thessaly (10), and in Greece (11).

1. Δαρείου, *Darius* II. or *Nothos* (νόθος, *bastard*), a natural son of Artaxerxes I., and a man of feeble character. He died late in 405 B. C., after a reign of nineteen years. For the case, a predicate gen. of possession, see G.* 169, 1. — Παρυσάτιδος, *Parysătis*, the half-sister, as well as wife, of Darius, a woman of an intriguing and cruel disposition, and of great influence with her husband. — γίγνονται, *were born*. For this use of the pres., see G. 200, N. 1. — δύο: there were other sons (thirteen children in all), but these are the two now prominently in the mind of the writer. — πρεσβύτερος . . . Κῦρος, *Artaxerxes (being) the older, Cyrus the younger*. These were *Artaxerxes* II., surnamed *Mnēmon* (μνήμων), on account of his great memory, and *Cyrus the Younger*, so named to distinguish him from *Cyrus the Great*, founder of the Persian empire. — ἠσθένει, *was sick*; the impf. to denote the continuance of the state (G. 200). The aor. ἠσθένησε would mean *fell sick* (G. 200, N. 5 *b*). ἀσθενέω is a denominative verb (G. 128, 2 *b*; 130, 2) from ἀ-σθενής, *weak*; and this from ἀ- priv. (G. 131, 4 *a*) and σθένος, *strength*. — ὑπώπτευε: peculiar in augment (G. 105, 1, N. 2). Give its derivation (G. 128, 4) and Latin equivalent. — τοῦ, *his* (G. 141, N. 2). — τὼ παῖδε: dual, but above, the pl. (G. 33, 1). For the case, see G. 134, 2. — παρ-εῖναι, *to be by (him)*, i. e. at Babylon, where he died.

2. μέν . . . δέ: used to correlate the two sentences. See the lexicon, and cf. the case in § 1. μέν is not to be translated. — οὖν, *now*, is here continuative, not inferential. Cf. *igitur* in Lat. — παρὼν ἐτύγχανε, *was, as it happened, (already) there* (G. 279, 4). — μετα-πέμπεται, *sends for, sends after* (G. 191, VI. 3, end), *summons*. — ἀπὸ τῆς ἀρχῆς, *from his province*.

---

* The references under G. are to the sections of Goodwin's *Greek Grammar*, revised and enlarged edition.

ANABASIS 1, I. 5

For the prep. ἀπό, see G. 191, I. 2. — σατράπην: pred. acc. (G. 166). The satrap was a *viceroy*, but with great discretionary powers. According to Herod. (iii. 89), Darius I. divided the Persian empire into twenty satrapies. — ἐποίησε, *had made*. The Greek was content simply to refer the action to the past, without specifying the time as exactly as we do by the plup. — καὶ ... δὲ ... ἀπέδειξε, *and* (δέ) *he had also* (καί) *appointed him*, etc., a transition from a relative to an independent clause; not uncommon in Greek. καί adds the new particular of the investment of Cyrus with military authority (the office of satrap was at first chiefly a civil one); δέ is the conjunctive word, and the word between the two is emphatic. — πάντων: accent (G. 25, 3, N. 1). — ὅσοι, *who*, lit. (*so many*) *as*, the rel. of quantity or number (G. 87, 1). — εἰς ... ἀθροίζονται, *muster in the plain of Castōlus*, lit. *gather themselves into*, etc. For the prep. εἰς, see G. 191, III. 1. ἀθροίζονται is not the historical pres., but pres. to denote a standing fact. It is derived from ἀθρόος, *close together* (G. 130, 6). The position of the plain of Castolus, a large and level tract of land in which the troops were annually reviewed, is uncertain, though probably it was in Lydia. — ἀναβαίνει, ἀνέβη: this change of tense from the historical pres. to the aor. is common. Note the chiastic arrangement (χιασμός, *crossing*, named from the letter χ), ἀναβαίνει λαβὼν Τισσαφέρνην, ἔχων ὁπλίτας ἀνέβη. — ὁ Κῦρος: proper name with the art. (G. 141, N. 1 *a*). — λαβών: the part. denotes the attendant circumstance (G. 277, 6). So ἔχων following. — ὡς φίλον: Tissaphernes, at this time satrap of Caria, whom Cyrus had superseded on becoming satrap himself, was in fact his enemy, and Cyrus had him accompany him, probably because he feared to leave him behind. He proved, however, a dangerous companion. — καὶ ... δέ: see above. — τῶν Ἑλλήνων ὁπλίτας τριακοσίους: a body-guard selected from the Greeks then in his service. Cyrus knew well the superiority of the Greeks over the Persians as soldiers. The *hoplite*, lit. *heavy-armed* (*foot*) *soldier* (ὅπλον), was armed with shield, helmet, breastplate, greaves, spear, and sword. Note the suffix της, signifying in denominatives *one who has to do with* (G. 129, 2 *b*). — ἄρχοντα: appos. (G. 137, N. 4). — Παρράσιον: Parrhasia was a district of Arcadia (in the Peloponnesus) about Mt. Lycaeus.

3. ἐτελεύτησε, *had ended* (*his life*), *died*. See note on ἐποίησε in § 2. This use of the aor. for the plup. is especially common after particles of time like ἐπεί, etc. Cf. the Lat. historical (aoristic) perf. with postquam. τελευτάω (G. 130, 1) is derived by successive steps from τέλος: τέλος, τελέω, τελευτή, τελευτάω. — καὶ κατέστη ... Ἀρταξέρξης, *and Artaxerxes had been established in the kingdom*, lit. *settled into*, and so εἰς with the acc. — διαβάλλει, *falsely accuses*. The current story, that Cyrus had planned to kill Artaxerxes at the time of his coronation, Xenophon evidently believed to be false. For the prep. πρός, see G. 191, VI. 6. — ὡς ἐπιβουλεύοι: opt. by quot. after the idea of *saying* in διαβάλλει (G. 243; 201, Rem.). Give the dir. form. — αὐτῷ: after the compound verb (G. 187). — ὁ δέ, *but he* (G. 143, 1, N. 2). — συλλαμβάνει: cf. comprehendere in Lat. — ὡς ἀποκτενῶν, *with the avowed object of putting him to death* (G. 277, 3, and N. 2 *a*). — ἐξαιτησα-

μένη ... πάλιν: note the diff. between the Greek and English idioms. In Eng., *rescues* (ἐξ) *him by entreaty and sends him off again;* but in Greek, having rescued (G. 277, 1), lit. *begged him off, sends him,* etc. The use of the part. is much more frequent in Greek than in Eng., and in translating this fact must be constantly kept in mind. — ἐπὶ τὴν ἀρχήν: for the prep. ἐπί, see G. 191, VI. 2.

4. ὁ δέ: cf. note on ὁ δέ in § 3. — ὡς, *as, when,* rel. adv. of time. — ἀπῆλθε: accent (G. 26, N. 1). — ἀτιμασθείς: ἀτιμάζω is derived (G. 130, 5) from ἄ-τιμος (*without honor*). Cf. τιμή, τίω. — βουλεύεται ... ἐκείνου, *plans that he may never* (G. 283, 2) *in future be* (G. 217) *in the power of* (G. 191, VI. 2, 2, end) *his brother, but if possible may be king* (G. 223) *in his stead.* For the accent of δύνηται, see G. 122, 2, N. 2. For the prep. ἀντί, see G. 191, I. 1. — μέν: correl. to δέ, § 5; his mother's support is contrasted with the steps taken by Cyrus himself to bring about the desired end. — ὑπῆρχε, *supported,* followed by the dat. (G. 184, 2). ὑπάρχω, *to be a foundation* or *beginning* (ἀρχή): τὰ ὑπάρχοντα, *what one can depend on.* So fond was Parysatis of Cyrus, who in energy and spirit probably resembled her much more than did his brother, that she had endeavored before the death of Darius to induce him to name Cyrus as his successor to the throne, on the ground that he was the first son born after his own succession. It was on this ground, that he was the first son of the *King,* that Xerxes I. obtained the sovereignty. — βασιλεύοντα: the simple attributive part. (G. 276, 1) modifying as an adj. the foll. noun.

5. ἀφικνεῖτο: common usage would require ἀφικνοῖτο (G. 233, N. 1: *Moods and Tenses,* § 62, N. 1). — παρὰ βασιλέως, *from the presence of the King,* is used with τῶν as an adj., the noun ἄνδρες being omitted (G. 141, N. 3). The whole expression is compressed and would read in full: ὅστις δ' ἀφικνεῖτο παρὰ βασιλέως τῶν παρὰ βασιλεῖ, κ. τ. λ. For the prep. παρά, see G. 191, VI. 4. — βασιλέως: βασιλεύς, when used to designate the king of Persia, commonly omits the art. — πάντας: pl., because of the distributive force of ὅστις. — οὕτω διατιθείς ... ὥστε, *so dis-posing* (them) *that,* etc. With δια-τίθημι, cf. Lat. dispono. — αὐτῷ: case (G. 185). So αὐτῷ below at the end. — εἶναι: result (G. 266, 1). — καί ... δέ: this position of δέ, so far from the beginning of the sent., is rare. — τῶν βαρβάρων: to give a substantive a more emphatic position, it is often transferred, generally with change of case, from the dependent to the principal clause. E. g. ὁρῶ τὸν ἄνδρα, ὅστις ἐστίν, and in Eng., "See the learned Bellario how he writes." So here, normally, we should have ἐπεμελεῖτο ὡς οἱ παρ' ἑαυτῷ βάρβαροι πολεμεῖν, κ. τ. λ. For the case of βαρβάρων as it stands, see G. 171, 2. — πολεμεῖν: with ἱκανοί (G. 261, 1). — ὡς εἴησαν, ἔχοιεν: object clause with ὡς and the opt. (G. 217, N. 1). — εὐνοϊκῶς ἔχοιεν: ἔχω and an adverb are often joined in the sense of the verb *to be* and an adj., as καλῶς ἔχει = καλόν ἐστιν, *it is well,* lit. *it has* (*itself*) *well,* **bene habet.** For the formation and derivation of εὐ-νοϊκῶς, see G. 74, 1; G. 129, 13 a.

6. τὴν δὲ ... βασιλέα, *and he collected his* (G. 141, N. 2) *Greek force as secretly as possible* (lit. *concealing himself,* G. 277, 2, *as most he was able*),

that he might catch the King as unprepared as possible. Cyrus knew that an army of Greeks was his only hope for wresting the throne from his brother with all the resources of the empire at his command. Cf. i. 7. 3. — Ἑλληνικήν: a denom. in κός (G. 129, 13 *a*).

Page **2**. — ὅτι ἀπαρασκευότατον: ὅτι or ὡς is very often prefixed in this way to the superlative to strengthen it. (Cf. quam maxime.) In these constructions there is an ellipsis of some form of δύναμαι. Sometimes in the case of the superlative with ὡς the verb is expressed, as in iii. 4. 48, ὡς ἐδύνατο τάχιστα ἐπορεύετο. Cf. with this the simple ὡς τάχιστα in i. 3. 14. Cf. also with ὅτι πλείστους, *as many as possible*, in this section, ὡς ἂν δύνηται πλείστους in i. 6. 3. — ὅπως λάβοι: purpose (G. 216). — ὧδε, *in the following manner.* — ἐποιεῖτο: middle (G. 199, 2). — συλλογήν: from συλλέγω. — φυλακάς: antecedent attracted (G. 154). Normally τῶν φυλακῶν ὁπόσων (G. 153) εἶχε, κ. τ. λ. The accent shows that φυλακάς is from φυλακή, and not from φύλαξ (G. 25, 1). State the difference in *meaning* of the two nouns, and for the suffix of φυλακή, see G. 129, 1. — ἐν ταῖς πόλεσι: for the prep. ἐν, see G. 191, II. **1**. — φρουράρχοις: φρουρός, *watcher, guard* (πρό and ὁράω), and ἄρχω (G. 131, 1 & 3). — λαμβάνειν, *enlist.* — ὡς ... πόλεσι, *on the ground that Tissaphernes was plotting against the cities* (G. 278, 1). Compare ὡς ἀποκτενῶν in § 3. — καὶ γάρ ... τὸ ἀρχαῖον, *and (this was a plausible reason), for the cities of Ionia had originally* (τὸ ἀρχαῖον, G. 160, 2) *belonged to Tissaphernes* (G. 169, 1). ἦσαν: impf. used with τὸ ἀρχαῖον of a time prior to the main action. ἀρχαῖος is derived from ἀρχή, *beginning* (G. 129, 12 ; cf. 128, 2 *b*). — ἐκ βασιλέως δεδομέναι, *having been given* (G. 277, 6) *him by* (ἐκ to express the agent) *the King*. For the prep. ἐκ, see G. 191, I. **3**. — ἀφειστήκεσαν: the perfect of ἵστημι was originally σε-στη-κα, which with the ε of the plup. (G. 101, 4) prefixed would become ε-σε-στη-κειν. The σ was then transposed and became ', and from this form by contraction came εἱστήκειν. The form ἑστήκειν also occurs (G. 101, 4, N.). — Μιλήτου: case (G. 191, I. **5**). Cyrus had not been invested by his father with the command of the Greek cities of Ionia (Grote, Chap. LXIX.), but these remained, so far as they were subject to Persian control, under the charge of Tissaphernes. When, however, after the accession of Artaxerxes, trouble arose between Cyrus and Tissaphernes, these Greek cities revolted to the former with the single exception of Miletus. See i. 9. 8, 9. This was greatly to the advantage of Cyrus, as it kept his way open to the sea. See the map.

7. προαισθόμενος, *having become aware* (or in Eng. more commonly, *becoming aware*) *beforehand.* — τὰ αὐτά: distinguish carefully from the following ταῦτα (G. 79, 2). In the pl., because the Greek looked at the action of revolting with reference *to its parts;* but in Eng., *this same thing.* — βουλευομένους (sc. τινάς) is in indirect discourse (G. 280). — ἀποστῆναι: in app. to the preceding τὰ αὐτὰ ταῦτα. — τοὺς μὲν ... τοὺς δέ: relic of the original demon. meaning of the art. (G. 143, 1). — αὐτῶν: part. gen. (G. 168). — ὑπολαβὼν τοὺς φεύγοντας is subordinated to συλλέξας ἐπολι-

ὅρκει, *when he had taken the fugitives under his protection, he collected an army and laid siege*, etc. ὑπολαβὼν καί (mark the conjunction) συλλέξας ἐπολιόρκει would mean *when he had taken*, etc., *and had collected*, etc., *he laid siege*, etc. — ἐπολιόρκει: *continued* action. From πόλις and εἴργω, *to hem in.* — καὶ κατὰ γῆν καὶ κατὰ θάλατταν, *both by land and sea.* For the prep. κατά, see G. 191, IV. 2. — ἐκβάλλω, *to eject, banish;* φεύγω, *to flee, be in banishment;* κατάγω, *to lead back; restore from banishment;* ἐκπίπτω, *to fall out, be banished.* — καὶ αὕτη ... στράτευμα, *and in this again he had* (G. 184, 4) *another pretext for collecting* (G. 262, 2) *an army.* αὕτη in agreement with the noun in the pred., since otherwise it would be τοῦτο.

8. ἠξίου ... αὐτοῦ: *he urged* (ἀξιόω, *to think* ἄξιον, *to claim*) *on the ground that he was* (G. 277, 2) *a brother of his,* etc. — δοθῆναι: obj. of ἠξίου (G. 260, 1), with πόλεις for its subj. — οἵ: the indir. reflex. (G. 144, 2). Accented because it is emphatic (G. 28, N. 1). — ἄρχειν: parallel in const. to δοθῆναι, i. e. he thought it right rather that the cities should be given to him than (he thought it right) that Tissaphernes should control them. — αὐτῶν: case (G. 171, 3). — συνέπραττεν ... αὐτῷ, *co-operated with him in this,* lit. *did this with* (σύν) *him.* Why is ταῦτα in the pl.? See note on τὰ αὐτά in § 7. — πρὸς ἑαυτόν: used adj. (G. 141, N. 3). πρός of personal relation that is hostile (G. 191, VI. 6, 3 *b*). — ὥστε ᾐσθάνετο: ὥστε with the ind. after a full stop (G. 237). Cf. ὥστε εἶναι in § 5. — Τισσαφέρνει ... δαπανᾶν, *but thought that he* (αὐτόν, i. e. Cyrus) *was incurring expense* (G. 260, 2) *about his forces, because he was at war* (G. 277, 2) *with Tissaphernes* (G. 186, N. 1). For the prep. ἀμφί, see G. 191, VI. 1. — ὥστε ... πολεμούντων, *consequently he was not at all* (οὐδέν, G. 160, 2) *displeased at their being at war* (G. 278, 1). — καὶ γάρ, *and (the more) because,* involving an ellipsis, as always. Cf. § 6. — ἀποπέμπω, *to send what is due* (ἀπό), *remit.* — ὧν: assimilation in case (G. 153). — ἐτύγχανεν ἔχων, *had previously, as it happened, possessed.* Cf. παρὼν ἐτύγχανε in § 2. For the tense of ἐτύγχανεν, cf. ἦσαν in § 6. Note throughout this sect. the use of the impf. to express *continuance.*

9. ἐν Χερρονήσῳ: the Thracian Chersonēsus (χέρσος, later χέρρος, *dry land,* as opposed to water, and νῆσος, *island;* Lat. peninsula). See map. — Ἀβύδου: case (G. 182, 2). — τόνδε τὸν τρόπον, *in the following* (G. 148, N. 1) *manner* (G. 160, 2), equal to ὧδε in § 6. — Κλέαρχος: the general most trusted by Cyrus. An account is given of him in ii. 6. 1–15. — ἠγάσθη, *came to admire* (G. 200, N. 5 *b*), aor. of ἄγαμαι. — δίδωσιν: change to the historical pres. Cf. ἀναβαίνει, ἀνέβη in § 2 and N. — δαρεικούς: the darics mentioned here were gold coins worth about $5.40. See note on i. 7. 18. — χρυσίον, *gold money,* more lit. *a gold piece,* der. from χρυσός with the suffix ιο- (see G. 129, 8). — ἀπό, *by means of.* — συνέλεξεν, ἐπολέμει: note the diff. in tense. — τοῖς Θρᾳξὶ τοῖς ... οἰκοῦσι: position of the attributive adj. phrase (G. 142, 2). Cf. ἐν Χερρονήσῳ τῇ, κ. τ. λ., above. The acc. Ἑλλήσποντον with reference to a preceding state of motion, as in the phrase εἰς τόπον οἰκῶ, *to (go into and) dwell in a place.* For the prep. ὑπέρ, see G. 191, IV. 3.—εἰς, *for,* of purpose (G. 191, III. 1 *d*).

— ἑκοῦσαι: to be translated by an adv. (G. 138, N. 7). — τοῦτο ... στράτευμα, and in this way again this army was secretly supported (G. 279, 4) for him.

Page 3. — 10. ξένος: in the sense often of *guest-friend*, a citizen of another state with whom one has a treaty of hospitality, used of both parties, though commonly, as here, of the *guest* as contrasted with the *host*. The word often means also simply *stranger*, and again, as below, *hired soldier*, *mercenary*. — ὑπό: for this prep., here used to express agency, see G. 191, VI. 7. — οἴκοι: used as adj. (G. 141, N. 3). For its accent, see G. 22, N. 1. — ἀντι-στασιωτῶν, *opponents, antagonists*. στασιώτης from στάσις, *faction* (ἵ-στα-μαι), the suffix σι- signifying *action* (see G. 129, 3). On the force of the suffix τα-, cf. ὁπλίτας in § 2 and note. — αἰτεῖ ... μισθόν, *asks him for pay for* (εἰς) 2000 *mercenaries* (and) *for three months* (G. 167, 5). Sometimes rendered, *asks him for about* (εἰς, cf. note on εἰς, i. 2. 3) 2000 *mercenaries*, etc., but it seems impossible that Cyrus should have been willing to send off 4000 Greeks on so distant an expedition, when his whole aim was to gather Greek troops about him as rapidly as possible. On the other hand, it was an easy matter for him to furnish Aristippus the *means* for collecting this number. — ὡς ... ἀντιστασιωτῶν, *on the ground that* (cf. the use of ὡς with ἐπιβουλεύοντος in § 6) *in this way he would get the better of his opponents*. περιγενόμενος ἄν (G. 277, 2) would, if expressed by a finite mood, be περιγένοιτο ἄν (G. 211). The prot. to this apod. is contained in οὕτω (G. 226, 1). — μή: with the inf. (G. 283, 3). — καταλῦσαι, *to end* (sc. his quarrel). — πρὶν ἄν συμβουλεύσηται: πρίν with the subj. (G. 240, 1 and 2).

11. Πρόξενον: the particular friend of Xenophon, at whose invitation the latter took part in the expedition. An account is given of him in ii. 6. 16-20. — ὡς βουλόμενος, ὡς παρεχόντων: the first ὡς shows that βουλόμενος, κ. τ. λ., gives the cause *assigned by Cyrus* for his command to Proxenus, the second ὡς shows that παρεχόντων does the same for βουλόμενος, while ὡς further on before πολεμήσων shows that this part. gives the purpose declared by Cyrus for ἐκέλευσεν, κ. τ. λ. The further idea, implied in the first and third cases, that the cause and the purpose were not the *true* grounds of his action, is derived from the context and is not necessarily implied by this use of ὡς. Neither is there any conditional force in the part. with ὡς. Cf. with these three cases of ὡς with the part., the places where it occurs in §§ 3, 6, and 10. — εἰς, *into the country of*. — Πισίδας: the Pisidians were a marauding race, occupying the western range of Mt. Taurus. See map. — ξένους ... τούτους, *these* (G. 137) *also being guest-friends* (G. 136) *of his*. — σὺν τοῖς φυγάσι, *with the aid of the exiles*. Cf. with this the simple dat. Τισσαφέρνει that precedes (G. 186, N. 1), and for the prep. σύν, see G. 191, II. 2. — As stated in the prefatory note, Cyrus, on coming down to the coast as satrap, had used all the means in his power to get the good-will of the Lacedaemonians. On the termination of the Peloponnesian War in the spring of 404 B. C., many men whose lives had been wholly spent under arms were left without employment. This made it

the easier now for Cyrus to collect the army that he wished, an army of trained veterans that could be thoroughly depended upon in a dangerous enterprise. Some of those who accompanied him were, like Xenophon, men of a superior grade, disheartened by the political condition of things that followed the war, and drawn into this expedition by personal admiration for the prince, or personal attachment to some of his officers.

CHAPTER II.

SYNOPSIS: Cyrus, being now ready to set out inland, assembles his troops at Sardis, announcing, in order to conceal his real object, his intention of expelling the Pisidians from their territory (1-4). The king, informed of the real facts by Tissaphernes, makes ready to meet him. Cyrus sets out from Sardis and marches through Lydia across the Maeander to Colossae in Phrygia, where he is joined by Menon (5, 6). Thence he proceeds to Celaenae, a city which the historian describes at some length, where he waits a month and is joined by the rest of his Greek troops. He reviews and numbers these (7-9). Thence he proceeds northwest through Peltae to Κεραμῶν ἀγορά (11), and then east to Καΰστρου πεδίον, where Epyaxa, the wife of the king of Cilicia, meets him and furnishes him money with which to pay his troops (11, 12). Thence southeast to Thymbrium and Tyriaeum, where he reviews his whole army (13-18). Thence through Iconium into Lycaonia (19). From here Menon, accompanied by Epyaxa, proceeds due south into Cilicia; Cyrus northeast to Dana (20). After some delay caused by the king of Cilicia, Cyrus himself crosses the mountains and enters Tarsi, which had been abandoned by the king (21-24). Menon had reached this city five days before, having lost two companies in the passage of the mountains (25). Syennesis the king finally obeys a summons from Cyrus, and they seal their compact of friendship with gifts (26, 27).

1. ἐπεί ... ἄνω, *but when at length it seemed good* (not simply *it seemed*, cf. note on i. ·3. 11) *to him to proceed* (G. 202, with 1) *inland*. More than a year had been spent in preparation. ἄνω, *up, inland, from the coast*. So ἀνα-βαίνω, ἀνά-βασις. — τὴν μὲν ... βουλόμενος, *he gave as his pretext indeed (that he was going) because he wished*. Note the voice of ἐποιεῖτο (G. 199, 2). μέν *implies* the clause with δέ, which if expressed might be, τῇ δ' ἀληθείᾳ ἐπὶ βασιλέα ἐπορεύετο. On ὡς βουλόμενος, cf. the note on ὡς βουλόμενος in i. 1. 11.— ἐκβαλεῖν ἐκ: prep. repeated, as often. — παντά-πασιν: der.? — ὡς ἐπὶ τούτους, *avowedly against these*. — τὸ βαρβαρικόν: sc. στράτευμα. So with τὸ Ἑλληνικόν. Note the suffix κός (G. 129, 13 *a*), and cf. ξενικοῦ, below. — ἐνταῦθα καὶ ἥκειν, *to come there also*, i. e. to Sardis, § 4. — λαβόντι, *with* (G. 277, 6). — ὅσον ... στράτευμα, *whatever troops he had*. Cf. ὁπόσας εἶχε φυλακάς in i. 1. 6, with the note, and ὃ εἶχε στράτευμα, below. This attraction of the antecedent (G. 154) is a common const. in Eng. also. — Ἀριστίππῳ: Aristippus did not come in person, but sent Menon (i. 2. 6, and ii. 6. 28). — συναλλαγέντι: cf. for the meaning καταλῦσαι in i. 1. 10. — ἀπο-πέμψαι: cf. note on ἀπέπεμπε in i. 1. 8. — τοῦ ξενικοῦ: sc. στρατεύματος, and for the case

see G. 171, 3. — λαβόντα: so far removed from ξενία, with which we should expect it to agree (cf. λαβόντι and συναλλαγέντι, above), that it takes the case of the (unexpressed) subject of ἥκειν. See G. 138, N. 8 *b* (*Dat.*). — πλήν: sc. τοσούτων (G. 191, I. 5) as antecedent to ὁπόσοι (G. 87, 1). — ἀκρόπολεις: show how ἀκρό-πολις came to have the meaning of *citadel*.

2. ἐκάλεσε: short vowel of the stem retained (G. 109, 1, N. 2 *b*). — ἐκέλευσε, *urged*. Note the chiastic arrangement, ἐκάλεσε δὲ τοὺς πολιορκοῦντας καὶ τοὺς φυγάδας ἐκέλευσε. — ὑποσχόμενος ... οἴκαδε, *promising* (see ὑπισχνέομαι) *them, if he should successfully accomplish the objects* (G. 152) *for which he was taking the field, not to stop until he should restore them to their homes* (οἴκαδε, G. 61). Verbs of *promising* (G. 203, N. 2) may take the infinitive either *in indirect discourse* (i. e. the future), or *not in indirect discourse* (G. 202) as here. (The fut. παύσεσθαι here has only the authority of a correction in one MS.) The dependent verbs, however, except ἐστρατεύετο, are constructed on the principles of indirect discourse (G. 248, 1), and we might have had ἐὰν καταπράξῃ and πρὶν ἂν καταγάγῃ, representing ἐὰν καταπράξω and πρὶν ἂν καταγάγω of the direct form. On the other hand, ἐστρατεύετο, for which, on the principles of indirect discourse, we might have had either στρατεύοιτο or στρατεύεται (as representing στρατεύομαι of the direct form), is not included in the indirect discourse, but is constructed like an ordinary past verb (like those mentioned in G. 243, N. 2); for a fuller explanation of this, see *Moods and Tenses*, § 77, 1, N. 2; § 74, 2, N. 2; § 70, N. 2. — πρόσθεν πρίν: cf. i. 1. 10, and *Moods and Tenses*, § 67, N. 4. — ἡδέως: adv. der. from ἡδύς (G. 74, 1).

Page **4.** — αὐτῷ: dat. of indir. obj. (G. 184, 2). — παρῆσαν εἰς, *arrived at*, i. e. *came to* (εἰς) *Sardis and were by* (παρ-ῆσαν) *it*. The army was encamped probably outside the city, so that εἰς means simply *to*. Sardis was the capital of Lydia and at this time the residence of Cyrus as satrap. See map.

3. τοὺς ἐκ τῶν πόλεων: cf. τῶν παρὰ βασιλέως in i. 1. 5, and the N. — εἰς, *to the number of*, with numerals (G. 191, III. **1**, *c*). This word and ἀμφί, *about* (G. 191, VI. **1**, 3), when used in this sense, are still prepositions and take the numeral in the accus. Cf. πελτασταὶ ἀμφὶ τοὺς ἑισχιλίους, *about two thousand* (acc.) *peltasts* (nom.) below in § 9, where ἀμφὶ ... δισχιλίους is an adj. phrase. ὡς and ὅσον, on the other hand, are in this sense adverbs and do not affect the case of the numeral that follows. — γυμνῆτας: the accent determines the dec. to which the noun belongs, the termination -ας being long in the first dec. and short in the third (G. 22, 2). The term γυμνής, *light-armed soldier* (der. from γυμνός, with which cf. the use of ψιλοί in iii. 3. 7), as opposed to *hoplite*, is generic, and comprehends the πελταστής, *targeteer*, τοξότης, *bowman*, and σφενδονήτης, *slinger*. — ὡς, *about*, see note on εἰς, above. — Μεγαρεύς: for the suffix see G. 129, 10. — ἦν: in agreement with the nearer subj. (G. 135, N. 1). — τῶν στρατευομένων: pred. part. gen. (G. 169, 1).

4. οὗτοι μέν: in contrast with those who joined him later (§ 6 and § 9). Sentences in Greek begin in general, contrary to the practice in Eng., with a conjunction. The exceptions to this principle in Xen. are mainly such

sentences as begin with demonstratives or adverbs of place ; cf. οὗτοι μὲν, κ. τ. λ., here, τούτου τὸ εὖρος, κ. τ. λ., in § 5, τοῦτον διαβὰς, κ. τ. λ. and ἐνταῦθα ἔμεινεν, κ. τ. λ., in § 6, etc. Such sentences are called cases of *asyndeton* (ἀ-σύν-δετον, δέω, *to bind*). — αὐτῷ : dat. of advantage (G. 184, 3). — Τισσαφέρνης πορεύεται, κ. τ. λ.: he declares this himself in ii. 3. 19. — κατα-νοήσας, *remarking, seeing*. — ἡγησάμενος : der. from the same root as ἄγω. It has, like duco in Lat., the two general meanings of *to lead* and *to think*. — εἶναι : quoted inf. (G. 260, 2). — μείζονα ἢ ὡς, *too extensive to be,* lit. *greater than as (it would be, if)*, etc. — ὡς before βασιλέα, *to*, used only with the acc. of a *person* (G. 191, III. 2). — βασιλέα : cf. note on βασιλέως in i. 1. 5. — ᾗ ... τάχιστα, *as rapidly as possible*, lit. *in what way* (sc. ὁδῷ, G. 188, 1) *he could most quickly.* — ἱππέας: a denominative in ευς (G. 129, 2 *a*).

5. ἤκουσε: with double obj. (G. 171, 2, N. 1). — οὕς: antec. omitted (G. 152). — ὡρμᾶτο : the march began in the spring of 401 B. C. — ἀπό: not ἐξ, *out of*, because the army was not encamped *within* the city. — διά, *through* (G. 191, IV. 1). — σταθμοὺς τρεῖς, *three days' journey* (G. 161). The σταθμός was properly the *halting* (ἵσταμαι) *place* (cf. Lat. sta-bulum), and so the *day's journey* or *march* that preceded. — παρασάγγας : acc. of extent of space (G. 161). The *parasang* was a Persian measure equal to 30 stadia (ii. 2. 6), or about a league (3½ statute miles). — εἴκοσι καὶ δύο : note the conj. (G. 77, 2, N. 2). This made their rate of travel greater than ordinary; according to vii. 8. 26, the average rate was 5½ parasangs per day. — Μαίανδρον : position (G. 142, 2, N. 6). Give the Eng. der. See map. — πλέθρα: the *plethrum* measured about 101 Eng. feet. — γέφυρα ... ἑπτά, *and there was a pontoon-bridge over (it) made of seven boats* (G. 188, 1).

6. διαβάς: relatively *past* (G. 204). Still we render loosely, *crossing this*, etc. — οἰκουμένην, *inhabited*, many of the cities of Asia being then, as now, deserted, ἔρημοι. — εὐδαίμονα, *prosperous*. Give its der. — ἡμέρας: acc. of extent of time (G. 161). — Μένων : the general sent by Aristippus. An unfavorable account of him is given in ii. 6. 21 – 29.

7. ἐνταῦθα ... ἦν, *there Cyrus had* (G. 184, 4) *a palace*. — βασίλεια : sc. δώματα. With the pl. used in this way of the separate buildings composing the palace, cf. aedes in Lat. Distinguish this word from βασίλεια and βασιλεία (both of the first dec.) respectively.— ἦν : agreeing with the nearer subj. (G. 135, 2, and N. 1). — παράδεισος : a Persian word meaning properly *a walled place*. What is the Eng. der.? — θηρίων : limiting πλήρης (G. 180, 1 ; 172, 1). — ἀπὸ ἵππου, *on horseback*, lit. *from a horse*, because in hunting the attack upon the animal hunted proceeds *from* the horse. Where this relation is not to be expressed, the phrase is ἐφ' ἵππου, as in iii. 4. 49, ἐπὶ τοῦ ἵππου ἦγεν, *he led them on horseback*. — ὁπότε βούλοιτο : a cond. rel. sent. expressing a gen. supposition in past time (G. 233). — διὰ ... παραδείσου, *and through the middle* (G. 142, 4, N. 4) *of the park*, etc. — αὐτοῦ: in the pred. pos. (G. 142, 4, N. 3 *a*). — πηγαί εἰσιν ἐκ τῶν βασιλείων: the more precise statement would be ἐν τοῖς βασιλείοις, but the gen. is used with ἐκ with reference to the subsequent flowing of the water *out from (under) the palace*.

Page **5.** — 8. ἔστι: accent (G. 28, N. 1 (1), end). — ἐπί, *close upon*, with the dat. and a verb of rest. So ὑπό (next line), *under, at the foot of*. — καὶ οὗτος, *this also*, i. e. the Marsyas as well as the Maeander. — ἐμβάλλει, *empties*, intransitively. — ποδῶν: pred. gen. of measure (G. 169, 3). — λέγεται . . . ἐκδεῖραι, *Apollo is said to have flayed*, etc., the pers. const. for the impers., λέγεται 'Απόλλωνα ἐκδεῖραι. The dir. form of the anecdote would be ἐνταῦθα 'Απόλλων ἐξέδειρε . . . ἐκρέμασε (G. 246, with note). Μαρσύαν: Marsyas is said to have challenged Apollo to a musical contest, on the terms that the vanquished should be at the mercy of the victor. When Apollo gained the day, he punished Marsyas for his insolence by hanging him to a tree and flaying him alive. (See *Marsyas* in a Class. Dict.) — ἐρίζοντα (G. 277, 2), *in a contest.* — οἱ as indir. reflexive (G. 144, 2 *a*) refers to Apollo. — περί: properly *around* (G. 191, VI. 5). So in a derived sense here, *concerning*, Lat. de. — σοφίας, *musical skill*, lit. *wisdom*, der. from σοφός (G. 129, 7). — δέρμα: note the suff. ματ-, signifying the *result* of the action (G. 129, 4), and for the stem cf. ἐκ-δεῖραι (δερ-), above. δείρω shows the same root that the Eng. word *tear* does. — ὅθεν, *whence*, for ὅθι or οὗ, *where* (G. 87, 2). Cf. εἰσὶν ἐκ τῶν βασιλείων in § 7 and note. — διά: with the acc. *on account of* (G. 191, IV. 1, 2). — Μαρσύας: pred. nom. (G. 136).

9. τῇ μάχῃ, *in the well-known* (τῇ) *battle* (G. 188, 1), that of Salamis, 480 B. C. For the suffix of μάχη, see G. 129, 1. — λέγεται οἰκοδομῆσαι: cf. λέγεται ἐκδεῖραι in § 8 and the note. — τοξόταs Κρῆταs: the Cretan bowmen were celebrated in antiquity. — Σοφαίνετος: if this is the general mentioned in § 3, the purpose for which he had been left behind must remain in doubt. The numbers given in the preceding sections and the sum total given here (at the end of the section) will not tally. — ἐξέτασιν: from ἐξ-ετάζω, *to examine thoroughly*, ἐτάζω, from ἐτεός, *real.* — ἐγένοντο οἱ σύμπαντες, *the whole together amounted to.* — ὁπλῖται, πελτασταί: a case of part. appos. (G. 137, N. 2). The second of these nouns is used generically for *light-armed troops* in general, including the γυμνῆτες (§ 3) and the τοξόται (mentioned in this section). — ἀμφὶ τοὺς δισχιλίους: see note on εἰς in § 3.

10. Up to this time the march has been southeast. Cyrus now turns back and marches northwest as far as Κεραμῶν ἀγορά, probably with the double object of increasing his supplies and getting on the main high-road to the east. — ἐν αἷς: sc. ἡμέραις. — τὰ Λύκαια ἔθυσε, *celebrated the Lycaea with sacrifice*, a festival in honor of Ζεὺς Λυκαῖος, so named from Mt. Lycaeus in Arcadia. τὰ Λύκαια is a cogn. acc. (G. 159). Cf. the phrase πέμπειν Βοηδρόμια, *to celebrate the Boedromia by a procession.* — ἦσαν: in agreement with the pred. nom. (G. 135, N. 4). — στλεγγίδες: a sort of tiara, made of gold, as here stated, and worn as an ornament for the head. — χρυσαῖ: der. from χρυσός (G. 129, 14). — Κεραμῶν: probably the gen. of Κεραμοί, *the Ceramians*, though this is uncertain. With Κεραμῶν ἀγορά cf. the Eng. *Newmarket.* — ἐσχάτην πρός, *the last bordering on, on the road to.*

11. The rate at which Cyrus marched these three days was very rapid.

His object probably was to meet Epyaxa before his troops became clamorous for their pay. — Καΰστρου πεδίον, the name of a town (lit. *plain of the Caÿster*), a compound noun like Κεραμῶν ἀγορά, above. Cf. the Eng. names of places, *Dartmoor* and *Springfield*. — ὠφείλετο, *there was due*. — πλέον: used indeclinably for πλεόνων. — θύρας, *quarters*, just as ἐπὶ ταῖς βασιλέως θύραις in i. 9. 3 means *at court*. — ὁ δὲ . . . διῆγε, *but he continually put them off with the hope (of getting their pay)*. — ἀνιώμενος: quoted after δῆλος ἦν (G. 280, N. 1). — πρός, *in accordance with* (G. 191, VI. 6, 1 *a*). — τοῦ Κύρου τρόπου: the article limits τρόπου (G. 142, 1). — ἔχοντα, *when able* (G. 138, N. 8 *b*).

Page **6**. — ἀπ-ῄτουν, ἀπο-διδόναι: note the force of the preposition. But in § 12 simply δοῦναι, because Cyrus had in fact no claims on Epyaxa. 12. Syennesis is said to have pursued a double policy and to have endeavored to propitiate both Cyrus and Artaxerxes, determined to keep his throne whichever of the two prevailed. The kings of Cilicia were at this time tributary to Persia. On the Ionic gen. in Συεννέσιος, see G. 53, 1, N. 3. — τοῦ βασιλέως: note the article. — ἐλέγετο δοῦναι: the pers. const., but below ἐλέγετο συγγενέσθαι Κῦρον. — οὖν, *at any rate*, i. e. however he got the money, he *at any rate* certainly had it to pay his troops with. Cf. οὖν, below, in §§ 22, 25. — στρατιᾷ: his *Greek* army. — φύλακας: note the accent, and cf. the note on φυλακάς in i. 1. 6.

13. παρά: with the acc. because of the course of the water, after it has left the κρήνη, *along by* the road. Cf. πηγαὶ ἐκ τῶν βασιλείων in § 7 and the note. — κρήνη . . . καλουμένη, *the so-called* (G. 276, 1) *spring of Midas*, lit. *the spring called (that) of Midas*. — τὸν Σάτυρον: Midas, the proverbially wealthy king of Phrygia, is said to have caught the satyr Silenus (the early protector and constant companion of Bacchus) by making the fountain here mentioned flow with wine, instead of water. Another form of the story appears in the account of the "Gardens of Midas," placed by Herodotus (viii. 158) in Macedonia, in which Silenus is said to have been made prisoner by garlands of roses. — οἴνῳ . . . αὐτήν, *by mixing wine in it*, lit. *by mixing it with wine* (the means, G. 188, 1).

14. Κύρου: genitive object of δεηθῆναι (G. 172, N. 1). The object inf. ἐπιδεῖξαι (G. 260, 1) is in this case the acc. — βουλόμενος: Cyrus was the more willing to gratify her, since he saw the advantage of giving Syennesis a vivid impression of the strength of his army. — τῶν Ἑλλήνων καὶ τῶν βαρβάρων: the article repeated, because the Greeks and barbarians are not viewed as a single army, but as separate forces.

15. ὡς . . . μάχην, *as their custom (was) for battle* (sc. ταχθῆναι). νόμος, *regulation, custom, law*, from νέμω, *to distribute, portion out*. — στῆναι, *to take their places*, not *to stand*. — ἕκαστον: sc. στρατηγόν. — ἐπὶ τεττάρων, *four deep*. This made the front of the army very extended. — εἶχε: in agreement with the nearer subj. (G. 135, N. 1). — τὸ μὲν δεξιόν, κ. τ. λ.: the positions were respectively *the right, the left*, and *the centre*, named in the order of danger and honor. *The right* was the most honorable position, because a flank attack on this side left the soldier unprotected, the shield

being carried on the left arm. — εὐώνυμον: εὖ and ὄνομα, properly *of good name* or *omen*. Hence *left*, used euphemistically to avoid the ill-omened word ἀριστερός, omens from the left being unlucky with the Greeks.

16. πρῶτον μέν: correlated by εἶτα δέ in the next line. For the comparison of πρῶτος, see G. 73, 2. — κατ' ἴλας... τάξεις, *by* (G. 191, IV. 2, 2 c) *troops and companies*, respectively of cavalry and infantry. — τάξις (ταγ-σις), properly *a drawing up*, as of troops, see G. 129, 3. — τοὺς Ἕλληνας: governed by ἐθεώρει, above. — παρελαύνων: Cyrus rode by the Greeks with Epyaxa rather than have them march by him, probably because in this way they presented a more solid and imposing front. — ἅρμα, *chariot* (two-wheeled); ἅμαξα, *wagon*; ἁρμ-άμαξα, *easy-carriage* (four-wheeled), for women and children. — χαλκᾶ: derived from χαλκός (G. 129, 14). — ἐκκεκαλυμμένας, *uncovered*, a circumstantial part. of manner (G. 277, 2).

17. στήσας: *first* aorist and so transitive; for its relation to πέμψας, see note on ὑπολαβών in i. 1. 7. — πρό, *before* (G. 191, I. 4 a). — μέσης: cf. μέσου in § 7 and note. — προβαλέσθαι τὰ ὅπλα, *to present* (*throw before themselves their*) *arms*. — ὅλην τὴν φάλαγγα, *the phalanx in a body* (G. 142, 4, N. 5). — οἱ δέ, *but they* (G. 143, 1, N. 2). — ἐσάλπιγξε: an impers. verb (G. 134, N. 1 d). — ἐκ δὲ... σκηνάς, *and they* (sc. αὐτῶν, G. 278, 1) *after this* (G. 191, I. 3 b) *advancing more and more rapidly with a shout, of their own accord the soldiers* (G. 184, 4) *began to run toward the camp*.

Page 7. — αὐτόματος, *acting of one's own will* (αὐτός and μάω, *to desire eagerly*), Eng. *automaton*. — ἐπὶ τὰς σκηνάς: to give the barbarians the impression that they intended an attack. In the next section the Greeks, it is said, ἐπὶ τὰς σκηνὰς ἦλθον, *dispersed to their own tents*.

18. βαρβάρων: subjective gen. (G. 167, 2). With φόβος, sc. ἦν. — καὶ ... τε ... καί: the first καί connects the statement that precedes with the *double* (τε ... καί, *both ... and*) one that follows. — οἱ ἐκ τῆς ἀγορᾶς ἔφυγον, i. e. οἱ ἐν τῇ ἀγορᾷ ἐκ τῆς ἀγορᾶς ἔφυγον. Cf. § 3, and i. 1. 5. — λεμπρότητα: from λαμπρός (see G. 129, 7). — τὴν τάξιν τοῦ στρατεύματος: position (G. 142, 2, N. 2, end). — ἤσθη: see ἥδομαι. — τὸν ... ἰδών, *seeing the terror with which the Greeks inspired the barbarians* (G. 141, N. 3).

19. ταύτην..."Ελλησιν, *this country he gave over to the Greeks to plunder* (G. 265). It is at this point that Cyrus first gets out of his own satrapy. — πολέμιος: from πόλεμος (G. 129, 12). — ὡς οὖσαν, *on the ground that it was* (G. 277, N. 2).

20. τὴν ταχίστην ὁδόν, *by the shortest road* (G. 159, N. 5), peculiar use of the cogn. acc. (G. 159) to include the road or way over which motion proceeds. — ἀποπέμπει, συνέπεμψεν: cf. note on ἀναβαίνει, ἀνέβη, i. 1. 2. — στρατιώτας: without the article, as if attracted into the rel. clause, οὓς στρατιώτας, κ. τ. λ. (G. 154). — αὐτόν, *himself*, i. e. Menon. — μετά: properly *among* (G. 191, VI. 3). Here *in company with*. — Δάνα: a neut. pl. See map for the two routes into Cilicia here mentioned. — ἐν ᾗ: sc. χρῶμαι, and cf. ἐν αἷς in § 10. — φοινικιστήν βασίλειον, *a wearer of the royal purple* (φοῖνιξ), i. e. a nobleman of the highest rank. — καὶ ἕτερον ... Δυνάστην, *and a certain other powerful man of his subordinates*. In i. 8. 5

Ariaeus is called ὕπαρχος (lit. *subordinate commander*). Give the Eng. der. from δυνάστης. — ἐπιβουλεύειν αὐτῷ: his charge was, ἐπιβουλεύουσιν ἐμοί (G. 260, 2).

21. ἡ εἰσβολή: the so-called Πύλαι τῆς Κιλικίας.— ἀμαξ-ιτός: give the der. and cf. G. 131, 1. — ἀμήχανος ... στρατεύματι, *impracticable for an army* (G. 184, 3) *to enter* (261, 1). — εἴ τις ἐκώλυεν, *if there was anybody to oppose* (lit. *trying to prevent*, G. 200, N. 2) *them*. — εἶναι ἐπὶ τῶν ἄκρων: not with the intention of real opposition, but to give color to his asserted allegiance to the king. — εἶναι: quoted (G. 246). — διὸ, *wherefore*, i. e. διὰ ὅ. — ὑστεραίᾳ: sc. ἡμέρᾳ. For the case, see G. 189. — ὅτι λελοιπὼς εἴη, κ. τ. λ.: the messenger's announcement continues to the end of the section. He said, λέλοιπε, or λελοιπὼς ἐστι (see G. 118, 4), Συέννεσις, κ. τ. λ., *Syennesis has left the heights since* (ἐπεί) *he learned*, etc., *and because* (καὶ ὅτι) *he heard*, etc. The clause beginning ὅτι τὸ Μένωνος is quoted after ᾔσθετο (see on this form G. 247, with N. 2), ἦν occurring where εἴη or ἐστί would be more regular (G. 243, N. 2). The order of the last of the sentence is, ὅτι ἤκουε (G. 247) Ταμῶν (G. 42, 2) ἔχοντα (G. 280) τριήρεις περιπλεούσας. The τριήρεις περιπλεούσας, being a much more important fact than the Ταμῶν ἔχοντα, is put first, and seems to be the clause quoted after ἤκουε, but is not.

22. οὖν, *at any rate*, i. e. whatever the reason was that Syennesis left the heights. Cf. § 12. — οὐδενὸς κωλύοντος, *without hindrance*, manner (G. 278, 1). — τὰς σκηνάς, *the camp*, antecedent of the relative adverb οὗ, *where*.

Page **8**. — ἐφύλαττον: cf. ἦσαν in i. 1. 6, ἐτύγχανεν in i. 1. 8. — ἀνέβη, κατέβαινεν: mark the change of tense.— ἐπίρρυτον: der.? see G. 15, 2.— δένδρων: with σύμπλεων (G. 180, 1). — σύμπλεων: Attic second dec. (G. 64). — πολύ: agreement (G. 138, N. 1 *a*). — φέρει: not the hist. pres. Cf. note on ἀθροίζονται, i. 1. 2. — ὄρος (Mt. Taurus) δ' αὐτὸ (i. e. τὸ πεδίον) περιέχει, κ. τ. λ.: see the map.

23. Ταρσούς, *Tarsi* or *Tarsus*, the birthplace of St. Paul. — ἦσαν: irregular agreement (G. 135, 2). Cf. § 7. — μέσου: neut. of μέσος used as a noun, as in the phrase μέσον ἡμέρας, *midday*. The following gen. is part. (G. 167, 6). — ὄνομα, εὗρος: acc. of specification (G. 160, 1). — πλέθρων: limits ποταμός (G. 167, 5), not εὖρος.

24. οἱ ἐνοικοῦντες: substantively (G. 276, 2). — εἰς, ἐπί: with the acc. in each case, because of the subsequent motion implied in ἐξέλιπον, *abandoned the city for* (*and fled into*) *a stronghold up on the mountains*. — πλὴν οἱ ... ἔχοντες: sc. οὐκ ἐξέλιπον. — οἱ παρὰ ... οἰκοῦντες: cf. τοῖς ὑπὲρ Ἑλλήσποντον οἰκοῦσι, i. 1. 9 and note. Those that remained did so for purposes of trade with the army and fleet respectively.

25. προτέρα ... ἀφίκετο, *reached Tarsi five days* (G. 188, 2) *before* (G. 138, N. 7) *Cyrus* (G. 175, 1). For the comparison of πρότερος, see G. 73, 2. — εἰς τὸ πεδίον: adjectively (G. 142, 1 N. & 2). — οἱ μέν ... οἱ δέ, *some* ... *others* (G. 143, 1). — ἁρπάζοντάς τι κατακοπῆναι, *had been cut to pieces* (G. 260, 2) *while committing some act of plunder* (G. 159, N. 2). — τὸ ἄλλο, *the rest of* (G. 142, 2, N. 3). — εἶτα, *then*, taking up the two pre-

ceding participles. — οὖν, *however that was*. Cf. § 22. — ἑκατόν: ordinarily a single λόχος numbered 100 men.

26. οἱ δ' ἄλλοι, i. e. of Menon's army. Emphatic position, as also below, Κῦρος δὲ ἐπεί, κ. τ. λ. — τοὺς Ταρσούς: appositive (G. 137). — διήρπασαν: mark the force of the prep. — μετεπέμπετο πρὸς ἑαυτόν, *summoned repeatedly to himself*. Cf. μεταπέμπεται ἀπὸ τῆς ἀρχῆς, i. 1. 2. — ὁ δ' οὔτε ... οὔτε ... ἤθελε, *but he both declared that he had never before*, etc., *and was then unwilling*, etc. The Greek often says οὐκ ἔφη ἐλθεῖν, where we say *he said that he did not go*, οὔ φημι having the sense *I deny*. Here οὔτε ... ἔφη ... οὔτε ... ἤθελε, lit. *he neither declared* (i. e. *he denied*) *nor wished*, is perfectly regular, though it cannot be translated literally. In οὔτε ... ἔφη the direct discourse was ἦλθον (G. 246); in οὔτε ... ἤθελε there is no indirect discourse. — οὐδενί (G. 283, 9): the dat. follows εἰς χεῖρας ἐλθεῖν (G. 186, N. 1), which implies *union* or *approach*, and commonly means *to come to a conflict with* some one, and here properly *to come into close relations with* (or *into the hands of*) some one. See Lidd. and Scott, s. v. χείρ, II. d. — ἰέναι: sc. εἰς χεῖρας. — πρὶν ἔπεισε, ἔλαβε (G. 240, 1). Note the change of subject in ἔλαβε.

27. Κῦρος δέ: sc. ἔδωκε. — παρὰ βασιλεῖ, *at court*, i. e. at the great King's, the article being omitted. — χρυσο-χάλινον, *with gold-studded bridle* (χαλινός). — ἀκινάκην, *a short sword*.

Page 9. — ἀφαρπάζεσθαι: one of the obj. of ἔδωκε supplied above (G. 260, 1). So ἀπολαμβάνειν in the next line. — τὰ δὲ ... ἀπολαμβάνειν, *and (the privilege of) taking back the slaves that had been seized, if they* (i. e. Syennesis and the Cilicians) *should fall in with them* (i. e. the slaves) *anywhere* (G. 223). The apodosis is the inf. (fut. in time) ἀπολαμβάνειν. In place of ἤν που ἐντυγχάνωσιν we might have had εἴ που ἐντυγχάνοιεν (G. 248, 1).

CHAPTER III.

SYNOPSIS: A delay of 20 days at Tarsi is caused by the Greek soldiers, who now suspect that they are being led against Artaxerxes and refuse to go farther. Clearchus, who attempts to force his own troops forward, narrowly escapes being stoned to death. Afterwards, seeming to yield to their wishes, he calls them together and after shedding many hypocritical tears (1-3) details the benefits he has received at the hands of Cyrus, but nevertheless declares his intention to desert him and accompany them wherever they may go (4-6). More than 2000 men desert Xenias and Pasion, and encamp with Clearchus (7). Cyrus sends for Clearchus, who refuses to go but returns an encouraging message (8). Clearchus again assembles his soldiers, and in a cunningly constructed address points out to them the difficulties which lie in the way of their withdrawal from Cyrus (9-12). He is followed by several others (13), one of whom proposes a plan at some length which another immediately proves to be nonsense, both acting at the secret suggestion of Clearchus. They finally agree to send to Cyrus and ask his designs (14-19). Cyrus answers that he wishes to march against Abrocŏmas, and promises them half again as much pay as before, whereupon they agree to follow him (20, 21).

1. οὐκ ἔφασαν ἰέναι, *refused to go, said they would not go.* Cf. i. 2. 26, and note, and μισθωθῆναι δὲ οὐκ ἔφασαν, below. — τοῦ πρόσω, *forward,* a prose use of the gen. of place (G. 179, 2), like the adverbs in ου, as ποῦ, *where,* ὁμοῦ, *in the same place, together,* etc. — ὑπώπτευον : cf. i. 1. 1. — ἐπὶ τούτῳ, *for this* (G. 191, VI. 2, 2 *a*). — πρῶτος : he was *the first* to do it ; πρῶτον would mean, he did this *first*, and sómething else afterwards. πρῶτον μέν, on the other hand (correl. to εἶτα δέ below in § 2), means *in the first place.* Cf. i. 2. 16. — ἐβιάζετο : *attempted* action (G. 200, N. 2). But below the aor. ἤρξατο, (*actually*) *began to move forward.* Clearchus is said in ii. 6. 8 to have been a man of stern will. — ἔβαλλον, *stoned,* sc. τοῖς λίθοις (.i. 188, 1), as appears from καταπετρωθῆναι in § 2.

2. μικρόν, *by a little, narrowly* (G. 160, 2). — μή : added to the inf. to strengthen the neg. idea contained in ἐξέφυγε (G. 283, 6). — καταπετρωθῆναι, *being stoned to death* (κατά). — ἔγνω, *had come to know* (cf. note on ἐτελεύτησε, i. 1. 3), and so *perceived.* — ὅτι δυνήσεται : quoted (G. 243 ; 280, N. 3). — ἐκ-κλησία (καλέω) : the Eng. der.? — ἐδάκρυε . . . ἑστώς, *stood* (G. 124, 1) *and wept a long time* (G. 161). — τοιάδε : with ref. to what follows (G. 148, N. 1).

3. ἄνδρες στρατιῶται, *fellow-soldiers,* ἄνδρες prefixed as a term of respect, as in the phrase of the courts, ἄνδρες δικασταί. Clearchus deals with the difficulty with great skill. — μὴ θαυμάζετε : pres. imperative in prohibition (G. 254). — χαλεπῶς . . . πράγμασιν, *am greatly distressed* (φέρω intrans.) *on account of the present troubles* (G. 188,1). πρᾶγ-μα is properly *the thing done* (G. 129, 4). — ξένος : cf. note on ξένος in i. 1. 10. — ἐγένετο, *became, not was,* cf. i. 1. 9. — τά τε . . . καί, *both honored in other ways* (G. 160, 1) *and in particular,* etc. — οὖς . . . οὐκ . . . ἐδαπάνων, *which I did not, when I had received them, lay up for myself* (used reflexively) *for private use* (or, more freely, *did not devote to my own personal use*), *and* (lit. *but*) *did not even squander in pleasure* (κατά, ἡδύς, πάσχω), *but expended* (impf.) *on you.*

4. ὑπέρ, *for,* in behalf *of* (G. 191, IV. 3, 1 *b*). — ἐτιμωρούμην (sc. αὐτούς), *took vengeance upon* or *punished (them).* τιμωρεῖν = *to avenge,* τιμωρεῖσθαι (mid.) = *to avenge one's self upon* (some one). — ἀφαιρεῖσθαι : double obj. (G. 164, with N. 2). — ἵνα . . . ἐκείνου, *that, in case he should have* (we might have had ἐάν τι δέηται, G. 248, N.; *Moods and Tenses,* § 55, 2) *any* (G. 172, N. 1) *need (of me), I might aid* (G. 216, 1) *him in return for the benefits I had received from him,* i. e. ἀντὶ τούτων ὧν (G. 153, with N. 1) εὖ ἔπαθον (G. 165, N. 1²) ὑπ' ἐκείνου.

5. ὑμεῖς : emphatic (G. 144, 1). So ἐγώ, below. Cf. also the beginning of § 6. — ἀνάγκη : sc. ἐστί. — φιλίᾳ : an *instrumental* dat. (G. 188, 1, N. 2). — εἰ, *whether* (G. 282, 4). — δίκαια : der. from δίκη (G. 129, 12). — οὖν : cf. note on οὖν, i. 2. 12. — ὅ τι ἂν δέῃ (sc. πάσχειν) : a cond. rel. sent. (G. 232, 3). — οὔποτε οὐδείς : emphatic negation (G. 283, 9). — ὡς εἱλόμην : quoted without change of *mood* (G. 243). Give the form of the verb in dir. disc. — ἀγαγών, προδούς : for the relation of the two participles, see the note on ὑπολαβὼν τοὺς φεύγοντας in i. 1. 7, and cf. στήσας . . . πέμψας . . . ἐκέλευσε in i. 2. 17.

Page **10.** — 6. ἐμοί : dat. of indir. obj. (G. 184, 2). — ὅ τι ... πείσομαι : for the use of the moods, cf. § 5, above. — καί ... καί ... καί, *equally ... and ... and.* — σὺν ὑμῖν, i. e. *if I should remain with you*, is the prot. (G. 226, 1) to the following ἂν εἶναι, which stands by quot. (G. 246) for ἂν εἴην. In the alternative sentence that follows, the prot. to ἂν εἶναι lies in ἔρημος ὤν, = εἰ ... εἴην (G. 226, 1 ; 277, 4). The cond. rel. clause ὅπου ἂν ὦ, ubicunque ero, presents the supposed future case more vividly than the more regular ὅπου εἴην would have done, — *wherever I may be*, for *wherever I might be*. See *Moods and Tenses*, § 63, 4, (a). The opt. with ἄν, it should be remembered, is sometimes merely a softened expression for the fut. indic. (G. 226, 2, N. 1). — τίμιος : der. from the same stem with τιμή (G. 129, 12). — ὑμῶν : gen. after an adj. of *want* (G. 180, 1). — οὐκ ἂν ἱκανὸς εἶναι (= οὐκ ἂν ἱκανὸς εἴην) : ἄν (still belonging to εἶναι) is repeated after οὔτε before each of the dependent infinitives (G. 212, 2). — ὠφελῆσαι, ἀλέξεσθαι : infinitives limiting ἱκανός (G. 261, 1). — ἅς ... ἔχετε, *he of this opinion, therefore, that I shall go*, etc.; or more lit., to show the force of the causal gen. abs. with ὡς (G. 278, 1²), end), *since, therefore, I shall (as I say, ὡς) go*, etc., *be of this mind.* — ὅπῃ ἂν καὶ ὑμεῖς : sc. ἴητε (*Moods and Tenses*, § 42, 3, N. 2²).

7. ταῦτα : with reference to what precedes (G. 148, N. 1). — οἵ τε, the art. receiving the accent from the following enclitic. — ὅτι ... πορεύεσθαι : explanatory of ταῦτα (G. 243). The direct discourse of οὐ φαίη πορεύεσθαι would be οὔ φημι πορεύεσθαι, *I deny that I am going* (see note on i. 2. 26). — πλείους for πλείονες (G. 72, 2, N. 1). — ἐστρατοπεδεύσαντο : der. from στρατόπεδον (G. 131, 1). — Note that παρά occurs in this section with each of the three cases (G. 191, N. 1).

8. τούτοις : dat. of cause (G. 188, 1). — στρατιωτῶν : gen. with adverb (G. 182, 2, end). — αὐτῷ : indir. obj. (G. 184, 1). — ἔλεγε θαρρεῖν, *bade him not to be discouraged* (G. 260, 1) : λέγω in this use is equivalent to κελεύω ; so εἶπον when used with the inf. (G. 260, 2, N. 1). — ὡς ... δέον, *since this matter would be settled* (G. 278, 1²) *in the right way* (G. 139) ; ὡς (G. 277, N. 2) shows that the participial sentence gives the ground on which *Clearchus* bade Cyrus to be encouraged. — μεταπέμπεσθαι, *to continue to send for (him)*. — αὐτός ... ἰέναι, *but for himself* (modifies subj. of ἰέναι, G. 138, N. 8) *he said he should not go*. αὐτός marks the opposition of the two persons, the thought being : "*You* continue to send for me, but still *I'll* not go."

9. μετὰ δὲ ταῦτα, *after this* (G. 191, VI. 3, 3 *b*). — θ', i. e. τε (G. 17, 1). τῶν ... βουλόμενον, *any one of the rest* (G. 168) *that wished* (G. 276, 2). — τὰ Κύρου : πράγματα omitted (G. 141, N. 4). — δῆλον : sc. ἐστί. — οὕτως ... ἐκεῖνον, i. e. *his relations to us are in just* (περ in ὥσπερ) *the same position as ours to him.* — ἐπεί γε, *since at any rate.* — ἡμῖν : with the following noun (G. 185). — μισθοδότης : compound noun expressing the agent (G. 131, 1 ; 129, 2 *b*).

10. μέντοι : used in sinister sense : "Though our relations are at an end, he may, *however*, not be done with us."— καὶ μεταπεμπομένου αὐτοῦ, *though*

he continues to send, etc. (G. 277, N. 1b). — τὸ μὲν μέγιστον, *chiefly* (G. 160, 2): the correl. follows in ἔπειτα καί. — αἰσχυνόμενος, *from shame*. — ἐψευσμένος: quoted after σύνοιδα (G. 280, N. 2). — μὴ ... ἐπιθῇ: obj. clause (G. 218). — δίκην ὧν ... ἠδικῆσθαι, *punishment for those things* (sc. τούτων limiting δίκην, G. 153, N. 1) *in which* (ὧν for ἅ, cognate acc., G. 159, N. 2) *he thinks he has been wronged* (G. 260, 2) *by me*, — i. e. *punishment for the wrongs he thinks he has suffered from me*.

11. ἐμοὶ ... καθεύδειν, *the time, therefore, does not seem to me to be* (*one*) *for sleeping* (G. 261, 1). δοκέω in the sense simply of *to seem* takes the inf. in indir. disc. (G. 246). In the sense of *to seem good* or *best*, as in the phrase δοκεῖ ἀπιέναι, below, the accompanying inf. is *not* in indir. disc. In either case it is the subj. (not obj.) of δοκέω. Cf. the uses of videor in Lat. — ἡμῶν αὐτῶν, *ourselves* (G. 80; 171, 2). — ὅ τι χρή: an indir. question (G. 149, 2²). — ἐκ τούτων, *next* (G. 191, I. 3 b), expressing time (sequence) with an implied idea of consequence, *in consideration of, in consequence of, the present circumstances*. — ἕως μένομεν αὐτοῦ, *as long as, while, we are staying here* (αὐτοῦ, adv.). ἕως with the pres. ind. never can mean *until*. — σκεπτέον εἶναι: in the dir. form (G. 246) σκεπτέον ἐστί (G. 281, 2). — ἀσφαλέστατα: superlative adv. (G. 75). — ὅπως μένωμεν: an obj. clause after a verb of *caring for* with the *subj*. (G. 217, N. 1). But in the alternative sentence we have the reg. constr. (G. 217), ὅπως ἄπιμεν (G. 200, N. 3 b), ὅπως ἕξομεν. Many editions have μενοῦμεν for μένωμεν by conjecture.

Page **11.** — ἄνευ, *without* (G. 191, I. 5). — οὔτε ... οὐδέν, *neither general* (G. 167, 1) *nor private is of any use*.

12. ὁ δ' ἀνὴρ ... φίλος ᾖ, *but the man* (i. e. Cyrus) *is a valuable* (lit. *worth much*, G. 178, N.) *friend, to whomsoever he is a friend* (G. 233). — ἐχθρός, πολέμιος, i. e. whomsoever he is *at war with* (ἐν πολέμῳ), he comes to hate as a personal enemy, so earnest is he. — ναυτικήν: from ναύτης, a *sailor*, and that from ναῦς. Note the suff. in each case, ικός, της. — ὁμοίως: with πάντες, *which we all alike*. — δοκοῦμέν μοι καθῆσθαι: cf. δοκεῖ in § 11, and the note. — αὐτοῦ: construe with πόρρω, *at a distance from him* (G. 182, 2). — ὥρα (sc. ἐστί): cf. § 11, above.

13. ἐκ τούτου, *after this, upon this*. — ἐκ τοῦ αὐτομάτου: cf. ἀπὸ τοῦ αὐτομάτου, i. 2. 17. — λέξοντες, *to say* (G. 277, 3); in the next line ἐπιδεικνύντες, *showing* (G. 277, 3 and 6; *Moods and Tenses*, § 109, 5, last ex.). — ἐκείνου, i. e. Clearchus. — εἴη: indir. question (G. 243). — ἀπορία: give its derivation. — μένειν, ἀπιέναι: with ἀπορία (G. 261, 1).

14. εἷς δὲ δὴ εἶπε, *but one in particular proposed*. Both this man and the one who answered him in § 16 doubtless spoke at the instigation of Clearchus. — ἐλέσθαι: with εἶπε, with which in the sense of *propose* or *command* the inf. is not in indirect disc. (*Moods and Tenses*, § 15, 2, N. 3). Cf. § 8. The six following infinitives, beginning with ἀγοράζεσθαι, have the same construction with ἐλέσθαι. The conditional sentences dependent on these inf., εἰ μὴ βούλεται and ἐὰν διδῷ (bis), — being dependent clauses in indirect discourse, — might have been each in the opt. (G. 248, 1), although εἰ βούλοιτο would have been ambiguous. So ὅπως μὴ φθάσωσι might have

been opt., like ὡς ἀποπλέοιεν, above (G. 248, N.). — ἡ δ' ἀγορά ... στρατεύματι: thrown in parenthetically by the historian to show the absurdity of the proposition. — αἰτεῖν: with two accs. (G. 164). — πλοῖα: *transport-vessels, boats*. — ἐὰν μὴ διδῷ: the verb of the apod. is αἰτεῖν, which after εἶπε, *proposed*, is fut. in force. See G. 223. — φιλίας (sc. οὔσης): pred. adj. (G. 138. Rem.). — ὅστις ἀπάξει: purpose (G. 236). — μηδέ, *not even* (G. 283, 2). — συντάττεσθαι, ἀγοράζεσθαι, συσκευάζεσθαι: the three uses of the mid. voice (G. 199, 1, 2, 3). — τὴν ταχίστην: adv. acc. (G. 160, 2). — προκαταληψομένους: sc. ἄνδρας. The part. expresses purpose (G. 277, 3). — τὰ ἄκρα, i. e. of Mt. Taurus, the pass by which they had entered Cilicia. — ὅπως φθάσωσι: purpose (G. 216). Note the three ways in which purpose has been expressed in this section. — ὅπως ... καταλαβόντες, *might not seize them first* (G. 279, 4). — ων (the antec. is οἱ Κίλικες) is a part. gen. with πολλούς, but a poss. gen. with χρήματα (G. 167, 1 and 6). — πολλοὺς καὶ πολλὰ χρήματα, *many men* (as captives) *and much property*. — ἔχομεν ἀνηρπακότες = ἀνηρπάκαμεν καὶ ἔχομεν: notice the sudden change to direct discourse. — τοσοῦτον, *so much* only (as follows). This refusal to take the lead would embarrass them still more.

15. ὡς μὲν ... λεγέτω, *let no one speak of me as likely to be general on this occasion;* the part. with ὡς after λεγέτω on the analogy of the constr. explained in G. 280. See also *Moods and Tenses*, § 113, N. 10, (c). — στρατηγίαν: cogn. acc. (G. 159). — μηδείς: prohibition (G. 254). — ἐν-ορῶ, *see in* the undertaking. — ποιητέον: sc. ἐστί (G. 281). Since τοῦτο is in the neut. sing. the construction may be regarded either pers. or impers. at pleasure. — ὡς πείσομαι: sc. οὕτω λέγετε from the preceding μηδεὶς λεγέτω. — ὃν ἂν ἕλησθε (G. 232, 3), quemcunque elegeritis. We might have had ᾧ ἂν (G. 153), for which there is slight MS. authority. — ᾗ δυνατὸν μάλιστα, *to the best of my ability;* μάλιστα belonging to πείσομαι, and ᾗ, *as* (G. 87, 2), to ἐστί understood with δυνατόν. Cf. ὡς μάλιστα, ὡς τάχιστα, and note on ὅτι ἀπαρασκευότατον, i. 1. 6. — ἵνα εἰδῆτε: purpose (G. 216). — ὅτι καὶ ... ἀνθρώπων, *that I know how also to submit to authority as well as any other man that lives;* μάλιστα ἀνθρώπων, *in the highest degree* (*best of all men*, G. 168), belongs to ἐπίσταμαι, and is really superfluous to the sense after ὥς τις καὶ ἄλλος, (*as well*) *as any other man whatsoever* (καὶ being emphatic). For the latter, εἴ τις καὶ ἄλλος is more common (see i. 4. 15).

16. εὐήθειαν: from εὐήθης, *simple-minded*, from εὖ and ἦθος. Note the suffix (G. 129, 7). — ὥσπερ ... ποιουμένου, *just as* (*we might ask for them*, G. 277, N. 3), *if Cyrus should make his expedition back again*, i. e. should give up his plans and return home, so as not to need the boats longer. Κύρου ποιουμένου = εἰ Κῦρος ποιοῖτο. — ὡς εὔηθες εἴη, *that it was silly* (G. 243), corresponding to τὴν εὐήθειαν in the clause with μέν. In the dependent clause ᾧ λυμαινόμεθα there is a change to direct discourse (otherwise we should have λυμαίνονται or λυμαίνοιντο, G. 247), which continues to the close of the speech in § 19. — παρὰ τούτου: in the place of the simple τούτου. (Cf. the const. with αἰτεῖν in § 14). — ᾧ: dat. of dis-

advantage (G. 184, 3). — πρᾶξις, i. e. πραγ-σις (G. 129, 3), i. e. *plan of operations*.

Page **12.** — εἰ πιστεύσομεν (G. 221, N.), *if we propose to trust;* not equivalent to ἐὰν πιστεύσωμεν, *if we shall trust.* — τί κωλύει ... προκαταλαμβάνειν (ironical) : the order is τί κωλύει (sc. ἡμᾶς) καὶ κελεύειν Κ. προκ. τὰ ἄκρα ἡμῖν; The meaning is, that if they propose to trust Cyrus's guide, they might as well show still greater confidence in Cyrus himself, and tell him to secure the heights for them!

17. ἐγώ: emphatic. — γάρ: the sect. states the grounds for the distrust of Cyrus which the speaker would entertain under the conditions supposed. — ἃ δοίη: cond. rel. clause (G. 232, 4); so also ᾧ (G. 153) δοίη, following. — μὴ καταδύσῃ: obj. clause after a verb of *fearing* (G. 218); so μὴ ἀγάγῃ, following. — αὐταῖς ταῖς τριήρεσι, *triremes and all* (G. 188, 5). The trireme (τρεῖς, ἄρω; Lat. **tri-rēmis**) was a war-vessel with three banks of oars. It is hardly possible that the πλοῖα, *transports* for troops, here mentioned, can be soberly called *triremes;* it is probable that αὐταῖς ταῖς τριήρεσι is added to καταδύσῃ to heighten the absurdity, — "*flat and all,*" as we sometimes say "horse, foot, and dragoons" or "bag and baggage." There is, however, some MS. authority for omitting αὐταῖς, in which case ταῖς τριήρεσι will mean *by his own triremes.* — φοβοίμην: a stronger word than ὀκνέω, used to indicate a climax of feeling. — ὅθεν, i. e. ἐκεῖσε ὅθεν, *to the place from which.* — οὐχ οἷόν τε ἔσται, *it will not be possible* (G. 151, N. 4²). The antecedent of ὅθεν is obviously definite (note the neg., G. 230). If he had wished to speak less vividly he would have said, ὅθεν οὐκ ἂν οἷόν τε εἴη. — ἀπιών = εἰ ἀπίοιμι (G. 277, 4). — ἄκοντος Κύρου, sc. the adjs. ἑκών and ἄκων are often used in this way without ὤν, as if themselves participles. — λαθεῖν ... ἀπελθών, *to get off without his knowing it* (G. 279, 4).

18. ἄνδρας: subj. of ἐρωτᾶν. The whole sentence from ἄνδρας to the end of § 19 (except the parenth. οὕτω ... ἀπίοιμεν) is the subj. of δοκεῖ.— οἵτινες, *such as are* (sc. εἰσί). — τί ... χρῆσθαι, *what* (G. 149, 2²) *use he wishes to make of us* (G. 188, 1, N. 2, entire). The same use of the cases in οἵαπερ (for οἷάνπερ by assimilation, G. 153) ... τοῖς ξένοις. — πρόσθεν: for the time referred to, cf. i. 1. 2.

19. τῆς πρόσθεν, *than the former one,* sc. πράξεως (G. 175, 1). — ἐὰν φαίνηται, ἀξιοῦν: note the not infrequent use of the inf. in a future sense as the apod. of this class of cond. sentence (G. 223). A case just precedes in § 18 in ἐὰν ᾖ, ἕπεσθαι, and another follows in ὅ τι δ' ἂν λέγῃ ἀναγγεῖλαι (G. 292, 3). — ἀξιοῦν, *demand,* i. e. the deputies (ἄνδρας) mentioned in § 18. ἀναγγεῖλαι has the same subj.; but βουλεύεσθαι has ἡμᾶς expressed. — πείσαντα: e. g. by means of greater pay. Cf. § 21. — πρὸς φιλίαν, *in friendship.* — ἑπόμενοι, ἀπιόντες: these might be respectively εἰ ἐποίμεθα, εἰ ἀπίοιμεν (G. 277, 4). — φίλοι, πρόθυμοι: pred. adjs. Give the der. of πρό-θυμος. — πρὸς ταῦτα, *with respect to this* (G. 191, VI. 6, 3 c).

20. ἔδοξε ταῦτα, *this was approved.* The ordinary beginning of an Athenian decree was ταῦτα ἔδοξε τῇ βουλῇ καὶ τῷ δήμῳ, i. e. *be it enacted by the*

ANABASIS 1, IV.   23

Senate and the People. — ἡρώτων τὰ δόξαντα, *made the inquiries agreed upon* (i. e. ἃ ἔδοξεν). For the dat. with δοκέω in this sense (*to seem good* or *best*), see G. 184, 2. — ὅτι ἀκούει : he said ἀκούω, *I have heard*, etc. The Greek, like other languages, often uses the pres. of such verbs as *I hear*, *I learn*, *I say*, even when their action is strictly finished (*Moods and Tenses*, § 10, 1, N. 5). — ἐχθρὸν ἄνδρα : note the difference between ἐχθρός and πολέμιος (see note on § 12, above). — εἶναι, *was*, as a matter of hearsay, while ὄντα would have implied more responsibility for the fact on the part of the speaker (G. 280, with N. 3). — ἀπέχοντα ... σταθμούς, *twelve stages off* or *distant* (ἀπέχοντα with Ἀβροκόμαν, G. 276, 1). — πρὸς τοῦτον, *to him*, with an implied sense of *against*, which would be expressed properly by ἐπί. — χρῄζειν ἐπιθεῖναι : give the dir. form. — ἡμεῖς ἐκεῖ, κ. τ. λ. : the quot. here becomes direct. It should be noted with what remarkable ease the Greek, contrary to the Eng. idiom, allows this transition from the indirect to the direct form. Cf. § 16.

21. αἱρετοί : verbal from αἱρέω (G. 117, 3). — τοῖς δὲ ... ἦν, *but they had*, etc. (G. 143, 1, N. 2 ; 184, 4). — ὑπ-οψία : the suff. expresses action (cf. G. 129, 3). — ὅτι ἄγει : quoted without change of mood after τοῖς δὲ ὑποψία ἦν = ὑπώπτευον δέ. But below, after ἤκουσεν, with change of mood, ὅτι ἄγοι (G. 243). — πρὸς βασιλέα : as πρὸς τοῦτον in § 20. — ἐδόκει : why ἐδόκει here, but ἔδοξε (aor.) in § 20 ? — προσαιτοῦσι μισθόν, *ask additional* (πρός) *pay*. — ἡμι-όλιον : der.? — δώσειν : note the tense (G. 203, N. 2). — οὗ, i. e. τούτου οὗ, *than that which*, οὗ for ᾧ by attraction : cf. ᾧ in § 17 and οἷάπερ in § 18. The gen. goes with ἡμιόλιον, which has the force of a comparative, *a half more* (G. 175, 1, N. 1). — δαρεικοῦ : see note on i. 7. 18. — τοῦ μηνός, *each month* (G. 179, 1). — ἐν τῷ φανερῷ = φανερῶς (G. 139, 2). This implies that there was a secret understanding of the real facts on the part of some. The soldiers accuse the generals of this in i. 4. 12. — By the expedient here described Cyrus led the Greeks nineteen stages farther inland (in place of the twelve proposed in § 20) before announcing publicly his real purpose.

CHAPTER IV.

SYNOPSIS : Cyrus proceeds to the river Psarus, thence to the river Pyramus, and finally reaches Issi upon the sea-coast, the last city in Cilicia (1). Here he remains three days, during which time his fleet arrives. He is also joined by the Greek mercenaries who desert from Abrocŏmas (2, 3). Hence he proceeds to the Gates of Cilicia and Syria. Abrocomas does not attempt to bar his passage, but retreats towards Babylon (4, 5). Cyrus advances through Syria, and is deserted at Myriandrus by Xenias and Pasion. It is rumored that he will pursue them (6, 7) ; but calling his Greek generals together, he announces that he shall not do so. This decision pleases the Greeks, and they accompany him with greater alacrity (8, 9). He crosses the Psarus and reaches the sources of the Dardas, where he burns the palace of the Syrian governor (9, 10). At Thapsăcus on the Euphrates he announces the real object of his expedition (11).

The troops refuse to go on without extra pay (12), which Cyrus agrees to give them. Menon, in the mean time, urges his troops to cross the Euphrates before the others decide, and so win the favor of Cyrus by seeming most forward in his service (13-15). They comply, and Cyrus expresses his satisfaction (16). He then crosses the Euphrates with the rest of his troops, and proceeds to the Araxes, where he remains three days (17-19).

Page **13.** — 1. It is now the last of spring, and the army has been on the march four months. The distance from Sardis thus far travelled is 222 parasangs. Review on the map the route travelled up to Tarsi. — στάδιον : the common Greek standard of length, equal to 606¾ Eng. feet, somewhat less than a furlong. This was the length of the στάδιον, or course for foot-races, at Olympia, which measured exactly 600 Greek feet. The noun is *heterogeneous* (G. 60, 2) : cf. στάδιοι in § 4. — ἐσχάτην : without the art., where we should use it. Cf. i. 2. 10. — ἐπί ... οἰκουμένην, *situated* (lit. *being inhabited*) *close upon the sea*.

2. Κύρῳ : for the case cf. αὐτῷ in i. 2. 4, and note. The fleet is the one already mentioned in i. 2. 21. — ἐπ' αὐταῖς, *over them*, but below in § 3 ἐπὶ τῶν νεῶν (ἐπί with the gen.), *on board the ships*. — ναύ-αρχος, *admiral* (for ναυ- see G. 131, 1, N.). — ἡγεῖτο δ' αὐταῖς, *conducted them* (G. 171, 3, N.). — ἑτέρας, *besides*. So often ἄλλος. — ἐπολιόρκει, *had been besieging;* so συνεπολέμει : the subj. of both of these verbs is a pronoun referring to Tamos. Cf. for the tense ἐτύγχανεν, i. 1. 8. — ὅτε ἦν, *since it had been* (G. 250). — αὐτόν, i. e. Tissaphernes.

3. μετάπεμπτος, *sent for* (G. 117, 3), equal to μεταπεμφθείς; and so followed by ὑπὸ Κύρου (G. 197, 1). Chirisophus was sent with these troops from Sparta in return for the aid rendered the Lacedaemonians by Cyrus during the Peloponnesian War. He became in the retreat senior commander. — ὦν ... Κύρου, *the command of whom he* (now) *held under Cyrus.* — ὥρμουν, *lay at anchor*, from ὅρμος, *a roadstead*. The quarters of Cyrus, it would appear, were pitched close upon the sea. — οἱ παρ' Ἀβροκόμα : cf. τῶν παρὰ βασιλέως in i. 1. 5, and note. For the gen. Ἀβροκόμα, see G. 39, 3. This Doric gen. in Attic is found chiefly in foreign proper names. — μισθο-φόροι : give its der. (G. 131, 1).

4. πύλας : the article omitted, the noun being used almost as a proper name. The pass itself is here meant. — ἦσαν δὲ ταῦτα, *and these* (*gates*) *consisted of:* ταῦτα for αὗται because of τείχη, and ἦσαν for ἦν (G. 135, 2) because the *two* walls were in the writer's mind. — τὸ ... τὸ πρὸ τῆς Κιλικίας : position of the attrib. phrase (G. 142, 2). After ἔσωθεν, sc. τεῖχος. — εἶχε : not, of course, in person. — διὰ μέσου τούτων : cf. διὰ μέσου τῆς πόλεως, i. 2. 23, and note. — ἅπαν τὸ μέσον, *the entire distance between.* — τειχῶν : poss. gen. (G. 167, 1). — ἦσαν agrees with στάδιοι (G. 135, N. 4). — καθήκοντα : to be connected with ἦν, ἦν καθήκοντα being equivalent to καθῆκε. — ὕπερθεν, i. e. *overhanging* the pass. — ἐφειστήκεσαν πύλαι, *gates had been set* in each wall. Here πύλαι has its proper meaning of *gates*, large and double like those in a city wall.

5. ἕνεκα, *on account of* (G. 191, I. 5). Commonly placed after the word it governs, or one of the modifiers of that word (as here). — ἀποβιβάσειεν, παρέλθοιεν: change of subj. Diff. between βιβάζω and βαίνω ? — εἴσω καὶ ἔξω, i. e. on both sides of the *Syrian* wall, that he might attack A. both in front and rear. The distance between the two walls was over a third of a mile (three stades). — εἰ φυλάττοιεν: if the preceding optatives were subjunctives (G. 216, 2) this clause might be ἐὰν φυλάττωσιν.

Page **14.** — ὅπερ, *just the thing which*, referring to the clause just preceding. — ἔχοντα, *since he had* (G. 277, 2). — ὄντα: quoted (G. 280). Cf. ἀκούει εἶναι in i. 3. 20, and note. — ὡς ἐλέγετο: probably personal, *as he was said*. Cf. i. 2. 8, note. — μυριάδας: Eng. der.?

6. ἐμπόριον, *mart*, Lat. and Eng. emporium, from ἔμπορος (περάω, πέρα, cf. πορεύω), *a traveller, merchant*, distinguished from the κάπηλος (cf. τὰ καπηλεῖα, i. 2. 24) by his importing goods in person. — ἦν: we might have had ἐστί. Cf. ἀθροίζονται in i. 1. 2, and note. — τὸ χωρίον: the subject; the predicate noun (here ἐμπόριον) generally omits the article. — αὐτόθι: formed with the suff. θι (G. 61). — ὁλκάς is (properly) *a ship that is towed* (ἕλκω), *merchantman*.

7. Μεγαρεύς: a gentile noun (see G. 129, 10). — τὰ . . . ἐνθέμενοι, *putting on board* (G. 199, 3) *their most valuable effects*. — ὡς μὲν, κ. τ. λ.: the correl. clause with δέ is omitted ; but μέν implies that there was another opinion in the camp. — ἐδόκουν: personal ; cf. note on δοκεῖ, i. 3. 11. — φιλοτιμηθέντες, *since they were jealous* (G. 277, 2) : ὅτι . . . εἴα Κῦρος is also causal (G. 250). — ἀπελθόντες: see i. 3. 7. — ὡς ἀπιόντας: purpose (G. 277, 3; 200, N. 3 *b*). Cf. ὡς ἀποκτενῶν, i. 1. 3. — καὶ οὐ: sc. ἰόντας from the preceding ἀπιόντας. — διῆλθε λόγος, *a report went abroad*. — ὅτι διώκοι: quoted (G. 243). — τριήρεσι: the means (G. 188, 1). — ὡς δειλοὺς . . . ληφθῆναι, *that they might be captured, because* (in the opinion of οἱ μέν, G. 277, N. 2) *they were cowards*. — εἰ ἁλώσοιντο: fut. of ἁλίσκομαι. For the mood, G. 226, 4, N. 1 ; 248, 2. For εἰ ἁλώσονται of the direct form, see G. 223, N. 1. Cyrus had already shown how severe he could be. Cf. i. 2. 20. A striking general instance of this is given in i. 9. 13.

8. ἀλλ' . . . ἐπιστάσθωσαν, *but, however, let them well* (emphasized by γέ) *know*. — ἀποδεδράκασιν, ἀποπεφεύγασιν: the first means *to escape by stealth*, like a runaway slave ; the second, *to escape by rapid flight*, so as not to be caught. The clauses that follow make this distinction clear. — ὅπῃ οἴχονται, *in what direction* (G. 87, 2) *they are gone* (G. 200, N. 3). — τριήρεις, πλοῖον: cf. note on i. 3. 17. — ὥστε ἐλεῖν: result (G. 266, 1). — μὰ τοὺς θεούς: note that the oath is neg. (G. 163). — οὐδ' . . . οὐδείς: emphatic neg. (G. 283, 9). — ἕως ἂν παρῇ τις, *as long as any one stays by me*, general suppos. in pres. time (G. 233). So ἐπειδὰν βούληται. — αὐτούς: pl. though referring to τίς. Cf. πάντας, i. 1. 5, and note. — κακῶς ποιῶ, *maltreat* (G. 165, N. 1¹). — περί, *in respect to, to*. — φρουρούμενα, *guarded*, i. e. under the protection of the resident garrison. Though the modifier of both τέκνα and γυναῖκας, φρουρούμενα is neut., since these are looked upon as articles of property. For Tralles, see the map, Lydia. — τούτων στερήσονται :

the passive (G. 197, 1) of the const. explained in G. 164, N. 2. — By this unlooked-for clemency Cyrus got the good-will of the Greeks (cf. what immediately follows) and lost little ; for though the generals deserted, their troops remained, numbering some 5000 or 6000.

9. εἴ τις ... ἀνάβασιν, *if (there was) any one (who) was even somewhat discouraged in regard to the expedition.* — τὴν ἀρετήν, *the magnanimity.*

Page **15.** — μετὰ ταῦτα : mark the asyndeton. — ὄντα, *which was* (G. 276, 1). — πλέθρου : pred. gen. of measure (G. 169, 3) after ὄντα modifying ποταμόν, τὸ εὖρος being an acc. of spec. (G. 160, 1); but below in § 10 τὸ εὖρος is the subj. of ἦν understood, πλέθρου having the same const. that it has here. For still another const., see i. 2. 5. — πραέων, *tame* (G. 70, N. 2).—ἐνόμιζον, εἴων : cf. ἦν in § 6, and the note. For the two accs. after ἐνόμιζον, see G. 166. — ἀδικεῖν : sc. τινά as subj. — Παρυσάτιδος ... δεδομέναι, *belonged to Parysatis* (G. 169, 1), *having been given her for girdle-money* (cf. our "pin-money").

10. Δάρδατος : the *Dardas*. See the map. Cyrus now gets into the valley of the Euphrates, but does not cross this river until eight days later at Thapsăcus. — ἦσαν : cf. for the number, i. 2. 23, and note. — ἄρξαντος : note the tense. Belēsys had probably fled on the approach of Cyrus, who in consequence treated the country as that of an enemy. — αὐτὸν ἐξέκοψε, *cut it off;* ἐκ-κόπτω means lit. *to cut trees out of a wood.* — κατέκαυσεν : κατα-καίω, *to burn down* (or, as we sometimes say, *to burn up*); but ἀνα-καίω, *to kindle* (*kindle up*), with reference to the direction of the flames.

11. Cyrus now openly declares the real object of the expedition, which must have already been apparent to the Greeks for some time. Cf. i. 3. 20, and i. 4. 5. They had continued on, however, intending at the Euphrates to demand higher pay (§ 12), which Cyrus now agrees (§ 13) to give them. — ὅτι ἔσοιτο : note the tense and give the dir. form (G. 243). — εἰς Βαβυλῶνα : not *at Babylon*, but connect with ἡ ὁδὸς ἔσοιτο directly.

12. ποιήσαντες ἐκκλησίαν : cf. συνήγαγεν ἐκκλησίαν in i. 3. 2. — ἐχαλέπαινον : a denom. verb in αἴνω (G. 130, 7) from χαλεπός. This anger of the soldiers was, doubtless, more or less feigned, to force from Cyrus the greater pay. — στρατηγοῖς : case (G. 184, 2). — αὐτοὺς ... κρύπτειν : what they said (speaking of them) was πάλαι ταῦτ' εἰδότες κρύπτουσι (G. 200, N. 4), *though they have known* (G. 277, 5) *this for a long time, they have been keeping it secret* (G. 246); or, if they addressed them directly, which is more spirited, πάλαι ταῦτ' εἰδότες κρύπτετε. Eng. der. from κρύπτω ? — οὐκ ἔφασαν ἰέναι : cf. the same phrase i. 3. 1, and note. — τίς : Cyrus, of course. — χρήματα : it was not an increase of their regular pay (μισθός) that they demanded, but a *bounty.* — ὥσπερ : sc. ἔδωκε, *as he had given it.*— προτέροις : pred. to ἀναβᾶσι (G. 138, 7); the verbal form would be οἱ ἀνέβησαν πρότεροι. Cf. προτέρα, i. 2. 25. The reference is to the 300 Greeks who accompanied Cyrus to Babylon at the time of his father's death. — καὶ ταῦτα, *and that too,* sc. ἐποίησε. — ἰόντων : sc. ἐκείνων, referring to the οἱ ἀναβάντες. The part. ἰόντων is concessive (G. 277, 5), but καλοῦντος causal (G. 277, 2) ; the latter is opposed to ἐπὶ μάχην, not to ἰόντων.

13. ὑπέσχετό δώσειν: he might have used δοῦναι or διδόναι (G. 203, N. 2). — πέντε μνᾶς: about $90.00. The μνᾶ of 100 drachmas was ⅙ of a talent ; the latter was a weight of silver which at the present day would be worth about $1080. — ἀργυρίου: genitive of material (G. 167, 4). - ἐπήν ἥκωσι: cond. rel. clause (G. 232, 3). So μέχρι ἂν καταστήσῃ (G. 239, 2). — τὸν μισθόν: a daric and a half a month (i. 3. 21). — ἐντελῆ: predicate adj. The der. of ἐν-τελής? — τὸ πολύ, *the greater part* (G. 142, 2, N. 3 b). — πρὶν εἶναι, *before it was* (G. 274). This const. occurs again in § 14 (in exactly the words used here) and in § 16. — πότερον . . . ἤ: double indir. quest. (G. 282, 5). — οὔ: accented at the end of the sentence (G. 29, N. 1). The meaning of the word *proclitic?* — τῶν ἄλλων: case (G. 182, 2). — Give the dir. form of all the quoted sentences in this and the preceding section.

Page **16.** — 14. πεισθῆτε: the aor. mid. of this verb is not used, but the aor. pass. has the sense of the mid., *obey.* — οὔτε . . . πονήσαντες, *without either toil or danger* (G. 277, 2). — τῶν ἄλλων: with στρατιωτῶν, *the rest of the soldiers* (G. 142, 2, N. 3). The gen. is in a sort of double const., first with πλέον (G. 175, 1), and then with προ-τιμήσεσθε (G. 177). The object is to emphasize the great advantage over the rest to be gained by following his advice. προτιμήσεσθε is a mid. with pass. force. — τοὺς Ἕλληνας: subj. of ἕπεσθαι, which in turn is the obj. of δεῖται.

15. ψηφίσωνται, *to vote,* properly by depositing the white or black pebble (ψῆφος) in the urn, but in fact of much broader application : ψῆφος, *a worn stone, pebble,* from ψάω, *to rub.* — ὑμεῖς . . . διαβαίνειν, *you* (emphatic) *will have credit of being the cause of it, since you were the first to cross* (G. 262, 2 ; 171, 1). — ὑμῖν . . . ἀποδώσει: χάριν οἶδα (fut. εἴσομαι) is the Lat. gratiam habeo, χάριν ἀποδίδωμι is gratiam refero. Transl. *Cyrus will feel his obligation to you and meet it.* — ἐπίσταται : sc. χάριν ἀποδιδόναι. — εἴ τις καὶ ἄλλος: cf. the clause at the end of i. 3. 15. — ἀπο-ψηφίσωνται, *vote* "*No.*" — τοὔμπαλιν, i. e. τὸ ἔμπαλιν (G. 11). — ὡς . . . πειθομένοις (G. 277, N. 2) *because (as he will feel) you alone carried out his wishes.* — πιστοτάτοις χρήσεται, *will treat you as most trustworthy:* see note on τῶν πιστῶν, i. 5. 15. — λοχαγίας : from λοχ-αγός, as στρατηγία from στρατ-ηγός. — ἄλλου . . . δέησθε (G. 232, 3), *whatever else you may want:* ἄλλου (for ἄλλο) agrees with οὗτινος by *inverted assimilation* (G. 153, N. 4); it may, however, be explained as a genitive after τεύξεσθε (G. 171, 1), although τυγχάνω generally takes the accus. when a gen. of the *source* is added (G. 176, 1), as Κύρου here.

16. ἐπείθοντο, διέβησαν: note the diff. in tense. — διαβεβηκότες, *that they had crossed* (G. 280). — ἤσθη: see i. 2. 18. — Γλοῦς, *Glus*, son of the admiral Tamos, ii. 1. 3. — Ἐγὼ μὲν . . . μελήσει: note the frequent expression of the pers. pron. in this section to emphasize the contrast. — ὅπως ἐπαινέσετε: this obj. clause (G. 217) is in fact here a gen. (G. 171, 2, N. 2).

17. εὐτυχῆσαι: from εὐ-τυχής, *fortunate* (G. 130, 2). — ἐλέγετο πέμψαι, *he was said to have sent,* personal construction. — μεγαλοπρεπῶς, *with great liberality,* from μεγαλο-πρεπής (G. 74, 1 ; 131, 1). — τὸ ἄλλο στ.έτευμα ἅπαν: the order of crossing was : Menon's force, Cyrus and the barbarians,

and then the rest of the Greek army. — ἀνωτέρω : the comp. of the adverb ἄνω (G. 75, N. 1). — τῶν μαστῶν : μαστός is one of the breasts, στέρνον (i. 8. 26) the breast, chest.

18. οἱ δὲ ... πλοίοις : what the inhabitants of Thapsacus said, supplying the ellipses necessary to the const., was οὐπώποθ' (οὐ-πώ-ποτε) οὗτος ὁ ποταμὸς διαβατὸς (διαβαίνω, G. 117, 3) ἐγένετο πεζῇ εἰ μὴ νῦν (except now, emphasizing οὐπώποτε), ἀλλὰ (διαβατὸς ἐγένετο) πλοίοις (G. 188, 1). Note the change of νῦν to τότε in passing from dir. to indir. disc. In the same way the person of the quoted verbs is often changed. — ἃ τότε ... διαβῇ : a statement added by the historian. — κατέκαυσεν : plup. in force. — ἵνα ... διαβῇ : note the mood (G. 216, 2). — ἐδόκει δὴ ... βασιλεύσοντι, it appeared accordingly that it (i. e. the lowness of the river) was a divine intervention (G. 139, 1), and that the river had plainly retired before Cyrus, because (he was) about to be king. The sentiment rather of the truculent Thapsacēni than of the historian.

19. ἐπεσιτίσαντο : because they were about to cross the desert of Arabia. See the map.

CHAPTER V.

SYNOPSIS: The march is continued through the desert of Arabia along the northern bank of the Euphrates (1). The horsemen hunt the wild animals in which the plain abounds (2, 3). The deserted city Corsōte on the river Mascas, is reached (4). Thence Cyrus marches thirteen days through the desert, and many of the beasts of burden perish from hunger (5). Grain failing, the soldiers live upon flesh (6). Once during this time the wagons are stuck in the mud, and the Persian nobles assist the barbarians in getting them out (7, 8). Cyrus marches with the greatest speed possible, hoping to find the King unprepared (9). The soldiers cross the Euphrates, on rafts made of skins, to Charmande, where they purchase food and wine (10). Here a dispute arises between the troops of Clearchus and Menon, and Clearchus narrowly escapes being killed (11-14). Cyrus comes up and succeeds in quelling the disturbance (15-17).

Page **17.** — 1. τῆς Ἀραβίας : occupied by roving tribes of Arabs, called by Strabo Ἄραβες Σκηνῖται (from σκηνή). See map. — ἔχων, with (G. 277, 6). — ἐρήμους, desert. Eng. der.? — τόπῳ, region. — ἦν μὲν .. θάλαττα, the ground was wholly a level plain, just like the sea : ἅπαν to be construed with πεδίον, where we should expect rather ἅπασα modifying γῆ. Cf. iv. 4. 1. — ἀψινθίου : cf. Tristia per vacuos horrent absinthia campos. Ovid. Pont., iii. 1. 23. — ἅπαντα : plur., though the preceding τ' is sing., if there was anything else, etc., they were all, etc. Cf. ὅστις ... πάντας, i. 5. — δένδρον ... ἐνῆν, but there was no tree (emphatic) in it.

2. πλεῖστοι, very many. — ὄνοι ἄγριοι : Crosby cites Job xxxix. 5-8. — στρουθοί : the στρουθός was properly a small bird of the sparrow kind but ὁ μέγας στρουθός, the ostrich. (Note the der. of the Eng. word ostrich. ἡ στρουθός also (fem.) was used without μεγάλη in the same sense. Cf § 3, below. — ἐπεὶ διώκοι, ἔστασαν (G. 124, 1) : for the opt. see G. 233

So ἐπεὶ πλησιάζοιεν, ἐποίουν. — ταὐτόν : for τὸ αὐτό (G. 79, 2, N., end). — καὶ οὐκ ... διαδεχόμενοι, *and it was impossible to capture them, unless the horsemen, taking their places at intervals, hunted* (G. 225) *them in succession* (διαδεχόμενοι, sc. ἀλλήλοις). — ἐλαφείοις : sc. κρέασι.

3. πολὺ γὰρ ... χρωμένη, *for it withdrew to a great distance in its flight, using its feet in running* (manner, G. 188, 1), *and its wings* (by) *raising them like a sail.* — ἄν (i. e. ἐὰν) ἀνιστῇ, ἔστι (G. 28, N. 1, end) : general supposition in present time (G. 225). — ἦν resumes the narrative style.

4. πλεθριαῖον : we might have had πλέθρου (cf. i. 2. 23). — ἐρήμη : not *uninhabited* as opposed to οἰκουμένη (i. 2. 6), but *abandoned.* — ὄνομα δ' αὐτῇ (sc. ἐστί) has Κορσωτή as pred. nom., as if it were ὀνομάζεται δέ (Krüg.). For a different const. used to express the same thought, cf. i. 4. 11. — περιερρεῖτο : the pass. of a verb made trans. (the simple ῥέω, *to flow*, is intrans.) by the prep. in comp., as in Eng., *was flowed about.* — κύκλῳ : manner (G. 188, 1). — ἐπεσιτίσαντο : Corsōte thus appears to have been a depot of supplies in the midst of the desert.

5. Πύλας, i. e. τὰς Βαβυλωνίας, *the pass into Babylonia*, on the north of the Euphrates. See map. — ὑπὸ λιμοῦ, *from hunger* (G. 191, VI. 7, 1 c). — ἄλλο, *besides.* — οὐδὲ οὐδέν (G. 283, 9). — ὄνους ἀλέτας, *mill-stones.* From the ass, as a beast of burden, the term ὄνος came to have various derived meanings, as *windlass* in Her. vii. 36 (ὄνοισι ξυλίνοισι), and here *the upper mill-stone :* ἀλέτας is a noun used adj., lit. *grinders.* — παρὰ τὸν ποταμόν : why the acc.?

Page 18. — 6. Λυδίᾳ : Cyrus the Great, after subduing the Lydians, forbade them, at the suggestion of Croesus himself (Her. i. 155), the use of arms, and required them to teach their sons the arts of music and selling at retail. So they became a race of hucksters. — καὶ πρίασθαι ... σίγλων : expressed in full this would be καὶ πρίασθαι (τὸν σῖτον) οὐκ ἦν, εἰ μὴ ... βαρβαρικῷ (πρίασθαι ἦν) τὴν καπίθην, κ. τ. λ. — ἀλεύρων : gen. of material (G. 167, 4). — τεττάρων σίγλων : gen. of price (G. 178). — δύναται, *is worth*, transitive. The *siglus* was worth in our money about 22½ cts. — Ἀττικοὺς : in agreement with ὀβολούς, though modifying also ἡμιωβόλιον. — ἐχώρει, *held*, lit. *had room* (χώραν) *for.* The *choenix* was about a quart, and this amount of meal or flour cost about 45 cents in the desert, or more than fifty times as much as it cost at Athens about this time. (See Boeckh's *Public Econ. of the Athen.*, Bk. I. § 15.) — κρέα ... διεγίγνοντο, *the soldiers subsisted therefore by eating* (or simply *on*) *flesh.*

7. ἦν .. οὕς, *some of these marches*, ἦν οὕς being a past form of the common ἔστιν οἵ (G. 152, N. 2). In such irregular phrases the verb keeps a fixed form, without regard to the unexpressed subject. — οὕς : cogn. acc. (G. 159) to ἤλαυνεν. — μακρούς : pred. adj. (G. 138, Rem.). — ὁπότε βούλοιτο : cf. ἐπεὶ διώκοι in § 2, and note. — καὶ δή : adding a special fact, *and once in particular.* — ταῖς ἁμάξαις δυσπορεύτου, *hard* (G. 131, 4 b) *for the wagons* (G. 184, 3) *to get through.* — στρατοῦ : part. gen. with a verb (G. 170, 1). — συν-εκ-βιβάζειν, *to aid in getting out.* So two lines below συνεπισπεῦσαι, *to aid* (σύν) *in hurrying on.*

8. ὥσπερ ὀργῇ, *just as if* (sc. κελεύων as protasis, G. 277, N. 3) *in an* (manner, G. 188, 1). — θεάσασθαι: prop. *to look upon* (with interest wonder), while ἰδεῖν is *to see* in general. — πορφυροῦς: from πορφύρα, *purp'e fish*, murex (cf. G. 129, 14). — ἵεντο, *sent themselves, rushed.* ὥσπερ ... νίκης, *just as one would run* (i. e. in a foot-race at the pul games) *to get the victory.* περὶ νίκης implies the prot. (G. 226, 1), *if should be running for* (περί, *about, concerning*, expressing the *aim*) *victo* — καὶ ... γηλόφου, *even* (modifying the entire phrase that follows) *do a very* (μάλα) *steep hill.* — ἔχοντες ... ἀναξυρίδας, *having on both the co: tunics and colored trousers which they are in the habit of wearing*: τούτ marks the dress as one generally known. — ἔνιοι: see note on ἣν οὕς § 7, and G. 152, N. 2. — εἰσ-πήδησαν εἰς: cf. ἐκ-βαλεῖν ἐκ, i. 2. 1, (note. — θᾶττον ἤ ... ᾤετο, *more quickly than* (omit ὡς, as, in Eng.) *would have thought* (*it possible, if he had not seen it*). For ἂν ᾤετο (οἴμαι) see G. 226, 2 *b.* — μετεώρους ἐξεκόμισαν, i. e. *lifted and carried out* 9. τὸ σύμπαν, *upon the whole, in general* (G. 160, 2). — δῆλος ... στ δων, *Cyrus himself* (ἅς) *showed that he was making haste* (G. 280, N. 1 (N. 4). — ὁδὸν: acc. of extent of space (G. 161). — ἀναγκαίου: from ἀνά· (G. 129, 12). — ὅσῳ ... τοσούτῳ, quanto ... tanto, *the* ... *the* (G. 1 2). — ὅσῳ ... μαχεῖσθαι: the thought of Cyrus was, in the dir. form, ἔ ἂν θᾶττον ἔλθω, τοσούτῳ ... μαχοῦμαι (G. 247). — ἀπαρασκευοτέ(pred. adj. — σχολαίτερον: comparative adv. (G. 75) formed as if fi σχολῇ rather than σχολαῖος. See the lexicon. — συναγείρεσθαι: in dir. form, ὅσῳ ἂν σχολαίτερον ἔλθω, τοσούτῳ πλέον συναγείρεται βασι στράτευμα, *the greater* (*will be the*) *army* (*that*) *is now collecting for King*, where συναγείρεται expresses an action in progress, but implies *future* size of the army which is now collecting, and would, therefore, b natural apod. to ὅσῳ ἂν ἔλθῃ (G. 232, 3; cf. 223). — καὶ συνιδεῖν ... σα, *but, further* (καί), *the attentive observer could see at a glance* (συν-ιδ that *the King's empire was strong in its extent of territory and number inhabitants*, etc. συνιδεῖν is first introduced as subj. of ἦν, *it was poss to see*, and the natural constr. would have been τὴν ἀρχὴν ἰσχυρὰν οὖσ But after τὸν νοῦν the writer's point of view changes, and the rest of sentence is constructed (by *anacoluthon*) as if for συνιδεῖν ἦν the nea equivalent δήλη ἦν had been used (G. 280, N. 1). — προσέχειν τὸν νο animum advertere or animadvertere. — πλήθει, both *extent* and *numi* takes the two gen. by *zeugma* (ζεῦγμα, *joining*). — διεσπάσθαι: perf. διὰ ταχέων, *with speed*, lit. *through quick* (*measures*). — εἰ ... ἐποιεῖτο, i in case of a vigorous attack.

Page 19. — 10. πέραν τοῦ ποταμοῦ, *across the river* (G. 182, 2), i. e. its southern bank. — κατά, *over against, opposite.* — ἐρήμους σταθμούς: § 1 and § 5, above. — ὄνομα δὲ Χαρμάνδη: see note on § 4, above. — φθείρας: Eng. der.? — σκεπάσματα, *as coverings* (G. 137, N. 4). — διφθέρ χόρτου: double obj. (G. 172, 2). — συνέσπων: see συ-σπάω (G. 16, 5, N. — ὡς μὴ ἅπτεσθαι: result (G. 266, N. 1). — ἐκ, ἀπό: the one *out of*, other *off of* (G. 191, I. 2 and 3). — τοῦτο ... πλεῖστον, *for this* (*thing*) *very abundant in the country*, τοῦτο neuter, though referring to μελίνης.

11. ἀμφιλεξάντων τι, *having had some dispute.* — ἀδικεῖν ... Μένωνος, *that Menon's soldier* (probably one of two who began the quarrel) *was in the wrong* (G. 260, 2). Note the perf. force of ἀδικεῖν, to be ἄδικος, *to have done wrong* (*Moods and Tenses*, § 10, 1, N. 4). — ἐνέβαλεν : probably on the spot, with his own staff, after the Spartan fashion. Cf. ii. 3. 11. — ἐχαλέπαινον ... Κλεάρχῳ, *took it hard* (χαλεπός), *and were exceedingly angry at Clearchus* (G. 184, 2).

12. ἡμέρᾳ : dat. of time (G. 189). — διάβασιν : a *crossing*, first the *act* (see G. 129, 3) and then, as here, the *place*. — τὴν ἀγοράν, *the marketing* (see § 10). — σὺν ... αὐτόν, *with few* (G. 138. Rem.) *about him*, lit. *with those about him (being) few.* — προσ-ήλαυνε, δι-ελαύνοντα (G. 280) : note the force of the prepositions in comp. — ἵησι τῇ ἀξίνῃ, *hurls his axe at him*, lit. *sends (at him*, sc. αὐτοῦ, G. 171, 1) *with his axe* (G. 188, 1). — αὐτοῦ (G. 171, 1). — λίθῳ : sc. ἵησι.

13. καταφεύγει : diff. in meaning from ἀπο-φεύγω, i. 4. 8 ? — αὐτοῦ, *there*, i. e. where they were. — τὰς ἀσπίδας ... θέντας : the left knee was slightly advanced, the shield set firmly in rest upon it, and the spear held in readiness for defence. Clearchus saw that he might be repulsed and obliged to fall back upon his heavy-armed troops. — τοὺς ὁπλίτας : not mentioned in i. 2. 9. — οἱ ἦσαν αὐτῷ = οὕς εἶχεν. — οἱ πλεῖστοι : sc. ἦσαν. — ἐκπεπλῆχθαι, *were thoroughly frightened* (G. 202, 2, N. 2 ; 266, 1). — οἱ δέ, *but others*, as if τοὺς μέν stood with τρέχειν. — ἔστασαν, *stood (still).* See G. 124, 1. — τῷ πράγματι : cause (G. 188, 1).

14. ἔτυχε ... προσιών, *happened to be coming on later* (G. 279, 4). — αὐτῷ (G. 186). — ἐπομένη : in the same construction as προσιών. ἔτυχε ... ὁπλιτῶν is parenthetic, and οὖν resumes the narration. — εἰς τὸ μέσον, *between.* — ἄγων : sc. τὴν τάξιν.

Page **20.** — ἔθετο τὰ ὅπλα, *halted under arms.* τίθεσθαι τὰ ὅπλα literally means *to ground arms*, i. e. to stand with the spear and shield resting on the ground. But it sometimes means *to take up any military position* or simply *to appear under arms* (properly in military line), where the original meaning disappears. In § 17, below, κατὰ χώραν ἔθεντο τὰ ὅπλα means *they moved back to their former places*, i. e. to their quarters, where they had been before the quarrel. It is probable that τίθεσθαι τὰ ὅπλα never means *to stack* or *pile arms.* — αὐτοῦ ... καταλευσθῆναι, *when he* (i. e. Clearchus) *had barely escaped*, lit. *had wanted little* (G. 172, 1) *of, being stoned to death.* — λέγοι : optative in a causal sentence (G. 250, N.). — αὐτοῦ refers to Clearchus ; but the preceding use of αὐτοῦ is strange, and Krüger proposes to omit it. Others have αὑτοῦ here. — ἐκ τοῦ μέσου, *out from between (them).*

15. ἐν τούτῳ, *during this time* (sc. τῷ χρόνῳ), *meanwhile.* — καὶ Κῦρος, *Cyrus also.* — τῶν πιστῶν : part. gen. (G. 168). The trusty counsellors or attendants of a Persian prince were called οἱ πιστοί. In the *Persians* of Aeschylus, the twelve elders who form the chorus say of themselves (vs. 1) τάδε ... Πιστὰ καλεῖται (for καλούμεθα Πιστοί).

16. Πρόξενε : Proxenus now seemed more prominent than Menon. — κατακεκόψεσθαι, *shall be instantly cut to pieces* (G. 200, N. 9). — κακῶς ...

ἐχόντων = ἐὰν τὰ ἡμέτερα κακῶς ἔχῃ (G. 226, 1). — τῶν παρὰ βασιλεῖ ὄντων, i. e. ἢ οἱ παρὰ βασιλεῖ ὄντες.
17. ἐν ἑαυτῷ ἐγένετο, *came to himself, recovered his senses*, Lat. ad se rediit. — παυσάμενοι : sc. τῆς μάχης. — κατὰ χώραν ἔθεντο τὰ ὅπλα : see note on § 14, above.

CHAPTER VI.

SYNOPSIS: As the army advances, traces of the King's cavalry are observed. Orontas, a Persian nobleman, turns traitor to Cyrus and offers to go forward with a thousand horse and cut off the cavalry that is laying the country waste by fire, and to this Cyrus consents (1, 2). Orontas then writes to the King, saying that he shall desert to him with his command; but his messenger betrays him and carries the letter to Cyrus, who arrests the traitor and summons seven Persian noblemen and Clearchus to his tent to try him (3, 4). Clearchus afterwards relates how the trial was conducted (5). Cyrus, he says, stated how Orontas had on two previous occasions proved false to him, but had been again received into favor, and then asked the prisoner if he had since received any injury from him. Orontas acknowledged that Cyrus had never been unjust to him, and that he had no reason to expect further mercy (6-8). Cyrus then referred the case to those present, and Clearchus advised that the culprit should be put to death, in which opinion the others concurred. Orontas is led away to the tent of Artapātes, and is never seen again (9-11).

1. Ἐντεῦθεν : from opposite Charmande. See map. — προϊόντων (sc. αὐτῶν), *as they advanced*, but two lines below, προϊόντες, *keeping ahead* (of the army). — ἐφαίνετο, *there appeared continuously* (G. 135, 2, and N. 1). — ὡς . . . ἵππων, *of about 2000 horse* (G. 169, 1). — οὗτοι : to be referred to the ἱππεῖς implied in ἵππων. — εἴ τι ἄλλο, i. e. *whatever else* (cf. i. 5. 1). — γένει : dat. of respect (G. 188, 1, N. 1). But for βασιλεῖ, see G. 184, 2. — τὰ πολέμια λεγόμενος, *reckoned, in matters pertaining to war* (G. 160, 1). — Περσῶν: part. gen. (G. 168). — καὶ πρόσθεν, *previously also*. — πολεμήσας, καταλλαγεὶς δέ (G. 277, 6).

2. εἰ αὐτῷ δοίη, κ. τ. λ.: Orontas said, εἰ ἐμοὶ δοίης, ἢ κατακάνοιμι (see κατα-καίνω) ἂν ἢ ἕλοιμι, κ. τ. λ. (G. 245). — ὅτι: in unusual pos.; we should expect rather ὅτι εἰ αὐτῷ, κ. τ. λ. — ἄν: to be taken also with each of the following opts. (G. 212, 4). — τοῦ κάειν ἐπιόντας, *from attacking* (ἐπιόντας modifying the subj. of κάειν) *and burning* (G. 263, 1). — ποιήσειεν . . . δύνασθαι, *would cause that they should never be able*, etc. ὥστε would generally be omitted in this construction. — ταῦτα : subj. of ἐδόκει.

3. ἥξοι, δύνηται : change of mood in part (G. 247, N. 1). — ὡς ἂν δύνηται πλείστους (G. 232, 3) might have been simply ὡς πλείστους. See note on i. 1. 6. — ὑπο-δέχεσθαι : for the force of ὑπό in comp., cf. ὑπο-λαβών, i. 1. 7. — ἐν-ῆν ἐν : cf. i. 2. 1, and i. 5. 8.

Page **21**. — τῆς πρόσθεν : cf. i. 3. 19, and i. 4. 8. — ὁ δέ, *but he* (G. 143, 1, N. 2).

4. ἑπτά, *seven of them*, added to restrict τοὺς ἀρίστους. — θέσθαι τὰ ὅπλα, *to stand under arms*. Cf. ἔθετο τὰ ὅπλα in i. 5. 14, and note. —

τρισχιλίους: the great number of men detailed (one quarter of the entire Greek force) would seem to show apprehension on the part of Cyrus. Orontas was a man of influence, and doubtless had many friends among the barbarians. It should be noticed, however, that some of the seven Persians summoned to judge Orontas were his relatives (cf. οἱ συγγενεῖς in § 10).

5. καὶ αὐτῷ καὶ τοῖς ἄλλοις, *not only to him* (i. e. Cyrus) *but also to the rest* (i. e. of the Persians); that is, it was generally known that Clearchus was the most prominent man among the Greeks. — τῶν Ἑλλήνων: part. gen. with μάλιστα (G. 168), the thought being strengthened by πρό in προτιμηθῆναι, *was honored before (the rest)*. — τὴν κρίσιν ὡς ἐγένετο: for ὡς ἡ κρίσις ἐγένετο, *how the trial was conducted*. Cf. note on τῶν βαρβάρων in i. 1. 5. — κρίσις (see G. 129, 3). — οὐ γὰρ ἀπόρρητον ἦν, i. e. ὡς ἡ κρίσις ἐγένετο. — τοῦ λόγου, *the conference* (G. 171, 1).

6. σὺν ὑμῖν βουλευόμενος, *taking counsel with you*. — ὅ τι ... ἀνθρώπων, *whatever is just*, etc., rel. clause, summed up emphat. in τοῦτο. — πρός, *in the sight of* (G. 191, VI. 6, 1, a). — πράξω: subj., not fut. (G. 216, 2). — τουτουί: with an emphatic gesture (G. 83, N. 2). — ἐμός: with the art. (G. 147). — εἶναι: purpose (G. 265). — ἐμοί: with ὑπήκοον (G. 185). — ὡς ἔφη αὐτός, *as he himself said* (G. 145, 1). In such cases αὐτός is always adj. (= ipse), never substantive; although in English we can often render it (as here) by an emphatic *he*. Cyrus discredits the statement. Cyrus, probably, in his capacity of military commander (κάρανος) of Western Asia Minor had put Orontas in charge of Sardis. When, therefore, Artaxerxes became King and Orontas renounced the authority of Cyrus, it was an easy matter for him to take forcible and absolute possession of the city. — καὶ ἐγὼ ἐποίησα, *and I brought it about*, dependent on ἐπεί, above. The principal clause begins at μετὰ ταῦτα in § 7. — αὐτόν: not the obj. of προσπολεμῶν, which takes the dat. Cyrus began to say, ἐγὼ αὐτὸν (*him*, emphat.) προσπολεμῶν (manner) ἐποίησα τοῦ πρὸς ἐμὲ πολέμου παύσασθαι (αὐτόν being subj. of παύσασθαι), but changed the constr. to an anacoluthon by inserting ὥστε δόξαι τούτῳ (on which see note on § 2). — δεξιὰν ... ἔδωκα: among the Persians a pledge of especial solemnity.

7. μετὰ ταῦτα, *since that*, i. e. the pledge given and received. Notice the abrupt change of address from the council to Orontas. — ἔστιν ... ἠδίκησα, *is* (G. 28, N. 1, end) *there any wrong which I have done you?* — οὔ(G. 29,N. 1): sc. ἔστι (or εἴη); or we may consider οὔ as a direct quotation, "*No*"(G. 241, 2, N.), like οὐδ' ... δόξαιμι, below, in § 8. — ἠρώτα, *went on asking*, but the aor. ἠρώτησεν in § 8 with reference to the single question, *asked*. — Οὐκοῦν: expecting an affirm. answer (G. 282, 2). The diff. between this word and οὔκουν? See the lexicon. — οὐδὲν ἀδικούμενος (G. 277, 5): see note on τί ἀδικηθείς in § 8. For ἀδικούμενος see the note on ἀδικεῖν, i. 5. 11. — κακῶς ἐποίεις(G. 165, N. 1).—ὅ τι ἐδύνω, *in what* (G. 160, 1) *you were able*. — ἔφη, said "*Yes*." — ἔγνως, *came to know, had ascertained, saw*. — μεταμέλειν σοι: in the dir. form, μεταμέλει μοι (G. 184, 2, N. 1). — ὁμο-λογέω: der.?

8. ἀδικηθείς (G. 277, 2), though pass., has τί as cogn. accus. (G. 159;

197, 1, N. 2). So, below, οὐδὲν ἀδικηθείς, and οὐδὲν ἀδικούμενος in § 7. — ἐπιβουλεύων (G. 280, N. 1): cf. δῆλος ἦν ἀνιώμενος in i. 2. 11.

Page **22**. — οὐδὲν ἀδικηθείς: either a direct quotation, or an indirect quotation with ἐπιβουλεύων . . . γέγονε understood. — περὶ ἐμέ: cf. περὶ ἡμᾶς, περὶ ἐκείνους in i. 4. 8. — γεγενῆσθαι (G. 246). — ˚Η γάρ, (I confess) *for in truth,* etc. — ἂν γένοιο (G. 226, 2 *b*). — ἀδελφῷ (G. 186). — ὅτι (G. 241, 2, N.).

9. πρὸς ταῦτα, *in view of this, thereupon.* — πρῶτος, *the first:* what would πρῶτον mean? — ἀπόφηναι: voice? Distinguish from ἀποφῆναι and ἀποφήναι. — ὅ τι σοι δοκεῖ: indir. quest. depending on the idea of *declare* in ἀπόφηναι γνώμην. — τοῦτον: expressed three times, contemptuously. — ἐκποδὼν ποιεῖσθαι, *to put out of the way.* — ὡς δέῃ, ᾖ: final (G. 216). — ἡμῖν, i. e. to you and me, said arrogantly. Why dat.? — τὸ κατὰ τοῦτον εἶναι, *as far as this fellow is concerned* (G. 268, N.). — τοὺς ... τούτους, *these* (with a gesture) *who are your friends of their own free will,* lit. these *your volunteer friends* (ἐθελοντάς, noun, not ἐθέλοντας). — εὖ ποιεῖν: cf. κακῶς ἐποίεις in § 7.

10. ἔφη, i. e. Clearchus, when the trial was over. — ἔλαβον ... Ὀρόνταν, took *Orontas by the girdle* (G. 171, 1, N.). — ἐπὶ θανάτῳ, *as a sign that he was capitally condemned,* but, below, ἐπὶ θάνατον, with a verb of motion, *to execution.* — καί, *even.* — οἷς προσετάχθη, *to whom it was appointed,* sc. ἐξάγειν. — προσεκύνουν, προσεκύνησαν: why a change of tense? προσκυνέω in application to Orientals means *to prostrate one's self.* — καίπερ εἰδότες, *although they knew* (G. 277, N. 1 *b*). — ἄγοιτο: why opt.?

11. σκηπτούχων: der.? Der. of σκῆπτρον? — οὔτε οὐδείς: emphatic neg. (G. 283, 9). So οὐδὲ οὐδείς, following. — ὅπως (*how*) ἀπέθανεν: perhaps he was buried alive; see Her. vii. 114, where the historian states that this was a Persian custom. — εἰδώς, *from his own knowledge.* — ἄλλοι ἄλλως, *some in one way, others in another.*

CHAPTER VII.

SYNOPSIS: Cyrus proceeds through Babylonia, and at the end of the third day's march reviews his troops (1). He receives information respecting the King's army, and assembles his Greek officers for consultation (2). He exhorts them to display their zeal in his service (3), describes the manner of a Persian onset, and promises to reward them magnificently in case of victory (4). Gaulites says there are doubts as to the sincerity of Cyrus and his ability to fulfil his promises (5), whereupon the latter reviews the extent of country he hopes to conquer and promises a crown to each Greek (6, 7). The Greeks are much encouraged by these assurances (8). Cyrus expresses a decided opinion that his brother will not refuse to engage with him (9). The Greeks and barbarians are numbered (10), and some account is given of the King's forces (11-13). Cyrus advances a day's march further, and at midday comes to a deep trench dug by the King, beyond which he succeeds in making his way (14-16). The King does not come to an engagement, and traces of his retreat are observed (17). Cyrus rewards the soothsayer Silanus (18), and, concluding that the King has given up the intention of fighting, proceeds with less caution (19, 20).

1. **Ἐντεῦθεν**: probably from near Pylae (i. 5. 5). See i. 6. 1, and note. — **μέσας νύκτας**, *midnight*, pl. with reference to the various watches (φυλακαί) into which the night was divided. — **ἐδόκει**, *he thought*. See lexicon. δοκίω. — **εἰς ... ἕω**, *at daybreak* (G. 42, 2, N. 1); **εἰς** with reference to the time when the dawn shall have been *reached* (G. 191, III. **1**, *b*). — **μαχούμενον**: future (G. 277, 3). — **κέρως**: form and case? See G. 56, 2; 171, 3. -- **τοῦ εὐωνύμου**, i. e. of the Greeks, who were next the river. Cyrus drew up (**διέταξε**, disposuit) his barbarian force (**τοὺς ἑαυτοῦ**) on the left of the entire Greek force.

2. **ἡμέρᾳ**: case (G. 186). — **αὐτό-μολοι**: **αὐτός** and **μολ-**, *go;* cf. **ἔμολον**, 2 aorist of **βλώσκω**. See also G. 131, 1.

Page **23**. — **πῶς ἂν ... ποιοῖτο**, *how* (G. 282, 1) *he should make the fight*, i. e. if there should be one (G. 226, 2 *b*). —**παρῄνει ... τοιάδε**, *exhorted and encouraged them as follows* (G. 148, N. 1).

3. **ἀνθρώπων**: with **ἀπορῶν** (G. 172, 1), *not because in want of barbarians*. He adds **ἀνθρώπων** contemptuously to **βαρβάρων**, but calls the Greeks **ἄνδρες**. See note on § 4. — **ἀμείνους καὶ κρείττους**, *braver and mightier* (der. from **κράτος**). — **διὰ τοῦτο**: takes up **νομίζων**, *because I thought, ... on this account.* — **προσ-έλαβον**: force of the prep.? — **ὅπως ἔσεσθε**: sc. **σκοπεῖτε** (G. 217, N. 4, ex.). — **ἧς ... ἧς**, *which* (G. 153) *you possess* (see **κτάομαι**) *and on account of which* (G. 173, 1), etc. — **ὥστε**: see **οἶδα**. — **ἐλοίμην ἄν**: prot. not expressed (G. 226, 2 *b*.— **ἀνθ' ὧν ... πάντων**, *in preference to all that* (G. 154, N.) *I have*. The Persian government was an absolute despotism, and regarded all in dependence upon the King as his slaves. In i. 9. 29, Cyrus is called the **δοῦλος** of Artaxerxes. — **πολλαπλασίων**: a multiplicative in **πλάσιος**, derived from **πολύς**. Cf. **δι-πλάσιος**, *twice* (**δίς**) *as many*, etc.

4. **ὅπως ... εἰδῆτε** (see **οἶδα**): not object clause, as above (**ὅπως ἔσεσθε**), but final (G. 216, 1). — **εἰς οἶον ... ἀγῶνα**, *into what sort of a struggle you are going;* indir. quest. (G. 282, 1). Cf. below, **οἵους γνώσεσθε ἀνθρώπους**. — **τὸ πλῆθος**: sc. **ἐστί**. — **ἐπίασιν** (G. 200, N. 3 *b*).— **ταῦτα**, i. e. their numbers and outcry. — **τἆλλα ... ἀνθρώπους**, *as to all else, I feel* (lit. *seem to myself to be*) *even ashamed (when I think) what sort of men* (**ἀνθρώπους** with emphasized contempt at the end of the sentence) *you will find those in our country are* (G. 280). — **ἡμῖν** is the ethical dat. (G. 184, 3, N. 6). — **ὑμῶν δὲ ... γενομένων**, *but since you are* (G. 277, 2) *men* (emphatic), *and if you shall prove yourselves* (= **ἐὰν γένησθε**, G. 277, 4) *of good courage*. With **ἀνδρῶν** and **ἀνθρώπους** here cf. what Herod. (vii. 210) says of the Medes at Thermopylae, **ὅτι πολλοὶ μὲν ἄνθρωποι εἶεν, ὀλίγοι δὲ ἄνδρες**. — **ὑμῶν τὸν βουλόμενον**, *whoever of you* (G. 168) *shall wish* (G. 276, 2). — **τοῖς οἴκοι**, *his friends at home* (masc.); but, just following, **τῶν οἴκοι** (neut.), *things at home*. **τοῖς οἴκοι** is a dative of the agent with the verbal **ζηλωτός**; this is the regular construction with the verbal in -**τέος** (G. 188, 3 and 4).

5. **πιστὸς δὲ Κύρῳ**, *in the confidence of Cyrus*. It was probably at the direction of Cyrus that Gaulites spoke. — **καὶ μὴν**: lit. *and in truth;* free Eng., *but yet*. — **διὰ ... προσιόντος**, *on account of your being* (G. 262, 1)

at such (a critical point) of the danger that is approaching. κινδύνου limits τοιούτῳ (G. 168), but προσιόντος is still causal (G. 277, 2), the thought being, *you promise*, etc., *because the danger is approaching.* — ἄν εὖ γένηταί τι: a purposely vague ref. to his present undertaking. — μεμνήσεσθαι (fut. perf.), serving as simple future to μέμνημαι (G. 200, N. 6). — ἔνιοι δέ: sc. φασί. — οὐδ' εἰ . . . δύνασθαι ἄν (G. 211), *not even if*, etc., *would you be able* (G. 246; 224). — μεμνῇο: formed without connecting-vowel (cf. G. 118, 1. N.), μεμνη-ιμην, μεμνῄμην, μεμνη-ιο, μεμνῇο, etc. The common forms μεμνῴμην, μεμνῷο, etc.

6. ἔστι (G. 28, N. 1, end) πρὸς μεσημβρίαν, *is (extends) towards the south.* ἡμῖν is a dat. of advantage (G. 184, 3). Derivation of μεσ-ημβρία ? — μέχρι οὗ, *to the point at which (down to where)*, neut. relative with prep. (G. 191, I. 5): in full μέχρι τούτου τοῦ τόπου ἐν ᾧ. — τὰ . . . πάντα, *but all between these (limits)*: cf. τὸ μέσον τῶν τειχῶν in i. 4. 4.

7. τούτων: with ἐγκρατεῖς (G. 180, 1). — μὴ οὐκ ἔχω ὅ τι δῶ (indirect question, G. 244), *that I shall not* (G. 215, N. 1) *know* (lit. *shall not have*) *what to give;* the direct form for ὅ τι δῶ would be τί δῶ; *what shall I give?* (G. 256). So οὐκ ἔχω ὅ τι εἴπω (or τί εἴπω), non habeo quod (or quid) dicam. Here οὐκ ἔχω is nearly equivalent to ἀπορῶ, *to be at a loss*, and the indirect question in ὅ τι δῶ, etc. is plain. But the analogy of the familiar expression οὐκ ἔχω ὅ τι δῶ, *I have nothing to give* (in which the interrogative and relative constructions are sometimes hard to distinguish), gave rise occasionally to the corresponding expression ἔχω ὅ τι δῶ, *I have something to give*, in which the relative character greatly preponderates ; and here we have (below) ἔχω ἱκανοὺς οἷς δῶ, *I have enough to give to*, where the construction is purely relative. See *Moods and Tenses*, § 65, 1, N. 3 (a). — ἂν εὖ γένηται (sc. τὰ πράγματα). — στέφανον: not, of course, as a badge of sovereignty, but as a mark of distinguished military service, like the medals and crosses of to-day. A crown was often bestowed in this way as a reward of merit among the Greeks.

Page **24**. — 8. ἦσαν, i. e. the generals and captains. Cf. § 2. — σφίσιν: indirect reflexive (G. 144, 2). — ἐμπιμπλὰς τὴν γνώμην, *satisfying the mind*.

9. παρεκελεύοντο . . . τάττεσθαι: had Cyrus followed this advice, the whole course of Persian history might have been changed. — μάχεσθαι, i. e. in person. — ἑαυτῶν: with ὄπισθεν (G. 182, 2). — γάρ: with ref. to an unexpressed statement: (all this advice is unnecessary) or (there is no real danger) *for do you think*, *Cyrus*, etc. We should say, *What! do you think*, etc. — Νὴ Δία (G. 163), *Yes, by Zeus (he will fight)*, sc. μαχεῖται. — ἐμὸς ἀδελφός, *a brother of mine:* ὁ ἐμὸς ἀδελφός would be *my brother*. — ταῦτα: with a gesture.

10. ἐν τῇ ἐξοπλισίᾳ, *under arms*, in procinctu. — ἐγένετο, *was found to be*. — ἀσπὶς . . . τετρακοσία, 10,400 *shield*, just as we say "a thousand horse." — The sum total here given cannot be made to tally with the numbers previously given separately; and it is unsatisfactory to speculate on the causes of the discrepancy.

11. ἑκατὸν καὶ εἴκοσι μυριάδες: probably overstated. Ctesias, the King's private physician (mentioned in i. 8. 26), gave the number as 400,000. — ἄλλοι, besides. Cf. i. 5. 5. — αὖ, moreover.
12. τοῦ: with στρατεύματος. — ἄρχοντες ... ἡγεμόνες: notice καί before both the last two titles, while the proper names below have no conjunction. These are both common forms in Greek, while in English we generally use and only before the last noun in such a series.— μάχης: after ὑστέρησε (der. from ὕστερος) implying comparison (G. 175, 2).— ἡμέραις (G. 188, 2).
13. οἱ ... βασιλέως, those who had deserted from the ranks of (lit. out of) the enemy from (the side of) the great King, etc. τῶν πολεμίων, at the end of the section, depends on οἵ (G. 168). The number of prepositional phrases in this short section is worthy of note.— ταῦτά: distinguish carefully from ταῦτα above.
14. συντεταγμένῳ τῷ στρατεύματι: the noun is a dat. of accompaniment (G. 188, 5), and the part. expresses the attendant circumstance (G. 277, 6). This force of the part. will be easily seen, if the idea of accompaniment is dropped and the gen. abs. is substituted, συντεταγμένου τοῦ στρατεύματος.
Page **25.** — μέσον (G. 142, 4, N. 4). — τάφρος: the word in itself signifies an *artificial* ditch (cf. θάπτω, τάφος), but this idea is emphasized by ὀρυκτῇ.— ὀργυιαί: in apposition to τάφρος, where we should expect rather ὀργυιῶν (G. 167, 5). Cf. ποδῶν at the end of § 15. The ὀργυιά, the length of the outstretched arms (ὀρέγω, *to stretch out*), measured about a fathom (6 feet) and was equal to four πήχεις.
15. παρετέτατο (G. 109, 6 and 4). — ἐπί, *upon, over, to the length of.* — τοῦ τείχους: see note on ii. 4. 12. The ditch was dug northward, obliquely (not at right angles, like the wall) to the Euphrates, which here runs about S. E. — διώρυχες: sc. εἰσί. Derivation of δι-ῶρυξ? — ῥέουσαι, *which flow* (G. 276, 1). — ῥέουσαι, πλεῖ (G. 98, N. 1). — σιτ-αγωγά: derivation? See also G. 131, 1. — διαλείπουσι, *are distant* (from one another), lit. *leave an interval.* — ποταμοῦ, τάφρου (G. 182, 2). — Why the ditch had not been completed to the river is not stated. The most reasonable of the many conjectures that have been made with reference to this is, that Cyrus had surprised the King by his rapid marching, and that the latter had in consequence abandoned the work in alarm when almost completed.
16. προσελαύνοντα (G. 280). — παρῆλθε καὶ ἐγένοντο: the point of view shifts ; Cyrus being prominent as subject of παρῆλθε, and the whole army as subject of ἐγένοντο.
17. μέν: see τῇ δὲ τρίτῃ in § 20. — ἦσαν: plural, perhaps, because two kinds of tracks are mentioned.
18. Ἀμβρακιώτην: force of suffix ? See G. 129, 10. — μάντιν: der. ? — δαρεικούς: the στατὴρ Δαρεικός, commonly called Δαρεικός, was a Persian gold coin, containing about 125.5 grains of gold. It would, therefore, now be worth about $5.40 in our gold ($1.00 having 23.22 grains). Here Cyrus pays a bet of 10 talents (60,000 drachmas) with 3000 Darics, which shows that the Daric was worth 20 drachmas, or $3.60 in silver. The difference in these two results comes from the change in the proportional values of

gold and silver. In antiquity the proportion was about 10 : 1; now it is about 16 : 1. As the Daric was a gold coin, of course the former value (about $5.40) is the correct one. The Daric is commonly supposed to have derived its name from Darius, the father of Xerxes. In the same way we have *Napoleon, Louis d'or*, etc., as names of coins. — ἀπ' ἐκείνης, i. e. *before that (day)*. — ὅτι τῇ . . . εἶπεν: causal (G. 250). — ἡμερῶν (G. 179, 1). Cf. ἡμέρᾳ, above (G. 189), and σταθμόν, § 14 (G. 161). — Οὐκ . . . μαχεῖται, *he will not fight then at all* (lit. *hereafter*); see οὐκ ἔτι in lexicon. — οὐ: οὐ rather than μὴ μαχεῖται (G. 219, 3, N.), because he is consciously repeating the statement of Silanus (G. 223, N. 1). — ἀληθεύσῃς, *shall prove to be speaking the truth*; the future apodosis is in δώσειν or δοῦναι understood with ὑπισχνοῦμαι. — παρῆλθον: see note on i. 1. 3.

19. ἐκώλυε: attempted action. — ἔδοξε: personal. — ἀπεγνωκέναι τοῦ μάχεσθαι, *to have abandoned the idea of fighting* (G. 262, 2; 174). — τῇ ὑστεραίᾳ: sc. ἡμέρᾳ. — ὥστε ἐπορεύετο (G. 237). — ἠμελημένως: adverb formed from the perfect passive participle of ἀμελέω.

20. καθήμενος, ἔχων: manner (G. 277, 2). — αὐτῷ: a dative of disadvantage, but στρατιώταις, just below, one of advantage (G. 184, 3).

CHAPTER VIII.

SYNOPSIS: Near the station where he intends to halt for breakfast, Cyrus is met by Pategyas riding at full speed, who calls out that the King and his army are approaching (1). Great confusion ensues (2), and Cyrus gives orders for all to arm and fall into line (3). They begin to form as quickly as possible (4, 5), and Cyrus stations himself at their centre (6, 7). The enemy approach slowly and in silence, prepared for battle (8-11). Cyrus calls to Clearchus to attack the centre where the King is, but he is unwilling to do so (12, 13). The King's army continues to advance, the Greek force being not yet completely in line. Cyrus surveys both armies, and tells Xenophon, who rides up to him, to announce that the sacrifices are favorable (14, 15). The watchword is passed along the ranks of the Greeks, and then they advance chanting the paean (16, 17). They begin to move more and more rapidly, raising a shout to the God of War, at which the barbarians on the right of the King's army give way and take flight (18-20). Cyrus is pleased at the sight, but does not join in the pursuit. He directs his attention towards the King, who is beyond his extreme left, and then, in fear that he may be encircled, moves directly upon him, putting to rout the troops in front (21-24). He attacks the King in person and wounds him, but is himself struck with a javelin and killed. Artapates dies upon his body (25-29).

1. ἦν (G. 134, N. 1 c). — ἀγορὰν πλήθουσαν, *the time of full market*, i. e. from nine or ten o'clock in the morning until noon. Four parts of the day were designated, πρῴ (ii. 2. 1), ἀγορὰ πλήθουσα, μέσον ἡμέρας (§ 8), and δείλη (§ 8).

Page **26.** — σταθμός: here *halting-place*. Cf. note on σταθμούς, i. 2. 5. — ἔμελλε, i. e. Cyrus. For ἔμελλε καταλύειν, expressing past intention, see G. 118, 6; *Moods and Tenses*, § 25, 2, N. 2. — καταλύειν, *to halt* (i. e.

ANABASIS 1, VIII. 39

(or breakfast), lit. *to unyoke, to loose* the horses. Cf. καταλύσομεν ἵππους, *Odyss.* iv. 28 ; and καταλύει παρ' ἐμοί, *he lodges at my house.*— προ-φαίνεται
... κράτος, *comes into view in front, riding at the top of his speed* (lit. *up to his might*). — ἱδρῶντι τῷ ἵππῳ (G. 188, 5), *with his horse in a sweat :* the part. expresses attendant circumstance (G. 277, 6). Cf. συντεταγμένῳ τῷ στρατεύματι in i. 7. 14, and note.— ὡς εἰς μάχην, *apparently for battle.*
2. αὐτίκα: construe with ἐπιπεσεῖσθαι ; put first for emphasis. — καὶ πάντες δέ, *and all too,* i. e. Persians as well as Greeks (cf. i. 1. 2, and note). — σφίσιν (G. 144, 2). — ἐπιπεσεῖσθαι, i. e. the King (G. 260, 2).
3. Note in the first two lines the repeated use of the article as a possessive pronoun (G. 141, N. 2). — τὰ παλτά: each Persian horseman carried two javelins into battle. Cf. i. 5. 15.
4. τὰ δεξιὰ τοῦ κέρατος, *the right* (sc. μέρη, *parts*) *of the wing.* κέρας here must mean the right wing, τὸ Ἑλληνικόν, of the entire force of Cyrus, as opposed to the left wing where most of the barbarians stood (§ 5). This distinction is plain in ἐν τῷ δεξιῷ and ἐν τῷ εὐωνύμῳ (§ 5). But below, τὸ εὐώνυμον κέρας τοῦ Ἑλληνικοῦ means *the left wing* of this same Greek division (or κέρας). — πρός, *in front of, near.* — ἐχόμενος, *next to,* lit. *holding on to,* sc. Κλεάρχου (G. 199, N. 3 ; 171, 1). Cf. ἐχόμενοι τούτων in § 9.
5. τοῦ βαρβαρικοῦ : part. gen. with ἱππεῖς (G. 168). — εἰς: cf. i. 2. 3, and note. — ἔστησαν, *took their position.* The Paphlagonian cavalry and Greek peltasts were stationed here to support the hoplites under Clearchus and follow up the advantage in case these slower troops should put the enemy to rout.
6. Κῦρος ... ὡπλισμένοι (sc. ἔστησαν), i. e. *stood armed.* — ὅσον, (*so much*) *as* = *about.* Cf. note on εἰς in i. 2. 3. — θώραξι μὲν αὐτοὶ ... Κύρου, (*the men*) *themselves on their part* (μέν) *with breastplates, cuisses* (thigh-pieces), *and helmets — all except Cyrus.* The exception refers only to κράνεσι, as appears from the following Κῦρος δέ, κ. τ. λ. οἱ δ' ἵπποι (in § 7) corresponds to θώραξι μὲν αὐτοί. Κύρου : case (G. 191, I. 5). — ψιλὴν ... κεφαλήν, *with his head unprotected* (G. 138, Rem.). Ctesias (in Plutarch, *Artax.* 11) says that Cyrus wore a tiara in place of a helmet.
7. Notice the derivation of προ-μετ-ωπίδια and προ-στερνίδια. — μαχαίρας : difference between the μάχαιρα and ξίφος ?
8. Cf. the beginning of this section with that of § 1. — ἡνίκα ... ἐγίγνετο, *but when it began to be* (lit. *was becoming*) *afternoon.* Cf. note on § 1. The battle was fought between this time and dark.— ἐφάνη, *there was seen.* — κονι-ορτός : der.? — χρόνῳ ... πολύ, *but some time* (G. 188, 2) *later* (*the dust appeared*) *just like a sort of blackness in the plain for a great distance* (ἐπὶ πολύ). — χαλκός τις ἤστραπτε, *here and there* (τὶς) *their bronze armor began to flash.*
9. λευκο-θώρακες : probably of linen ; cf. λινοθώρηξ, *Il.* ii. 539.

Page **27.** — ἐχόμενοι τούτων : cf. note on ἐχόμενος in § 4. — κατὰ ἔθνη, *nation by nation* (G. 191, IV. 2, 2 c). — ἕκαστον τὸ ἔθνος : in appos. to οὗτοι, but attracting ἐπορεύετο into an agreement with it : *but these were all proceeding* (normally ἐπορεύοντο) *nation by nation, each nation in the form of a solid square.*

10. ἅρματα: sc. ἦν. — καλούμενα: cf. note on καλουμένη in i. 2. 13. — ἐκ τῶν ἀξόνων: inserted into the projecting extremity of the axle and stationary. — εἰς πλάγιον, *sideways*. — βλέποντα, *pointing*. — ὡς διακόπτειν: result (G. 266, N. 1). — ὅτῳ (i. e. ᾧτινι, G. 86). — ἐντυγχάνοιεν (G. 248, 2). — ἡ δὲ γνώμη ἦν ὡς . . . ἐλῶντα (see ἐλαύνω), κ. τ. λ., *and they were designed to drive*, etc.; the partic. are nomin., as if γνώμην εἶχεν had preceded, and ὡς is used (G. 277, N. 2) as if the chariots themselves had the design. The covinni, or scythe-chariots of the ancient Britons, are well known.

11. ὁ μέντοι, *what however*, taken up in τοῦτο, two lines below. — καλέσας . . . "Ελλησι: we might have had (cf. i. 7. 18) καλέσας τοὺς "Ελληνας παρεκελεύετο αὐτοῖς, but in Greek the obj. is regularly expressed but once. — ἐψεύσθη τοῦτο, *in this* (G. 160, 1) *he was mistaken*. — κραυγῇ: manner: so σιγῇ, ἡσυχῇ. — σιγῇ ὡς ἀνυστόν, *with as little noise as possible;* in full ὡς ἀνυστὸν ἦν προσιέναι σιγῇ: see note on ᾗ δυνατὸν μάλιστα in i. 3. 15. — ἐν ἴσῳ, *with even step*, sc. βήματι: cf. ὁμαλῶς in § 14.

12. αὐτός, i. e. attended *only* by Pigres and the few others mentioned. — ἄγειν: obj. inf. not in indirect disc., following ἐβόα as it would ἐκέλευε (G. 260, 1). — τὸ τῶν πολεμίων (G. 142, 2). — ὅτι εἴη: causal (G. 250, N.). — κἂν (καὶ ἂν) νικῶμεν (G. 223). The apod. πεποίηται, though a perf. in form, refers vividly to the fut. (G. 200, N. 7), *our whole work is (will be) done*. — ἡμῖν (G. 197, 2¹).

13. ὁρῶν τὸ μέσον στῖφος, *though he saw the compact body at the centre* (στῖφος from στείβω, *to tread*), i. e. the 6000 cavalry mentioned in i. 7. 11. ἀκούων is also concessive (G. 277, 5). — Κύρου: gen. of source (G. 171, 2, N. 1). The clause ἔξω ὄντα (G. 280) . . . βασιλέα constitutes the obj. acc. — τοῦ εὐωνύμου: with ἔξω (G. 182, 2). — τοσοῦτον . . . ἔξω ἦν: parenth. — πλήθει, *in numbers* (G. 188, 1, N. 1). — ἀλλ' ὅμως, *but still*, resuming after the parenthesis, with emphatic repetition of ὁ Κλέαρχος. — μὴ κυκλωθείη, *that he might be encircled* (der. from κύκλος; cf. Eng. *cycle*). Why opt.? — ὅτι αὐτῷ . . . ἔχοι: he said ἐμοὶ μέλει (G. 184, 2, N. 1, the clause that follows being the object gen.) ὅπως καλῶς ἔχῃ (G. 217, N. 1). — If Clearchus had been less cautious and obeyed orders, the result of the battle might have been very different. Plutarch (*Artax*. 8) says of Clearchus: ὁ δ' αὐτῷ μέλειν εἰπὼν ὅπως ἕξει κάλλιστα, τὸ πᾶν διέφθειρεν.

14. τὸ βαρβαρικὸν στράτευμα: the King's army. — ὁμαλῶς: cf. ἐν ἴσῳ in § 11, and note. — συνετάττετο . . . προσιόντων, *was forming its line from those still coming up.* — οὐ πάνυ πρός, *by no means near, at some distance from*. — πρὸς αὐτῷ τῷ στρατεύματι means *near the army itself*, αὐτῷ strengthening the idea of *nearness*. — ἑκατέρωσε (with ἀποβλέπων): cf. ἑκατέρωθεν in § 13, and see G. 61. — κατεθεᾶτο, *took a survey:* ὁράω, *to see* in general; βλέπω, *to turn the eyes, look;* θεάομαι, *to gaze at*.

15. Ξενοφῶν: the first mention of Xenophon in the *Anabasis*. — ὡς συναντῆσαι: purpose (G. 266, N. 1). — εἴ τι παραγγέλλοι, *whether* (G. 282, 4) *he had any commands* (G. 243). — ἐπιστήσας (sc. τὸν ἵππον), *pulling up.*

Page **28**. — ἱερά, *omens from inspecting the inwards of the victims;* σφάγια, *omens from the acts and movements of the victims.*

16. λέγων, *while saying* (G. 277, 1). — τίς ... εἴη, *what the noise was* (G. 243); but two lines below, ὅ τι εἴη, κ. τ. λ. (G. 149, 2²). — ὁ Κλέαρχος: Clearchus had ridden up in the mean time; some MSS. have Ξενοφῶν. — σύνθημα, *a thing agreed upon* (συν-τίθημι), *watchword*. — παρέρχεται: what might have been the mood? Cf. παραγγέλλει and εἴη, below. — δεύτερον: the watchword passed first down the line from man to man, and then back again to make sure that it was understood. — καὶ ὅς, *and he*, i. e. Cyrus (G. 151, N. 3²). — τίς παραγγέλλει, i. e. *who was giving it out* without his approval.

17. Ἀλλά ... ἔστω, *well, I accept it* (the password), *and let it be this*. ἀλλά marks the opposition between his present concession and preceding surprise. — καὶ οὐκέτι ... ἀλλήλων, i. e. *the two lines were now less than three or four stades* (G. 161) *apart*. — διειχέτην τὼ φάλαγγε (G. 33, 1; 78, N. 2). — ἐπαιάνιζον, *began to sing the paean*, as an omen of victory. — προήρχοντο, *began first* (πρό), i. e. before the enemy. — ἀντίοι (G. 138, N. 8; 185).

18. ὡς δέ ... φάλαγγος, *but when, as they* (sc. αὐτῶν) *proceeded, a part* (sc. μέρος with τί) *of the phalanx* (G. 168) *surged forward* (beyond the rest), lit. *billowed out* (κῦμα, *a wave*), etc. — δρόμῳ θεῖν, *to go on the run, double quick* (dat. of manner). — οἷόνπερ ... ἐλελίζουσι, *just as they raise the war-cry to Enyalius* (*Ares*): ἐλελίζω, *to shout* ἐλελεῦ. — καὶ πάντες δέ: cf. § 2 and note. — φόβον ... ἵπποις (G. 277, 6), *thereby frightening* (lit. *causing fright among*) *the horses* (G. 184, 3).

19. πρὶν δέ ... ἐξικνεῖσθαι: lit. *before an arrow reached them*, i. e. *before the Greeks got within bowshot of them* (G. 274). — κατὰ κράτος: cf. ἀνὰ κράτος in § 1. — θεῖν δρόμῳ: here involving the idea of confusion and disorder (cf. § 18).

20. τὰ δ' ἅρματα, i. e. of the enemy. — τὰ μέν, τὰ δέ: in partitive apposition to ἅρματα (G. 137, N. 2). — ἡνιόχων (G. 180, 1): derived from ἡνία, *a rein*, and ἔχω. — ἐπεὶ προϊδοιεν, διίσταντο, *stood apart* (*separated*), *whenever they saw them in front of them* (G. 233). — ἔστι δ' ὅστις: we should expect rather ἦν δέ τις ὅς. Cf. the expressions in G. 152, N. 2, and ἦν οὕς in i. 5. 7, with note. — κατελήφθη ἐκπλαγείς, *was caught* (i. e. by not getting out of the way of a chariot) *in his consternation*. — ἱπποδρόμῳ: derivation? — καὶ ... ἔφασαν, *and yet, in fact* (καὶ μέντοι), *they said that not even he suffered any harm* (οὐδέν, G. 159, N. 2). — οὐδέ ... δέ: the negative expression corresponding to καὶ ... δέ. Cf. i. 1. 2, and note. — οὐδ' οὐδεὶς οὐδέν: emphatic negation (G. 283, 9). So just preceding οὐδὲν οὐδέ. — τίς, probably, *a single man*.

21. ὁρῶν, *when he saw*. — νικῶντας, διώκοντας: pred. participles in indirect discourse (G. 280). — τὸ καθ' αὐτούς: sc. πλῆθος or στράτευμα. — ἡδόμενος, *although he was pleased*. — οὐδ' ὥς (G. 29, N. 1), *not even then* (*under these circumstances*). — ἐξήχθη, *was led on, tempted* (ἐξάγω). — συνεσπειραμένην: cf. note on ἐκκεκαλυμμένας in i. 2. 16: σπειράομαι, *to be coiled up*, from σπεῖρα (cf. Eng. *spiral*). — ποιήσει, *would do*, might have been ποιήσοι (G. 243). — ᾔδει αὐτὸν ὅτι ἔχοι, *knew him that he had*, i. e. *knew that*

he had. Cf. i. 6. 5, and note. The thought could be expressed also in this way, ἤδει αὐτὸν ἔχοντα, but not αὐτὸν ἔχειν (G. 280, and N. 3).

Page **29**. — 22. τὸ αὐτῶν (G. 142, 2; 167, 1). — ἡγοῦνται, *command,* i. e. they always hold this position in commanding their armies. — οὕτω, *thus,* takes up the idea of μέσον ἔχοντες τὸ αὐτῶν, and is itself further defined by ἢν ᾖ ... ἑκατέρωθεν, *thus, viz. if part of their force is on either side of them:* οὕτω has besides a conditional force on αἰσθάνεσθαι ἄν. — ἐν ἀσφαλεστάτῳ: sc. τόπῳ. — εἶναι (G. 260, 2) is apod. to the general cond. ἢν ᾖ (G. 225). — ἡ ἰσχὺς αὐτῶν (G. 142, 4, N. 3). — εἰ χρήζοιεν ... ἂν αἰσθάνεσθαι (G. 246; 247, N. 3): cf. also G. 226, 3; 211. — ἡμίσει χρόνῳ: more commonly ἐν ἡμίσει χρόνῳ (G. 189, N. 2).

23. δὴ τότε ... ὅμως, i. e. *the King accordingly* (δή) *on this occasion held* (G. 277, 5) *the centre, but still,* etc. — ἐκ τοῦ ἀντίου (sc. μέρους), *from the opposite side.* — αὐτοῦ: with ἔμπροσθεν (G. 182, 2). — ἐπέκαμπτεν ... κύκλωσιν, *wheeled round* (lit. *against*), *as if to encircle them.* By this movement the King's left, from being at right angles to the river, came to face it. — κύκλωσιν (G. 129, 3).

24. μὴ κατακόψῃ (G. 216, 2; 201, Rem.). — ἐλαύνει ἀντίος, *advances against him* (G. 138, N. 7). — τοὺς ἑξακισχιλίους: identical with τοὺς πρὸ βασιλέως τεταγμένους, but expressed to emphasize the contrast between the two forces, 600 on one side, 6,000 on the other. — αὐτὸς τῇ ἑαυτοῦ χειρί, *himself with his own hand.*

25. τροπή, the *turning* of an enemy, *rout* (G. 129, 1). — εἰς τὸ διώκειν, *in pursuit* (G. 262, 1). — πλήν: here a conj. Cf. its use as a prep. in i. 2. 1. — σχεδὸν ... καλούμενοι, *chiefly his so-called* (cf. note on i. 2. 13) *table-companions.*

26. τὸ ἀμφ' ἐκεῖνον στῖφος: the King's ὁμοτράπεζοι, probably, in turn, who, now that the 6,000 had fled, formed a crowd (στῖφος) about him for his protection. — ἠνέσχετο: double augm. (G. 105, 1, N. 3). — καὶ ἰᾶσθαι ... φησι, *and he says that he himself healed* (he said ἰώμην, G. 203, N. 1) *the wound.* The present infinitive can be used for the imperfect only when something in the sentence or in the context makes it plain that this is the case: here (as often) the well-known time of the event makes the meaning plain. (See examples in *Moods and Tenses,* § 15, 3.) We should expect here a relative sentence. The conjecture has been made, ὃς καὶ ἰᾶσθαι, κ. τ. λ., *who says also,* etc.

27. αὐτόν, i. e. Cyrus. — ὑπὸ τὸν ὀφθαλμόν, *under the eye* (implying motion *towards* the eye). — μαχόμενοι ... ἑκατέρου: the construction begun by these subjects is not finished, except so far as it is partially resumed in Κῦρος δέ; but it breaks suddenly off in the indirect quest. ὁπόσοι ... ἀπέθνησκον. — ἀπέθνησκον refers to several being killed at different times, whereas ἀπέθανε is used of Cyrus alone. — Κτησίας λέγει: we should say, *this I leave for Ctesias to tell.* — ἔκειντο, *lay dead,* jacebant.

28. ὁ πιστότατος θεράπων, *the attendant most in his confidence.* — πεπτωκότα: quoted after εἶδε (G. 280). — περιπεσεῖν αὐτῷ: lit. *to have fallen about him* (G. 187), i. e. so as to embrace him. Cf. Q. Curtius, viii. 11. 16: super amici corpus procubuit.

29. καί ... Κύρῳ: construe in the Greek order. — ἐπισφάξαι αὐτὸν (Artapates) Κύρῳ (G. 187), *to slay him over Cyrus,* i. e. as a sacrifice. See ἐπισφάζω in lexicon. — ἑαυτὸν ἐπισφάξασθαι: strongly reflexive, *slew himself by his own hand,* ἑαυτόν being added to the verb already in the mid. Note the force of σπασάμενον (G. 199, 3). — εὔνοιαν, πιστότητα: substantives formed with suffixes expressing quality (G. 129, 7).

CHAPTER IX.

Biographical Sketch of Cyrus.

SYNOPSIS: Cyrus is agreed to have been the most worthy to reign of all Persians since Cyrus the Great (1). When a boy he excelled all others (2). The sons of Persian nobles are educated at the King's palace, and early learn to govern and obey (3, 4). Here Cyrus was remarkable for his modesty and obedience, as well as his love of horses and for learning warlike exercises (5). When older, he was fond of the chase (6). While satrap, he was careful to keep his promises (7); and cities, individuals, and even enemies had the greatest confidence in him (8). In his warfare with Tissaphernes all the cities, except Miletus, put themselves under his protection; and the inhabitants of Miletus feared him, because he showed by deeds and words that he would not desert the exiles whom they had banished (9, 10). He was always anxious to outdo those who did him either a kindness or an injury (11). A great number confided to his charge their property, cities, and persons (12). He was unsparing in his punishment of the criminal and unjust (13); but paid honor to warlike talents and bravery (14, 15), and rewarded those who loved justice (16). Foreign generals in his employ found it profitable to serve him well (17), for diligence was never unrewarded (18). Skilful and just managers of his lands were never deprived of their earnings (19). He was successful in attaching friends to himself, and ready to assist them in their own purposes (20, 21). He received and gave many presents, surpassed his friends in kind attentions, and was universally beloved (22-28): in proof of this no one deserted from him to the King (29). His virtues and his quickness in discerning the trustworthy are proved by the fact that, when he died, all his most intimate friends, except Ariaeus, fell fighting in his behalf (30, 31).

Page **30.** — 1. μέν: without correlative. — οὕτως: what would ὧδε mean? — ἀνὴρ ὤν, *a man* (G. 137) *who was,* etc. — Περσῶν γενομένων (G. 168): the Persians meant are those of the royal line born (γενομένων) after the time of (μετά, G. 191, VI. 3, 3 *b*) Cyrus the Great. — βασιλικώτατος: note the suffix ικο- (see G. 129, 13). — παρά: with the gen. of the agent in place of ὑπό (G. 197, 1, N. 1). — τῶν δοκούντων γενέσθαι, *those who are reputed to have become* (γενέσθαι, G. 260, 2). — ἐν πείρᾳ Κύρου, i. e. *intimately acquainted with Cyrus.*

2. πρῶτον μέν: correl. to ἐπεὶ δέ in § 6, which marks the second period in his life, and to ἐπεὶ δέ in § 7, which marks the third. — ἔτι παῖς ὤν, *while* (G. 277, 1) *still a boy.* — ἐπαιδεύετο: derivation and suffix? See G. 130, 4.

3. ἐπί... θύραις: as we say, *at court*. — σωφροσύνην, *self-control*, der. from σώ-φρων (σῶς, σῶος, and φρήν) with the suff. σύνα- (see G. 129, 7). — καταμάθοι ἄν (G. 226, 2 b). — αἰσχρόν ... ἔστι (G. 28, N. 1, end) : for the construction cf. ἦν ἰδεῖν ... ἀνθρώπους in § 13, below, and οὐκ ἦν λαβεῖν in i. 5. 2. — οὐδὲν οὔτε ... οὔτε (G. 283, 9).
4. θεῶνται καὶ ἀκούουσι, *they see some* (sc. τινάς) *honored and hear of them* (G. 280). — εὐθὺς παῖδες ὄντες (G. 277, N. 1), *in their very boyhood*. — μανθάνουσιν ἄρχειν, *learn how to rule* (G. 280, N. 3).
5. αἰδημονέστατος : put first for emphasis, displacing μέν : otherwise the order would be πρῶτον μὲν αἰδημονέστατος. — ἐδόκει εἶναι, *had the reputation of being*. — τοῖς τε ... πείθεσθαι, *and of being more obedient to his elders than (were) even those inferior to himself in rank*. — φιλιππότατος (G. 136, N. 3 a) with ἐδόκει εἶναι, but χρῆσθαι with ἐδόκει alone. — ἔκρινον: *they* (i. e. men in general) *judged him*, etc. — ἔργων : with the two super. at the end of the sect. (G. 180, 2). — ἀκοντίσεως : force of the suff. σις? Give the derivation at length of αἰδήμων, ἡλικιώτης, ὑποδεής, φίλιππος, τοξική, ἀκόντισις, φιλομαθής, and μελετηρός.
6. ἡλικίᾳ (G. 184, 2). — μέντοι, *moreover*. So below at the end. — ἐπιφερομένην, *that rushed upon him* (G. 276, 1) : ἄρκτος is epicene (G. 33, 2, N. 2). — οὐκ ἔτρεσεν, *was not afraid of, did not shrink from*. Cf. τρέω, τρέμω, tremo, *tremble*. — συμπεσών: the idea is that of *grappling*, not of *falling* to the ground, *with* the bear. — τὰ μέν: cogn. acc. (G. 159, N. 2), *suffered somewhat, received some wounds*. Often a different word takes the place of the article in one part of the correlation ὁ μέν ... ὁ δέ (G. 143, 1), as here τέλος δέ (G. 160, 2). — πολλοῖς : dat. of the agent with the verbal adj. μακαριστόν (from μεκαρίζω, μάκαρ).
7. κατεπέμφθη : why κατά? — σατράπης, *as satrap*. See, with ref. to the facts here mentioned, i. 1. 2, and the prefatory note. — στρατηγὸς δὲ καί : cf. with ref. to pos. καὶ στρατηγὸν δέ in i. 1. 2. — οἷς : dat. of indir. obj. after καθήκει (G. 184, 2). — πρῶτονμέν : weakly correlated by δέ in § 11. — ἐπέδειξεν αὐτὸν ὅτι, κ. τ. λ., *he showed himself, that he made*, etc., emphatic attraction. Cf. note on τῶν βαρβάρων, i. 1. 5. — ὅτι ... ποιοῖτο, *that he made it of the greatest importance, regarded it most important ;* the direct form of the sent. being περὶ πλείστου ποιοῦμαι, ἐάν τῳ σπείσωμαι (G. 225) καὶ ... συνθῶμαι καὶ ... ὑπόσχωμαί τι, μηδὲν ψεύδεσθαι (G. 247). — τῳ : what other form was possible ? See G. 84. — σπένδομαι of *making a treaty* (by libations) ; συντίθεμαι of *entering into an agreement ;* ὑπισχνέομαι of *promising* in the common sense.
8. καὶ γάρ, *and (proof is at hand) for*. — σπεισαμένου, temporal. — μηδὲν ἂν παθεῖν, in direct form οὐδὲν ἂν πάθοιμι (G. 211; 226, 2 b): for the change of neg. see G. 242, 4.

Page **31**. — 9. τοιγαροῦν, *therefore*. — ἐκοῦσαι (G. 138, N. 7). — Μιλησίων : we should expect Μιλ.ή'του. — οὗτοι δέ ... αὐτόν : a proof, drawn from an enemy, that Cyrus was to be trusted. — προέσθαι, *to abandon* (see προίημι).

10. καὶ γάρ ... ἔλεγεν, *for he both* (καί ... καί in correlation) *showed repeatedly by what he did, and declared repeatedly*, or, more freely, *showed*

repeatedly both by word and deed. — προοῖτο (G. 127, III., N. 1). — ἄπεξ is *once for all*; but ποτέ, *once on a time* (§ 6), *some time, ever.* — οὐδ' εἰ ... γένοιντο, *not even if they should become still fewer*, i. e. should be cut down in numbers by their misfortunes. — ὅτι ... πράξειαν : in direct form οὐκ ἄν ποτε προοίμην, ἐπεὶ ... ἐγενόμην, οὐδ' εἰ ... γένοιντο ... πράξειαν (G. 247, N. 2 and N. 3).

11. φανερὸς δ' ἦν καὶ πειρώμενος, *but it was obvious also that he strove* (G. 280, N. 1). — εἰ ποιήσειεν : prot. to πειρώμενος. The fact made evident (i. e. the direct discourse) is ἐάν τίς ... ποιήσῃ, πειρῶμαι (G. 225). For the two accusatives after ποιήσειεν, see G. 165. For the parallel construction at the end of the section, see G. 165, N. 1, and cf. § 10. — ἐξέφερον, *reported.* — ὡς εὔχοιτο : quoted (G. 243) after εὐχὴν ἐξέφερον, which involves the idea of *saying.* They said, εὔχεται (i. e. *he sometimes prays*) ζῆν ἔστ' ἄν νικᾷ (G. 239, 2 ; 232, 3); the future apod. to ἔστ' ἄν νικᾷ is ζῆν. For the change by quot. of the subj. νικᾷ to the opt., see G. 247. — νικῴη ἀλεξόμενος, *should outdo in returning like for like.*

12. καὶ γὰρ οὖν : as in § 8. — δή : with the superlative, just as μέγιστος δή means *the very greatest.* The phrase ἑνί γε ἀνδρί also (ἀνδρί, of course, is grammatically in app. to αὐτῷ) logically modifies the superl.; the number, i. e., was the very greatest in view, at least (γέ), of the fact that it was a single man (ἑνὶ ἀνδρί) that was in question. — τῶν ἐφ' ἡμῶν, *of the men of our time*, part. gen. with αὐτῷ, but affected also by the superlative πλεῖστοι, as if it had been said *he was trusted most of all the men of our day.* For this meaning of ἐπί, see G. 191, VI. 2, 1 *b.* — προέσθαι, *to intrust.* Cf. § 9.

13. οὐ μὲν (= μὴν) δὴ οὐδέ, *nor yet now in truth.* — ἀφειδέστατα πάντων, *most unsparingly of all.* — ἦν ἰδεῖν, *it was possible to see, you might see.* — ποδῶν, χειρῶν, ὀφθαλμῶν : why gen.? — μηδὲν ἀδικοῦντι, *if in no respect* (G. 159, N. 2) *a wrong-doer* (G. 277, 4). — ὅ τι προχωροίη, *whatever it was to his advantage* (G. 233) *to have* (sc. ἔχειν). For ἤθελεν (which might have been ἐθέλοι), see G. 233, N. 1.

14. μέντοι, *however.* — ὡμολόγητο, *he had been* (and so *was*) *acknowledged*, pers. const. (cf. § 20). — ἦν αὐτῷ πόλεμος : principal sentence where we should expect a dependent one, such as ὄντος ποτὲ αὐτῷ πολέμου ; for πρῶτον μέν, notwithstanding its position, goes with ἄρχοντας ἐποίει and is correlated by ἔπειτα. — καὶ αὐτός, *even in person.* — ἐθέλοντας: cf. ἑκοῦσαι in § 9, and note, and ἐθελοντάς in i. 6. 9, and note. — ἧς κατεστρέφετο χώρας (G. 154, N.).

15. ὥστε ... εἶναι, *so that* (in his dominions) *the good appeared* (G. 266, 1) *most prosperous, and the bad were deemed fit to be their slaves :* φαίνεσθαι would regularly either stand within the clause with μέν or else belong to both subjects. — οἴοιτο : for the mood cf. προχωροίη in § 13. — αἰσθήσεσθαι: quoted (G. 260, 2).

16. γὲ μὴν, *certainly at least*, adding a case in the general testimony to the high character of Cyrus that could not be controverted ; more simply, *moreover.* — εἰς δικαιοσύνην (see G. 129, 7 and 12) : with ἐπιδείκνυσθαι,

to distinguish himself for uprightness. — εἰ γένοιτο, ἐποιεῖτο (G. 225). — βουλόμενος : quoted. Cf. φανερὸς ἦν πειρώμενος in § 11. — περὶ παντὸς ἐποιεῖτο : cf. περὶ πλείστου ποιοῖτο in § 7. — τούτους : pl. because of the distributive force of τὶς to which it refers. — ἐκ τοῦ ἀδίκου, *by injustice* (G. 139, 2). Page **32.** — 17. δικαίως, *with fidelity.* — διεχειρίζετο, *were managed*, lit. *were had in hand.* — καὶ ... ἐχρήσατο, *and he secured the services of* (G. 200, N. 5 b) *an army worthy of the name*, justo exercitu. — ἔπλευσαν : coming as mercenaries across the sea. — ἐπεὶ ἔγνωσαν, *because they judged it*, etc. (G. 250). — πειθαρχεῖν (G. 131, 2 a). — τὸ κατὰ μῆνα κέρδος is in the same construction as πειθαρχεῖν, the subject of εἶναι, which might have been τὸ πειθ. (G. 259 and N.). For κατὰ μῆνα, *monthly*, see G. 191, IV. **2**, 2 c.
18. εἴ τίς γέ τι: one proclitic, three enclitics. The proclitic takes the accent of τὶς ; for the accent of the enclitics, see G. 28, N. 2. — τίς γε, *any one* (emphatically), no matter how insignificant. — τὶ : with ὑπηρετήσειεν, *did him* (G. 184, 2) *any* (G. 159, N. 2) *good service*. With ὑπηρετήσειεν cf. γένοιτο in § 16, and the ref., and also ὀρῴη in § 19. — οὐδενὶ ... προθυμίαν, *he never let his* (lit. *any one's*, G. 184, 3) *zeal* (see G. 129, 7) *go unrewarded.* — κράτιστοι δή: cf. πλεῖστοι δή in § 12, and note. — ὑπηρέται, *supporters.* — Κύρῳ ... γενέσθαι, *Cyrus was said to have had*, lit. *were said to have been (become) to Cyrus* (poss. dat., G. 184, 4).
19. τινὰ ὄντα, *that any one was* (G. 280). So the two participles that follow. — οἰκονόμον, *manager*, Eng. *eco-nomist*. Note the derivation. — ἐκ τοῦ δικαίου, *according to justice*, or we may freely transl. δεινὸν ... δικαίου, *a skilful and just manager.* — ἧς ἄρχοι is part of the conditional relative sentence (= εἴ τινος ἄρχοι) and follows the construction of ὀρῴη. See *Moods and Tenses*, § 64, N. 2. — χώρας (G. 154). — οὐδένα ἂν ... ἀφείλετο, *he would never deprive* (G. 206) *him* (lit. *any one*) *of* (*his territory*, sc. χώραν, and see G. 164). The ἂν belongs equally to προσεδίδου (G. 212, 4). This aorist with ἂν, since it expresses a customary action, is a natural apodosis to εἰ ὀρῴη. See again G. 225, and *Moods and Tenses*, § 51, Rem. — ἐπέπατο (see πάομαι, *to acquire*): cf. the use of the perf. and plup. of κτάομαι. — αὖ, *moreover.* — Κῦρον (G. 164). — οὐ φθονῶν ἐφαίνετο ἀλλὰ πειρώμενος, *it was clear that he did not envy, but strove*, etc. (G. 280).
20. φίλους : emphasized by position and the following particles ; obj. of θεραπεύειν. — ὅσους ποιήσαιτο (G. 233): the apodosis is θεραπεύειν (not γενέσθαι). This use of the optative, as also the corresponding one in conditional clauses not relative (G. 225), occurs repeatedly in this chapter and should be watched for. — ὄντας: cf. ὄντα in § 19. — ἱκανοὺς συνεργοὺς ὅ τι τυγχάνοι, *competent co-workers in whatever he chanced*, etc. — ὅ τι τυγχάνοι (= εἴ τι τυγχάνοι) : see note on ἧς ἄρχοι in § 19. — βουλόμενος : cf. παρών in l. 1. 2, and note. — πρός, *by* (G. 191, VI. **6**, 1 b, end). — κράτιστος δή: cf. § 12 and § 18. — γενέσθαι : in the dir. form ἐγένετο (G. 260, 2).
21. αὐτὸ τοῦτο οὗπερ ἕνεκα, κ. τ. λ., *he tried to secure for his friends that very object for which he thought that he needed friends himself,* — *viz. that he might have co-workers,* — *he tried* (*I say*) *also on his own part to be a most*

ANABASIS 1, IX. 47

vigorous co-worker with his friends, etc. αὐτὸ τοῦτο would naturally have been the object of some verb like πράττειν after ἐπει, αro, but for this simple αὐτὸ τοῦτο πράττειν the amplified expression συνεργὸς ... εἶναι ... ἐπιθυμοῦντα was substituted, to express the same idea more fully. Cf. ἃ ... καίουσιν in iii. 5. 5.— τούτου: emphatic (G. 152).— ὅτου (i. e. οὗτινος, G. 84) is not gen. by assimilation, but gen. independently (G. 171, 2). — ἐπιθυμοῦντα: quoted after αἰσθάνοιτο (G. 280).

22. οἶμαι: by syncope for οἴομαι. The word is here parenthetic, like our *I think*.— εἰς γε ὢν ἀνήρ: cf. ἑνί γε ἀνδρί in § 12, and note.— διὰ πολλά, *for many reasons*. — δι-εδίδου, *dis-tributed*. — καὶ ὅτου: sc. πρός and the indef. antecedent of ὅτου.— δεόμενον: how is the part. to be construed?

23. κόσμον: in app. to ὅσα (G. 137, N. 4). — ἤ ... ἤ, *either ... or*. — ὡς εἰς πόλεμον: the ὡς marks the purpose for which the objects were sent (εἰς πόλεμον) as subjectively conceived by the sender. Cf. ὡς εἰς μάχην in i. 8. 1, and ὡς εἰς κύκλωσιν in i. 8. 23.— καλλ-ωπισμόν: der.? — καί, *moreover*, with the following sentence as a whole. — λέγειν: an imperfect infinitive with ἔφασαν (G. 203, N. 1): they said ἔλεγε, *he used to say*. Cf. ἐλέχθησαν γενέσθαι in § 18. — δύναιτο (G. 245); νομίζοι (G. 243). Cyrus said οὐκ ἂν δυναίμην ... φίλους δὲ ... νομίζω.

24. καὶ τὸ μὲν ... ποιοῦντα, *and his surpassing* (G. 259, N.) *his friends in conferring great* (with emphasis) *benefits*, etc. τὰ μεγάλα is cognate acc. with εὖ ποιοῦντα, *benefiting* (G. 159, N. 2). — ἐπιμελείᾳ: dative of respect (G. 188, 1, N. 1). — φίλων (G. 175, 2).

Page **33**. — τῷ προθυμεῖσθαι: parallel in construction to τῇ ἐπιμελείᾳ (G. 262, 2). — ταῦτα takes up τὸ περιεῖναι, κ. τ. λ.

25. οἴνου (G. 167, 4).— ἡμι-δεεῖς (δέω, *to want*).— οὔπω δὴ πολλοῦ χρόνου, *not for a long time* (G. 179, 1), lit. *not as yet now within a long time*. — ὅτι ... ἐπιτύχοι represents ἐπέτυχον, κ. τ. λ., in the words of Cyrus (G. 243); but the next sentence gives the *actual* words of the messenger, who in delivering the gift would say: Κῦρος οὔπω δὴ πολλοῦ ... ἐπέτυχεν· τοῦτον οὖν σοι ἔπεμψε, κ. τ. λ. Cf. the last half of § 26, τούτοις ἤσθη Κῦρος· βούλεται, κ. τ. λ. — ἐκπιεῖν, *to drink it up* (lit. *out*): cf. Germ. *austrinken*. — σὺν οἷς (G. 153, N. 1).

26. ἡμιβρώτους: der.? — ἡμίσεα, *halves* (G. 139, 1). — ἐπι-λέγειν, *to say in addition* (to presenting the gifts), *to add*. — τούτων γεύσασθαι, *to take a taste of* (note the force of the aorist) *these* (G. 171, 2).

27. ἐδύνατο: there is some MS. authority for δύναιτο. See G. 233, N. 1, and *Moods and Tenses*, § 62, N. 1. — δια-πέμπων: force of διά? — ὡς μὴ ἄγωσιν: subj. of purpose after a secondary tense (G. 216, 2). The student will note that a clause of *negative* purpose can be introd. either by the simple μή, or by μή preceded by ἵνα, ὡς, ὅπως, the meaning in both cases being simply *that not*, *lest*. Cf. the examples under G. 216, 1.

28. πλεῖστοι, *very many*. — μέλλοιεν ὄψεσθαι: see i. 8. 1, and note. — ἐσπουδαιο-λογεῖτο, *he engaged in earnest conversation* (*with them*), a denom. verb (G. 130, 2) der. from σπουδαῖος and λέγω, and σπουδαῖος from σπουδή, σπεύδω (G. 129, 12). — ὡς δηλοίη οὓς τιμᾷ (τιμᾷ indic.), *that he might show*

(G. 216, 1) *whom he honored* (G. 248, N., end). The purpose in his own mind was, ὡς δηλῶ (subj.) οὓς τιμῶ (indic.). — ἐξ ὧν ἀκούω, *from what I hear:* cf. ἀκούει in i. 3. 20, and note.—Ἑλλήνων, βαρβάρων: with οὐδένα. 29. τούτου, τόδε: diff. of use? — δούλου ὄντος, *though he was a slave.* Cf. i. 7. 3. — πλήν: conj. Cf. i. 8. 25. — καὶ οὗτος ... εὗρε: the order is, καὶ οὗτος δὴ ταχὺ εὗρε αὐτὸν ὃν ᾤετο, κ. τ. λ. Cf. i. 6. 3. For οἱ, see G. 144, 2. — φιλαίτερον: for the more common φίλτερον (G. 73, 1, 10). — ὑπ' αὐτοῦ: the King. — ἀγαπώμενοι: ἀγαπάω is properly to show by outward signs that one regards; φιλέω (§ 28, end), on the other hand, is used of the love of friends. — τυγχάνειν ἄν is quoted after νομίζοντες (G. 246): the protasis lies in ὄντες = εἰ εἴησαν (G. 226, 1).

30. τὸ αὐτῷ γενόμενον, *what happened to him,* sc. ἐστί: τεκμήριον is pred. — τοὺς ... βεβαίους: the article is expressed but once, because the writer is speaking of a single class of persons possessing all the qualities mentioned, *those who were faithful, well-disposed, and constant.*

31. συν-τράπεζοι: cf. ὁμοτράπεζοι in i. 8. 25. — ὑπέρ, *over, in behalf of* (G. 191, IV. 3, 1 *b*). — τεταγμένος: what use of the part.? Explain the use also of πεπτωκότα in the next line.

CHAPTER X.

SYNOPSIS: The head and right hand of Cyrus are cut off; the King falls upon his camp, and the troops of Ariaeus flee (1). The camp is pillaged, except where a few of the Greeks, who have been left on guard, make a successful stand (2, 3). Both armies proceed as if victorious, the Greeks pursuing, the Persians plundering (4); but when they discover one another's movements, the King collects his forces, and Clearchus consults with Proxenus (5). The King is seen approaching; but instead of making an attack upon the rear of the Greek army, as is expected, he leads off his troops to the left (6), joined by Tissaphernes, who has charged through the Greek lines (7, 8). The Greeks fall back upon the river (9). The King draws up his troops opposite, but is again put to flight (10, 11). His cavalry rally upon a hill, but on the approach of the Greeks abandon this also (12, 13). Clearchus sends a scout upon the hill to report their movements (14), who brings back word that they are flying at the top of their speed (15). The Greeks abandon the pursuit, and wonder at the absence of Cyrus (16). They resolve to return to their camp (17); but finding this plundered, they encamp supperless for the night (18, 19).

Page **34.** — 1. The narrative is resumed from Chap. viii.— ἀποτέμνεται ... δεξιά: a Persian custom. In iii. 1. 17 it is stated that the head and hand of Cyrus were exposed to view fixed on a stake. — ἀποτέμνεται, διώκων, εἰσπίπτει: note and explain the number and agreement of these words. — Κύρειον: an adj. in place of the more common poss. gen. Κύρου.— στρατόπεδον: merely the place where they had halted in the hurry of the unexpected engagement (i. 8. 1 sq.). — οἱ μετὰ Ἀριαίου, *Ariaeus and those with him,* like the phrase οἱ ἀμφὶ Τισσαφέρνην, iii. 5. 1: μετὰ Ἀριαίου implies *participation* (G. 191, VI. **3**, 1), but σὺν αὐτῷ above implies *accom-*

paniment (G. 191, II. 2). — ἔνθεν ὥρμηντο: on the morning of the battle. It will be remembered that the battle was fought on the afternoon of the third day (i. 7. 20) after the midnight review mentioned in i. 7. 1, and that this review was held on the night after the third day's march from Pylae. Cf. note on ἐντεῦθεν, i. 7. 1. — τέτταρες ... ὁδοῦ, *and the distance was said to be four parasangs*, lit. *there were said to be four parasangs of the road*.
2. πολλά: pred., *to a great amount*. — τὴν Φωκαῖδα ... εἶναι, *the Phocaean woman, the concubine* (G. 137) *of Cyrus, who was said* (τὴν ... λεγομένην = ἣ ... ἐλέγετο: G. 276, 2; 137) *to be*, etc. Athenaeus says that she was first named Milto, and afterwards Aspasia. Phocaea was a city of Ionia. See the map. — λαμβάνει: with βασιλεύς, above.
3. ἡ νεωτέρα, *the younger* (of the two). — γυμνή, *lightly clad, without her mantle*. — τῶν Ἑλλήνων: sc. τινάς (a rare omission). — ἐν τοῖς σκευοφόροις (neut.), i. e. *among the baggage*. — ὅπλα ἔχοντες, *under arms, standing guard* (G. 279, 4). — καὶ ἀντιταχθέντες (sc. οὗτοι). — οἱ δὲ καὶ αὐτῶν, *and some also of their own number:* οἱ δέ is correl. to πολλοὺς μέν. Cf. note on τὰ μέν in i. 9. 6. — ἐντὸς αὐτῶν, *within their lines*. — ἐγένοντο: plural from the influence of ἄνθρωποι.
4. ἀλλήλων: why gen.? — οἱ Ἕλληνες: the main body. — οἱ μέν: referring chiastically (see note on ἀναβαίνει ... ἀνέβη in i. 1. 2) to οἱ Ἕλληνες. — ὡς πάντας νικῶντες, *thinking that they were victorious over all* (G. 277, N. 2), but below, ὡς ... νικῶντες, *thinking that now they were all victorious*.
5. This entire section consists of four clauses arranged chiastically, 1) referring chiefly to the Greeks, 2) chiefly to the King, 3) to the King, and 4) again to the Greeks. — εἴη: why opt.? — Τισσαφέρνους: stationed at the King's extreme left (i. 8. 9), he had charged through the right of the Greeks and joined the King in the camp of Cyrus in the rear (§ 7). — νικῶεν, οἴχονται: one verb changed to the opt. by quot., the other not; for which see *Moods and Tenses*, § 70, 2, Rem. 1, end. Cf. also G. 247, N. 1. — πλησιαίτατος: comparative how formed ? (G. 71, N. 2). — πέμποιεν, ἴοιεν: in the direct questions, πέμπωμεν, ἴωμεν; (G. 256; 244). For εἰ ... ἤ, introducing the double indirect question, see G. 282, 5.
6. δῆλος ἦν προσιών: cf. δῆλος ἦν ἀνιώμενος in i. 2. 11, and note. — ὡς ἐδόκει ὄπισθεν, i. e. *apparently from their rear*. — στραφέντες, *facing about*. It will be remembered that the two forces were somewhat more than three miles apart (§ 4). — παρεσκευάζοντο ... δεξόμενοι, *prepared themselves with a view to his advancing in this way* (i. e. ὄπισθεν) *and to their receiving* (him so): ὡς (G. 277, N. 2) belongs not only to δεξόμενοι (part. of purpose), but also to προσιόντος (part. of cause). προσιόντος (sc. αὐτοῦ) is the genitive abs.; δεξόμενοι modifies οἱ Ἕλληνες. See, further, *Moods and Tenses*, § 111. — ᾗ δὲ παρῆλθεν, κ. τ. λ.: cf. i. 8. 23. The aor. is a pluperfect in force. Cf. i. 1. 2. — ἀπήγαγεν, *marched back*.

Page **35**. — 7. διήλασε ... πελταστάς, *charged along* (παρά) *the river into* (κατά) *the Greek peltasts and through them*. — διελαύνων δέ, *and as he drove through them*. For the force stationed at the extreme right of Cyrus when the battle began, see i. 8. 5. — ἔπαιον: probably with their swords.

— αὐτούς: the cavalry of Tissaphernes. — Ἀμφιπολίτης, of *Amphipolis*, an important Greek city on the Strymon in Thrace. — ἐλέγετο ... γενέσθαι, *was said to have proved himself* (G. 260, 2) *sagacious* (*to have shown his wisdom*) *by pursuing this course of tactics.*
8. οὖν, *at any rate.* Cf. i. 2. 12. — ὥς ... ἀπηλλάγη, *after he had come off* (note the force of the tense) *with the worst of it*, lit. *having less.* — — τὸ τῶν Ἑλλήνων (G. 142, 2). — ὁμοῦ πάλιν ἐπορεύοντο, *proceeded back together.*
9. τὸ εὐώνυμον: the historian has the position of the Greeks when the battle began in mind, their right then resting on the river. They had now faced about (στραφέντες, § 6). — μὴ προσάγοιεν, κατακόψειαν: why opt.? — ἀναπτύσσειν τὸ κέρας: lit. *to fold back the wing*. The object was to bring their line parallel to the river. At present they are at right angles to it. For the const. of ἐδόκει ἀναπτύσσειν, cf. i. 3. 11, and note, and with ἀναπτύσσειν, *to fold back*, cf. περιπτύσσειν, *to fold about, enfold*, above.
10. ἐβουλεύοντο: before the Greeks had even begun to change their position, while they were as yet simply planning it, the King was already executing relatively the same manœuvre, with the intention of presenting his front to the river. This shows that the apprehension of the Greeks, mentioned in § 9, ἔδεισαν ... κατακόψειαν, was well grounded. It is not implied by ἐβουλεύοντο that the Greeks did not subsequently effect their change of position. — καὶ δὴ ... συνῄει, *the King in truth also, changing his line of battle to the same form* (i. e. τοῖς Ἕλλησιν), *stationed it opposite, just as at first he had met them for battle.* — ὄντας, παρατεταγμένους: what use of the participles? — αὖθις: see the description of the first charge of the Greeks in i. 8. 17 sq. — τὸ πρόσθεν: adverbial accusative (G. 160, 2). Cf. τὸ πρῶτον, above.
11. ἐκ πλείονος, *when at a greater distance from them.* — ἐπ-εδίωκον: note the force of the preposition. — κώμης τινός: possibly *Cunaxa* (Κούναξα), the village near which, as Plutarch says, the battle was fought.
12. ἀνεστράφησαν, *rallied.* — πεζοί (without article), predicate, sc. ὄντες. The const. changes at τῶν δὲ ἱππέων, where we should expect ἱππεῖς δέ, ὧν ὁ λόφος, κ. τ. λ. — τῶν ... ἐνεπλήσθη: the passive of the construction explained in G. 172, 2. — τὸ ποιούμενον: τὸ γιγνόμενον is more common in this sense. — μὴ γιγνώσκειν: sc. τοὺς Ἕλληνας. — ἀετόν ... ἀνατεταμένον, (probably) *a kind of* (τινά) *golden eagle, with wings extended, perched on a bar of wood* (*and raised*) *upon a lance.* πέλτη, which commonly means a *shield* or *target*, is also used for δόρυ or λόγχη; and ἐπὶ ξύλου may refer to a horizontal piece of wood on which the eagle was perched. So ἐπὶ ξύλου καθεύδεις, *roost like a fowl*, Aristoph. *Nub.* 1431. The ξύλον with the eagle was then raised on the point of a lance (ἐπὶ πέλτῃ). In the Cyrop. vii. 1. 4, the Persian standard is called ἀετὸς χρυσοῦς ἐπὶ δόρατος μακροῦ ἀνατεταμένος. Curtius, iii. 3. 16, calls it aureum aquilam pinnas extendenti similem.
13. ἐνταῦθα: for ἐνταυθοῖ, just as we use *here* or *there* in the sense of *hither* or *thither.* — ἄλλοι ἄλλοθεν, *some from one part* (of the hill), *others*

from another, or, as we should say, *some in one direction, others in another*. — τῶν ἱππέων: with ἐψιλοῦτο, *was cleared of the horsemen*. Cf. τῶν ἱππέων ἐνεπλήσθη in § 12. — τέλος: cf. i. 9. 6.

14. ὑπ' αὐτόν, *at the foot of it*. — κατ-ιδόντας: note the preposition. Page 36. — τί ἐστιν: in what other mood might the verb have been? What case of the same sort is there in the next section?

15. σχεδόν... ἦν, i. e. *and about this time*.

16. θέμενοι τὰ ὅπλα: see note on i. 5. 14. — φαίνοιτο, παρείη: optative in a causal sentence (G. 250, N.). — τεθνηκότα: cf. πεπτωκότα in i. 8. 28. — διώκοντα οἴχεσθαι, *had gone* (G. 246) *in pursuit* (G. 279, 4, N.). — καταληψόμενόν τι προελληλακέναι, *had pushed on* (give the direct form) *to take possession of* (G. 277, 3) *something*.

17. εἰ ἄγοιντο ἢ ἀπίοιεν: cf. εἰ πέμποιεν ἢ ἴοιεν in § 5, and note. — δορπηστόν, *supper-time* (although they went *supperless*, § 19): derived from δόρπον, which in Homer is the common name for *the afternoon* or *evening meal*, Lat. coena, the chief meal of the day. In the primitive Homeric times there were two regular meals, ἄριστον, an early meal, *breakfast*, and δόρπον, a late meal, *supper*. Either could be called δεῖπνον, which in Attic Greek meant the *chief meal* of the day, and as this came late in the afternoon, δεῖπνον took the place of the older name δόρπον. Cf. ἄ-δειπνοι in § 19. The Attic ἄριστον was a midday meal, *lunch*, or *dinner*.

18. διηρπασμένα (G. 279, 1). — εἴ τι... ἦν, *whatever there was to eat or drink* (ποτόν, verbal adjective from πίνω). — μεστάς: predicate adjective, sc. οὔσας, (*that had been*) *full* (G. 204, N. 1). τὰς ἁμάξας and the τοῦτο that is to be understood as the antecedent of the clause εἴ τι... ἦν are, along with τὰ πλεῖστα, objects of καταλαμβάνουσι. — εἰ λάβοι (G. 248, N.). — ἅμαξαι: predicate to ἦσαν, αὗται being the subject. — καὶ ταύτας... διήρπασαν: this is partly a repetition of what has already been expressed in διηρπασμένα. — τότε: see § 2.

19. ἄδειπνοι ἦσαν· ἦσαν ἀνάριστοι: what is such an arrangement of the parts of a sentence called? Note also the case that follows, καταλῦσαι τὸ στράτευμα, βασιλεὺς ἐφάνη. Cf., concerning the fact stated in πρὶν γὰρ ... ἐφάνη, i. 8. 1, and note. — μέν: correlative to δέ in ii. 1. 2.

BOOK SECOND.

NEGOTIATIONS WITH THE KING. — CONCLUSION OF A TREATY. — BEGINNING OF THE MARCH HOMEWARD. — TREACHEROUS SEIZURE OF THE FIVE GENERALS. — THEIR CHARACTERS.

CHAPTER I.

SYNOPSIS: The preceding Book is reviewed in outline (1). At daybreak the generals meet and express surprise that Cyrus neither appears himself nor sends them orders. They resolve to march forward and meet him (2); but just at sunrise messengers bring word that he is dead, and that Ariaeus proposes to set out on the next day for Ionia (3). The Greeks are afflicted at the death of Cyrus, but, accepting the facts, send word to Ariaeus that they will make him king (4). Chirisophus and Menon go back with the messengers (5). Clearchus awaits their return, and the troops slaughter the beasts of burden for food (6). Heralds arrive from the King (7), who announce that he commands the Greeks to give up their arms and sue at his gates for favor (8). Clearchus, replying briefly, leaves the rest to answer while he returns to conclude a sacrifice (9). Various replies are made, some threatening, others conciliatory (10-14). Clearchus returns and shrewdly asks the advice of Phalīnus, one of the heralds and himself a Greek, hoping that he will advise them not to surrender (15-18). But he replies that they have no chance for life except from the King's mercy (19). Clearchus contemptuously replies that they will keep their arms (20). Phalinus then informs them that the King will consider that a truce exists between himself and them, as long as they remain where they are; but otherwise, war (21). Clearchus bids him report that this is a satisfactory arrangement (22), but refuses to give any intimation of his intentions (23).

1. The first section of Book II., and the similar introductions prefixed to most of the following books, are generally supposed to be the work of an editor who divided the *Anabasis* into books. — ὡς ... ἐστρατεύετο : the first of five indirect questions, subjects of δεδήλωται. — οὖν : to introduce the recapitulation. — Κύρῳ : dative of advantage (G. 184, 3), not of the agent. — ἐκοιμήθησαν : κοιμάω, *to put to sleep*, is akin to κεῖμαι. — τὰ πάντα, *at all points* (G. 160, 2). Why is the subject of νικᾶν omitted ? (G. 134, 3). — νικᾶν : their thought was, νικῶμεν, *we have conquered* (*are victorious*), a pres. with an approach to the signif. of the perf. (*Moods and Tenses*, § 10, N. 4). — ἔμπροσθεν (G. 141, N. 3). — λόγῳ, *narrative*, i. e. in Book I.

2. ἅμα δὲ τῇ ἡμέρᾳ : cf. i. 7. 2, and reference. For δέ, see note on μέν in i. 10. 19 : the editor above-mentioned (note on § 1) probably used the μέν at the beginning of § 1 without noticing the preceding sentence.

Page **37.** — ὅτι πέμποι, φαίνοιτο : cf. the opt. in i. 10. 16, and note. — σημανοῦντα : what does the part. express? — εἰς τὸ πρόσθεν : cf. i. 10. 5. — ἕως συμμίξειαν : optative in a dependent clause by quotation (G. 248, 3). What other mood might we have had, and why? What would then be added to ἕως ?

3. ἐν ὁρμῇ ὄντων, *when they* (sc. αὐτῶν and cf. i. 2. 17) *were on the point of starting.* — ἡλίῳ : the names of the heavenly bodies, like proper names, may omit the article. Cf. ἥλιος in i. 10. 15. — Προκλῆς : of the third dec. (G. 52, 2, N. 3). — Τευθρανίας : a town and district in Mysia. — γεγονώς, *descended from.* — Δαμαράτου, *Damarātus*, a Spartan king, deposed in 491 B. C., who settled in southwestern Mysia. See a dict. of biography. — Γλοῦς : mentioned in i. 4. 16. He had now gone over to Artaxerxes. For *Tamos* see i. 2. 21, and note.— τέθνηκεν might have been τεθνήκοι (G. 243): cf. the optatives that follow, εἴη, λέγοι, φαίη. — σταθμῷ : cf. i. 10. 1. —

ANABASIS 2, I.   53

ὅθεν = ἐξ οὗ. — ἡμέραν (G. 161). — περιμείνειεν ἄν ... μέλλοιεν: in the dir. form (G. 247), περιμείναιμι ἄν αὐτούς, εἰ μέλλουσιν ἥκειν ((ἰ. 227, 1). — τῇ ἄλλῃ, on the next day. — ἀπιέναι (G. 200, N. 3 b) φαίη: cf. with λέγοι ὅτι, κ. τ. λ., above, and see G. 260, N. 1. — ἐπὶ 'Ιωνίας, in the direction of Ionia (G. 191, VI. 2, 1 a).

4. ἀκούσαντες οἱ στρατηγοὶ καὶ οἱ ἄλλοι "Ελληνες πυνθανόμενοι: chiastic. — 'Αλλά: often begins a speech opposed to one that precedes. Cf. i. 7. 6. — ὤφελε ... ζῆν, would that Cyrus were living (G. 251, 2, N. 1). How else might the thought have been expressed? — νικῶμεν: cf. the note on § 1, and cf. also § 8, § 9, and § 11. — εἰ μὴ ἤλθετε, ἐπορευόμεθα ἄν: the prot. referring to the past, the apod. to the present (G. 222). — καθιεῖν, see καθίζω (G. 110, II. N. 1 c). — τῶν νικώντων: predicate genitive of possession (G. 169, 1). — τὸ ἄρχειν: subject infinitive with the art. (G. 259, N.).

5. ταῦτα: why did the Greeks use the plural, and why do we translate by the singular? — τοὺς ἀγγέλους: Procles and Glus, § 3. — καὶ γάρ: cf. i. 1. 6, and note.

6. οἱ μέν: asyndeton. See note on i. 2. 4, and cf. i. 2. 25. — ὅπως, as, = ὡς. — ξύλοις, for fuel (G. 137, N. 4). — μικρὸν ... οὗ, going forward a short distance (G. 161) from the main body, to where, etc. — οἰστοῖς, arrows, derived from the root that appears in οἴσω, the future of φέρω. Lit. then οἰστός is that which is borne or shot. — ἠνάγκαζον: had compelled: cf. ἐποίησε in i. 1. 2, with note, and ἐπολιόρκει, συνεπολέμει in i. 4. 2. — τοὺς αὐτομολοῦντας: cf. i. 10. 6. — φέρεσθαι ἔρημοι, left to be carried away, i. e. for fuel (G. 265). See Moods and Tenses, § 97, N. 1, end. — κρέα: object of both participle and verb.

Page 38. — 7. καὶ ἤδη ... ἀγοράν: cf. i. 8. 1, and note. — οἱ μὲν ἄλλοι: in apposition to κήρυκες. We should expect εἰς δ' αὐτῶν Φαλῖνος "Ελλην to follow. — βάρβαροι: predicate to ὄντες to be supplied. — ἐντίμως ἔχων, to be in honor. Cf. note on εὐνοϊκῶς ἔχοιεν, i. 1. 5. — ἐπιστήμων: derivation? — τῶν ἀμφὶ τάξεις = τῶν τακτικῶν. For the case, see G. 182, 2. — ὁπλο-μαχίαν, the art of fighting in heavy armor (G. 131, 1).

8. ὅτι ... ἀγαθόν: what changes of mood are possible in this sentence? (G. 247): λέγουσιν has the force of an historical tense (G. 201, Rem.). — νικῶν: what use of the part.? Cf. also note on νικᾶν in § 1. — παραδόντας: for the relation of this part. to the following ἰόντας εὑρίσκεσθαι, cf. note on ὑπολαβών in i. 1. 7. — εὑρίσκεσθαι ... ἀγαθόν, to seek to get whatever (lit. if any) favor they could (G. 223).

9. βαρέως, with anger. — ὅμως: Clearchus, though himself angry, nevertheless, etc. — εἴη: why opt.? — ἔφη, continued he. — ὅ τι: cogn. acc. to ἀποκρίνασθαι to be supplied with ἔχετε. — ἥξω, will return. Cf., as to meaning, ἐλθόντες in § 1. — ὅπως ... ἐξῃρημένα, that he might see the entrails (after they had been) taken out. — θυόμενος: why middle?

10. πρόσθεν ἢ παραδοῖεν: πρόσθεν ἤ (where πρίν might have been used) with the opt. (G. 240, with N.; 232, 4). There is no change of mood in quoting what Cleānor said (G. 245; 247, N. 3). — θαυμάζω, should like to know. — πότερα ... ἤ: double indirect question (G. 282, 5). — ὡς κρατῶν:

force of ὡς? — ἤ ὡς ... δῶρα, *or as gifts* (G. 137, N. 4) *on the alleged* (ὡς) *ground of friendship*, as if he had said ὡς φίλος ὤν. — τί ... ἐλθόντα, *why should he ask for them and* (*why should he*) *not* (οὐ, not μή) *come and take them?* — πείσας, *by persuasion*, opp. to ὡς κρατῶν. — τί ἔσται ... χαρίσωνται: cf. i. 7. 8, τί ... κρατήσωσιν.

11. πρὸς ταῦτα, *in reply to this*. — αὐτῷ: with ἀντιποιεῖται (G. 186, N. 1). — ἔστιν: why accented? — ἀρχῆς: causal genitive (G. 173, 1, N. 2). — ἑαυτοῦ: pred. gen. of poss. (G. 169, 1). — μέση τῇ χώρᾳ: cf. μέσου τοῦ παραδείσου in i. 2. 7, and note. — οὐδέ: the οὐ goes with δύναισθε ἄν, the δέ (*even*) with εἰ ... ὑμῖν. — παρέχοι: sc. ἀποκτεῖναι.

12. εἰ μή, *except*, after a neg. Cf. i. 4. 18; i. 5. 6. — ἔχοντες = εἰ ἔχοιμεν (G. 226, 1). — ἄν: with χρῆσθαι (G. 246). So the ἄν that follows belongs to στερηθῆναι, and παραδόντες = εἰ παραδοῖμεν.

Page **39**. — μή: the neg. with the imperative is always μή (G. 283, 2). — παραδώσειν: sc. ἡμᾶς as subject, which would have been expressed if ἡμῖν had not preceded.

13. Ἀλλὰ ... ἀχάριστα: ironical. On Ἀλλά, see § 4. When Phalinus calls him a "philosopher," he means to stigmatize his remarks about ἀρετή and ἀγαθά as unpractical. The literal meaning of φιλό-σοφος? — ὤν, *that you are* (G. 280). — περιγενέσθαι ἄν, *could* (under any circumstances) *prove superior* (G. 246; 226, 2 *b*). — δυνάμεως: case (G. 175, 2).

14. ἔφασαν: Xenophon writes as if he had not himself been present. — λέγειν: cf. λέγειν in i. 9. 23, and note. — ὑπο-μαλακιζομένους, *losing courage somewhat* (ὑπό). The underlying word is μαλακός, *soft*. For ὑπό, see G. 191, VI. **7**, end. — τί (G. 188, 1, N. 2): cf. i. 3. 18, and note. — συγκατατρέψαιντ' ἄν: serving loosely as an apodosis to the first protasis also, εἴτε θέλοι, but belonging more fitly to the second.

15. εἰ, *whether* (G. 282, 4). — ἀποκεκριμένοι εἶεν: periphrastic perfect (G. 118, 1). Why opt.? — Οὗτοι: in partitive appos. to the phrase ἄλλος ἄλλα (G. 137, N. 2). — ἄλλος ἄλλα, *some one thing, others another*, lit. *another other things*. Cf. ἄλλοι ἄλλως in i. 6. 11, and ἄλλοι ἄλλοθεν in i. 10. 13, and the notes. — λέγεις, *mean, intend*.

16. The sparring that follows to the end of the chapter shows much Greek humor. — ἄσμενος (G. 138, N. 7). — οἶμαι ... πάντες, *and all the rest also, I think*. οἶμαι is parenthetic and does not affect the construction. — ἡμεῖς: sc. Ἕλληνές ἐσμεν. — πράγμασι: cf. i. 1. 11.

17. ὅ τι: the antecedent of this word is a cogn. acc. to συμβούλευσον, *give us whatever advice*, etc. — ἔπειτα: to be how construed? — λεγόμενον (by conjecture for ἀναλεγόμενον), ὅτι Φαλῖνός, κ. τ. λ.: *when reported as follows*, viz. " *Phalinus once*," etc. (G. 241, 2, Note). — συμβουλευομένοις συνεβούλευσεν: why a difference in voice? The same distinction above. — τάδε, *the following advice* (G. 148, N. 1), would be followed by the actual advice, if the report should ever be made in Greece. What sort of an accusative is τάδε? — ὅτι ἀνάγκη (sc. ἐστί), *that it is inevitable*.

18. ὑπ-ήγετο, *craftily* (ὑπό) *suggested this*. — εὐέλπιδες: declined like ἐλπίς (G. 66, N. 3). — ὑπο-στρέψας, *turning adroitly, avoiding the trap*. — παρὰ τὴν δόξαν αὐτοῦ, *contrary to what he had expected* (G. 191, VI. **4**, 3 *d*).

19. εἰ... ἔστι, *if you have one chance in ten thousand* (G. 77, 2, N. 3ᶜ). — σωθῆναι: limits ἐλπίς, to be supplied with μία τις (G. 261, 1). In the second line below, the noun σωτηρίας is used in the same sense. — ἄκοντος: used almost like a *participle*. Cf. i. 3. 17, and note.
Page **40**. — 20. πρὸς ταῦτα: cf. § 11. — Ἀλλά: cf. § 4, and note. — ταῦτα: cf. with τάδε in the next line (G. 148, N. 1). Cf. also § 21, beginning. — ἡμεῖς: emphatic, opposing what *the Greeks* thought to what *the King* had demanded (§ 8). — εἶναι: sc. ἡμᾶς as subj. — πλείονος (G. 178, N.). — ἔχοντες: a second protasis (G. 226, 1) to ἂν εἶναι, which is quoted (G. 246): see note on ἔχοντες and παραδόντες in § 12.
21. αὐτοῦ: adv. — ὅτι... εἴησαν, *that there was* (not *would be*) *a truce*, etc., the direct form being μένουσι (partic., sc. ὑμῖν, = ἢν μένητε) σπονδαί εἰσιν, *there is a truce for you* (i. e. *for you to depend on*), *if you remain* (G. 223). See § 22, "Ἢν μένωμεν. Cf. below, σπονδαί εἰσιν after μενεῖτε. — εἴπατε: imperative of the *first* aor. εἶπα, not of the *second* aor. εἶπον. See the lexicon, and the Appendix to G., s. v. εἶπον. — πότερα... ἤ: cf. § 10. — ὡς... ἀγγελῶ, *shall I announce from you that there is war?* lit. *assuming that there is war, shall I announce it from you?* (G. 280, N. 4, ex.).
22. ταὐτά: not ταῦτα. — ἅπερ: sc. δοκεῖ. — ἀπεκρίνατο: note the asyndeton. — σπονδαί: sc. εἰσίν (see note on § 21).
23. ὅ τι ποιήσοι (indirect quest.): the fut. opt. is never used except as the representative of the fut. indicative in indirect discourse (G. 203, N. 3).

CHAPTER II.

SYNOPSIS: Phalinus departs; and Chirisophus and a messenger return from Ariaeus, who refuses to be made king, and again tells the Greeks that he shall set out early next morning (1). Clearchus declines to say whether they will join him or not (2). At sunset he tells the generals and captains that the sacrifices were extremely favorable for joining Ariaeus (3), and gives directions how they shall proceed (4). From this time on, Clearchus assumes virtual command (5). Computation of distances (6). Miltocythes deserts to the King (7). The Greeks join Ariaeus about midnight, and give and receive pledges of good faith (8, 9). Ariaeus shows that it will not do for them to return as they came (10, 11), and adds that at first they must make their marches as long as possible (12). At daybreak they begin their march northward (13). In the afternoon they think they see the enemy's cavalry (14); but scouts bring back word that what they see are only beasts of burden, and it is concluded that the King is encamping near by (15). Clearchus nevertheless advances straight on, and encamps in certain villages (16). In the darkness and confusion the Greeks make much noise and frighten the enemy (17), of whom, on the next day, no traces are to be seen (18). During the night the Greeks also suffer a panic (19). Clearchus by a stratagem succeeds in quieting them, and at daybreak they again fall into line (20, 21).

1. αὐτοῦ παρὰ Ἀριαίῳ: cf. αὐτοῦ ἐπὶ τοῦ ποταμοῦ in iv. 3. 28. Glus also remained: cf. ii. 1. 3, 5. - - ἔλεγον, φαίη: the first takes a clause with

ὅτι, the second the inf. (G. 260, N. 1). — βελτίους, *of higher rank.* — οὓς οὐκ ἂν ἀνασχέσθαι : for οἳ οὐκ ἂν ἀνάσχοιντο, a rel. clause with the inf. by assimilation (G. 260, 2, N. 2). — αὐτοῦ βασιλεύοντος : pred. part. after a verb of *enduring* (G. 279, 1). For the case see G. 171, 2. Cf. further *Moods and Tenses,* § 112, 2, N. 2. — ἀλλ' εἰ, κ. τ. λ.: a change to the direct discourse. — ἤδη, *immediately.* — εἰ δὲ μή, *otherwise,* i. e. *if you do not come,* = ἐὰν δὲ μὴ ἥκητε. See § 2. In such alternatives, εἰ δὲ μή is regularly used in the second clause, even when a subjunctive or an affirmative verb would be required if the ellipsis were supplied. See *Moods and Tenses,* § 52, 1, N. 2. — αὐτός (G. 138, N. 8), *himself,* adj. pron. emphasizing the omitted subj. of ἀπιέναι, which is fut. in force (G. 200, N. 3 *b*).

2. οὕτω : with ref. to what follows as well as to what precedes. — χρὴ ποιεῖν : sc. ἡμᾶς, referring to both Greeks and barbarians. — ὥσπερ λέγετε : understand before this χρὴ ἡμᾶς ἥκειν τῆς νυκτός. — εἰ δὲ μή : see note on εἰ δὲ μή in § 1. — πράττετε is more animated than χρὴ ὑμᾶς πράττειν would have been. — ὁποῖόν τι : τί adds to the indefiniteness of ὁποῖον, *whatsoever.* — οὐδέ, i. e. *not even* to the friendly barbarians, just as before he had sent Phalinus off without satisfying him (ii. 1. 23, end).

3. ἰέναι : purpose (G. 265). Construe with οὐκ ἐγίγνετο, *did not result* (*favorably*) *for going.* This phrase is interpreted by καλὰ ἦν at the end of the section. — ἄρα, *as it seems.* — ἐν μέσῳ, *between.* Cf. i. 7. 6, and note. — ναυσί-πορος (G. 131, 1, N.).

Page **41**. — οὐ μὲν δή, *nor yet indeed.* — γέ : force ? — οἷόν τε : sc. ἐστίν, *is it possible* (G. 151, N. 4²). — ἔστιν : accent ?

4. δειπνεῖν : explanatory of ὧδε ποιεῖν. The infinitive const. changes to the imperative in συσκευάζεσθε, κ. τ. λ. Cf. πράττετε in § 2, and note. — σημήνῃ : cf. ἐσάλπιγξε in i. 2. 17, and note. — ὡς ἀναπαύεσθαι (with σημήνῃ), *shall give the signal for going to rest* (G. 266, N. 1). — τὸ δεύτερον : cogn. acc. to σημήνῃ to be supplied. — ἀνατίθεσθε : mid. (G. 199, 3). — ἐπὶ τῷ τρίτῳ, *at the third signal.* — τῷ ἡγουμένῳ, *the van* (neut.) = τοῖς ἡγουμένοις. — πρός, *towards :* note that the genitive follows (G. 191, VI. 6, 1 a). — τὰ ὅπλα = τοὺς ὁπλίτας. Cf. ἀσπίς in i. 7. 10.

5. τὸ λοιπόν : adv. (G. 160, 2). — δεῖ : sc. φρονεῖν.

6. This entire section is thought by many to be an interpolation. — ἀριθμὸς τῆς ὁδοῦ, *amount of the way, distance.* — τῆς Ἰωνίας, *in Ionia* (G. 167, 6). — μάχης, *scene of the battle, battle-field.* So below. — ἐλέγοντο εἶναι, *there were said to be, it was said that there were.*

7. ἐπεὶ σκότος ἐγένετο, *when it became dark* (G. 134, N. 1 *c*). Cf. ἡμέρα ἐγένετο in § 13, and ὀψὲ ἦν in § 16. — εἰς, ὡς : cf. note on εἰς in i. 2. 3.

8. τοῖς ἄλλοις : dative (G. 184, 3) after ἡγεῖτο in place of the genitive (G. 171, 3). — κατὰ τὰ παρηγγελμένα, *in accordance with his previous instructions.* For these see § 4. — παρὰ 'Αριαῖον : why acc. ? — μέσας νύκτας : cf. note on i. 7. 1. — ἐν ... ὅπλα, *halting under arms in line of battle.* Cf. i. 5. 14, and note. θέμενοι modifies the following nominatives, the officers being said to halt when they order their men to do so. — οἱ κράτιστοι, *the highest in rank.* Cf. βελτίους in § 1. — μήτε ... τέ, *not only not*

... *but also:* the correlatives are merely τε ... τε. — προδώσειν, ἔσεσθαι, ἡγήσεσθαι: quoted (G. 202, 3 *a*).—προσ-ώμοσαν, *swore besides* (G. 191, VI. 6, end).

9. εἰς ἀσπίδα, i. e. the blood was caught in the hollow of a shield. — οἱ "Ελληνες, οἱ βάρβαροι: subjects of ὤμοσαν.

10. ἐπεὶ δὲ τὰ πιστὰ ἐγένετο, *but when the pledges had been given* (aor. with force of plup.); with the pledge here given (an oath and offering) cf. ii. 3. 28, where the pledge is an oath and the giving and taking of the right hand, and iv. 8. 7, where it is an oath and the exchange of spears.

Page **42**. — πότερον ... ἤ: how used? — ἤνπερ: sc. ὁδόν, and for the construction of this accusative with ἤλθομεν, cf. note on ὁδόν in i. 2. 20.

11. ἀπιόντες: prot. = εἰ ἀπίοιμεν (G. 226, 1). — παντελῶς, *utterly*, der. from παν-τελής (τέλος). — ὑπὸ λιμοῦ: cf. i. 5. 5, and note. — ὑπάρχει ἡμῖν, *we have to depend on:* for the meaning of ὑπάρχω, cf. note on i. 1. 4. — οὐδὲν τῶν ἐπιτηδείων, *nothing in the way of provisions*. — ἐπτακαίδεκα γάρ: γάρ is doubly related, introducing not only a ground for παντελῶς ... ἀπολοίμεθα, but also one of the causes of ὑπάρχει ... ἐπιτη‚δείων. — σταθμῶν: the σταθμός is here looked upon as a period of time. Cf. for the case ἡμερῶν in i. 7. 18. — ἐγγυτάτω: adj. (G. 141, N. 3; 142, 2). — ἔνθα, *there*. — νῦν δ' ἐπινοοῦμεν, i. e. I and those with me. νῦν δέ corresponds to ἦν μὲν ἤλθομεν, and τῶν δ' ... ἀπορήσομεν to μακροτέραν μέν. — μακροτέραν: sc. ὁδόν; cf. note on ἥνπερ in § 10. — ἐπιτηδείων: why genitive?

12. πορευτέον: sc. ἐστί (G. 281, 2). — σταθμούς: cognate acc. to πορευτέον, *we must make our first marches*, lit. *march our first marches*. — ὡς ... μακροτάτους, *as long as possible*. Cf. note on i. 1. 6, and ὡς πλεῖστον just below. μακροτάτους is predicate (cf. G. 142, 3). — ἀποσπασθῶμεν: explain the accent and mood. — στρατεύματος: why genitive? — ἅπαξ: cf. note on i. 9. 10. — δύο: here indeclinable (G. 77, 1, N. 1). — ἡμερῶν: gen. of measure (G. 167, 3). — ἀπόσχωμεν: why subj.? — οὐκέτι μὴ δύνηται: emphatic fut. affirmation (G. 257). — στρατεύματι: dat. of accompaniment (G. 188, 5), equiv. to ἐὰν ἔχῃ ὀλίγον στράτευμα, corresp. to πολὺν δ' ἔχων (below) = ἐὰν ἔχῃ. — σπανιεῖ: fut. of σπανίζω (G. 110, II. N. 1 *c*). — ἔγωγε is expressed for emphasis, and further emphasized by γέ and by its position.

13. Ἦν δυναμένη, *amounted to*, *meant:* οὐδὲν ἄλλο δυναμένη stands like a pred. adjective after ἦν, the expression differing little from ἐδύνατο. — στρατηγία, *plan of operations*. — ἀποδρᾶναι ἢ ἀποφυγεῖν: cf. i. 4. 8, and note. — τὸν ἥλιον, ἡλίῳ: cf. note on ἡλίῳ in ii. 1. 3. — τοῦτο: cf. ἐψεύσθη τοῦτο in i. 8. 11, and note.

14. ἔτι δέ, *but furthermore*. — δείλην: cf. note on i. 8. 1. — τῶν Ἑλλήνων: depends on the omitted (indefinite) antecedent of οἵ (G. 152). — οἳ μὴ ἔτυχον: a conditional relative clause (G. 232, 1; 231, end).

15. εἰσίν, νέμοιτο: partial change of mood in quotation. Cf. note on i. 10. 5. — ἐστρατοπεδεύετο: impf. (not plup.), *was encamping*. — καὶ γὰρ καί: an unusual connection of particles, *and (they were sure of this) for smoke also*, etc.

16. ἀπειρηκότας, *were weary*, as pf. of ἀπ-αγορεύω, *to renounce*, *give up*,

grow weary: the perf. ἀπ-είρηκα, *to have grown* (and so *to be*) *weary.* Cf. i. 5. 3. — οὐ... ἀπέκλινε, *he did not, however, even* (δέ in οὐδέ) *turn aside,* much less retreat. Page **43**. — εὐθύωρον, *straight on,* an uncommon word. — εἰς: with ref. to the previous marching *into* the villages. — καί... ξύλα, *even the very timbers in (from) the houses* (G. 191, N. 6). Cf. τοὺς ἐκ τῶν πόλεων in i. 2. 3, and note.

17. ὅμως: notwithstanding the villages had been pillaged. — τρόπῳ τινί, *after a fashion.* — σκοταῖοι, *in darkness* (G. 138, N. 7). — ἐτύγχανον: sc. αὐλιζόμενοι. — ὥστε ἀκούειν, ὥστε ἔφυγον: in the second case the result is stated as an independent fact, rather than merely as a result (G. 266, 1; 237)

18. καὶ βασιλεύς, *even the King,* and not only οἱ ἐκ τῶν σκηνωμάτων φεύγοντες. — οἷς (G. 153, with N. 1).

19. τοῖς ῞Ελλησι: after the compound verb (G. 187). — οἷον: masculine accusative, subject of γίγνεσθαι, *qualem par est fieri.*

20. τῶν τότε: sc. κηρύκων. Homer says (*Iliad* v. 786) that Stentor (cf. Eng. *stentorian*), the "brazen-voiced," was able to shout as loud as fifty other men together. — τοῦτον: taking up Τολμίδην. — τὰ ὅπλα: in a Greek camp the arms (heavy shields and spears) were generally stacked in one place. — ὅτι λήψεται: cf. i. 6. 2, and note. — ὃς ἂν μηνύσῃ, λήψεται: conditional relative sentence referring vividly to the future (G. 232, 3). — τάλαντον ἀργυρίου: cf. i. 7. 18.

21. εἰς τάξιν τὰ ὅπλα τίθεσθαι, *to get under arms in* (lit. *into*) *line of battle.* Cf. i. 5. 14, and note. — ᾗπερ εἶχον, *just as they were* (or *stood*). — ἡ μάχη, i. e. *the battle* of Cunaxa.

CHAPTER III.

SYNOPSIS: At sunrise the King sends heralds to propose a truce (1). Clearchus arranges the army so as to present the most formidable appearance, and, coming forward (2, 3), asks what they want (4). He directs them to tell the King that they must fight first, as the Greeks have had no breakfast (5). The heralds depart, but soon return with word that, if the truce (which is to be general) should be concluded, the Greeks will be furnished provisions (6, 7). Clearchus thinks best to conclude the truce, and commands the heralds to lead the way (8, 9). They come upon ditches and canals, over which they are obliged to construct bridges (10). Clearchus punishes those who loiter, and himself takes part in the work (11), so that the older men also give their assistance (12). Clearchus suspects that the King has flooded the plain with a purpose (13). They arrive at certain villages where they procure provisions (14–16). They remain here three days, and Tissaphernes comes to confer with them (17), and says that he has asked the King to allow him to lead them back to Greece (18, 19), but that the King wishes to know why they took the field against him (20). Clearchus explains how they were drawn into the expedition (21, 22), but says that now, however, they wish simply to return (23). Tissaphernes reports this to the King (24), and on the third day returns saying that the King consents to his leading them home in safety (25). He swears on his part to do this faithfully and to furnish provisions; and the Greeks swear to do no harm to the country on their way (26-28). Tissaphernes then goes back to the King, promising to return after completing his preparations (29).

1. "Ο ... ἔγραψα: in ii. 2. 18. — τῷδε, *from what follows* (G. 188, 1; 148, N. 1). — πέμπων: sc. κήρυκας (cf. ii. 1. 7).
2. τοὺς προφύλακας, *the pickets*. — ἐξήτουν: diff. in use between this word and αἰτέω on the one hand and ἐρωτάω on the other? — τυχών, ἐπισκοπῶν: classify these partic. — εἶπε, *told*. Cf. ἔλεγε θαρρεῖν in i. 3. 8, and note. — ἄχρι ἂν σχολάσῃ: on the principle of indirect discourse we might have ἄχρι σχολάσειε (G. 248, 3).
3. κατέστησε, *had drawn up*. — ὥστε ... πυκνήν, *so that it should be* (G. 266, 2) *well arranged to be seen* (G. 261, 2) *everywhere as a compact line* (i. e. to have this appearance in all parts).
Page 44. — μηδένα: why not οὐδένα? — εἶναι: in the same construction with the preceding ἔχειν. — τέ, τέ: the first τέ is correlative to the καί before τοῖς ἄλλοις; the second, to the καί before εὐειδεστάτους. — ταῦτά, i. e. προελθεῖν, κ. τ. λ.
4. πρός, *in front of* (G. 191, VI. 6). — ἥκοιεν, *had come*, the direct form is ἥκομεν (G. 200, N. 3) ἄνδρες οἵτινες ἐσόμεθα (G. 247, N. 1). See *Moods and Tenses*, § 74, 1, N. 1.
5. μάχης: genitive of want (G. 172, 1). — ὁ τολμήσων, *the man that will dare* (G. 276, 2), subj. of the preceding ἔστιν. — μὴ περίσας = ἐὰν μὴ πορίσῃ (G. 226, 1). — Notice ἄριστον at both beginning and end of the last sentence.
6. ᾧ: the antecedent is the preceding sentence, ἧκον ταχύ. — δοκοῖεν, ἥκοιεν: the direct discourse would show the person of each verb: εἰκότα δοκεῖτε ... καὶ ἥκομεν ... οἳ ἄξουσιν ἔνθεν ἕξετε. — οἵ ... ἐπιτήδεια, *who would conduct them* (the purpose for which the guides were brought), *if there should be a truce, to a place* (sc. ἐκεῖσε) *from which they would get* (the object in view) *provisions*. For this use of the fut. ind. with relative words (here οἵ and ἔνθεν) to express purpose or object, see G. 236, with N. 3. For the partial change of mood in the quoted sentence ὅτι ... ἐπιτήδεια, see note on ὅτι ... βασιλεῖ in § 4.
7. εἰ ... ἀπιοῦσιν, *whether he was making a truce merely* (αὐτοῖς) *for the men* (*as they were*) *coming and going*, i. e. for the King's envoys. The direct question was σπένδομαι ... ἤ ... ἔσονται. — τοῖς ἄλλοις (G. 184, 3 or 4). — διαγγελθῇ: why subjunctive? Force of διά?
8. μεταστησάμενος, *had them retire, and*, etc. (G. 191, VI. 3, end). — ἐδόκει ποιεῖσθαι: cf. ἐδόκει πορεύεσθαι in i. 2. 1, and note. — καθ' ἡσυχίαν, i. e. without being harassed by the enemy. Force of the suffix in ἡσυχία? — ἐπί, *after, in order to get*, involving the idea of purpose, but below, in § 9 at the end, πρός in the sense simply of *to*.
9. διατρίψω (sc. χρόνον). — ἀποδόξῃ: why subj.? For the force of ἀπό, cf. ἀπο-ψηφίσωνται in i. 4. 15, and note. — καιρός, *proper time*, whereas χρόνος is *time* in general.

10. οἱ μέν : correlated by Κλέαρχος μέντοι. — τάφροις: cf. for the case, οἷς, i. 8. 1. — αὐλῶσιν, *canals*. — ὡς μὴ δύνασθαι, *so that they were not able*, ὡς with the inf. to express result (G. 266, N. 1). Cf. i. 5. 10, and note. — ἐποιοῦντο: sc. γεφύρας. — ἦσαν ἐκπεπτωκότες: periphrastic pluperfect (G. 118, 4), which makes the idea of *being* on the ground more prominent than that of *falling*.

Page **45.** — 11. Κλέαρχον ... ἐπεστάτει : lit. *to learn Clearchus well, how he commanded*. Cf. note on τῶν βαρβάρων, i. 1. 5, and also i. 6. 5. — τὸ δόρυ, *his spear*, but in the next line βακτηρίαν, *a staff* or *stick*, without the art., because the staff was no part of his regular equipment as a soldier. Give the stem from which βακτηρία is derived. — εἰ δοκοίη : why opt.? — τὸν ἐπιτήδειον: sc. παίειν (G. 261, 1). — ἔπαισεν ἄν: an *iterative* aorist (G. 206). For the use of the stick in Spartan military discipline, see i. 5. 11, and note. — αὐτὸς προσελάμβανεν, *took hold himself*. — μὴ οὐ (G. 283, 7): the μή negatives the following inf. regularly ; the οὐ (here very irregular) strengthens the neg. idea underlying αἰσχύνην εἶναι, *were ashamed, were un-willing* (*Moods and Tenses*, § 95, 2, N. 1, Rem.).

12. πρός : cf. i. 9. 20. It is doubtful whether we should read αὐτοῦ or αὐτό. MSS. αὐτόν. — οἱ ... γεγονότες here must mean *those that were thirty years old and less*, which would regularly be οἱ εἰς τριάκοντα ἔτη (as in vii. 3. 46). For the case of ἔτη, see G. 161. — σπουδάζοντα, *in earnest*. — προσελάμβανον : cf. § 11.

13. ὑποπτεύων : cf. i. 1. 1, and note. — μή : in the direct form οὐ (G. 242, 4). — ἄρδειν: with οἵα (sc. τοιαύτη), on the principle of G. 261, 1 : *it was not the proper season for watering*, etc. Cf. *Moods and Tenses*, § 93, 1, N. 1. — ἤδη, *forthwith, at the very start*. — εἰς, *with reference to, for*. — τούτου ἕνεκα: taking up ἵνα προφαίνοιτο. Cf. G. 215, Rem. — ἀφεικέναι: see ἀφίημι.

14. ὅθεν : cf. ii. 1. 3, and note, and below, § 16. As an adverb ὅθεν goes with λαμβάνειν ; as a relative it introduces the sentence. — ἀπέδειξαν λαμβάνειν, *gave them notice to take*. — οἶνος φοινίκων, *palm wine*. Cf. i. 5. 10. — ὄξος ... αὐτῶν, *a sour* (cf. ὀξύς) *drink made from the same by boiling* (ἕψω, *to boil*).

15. αὐταὶ αἱ βάλανοι, *the dates themselves* (opposed to the wine, etc.), in partitive appos. (G. 137, N. 2). — τοῖς οἰκέταις : with ἀπέκειντο (G. 184, 3). οἰκέτης, from οἶκος (G. 129, 2 *b*), properly a *house-servant*. — ἀπέκειντο, *were set apart;* equiv. to pass. of ἀπετίθεσαν, below. — κάλλους : gen. of cause (G. 173, 1). — ἠλέκτρου : abridged for ἠλέκτρου ὄψεως. Cf. the similar case explained in G. 186, N. 2. — τὰς δέ τινας, *but some* (τινάς) *others*. — τραγήματα, *for sweetmeats*, to be eaten at dessert (G. 137, N. 4). — καὶ ἦν ... ἡδὺ μέν, *and these* (the τραγήματα, G. 135, 2) *were a palatable thing* (G. 138, N. 2 *c*) *also at a symposium* (πότον, not ποτόν). — κεφαλ-αλγίς: derivation ? See G. 131, 1.

16. τὸν ἐγ-κέφαλον, *the crown* (lit. *brain*), a large terminal cabbage-like growth at the top of the stem of the palm-tree. — ἰδιότητα, *peculiar-ity* (see G. 129, 7). — ἡδονῆς, *flavor*. Cf. ἡδύ, above. — ἐξαιρεθείη: why opt.? — ὅλος, *entirely* (G. 138, N. 7): we sometimes say, *it all dried up*.

17. ὁ ... ἀδελφός: note the position of the genitives (G. 142, 1). — γυναικός: by name *Statira.* — αὐτοῖς: case (G. 186). Cf. Ἑλλάδι in the next section.
18. γείτων: predicate nom. to οἰκῶ (G. 136; cf. 137, N. 4). — οἰκῶ: see *Hellen.* iii. 2. 12, Καρία, ἔνθαπερ ὁ Τισσαφέρνους οἶκος.
Page **46.** — πελλὰ κἰμήχανα (i. e. καὶ ἀμ.), *many difficulties*, lit. *many and inextricable (straits*, G. 141, N. 4): ἀμήχανα = ἐν οἷς οὐδεμία μηχανή. — εὔρημα, *a piece of good fortune;* from εὑρίσκω (εὑρ-, G. 129, 4). — εἰ δυναίμην: we might have had ἐὰν δύνωμαι (G. 248, 2; 226, 4, N. 1), as the context implies, *I thought it would be a* εὔρημα, — οἶμαι ... ἔχειν, *for I think it would not be a thankless labor for me* (G. 246). For ἀχαρίστως ἂν ἔχειν, cf. note on i. 1. 5, end. — πρὸς ὑμῶν: as if a passive had preceded in place of ἀχαρίστως ἔχειν.
19. ἐπιστρατεύοντα: quoted after ἤγγειλα (G. 230). For the fact mentioned, see i. 2. 4. — καὶ μόνος, κ. τ. λ.: cf. i. 10. 7 and 8. — σὺν τοῖσδε: with a gesture. — αὐτῷ: the King.
20. βουλεύσεσθαι: what other tenses might be used? (G. 203, N. 2). — εὐ-πρακτότερον: verbal adj. (G. 117, 3) in the comparative. The subj. of εὐπρακτότερον ᾖ is διαπράξασθαι understood, the διαπράξασθαι expressed being the object of δύνωμαι.
21. μεταστάντες: second aor. Cf. μεταστησάμενος in § 8. — Κλέαρχος δ' ἔλεγεν, i. e. *Clearchus was their spokesman.* — ὡς βασιλεῖ πολεμήσοντες, *with the intention of warring with the King* (G. 186, N. 1). When, as here, the subject of the leading verb is also the speaker (cf. G. 277, N. 2), ὡς simply emphasizes the *cause* or *purpose* denoted by the participle.
22. The speaker is referring in this section, probably, to the agreement entered into at Thapsacus, i. 4. 11 – 13. — θεούς, ἀνθρώπους: objects of ἠσχύνθημεν (G. 158, N. 2). The infinitive προδοῦναι is a second obj. of the same verb (G. 260, 1). — παρέχοντες (sc. αὐτῷ), *when we had offered* (G. 204, N. 1). — εὖ ποιεῖν: purpose (G. 265; 165, N. 1).
23. ἐπεί: here, *since;* above, in § 22, *when.* — βασιλεῖ ... ἀρχῆς: cf. ii. 1. 11. — τὴν χώραν κακῶς ποιεῖν: cf. i. 4. 8, and note. Cf. below, ἡμᾶς εὖ ποιῶν. — εἴ τις ... λυποίη, i. e. *if no one should molest us:* τὶς is like French *on* and German *man*, with no exact English equivalent. — ἀδικοῦντα: sc. τινά, and cf. βουλευομένους in i. 1. 7. — ἡμᾶς ... ὑπάρχῃ, *shall take the first step also* (καί) *in doing us good* (G. 279, 1), καὶ εὖ ποιῶν emphatically opposed to ἀδικοῦντα. — εὖ ποιοῦντες (G. 277, 2).
Page **47.** — 24. ἥκω: mood? — αἱ ... μενόντων, *let the truce continue.* — ἀγορὰν παρέξομεν, *will provide a market*, i. e. an opportunity for the Greeks to buy provisions.
25. εἰς: cf. εἰς ἕω, i. 7. 1, and note. — διαπεπραγμένος (cf. διαπράξασθαι in § 20): with δοθῆναι as its object. — δοθῆναι αὐτῷ: cf. the corresponding active δοῦναι ἐμοί in § 18. — καίπερ: with the following concessive part. (G. 277, N. 1 *b*). — ἄξιον βασιλεῖ, *befitting the King* (G. 185; 184, 2). Cf. G. 178, N.
26. τέλος: cf. i. 10. 13. — παρέξειν: sc. ἡμᾶς. The inf. is quoted after

the idea of *promising* in πιστά (G. 202, 3 *a*). So ἀπάξειν. — ὅπου δ' ἂν μή: why not οὔ ?

27. πορεύσεσθαι, ἕξειν : both quoted after ὀμόσαι. Cf. the two future infinitives in § 26. — ὡς διὰ φιλίας (sc. χώρας), *as* (you would go) *through a friendly country.*

28. ταῦτα ἔδοξε : cf. note on i. 3. 20. — ὤμοσαν . . . ἔδοσαν : cf. note on πιστά in ii. 2. 10.

29. ὡς βασιλέα : cf. i. 2. 4. — διαπράξωμαι, *shall have accomplished*, with future perfect force (*Moods and Tenses*, § 20, N. 1). — ἅ δέομαι : sc. διαπράξασθαι. — ὡς ἀπάξων καὶ ἀπιών (G. 200, N. 3 *b*): cf. note on ὡς πολεμήσοντες in § 21.

CHAPTER IV.

SYNOPSIS : The Greeks and Ariaeus remain encamped near each other for more than twenty days, during which time the barbarians receive visits from their friends (1). The Greeks grow uneasy and ask their generals why they remain, and express their suspicions of the King's intentions (2-4). Clearchus answers that it will not do to go away, as that would break the truce and they would be left without provisions, guide, or friends (5); that, moreover, the Euphrates bars their way, and that they have no cavalry (6). He declares his faith in the King's oath (7). Tissaphernes and Orontas arrive with their armies (8). The Greeks proceed with Tissaphernes as guide (9), but are suspicious of the Persians, and march apart from them. Mistrust increases on both sides, and they sometimes come to blows (10, 11). They arrive at the wall of Media (12), and from thence a march of two days brings them to the Tigris. The Greeks encamp near Sittáce, and the barbarians cross the river (13, 14). After supper a man brings a warning from Ariaeus to the Greeks to beware of a night-attack, and to guard the bridge over the Tigris (15-17). Clearchus is greatly alarmed (18); but the story is observed to be inconsistent (19, 20), and after questioning the messenger it is concluded that he has been sent with an ulterior object (21, 22). Nevertheless, a guard is sent to the bridge (23). At daybreak the Greeks cross the bridge (24), and proceed in four days to the river Physcus. Near Opis they are met by an illegitimate brother of the King, who views them as they pass, and is amazed at their number (25, 26). They proceed through Media, plundering the villages of Parysatis (27), and along the right bank of the Tigris, procuring provisions from Caenae, a city across the river (28).

1. εἴκοσιν : sc. ἡμέρας. — οἱ ἄλλοι ἀναγκαῖοι, *his other relatives* : ἀναγκαῖος (from ἀνάγκη, see G. 129, 12) is the Lat. necessarius. — δεξιάς, *assurances*, pledged by the person who brought them with *the right hand*. — μὴ . . . αὐτοῖς, *that the King would bear them no ill-will* (μνησι-κακήσειν, μιμνήσκω, stem μνα-, and κακός). The inf. is quoted after δεξιάς ; cf. παρέξειν in ii. 3. 26. — ἐπιστρατείας : gen. of cause (G. 173, 1). — τῶν παροιχομένων, *of what was past* (G. 200, N. 3).

2. οἱ περὶ Ἀριαῖον, *Ariaeus and those with him* (G. 141, N. 3). Cf. οἱ ἀμφὶ Τισσαφέρνην, iii. 5. 1. — ἔνδηλοι . . . νοῦν, *evidently paid less regard to the Greeks*. For προσέχοντες, cf. ἀνιώμενος in i. 2. 11, and note.

Page **48.** — 3. ἤ may introduce the second part of an alternative question (G. 282, 5), even when the former part is only implied (here πότερον ἄλλως ἔχει). Cf. the use of an in Lat. — περὶ παντὸς ποιήσαιτο: cf. περὶ πλείστου ποιοῖτο in i. 9. 7, and note. — ἦ: subj. of purpose (G. 216). The opt. referring to the future has the force of a primary tense (*Moods and Tenses*, § 34, 2). — στρατεύειν: dependent on φόβος (G. 261, 1, with N. 1). We might have had οἱ ἄλλοι "E. φοβῶνται ... στρατεύειν. — ὑπάγεται: cf. ii. 1. 18. — διεσπάρθαι: see διασπείρω and G.* 262, 1. — ἁλισθῇ: cf. διαπράξωμαι, ii. 3. 29. —οὐκ ... ἡμῖν, *it is not possible that he will not attack us*, lit. *there is not how* (introducing the indir. quest.) *he will not*, etc. (G. 283, 8).

4. ἤ ... ἀποτειχίζει, *is either trenching or walling off some point.* Cf. the use of τὶ in i. 10. 16. — τοσοίδε, *so few:* accent (G. 27, 4). — ἐπὶ ..., αὐτοῦ, *at his very doors.*

5. ἐπὶ πολέμῳ = πολεμήσοντες. — ἔπειτα, *moreover*, introducing πρῶτον μέν, αὖθις δέ, etc. — ὅθεν, (*a place*) *from which*. — ἐπισιτιούμεθα: purpose (G. 236). — ἅμα and εὐθύς (G. 277, N. 1) both qualify ἀφεστήξει, which is a future perfect (G. 110, IV. c, N. 2; 200, N. 9). Cf. below, λελείψεται. — ὄντες: sc. φίλοι.

6. ποταμός: emphatic, as if he had said, *but as to rivers, I don't know whether* (εἰ), etc. — διαβατέος: the verbal in -τέος used personally (G. 281, 1). — οὐ μὲν δή: cf. i. 9. 13, and note. — ἄν, i. e. ἐάν. — οὐ ... εἰσὶν: implying also, *nor will there be.* — τῶν δὲ ... ἄξιοι, *whereas the enemy's horse are very numerous* (lit. *the most*, compared with those of other nations) *and very efficient.* — νικῶντες = εἰ νικῶμεν; but ἡττωμένων, to which σωθῆναι is apod., = ἐὰν ἡττώμεθα, or perhaps εἰ ἡττώμεθα (see *Moods and Tenses*, § 54, 2 b). — οἷόν τε: sc. ἐστίν.

7. σύμμαχα, *helps.* — ὅ τι, *on what account* (G. 160, 2 ; 149, 2²). — αὐτόν: repeating βασιλέα. — θεούς: cf. θεούς in ii. 3. 22, and G. 158, N. 2.

Page **49.** — 8. ὡς ἀπιών (G. 277, N. 2): here the writer and the subj. of the leading verb are not the same person (cf. note on ὡς πολεμήσοντες in ii. 3. 21, and ii. 3. 29), so that ἀπιών expresses the intention *professed by Tissaphernes.* There is nothing *in the use of* ὡς to indicate the historian's opinion as to the honesty of this profession. See note on ὡς βοηθήσων in § 25. — εἰς οἶκον = οἴκαδε: see note on οἰκῶ in ii. 3. 18. Besides Caria he now had the satrapy of Cyrus. — ἦγε, i. e. Orontas. Cf. iii. 4. 13. — ἐπὶ γάμῳ, *in marriage, as his wife.*

10. αὐτοὶ ... ἐχώρουν, *proceeded [themselves] by themselves.* — ἐστρατοπεδεύοντο: the Greeks and barbarians. — ὥσπερ πολεμίους (sc. φυλαττόμενοι), *just as (if they were guarding against) enemies* (G. 277, N. 3).

11. τοῦ αὐτοῦ: sc. τόπου, and cf. i. 8. 14. — πληγὰς ἐνέτεινον: cf. i. 5. 11.

12. τεῖχος: mentioned in i. 7. 15. If we suppose that the southern part of this wall, which reached from the Tigris to the Euphrates, was in ruins, it is easy to account, first, for Xenophon's not describing it in i. 7. 15, but here; and, secondly, for the King's digging the ditch for the purpose, on

that assumption, of completing the line of defence furnished by the northern part of the wall. In the retreat Tissaphernes led the Greeks westward on the southern side of the ditch, in order that they should not see the rich plain of Babylonia, and so brought them outside of the wall again, which they now *pass within* (παρῆλθον) on their way to the Tigris. — ἦν ᾠκοδομημένον = ᾠκοδόμητο (G. 118, 4). — κειμέναις, *lying;* we say *laid.* — ποδῶν: why gen.? — μῆκος δ' ἐλέγετο, *but in length, it was said,* etc.

13. τὴν δ'... ἑπτά, *and the other (by its having been) bridged over* (means, G. 277, 2) *with seven boats.* See note on § 24. — ἦσαν ἀπό: cf. εἰσὶν ἐκ in i. 2. 7. — ὥσπερ: sc. κατατέτμηνται.

14. δένδρων: with παράδεισος (G. 167, 4). If it went with δασέος it would be δένδροις (cf. iv. 7. 6). — οἱ δὲ βάρβαροι: sc. ἐσκήνησαν.

Page 50. — 15. ἔτυχον... ὄντες, *happened to be walking.* — πρὸ τῶν ὅπλων: cf. note on ii. 2. 20. — οὐκ ἐζήτει, *did not ask for, ask to see.* — καὶ ταῦτα ὤν: cf. i. 4. 12, and note.

16. ὅτι: introducing direct discourse. Cf. i. 6. 8, end, and note. — Ἔπεμψε: agreement (G. 135, N. 1). — πιστοί: cf. note on i. 5. 15. — μὴ ἐπιθῶνται (G. 216).

17. ὡς διανοεῖται, *since T. intends,* etc.; but in the next line ὡς, *in order that.* — τῆς διώρυχος: the second of the two mentioned in § 13; over this there was only a pontoon bridge, which could be destroyed easily.

19. νεανίσκος τις: conjectured to have been Xenophon himself. — οὐκ ἀκόλουθα, *inconsistent.* — τό τε ἐπιθήσεσθαι καὶ λύσειν, i. e. *the two stories of an intention to attack, and at the same time to destroy the bridge:* we should expect τὸ also before λύσειν. For the unusual fut. inf. see G. 202, 3 *b*; also *Moods and Tenses,* § 27, N. 2 *b.* — νικᾶν: sc. αὐτούς as subject. — τί δεῖ... γέφυραν: *why need they destroy the bridge?* implying *what good will it do them,* etc.? It is thus a proper apod. to the future prot. ἐάν ... νικῶσι (G. 223). — ἄν (i. e. ἐάν) ὦσιν, ἔχοιμεν ἄν: a subj. in the prot. (G. 223), with an opt. with ἄν in the apod. (G. 224), the latter belonging to an *implied* prot. in the opt., such as, *if we should wish to escape* (G. 227, 1; *Moods and Tenses,* § 54, 1 a²). The οὐ in οὐδέ, *not even,* modifies ἔχοιμεν ἄν, the meaning being, *even if there are (shall be) many bridges, we should not know,* etc. Cf. for this meaning of οὐκ ἔχω, i. 7. 7, and note; and see, also οὐχ ἕξουσιν in § 20.

22. ὑποπέμψειαν, *had sent with a false message* (ὑπό): the dir. form was ὑπέπεμψαν (G. 243). — ἔνθεν μέν, ἔνθεν δέ, *on this side, on that.* — πολλῆς ... ἐνόντων, *since it was extensive and fertile, and since there were men in it to work it.*

Page 51. — εἴ τις βούλοιτο: might have been ἐάν τις βούληται (G. 248, N.).

23. ἐπὶ μέντοι... ὅμως, *yet they nevertheless,* etc., i. e. notwithstanding that they now knew the man's statements were false. Cf. ii. 2. 17. — ἀπήγγελλον, i. e. the next morning.

24. ἐζευγμένην: the Greek could say ζευγνύναι γέφυραν (G. 159), *to build* (lit. *join*) *a bridge,* or ζευγνύναι ποταμόν (or διώρυχα), *to bridge a river* (or

channel); for the latter see § 13. — ὡς ... πεφυλαγμένως, as *guardedly as possible:* supply ἦν with οἶόν τε (= δυνατόν). — τῶν παρὰ Τισσαφέρνους Ἑλ.: cf. τῶν παρὰ βασιλέως, i. 1. 5, and note. — διαβαινόντων (sc. αὐτῶν): we should expect the dat. after ἐπιθήσεσθαι, rather than the gen. absolute. In the same way διαβαινόντων occurs in the next line, notwithstanding the following αὐτοῖς. — σκοπῶν: participle. — διαβαίνοιεν: in the direct form διαβαίνουσι (G. 243), *to see whether they were crossing.* — ᾤχετο ἀπελαύνων, *went riding off* (G. 279, 4, N.); ᾤχετο, lit. *was off* (G. 200, N. 3).
25. πλέθρου: cf. πλέθρων, i. 2. 23. — ᾤκεῖτο: cf. οἰκουμένην, i. 4. 1. — ᾖ ὄνομα Ὦπις: cf. i. 5. 4, and note. — πρὸς ἥν: why accusative? — ὡς βοηθήσων (G. 277, N. 2): ὡς shows only that the partic. gives the purpose which is professed by the subject (ὁ ἀδελφός). See note on ὡς ἀπιών in § 8, and on ὡς πολεμήσοντες in ii. 3. 21. Cf. also i. 1. 11, and note.
26. εἰς δύο, *two abreast* (G. 191, III. 1 c). They marched by in column. — ἄλλοτε ... ἐφιστάμενος, *halting now and then.* — τὸ ἡγούμενον (object): cf. ii. 2. 4, and note. — ἐπιστήσειε: why opt.? — ἐπίστασιν: force of the suffix σις? — ἐκπεπλῆχθαι: see note on i. 5. 13.
27. Κύρῳ ἐπεγγελῶν, *insulting Cyrus* (G. 184, 2) *besides* (ἐπί), i. e. besides gratifying the Greeks. Cf. ἐπι-λέγειν, i. 9. 26. — διαρπάσαι ... ἐπέτρεψε: cf. i. 2. 19, and note. — πλὴν ἀνδραπόδων, i. e. *except that the men in them were not to be made slaves.*

CHAPTER V.

SYNOPSIS: They arrive at the river Zapatas, and Clearchus sends a messenger to Tissaphernes and requests an interview (1, 2). When they meet, Clearchus expresses his hope that they shall be able to dispel the mutual distrust of the Greeks and barbarians (3, 4); mentions cases where great evil has been done through misunderstanding (5, 6); refers to their oaths and the vengeance of the Gods should they break them (7); details the facts which render it necessary for the Greeks to retain the friendship of the Persians (8-12), and the advantages to the barbarians of an alliance with his Greek army (13, 14); and finally he asks to know who has excited the suspicions against them (15). Tissaphernes assures Clearchus that the Greeks have no cause for distrust (16), showing how completely they are in the power of the Persians (17-19), and how unnecessary it would be for the latter to resort to perjury if they wished to destroy their former enemies (20, 21). He expresses great personal friendship for the Greeks, and hints at an especial service they may do for him (22, 23). Clearchus believes him sincere, and when he promises to disclose the names of those who have sought to create distrust between them, if Clearchus with the rest of the generals will come to him, the Greek general consents (24-26). The next day he returns to camp and states what has been agreed upon, and, though opposed by some of the soldiers, finally persuades five of the generals and twenty captains to accompany him (27-30). The generals are invited to enter the tent of Tissaphernes, and not long after they are seized and those without murdered (31, 32). Nicarchus alone escapes, and flees terribly wounded to the Greeks (33), who run to arms (34). Ariaeus with 300 Persians approaches the camp, and calls for some general or captain (35, 36). Cleanor, Sophaenetus, and Xenophon come forward (37). Ariaeus tells them that Clearchus, having violated the truce, is dead, but that Proxenus and Menon are in great honor, and that the King demands their arms (38). In answer Cleanor reproaches him for his treachery, and Xenophon skilfully asks that Proxenus and Menon may be sent to the Greeks to advise them (39-41). The barbarians leave without making answer (42).

Page **52.**—1. ὑποψίαι, *feelings of distrust.*—φανερά, pred. to ἐφαίνετο, is specially opposed to ὑποψίαι.

2. Τισσαφέρνει: cf. τούτῳ in i. 1. 9.— εἴ δύναιτο, κ. τ. λ. (G. 248, 2), *in case he could in any way stop,* etc. The apod., suggested by παῦσαι, would be ἵνα παύσειε or the like. See *Moods and Tenses,* § 53, N. 2, for further details of this important construction. — πρὶν γενέσθαι (G. 274). — ἐροῦντα (G. 277, 3).

3. Τισσαφέρνη: a *heteroclite* voc. (G. 60, 1 *b*).— ἀδικήσειν: cf. μνησικακήσειν in ii. 4. 1, and note. — φυλαττόμενον ἡμᾶς, *are on your guard against us* (G. 280). — ὡς πολεμίους, *as (you would be against) an enemy.*

4. οὐ δύναμαι οὔτε: we should expect οὔτε δύναμαι to correspond to ἐγώ τε οἶδα. See note on μήτε . . . τε in ii. 2. 8. — πειρώμενον (G. 280). — ὅτι . . . οὐδέν, *that we on our part do not even think of any such thing* (G. 280, N. 3). — εἰς λόγους σοι ἐλθεῖν, *to have an interview with you* (G. 186, N. 1, end). — εἰ δυναίμεθα (G. 248, N.). Cf. § 2. — ἀλλήλων (G. 174).

5. ἐκ, *in consequence of.*— οἵ . . . ἐποίησαν: we should expect φοβηθέντας . . . βουλομένους . . . ποιήσαντας (G. 280), but such an accumulation of participles would be harsh. — φθάσαι: sc. ποιήσαντές τι (G. 279, 4). — μέλλοντας, *intending,* transitively. — αὖ, i. e. *what is more.*

6. ἀγνωμοσύνας, *misunderstandings* (G. 129, 7).

7. πρῶτον . . . μέγιστον, *for first and chiefly.* Cf. i. 3. 10. The correl. of μέν is δέ in § 8. — θεῶν (G. 167, 3), *oaths (sworn) by the Gods,* as we say ὀμνύναι θεούς. — εἶναι (G. 263, 1). — τούτων, i. e. τῶν θεῶν ὅρκων (G. 171, 2). — παρημεληκώς (G. 280, N. 2): cf. ἐψευσμένος, i. 3. 10, and note. — τὸν θεῶν πόλεμον, *the Gods' war* (G. 167, 2). — ἀπό, *with, by the aid of.* — φεύγων, *flying;* but ἀποφύγοι ἄν, *could make his escape.* For ἀποφύγοι and ἀποδοίη, cf. i. 4. 8, and note.

Page **53.**— ὅπως . . . ἀποσταίη, *how he could retire to a strong place,* i. e. to a place that would prove really ἐχυρόν against the Gods. For the three apod. with prot. implied, see G. 226, 2 *b*.— πάντῃ πάντα: cf. πάντων πάντα in i. 9. 2, and the πανταχῇ πάντων following.— θεοῖς (G. 185; 184, 2). With this section compare *Psalm* cxxxix. 7-12.

8. περὶ μὲν δή: μέν is repeated from πρῶτον μέν in § 7. — παρ' οὕς (i. e. τοὺς θεούς) . . . κατεθέμεθα, *in whose hands we have deposited the friendship which we have compacted.* — τῶν δ' ἀνθρωπίνων, *but of human things* (G. 168). — ἐν τῷ παρόντι, *in the present crisis.*

9. πᾶσα ὁδός, *every road;* but following, πᾶσα ἡ ὁδός, *all the way.* — αὐτῆς: with οὐδέν. — φοβερώτατον (G. 138, N. 2 *c*).

10. ἄλλο τι (sc. ποιοῖμεν) ἂν ἤ: ἄλλο τι ἤ or the simple ἄλλο τι is

ANABASIS 2, v.   67

equivalent in asking a question to ού or άρα ού, Lat. nonne (G. 282, 3). — εύ-εργέτην, *bene-factor* (suff. τα-). — έφεδρον, *a fresh opponent, a successor in the contest,* prop. of an odd combatant in the public games, who remained without an adversary when the others had been paired by lot, and *sat by* (έπί and έδρα) ready to engage (of course at a great advantage) with any athlete who should beat his adversary. — ταύτα repeats the indirect question.

11. των τότε (G. 141, N. 3²). — δν βούλοιτο (G. 247; 233) might be δν άν βούληται. — έχοντα, σώζοντα, ούσαν (G. 280). — ή... έχρήτο, *which Cyrus found hostile*. — ταύτην: repeating τήν... δύναμιν with emphasis.

12. τούτων... όντων, *but since this is so*. — δστις ού βούλεται: result (G. 237, N.). — άλλά μήν begins the sent. as if the parenthesis έρώ... είναι were to be followed by a sentence like καί ημείς ύμας πολλά ώφελείν δυνησόμεθα. (Krüger.) This is really said in other words in § 13 and § 14.

13. ούς νομίζω άν παρασχείν, *whom I think I could render* (παράσχοιμι άν): cf. i. 3. 6. So παύσαι άν (G. 134, 3). — έν-οχλούντα, *disturbing*, lit. *crowding* (όχλος) *upon* (G. 279, 1). — οίς: with τεθυμωμένους, *incensed* (G. 184, 2). — κολάσαισθε: doubtful emendation for κολάσεσθε, made on acc. of άν (G. 208, 2). — τής... ούσης = ή τή... ούση.

14. ώς μέγιστος (sc. φίλος), *the very greatest;* cf. note on ότι άπαρασκευότατον, i. 1. 6.

Page **54**. — έχων ύπηρέτας = εί έχοις, κ. τ. λ.: additional protasis to both άν είης and άν άναστρέφοιο. — τής χάριτος: with ένεκα. — ήν άν έχοιμεν: χάριν έχω is exactly the Lat. gratiam habeo: cf. note on i. 4. 15.

15. ούτω θαυμαστόν, *so surprising*. — τούνομα τίς: a mingling of two constructions, ήδιστ' άν άκούσαιμι τίς, κ. τ. λ., and τούνομά τινος όστις, κ. τ. λ. Rehdantz, however, explains the words: *I would gladly hear by name, who is so skilled,* etc. — άπημείφθη, *replied*, a form found only here. It reminds us of άπαμειβόμενος and άμείβετο in Homer.

16. 'Αλλά: cf. ii. 1. 4, and note.— ήδομαι άκούων: cf. ήσθη ίδών, i. 2.
18. — άκούων σου λόγους (G. 171, 2, N. 1). — γιγνώσκων, *since you know*.
— μοι δοκείς must be transl. impers., *it seems to me,* in order to bring in κακόνους άν είναι, *that you would be evil-minded,* in Eng. — ώς άν μάθης (G. 216, N. 2).

17. εί έβουλόμεθα, *supposing it was our wish,* i. e. when we made the treaty (G. 221); to this the apod. is άπορείν (= άπορούμεν) quoted after δοκούμεν. Cf. άπορείν άν in § 18, and note. — έν ή, *by means of which*. — άντιπάσχειν: with κίνδυνος (G. 261, 1); sc. είη άν.

18. έπιτίθεσθαι: with έπιτηδείων. — άπορείν άν (= άποροίμεν άν): cf. note on § 16, and άπορείν in § 17, and note. — τοσαύτα: with a gesture. — όντα, *though they are*. — ύμίν όντα πορευτέα, *must be crossed by you,* quoted after όράτε (G. 280): direct form, ύμίν πορευτέα έστίν (G. 281, 1). Cf. with the active of this const., όρη πορεύεσθαι, the note on όδόν in i. 2.

20. — ταμιεύεσθαι, *to parcel out,* like a steward (ταμίας), and so *to have by themselves, to deal with at once,* etc.; sc. τοσούτους, antec. of όπόσοις.

19. άλλά, *still*. — δν κατακαύσαντες (causal). — ούδ' εί, *not even if:* the ού goes with άν δύναισθε; the δέ (*even*), with the conditional clause.

20. ἔχοντες: conditional (note in the next line μηδένα) = εἰ ἔχομεν. For εἰ ἔχομεν ἐξελοίμεθα ἄν, see G. 227, 1.— ἔπειτα: cf. εἶτα in i. 2. 25, and note. — πῶς ἄν ... ἄν ἐξελοίμεθα (G. 212, 2). — πρός (G. 191, VI. 6, 1 a).

21. παντάπασι ... ἐστί, but it is characteristic of (belongs to, G. 169, 1) those altogether without resources.

Page 55. — καὶ τούτων, and that too. — οἵτινες ἐθέλουσι: used as if ἄποροί εἰσιν, κ. τ. λ. preceded; we should expect simply ἐθέλειν, to be willing. Cf. ii. 6. 6.

22. ἐξόν, when it was possible, acc. absolute (G. 278, 2). — οὐκ ... ἤλθομεν, did we not proceed to do it? — ἔρως, earnest desire: sc. ἐστί. — τούτου refers to οὐκ ... ἤλθομεν. — τὸ ... ἰσχυρόν: the whole infin. clause stands as an object acc. after the verbal idea in ἔρως: trans. my desire that I may secure the confidence of the Greeks (cf. note on i. 7. 4, end), and with that mercenary force (G. 154) with which (G. 188, 5) C. made his expedition ... with this (τούτῳ) I may return to the coast, etc. μισθοδοσίας and εὐεργεσίας (see G. 129, 3) are accusatives.

23. ὅσα: with χρήσιμοι (G. 160, 1). — ἐστί, are by anticipation, and so for ἔσεσθε. — τὰ μὲν ... εἴπας, some you also have mentioned. — τιάραν: a steeple-shaped head-dress of distinguished Persians, worn upright (ὀρθήν) only by the King; when worn by others, the point was bent forward.— τὴν δ' ... ἔχοι (sc. ὀρθήν): as it was the outward sign of royalty to wear the tiara upright on the head, so wearing it upright in the heart means aspiring to royal dignity, i. e. bearing the royal symbol in the heart, though not on the head. T. thus intimates his intention to revolt from the King by the aid of the Greeks, in order to blind Clearchus to his real plans.

24. εἶπεν (i. e. Clearchus): repeated in ἔφη. — οὐκοῦν, therefore, in questions implies an affirm. answer, and is generally to be rendered by not then. — τοιούτων ὑπαρχόντων, when such grounds exist. — παθεῖν (G. 261, 1).

25. οἱ ... λοχαγοί: in app. to the subj. of βούλεσθε. — ἐλθεῖν ἐν τῷ ἐμφανεῖ, i. e. so that it shall be apparent to both armies that we trust one another. Cf. ἐν τῷ φανερῷ in i. 3. 21.

26. σοί (accented) is emphatic. — αὖ, in turn. — ὅθεν, from what quarter.

27. ἐκ, after, in consequence of, Germ. in Folge. Cf. i. 3. 11. — δῆλός τ' ἦν οἰόμενος: cf. i. 2. 11. — πάνυ φιλικῶς διακεῖσθαι, that he was on very friendly terms with. — ἐκέλευσε (subj. Τισσ.): sc. ἰέναι. — οἳ ἂν ἐλεγχθῶσι: the verb might have been in what other mood? Could ἐκέλευσε have been so changed? See G. 247, with N. 2.— διαβάλλοντες (G. 280). — τῶν Ἑλλήνων: with οἵ. — οἳ ... αὐτούς: cf. ὃν ... αὐτόν in i. 9. 29: αὐτούς is added for emphasis.

28. αὐτῷ, i. e. Clearchus. — ὅπως ... ᾖ (G. 216, 2).

Page 56. — 29. ἔχειν τὴν γνώμην, to be devoted. — τοὺς παραλυποῦντας, troublesome rivals (note the prep.). — μὴ ἰέναι, μηδὲ πιστεύειν (G. 260, 1): the underlying idea is that of a command, not that of a statement of fact.

30. ἰσχυρῶς κατέτεινεν, insisted strenuously.— ἔστε διεπράξαντο (G. 239, 1). — ὡς εἰς ἀγοράν, i. e. without arms.

32. ἀπό, at. — οἱ ἔνδον, οἱ ἔξω (G. 141, N. 3²). — ᾧτινι πάντας: cf. i. 1. 5, and note.
33. ἱππασίαν: force of the suff.? — ἠμφεγνόουν (G. 105, 1, N. 3). — εἰς τὴν γαστέρα: the accusative with reference to the motion of the weapon.
36. εἴ τις ... λοχαγός, i. e. *whatever general or captain there was* (G. 248, 1), direct εἴ τίς ἐστιν, suggests the subject of προσελθεῖν. — ἀπαγγείλωσι: why subjunctive?
37. τῶν Ἑλλήνων: depending on the proper names. — στρατηγοὶ μέν, σὺν αὐτοῖς δέ: the first two are contrasted, as generals, with Xenophon. — Ξενοφῶν: cf. iii. 1. 4 sq. — τὰ περί, *the fate of.*
Page **57.** — 38. ἔστησαν εἰς ἐπήκοον, *got within hearing distance.* — ἐπιορκῶν, λύων (G. 280). — ἔχει τὴν δίκην, *has received his deserts.* — αὑτοῦ (G. 142, 4, N. 3). — ἀπαιτεῖ (G. 164). — ἑαυτοῦ (G. 169, 1). — εἶναι: sc. τὰ ὅπλα. — δούλου: cf. i. 7. 3, and note.
39. ἔλεγε δὲ Κλεάνωρ: cf. ii. 3. 21. — Ὀρχομένιος, *of Orchomenus*, a city of Boeotia, famous in the ancient legends of the Minyae. — οἱ ἄλλοι: in app. to ὑμεῖς understood, *you others*. Cf. § 25. — θεούς, ἀνθρώπους: cf. ii. 3. 22, and note. — οἵτινες ἀπολωλέκατε, ἔρχεσθε: causal (G. 238). — ἡμῖν: with ὁμόσαντες; cf. οἷς, below. — τοὺς αὐτούς (sc. ἡμῖν), *the same that we should:* the position of ἡμῖν expressed forbids its being taken with τοὺς αὐτούς. — φίλους καὶ ἐχθρούς (G. 137, N. 4). — νομιεῖν (G. 110, II. N. 1 c). — τοὺς ἄλλους ἡμᾶς, *the rest of us.*
40. γάρ, (we are not that) *for.* — ἐπιβουλεύων: cf. i. 6. 8.
41. ἐπὶ τούτοις, *upon this.* — εἰ ... ἔλυε (G. 221). — Πρόξενος, Μένων: in emphatic position before ἐπείπερ: we should render, *but as to P. and M., since indeed they are,* etc. — εὐεργέται: force of the suffix?

CHAPTER VI.

Biographical Sketches of the Five Generals.

SYNOPSIS: Of the five generals, who after their seizure are taken to Babylon and beheaded, Clearchus was the most prominent; a man well qualified for war and fond of it (1). He fought during the Peloponnesian War against the Athenians, and at its close undertook an expedition to Thrace (2). When ordered to return by the Ephors, he disobeyed (3) and was condemned to death. Being now an exile, he went to Cyrus and received from him 10,000 darics (4), with which he collected an army and plundered the Thracians until summoned to Asia (5). Summary of the evidence that he was fond of war (6) and fitted for it (7). As evidence that he was fitted for command, notwithstanding his gloomy and harsh disposition, he was skilful in providing supplies for his army and an excellent disciplinarian (8-10). In time of danger his soldiers willingly obeyed him, but left him, when the peril was over, for a general of less harsh disposition (11, 12). No one was personally attached to him, but his troops were excellent soldiers (13, 14). He was about fifty years of age when he died (15). — Proxenus was ambitious from boyhood (16). He joined Cyrus, hoping to gain wealth, influence, and a great name (17), but was unwilling to acquire any of these by unjust means (18). He was able to command well-disposed men, but could not inspire ordinary soldiers with fear or respect ; he was thirty years old when he died (19, 20). — Menon was avaricious, stooping to perjury, falsehood, and deceit to gain his ends (21, 22). He respected and spared an enemy because he was dangerous, but ridiculed and plundered his friends (23, 24). He respected perjury and injustice, but looked upon the pious and truthful as fools (25). He took pride in deceit and ridicule of friends (26), and sought to be honored and courted by showing his power and willingness to do wrong (27). Even in extreme youth he was notoriously licentious (28). He was not put to death with the others, but died like a malefactor, after being tortured alive for a whole year (29). — Agias and Socrates were both courageous in war and faithful to their friends ; and at the time of their death each was thirty-five years old (30).

1. μέν: cf. μέν in i. 10. 19, and note. — οὕτω, *so, as above described.* — τὰς κεφαλάς (G. 197,1, N. 2, last ex.): the corresp. active constr. would be αὐτοῖς ἀποτέμνουσι τὰς κεφαλάς. — εἷς: in app. to (part of) στρατηγοί. — μέν: correl. to δέ in § 16. — ὁμολογουμένως ἐκ πάντων, *as was agreed by* (cf. ἐκ in i. 1. 6) *all*. — αὐτοῦ (G. 182, 1 ; 180, 1). — δόξας γενέσθαι, i. e. *who appeared to have been* (lit. *to have become* or *to have shown himself*). — Cf. with this section i. 9. 1.

2. πόλεμος : the Peloponnesian War (431 - 404 B. C.).

Page **58**. — τοὺς ῞Ελληνας : the Greek colonists in the Thracian Chersonesus. — διαπραξάμενος παρὰ τῶν ἐφόρων, *having secured (his object) from the Ephors.* — ὡς πολεμήσων: cf. i. 1. 11, and note.

3. μετα-γνόντες πως, *changing their mind for some reason.* — ἔφ-οροι (*over-seers*), *Ephors*. — Ἰσθμοῦ : of Corinth. — ᾤχετο πλέων : cf. ᾤχετο ἀπελαύνων in ii. 4. 24, and note.

4. ἐθανατώθη, *was condemned to death* (G. 130, 3): cf. θάνατος, θνῄσκω. — τελῶν, *magistrates,* the ἔφοροι. — ἄλλη : no such arguments (λόγοις) are given in the *Anabasis.* Cf. i. 1. 9, and i. 3. 3, 4. — Δαρεικούς: cf. note on i. 7. 18.

5. ῥᾳθυμίαν, *a life of ease* (ῥᾴδιος and θυμός). — ἀπό ... χρημάτων : cf. i. 1. 9. — ἀπὸ τούτου, *from this time on.* — ἔφερε καὶ ἦγε, *plundered,* or *pillaged*: φέρω properly of objects that can be carried off, ἄγω of cattle ; Lat. ferre et agere. — πολεμῶν διεγένετο, *went on warring* (G. 279, 1).

6. φιλο-πολέμου (G. 131, 1): cf. πολεμικός (W. 55, **1**, 2, a) in § 7. — ὅστις αἱρεῖται: cf. οἵτινες ἐθέλουσι in ii. 5. 21, and note. — ἐξόν: cf. ii. 5. 22. — αἰσχύνη, βλάβη (see G. 129, 1). — αἱρεῖται, *chooses.* — ὥστε πολεμεῖν, i. e. *provided that he may be (laboring) in war* (G. 266, 2). — εἰς παιδικά, *upon a favorite.* — δαπανᾶν, *to make outlays.*

7. ταύτῃ, *herein, in these regards.* — ἡμέρας καὶ νυκτός, *by day or night* (indifferently, G. 179, 1). — ἄγων : like the two adjectives, with ἦν, *ready to lead.* — πανταχοῦ πάντες: cf. ii. 5. 7, and note.

8. ὡς δυνατὸν ... εἶχεν, *so far as was possible with* (i. e. *for a man of*) *such a temper as he certainly* (καί) *had.* — ὥς ... ἄλλος : cf. i. 3. 15, and note. — ὅπως ἔχοι (G. 217, N. 1). — αὐτῷ (G. 184, 3, N. 6). — ἐμποιῆσαι τοῖς παροῦσιν, *to inspire in those present (the feeling)*. — ὡς πειστέον εἴη = ὡς δέοι αὐτοὺς πείθεσθαι, *that they must obey* (G. 243 ; 281, 2).

9. ἐκ τοῦ... εἶναι, *by being severe* (G. 262, 1; 138, N. 8).— ὁρᾶν (see G. 261, 2).— ὡς (G. 266, 2, N. 1).

Page 59. — ἔσθ' ὅτε, *sometimes*, lit. *there is when:* cf. ἐνίοτε just preceding (G. 152, N. 2), and the note on ἦν... οὕς in i. 5. 7. — γνώμῃ, *on principle, systematically:* note καί before γνώμῃ.— ἀκολάστου, *undisciplined.* — στρατεύματος... ὄφελος: cf. i. 3. 11.

10. λέγειν αὐτὸν ἔφασαν: Xen. states the facts not on his own authority. Cf. i. 9. 23. — τὸν ἄρχοντα, *his commander.* — εἰ μέλλοι, *if he were either to*, etc. (G. 247): the dir. form would be δεῖ φοβεῖσθαι ... εἰ μέλλει, κ. τ. λ. — φυλακάς: why acc.? — ἀ-προφασίστως (πρό-φασις), *boldly, promptly*, lit. *without making excuses*.

11. τὸ στυγνόν, *the sternness, gloom* (G. 139, 2): cf. τὸ χαλεπόν and τὸ ἐπίχαρι, below. — φαιδρόν: prcd. to φαίνεσθαι. — ἐν τοῖς προσώποις (poetic plural): connect with τὸ στυγνόν. — ἐρρωμένον, *something strong or vigorous; like vigor.*

12. ὅτε γένοιντο (G. 233). — πρὸς ἄλλον ἀρχομένους ἀπιέναι, i. e. *to go away into the service of another.* — διέκειντο, *were disposed.* The active is expressed by διατίθημι (i. 1. 5).

13. καὶ γὰρ οὖν: cf. i. 9. 8. — τεταγμένοι ... κατεχόμενοι (sc. παρεῖναι αὐτῷ).— σφόδρα ... ἐχρῆτο (G. 98, N. 2), *he found exceedingly obedient*, i. e. *these yielded him implicit obedience.*

15. οὐ μάλα ἐθέλειν: as we say, *did not like very much.* — ἀμφὶ τά · cf. the note on εἰς in i. 2. 3.

16. εὐθύς (G. 277, N. 1). — Γοργίᾳ: the brilliant rhetorician of Leontini in Sicily, who lived about 485 – 380 B. C. His fee (ἀργύριον) was 100 minae (about $1,800).

17. ἐπεὶ συνεγένετο αὐτῷ, *after he had been his pupil:* συνεῖναί τινι often means *to be one's pupil or disciple.* — φίλος ... πρώτοις, *while he was on friendly terms with those of highest rank.* — εὐεργετῶν: cf. ἀλεξόμενος in i. 9. 11. — ᾤετο κτήσεσθαι, *expected to get* (G. 246).

18. ἐπιθυμῶν (G. 277, 5). — ἔνδηλον ... εἶχεν, *he moreover made this also evident.*

Page 60. — τῷ δικαίῳ καὶ καλῷ: cf. τὸ στυγνόν in § 11, and note. The principle of G. 139, 2, is illustrated often in this chapter.

19. καλῶν κἀγαθῶν: as we should say, "*gentlemen.*" See Lidd. and Scott, s. v. καλο-κἀγαθός. — αἰδῶ ἑαυτοῦ, *respect for himself* (G. 167, 3). — στρατιώταις (G. 187, end; 184, 1). Cf. § 8. — στρατιώτας: cf. θεούς in ii. 5. 39, and note. — φοβούμενος: what use of the part.? See G. 280, N. 1, and cf. δῆλος ἦν ἐπιθυμῶν in § 21, and στέργων φανερὸς ἦν and ἔνδηλος ἐγίγνετο ἐπιβουλεύων in § 23. See also i. 2. 11, and note.

20. πρὸς τὸ ... δοκεῖν, *for being, and having the reputation of being, fit to govern* (G. 262, 1). This const. occurs several times below. ἀρχικόν modifies τινά understood, the subject of the infinitives. — ἐπαινεῖν (*bis*): subject of ἀρκεῖν (G. 259). — ἐτῶν (G. 169, 3).

21. μέγιστον: adverbially with δυναμένοις, *the most powerful.*— ἀδικῶν: cf. for the tense the note on i. 5. 11. So ἀδικοῦντα in § 20. — μὴ διδοίη δίκην, *might not pay the penalty:* cf. ἔχει τὴν δίκην, ii. 5. 38.

22. ὤν (G. 152). — τῷ ἠλιθίῳ (G. 186). Cf. note on § 18, above (at the end).
23. τούτῳ, taking up the relative clause, is to be connected in construction with ἐπιβουλεύων. — ἔνδηλος ἐγίγνετο : how different from ἔνδηλος ἦν and ἔνδηλος ἐγένετο ? — οὐδενός (G. 177). — τῶν συνόντων, *his associates:* connect with καταγελῶν ; διελέγετο would require the dative (G. 186).
24. μόνος . . . ὄν, *he thought that he alone* (G. 138, N. 8) *understood that it was* (G. 280) *easiest*.
26. ἀγάλλεται ἐπί : below, with ἠγάλλετο, we have the simple dative of cause), τῷ δύνασθαι, κ. τ. λ. (G. 262, 2). For the formation of the three nouns after ἐπί, expressing quality, see G. 129, 7. — ψευδῆ : from ψευδής, not ψεῦδος.
Page **61.** — τῶν ἀπαιδεύτων : partitive; cf. τῶν στρατευομένων, i. 2. 3, and note. — διαβάλλων τοὺς πρώτους, *by slandering those who were already first* (in their friendship). — τούτους : takes up the relative clause.
27. τὸ . . . παρέχεσθαι (G. 199, 2): obj. of ἐμηχανᾶτο. An obj. clause with ὅπως would be more common (G. 217). — ἐκ : cf. § 9. — ἠξίου, *expected*. — ἐπιδεικνύμενος (G. 277, 2). — ὅτι δύναιτο καὶ ἐθέλοι ἄν : in direct form δύναμαι καὶ ἐθέλοιμι ἄν. — εὐεργεσίαν δὲ κατέλεγεν, *and he accounted it against (the person) an act of kindness* (G. 129, 3).
28. τὰ δὴ ἀφανῆ ἔξεστι ψεύδεσθαι, i. e. *there is room for false statements, it is true, about doubtful matters* (G. 159). — τάδε, *the following.* — παρὰ Ἀριστίππῳ : with ὤν; cf. for the facts stated i. 1. 10, and i. 2. 6, and note. — ξένων (G. 171, 3). — ἥδετο, i. e. Ariaeus.
29. οὐκ ἀπέθανε : to be connected with the genitive absol. above, which expresses *time* (G. 277, 1). — κεφαλάς : cf. § 1, and note. — ζῶν . . . ἐνιαυτόν, *after being tortured alive for a year*.
30. Note the interchange of the dual and plural in this section (G. 33, 1). — καὶ τούτω : emphatic repetition of the subject in the form of a pronoun. — αὐτούς is irregularly inserted before ἐμέμφετο, as this verb cannot govern the gen. τούτων, which by its position would naturally be the object of both the clauses with οὔτε. — ἔτη ἀπὸ γενεᾶς, *years from birth, years of age*.

The third and fourth books of the *Anabasis* give an account of the retreat of the Greeks, after the loss of their commanders at the river Zapatas, through a savage and mountainous country inhabited only by barbarians, until they beheld the welcome sight of the sea and reached Trapezus, a friendly Greek city on the Euxine. The three remaining books continue the narrative of the return of the Greeks from the arrival at Trapezus until the union of the Greek force with the army of Thibron in Asia Minor in the spring of 399 B. C. From the beginning of the third book, Xenophon himself becomes an important person in the councils of the Greeks.

HELLENICA.

[Book II.]

THE Peloponnesian War lasted twenty-seven years, from B. C. 431 to 404, of which the first twenty are included in the narrative of Thucydides, and the remainder in the Hellenica of Xenophon. It arose from the fear and jealousy felt by Sparta and other Greek states at the power and glory of the Athenian Empire, aided by the uneasiness of the subject allies of Athens herself under what they believed to be an oppressive rule. Since the formation of the confederacy of Delos in 477 B. C. — which was a defensive union of voluntary allies under Athens as presiding city, made to secure the Aegean against the possibility of another Persian invasion, — the maritime power of Athens had steadily increased, and the smaller states had gradually been changed from independent allies to subjects of an imperial city. This change is well explained in Chapters XLIV. and XLV. of Grote's History of Greece. The splendor of Athens reached its height under Pericles, the most illustrious of her statesmen (who died in 429 B. C.); and her Dorian neighbors in Sparta, Corinth, Megara, and Thebes were now ready to combine for her destruction. In 432 B. C. the disputes between Corinth and Athens about the Corinthian colonies of Corcyra and Potidaea gave a plausible pretext for war, and war was at once declared. But, as Thucydides tells us, the war arose chiefly from the alarm felt by Sparta at the extent of the Athenian power, and her dread of its further increase. The war began in the spring of 431 B. C.; and it ended in the spring of 404 B. C. with the surrender of Athens, which is described in the first extract from the Hellenica. The power of Athens had been seriously crippled by the disastrous expedition to Syracuse (B. C. 415–413); it was finally broken by the destruction of the Athenian fleet at Aegospotami, as related in the chapter immediately preceding the narrative here given.

Aegospotami, or Goat's River, was a station on the European side of the Hellespont, opposite the Asiatic town of Lampsacus, which had just been captured by Lysander, the Spartan commander. It was " an open beach, without harbor, without good anchorage, without either houses or inhabitants or supplies"; and was chosen by the Athenian commander, merely to compel Lysander to an engagement. Each morning the fleet would cross the strait in line of battle, but the Spartan forces kept close under shelter of their port. Each day it withdrew to its anchorage, followed only by a few scout-boats to watch the disembarking; and then the men would stray on shore for provisions, as far as Sestos, a few miles below. For five days the same scene was repeated. In vain Alcibiades, then living in exile near by, warned the generals of the exposed condition of their fleet, and urged that they should at least fall back to the safe and friendly harbor of Sestos; he was dismissed with the taunt that they were now in command, not he. "At length, on the fifth day, Lysander ordered the scout-ships, which he sent forth to watch the Athenians on their return, to hoist a bright shield as a signal as soon as they should see the ships at their anchorage, and the crews ashore in quest of their meal." The moment he beheld this welcome signal, he gave orders to his entire fleet to row across the strait as swiftly as possible, while the land forces marched along the strand in case of need. The fleet was taken by complete surprise. A squadron of twelve vessels under Conon, with the sacred ship called *Paralos*, escaped. All the remainder, nearly one hundred and seventy in number, were captured on the shore, defenceless, and seemingly without the least attempt on the part of any one to resist. This sweeping victory was won without the loss of a ship, almost without the loss of a man. Of more than thirty thousand prisoners, all the Athenians, some three or four thousand, were put to death. It had been charged against them that they had resolved, if victorious, to cut off the right hands of all their prisoners; and one of their generals, Philocles, had put to death the captured crews of two ships, allies of the Lacedaemonians, by hurling them headlong from a precipice. Charges like these, at the end of a long and obstinate war, account for the vindictive and bitter temper of the conquerors. (See Grote, Ch. LXV.)

The battle at Aegospotami was fought in September, B. C. 405. Byzantium surrendered directly after; Lysander permitting its garrison, with other Athenians found there or elsewhere, to sail to Athens, "but nowhere else," says Xenophon, "for he knew that the more there were gathered in the city and Piraeus, the sooner they would be brought to straits by famine."

II. 3. Παράλου: the *Paralos* ("*Seaboard*") and the *Salaminia* were two sacred vessels maintained by Athens, and used in the service of the government. They carried deputations to the sacred festivals, and embassies; and were sometimes used to bring state criminals to Athens, as in the case of Alcibiades in 415 B. C. — **νυκτός** (G. 179, 1). — **ἡ ξυμφορά** (= συμφορά), *the disaster* to the fleet at Aegospotami: ξύν is often used for σύν in the older Attic. — **Πειραιῶς**, the *Piraeus* was the principal port of Athens; it was fortified, and connected with the city (ἄστυ) which was four and a half miles distant by the two long walls of Pericles. (See the plan at the end of the volume.) — **ὁ ἕτερος . . . παραγγέλλων**: we should expect the gen. absol., but the nominative is in apposition with the nominative implied in the verbal noun οἰμωγή (as if ᾤμωξεν had been used).

Page **62**. — πενθοῦντες, agreeing with the subject implied in οὐδείς, as if it had been, *all were sleepless.* — πείσεσθαι, *that they were to suffer* (G. 246). — οἷα ἐποίησαν: see G. 247 (last example) and N. 2. — Μηλίους: Melos, a Spartan colony, had been subjugated by Athens in 416 B. C.; the men of military age were put to death, and the women and children were enslaved.

4. ἔδοξε, *they voted*, lit. *it pleased them :* the expression is the same which was used in the Athenian decrees, ἔδοξε τῇ βουλῇ καὶ τῷ δήμῳ. — ἀποχῶσαι (v. ἀποχώννυμι), *to block the channel*. — περὶ ταῦτα, *thus employed*.

5. ναυσίν (G. 188, 5). — κατεσκευάσατο, *established*, i. e. in the form of "an oligarchy of ten native citizens, chosen from among his most daring and unscrupulous partisans, to govern in conjunction with the Lacedaemonian harmost." — τὰ ἐπὶ Θρᾴκης, often without χωρία, a common expression for the coast of Thrace.

6. ἀφειστήκει, *had* (already) *revolted*. — 'Αθηναίων (gen. governed by ἀπο- in ἀφειστήκει, G. 193), *from the Athenians*. — σφαγὰς ... ποιήσαντες, *having made a massacre of the aristocrats :* this massacre took place eight years before, but was recent enough to forbid the Samians to hope for mercy.

7. Δεκέλειαν : a post in Attica, whence Agis, the Spartan king, was now threatening the city. — ὅτι : understand λέγοντάς τινας, or ἀγγέλλοντας after ἔπεμψε. — προσπλεῖ (G. 243). — τοῦ ἑτέρου, *the other* of the two kings, Agis being one.

8. ἐν τῇ 'Ακαδημίᾳ τῷ καλουμένῳ γυμνασίῳ, the common reading, would be an unusual expression for *in the gymnasium called the Academy*. Perhaps we may insert a comma after 'Ακαδημίᾳ, and take the following words in apposition with 'Ακαδημίᾳ, *in the Academy, viz. in the gymnasium thus named*. Many scholars consider the last three words as an interpolation. The Academy (i. e. the grove of the hero Academus) was northwest of the city, on the Sacred Way leading to Eleusis. It was afterwards made famous by Plato, who used it as his place of instruction ; and its name is thus a familiar word in all modern languages.

9. Αἴγιναν : in the first year of the Peloponnesian war (431 B. C.), the Athenians expelled the Aeginetans with their families from their island, and the Spartans allowed them to settle in Thyrea. — ἀπέδωκε implies that Lysander *restored* Aegina to its former inhabitants. — ὅσους ἐδύνατο πλείστους, *the greatest number which he was able* (to collect), like ὡς πλείστους or ὅτι πλείστους. — ὡς αὔτως, *likewise*, adv. of ὁ αὐτός, *the same*. — Μηλίοις : see note on § 3 above. — τῆς αὐτῶν, sc. χώρας (G. 141, N. 4). — πρὸς τὸν Πειραιᾶ, he came *to the Piraeus* and *anchored* there.

10. τί χρὴ ποιεῖν (G. 243).

Page **63.** — ὄντων (G. 277, 2.) — σωτηρίαν τοῦ μὴ παθεῖν, *security against suffering*, the μή strengthening the negative idea (of *prevention*) implied in σωτηρίαν (G. 263, 1). — ἅ... μικροπολίτας, *what they had not done for punishment, but had done unjustly* (ἠδίκουν) *through insolence to men of the small states:* ἅ is direct object of ἐποίησαν and cognate object of ἠδίκουν. — οὐδ' ἐπὶ μιᾷ, more emphatic than ἐπ' οὐδεμιᾷ. — ἐκείνοις, the Lacedaemonians.

11. ἀτίμους ἐπιτίμους ποιήσαντες : they passed a vote of amnesty, *restoring to full civic rights* all who had forfeited any of those rights (i. e. who had become ἄτιμοι) either as public debtors or by sentence of the law. After this vote, the citizens met in the acropolis and pledged themselves to harmony. — ἀποθνησκόντων (G. 277, 5.) — ἔχοντες, *keeping.* — ἐπὶ τούτοις, *on these conditions.*

12. εἶναι, sc. ἔφη. — κύριος αὐτός (G. 136, N. 3 *a*) : αὐτός is adjective pronoun, *himself* (145, 1).

13. πλησίον τῆς Λακωνικῆς : as Sellasia is generally said to be *in* Laconia, πλησίον should perhaps be omitted here. — οἷα, sc. τοιαῦτα. — αὐτόθεν, *instantly.* — εἰ δέονται (G. 247). — τι, *at all.* — κάλλιον (G. 75).

14. ἧκον (G. 200, N. 3). — ἐνέπεσε, v. ἐμπίπτω. — ἕως ἂν πέμπωσιν, *while they should be sending* (G. 247 ; 202, 1) : ἕως πέμποιεν might have been used.

15. Λακεδαιμονίοις, dat. with εἰρήνην ποιεῖσθαι (G. 186, N. 1). — ἐφ' οἷς προεκαλοῦντο, *on the terms which they offered* (G. 153, N. 1). — ἑκάτερον, i. e. *each of the* two *long walls* leading to the Piraeus ; see note on § 20, below. — μὴ ἐξεῖναι depends on the verbal force of ψήφισμα (G. 261, 1, N.).

16. εἰ βούλονται, *if they wished* (G. 247) : the direct form of the sentence following ὅτι would be, εἰ βούλεσθέ με πέμψαι, ἥξω εἰδὼς πότερον ἀντέχουσι, &c. — Λακεδαιμονίους is by *anticipation* object of εἰδώς, instead of being subj. nominative of ἀντέχουσι. — ἤ connects βουλόμενοι (G. 277, 2) to πίστεως ἕνεκα (*in order to secure good faith*).

Page **64.** — ὅ τι τις λέγοι, *whatever any one might propose* (G. 248). — ὁμολογήσειν (G. 202, 3, N.).

17. τέως, *for some time.* — κατέχοι and κελεύοι are instances of the rare imperfect optative, representing κατεῖχε and ἐκέλευε of the direct discourse, which would regularly be retained in such cases (G. 243, N. 1). — εἶναι, sc. ἔφη. — κύριος (G. 136, N. 3 *a*). — ὧν ἐρωτῷτο, *of what he* (Lysander) *was asked* (G. 153, N. 1), the direct form being ὧν ἐρωτῶμαι (indic.). — δέκατος αὐτός, a common expression for *one of ten*, generally applied to the principal person in the number mentioned.

18. ἀγγελοῦντα (G. 277, 3) ὅτι ἀπεκρίναιτο, *to inform them that he had replied, &c.* (the message was ἀπεκρίνατο Λύσανδρος, &c.).

19. ἐπὶ τίνι λόγῳ, *in what capacity.* — καλεῖν ἐκέλευον, *gave orders to*

summon them. — μὴ σπένδεσθαι, [urging] *to make no terms.* — ἐξαιρεῖν, sc. τὴν πόλιν.

20. οὐκ ἔφασαν . . . ἀνδραποδιεῖν, *refused to* [said they would not] *enslave, &c.* It is said that, when a Theban delegate advocated the destruction of Athens, a Spartan replied, that he would not put out one of the eyes of Greece, and leave her ἑτερόφθαλμον. The same argument was used at Athens in favor of helping Sparta, after the battle of Leuctra, in 371 B. C. — ἀνδραποδιεῖν (G. 110, II. N. 1 c). — ἐποιοῦντο, *offered to make* (G. 200, N. 2). — ἐφ' ᾧ . . . ἕπεσθαι (G. 267). — τὰ μακρὰ τείχη : probably only the two long walls leading to the Piraeus are meant ; as the third or Phaleric wall, leading to the old port of Phalerum, was now of less account, since the Piraeus had been strongly fortified and connected with the city by two walls. — καθέντας (v. καθίημι), *restoring.* — τὸν αὐτόν, &c., lit. *regarding as foe and friend the same* with the Lacedaemonians.

21. μὴ ἥκοιεν, *lest they might have come* (G. 200, N. 3 ; 202, 2). — οὐ γὰρ ἔτι ἐνεχώρει μένειν, *for there was no longer room* (χώρα) *for delay.*

22. ἐφ' οἷς . . . ποιοῖντο, *the terms on which* (they said) *the L. offered to make peace;* ποιοῖντο representing ποιοῦνται of the direct form (G. 248, 4): see ἐποιοῦντο in § 20, above.

Page **65.** — ὑπ' αὐλητρίδων, *to the music of flute-girls.*

III. 1. τῷ ἐπιόντι ἔτει, the year beginning at midsummer 404 B. C., the first year of the ninety-fourth Olympiad. — ὃν . . . οὐκ ὀνομάζουσι, *whom the Athenians do not name*, i. e. among the ἄρχοντες ἐπώνυμοι : the first of the nine Archons gave his name to the year, whence he was called the *Eponymus.* — ἀναρχίαν : the word ἀναρχία was entered in the public records for this year instead of the name of Pythodorus. — There are strong reasons for believing all of § 1, except τῷ δ' ἐπιόντι ἔτει, to be an interpolation ; it will be seen that the other words break the construction of the sentence, which becomes grammatical only by taking τῷ . . . ἔτει with ἔδοξε in § 2.

2. ἔδοξε τῷ δήμῳ, *the people voted:* see note on II. 4, above. — οἵ . . . ξυγγράψουσι (G. 236, N. 3), *who were to compile, &c.*: see note on § 11, below.

The omitted sections (4 - 10) refer to matters in Thessaly and Syracuse (under the tyrant Dionysius), to the surrender of Samos to Lysander, and to Lysander's return to Sparta.

11. ἐφ' ᾧτε ξυγγράψαι (G. 267), equivalent to οἳ ξυγγράψουσι in § 2. — πολιτεύσοιντο is an indirect statement (G. 248, 4) of the idea of the Athenians in choosing the Thirty : in § 2 the indicative of the direct form is retained. For the middle voice, see G. 199, N. 1. — ἀεὶ ἔμελλον, *they continually delayed.*

12. ζῶντας and ὄντας (G. 246 ; 280). — βαρεῖς, *odious.* — ὑπῆγον θανάτου, *arraigned capitally* (G. 178, last example). — αὐτῶν (G. 173, 2, N.).

Page 66. — ὅσοι ξυνῄδεσαν ... ὄντες (G. 280, N. 2).

13. ὅπως ἂν ἐξείη ... ὅπως βούλοιντο, *how they might get the power to treat the city as they pleased;* indirect question, representing πῶς ἂν ἐξείη ἡμῖν τῇ πόλει χρῆσθαι ὅπως βουλοίμεθα (G. 245; 247, N. 3). The first ὅπως is an indirect interrogative (like πῶς); the second is relative (G. 232, 4). — φρουροὺς σφίσι ξυμπρᾶξαι ἐλθεῖν, *to help bring it about that guards should come to them,* i. e. *to aid in having guards sent them:* σφίσι refers to the Thirty (G. 144, 2). — ἕως ... καταστήσαιντο (G. 239, 2; 248, 3). — θρέψειν (G. 17, 2, N.; 203, N. 2). — Compare αὐτοῖς πεμφθῆναι with σφίσιν ἐλθεῖν above: as Λύσανδρος is subject of ξυνέπραξεν, σφίσιν would have been incorrect here.

14. ὥς ... πράττοιεν (G. 248, N.) : the idea of the Thirty was ὡς πάντα ἐπαινῇ ἃ ἂν πράττωμεν (or ἃ πράττομεν), *that he may praise everything which we may do* (or *everything which we do*). — τῶν φρουρῶν, depending on the omitted antecedent of οὕς. — ἥκιστα ... ἀνέχεσθαι, representing ἥκιστα ... ἀνέχονται, they [are men who] *least endure being thrust out* (unless ἄν is omitted by accident before ἀν-έχεσθαι, or unless ἄν in the next clause affects ἀνέχεσθαι also). — πλείστους ἄν ... λαμβάνειν, *would get most adherents* (G. 211) : the protasis is expressed in ἐπιχειροῦντας, = εἰ ἐπιχειροῖεν (G. 226, 1).

15. ἐπὶ τὸ ... ἀποκτείνειν (G. 262, 1). — ἅτε ... φυγών, *inasmuch as he had been exiled* (G. 277, N. 2) : φεύγειν often means *to be exiled;* hence ὑπὸ τοῦ δήμου follows, as if the verb were passive (G. 197, 1). — εἴ τις ἐτιμᾶτο ... εἰργάζετο, *in case one was honored, &c.* depends as protasis on ἀντέκοπτε λέγων, and not on εἴη : if it belonged to the indirect discourse after ὅτι, we should expect τιμῷτο or τιμᾶται, &c.

16. οἰκείως ἐχρῆτο, *treated as a friend.* — ὅτι οὐκ ἐγχωροίη, *that it was not possible* (lit. *there was no room*). — μὴ οὐκ ἐκποδὼν ποιεῖσθαι, *not to put out of the way* (G. 283, 7) :· when we should have (affirmatively) ἐγχωρεῖ μὴ τοῦτο ποιεῖν, we may have (negatively) οὐκ ἐγχωρεῖ μὴ οὐ τοῦτο ποιεῖν. — ἧττόν τι belongs to ἐπιμελεῖσθαι. — ὥσπερ τυραννίδος, *as a tyranny:* the meaning is, *if you think that our large number prevents our government from being in spirit a tyranny* (properly *a rule of one*), *and from requiring the same vigilance as a tyranny, you are a fool.*

17. δῆλοι, *evidently* (G. 138, N. 7; 280, N. 1). — ξυνιστάμενοι, *banding together* (in a threatening way).

Page 67. — εἰ μή ... λήψοιτο, ... ἔσοιτο, representing εἰ μή ... λή- ψεται (G. 223, N. 1), ἀδύνατον ἔσται (G. 202, 4). — τις, *they* (by the English idiom) ; for we should say *unless we take* for εἰ μή τις λήψεται in the direct form.

18. συρρυείησαν, v. συρρέω. — καταλέγουσι, *register* them in the list (κατάλογος, *catalogue*) mentioned in § 20. — τοὺς μεθέξοντας δή, *who* (as they said) *were to take part in the administration* (G. 277, 3) : we might have had οἱ μεθέξουσι (see § 2, above).

19. κοινωνοὺς ποιήσασθαι belongs at once with βουλομένους and with τρισχιλίους, *that, wishing to make the best of the citizens partners, they made three thousand of them partners*. — τό before πρῶτον belongs to ποιήσασθαι, which is the subject of δοκοίη : we should expect another infinitive after ἔπειτα δέ, but after the new verb ὁρῶ the construction changes to that of the participle (G. 280). — ὥσπερ ... εἶναι, *as if this number* (three thousand) *must needs be honorable men*: ἔχειν ἀνάγκην τινὰ ποιεῖν τι is *to be under some necessity of doing something* (G. 261,1, N. 1). For the accusative absolute see G. 278, 2, N ; for ὥσπερ, G. 277, N. 3. — οἷόν τε εἴη is irregularly added, by an entire change in the form of the sentence, as if εἰ ἔχοι had been used after ὥσπερ in the preceding clause, instead of the conditional participle ἔχοντα (G. 277, 4). Here οἷόν τε ὄν would have been the regular form after ὥσπερ (without εἰ), *as if it were possible;* εἴη representing εἰ ... ἐστίν in the words of Theramenes, as δοκοίη (above) represents δοκεῖ. — γενέσθαι has τινάς understood as its subject, and is followed by σπουδαίους and πονηρούς in the predicate. — κατασκευαζομένους is added, by a sort of apposition, to explain πράττοντας. — ἥττονα τῶν ἀρχομένων, *weaker than its subjects*.

20. οἱ δ' ἐξέτασιν, &c. The meaning of this obscure description seems to be as follows. The Thirty held a general review of all the citizens capable of bearing arms ; but while the Three Thousand were reviewed together in the market-place, the other citizens were scattered over the city in small detachments (ἄλλων ἀλλαχοῦ). Then, while the ordinary citizens were dismissed for dinner or some other purpose (ἀπεληλύθεσαν), leaving their arms stacked at the places of review, a general call to arms was suddenly sounded (κελεύσαντες ἐπὶ τὰ ὅπλα) ; on which the Spartan garrison (φρουροί) and those citizens who understood the plot rushed and seized the arms of the unsuspecting citizens before the latter could return and secure them. — ἐκεῖνοι, those who were ἔξω τοῦ καταλόγου. — ἐν τῷ ναῷ, *in the temple*, i. e. the Parthenon.

21. ὡς ἐξόν, *since* (*as they thought*) *it was in their power* (G. 277, N. 2). — ὅ τι βούλοιντο (G. 248). — τῶν μετοίκων, *resident foreigners*, living at Athens chiefly for purposes of trade, without political rights ; as many of them were rich, they were selected as victims. Lysias (in Eratosth. § 2) says that the Thirty seized *ten* μέτοικοι in this way, including two poor men in the number lest the purity of their motives should be suspected. — ἀποσημήνασθαι, *to confiscate* (properly *to put a seal upon*).

During this reign of terror, the orator Lysias was arrested by order of the Thirty while he was entertaining friends at dinner ; but he escaped from custody and fled to Megara. His brother Polemarchus, however, was arrested in the street by Eratosthenes, one of the tyrants, and was put to death without trial, and without so much as hearing the offence with which he was charged. The house of Polemarchus was plundered, even the golden ear-rings were torn from the ears of his wife, and his family were dependent on the charity of friends for the means of giving him a decent burial. Lysias describes these terrible scenes in his oration against Eratosthenes, whom he afterwards prosecuted for the murder of Polemarchus.

22. ὅντινα βούλοιτο (G. 248, 1): this use of the optative must not be confounded with that seen in παρ' ὧν λαμβάνοιεν, below (G. 233). — φάσκοντας, *while we declare*.

Page **68**. — μηδέν (G. 283, 4). — τῷ παντί, *in every way*.

23. ἐμποδὼν τῷ ποιεῖν (G. 262, 2 ; 185). — ἰδίᾳ ... ἄλλος πρὸς ἄλλον, *privately ; one to this man, one to that*.

24. πλέονας τοῦ καιροῦ, *more than is fitting* (lit. *seasonable*). — μεθίστανται, *are changing*. — τοῖς ... μεθιστᾶσι, *those who are changing* (the government). — διὰ τό ... εἶναι, *because the city is;* διὰ τό ... τεθράφθαι, *because the people have been reared* (G. 202, 2).

25. τοῖς οἵοις ἡμῖν, *to such as we* (G. 153, N. 5). — οἱ βέλτιστοι, *the aristocracy* (*the better class*), opposed to the δῆμος, *the mass of the people*.

26. ἐὰν αἰσθανώμεθα (G. 225). — ἐκποδὼν ποιούμεθα, *put out of our way*.

27. οἷς δύναται, *by whatever means he can*. — ὡς δὲ ταῦτα ἀληθῆ, and (as a proof) *that this is true*. See § 33, below. — ἤν κατανοῆτε (G. 223); but ὅταν βουλώμεθα (G. 233). — εἰ ἐγίγνωσκε, *if he had this opinion* (G. 221), has two apodoses, ἤν and ἐνομίζετο ἄν. The latter has its main protasis implied in δικαίως, *if he were justly estimated*, to which it conforms (G. 222). See G. 227, 1 ; and *Moods and Tenses*, § 54, 1 (*a*).

Page **69**. — 28. τοῦ δήμου, *of the democracy*. — τοῖς ... εἰς ἡμᾶς, *on those who were first brought before us* (for judgment), follows ἐπιτιθέναι (G. 187). — αὐτῷ ἀρέσκει, by anacoluthon, where τοῖς γιγνομένοις ἀρέσκεται would be expected. — ἐν τῷ ἀσφαλεῖ, *in safety* (G. 139, 2).

29. ὅσῳ ... φανεροῦ, *by as much as what is secret is harder to guard against than what is open*. — ἔχθιον (v. ἐχθρός), *more hostile*. — οὔτε ἐσπείσατο οὔτ' ἐπίστευσε, gnomic aorists (G. 205, 2 ; see N. 1): the subjunctive λαμβάνωσι (G. 233) depends on these aorists, as they are *primary* tenses (G. 201, end). — τοῦ λοιποῦ, *for the future* (G. 179, 1).

30. ἀναμνήσω (v. ἀναμιμνήσκω) here takes two accusatives (G. 164); this verb may also take the accusative and the genitive (G. 171, 2, N. 3). κατὰ τὸν πατέρα, i. e. *as his father had been*. — τοὺς τετρακοσίους, the oligarchy of the Four Hundred was established in Athens in 411 B. C. ; it lasted only four months. See Grote, Chap. LXII. — ἀντίπαλόν τι τῇ ὀλιγαρχίᾳ, *a party hostile to the oligarchy*.

31. κόθορνος, a high buskin, worn by tragic actors: see the cut in Smith's Dict. of Antiq. s. v. *Cothurnus*. — ἀποβλέπει, *it is adapted* to both feet, as the man who is said to resemble it *has an eye* to both sides. — ἄνδρα τὸν ἄξιον ζῆν, *the man* (who is) *fit to live* (G. 142, 2). — οὐ ... ξύνοντας: οὐ belongs to εἶναι, and προάγειν depends on δεινόν. — ἕως ἂν εἰς οὖρον καταστῶσιν, *until they get into fair sailing* (G. 239, 2 ; 233). — ἐπειδάν τι ἀντικόψῃ : we should expect the optative, by assimilation to

πλέοιεν (G. 235), and we must translate it like one. See *Greek Moods and Tenses*, § 34, 1 (b).

32. δήπου, *no doubt*. — πλείστοις ... ἀπολωλέναι, *you are in part to blame that very many who were on the side of oligarchy have perished at the hands of the people;* αἴτιός τινί τινος means *the cause of something to some one;* and αἴτιος may take the simple infinitive (G. 261, 1) as here, or the infinitive with τοῦ (G. 262, 2).

Page 70. — ἀνελέσθαι (v. ἀναιρέω), *to take up* or *recover*. — ναυμαχίᾳ, the sea-fight at Arginusae, B. C. 406, in which the Athenian fleet was victorious, but sailed away leaving, besides the slain, more than a thousand perishing upon the wrecks : the commanders were afterwards brought to trial before the people, and six of them sentenced to death, for this neglect ; but the trial was hasty and informal, and their execution was regarded by many as a public crime. — ἀπέκτεινεν αὐτούς, *caused their death :* Theramenes, who was one of the commanders, joined in the accusation of the others.

33. τοῦ πλεονεκτεῖν, *gain;* τοῦ καλοῦ, *honor*. — τούτου, gen. after φείσασθαι, v. φείδομαι (G. 171, 2). — ἡμᾶς ταὐτό, *the same to us* (G. 165).

34. καλλίστη : Critias, who was a very able man, a kinsman of Plato and a friend of Socrates, wrote a treatise on the excellence of the Spartan constitution. — ἀντὶ ... πείθεσθαι, *instead of yielding to the majority*. — τοῖς πραττομένοις, *the acts* of the government. — ἂν before οἴεσθε belongs to ἀξιωθῆναι (G. 211). — πολλοὺς ... ὑμῖν, *would make many of those who hold views* (γιγνωσκόντων) *hostile to you haughty*. — τῶν ἔξω, the political exiles, those who afterwards restored the democracy.

35. ἀποκτεῖναι (G. 203). — οὐκ ἦρχον κατ' ἐκείνων λόγου, i. e. *my charge against them did not begin the controversy*. — προσταχθέν, *when it was ordered* (G. 278, 2). — ἀπολογούμενος, *alleging in defence*. — οὐδέ, *not even*. — μὴ ὅτι, *not to say, much less*. — ἔδοξα ... λέγειν, *was acknowledged to have spoken* (*seemed to speak*) *reasonably*.

Page 71. — προέμενοι, v. προίημι. — ἀπολέσθαι (G. 265). — ἀποπλέοντες ᾤχοντο, *sailed away* (G. 279, 4, N.).

36. παρανενομηκέναι, *has acted unlawfully* (i. e. in accusing me) ; for which some editors suggest the milder παρανενοηκέναι, *has erred in judgment*. — πενέστας, *serfs* (like the Laconian Helots) : the charge of exciting a democratic revolt would be particularly galling to a proud aristocrat like Critias.

37. ὧν, sc. ἐκείνων, depending on μηδέν. — μηδὲν ... γένοιτο, *may nothing of the kind be done here?* — ὑμᾶς, obj. of παῦσαι, *depose you* (see § 43, below). — δίκαιον εἶναι explains τάδε, the obj. of ὁμολογῶ. — εἰ κατανοήσετε, see last note on § 31.

38. μέχρι ... καταστῆναι, *until you were established in the magistracy* (βουλείαν) : μέχρι τοῦ belongs also to ἀποδειχθῆναι and ὑπάγεσθαι; but with ὑπάγεσθαι, μέχρι must be translated *while*. — Νικηράτου, son of the famous Nicias, who fell in Sicily B. C. 413.

40. ὑπόπτως ἔξοιεν, *would be suspicious* (G. 202, 4). — ἕκαστον, see § 21. — τούτων ἀπολομένων (G. 226, 1) represents the protasis to ἔσοιντο : in the direct form, ἐὰν οὗτοι ἀπόλωνται, πολέμιοι ἔσονται.

Page 72. — 41. παρῃροῦντο, *took away* (see § 20, above). — ὅπως ... ὠφελεῖν, in appos. with τούτου ἕνεκα (G. 215, Rem.). — μηδέν, *in nothing*. — ἐξῆν γάρ, &c., *for if they had wanted that, they might have left no one* (G. 222, N. 2) *by distressing* [the city] *with famine a little longer* (ἔτι) : πιέσαντας agrees with the understood subj. of λιπεῖν (G. 138, N. 8 b).

42. οὐκ αὖ ἐδόκει μοι, *again, I did not approve*. — τὸ ἀντίπαλον, *the opposition*, of which the head-quarters were with the exiles. — οὕτως, *in this way*, referring to the following protasis. — εἰ ... προσγενήσοιντο ... φανήσοιντο : μέν and δέ show that εἰ belongs to both verbs. In the direct form the protasis would have the fut. indic. (G. 223, N. 1).

44. ἃ ἐγὼ λέγω and ἃ οὗτοι πράττουσιν are subj. of γίγνεσθαι. — ἄν belongs to βούλεσθαι (G. 211). — οὗτοι, i. e. the Thirty, represented by Critias. — αὐτούς, i. e. the exiles. — χαλεπὸν ... χώρας, *that they think it would be hard to get even a footing anywhere in the country :* ἡγεῖσθαι, like νομίζειν, depends on οἴμαι (αὐτούς) ; and χαλεπὸν ἂν εἶναι (= χαλεπὸν ἂν ἦν) depends on ἡγεῖσθαι.

45. οἷος, [such a one] *as*, with infin. (G. 261). — ἅ, sc. ἐκεῖνα (G. 160).

Page 73. — τετρακοσίων, see § 30, above. — πάσῃ πολιτείᾳ, *any form of government* (G. 184, 2).

46. ἐκεῖνοι οὐδὲν ἀνίεσαν, *they* (the Spartans) *relaxed nothing* of their hostility. — οἱ ἀμφί, &c. the party of the oligarchy (G. 141, N. 3). — ἔρυμα : this was a fort on the mole (χῶμα) which commanded the entrance of the harbor of Piraeus, built under pretence of defending the city from a hostile fleet, but really to introduce a Lacedaemonian force to uphold the tyranny of the Four Hundred. — ὑφ' αὑτοῖς ποιήσασθαι, *make subject to themselves*.

47. ἀποκαλεῖ, *nicknames*. — ὡς πειρώμενον, *because* (as he says) *I try*. — τί ποτε, *what in the world ?*

48. οὐ πρόσθεν ... πρίν, *not ... until*. — καὶ οἱ δοῦλοι ... μετέχοιεν, *until even the slaves, and those who for poverty would sell the state for a drachma, should receive a drachma*, i. e. have a seat in the Senate, the pay of a senator being a drachma (17 cts.) a day. Or the passage may mean simply, until all who would sell the state for a drachma should have an opportunity to do so, i. e. *should have a drachma offered them*. — εἶναι ἄν represents εἴη ἄν, and πρίν ... μετέχοιεν stands like a conditional relative sentence (G. 240, 1, third example). — οἱ .*. ἂν ἀποδόμενοι (G. 211) is equivalent to ἐκεῖνοι οἵ ... ἂν ἀπόδοιντο. — ἐγγενέσθαι ἄν (= ἐγγένοιτο ἄν), *could arise or be formed*. — εἰς τὸ ... τυραννεῖσθαι, lit. *into the* [condition of] *being under the tyranny of a few*. — τὸ μέντοι ... πολιτείαν, *but with the help of the powerful, both by horses and by shields, to aid the government* (I say) *by these means ;* all this is the subject of εἶναι, if the

text is correct. But διὰ τούτων is thus a mere repetition of what precedes, and the words have probably been corrupted in copying.

49. ἐὰν ... ἐλεγχθῶ ... πράττων ... πεποιηκώς, *if I am (shall be) convicted of doing ... or of having done* (G. 280): the apodosis δικαίως ἂν ἀποθνῄσκειν, *that I should justly die*, has another protasis implied in παθών (= εἰ πάθοιμι); see note on § 27, above. — ἐσχατώτατα (double superlative), *extremest*.

50. δήλη ... ἐπιθορυβήσασα, *let it be seen that it applauded with favor* (G. 280, N. 1).

Page **74**. — εἰ ἐπιτρέψει: some MSS. have ἐπιτρέψοι, corresponding to ἀποφεύξοιτο (see G. 247, N. 1). — οὐ βιωτόν, *intolerable*. — τοὺς ... ἔχοντας, the young men mentioned in § 23. — φανερῶς τῇ βουλῇ (G. 185). — δρυφάκτοις, *the railing*, which separated the Senate from the spectators.

51. προστάτου ... οἴου δεῖ, *that it is the duty of a leader who is what he ought to be* (for τοιούτου οἷον εἶναι δεῖ). — ὃς ἂν ... μὴ ἐπιτρέπῃ, *not to permit:* irregular for τὸ ... μὴ ἐπιτρέπειν. — οἵδε, the young men above mentioned. — τῶν ὄντων, dep. on μηδένα. — κυρίους θανατοῦν, *competent to put to death*. — ξυνδοκοῦν, *since it is agreed on* (G. 278, 2).

52. Ἑστίαν: the altar of Hestia (*Vesta*), the Goddess of the Household, "the senatorial hearth, the altar and sanctuary in the midst of the Senate house." — ἐπὶ Κριτίᾳ, *in the power of Critias*.

53. ὑμῶν, obj. of θαυμάζω (G. 171, 2). — καὶ ταῦτα γιγνώσκοντες, *and that too, when you know*. — οὐδέν (G. 160, 2). — τὸ ὑμῶν ἑκάστου, *that of any one of you*.

54. τοὺς ἕνδεκα, *the Eleven*, who had charge of prisons and executions. — ἐπὶ τὸν Θηραμένην, *to seize Theramenes*. — ἐκεῖνοι, nom. without verb.

Page **75**. — οὗ δεῖ, *to the proper place*, with ἀπαγαγόντες. — τὰ ἐκ τούτων, *what follows from this*, i. e. execution.

55. τὸ ἔμπροσθεν, *the space in front*.

56. δηλοῦντα οἷα ἔπασχε, *proclaiming aloud the treatment he was suffering*. — οὐκ ... οἰμώξομαι, *shall I not suffer?* The word, as used by Satyrus, meant that he would *suffer for it* if he did not keep quiet. — τὸ λειπόμενον, i. e. the last few drops of hemlock. — ἀποκοτταβίσαντα, *jerking out:* the κότταβος was a sort of toast, in which the guest flung out a few drops of wine, at the same time calling the name of his beloved ; the sound of the wine, as it struck the mark aimed at, was accepted as an omen, or sign of favor. — ἐκεῖνο τοῦ ἀνδρός, *this quality of the man*. — τό belongs to ἀπολιπεῖν, in appos. with ἐκεῖνο.

"The scene just described," says Mr. Grote, " is one of the most striking and tragical in ancient history. The atrocious injustice by which Theramenes perished, as well as the courage and self-possession which he displayed in the moment of danger, and his cheerfulness even in the prison, not inferior to that of Socrates three years afterwards, naturally enlist the warmest sympathies in his favor. But ... he was a selfish, cunning, and faithless man; ready to enter into conspiracies, yet never foreseeing their consequences; and breaking faith to the ruin of colleagues whom he had first encouraged, when he found them more consistent and thorough-going in crime than himself."

IV. 1. προεῖπον μὴ εἰσιέναι, i. e. *excluded* or *expelled from the city.* — ἦγον, *arrested:* it was said that as many as fifteen hundred prisoners suffered death. Among the banished were the most eminent intellectual teachers, native or foreign, Socrates being hardly spared. — φευγόντων, genitive absolute. — ἐνέπλησαν (v. ἐμπίπλημι), i. e. the Thirty *caused* Megara, &c. *to be filled* with the fugitives (ὑποχωρούντων).

2. ὡς σύν, *with about.* — Φυλήν, *Phyle,* a frontier fortress among the hills, on the road to Thebes, about fifteen miles from Athens.

Page **76.** — 3. τῆς νυκτὸς καὶ τῇ ὑστεραίᾳ, *during the night* (G. 179, 1) *and on the next day* (G. 189). — ὑπό, [taken] *by.*

4. λεηλατήσοιεν, *would forage* (i. e. those in Phyle). — φυλάς : the Attic army was mustered according to the ten tribes.

5. συνειλεγμένων (v. συλλέγω), *as there were gathered,* gen. abs. with περὶ ἑπτακοσίους.

6. ἀνίσταντο, i. e. the forces of the Thirty. — ὅποι, *to* [the post] *where* (after ἀνίσταντο, which implies motion), i. e. *each to his own work.* — ὅπλων, *encampment.* — ἔστι μὲν οὕς, *some* (G. 152, N. 2).

Page **77.** — 8. ἐν τοῖς ἱππεῦσι, *under guard of the cavalry.* — πόσοι εἶεν, i. e. the people of Eleusis. — προσδεήσοιντο (G. 243), *how much additional garrison they would need* (i. e. in consequence of the seizure of Phyle). — τὸν ἀεὶ ἐξιόντα, *every one as he went out.* — ξυνειλημμένοι (v. συλλαμβάνω), *seized.* A similar visit and seizure of prisoners was made at Salamis. — τοῖς ἕνδεκα, i. e. for execution.

9. Ὠιδεῖον : not the Odeum of Pericles, but the older building near the Ilissus, once used as a theatre. — τοὺς ἄλλους, those not mentioned in § 4 and § 6. — ταὐτὰ ἡμῖν, *the same with us* (G. 159, N. 2 ; 186, N. 2).

10. ὅσοις .. ἔμελεν, *to such as cared only for gain.* The number thus put to death, says Lysias, was about three hundred. — ἐβοήθουν, *went to their relief* (i. e. that of their party in Piraeus). — ἔπειτα, i. e. on approaching the Piraeus. — ἀναφέρουσαν, *leading up,* i. e. to the high ground.

11. μὴ ἀνιέναι αὐτούς, *not to let them come up,* i. e. upon any of the high land of the peninsula. — κύκλος, the whole *circuit* of the fortifications which surrounded the Piraeus. The name Piraeus was given to the whole peninsula with its three harbors ; this included Munychia, which was the high hill on the east side of the peninsula, directly overlooking the smallest of the three harbors, the little bay of Munychia. The town of Piraeus occupied part of the larger lower hill south of the great harbor (the harbor called Piraeus), and extended across the isthmus along the shore, and over the low land west and northwest of Munychia, to the place at which the two long walls from Athens joined the fortifications of the Piraeus. In

this northern part of the town of Piraeus was the market-place named for Hippodamus of Miletus, who was employed by Pericles to lay out the new town of Piraeus. Hippodamus astonished the Athenians by his broad straight streets, crossing each other at right angles. One of these was the street here mentioned, leading from the great square (the ἀγορά) up the hill of Munychia; on which hill stood the temple of Artemis Munychia and that of the Thracian Artemis (Bendis). [On many maps the relative positions of Munychia and Piraeus are reversed, and Phalerum is wrongly made one of the three harbors of the peninsula of Piraeus.]

Page **78**. — ἐγένοντο . . . ἀσπίδων, *they formed* [a body] *not less than fifty shields in depth*. — ἄνω, *upwards*, to Munychia.

12. ἀντανέπλησαν, i. e. Thrasybulus and his men *filled* the upper part of *the* same *street to oppose* them. — ἐπ' αὐτοῖς, *behind them*. — αὐτόθεν, *from that quarter*. — ἐν ᾧ, *while*. — θέσθαι, *to rest* the shield on the ground. — στάς, *taking his stand* (not *standing*) : see G. 200, N. 5 *b*.

13. εἰσὶ τῶν προσιόντων, &c., *there are among those who are advancing against us* (G. 169, 1), *first, those on the right, whom, &c.* — ἡμέραν πέμπτην, *four days ago* (G. 161, N.). See Anab. 4, V. 24. — ἀπεσημαίνοντο, *marked for death :* this word usually means *to put a seal on* property taken for confiscation (see above, II. 21, with note). — οὗ, *where*, explained in the next section.

14. ἔχοντες . . . καθέσταμεν, *we stand in front of them, with arms in our hands*. — ὅτι . . . ξυνελαμβανόμεθα, *because we were seized while dining, &c.* — οἱ δὲ καί, *some of us also*. — οὐχ ὅπως ἀδικοῦντες, *not only when we were guilty of no wrong :* lit. *not to speak of our being guilty of any wrong :* in full οὐ λέξω ὅπως (= ὡς) ἀδικοῦντες ἐφυγαδευόμεθα. — χειμῶνα, &c., see §§ 3 and 6 (above).

Page **79**. — 15. ἐξιξόμεθα, v. ἐξικνέομαι : it governs the gen. by G. 171, 1.

16. ᾤετο ἄν τις, *one might suppose* (G. 226, 2). — ἁμαρτήσεται, *will miss :* the object αὐτῶν (antec. of ὧν, § 238) is understood. — δραπετεύσουσιν, *will skulk*, a word used in contempt of fugitive slaves. — ἐναλλομένους, *leaping* or *rushing upon them*, agrees with ἡμᾶς, the omitted subject of ἀνατρέπειν, instead of agreeing with ἡμῖν understood after ἐξέσται (G. 138, N. 8).

17. ἕκαστός τις . . . ὤν, *each man shall be conscious to himself of being the main cause of victory* (G. 217). — αὕτη, *she*, viz. νίκη. — οἷς εἰσί, *to those who have them* (G. 153, N. 1). — ἡμῶν, gen. part. after οἵ. — ἐπίδωσι (G. 232, 3), v. ἐφοράω. — μνημείον . . . τεύξεται, *for none so rich, who shall win so fair a sepulchre :* the construction is idiomatic ; understand οὕτω before καλοῦ. — Ἐνυάλιον, *the God of battles*, a name of Ares (or *Mars*). — ἀνθ' ὧν ὑβρίσθημεν, *in requital of the insults we have borne :* the active construction would be, ταῦτα ἡμᾶς ὑβρίζειν (G. 159, N. 4 ; 153, N. 1).

18. ὁ μάντις : the article is used because the *prophet* or *diviner* had his official place in the host. — ἐπειδάν . . . δοκεῖ, the words of the diviner.

19. τέθαπται, *lies buried*. — τῶν δέκα, chiefs of the force established by the Thirty. — Χαρμίδης : he was an uncle of Plato, from whom one of Plato's dialogues is named. — πολλοί, *many* [of both parties].

Page 80. — 20. ὁ τῶν μυστῶν κῆρυξ, *the herald of the* [Eleusinian] *mysteries*, belonging to one of the ancient priestly families. (See *Eumolpidae* in Smith's Dict. of Antiquities). — κατασιωπησάμενος, *having proclaimed silence*. — ξυγχορευταί, *companions in the choral dance*.

21. πρός, *in the name of*. — ὀλίγου δεῖν, *almost* (G. 268). — ἀπεκτόνασιν, v. ἀποκτείνω. — μησίν, v. μήν. — δέκα ἔτη, the last ten years of the Peloponnesian war, the Decelean war.

22. τῶν ἀποθανόντων, part. gen. after ἔστιν οὕς. — ἀλλὰ καί . . . κατεδακρύσαμεν, *some of them we too greatly lamented*. — οἱ λοιποί, *the survivors* of the Thirty.

23. ξυνεκάθηντο, v. συγκάθημαι. — διεφέροντο, *disputed*, *wrangled*. — βιαιότερον (sc. τοῦ προσήκοντος), *unusually* or *unduly violent*.

Page 81. — τοῖς τριάκοντα, dat. after πείθεσθαι. — τὸ τελευταῖον, *finally* (G. 160, 2). — ἐκείνους καταπαῦσαι, *to depose them* (the Thirty).

24. Ἐλευσινάδε (G. 61), see § 8, above. — τῶν ἐν ἄστει, *those in the city* (gen. following ἐπεμέλοντο). — ἐφώδευον, *they patrolled*. — τὸ μὲν ἀφ' ἑσπέρας (G. 161), *after dark*. — τὸ δὲ πρὸς ὄρθρον, *but towards morning*, an exception to the preceding statement.

25. οἵτινες, [to] *whoever:* understand an antecedent dative after ἔσεσθαι, depending on πιστὰ δόντες, *giving pledges that all who, &c. should have equal rights*. The direct discourse would be [πᾶσιν] οἵτινες ἂν ξυμπολεμήσωσι, καὶ ἐὰν ξένοι ὦσιν, ἰσοτέλεια ἔσεται.

Many exiles came to their aid, others sent money or arms, — the orator Lysias sending two hundred shields and two thousand drachmas in money, and hiring, besides, 300 fresh soldiers ; there was one loan of five talents in money ($ 5,400), afterwards repaid by the people.

26. ἔστιν ὅτε, *at times*. — λῃστὰς ἐχειροῦντο, *roughly handled foragers*. — Αἰξωνέων, *men from Aexone*, a town (or *deme*) on the coast of Attica. — πολλῶν ἱππέων, i. e. many of the men under Lysimachus.

27. τῶν ἱππέων, possessive gen. (sc. ὄντα) after Καλλίστρατον.

Page 82. — εἰ δὲ . . . δεῖ εἰπεῖν, *if I may be permitted to speak:* the apodosis (ἐρῶ, *I will speak*) is omitted. — τοῦ μηχανοποιοῦ depends on τοῦτο. — κατὰ τὸν ἐκ Λυκείου δρόμον, *over the race-course leading from the Lyceum*. The Lyceum was a gymnasium just outside of the city walls on the east ; and it was used in the next century by Aristotle as his place of instruction, as the Academy was used by Plato (see note on II. 8, above).

For this reason the word is a familiar one in modern languages, though in a somewhat different meaning. — ὅπου βούλοιτο (G. 248). — τοῦ δρόμου, partitive gen. after ὅπου. — πράγματα, *trouble*.

28. ὅτι . . . εἴη, *that it was possible* (not *would be*) : the direct discourse was οἷόν τέ ἐστιν . . . ἐὰν ἀποκλεισθῶσιν (G. 223). — αὐτοῖς, the oligarchy at Athens.

29. μέγα ἐφρόνουν ἐπὶ τῷ Λυσάνδρῳ, *were highly elated with hopes of Lysander*. — προχωρούντων (sc. τῶν πραγμάτων), *when matters were thus going on*. — εἰ . . . εὐδοκιμήσοι . . . ποιήσοιτο (G. 248, 2 ; 226, 4, N. 1). πείσας, *by consent of*. — φρουράν (in its Spartan sense), *an armed force*.

Lysander's selfish policy had already disgusted the general feeling of the Greeks ; and a party in Sparta, jealous of his authority, were resolved that he should not plant his own creatures a second time as rulers of Athens. On his arrival at Athens, Pausanias was beset with prayers for protection and redress by those who had suffered from the tyranny of the oligarchs, which strongly inclined him to make terms with the patriot party.

30. ὅτι ἐγίγνωσκον, *because they were of opinion:* they suspected that Pausanias meant to make Attica a separate province of Sparta (οἰκείαν καὶ πιστήν). — Ἁλιπέδῳ, the low land near Piraeus.

Page **83.** — 31. ἐπὶ τὰ ἑαυτῶν, *to their homes*. — ὅσον ἀπὸ βοῆς ἕνεκεν, *only for appearance' sake* (lit. *as far as shouting went*, implying *with no real purpose*). One preposition is superfluous, and the simpler ὅσον ἀπὸ βοῆς is found in later Greek. — δῆλος . . . ὤν (G. 280, N. 1). — κωφὸν λιμένα, *the still harbor*, probably the small cove west of the principal harbor of Piraeus. — πῇ εὐαποτείχιστος, i. e. where was the best line for blockading the Piraeus (i. e. on the side towards Athens).

32. ἐνέντας (v. ἐνίημι), *at full speed*, used intransitively. — τοὺς . . . ἥβης, i. e. those who had been ten years of the military age ; referring to the *civic* ἐφηβία, which began in the eighteenth year.

33. ἐπὶ πόδα, *backward* (without turning). — οἱ τεθαμμένοι (v. θάπτω) ἐν Κεραμεικῷ, i. e. *whose graves are in the Ceramicus*. The outer Ceramicus is described by Thucydides as "the most beautiful suburb" of Athens. It was northwest of the city, and the road to the Academy (see note on II. § 8, above) passed through it. On this road (as on the Roman Via Appia) were many monuments of illustrious men, especially of such as had fallen in battle.

34. ἐπὶ ὀκτώ, *eight deep*. — ἐξεώσθησαν, v. ἐξωθέω. — ἐν ταῖς Ἁλαῖς : this must refer to the marshy district at the junction of Piraeus with the mainland, not to either of the Attic demes called Ἁλαί.

Page **84.** — 35. οὐδ' ὥς, *not even under these circumstances:* ὥς for οὕτως is rare in Attic prose (G. 29, N.). — οἷα is object of λέγοντας, which belongs to πρέσβεις. — διίστη, *divided* (by making discord). "It seems plain that this is not a correct account. Pausanias did not create this discord, but found it already existing, and had to choose which of the parties he would adopt. The peace-party was already uppermost in Athens, and it was both easiest, and most for the Lacedaemonian interest, to follow the course he did." Grote.

36. νομίζεται, *it is according to* [Spartan] *custom*. — τῆς γνώμης ὄντες, *being of the opinion*.

37. ἀπὸ τοῦ κοινοῦ, i. e. *those representing the government*, the Ten (§§ 23, 24), the first embassy being sent by Pausanias. — χρῆσθαι ὅ τι βούλονται, *to deal with as they pleased* (G. 248). — ἀξιοῦν, *thought fit*.

38. ἔχειν (G. 267). — ἀπιέναι, &c., i. e. no man should be molested for past acts, except the Thirty, &c.

39. διῆκε (v. διίημι), *disbanded*.

Page **85.** — 40. ἐκ τοῦ ἄστεος ἄνδρες, i. e. those who had fought against Thrasybulus. — γνῶναι ὑμᾶς αὐτούς, *to come to know yourselves*. — ἐπὶ τίνι ... φρονητέον ... ὥστε, *on what ground you have a right to be* (*so*) *presuming, as, &c*. — δικαιοσύνης οὐδὲν ὑμῖν προσήκει, i. e. *you have no claim on the score of justice*.

41. ἢ ὡς, *than the manner in which*. — οἵ γε would naturally be the subject of οἴχονται, but it is disregarded after the clause ὥσπερ ... παραδιδόασιν, and κἀκεῖνοι is introduced (by *anacoluthon*) after οὕτω. The subject of παραδιδόασιν is τινές understood. — ἀπιόντες (G. 279, 4, N.).

42. ὦ ἄνδρες : here he addresses his own followers, who had just taken the oath in the Acropolis. — οὐ ... ἀξιῶ ... παραβῆναι οὐδέν, *I adjure you not to violate any part of the oath which you have taken* (ὧν οὐδέν = οὐδὲν ἐκείνων ἅ). Οὐκ ἀξιῶ sometimes means *I ask* some one *not* to do something (like οὔ φημι, *I deny*) : here οὐδέν (not μηδέν) merely repeats the negative idea expressed in οὐ ... ἀξιῶ. — ἐπιδεῖξαι depends on ἀξιῶ (without οὐ).

43. ἀρχάς, *magistrates* (*authorities*) : the chief Archon then chosen, the *Eponymus* of the year 403 - 402, was Euclides, whose year is a famous era in Athenian history. — τοὺς ἐν Ἐλευσῖνι : see § 24, above. — ἦ μήν, a formula often prefixed to an oath. — μὴ μνησικακήσειν, *not to remember evil*, i. e. they declared an *amnesty* (a- and μνῆστις). A part of the oath was as follows : καὶ οὐ μνησικακήσω τῶν πολιτῶν οὐδενί, πλὴν τῶν τριάκοντα καὶ τῶν ἕνδεκα. — ὅμου πολιτεύονται, *they conduct the government in harmony*, i. e. the oligarchical party and the democracy.

After these events, Athens was still left comparatively weak, disabled by the loss of her fortifications and of the long walls connecting the city with the port, until the great naval victory of Conon at Cnidus (B. C. 394) enabled him to rebuild the walls, and restore to the city something of its ancient glory and strength.

[Book VII.]

The peace of Antalcidas (b. c. 387) had left Sparta still supreme in Greece. But a few years later (b. c. 379) the patriot party in Thebes, by a fortunate surprise, expelled the Spartan garrison, and made the city independent. Under Epaminondas, her one great general and statesman, Thebes rapidly rose to power; and for nearly ten years after the great victory of Leuctra (b. c. 371) she held the first rank among the Grecian states. In 369 b. c. Epaminondas invaded the Peloponnesus, and established Arcadia as an independent power, with a strong military frontier against Sparta. It was to secure this that the second invasion was made, resulting in the battle of Mantinea, which closed the long period of the domestic wars of independent Greece. The battle of Mantinea was fought in 362 b. c.

Mantinea was a town about forty miles north of Sparta, and the head-quarters of the Peloponnesian army. Tegea was about ten miles farther south. Epaminondas had made a rapid march upon Sparta, and had actually entered the outskirts of the city, which was without walls; and, says Xenophon, "had not a Cretan providentially (θείᾳ τινὶ μοίρᾳ) come and told Agesilaus that the army was at hand, he would have taken the city, all defenceless, like a nest of young birds. But Agesilaus was warned, and beforehand in the city; and the Spartans, though very few, held their ground in good order." At this point the narrative begins.

V. 11. Page **86**. — ἐπεὶ ἐγένετο, *after he had entered, &c.* — ταύτῃ, antecedent of ὅπου. — βληθήσεσθαι, *to be hit with missiles.* — οὐδ' ὅπου... πολλοὶ ὄντες, *nor where they* (the Thebans) *being many would have no advantage in battle over the small number* (of the enemy). — τοῦτο λαβὼν... κατέβαινε, &c., i. e. *he took possession of this place* (and held it until he was driven from it, as is described in § 12), *and descended* to the low land, *without going up* (farther) *into the city*. Sparta was built on a line of hills along the right bank of the Eurotas. Epaminondas must have ascended these hills to enter even the outskirts of the city ; and he was obliged to descend to the bank of the river to take the road to Tegea and Mantinea.

12. τὸ ἐντεῦθεν γενόμενον, *what ensued*, accusative (G. 160, 1) for the regular genitive (G. 173, 2) : ἐντεῦθεν refers to χωρίον λαβών, not to κατέβαινε. — ἔξεστι, *we may.* — τοῖς ἀπονενοημένοις (G. 187), *the desperate* (lit. *those who have lost all thought*, i. e. for life).— 'Αρχίδαμος, son of the great king Agesilaus. — ὅπερ... κώλυμα, i. e. *difficult ground.* — πῦρ πνέοντες refers to the excitement of the Thebans on actually entering Sparta.

13. περιεγέγραπτο, *a limit had been set* (lit. *a line had been drawn*). — αὐτοῖς, the Spartans (see beginning of § 12).

14. οἱ 'Αρκάδες, i. e. the Peloponnesian army at Mantinea. — ἄλλως τε καί, *especially*. — εὐτυχηκόσι, *victorious*, in the conflict just narrated. — τῶν δέ, &c., *while they* (the Thebans) *had failed* (G. 143, 1, N. 2). — δεηθείς αὐτῶν, *urging them*.

Page **87**. — εἰκός, sc. εἴη or ἐστίν. — ἔξω, *abroad, exposed*.

15. ἐξ Ἐλευσῖνος : they had accordingly marched between fifty and sixty miles the first day ; and after passing the night at the Isthmus, they had come nearly forty miles without food that day (ἀνάριστοι). — ἐτύγχανον προσιόντες, i. e. *they happened to arrive* just as the Thebans were coming up from Sparta.

16. αὖ, *as well*, i. e. as that of the Spartans. — δυστυχήματος : the Corinthians were at peace with Thebes, and probably inflicted some annoyance on this hostile troop. — ὡς εἶδον : the Thebans were within a mile of the town. — συνέρραξαν (v. συρρήγνυμι and συρράσσω). — ἐρῶντες, *eager*.

17. αἴτιοι . . . σωθῆναι, *it was through them that the Mantineans saved all their out-door possessions*. — ἄνδρες ἀγαθοί : among them was Gryllus, son of Xenophon, who was represented in a picture made at the time in the act of killing the Theban commander ; hence the story that in the battle which followed he slew Epaminondas with his own hand. — δῆλον ὅτι (sc. ἀπέκτειναν), *manifestly*, is parenthetical, as usual. — οὐ προήκαντο (v. προίημι, G. 110, 111. 1, N. 1). *did not leave unburied.* — ἦν οὕς (G. 152, N. 2), *some*, imperfect of ἔστιν οἵ.

18. Ἐπαμεινώνδας would naturally be subject of some verb meaning *thought:* but after the long participial sentence, the construction changes to ὥστε οὐκ ἐδόκει αὐτῷ. — εἰ δὲ καταλείψοι οἷς ἦλθε . . . πολιορκήσοιντο : the direct discourse would be εἰ καταλείψω οἷς ἦλθον (G. 247 with N. 2) . . . πολιορκήσονται. — ἔσοιτο λελυμασμένος represents ἔσομαι λελυμασμένος, *I shall have ruined*, periphrastic fut. perf. mid. of λυμαίνω (G. 109, 6, N.); the fut. perf. act. is generally formed thus (G. 118, 3). — δόξῃ (G. 184. 2).

Page **88**. — τοῦ συνεστάναι, *of the alliance* (between those mentioned). — οὐκ . . . δυνατόν: as if he had come with any other object than fighting. — ἀναλύσοιτο, *would make good* (properly, *undo, cancel*, hence, *restore to the former condition*) : see G. 199, 2. — πειρωμένῳ (sc. ἑαυτῷ), after καλήν.

19. ὡς . . . ἀποκάμνειν, *so as to shrink from no labor* (G. 266, N. 1).

20. ὡς . . . ἐσομένης, *because*, as he said, *there was to be a battle* (G. 277, N. 2 ; 278). — ἐπεγράφοντο . . . ῥόπαλα, probably, *painted the figure of a club* (as the arms of Thebes, in memory of Hercules as a Theban hero) *on their shields*, thus identifying themselves with the Thebans (ὡς Θηβαῖοι ὄντες). There is equally good authority for reading ῥόπαλα ἔχοντες, which would imply a sneer at the Arcadian "heavy-infantry," armed only with clubs (see Grote's note), and ἐπεγράφοντο would then seem to mean, *they inscribed their shields* (?) *as if they were Thebans*, i. e. with the letter Θ.

21. τὴν συντομωτάτην (sc. ὁδόν), *the directest way.* — τὰ πρὸς ἑσπέραν ὄρη, *the hills on the west* are that part of the range of Maenalus which faces Tegea. The great eastern plain of Arcadia, which is two thousand feet above the sea and surrounded by high mountains, may be compared in its shape to an hour-glass, its two parts — the plain of Mantinea and the plain of Tegea — being separated by a narrow passage about a mile wide. When Epaminondas marched with the greater part of his army from Tegea (see § 14), instead of taking the direct road to Mantinea (ten miles distant), he turned to the left, approaching the hills which enclose the plain of Tegea on the northwest.

22. πρὸς τῷ ὄρει ... ὑπὸ τοῖς ὑψηλοῖς refer to the part of Maenalus which was near the narrow pass leading into the valley of Mantinea.

Page **89**. — ἐπὶ κέρως, *in column.* — τὸ ἔμβολον, *the attacking column:* ἔμβολον commonly means the pointed beak with which a ship makes an attack (see § 23). This attack was made from the Theban left wing. — πεισομένοις (sc. τισίν), *men likely to suffer.*

23. ἀντίπρῳρον, "*bows on.*" — τῷ ἰσχυροτάτῳ, i. e. the Thebans and other Boeotians, under Epaminondas himself. — τὸ ἀσθενέστατον, i. e. the Argives. — ὥσπερ ... βάθος, i. e. "only with the ordinary depth of a phalanx of hoplites (four, six, or perhaps eight deep)." Grote. — πεζῶν ἀμίππων, *infantry mixed with the cavalry,* light-armed, and running beside the horses.

24. νενικηκὼς ἔσεσθαι, fut. perf. (see note on § 18, above, and G. 118, 3). — ἐπειδὰν ... ὁρῶσι (G. 232, 3) refers to the fut. ἐθελήσοντας as its apodosis: it might have been opt. (G. 248). — τὸ ἐχόμενον, *the next adjacent* part of the army. — ὡς ... ἐπικείσοιντο (G. 202, 4) depends as indirect discourse on φόβον; *fear that these would attack them,* for the common construction, *fear lest they might attack,* φόβον μὴ ἐπικέοιντο. See *Greek Moods and Tenses,* § 46, N. 6 (*a*). — εἰ βοηθήσαιεν represents ἐὰν βοηθήσωσιν of the direct discourse (G. 247). — συμβολήν, *the attack.*

Page **90**. — 25. φυγόντων αὐτοῖς, *having taken flight for them* (G. 184, 3), i. e. when they had put them to flight. — διέπεσον, &c., *they slipped through the retreating enemy in their terror.* — ἐπὶ τοῦ εὐωνύμου, i. e. of the enemy.

"The calculations of Epaminondas were completely realized. The irresistible charge, both of infantry and cavalry, made by himself with his left wing, not only defeated the troops immediately opposed, but caused the enemy's whole army to take flight. It was under these victorious circumstances, and while he was pressing on the retiring enemy at the head of his Theban column of infantry, that he received a mortal wound with a spear in the breast." Grote.

26. τοὐναντίον οὗ, *the opposite of what* (G. 153, N. 2).

27. οὐδὲν πλέον: the campaign of Mantinea, however, secured the

independence of the Arcadian allies of Thebes, and of the anti-Spartan frontier, including Messene.

The death of Epaminondas — one of the purest of patriots, and the most eminent military genius of Greece — was soon followed (361–360 B. C.) by that of Agesilaus, the last of the kings who maintained the ancient glory of Sparta. In the next year (360–359 B. C.) Philip of Macedon ascended the throne, and the whole course of Greek history was suddenly changed. The struggles for supremacy among the Greek states gave way to a long and hopeless struggle for independence, which ended in the fatal battle of Chaeronea (338 B. C.) and the subjugation of Greece to Macedonia.

MEMORABILIA.

THE trial and death of Socrates took place in the year B. C. 399. At this time Xenophon was still absent, on the expedition recorded in the "Anabasis." Soon after his return to Athens, while his grief and indignation were still fresh, he wrote that interesting defence of his master's reputation, and illustration of his manner of teaching, given in the "Memorabilia" (*Memorials*). In this work he begins with a full and distinct denial of the charges made at the trial, followed by personal anecdotes of Socrates and specimens of his conversation. Xenophon is chiefly anxious to prove that he was a good citizen, in religious belief as well as in way of life; while the later accounts given by Plato in his dialogues show him much more clearly as an original and independent thinker. Both agree in testifying the highest veneration and the warmest personal regard.

Socrates was about seventy years old when brought to trial. He had served the state as a soldier in several campaigns in the Peloponnesian war; and he once saved the life of Alcibiades — one account says, of Xenophon also — in battle. He also served as presiding officer in the public assembly when the generals who had been victorious at Arginusae (406 B. C.) were put on trial on the charge of neglecting the shipwrecked and the dead after the battle; and the cool determination of the old philosopher was never better shown than by his stern refusal to put the question of condemnation to the people in an illegal form. (See note on § 18, below.) He had also incurred the hate and distrust of the Thirty Tyrants by resisting their tyranny; and the revolution under Thrasybulus saved his life from their resentment.

The general feeling against Socrates was part of the conservative reaction after the democracy was restored. Twenty years before this time Aristophanes had ridiculed him in the "Clouds," as one of the contemptible but dangerous innovators in morals and belief; and the prejudice then so pointedly expressed seems to have been felt at the time of his trial. For at least a quarter of a century he had been in the habit of discussing with all sorts and conditions of men, in streets and public walks or at private entertainments, in a manner very pointed and free, on any question of opinion or practice that might come up. In particular, he was unsparing in forcing his antagonists to push their conclusions to absurd lengths, and driving them into a corner by his sharp questions. In this way he made some jealous and bitter enemies. Besides, he had been intimate with several men afterwards declared to be public enemies, — particularly Alcibiades, the most dangerous of politicians, and Critias, chief of the Thirty Tyrants. The formal charge against him was, that he did not acknowledge or worship the Gods whom the city worshipped, but introduced new divinities of his own; and that he corrupted the youth of Athens. Each of these counts is distinctly met and replied to in this defence, which gives us the most clear and interesting portrait that has been left us of any of the remarkable men of antiquity. The portion here given is the first chapter of the first book, with the closing paragraph of the work.

I. 1. τίσι λόγοις, *by what reasonings* (G. 149, 2). — οἱ γραψάμενοι, *those who made the charge*. The middle γράφεσθαι in Attic commonly means *to indict*. The accusers of Socrates were Meletus, a poet of poor reputation ; Anytus, a wealthy tradesman, who resented the influence of Socrates to draw his son from his own trade of tanner ; and Lycon, a popular orator and demagogue. Meletus is said to have been put to death, and the others banished, a few years later, when the people repented of their judgment. — ἡ γραφή, *the bill of indictment*. — τῇ πόλει (G. 184, 3).

Page **91.** — οὕς ... νομίζει, *not regarding as Gods those whom the city so regards*. See note on Anab. 4, II. 23.

2. ὡς ἐνόμιζεν depends on the verbal noun τεκμηρίῳ. — μαντικῇ, *divination*. — διετεθρύλητο, *it was notorious*. — τὸ δαιμόνιον, *the divinity:* the *daemon* of Socrates, as he believed, manifested itself by signs or indications, never urging him to any act, but constantly warning him against things wrong or dangerous. — ὅθεν δή, *on which very ground, indeed*.

3. τῶν ἄλλων, *than others* [do]. — φήμαις, *omens from words* ; συμβόλοις, *from signs or accidents* ; θυσίαις, *from sacrifices*.

4. ξυνόντων, *associates*. — ὡς, *on the ground that* (G. 277, N. 2). — τοῖς ... συνέφερε, *to those persuaded by him, it was an advantage:* μή (G. 283, 4). — μετέμελε, *repented* (G. 184, 2, N. 1).

5. ἐδόκει ἄν, *he would have seemed*, supply εἶναι. The imperfects here and in the next sentence refer to past time (G. 222). — εἶτα, *then, after all this.* — ταῦτα, i. e. as to the future.

6. ἀλλὰ μήν, *but moreover.* — τάδε, *the following* (see G. 148, N. 1). — τὰ ἀναγκαῖα, *things which must be done*, opposed to τὰ ἄδηλα in the next clause. — καὶ πράττειν : the force of καί would be plainer here if οὕτως preceded, *as he believed, &c., so also to do them.*

Page **92.** — ἄριστ' ἂν πραχθῆναι = ἄριστ' ἂν πραχθείη (G. 211). — ὅπως ἀποβήσοιτο, indirect question for πῶς ἀποβήσεται; — εἰ ποιητέα (sc. ἐστίν or εἴη), *whether they* (i. e. τὰ ἄδηλα) *were to be done* (G. 281, 1).

7. προσδεῖσθαι, *needed besides.* — τεκτονικόν, &c. (pred. after γενέσθαι), *capable of building, &c.* — ἀνθρώπων, gen. after ἀρχικόν, *able to govern men* (G. 180, 1). — πάντα ... μαθήματα repeats the preceding idea, τεκτονικὸν ... γενέσθαι. — καὶ ἀνθρώπου γνώμῃ αἱρετέα εἶναι, *could be grasped even by the mind of man*, i. e. by man's mind without divine help. The clause τεκτονικὸν μέν, &c. refers to the mere *acquisition* of these arts, as opposed to τὰ δὲ μέγιστα τῶν ἐν τούτοις, which follows.

8. καταλείπεσθαι, *reserved.* — ὧν οὐδὲν εἶναι (for εἴη or ἐστί), by assimilation to καταλείπεσθαι (G. 260, 2, N. 2). — τῷ ... λαβόντι, *to him who has gained powerful connections by marriage in the state.* — εἰ ... στερήσεται, i. e. whether he will not be banished for being thus connected, in case of political troubles.

9. δαιμονᾶν : notice the play upon this word and δαιμόνιον. — μαντευομένους ... διακρίνειν, *who seek by divination* [to know] *what the Gods have granted to men to understand by learning.* — οἷον, *for example.* — ἐπὶ ζεύγος, i. e. *for taking charge of a team.* — τὴν ναῦν, *his ship.* — ἃ ἔξεστιν ... εἰδέναι, *what may be known by counting, &c.* — οἷς (G. 152). — ὥσιν (G. 247 and 233). — ἴλεῳ, *propitious* (G. 64).

Page **93.** — 10. περιπάτους, *porches* or *public walks.* — πληθούσης ἀγορᾶς, *at the time of full market*, towards noon (G. 179, 1). — ἔλεγε ὡς τὸ πολύ, *he was generally talking.*

11. Σωκράτους, gen. after both εἶδεν and ἤκουσεν, by *zeugma*, taking the case required by ἤκουσεν. — τῆς τῶν πάντων φύσεως, *about the nature of the universe.* — ὅπως ... ἔχει, *how what sophists call the World* (lit. *Order*) *is constituted.* The sophists were professional teachers of rhetoric, philosophy, &c., whom it was the special delight of Socrates to convict of ignorance in what they assumed to teach. — ἀνάγκαις, *necessary laws.* — μωραίνοντας (G. 280).

12. πρῶτον μέν : this corresponds to ἐσκόπει δέ in § 15. — αὐτῶν ἐσκόπει, *he used to inquire, in regard to them, &c.*: αὐτῶν is a possessive gen. (G. 167, 1), depending on the following clause as on a substantive; cf. σκοπεῖν αὐτῶν τόδε, *to examine this in* (or *about*) *them.* In § 15 we have ἐσκόπει περὶ αὐτῶν. — πότερα ... ἤ (G. 282, 5). — παρέντες (v. παρίημι), *neglecting.*

13. ἐθαύμαζε εἰ, *he wondered that* (G. 228), not *he wondered whether*. On the principle of indirect discourse we might have had εἰ εἴη here (G. 248, examples under 2). — τοὺς μέγιστα φρονοῦντας ἐπί, *those who take most pride in*. — δοξάζειν depends on ἔφη implied in ἐθαύμαζε: see, however, § 8, above. — τοῖς μαινομένοις . . . διακεῖσθαι, i. e. their relation to each other is like that of madmen (G. 186).

14. τῶν . . . μαινομένων τοὺς μέν, *for of madmen, some, &c.* (G. 143, 1). — οὐδ' . . . εἶναι, *not to seem disgraceful, &c., even in public.* — ὁτιοῦν, *anything whatever:* a relative becomes an indefinite by the addition of -οῦν. — ἐξιτητέον εἶναι (= ἐξιέναι δεῖν), *that they ought to come out* (G. 281, 2). — τὰ τυχόντα, *which they may chance to find,* i. e. *accidental.* — τῶν τε . . . μεριμνώντων, part. gen. (corresponding to τῶν τε μαινομένων, above) depending on τοῖς μέν and τοῖς δέ, which is twice repeated. — ἓν μόνον τὸ ὄν εἶναι, *that all Being* (τὸ ὄν) *is but one.* — ἄπειρα, pred. after εἶναι, referring to τὸ ὄν, i. e. that Being has *countless forms.* — οὐδὲν ἄν ποτε κινηθῆναι, *that nothing could under any circumstances* (ποτέ) *be moved* (or *move*) : the direct form would be οὐδὲν ἄν ποτε κινηθείη (G. 211). This refers to the paradox of Zeno the Eleatic (460 B. C.), which attempted to show the impossibility of motion. — γίγνεσθαί τε καὶ ἀπόλλυσθαι, referring to the doctrine that all things *are generated* (or *created*) *and are* (in time) *destroyed*, as opposed to the doctrine that there can be neither generation nor decay in the universe. — οὔτ' . . . ἀπολέσθαι, = οὔτ' ἄν γένοιτο . . . οὔτ' (ἄν) ἀπόλοιτο (G. 212, 4). Socrates compares these opposing doctrines of the physical philosophers with the different opinions held by different madmen on the matters mentioned in the beginning of the section.

Page **94.** — 15. ἆρα introduces a direct question (G. 282, 2) : a second part of the same question is introduced by ἤ. In the former part, the leading clause is οἱ . . . νομίζουσιν. — ποιήσειν ὅ τι ἄν μάθωσιν, *that they are to practise* (*do*) *whatever they have learnt;* but ποιήσειν ἀνέμους, &c., *that they are to create winds, &c.* — ἤ, *how* (as indir. interrogative).

16. τοιαῦτα, i. e. as above. — ἅ is object of both εἰδότας and ἀγνοοῦντας, as is shown by the position of μέν and δέ. — δικαίως ἄν κεκλῆσθαι (= κεκλημένοι ἄν εἶεν), *would justly be called* (G. 211, and 200, N. 6).

17. εἰ μὴ τούτων ἐνεθυμήθησαν, *that they paid no regard to these* (G. 171, 2). See § 13 above.

18. βουλεύσας, *chosen senator* (G. 200, N. 5 *b*), equivalent to βουλευτὴς γενόμενος. The Senate (βουλή) of Five Hundred was chosen annually by lot, and contained fifty members from each of the ten Attic tribes. Each set of fifty were called *Prytanes* (πρυτάνεις) during a tenth part of the year (called πρυτανεία) ; and it was then their duty to remain through the whole day in the Tholos (or *Rotunda,* near the Senate House), where their meals were provided them at the public expense. Every morning they chose one of their own number to be the *Epistates,* or President of the day, who (besides other duties) presided at any meeting of either the Senate or

the Assembly of the people which was held on that day. The Assembly met regularly on four days in each *prytany*; on other days, except holidays, the Senate met.* It thus appears how Socrates, by being chosen senator for the year, happened to be the presiding officer in the Assembly (ἐπιστάτης ἐν τῷ δήμῳ γενόμενος) on the day in question. It was the memorable day (in 406 B. C.) when the generals who had gained the naval battle of Arginusae were tried and condemned by the Athenian Assembly acting as a court. (See Grote, Chap. LXIV. ; and note on Hell. 2, III. 32, above.) — ἦν ... βουλεύσειν : one of the clauses in the senatorial oath was κατὰ τοὺς νόμους βουλεύσω, *I will act as a senator in accordance with the laws.* — μιᾷ ψήφῳ, *by a single vote:* the illegality against which Socrates protested was chiefly (if not wholly) that of condemning several persons by one decree. When Socrates refused to bring the illegal proposition (which had already passed the Senate) before the Assembly (ἐπιψηφίσαι), it seems that the other Prytanes interfered and appointed some less scrupulous member of their body to act as president. — περὶ πλείονος, *of greater account.*

19. οὐχ ὃν τρόπον, *not, however, as* (G. 160, 2, and 154).

Page **95.** — 20. τοιαῦτα ... οἷά τις ἂν ... εἴη, *such, that any one saying and doing them would be, &c.*: ἂν belongs to both εἴη and νομίζοιτο (G. 212, 4), and λέγων καὶ πράττων contains the protasis, = εἰ λέγοι καὶ πράττοι (G. 226, 1).

IV. Chap. VIII. — 11. Σωκράτην ... οἷος ἦν, accus. of anticipation : cf. Mark i. 24, οἶδά σε τίς εἶ, "*I know thee who thou art.*" — οἱ ἀρετῆς ἐφιέμενοι is limited by τῶν γιγνωσκόντων. — ποθοῦντες (G. 279, 2, N.). — ὡς ὄντα (G. 277, N. 2). — ἐμοί, dat. after ἐδόκει (in the tenth line below). — οὕτως is understood with δίκαιος, ἐγκρατής, &c. — παραβάλλων ... κρινέτω, *let him compare the character of some other man with these* (i. e. the qualities just mentioned) *and then* (οὕτως) *judge.*

PLATO. — 1. Apology.

The "Apology" of Plato probably contains very nearly the actual defence spoken by Socrates before his judges. It is not a formal reply to the indictment, but a protest against the falsehood of the charge

---

* In the following century, in the time of Demosthenes, we find a different system, by which the Epistates chose by lot nine senators daily, one from each of the tribes except his own, who were called πρόεδροι and presided (as a board) in both Senate and Assembly.

in general.* Socrates claims that, so far from being a disbeliever in the Gods, he was fulfilling an express divine commission in instructing his fellow-citizens; nay, if his life should be spared on condition of refraining, he could not so disobey the command of the divinity. The Delphic oracle had pronounced that there was no wiser man than he. Astonished at this, he had tried to satisfy himself what it meant; until he learned that his wisdom consisted in knowing his own ignorance, and in the wish to learn. He had never professed to be a teacher; he had no part in the opinion of such natural philosophers as Anaxagoras; he had never received pay for his teaching, like the "Sophists"; he had done the duties of a good soldier and citizen, in the face of danger and public prejudice; he could have had no motive — as he shows in a brief dialogue with his principal accuser, Meletus — to mislead or injure any of the young men who came under his influence. These are the main points of this celebrated Defence, which he closes by distinctly, even haughtily, refusing any appeal to the compassion of his judges to violate their oath requiring an honest verdict, for this would be practical atheism; and by "leaving it to them and to God to judge concerning him, as should be best both for him and them."

The Defence, thus far, occupies about three fourths of the "Apology." When it was closed, Socrates was declared guilty by a majority of about 60 out of 501 votes. The penalty proposed by his prosecutors was death. But, in the class of trials to which this belonged, the defendant was called on to propose a penalty for himself, the court appearing to be bound by custom, if not by law, to choose between the penalties thus proposed. If Socrates had now proposed a sentence which the court had been likely to accept, his life would doubtless have been spared. Instead of this, he first proposed a public maintenance in the Prytaneum, — the city hall, where the hospitalities of the state were given to foreign ambassadors and other public guests, and where certain private citizens, as a reward for special services, were allowed to take their meals at the public table, — the highest civil honor which could be paid. He next declared that a life spent in exile, or under restraint of free speech, would be more intolerable than death; and finally proposed, as a money fine, *one mina* (about seventeen dollars), which, at his friends' suggestion, he increased to thirty minae. Upon this, the vote of the court was again taken, and the death penalty was decreed by a majority which (ac-

---

* The genuine indictment is given by Xenophon in the first section of the Memorabilia. See page 91.

cording to one account) was larger by eighty votes than that by which he was found guilty at first.

The portion of the Apology here given contains the last words of Socrates before his judges, spoken after the sentence of death had been pronounced.

Page **96**. — 1. οὐ ... χρόνου, *for the sake of no long time*, since Socrates was now an old man. — ὡς ... ἀπεκτόνατε, indirect discourse after the idea of *saying* implied in ὄνομα ἕξετε καὶ αἰτίαν. — ἀπὸ τοῦ αὐτομάτου, *of itself*. — πόρρω τοῦ βίου, *advanced in life* (G. 168) : his age is said to be advanced, and near death. — ἐμοῦ ... θάνατον (G. 173, 2, Ν.).

2. ἀπορίᾳ ... τοιούτων, *have been condemned through lack of such words*, &c. — πολλοῦ γε δεῖ, *not at all*. — τοῦ ἐθέλειν, one of the genitives depending on ἀπορίᾳ. — ἀκούειν (G. 261, 2). — θρηνοῦντος, &c. (G. 277, 6) : these words explain λέγειν, &c.

3. τότε, *then*, in making my defence. — ἀνελεύθερον, *slavish* (unworthy of a freeman). — ἀπολογησαμένῳ (G. 277, 2 ; 184, 2, Ν. 1). — ἐκείνως, *so*, i. e. by an unworthy defence. — ὅπως ἀποφεύξεται (G. 217). — πᾶν ποιῶν, *by any and every means*. — ἀφείς (G. 277, 2).

Page **97**. — 4. μὴ οὐ ᾖ (G. 218, Ν. 2). — πονηρίαν, sc. ἐκφυγεῖν. — θᾶττον ... θεῖ, *baseness runs faster than death*. — ἅτε ὤν, *as being* (G. 277, Ν. 2). — ὑπὸ τοῦ βραδυτέρου ἑάλων, *I have been (was) overtaken by the slower* (Death). — ὀφλών, *convicted* (v. ὀφλισκάνω) : lit. *failing* in a suit, and so condemned to pay the debt or penalty ; here, *death* (θανάτου). We find ὀφλεῖν ζημίαν, *to incur a penalty;* ὀφλεῖν χρήματα, *to incur a fine* (as ὤφλε χιλίας δραχμάς, in the former part of the defence) ; ὀφλεῖν κλοπῆς δίκην (also ὀφλεῖν κλοπῆς), *to be convicted on a charge of theft;* ὀφλεῖν γέλωτα, αἰσχύνην, *to incur laughter, disgrace;* ὀφλεῖν μωρίαν, *to incur the charge of folly:* so ὠφληκότος μοχθηρίαν, below. — τῷ τιμήματι, *the sentence* (the result of τίμησις, which is the act of settling the amount or kind of penalty). — οὕτω σχεῖν, *to come out thus*. — μετρίως, *well enough*.

5. χρησμῳδῆσαι, *to utter my oracle*. — ὅταν μέλλωσιν ἀποθανεῖσθαι (G. 202, 3, Ν.), depending on χρησμῳδοῦσιν, where we should expect a phrase meaning simply *at the point of death*, explaining ἐνταῦθα. — οἵαν (sc. τιμωρίαν) is cognate accus. after ἀπεκτόνατε, *such punishment as you have inflicted in condemning me to death*. — τοῦ διδόναι (G. 262, 2). — τὸ δέ, *but the fact* (G. 143, 1, Ν. 2).

6. ἀποκτείνοντες (G. 138, Ν. 8). — τοῦ ὀνειδίζειν (G. 263, 1). — ὑμῖν (G. 184, 2). — οὐ ... οὔτε ... οὔτε (G. 283, 9). — ὅπως ἔσται (G. 217).

Page **98**. — 7. ἐν ᾧ ... ἄγουσι, *while the officers are busy*. — οἷ, *whither*, i. e. to the prison. — διαμυθολογῆσαι, *to have a talk;* opposed to the formal judicial arguments which had preceded. — τί ποτε νοεῖ, *what it means*.

8. δικασταί : his address before had been " Athenians" ; to those who voted justly he now speaks as " Judges." — εἰωθυῖα (v. ἔθω), *accustomed*. — τοῦ δαιμονίου : Socrates believed that there was a divine voice within him

APOLOGY. 99

(δαιμόνιόν τι), which often warned him *not* to do certain things, but never urged him to any positive act. — πάνυ ἐπὶ σμικροῖς, *in very little things.* — εἴ τι μέλλοιμι (G. 225). — οἰηθείη ἄν τις, *one might think.* — καὶ νομίζεται, *and* (what) *is generally thought,* ἅ (as nom.) being understood.
9. λέγοντα μεταξύ (G. 277, N. 1).
10. κινδυνεύει . . . γεγονέναι, *seems likely to be* (lit. *runs a risk of being*). Plato uses κινδυνεύω nearly in the sense of δοκέω, so that the infin. after it stands in indirect discourse (G. 203), as here. — οὐκ ἔσθ' ὅπως, *it is not* (*possible*) *that,* &c.
11. δυοῖν θάτερον, *one of two things.* — οἷον μηδὲν εἶναι, (such) *as to be nothing* (i. e. like annihilation). — τὰ λεγόμενα, *the common saying.*

Page **99.** — 12. μηδ' ὄναρ μηδέν, *not even any dream.* — ἐπειδὰν . . . ὁρᾷ depends on ἐστί understood with ὕπνος (G. 233). For the whole sentence, see G. 227, 1. — ἐγὼ γὰρ ἂν οἶμαι : the force of ἄν falls upon εὑρεῖν, several lines below, where it is twice repeated (G. 212, 2) : οἶμαι is also repeated after the long protasis, and δέοι is repeated before σκεψάμενον. — The sentence reads, *I think, if one were obliged to select that night in which he slept so soundly as to have no dream at all, and, comparing with that night the other nights and days of his life, were obliged to examine and say how many days and nights in his life he had lived better than that night,* (*I think*) *not only any private person, but the great King would himself find these easy to count* (i. e. *very few*), *compared with his other days and nights.* The conditional sentence (without οἶμαι) would be : εἰ δέοι τινα . . . εἰπεῖν, εὕροι ἄν. μὴ ὅτι is elliptical for μὴ λέγωμεν ὅτι (*let us not say that,* &c.), *not to speak of,* i. e. *not merely ;* it is often used, as here, where ὅτι forms no part of the construction of the sentence, and where the origin of the expression was probably not thought of.
13. οὐδὲν πλείων, *no longer.* — εἰ δ' αὖ, *but if, on the other hand.* — οἷον ἀποδημῆσαι, *like a migration.*
14. ᾍδου (sc. δῶμα), *the* (*realm*) *of Death,* or *Hades.* For the proper names which follow, see a classical dictionary ; Triptolemus was not usually counted one of the judges in Hades, and Socrates probably follows some local Attic myth. — ἐγένοντο, *proved themselves.* — ἐπὶ πόσῳ, *at what price ?*
15. ἔμοιγε καὶ αὐτῷ, *to myself also.* — ὁπότε ἐντύχοιμι, *when I should meet* (G. 232, 4), like εἴ ποτε εὐτύχοιμι. — διὰ κρίσιν ἄδικον, *in consequence of an unjust judgment :* referring to the contest for the armor of Achilles between Odysseus and Ajax, after which the defeated Ajax killed himself ; this is the subject of the *Ajax* of Sophocles. — ἐξετάζοντα : Socrates delights in the thought that he can go on *examining* and cross-questioning and exposing false pretensions to wisdom in Hades, as he had done in Athens.

Page **100.** — 16. τὸν . . . ἀγαγόντα, i. e. Agamemnon. — ἢ Σίσυφον, ἢ — ἄλλους μυρίους (as the sentence might be written) : instead of con-

100   PLATO.

tinuing the question by adding other names, he changes the form of the sentence, and adds, *one might mention ten thousand others, &c.* — οἷς is the object of ἐξετάζειν only by *zeugma*. — ἀμήχανον εὐδαιμονίας, *a vast amount of joy*. — οἱ ἐκεῖ, i. e. those who dwell below. — τούτου ἕνεκα, i. e. especially τοῦ ἐξετάζειν, for which Socrates implies that he is to suffer death.

17. οὔτε . . . τελευτήσαντι, *either during life* (pres.) *or after death* (aor.). — ἀπὸ τοῦ αὐτομάτου, *of its own accord*, i. e. *by chance*. — ἀπηλλάχθαι πραγμάτων, *to be free* (lit. *to have been freed*, G. 202, 2) *from troubles*. — τὸ σημεῖον, *the divine sign*, the same as τὸ δαιμόνιον. — τοῖς κατηγόροις (G. 184, 2). — οἰόμενοι βλάπτειν, *thinking that they were doing me an injury* (G. 203). — τοῦτο αὑτοῖς μέμφεσθαι : τοῦτο is cognate acc.; for αὑτοῖς, see G. 184, 2. μέμφομαι sometimes takes the simple object-accusative.

18. δέομαι (G.172, N.1). — τιμωρήσασθε, *take your vengeance on*. — ταῦτα ταῦτα λυποῦντες, *vexing them in this same way* (G. 150, N. 4). — ἐὰν ... ὄντες, *if they think themselves to be something when they are nothing*. — ὀνειδίζετε αὐτοῖς (G. 184, 2). — ὧν δεῖ, sc. ἐπιμελεῖσθαι. — οὐδενός : compare this use of οὐδέν in a causal sentence with μηδὲν ὄντες in the conditional sentence above (see G. 283, 1 and 2). — δίκαια πεπονθὼς ἔσομαι, *I shall have been justly treated* (G. 98, 2, N.). — αὐτός τε καὶ οἱ υἱεῖς, *both myself and my sons;* apposition, as if the latter were included in ἐγώ. — ὥρα ἀπιέναι, *time to depart* (G. 261, 1, N.).

The circumstances of the imprisonment of Socrates, and the occasion of the long delay in the execution of his sentence, are given in the extract from the "Phaedo" which follows.

---

2. Phaedo.

During his thirty days' confinement, Socrates was freely visited by his friends in prison. As the time of his execution drew near, they were anxious for his escape; and one of them, Crito, a man of wealth, and near his own age, had prepared a plan of rescue, with the connivance of the friendly jailer. Socrates, however, refused to avoid his fate, on the ground that the highest duty of a citizen, especially in a free state, is absolute obedience to the laws, accepting his sentence as the voice of the State itself, — which he sets forth in the brief dialogue called "Crito." On the morning of the day of execution, several of his friends gathered in his prison, — among them Phaedo, who afterwards tells his friend Echecrates and others the occurrences of the day in the Dialogue bearing his name. Much the largest part of it is taken up with discussing the views of Socrates on the nature and immortality of the soul. The portion here given is the introductory narrative, and the conclusion, containing that story of his last hours, "which," says Cicero, "I often read with tears."* The dialogue between Phaedo and Echecrates is supposed to take place at Phlius in Peloponnesus, the home of Echecrates.

Page **101.** — 1. ἦ ... ἤκουσας; *or did you hear it from some one else?* — αὐτός: Phaedo was a citizen of Elis, a disciple of Socrates, and afterwards the head of a philosophical school in his native place. — τῶν πολιτῶν Φλιασίων οὐδείς, *no one of the citizens — Phliasians*: the position of Φλιασίων shows that it is not a mere adjective. — ἐπιχωριάζει 'Αθήναζε, *ever goes to Athens to live at all* (πάνυ τι).

2. ἐστεμμένη, v. στέφω, *wreathed* with laurel, which was sacred to Apollo. — πέμπουσι, *send* in state, i. e. every year. — θεωρία, *a sacred embassy*.

3. τοὺς δὶς ἕπτα ἐκείνους, *the well-known fourteen*, i. e. the seven virgins and seven youths whom the Athenians were obliged to send once in nine years to Minos of Crete, to be devoured by the Minotaur in the Labyrinth. The sacred trireme, the *Delias*, which carried the deputation to Delos, was believed to be the same vessel which carried Theseus to Crete. For the account of the voyage of Theseus, the death of the Minotaur, and the escape of Theseus with the victims by the help of Ariadne, see a classical dictionary under *Theseus*, and Plutarch's Life of Theseus, § 15. — εἰ σωθεῖεν ... ἀπάξειν (G. 247). — καὶ νῦν ἔτι : "the custom was continued," says Plutarch, "to the time of Demetrius Phalereus," i. e. till about ♣. c. 300. — ἐπειδὰν ἄρξωνται (G. 233). — μηδένα ... πρὶν ἄν (G. 240).

Page **102.** — τύχωσιν ἀπολαβόντες, *happen to hinder them* (G. 279, 4): compare ἔτυχεν ... γεγονός (below), *happened to have been done* (perf.).

4. τὸ μεμνῆσθαι, *to commemorate*, i. e. in conversation, as he explains it in αὐτὸν (sc. ἐμὲ) λέγοντα καὶ ἄλλα ἀκούοντα. — τοιούτους ἑτέρους, *others of the same mind* (with yourself). — ὡς ἂν δύνῃ (G. 232, 3) ἀκριβέστατα, *as accurately as you can*: by omitting ἂν δύνῃ, we have the usual form ὡς ἀκριβέστατα (see ὡς σαφέστατα, above).

5. θαυμάσια ἔπαθον, *I was marvellously affected*. — ἔλεος εἰσῄει, *did pity enter* [my mind]. — τοῦ τρόπου καὶ τῶν λόγων, causal gen. after εὐδαίμων (G. 173, 1). — ὡς (= ὅτι οὕτως), i. e. *he died so fearlessly*, &c. (G. 238). — ὥστε ... παρίστασθαι, *so that it came into my mind, that he, &c.* — ἰέναι and πράξειν are both futures after παρίστασθαι (G. 203). — ἄνευ θείας μοίρας, i. e. *uncared for by the Gods*. — εἰκὸς παρόντι πένθει, *natural to one present at suffering*. — ἡδονή, sc. εἰσῄει. — ὡς ... ὄντων, i. e. *from the thought that we were engaged in philosophical discussion* (G. 277, N. 2). — τοιοῦτοί τινες, *on some such subject* (i. e. as philosophy). — ἀτεχνῶς, *absolutely* or *simply*.

---

* Cuius morti illacrimari soleo, Platonem legens. Nat. Deor. III. 33.

Page **103.** — ἐνθυμουμένῳ, agreeing with μοι, *when I reflected.* — ὅτε :μέν... ἐνίοτε δέ, *at one time, and at another:* notice the accent of ὅτέ (not ὅτε) when it has this sense. — 'Απολλόδωρος : he was a man of melancholy and excitable temper, sometimes called *the Fanatic.* Among those present at the death of Socrates are Antisthenes, the founder of the Cynics, and Euclides, the founder of the Megaric school. The absence of Aristippus, the founder of the Cyrenaics, is remarked. Plato excuses his own absence, § 6.

6. Αἰγίνῃ, *in Aegina* (G. 190, N.). — σχέδον τι... παραγενέσθαι, i. e. *I think these are about all who* (lit. *about these*) *made up the company* (G. 246).

7. ἕως ἀνοιχθείη (G. 239, 2): see ἐπειδὴ ἀνοιχθείη, below.

Page **104.** — 8. εἶπε περιμένειν (G. 260, 2, N. 1), *he bade us wait* (ἔφη περιμένειν would mean *he said he was waiting*). — ἕως ἄν... κελεύσῃ, *until he should himself give us orders:* ἕως... κελεύσειε might have been used after the past tense (G. 248). — λύουσι : from this it appears that Socrates had been kept chained. — παραγγέλλουσιν, *they are giving him directions.* — ὅπως ἄν (G. 216, 1, N. 2). — εἰσιόντες, *as we entered.* — Ξανθίππη, the well-known termagant wife of Socrates. — ἀνευφήμησε, *uttered cries of lamentation,* such as were held to be of bad omen : the word is taken, as similar words often were, in the opposite of its proper sense. Thus the *left,* which was ill-omened, was called εὐώνυμον, *good-omened.* — ὅτι before a direct quotation (G. 241, 1). — τῶν τοῦ Κρίτωνος, *of Crito's attendants.*

9. ὡς... εἶναι, *how curiously it is related to what seems its opposite.* — τῷ... παραγίγνεσθαι, *that they will not come to a man together:* τῷ belongs also to ἀναγκάζεσθαι (G. 262, 2). — συνημμένῳ (v. συνάπτω), i. e. *attached to one head.* — δύ' ὄντε, *while they are two.* — μῦθον ἄν συνθεῖναι (= μῦθον ἄν συνέθηκε), *would have composed a fable* (G. 211).

Page **105.** — ᾧ ἄν παραγένηται (G. 233). — ὥσπερ... ἔοικεν, *as then I too believe* (i. e. 1, as Aesop would have done). — ὑπὸ τοῦ δεσμοῦ, *on account of the chain.* — ἥκειν φαίνεται, *appears to have come:* φαίνομαι generally takes the participle.

10. ἀναμνήσας : for the peculiar use of the aorist partic., see G. 204, N. 2. — ἐντείνας (τόνος), *versifying.* — τὸ... προοίμιον, *the proemium* (or hymn used at the beginning of a festival) *in honor of Apollo:* the Homeric Hymn to Apollo is an example of such a poem. — καὶ ἄλλοι... Εὔηνός, *not only had certain others previously asked me, but also Evenus, &c.* — ὅ τι διανοηθείς, *with what intention.* — σοι μέλει τοῦ ἔχειν (G. 184, 2, N. 1). — ἐμέ is subject of ἔχειν.

11. ἀντίτεχνος, *rival.* — τί λέγει, (to see) *what they meant.* — ἀφοσιούμενος... ποιεῖν, *clearing my conscience in case they* (the dreams) *should perchance command me to compose music of this kind* (G. 248, 2). — ἄλλοτ' ἐν ἄλλῃ ὄψει, *at different times in different shapes.*

12. αὐτό, *it,* i. e. the vision, subject of παρακελεύεσθαι (*to urge one to the act*) and ἐπικελεύειν (*to cheer one in the act*). — τοῖς θέουσι, *runners* in a race. — καὶ ἐμοί... ἐπικελεύειν : supply ὑπελάμβανον from the preceding

PHAEDO.   103

clause : ἐμοί follows ἐπικελεύειν. — ὡς ... οὔσης (G. 277, N. 2) : this contains the ground on which the *vision* urged Socrates. — μεγίστης μουσικῆς, *the highest form of music*, i. e. music in its wide Greek sense, including all literature and accomplishments. — τοῦτο πράττοντος, *making this* (philosophy) *my business:* cf. Lat. *hoc agere* and *aliud agere.* — πρὶν ἀφοσιώσασθαι, *before performing my pious duty,* = ὅσια ποιῆσαι : πρίν here takes the infinitive, when it might have taken the subjunctive or optative as depending on a negative sentence (G. 240, 2).

Page **106.** — ποιήσαντα and πειθόμενον denote the *means.*

13. μύθους ἀλλ' οὐ λόγους, *fables,* but not [mere] *narratives:* here μῦθος has its special sense of *fables,* and λόγοι its wider sense of narratives, while above (§ 10) Aesop's fables are called by Cebes by the more general name of λόγοι. — οὐκ ἦ (sc. ἐγώ) represents the same in the direct discourse (G. 243, N. 1). — τούτους ἐποίησα, *I put these into verse.* — οἷς πρώτοις ἐνέτυχον, *the first which I came upon* (for τοὺς πρώτους οἷς ἐνέτυχον), added as further explanation of τούτους, to which the principal relative clause οὕς ... Αἰσώπου also belongs. — ταῦτα φράζε, καὶ ἐρρῶσθαι, *tell him this, and also* (bid him) *farewell.*

14. οἷον is exclamatory (G. 155). — ἑκὼν εἶναι, a peculiar phrase in which εἶναι seems superfluous, meaning *willingly* (G. 268, N.). — ὅτῳ ... μέτεστιν, *who worthily shares in this thing* (philosophy). — βιάσεται αὐτόν, i. e. by committing suicide : the first part of the following discussion (here omitted) refers to suicide, against which the authority of Philolāus (a celebrated Pythagorean) is quoted.

15. ἅμα λέγων (G. 277, N. 1). — τὸ μὴ θεμιτὸν εἶναι (G. 262, 2) differs very slightly in meaning from οὐ θεμιτὸν εἶναι in indirect discourse : it means *its not being right.* In the following clause, ἐθέλειν ἄν (= ἐθέλοι ἄν) depends directly on λέγεις : *that the philosopher should be willing* (G. 226, 2) *to follow, &c.* — μυθολογεῖν, *to talk* (familiarly) : see Apology, § 7.

Here follows the celebrated dialogue on Immortality, ending with a striking parable, or myth, which sets forth the Greek imagery of the judgments of the future world, where " they who are sufficiently purified by philosophy live without the body forevermore, and come into dwellings fairer than these, which it were not not easy to describe, nor is there time enough at present."

Page **107.** — 16. τούτων, &c. referring to the discourse just ended. — καλὸν γὰρ τὸ ἆθλον, *for noble is the reward.* — φαίη ἄν ἀνὴρ τραγικός, i. e. *as a tragedian would express it.* — λουσάμενον, *after bathing.* — λούειν depends on the verbal idea in πράγματα, as we often say, *to take the trouble to do* a thing.

17. εἶεν, *well then* (lit. *let this be* as it is, G. 251, 1). — ἐπιστέλλεις is appropriately used of the last commands of one about to die. — ὅ τι ἄν ...

ποιοῖμεν, i. e. *which we should especially gratify you by doing :* ἄν belongs to ποιοῖμεν. — οὐδὲν καινότερον, in English, simply = *nothing new.* — ὑμῶν αὐτῶν ἐπιμελούμενοι = ἐὰν . . . ἐπιμελῆσθε, corresponding to ἐὰν δὲ ὑμῶν μὲν αὐτῶν ἀμελῆτε, below (G. 226, 1) : in the latter clause μέν is irregular, and is omitted in many MSS. — οὐδ' ἐὰν ὁμολογήσητε, *not even if you assent,* &c. — πλέον ποιεῖν = *to profit.*

18. ὅπως ἂν βούλησθε, *as you please* (G. 232, 3). — ἐρωτᾷ . . . θάπτῃ, *he asks how he shall bury* ME : the subjunctive here represents the interrogative subjunctive πῶς θάπτω; (G. 256) of the direct question, as it is seen above in θάπτωμεν, &c. (G. 244). — ἄλλως λέγειν : ἄλλως is here equivalent to μάτην, *idly,* or *without meaning.*

Page **108**. — 19. ἐγγύην (G. 159, N. 4). — οὗτος . . . παραμενεῖν, *for he* [gave surety in court] *that I would remain,* i. e. would not escape : ἦ μήν is especially used in oaths and other solemn statements. — οἰχήσεσθαι ἀπιόντα (G. 203, N. 2) represents οἰχήσομαι ἀπιών of the direct discourse (G. 279, 4, N.). — ὡς . . . Σωκράτη, *that it is* SOCRATES *that he lays out for burial.* — ἦ δ' ὅς (G. 151, N. 3). — τὸ . . . λέγειν, &c. *to speak wrongly is not merely a mistake as regards the act itself.* — καὶ θάπτειν (sc. χρὴ) οὕτως, &c. *and* [you must] *bury it in such a way as shall be,* &c. (G. 232, 3).

20. ἀνίστατο εἰς οἴκημά τι, *arose* [and went] *into a room.* — ὅση (sc. ἡ ξυμφορὰ) . . . εἴη, i. e. *how heavy* [a calamity] *had befallen us:* indirect question. — ἀτεχνῶς . . . στερηθέντες, *exactly as* [we should have done] *if we had been bereft of a father* (G. 277, N. 3 : 226, 1). — οἰκεῖαι, *of the family.*

21. ὅπερ ἄλλων καταγιγνώσκω, (*the fault*) *which I find with others* (G. 173, 2, N.). — ἐπειδὰν παραγγέλλω (G. 233), referring to different cases.

Page **109**. — ἀλλ' ἐκείνοις, sc. τοῖς αἰτίοις.
22. εἰ τέτριπται, *if it is mixed.* The hemlock was first bruised in a mortar ; hence the use of τρίβω. — ὁ ἄνθρωπος (at end), i. e. a servant.
23. πίνοντας, sc. τὸ φάρμακον (G. 280). — ἐπειδὰν παραγγελθῇ, *after the order has been given them,* depends directly on the following participles, δειπνήσαντας, &c., but indirectly on πίνοντας, which is frequentative. — οὐδὲν . . . ὀφλήσειν, *that I gain nothing except* [this] *that I shall make myself ridiculous in my own estimation:* see note on Apol. § 4. — φειδόμενος . . . ἐνόντος, *sparing when nothing is left.* Hesiod (Works and Days, 367) says, δειλὴ δ' ἐνὶ πυθμένι φείδω, which Seneca thus translates : *Sera parsimonia in fundo est; 't is a sorry thrift at the bottom of the cup,* i. e. when only the dregs are left.

Page **110**. — 24. ἕως ἂν . . . γένηται, *until a heaviness shall be felt* (G. 239, 2). — καὶ οὕτως αὐτὸ ποιήσει, *and then it* [the poison] *will do its own work:* αὐτό is nominative (G. 145, 1).

25. καὶ ὅς (G. 151, N. 3). — τοῦ χρώματος (G. 170, 1). — ταυρηδόν, *fixedly.* — πρὸς τὸ ἀποσπεῖσαι, *as regards pouring a libation from it.* —

γενέσθαι, after εὔχεσθαι (G. 203, N. 2). — γένοιτο (G. 251, 1). — ἐπισχόμενος (v. ἐπέχω), *holding it* (to his lips).

26. τὸ μὴ δακρύειν (G. 263, 2). — ἐμοῦ γε βίᾳ καὶ αὐτοῦ, *even in spite of myself.* — οἵου = ὅτι τοιούτου (G. 238). — ἐστερημένος εἴην (G. 248 ; cf. 250, Note). — ἀναβρυχησάμενος, *sobbing aloud.* — οὐδένα ὄντινα οὔ (G. 153, N. 4), *every one.* — κατέκλασε, *pierced to the heart* (lit. *broke*). — ἐν εὐφημίᾳ, here in a negative sense, when no sounds of evil omen are heard : a common proclamation of silence before a religious ceremony was εὐφημία ἔστω. The saying ἐν εὐφημίᾳ χρὴ τελευτᾶν is called Pythagorean. — τοῦ δακρύειν : after ἐπέσχομεν we might have had τοῦ μὴ δακρύειν without change of meaning (G. 263, 1).

Page 111. — 27. οὗτος ὁ δούς, *this man* [of whom I spoke] *who had given, &c.* — διαλιπὼν χρόνον, *from time to time :* see note on the same expression in § 28. — ἐπανιών, *going upwards.* — ὅτι ψύχοιτο, *that he was becoming cold.* — αὐτὸς ἥπτετο, *he felt of himself.* — τότε οἰχήσεται, *then he should be gone* (in direct discourse οἰχήσομαι), one of the phrases used by the Greeks to avoid the mention of death. — Ἀσκληπιῷ ἀλεκτρυόνα : those who recovered from sickness often sacrificed *a cock to Aesculapius.* Socrates suddenly remembers a neglected sacrifice ; or, possibly, he asks Crito to make an offering in gratitude for his release from life. — μὴ ἀμελήσητε (G. 254).

28. ὀλίγον διαλιπών, *after a little while :* the same phrase is general (= *at intervals*) as used above, because there it is joined with the imperfect διεσκόπει. — καὶ ὅς, i. e. Socrates. — ἔστησεν is active, and the meaning is, *his eyes became fixed.* — ξυνέλαβε, *closed.* — τῶν τότε . . . ἀρίστου, *the best of his time whom we knew.*

HERODOTUS.

The chief events of the great Persian Wars are the capture of Euboea and the battle of Marathon, B. C. 490; the defence of Thermopylae and the sea-fights at Artemisium and Salamis, B. C. 480; and the battles of Plataea and Mycale in the following year. The narrative of these events makes the most interesting and important part of the History composed by Herodotus in the generation immediately following.

Herodotus was born at Halicarnassus, one of the Doric cities on the western coast of Asia Minor, about the year 484 B. C. In his manhood he travelled extensively in Asia, Egypt, and Greece, a keen, intelligent, and accurate observer. His history is one of the earliest, and is much the most curious and interesting, of our sources of knowledge as to the countries, people, customs, history, local politics, and family traditions of the century before his own day. It is in nine Books, named for the nine Muses. It is full of illustrations of the religious beliefs, omens, oracles, customs, and feelings of the time. The conflict between Asia and Europe appears in Herodotus as part of a great drama, in which the Argonautic expedition and the Trojan war had been successive acts, which was watched at every point and guided by the manifest direction of the Gods; while in the earlier parts of his History he is constantly tracing proofs of that divine judgment, which humbles the pride and punishes the crimes of men.

Asia Minor, with the Greek colonies on its western coast, had been added to the Persian dominions by Cyrus the Great, who conquered Croesus, king of Lydia, B. C. 546. About the year B. C. 500, the Ionic cities, with Miletus at their head, revolted against the Persian rule; and, with the help of allies from Greece, especially the Athenians, captured and burned the Lydian capital, Sardis. The war continued about six years, and ended in a complete Persian victory. The Ionic city of Miletus was captured and reduced to slavery, to the passionate grief of its generous allies in Athens. But the attention of the Persians had been drawn to the free states and islands towards the west, and these hostilities led the way to their two formidable invasions. Meanwhile the tyrant Hippias, son of Pisistratus, had been driven from Athens (B.C. 510), and had taken refuge at the Persian court. He was now a feeble old man; but his hate of the Athenians and desire of revenge made him eager to serve the invader, whom he accompanied himself to the plain of Marathon.

Although Herodotus was a Dorian by birth, he wrote his History in Ionic Greek. His intercourse with the Ionic cities in his immediate neighborhood must have made him familiar with their speech, even if we reject the account given by Suidas of his long residence as an exile in the Ionic island of Samos. But he probably chose the Ionic dialect chiefly because it had been used by the historians or annalists who preceded him. The dialect of Herodotus is known as the *New Ionic*, which, where it differs from the Attic, is very similar to the Old Ionic of Homer. Its general peculiarities should be learnt by the beginner from the grammar.* Others will be seen in the Lexicon; as the use of κ for π in κῶs, ὅκωs, κότε, &c., for πῶs, ὅπωs, πότε, &c., and the interchange of aspirates in ἐνθαῦτα, ἐνθεῦτεν, κιθών, for ἐνταῦθα, ἐντεῦθεν, χιτών. The chief peculiarity in syntax is the use of

---

* See G. Introduction, pp. 1 and 2; §§ 30; 39; 44; 59; 67, Note 1; 70; Notes to 76-86; §§ 119; 120; 126; Notes to 127; see also §§ 140, Note 4; 148, Note 4. Much of the detail in the notes can be learnt by practice while reading.

the forms of the article beginning with τ as relative pronouns (G. 140, N. 4), which must be kept constantly in mind.

The story of the Persian Wars is begun in the sixth book of Herodotus, and is continued in the three following books. The extracts here given include the battle of Marathon and the battles of Thermopylae, Artemisium, and Salamis, and end with the retreat of Xerxes to Asia after his defeat at Salamis. They begin with VI. 48, to which V. 105 is prefixed by way of introduction.

I.

Page **112.** — 1. βασιλέϊ, uncontracted form for βασιλεῖ (G. 53, 3). — ὡς, *when*. — Σάρδῑς = Σάρδεις (G. 53, 1, N. 3), accus. plural. — Ἰώνων ... ποιησάμενον, *making no account of the Ionians*. — μετὰ δέ, *but afterwards* (G. 191, N. 2). — πυθόμενον, like ὡς ἐπύθετο above. — εἴρεσθαι, *used to ask*, imperfect infinitive (G. 203, N. 1). — ἀπεῖναι for ἀφεῖναι (v. ἀφίημι : G. 17, 1, N.), *let fly*. — μίν for αὐτόν (G. 79, 1, N. 4), i. e. the arrow. — βάλλοντα, *as he let it fly* (G. 204). — ἐκγενέσθαι, infinitive for optative in a wish (G. 270), *be it granted*. — προστάξαι depends on λέγεται (third line). — ἐς τρίς, *thrice*. — ἑκάστοτε, i. e. every day at supper. — μέμνεο (for μέμνησο), as if from a present μέμνομαι : the form μέμνῃ is found in Homer.

2. μετὰ δὲ τοῦτο : Darius had sent an army and a fleet in 492 B. C., under his son-in-law Mardonius, to subdue Eretria and Athens, reducing the Greek populations on the way. Some, including the Macedonians, were subdued by the army; but as the fleet beat about Mount Athos, "there fell on them a north wind, great and ungovernable, which treated them very roughly, dashing many of the ships against Athos; three hundred of them are said to have perished, and more than twenty thousand men. And as this sea about Athos is most full of monsters, many were seized and devoured by them, and some were crushed against the rocks; and some could not swim and so were lost; and some perished with cold. So then fared that fleet." (Hdt. VI. 44.) After some successes in the south of Thrace, Mardonius returned to Asia. — ὅ τι ἔχοιεν, indirect question. — κότερα = πότερον. — ἑωυτῷ = ἑαυτῷ. — σφέας αὐτούς = ἑαυτούς. — ὧν = οὖν, *therefore*. — ἄλλους ἄλλῃ τάξας, i. e. *ordering them to different places*. — πόλιας = πόλεις (G. 53, 1, N. 3). — νέας μακράς, *ships of war*, naves longas.

3. τὰ προΐσχετο αἰτέων, *what he put forward as his demand*. — ἐς τοὺς ἀπικοίατο = εἰς οὓς ἀφίκοιντο (G. 233). — καὶ δὴ καί, lit. *and moreover also*, an emphatic formula very common in Hdt. Here it stands for the usual καί in the expression ἄλλοι τε ... καί. — σφί = σφίσι (G. 79, 1, N. 2), used like αὐτοῖς in Attic (G. 144, 2.) — ἐπεκέατο (G. 127, VI. N.). ἐπὶ σφίσι ἔχοντας, *aiming a blow at them* (as English, "*have at them*").

Page **113.** — ὡς ... στρατεύωνται, *so as to join the Persians in marching upon them*. The jealousy thus roused threatened a war which would have divided and weakened Greece : it was composed in season, and the men of Aegina fought bravely against the Persians at Salamis and Plataea. — τὰ πεποιήκοιεν, *what* [as the Athenians said] *they had done* (G. 248, 4, last ex.). — συνῆπτο : the active form συνάπτειν πόλεμον (cf. συνάπτειν μάχην in § 12, *to join battle*), means, *to engage in war*. The hostility between Aegina and Athens is traced by Herodotus to the following circumstance : In time of famine, the Epidaurians had brought two statues of sacred olive-wood from Athens, paying therefor a yearly service at the shrine of Erechtheus. After these had for many years been effectual to avert the barrenness of the land, they were stolen by Aeginetans, colonists of Epidaurus, and the tribute ceased. The Athenians then sent to demand it at Aegina ; but, while they were attempting to drag away the sacred statues, a violent storm burst forth, with an earthquake, so that their whole expedition, struck with frenzy, fell upon one another and perished, except one man who fled to tell the tale.

4. ὥστε is used with the participle by Hdt. in the same sense as ἅτε in Attic (G. 277, N. 2 *b*); *not* in the sense of ὡς. — Πεισιστρατιδέων, i. e. Hippias and his household. Pisistratus, the father of Hippias, became tyrant at Athens B. C. 560. Hippias was expelled and the democracy restored B. C. 510, twenty years before the battle of Marathon. — προσκατημένων = προσκαθημένων. — ταύτης . . . προφάσιος, *adhering to this purpose*. — Ἑλλάδος, partitive genitive with τοὺς μὴ δόντας. — φλαύρως πρήξαντα, cf. κακῶς πράττειν (G. 165, N. 2). — παραλύει, "*relieves.*" — ἀποδέξας = ἀποδείξας, *having appointed*. — Δᾶτιν, Ἀρταφέρνεα, in apposition with στρατηγούς.

Here follows the expedition of the fleet against the Grecian islands, and the capture of Eretria, in Euboea, the inhabitants of which were colonized by Darius eastward of the Persian Gulf.

5. ἐς τὴν Ἀττικήν : Eretria was opposite the northern point of Attica, across the strait, which is here about five miles wide. — κατέργοντες = καθείργοντες, *hemming* in the Athenians *greatly :* the word is doubtful. — δοκέοντες . . . τά, *expecting to do the same by the Athenians, as, &c.* (G. 165). — καὶ . . . γάρ : here the separate force of these particles can be seen, *and . . . for*. Generally, however, καὶ γάρ means simply *for surely* (more emphatic than γάρ alone), the original ellipsis of a clause with καί being forgotten. — ὁ Μαραθών : "the plain of Marathon is about six miles from north to south, and of varying width, having the eastern declivities of Pentelicus on the west, and the sea on the east." Felton. It is about twenty miles northeast from Athens, and fifteen southeast from Eretria. — ἐνιππεῦσαι, i. e. *for cavalry movements.* — κατηγέετο = καθηγεῖτο. — σφί (G. 171, 3, N.). — δέκα, i. e. one from each Attic tribe. — δέκατος, *one of ten* (not *tenth*), *whose.* — τοῦ, *whose.* — κατέλαβε, *it befell :* its subject is φυγεῖν, which means properly *to get banished* (aorist), while φεύγειν is *to be in exile :* φεύγω is of course transitive, lit. *to flee from*, hence Πεισίστρατον.

6. ἥκων ἐκ τῆς Χερσονήσου: this refers to the Thracian Chersonesus (on the west side of the Hellespont), where Miltiades had been several years governor or "despot." Hence Byron's familiar lines,

"The tyrant of the Chersonese," &c.

His uncle, Miltiades, the so-called οἰκιστής (or *founder* of the Chersonese), had led the first Athenian colony to this region during the reign of Pisistratus. Miltiades the younger, according to Herodotus, had advised breaking down the bridge on the Danube, and leaving Darius to perish in his campaign against the Scythians (about 516 B. C.): hence the king's enmity against him, and attempt to seize him, described below.

Page **114.** — περὶ πολλοῦ ἐποιεῦντο, *made great efforts.* — τὸ ἐνθεῦτεν, *thereupon.* — ὑποδεξάμενοι, *watching for his return:* the simple ἐδεξάμην in Ionic Greek, as in Attic, belongs to δέχομαι: but in compounds care must be taken to avoid confusion with this and similar Ionic forms (as ἐδέχθην) belonging to δείκνυμι. — ἀπεδέχθη, *was appointed.*

7. τοῦτο μελετῶντα, i. e. this was his profession. — τῷ = ᾧ, dative after περιπίπτει, *falls in with* (G. 187). — βώσαντα (v. βοάω), *calling.* — Πᾶνα, subject of κελεῦσαι, which depends on ἔλεγε understood: Pan was the Pelasgic (i. e. aboriginal) deity, whose chief seat of worship was the Pelasgic district of Arcadia. — ἀπαγγεῖλαι, *to carry this message* (implying *to ask*). — διότι (= διὰ τί) . . . ποιεῦνται, *why they paid no reverence to him.* — τὰ δέ is used before ἔτι as if τὰ μέν stood before πολλαχῇ. — καταστάντων . . . πρηγμάτων, *when their affairs were now restored to good condition.* — εἶναι: the subject is ταῦτα after πιστεύσαντες. — ἱρόν, *shrine:* this was a grotto below the Acropolis, with a descent of 47 steps. — ἀπό, *in consequence of.* — λαμπάδι, *a torch-race.*

8. δευτεραῖος, *within two days:* the distance is about 140 miles. —περιπεσοῦσαν (like περιπεσεῖν), aorist participle without time (G. 279, 3). — πρός, *at the hands of.* — πόλι, dative of difference (G. 188, 2): *Greece is become poorer by one notable city.* — ἕαδε, v. ἁνδάνω. — ἀδύνατα ἦν, *it was impossible*, a common expression for ἀδύνατον ἦν (G. 135, 2).

Page **115.** — ἱσταμένου τοῦ μηνός: the lunar month was divided into three parts, called ἱστάμενος, μεσῶν, φθίνων. — εἰνάτη = ἐνάτη, *ninth.* It is supposed that in this particular month occurred the Carneia, the great Dorian festival in honor of Apollo, lasting from the seventh to the fifteenth (i. e. till the full moon), during which no Dorian might bear arms. It occurred generally in August, but this year early in September. — μὴ οὐ (G. 283, 7, Rem.) . . . τοῦ κύκλου, *while the moon's disk was not yet full.*

9. συνευνηθῆναι τῇ μητρί: this he understood to mean, that he should sleep in the grave in his native land. — γηραιός, *in his old age.* — κατελθών (G. 138, N. 8).

10. τοῦτο μέν . . . τοῦτο δέ (G. 148, N. 4). — ἀπέβησε, *put ashore.* — καταγομένας, *brought to land:* the corresponding ἀνάγεσθαι is *to put to sea.* — οἱ, *to him*, dative following ἐπῆλθε. — ἐώθεε for εἰώθει, v. ἔθω. — οἷα

(G. 277, N. 2 b) with ἐόντι, *since he was*. — πρεσβυτέρῳ, *rather old*. — ἐξεληλυθέναι, *had come to pass* (lit. *had come out*).

11. ἐν τεμένει Ἡρακλέος, i. e. in Marathon. — Πλαταιέες, the city of Plataea was about twenty-five miles northwest from Athens, in the territory of Boeotia. — ἀναραιρέατο, for ἀνῄρηντο, v. ἀναιρέω, *had undertaken* (G. 119, 3). — ἑκαστέρω, *too far off* (to be of any use to you).

Page **116**. — τοιήδε ... ψυχρή, *such a service would prove to be cold*, i. e. too weak to be of use. — φθαίητε ... ἡμέων, *for you might be enslaved many times before any of us would hear* (G. 279, 2) : πυθέσθαι here follows φθαίητε ἤ from the force of πρίν implied in the verb (G. 274, N.); a rare construction. — τιμωρέειν οὐ κακοῖσι, *no cowards to help*. — συνεστεῶτας, v. συνίστημι, *coming in collision*. — Βοιωτοῖσι : especially Thebans, who would object to the proposed union of Plataea and Athens.

12. οὐκ ἠπίστησαν, i. e. they followed their advice. — ποιεύντων is temporal. — ἐπιτρεψάντων ἀμφοτέρων, *both sides choosing them umpires*. — οὔρισαν for ὥρισαν, v. ὁρίζω. — ἐᾶν ... τελέειν, *that the Thebans should leave at liberty* (ἐᾶν) *those of the Boeotians who were unwilling to belong to the Boeotian league*, which was under the exclusive control of Thebes.

13. ἐπεθήκαντο (G. 110, III. 1, N. 1). — ἐσσώθησαν (for ἡσσ-, v. ἡσσάομαι), *were defeated*. — τούς ... οὔρους, *the boundaries which, &c.*: τούς is relative.

14. ἐγίνοντο δίχα, *were divided*. — τῶν μέν, &c., *one part voting not to engage*. — ὀλίγοις, *too few*. — τῶν δέ, &c., *the other, including Miltiades, urging it*. — ἐνίκα ἡ κείρων, *the more timid was likely to prevail* (imperfect). — κυάμῳ λαχών, *elected by lot* (lit. *by the bean*). The *polemarch* was the third in rank of the nine archons, and he was originally (as his name denotes) a military commander. Soon after the Persian Wars, however, his duties were confined to the management of the affairs of foreigners resident at Athens, and military matters were left to the board of ten generals (στρατηγοί).

Page **117**. — 15. οὐδέ, &c., *not even Harmodius and Aristogiton*, who delivered Athens by slaying Hipparchus, the son of Pisistratus and brother of Hippias, who was then tyrant : they were from the same deme with Callimachus (Aphidnae). — δέδοκται τὰ πείσονται, *it is already determined what they shall suffer:* i. e. the tyranny of the Pisistratidae will be restored and the democracy abolished. — περιγένηται, *shall get the victory*. — οἵη τέ ἐστι (G. 151, N. 4). — ἀνήκει ἐς σέ, *has come up to you* [for decision]. — ἔλπομαι, *I anticipate*. — στάσις, *commotion* or *civil conflict*. — ὥστε μηδίσαι, so that they will favor *the Persians*, i. e. prove traitors to the national cause: in this verb μηδίζω, and often elsewhere, the Persians are incorrectly called *Medes* by the Greek writers. — πρίν τι ... ἐγγενέσθαι, *before there come anything rotten* (cowardly or corrupt) *into one and another of the Athenians*. — θεῶν ... νεμόντων, *if the Gods judge justly*. — ἢν ἕλῃ, *if you prefer* (v. αἱρέω). — τῶν ... ἀγαθῶν (for ὧν ... ἀγαθῶν), by attraction and assimilation (G. 154, N.) for τῶν ἀγαθῶν (G. 181, N.) ἃ κατέλεξα-

16. μετὰ δέ (G. 191, N. 2). — πρυτανηίη τῆς ἡμέρης, *command for the day*, which passed in rotation through the whole board of ten generals: as one general belonged to each tribe, it is likely that the same order was followed here as in the ordinary succession of the tribes in the πρυτανεία, which was determined annually by lot (see note on § 17, below, and on Xen. Mem. § 18). — δεκόμενος = δεχόμενος. — οὐ ... κω = οὐ ... πω, *not yet*. — πρίν, *until* (G. 240, 1).

Page **118**. — 17. τότε, &c.: the right wing was the post of honor, as being most perilous, that side being unprotected by the shield; it was anciently assigned to the king. — ὡς ἠριθμέοντο, *in order, as they were numbered;* see note on § 16, above. — ἀπὸ ταύτης ... σφι μάχης, *from their fighting in this battle:* for σφί (the Plataeans) see G. 184, 3, N. 4. — θυσίας ... γινομένας, *when the Athenians celebrate the sacrifices and festivals which take place every four years:* this refers especially to the greater Panathenaic festival. — λέγων is parenthetical, and γίνεσθαι depends on κατεύχεται (G. 203, N. 2). — ἐξισούμενον, *extended to equal length*. — ἐπὶ τάξιας ὀλίγας, *but a few ranks deep*.

18. ὡς δέ σφι διετέτακτο, impersonal (see G. 188, 3, second ex.) — ἀπείθησαν (v. ἀφίημι), *were allowed to advance* (lit. *let go or sent forth*) "like racers in the course" (Stein). — μανίην ... ἐπέφερον, *they imputed madness:* in fact, only the admirable training of the Athenians saved them from being thrown into disorder, by which they must have perished. — ἵππου (fem.), *cavalry*. — ἀνέσχοντο ὁρέοντες, *endured to behold*. — ταύτην ἐσθημένους, *wearing it* (a peculiar word: G. 164; 197, 1, N. 2). — τέως, *till then*. — φόβος ἀκοῦσαι (G. 261, 2, N.).

19. μαχομένων, genitive absolute denoting time, *while they fought*. — τὸ μέσον (G. 160, 1), *at the centre*, like κατὰ τοῦτο ἐνίκων just below. — τῇ, *where*. — Σάκαι: these were Scythian bowmen, serving probably as mariners in the fleet, and efficient in land service. — ἐτετάχατο = τεταγμένοι ἦσαν. — ῥήξαντες, *breaking through*.

Page **119**. — ἔων, *they suffered*, for εἴων. — τοῖς ... ῥήξασι, dative after ἐμάχοντο. — φεύγουσι, *in their flight*. — Πέρσῃσι (G. 186, N. 1).

20. ἀπὸ δ' ἔθανε, the verb is ἀπέθανε, the prepositions being separated by tmesis (G. 191, N. 3). — γενόμενος, *having proved himself*. — Κυνέγειρος, a brother of the poet Aeschylus: he was attempting to climb into the ship by the stern-works (ἀφλάστων). — τὴν χεῖρα (G. 197, 1, N. 2).

21. ἐξανακρουσάμενοι, *backing water*. — ἀπικόμενοι (G. 279, 4). — αἰτίη, &c., *an accusation became current* (ἔσχε) *that they planned this by contrivance of the Alcmaeonidae:* this was a powerful family in Athens, at feud with Miltiades, — the same to which, in the next generation, Pericles belonged. — ἀναδέξαι ἀσπίδα, *displayed a shield* (G. 203): this depends on the idea of saying in αἰτίη. This shield, "discernible from its polished surface afar off, was seen held aloft upon some high point of Attica, — perhaps on the summit of Mount Pentelicus. . . . A little less quickness on

the part of Miltiades in deciphering the treasonable signal and giving the instant order of march, — a little less energy on the part of the Athenian citizens in superadding a fatiguing march to a no less fatiguing combat, — and the Persians, with the partisans of Hippias, might have been found in possession of Athens. . . . Nothing could have rescued her, except that decisive and instantaneous attack which Miltiades so emphatically urged." Grote.

22. ποδῶν (G. 168, N. 3), genitive following τάχιστα, i. e. *at the top of their speed.* — ἔφθησαν ἀπικόμενοι (G. 279, 4). — πρὶν ἢ ἥκαν (G. 274, N.). — Κυνοσάργεϊ, a grove and gymnasium, eastward of the city, like the Academy (see note on Xen. Hellen. ii. 2. 8). — ὑπεραιωρηθέντες, *lying off* (lit. *above*) : in the same way the Greeks spoke of a vessel leaving the shore by ἀνάγεσθαι, and of one approaching the shore by κατάγεσθαι. Compare the active expression νέας ἀνακωχεύσαντες, *keeping the ships at anchor,* just below. — Φαλήρου, the old port of Athens (see map, and note on Xen. Hell. p. 42) : at this time the Piraeus had not been fortified.

23. συνήνεικε, v. συμφέρω, *it befell.*

Page **120.** — πληγέντα, *struck* with sword or pike ; βληθέντα, *hit* with arrow or javelin. — σκιάζειν (G. 260, 2, N. 2).

24. ἔχοντες . . . οὕτω, *making such haste to reach Athens in time for the battle.* — τριταῖοι, *on the third day from Sparta* (i. e. two days after leaving Sparta). Plato says that they arrived the day after the battle. — θηήσασθαι (v. θεάομαι).

After the victory at Marathon, Miltiades procured an armament of seventy ships under his own command, for secret service, — which proved to be an attack on Paros, to revenge, says Herodotus, a private quarrel. He returned unsuccessful, and was impeached of treason by Xanthippus, father of Pericles. The penalty of death was commuted for a fine of fifty talents; and before this was paid, he died of a wound or bruise received in his escape from Paros. Meanwhile, the Greeks were left in security and peace, and the next invasion, under Xerxes, was delayed for a period of ten years.

The date of the battle of Marathon, according to the most satisfactory calculations, is September 12, B. C. 490. The account of the battle in Herodotus, although it is the best that we have, is very far from satisfactory. We have no detailed description of the movements, no account of the feeling in Athens either before or after the victory, no statement (even on conjecture) of the numbers engaged on either side. This silence on some points probably arose from the fact that the invasion of Xerxes was the chief object of interest in his history, and the invasion of Darius was looked upon chiefly as introductory to this. But on other points, especially as to the numbers, we may safely presume that he is silent simply because he had no authentic information. He is very minute in giving the numbers of the slain, one of which at least (that of the one hundred and ninety-two Athenians) he could have known from inscriptions. As to the numbers of the Persians, hardly a guess can be made: they are variously stated by later historians from 600,000 to 110,000, which last is the estimate of Cornelius Nepos. The same historian gives the number of Greeks as 10,000, including 9,000 Athenians and 1,000 Plataeans. Others give 10,000 Athenians and 1,000 Plataeans. If this estimate included only the heavy armed, and the usual addition is made for light armed, we shall make the whole Greek force consist of 20,000 or 22,000 men. (See Rawlinson, Appendix to Book VI.)

Herodotus does not mention cavalry in the battle, although he states that the field of Marathon was selected by the Persians because it was excellent for cavalry movements (ἐνιππεῦσαι). We may suppose the cavalry to have been absent foraging on the day of the battle, which the Persians were not expecting (as Rawlinson suggests); or it may not yet have been landed, for some reason not given. At all events, no account is given of its re-embarkation, which would have been difficult after the defeat.

By the view given in Blakesley's "Excursus," the landing at Marathon was meant only for a lodgement. The region near held many partisans of Hippias, who were also formidable in the city; and if their expected movement had taken place, the Persians might have landed their cavalry, destroyed the little army of the Greeks, and occupied the country at their leisure. This plan was foiled by the generalship of Miltiades, who, after the two armies had held each other several days in check, *suddenly* extended his wings, and struck his blow so promptly that the Persians were beaten by sheer surprise. They even drove the Athenian centre in rout, as Herodotus says, into the interior (μεσόγαιαν); the wings, alone, had fled in "panic" flight, and perished in the marshes on the flanks, — the service rendered, at this crisis, by the god Pan. On the whole, the main force must have come off with small loss and in good order, the greatness of the victory being exaggerated by the patriotic pride of the Greeks. Their ships lay moored, stern to the shore, and were easily got off, only seven of the whole fleet being taken or sunk. The battle was won, not by the mere superior valor of the Greeks, but by the skill and energy of their commander, who for many days kept his little army safe from attack, in a well-chosen position, and fought when a longer delay might have been fatal; for the Persians were expecting a demonstration from the disloyal faction in Athens, which was prevented only by the promptness and completeness of his victory.

II.

Page **120**. — 1. κεχαραγμένον, *exasperated*, lit. *sha* verb (χαράσσω) from which our own word *character* i τερα ἐποίεε, comparative of δεινὰ ποιεῖν, *to take* (a thing

Page **121**. — ἐδονέετο, *was kept in commotion* ("*din* τευσομένων, *since they were to attack Greece:* this phra of ἀρίστων.

2. τετάρτῳ ἔτεϊ, i. e. probably in the summer of B. σεω : Cambyses, son and successor of Cyrus the Grea a Persian province in 525 B. C. — μᾶλλον ὥρμητο, *was* ι *had been the more impelled*). — στελλομένου, *about proc* ready his στόλος. — παίδων : the dispute was between bazanes. Xerxes, though the younger, was son of Atoss rus the Great, the queen of Darius. Through her he claim of sovereignty, and she was now all-powerful at He had, besides, the claim of having been "born in the rius came to the throne, — Artabazanes being son of a f μονίης, *precedence* as to the succession. — ὡς δέει depe *demanding* vaguely implied in στάσις ἐγένετο. — οὕτω δέξαντα : the meaning is, that after nominating a success forth, i. e. he should *not* set forth *until* he had done thi μενον agrees with Δαρεῖον, which is subject of ἀποθαν· *happened*.

3. καὶ Ξέρξης : Herodotus represents that Xerxes was to the expedition against Greece, but was urged to it by wards slain at Plataea), who hoped to become satrap of council held after Egypt was subdued, Xerxes declare make the invasion by way of the Hellespont, and was donius, but dissuaded by his uncle Artabanus, his w: who, however, yielded to the terror of a vision, which " out his eyes with hot irons " for his opposition to the w now " openly favored the expedition ; and so Xerxes ga host, ransacking every corner of the continent." — ἐπὶ *full years*, counting from the reduction of Egypt in B. (v. ἄνω), *advancing*, i. e. *in the course of the year*. — χει *with a mighty* (*hand of*) *force :* with this use of χείρ c στόλων : this refers to the expedition of Darius against great Scythian invasion of Media, the war of Troy, an Thrace and Northern Greece, still earlier, by the Mysia " yet not all these," says Herodotus, " nor all others wh were worthy to be compared with this single one." — of several nations and districts subject to Xerxes. — ἐς πεζ *orders for foot soldiers :* τὸ πεζόν means foot soldiers

cavalry, but *land force* (in general) when opposed to a naval armament. — ἵππος (fem.), *cavalry,* "*horse.*" — ἅμα (G. 277, N. 1). — γεφύρας, see below, § 10.

4. τοῦτο μέν (G. 148, N. 4), here with no correlative τοῦτο δέ. — ὡς implies that προσπταισάντων gives the reason of Xerxes for digging the canal through Athos (G. 277, N. 2) : for προσπταισάντων, see note on l. § 2. — προςτοιμάζετο (impersonal), *preparations were made in advance.* — ἐκ τριῶν ἐτέων, *from* a time *three years* back. — 'Ελαιοῦντι, *Elaeus*, at the extreme southwest point of the Chersoneus, was the base of the naval operations at Athos ; the military head-quarters were at Sestos, about eighteen miles above. — ὥρμεον is from ὁρμέω, while ὁρμεόμενοι is an Ionic form (= ὁρμώμενοι) from ὁρμάω. — ὑπὸ μαστίγων, i. e. driven to their work by scourges. See below, § 21 ; and III. § 44, where Hdt. describes the Persians at Thermopylae as driven into the battle by scourges. — παντοδαποί, *various detachments.* — διάδοχοι, *in relays.*

Page **122.** — 5. σχοινοτενές, *a straight line* (as if by a stretched cord). — βαθέα (for βαθεῖα) : at the greatest depth, the canal would be about sixty feet below the surface. — βάθρων, *stagings:* the Phoenicians, according to Herodotus, were the only ones skilful enough in engineering to avoid the caving in of the banks by beginning the excavation with double the width required at the bottom. — πρητήριον, Ion. for πρατήριον, *a market, a place for selling,* from πρα- (stem of πιπράσκω). — ἀληλεσμένος (v. ἀλέω), *ready ground.*

6. ὡς ... εὑρίσκειν, *so far as I can find out* (G. 268): in fact, it was not a very difficult work, and was highly politic, especially in case Greece should be subjugated. The canal, which has been traced, "is about a mile and a quarter long, and twenty-five yards across ; it has been much filled up with mud and rushes." — παρεόν (G. 278, 2), *when it was in his power.* — διειρύσαι, *to haul across,* an operation easily performed with the light vessels of the ancients. — εὖρος ὡς ... πλώειν, *of* [such] *width that two triremes could pass through* (G. 266, N. 1). — ἐλαστρευμένας (for ἐλαυνομένας), *driven by oars.* — ζεύξαντας γεφυρῶσαι, simply *to bridge the river :* the Greeks said ποταμῷ ζεῦξαι (§ 8) and ποταμὸν γεφυρῶσαι, and Hdt. has even γεφύρας ζευγνύων.

7. Κριτάλλων, the frontier town of Cappadocia. — γῆν τε καὶ ὕδωρ, see below, § 28. — δεῖπνα, see below, § 25.

Page **123.** — 8. οἱ δέ : those who had charge of the work (see τοῖσι προσεκέετο below). — ἐξεύγνυσαν, *were* (in the mean time) *building.* — τὴν μέν ... τὴν δέ : understand γέφυραν from ἐγεφύρουν above. — βυβλίνην, *of papyrus :* this plant was used by the Egyptians for ropes as well as for paper. — ἔστι ... στάδιοι (G. 135, N. 5).

9. ἐπικέσθαι μάστιγι (= μαστιγῶσαι), *to scourge,* here takes πληγάς as a cognate accusative (G. 159), *to strike the stream three hundred blows with a lash.* Understand τινάς as subject of both ἐπικέσθαι (v. ἐφικνέομαι) and κατεῖναι (v. καθίημι). — ποταμῷ : the current, about three miles an hour, gives the Hellespont the aspect of a river.

10. τὰς δέ, *the bridges.* — ὑπό, *under,* as a support. — ἑξήκοντά τε καὶ τριηκοσίας : the upper bridge may have been made stronger (of three hundred and sixty vessels) to resist the greater force of the stream ; or it may have been at a broader part of the channel, which is here about a mile wide. (See Grote's note.) — τοῦ μὲν ... κατὰ ῥόον, *at right angles with the Pontus, and in the line of the current of the Hellespont* (to diminish the resistance). — ἵνα ἀνακωχεύῃ, *that it* [this arrangement of vessels] *might ease* (i. e. by lifting) *the strain on the tackle:* ἀνακωχεύω (kindred to ἀνέχω) means *to hold up,* with the idea of *relieving* or *keeping quiet* (see ἀνακωχεύσαντες τὰς νέας, *keeping the ships off the coast,* in I. § 22) : so ἀνακωχή means *a truce.* It is hard to see why (according to the common interpretation, *that the force of the stream might keep up the tension of the cables,* i. e. *keep them taut*) there should be any anxiety to provide for the tension of cables which were stretched over a strait a mile wide, and rested on vessels in a stream running three miles an hour ! — συνθέντες is repeated after the long parenthesis. — τὰς μὲν ... τῆς ἑτέρης, [they cast] *those* (ἀγκύρας) *of* [the ships forming] *one bridge towards the Pontus.* — εἵνεκεν, *to guard against.* — ἔσωθεν, i. e. from the Euxine. — τῆς δὲ ἑτέρης, i. e. the anchors *of the other bridge.* — πρὸς ἑσπέρης, sc. κατῆκαν.— εὖρον, νότου : these were southeast and south winds, both blowing more or less up stream.

Page **124.** — διέκπλοον : the small craft (πλοῖα λεπτά) would pass in and out underneath the cables.

11. χωρὶς ἑκάτερα, i. e. the flaxen cables and those of papyrus. — εἷλκε, *weighed:* if the talent here meant is the Euboean, or old Attic, a cubit (eighteen inches) weighed nearly eighty pounds. — τῶν ὅπλων τοῦ τόνου, *the stretching of the cables,* i. e. *the cables, as they were stretched* across the strait. — ἐπεζεύγνυον, *joined them above,* either by ropes or by strips of wood.

12. χυτοί, *breakwaters.* — ῥηχίης, *surf:* the tide in this sea being very slight. — ὁ ἥλιος : no eclipse of the sun, visible at Sardis, took place in B. C. 480, if the latest astronomical calculations can be trusted ; the story here told may belong to the departure from Susa in the preceding year, when there was such an eclipse. The date of the invasion of Xerxes (B. C. 480) is too well established to admit of doubt. — ἐπινεφέλων ἑόντων, genitive absolute : the indicative would be ἐπινεφελά ἐστιν, *it is cloudy* (G. 135, 2). — αἰθρίης (noun), *in fair weather,* is genitive of time (G. 179, 1). — τὸ ἐθέλοι (= τί ἐθέλοι), τό being relative used interrogatively (G. 282, 1). — προδέκτορα, verbal of προδείκνυμι, *that which designates* or *foreshows.*

Page **125.** — 13. ἀναμίξ, i. e. not divided into separate bodies, as they marched according to cities or provinces. — διελέλειπτο, impersonal. — οὗτοι, *these,* who marched in advance. — προηγεῦντο, i. e. led the part of the army which accompanied the king ; opposed to οὗτοι. — κάτω τρέψαντες, this was a mark of respect to the king, who followed them. — ἅρμα Διός : by Zeus Hdt. means the chief God of the Persians, Auramazda or Ormuzd.

14. λόγος, *choice* or *fancy*. — κατὰ νόμον, i. e. with point upward. — οὗτος, the ten thousand just mentioned. — ῥοιάς, *pomegranates*, probably as sacred emblems. — ἀντὶ σαυρωτήρων, *in the place of points at the lower end*. — οἱ ... τράποντες (Ion. for τρέποντες, present), *those who preceded the Nisaean horses* (§ 13).

Page **126**. — 15. Σκάμανδρον, the *Scamander* of the Iliad : here a shallow brook, in a bed about two hundred feet broad ; in the dry season only three feet deep. — ῥέεθρον (G. 160, 1). — οὐδ' ἀπέχρησε ... πινόμενος, *and did not have water sufficient for the army to drink* (lit. *did not suffice when drunk*, &c.). — ὡς ἀπίκετο repeats the genitive absolute ἀπικομένου after the long relative clause.

16. "On this transit from Asia into Europe, Herodotus dwells with peculiar emphasis ; and well he might do so, since when we consider the bridges, the invading number, the unmeasured hopes succeeded by no less unmeasured calamity, it will appear not only to have been the most imposing event of his century, but to rank among the most imposing events of all history." Grote. — καὶ ... γάρ are here to be separated, *and — as (for) a seat had been erected for him here*, &c. (See note on 1. § 5, above.) — ἐθηεῖτο = ἐθεᾶτο. — ὥρα = ἑώρα, imperfect of ὁράω.

17. ἀνήρ = ὁ ἀνήρ. — φρασθείς, *perceiving* (see Lexicon). — ὥς ... εἰ περιέσται, the direct exclamation would be, πῶς ... ἐστὶν, εἰ περιέσται ; *how short is the whole of man's life, if no one ... is to be alive*, &c. (G. 221, N.).

Page **127**. — the second οὕτω qualifies εὐδαίμων. — τῷ (G. 237, N.). — γλυκὺν γεύσας τὸν αἰῶνα, *after giving* [man] *a taste of the sweetness of life*, lit. *a taste of life as* (being) *sweet*. — φθονερός, *jealous*, i. e. lest man should vie with him in blessedness.

18. τῶνδ' ἐγὼ ὑμέων χρηΐζων, *wanting this* (G. 148, N. 1) *of you:* so δέομαι occasionally takes two genitives, instead of the common construction (G. 172, N. 1). — ξυνὸν ... σπεύδεται, *for this which we are seeking is for the good of all in common :* the construction being τοῦτο γὰρ σπεύδεται (passive) [ὃν] ἀγαθὸν πᾶσι ξυνόν : the adjective ξυνός = κοινός. — ἐντεταμένως, *vigorously* (adverb formed from participle of ἐντείνω). — τῶν (= ὧν) for καὶ τούτων. — οὐ μή τις ... ἀντιστῇ (2 aorist), an emphatic future expression (G. 257). — λελόγχασι (v. λαγχάνω), *have in charge* (as if assigned by lot) : cf. Latin *sortiti sunt*.

19. τὸν ἥλιον, the Sun, under the name of *Mithra*, was one of the chief objects of worship in the Persian religion.

Page **128**. — ἤ μιν παύσει (G. 236). — πρότερον ἤ ... γένηται, = πρὶν ἄν ... γένηται (G. 240, N.). — ἀκινάκην, a short, straight-pointed sword, or dirk. — μαστιγώσαντι (G. 277, 2).

20. ἐπὶ δὲ αὐτὸς Ξέρξης, i. e. after the chariot. — ἀνήγοντο, *put off* form the shore.

118   HERODOTUS.

21. εἰδόμενος, *likening thyself;* θέμενος, *taking to thyself.* — ἐξῆν ... ποιέειν (G. 222, N. 2).

22. τὸν Ἑλλήσποντον, accusative governed by the phrase ἔξω πλώων, as if it were a compound verb like ἐκλείπειν, which takes the accusative. — πρήσσων τὰ ἔμπαλιν τοῦ πεζοῦ, *taking the opposite direction from the land force* (lit. *doing the opposite*), i. e. sailing southwest towards the Aegean, while the army marched northeast into Thrace. — Δορίσκον : this was a strong Persian fortress, which had been held since the invasion of Scythia by Darius. (See note on I. § 6.)

Page **129**. — 23. πλήθεος ἀριθμόν, *number of people.* — τοῦ πεζοῦ, *of the foot-soldiers* (as we know from Hdt. VII. 184, where the cavalry are estimated at 80,000 in addition to this number. — τὸ πλῆθος : by this reckoning, 1,700,000 men, a very uncertain estimate, as the numbers might easily be exaggerated in the loose way of counting. Ctesias makes 800,000, and Aelian 700,000 ; but "we may well believe," says Mr. Grote, "that the numbers of Xerxes were greater than were ever assembled in ancient times, or perhaps at any known epoch of history." — συννάξαντες ταύτην, i. e. τὴν μυριάδα. Compare καταναξαντες τὴν γῆν in § 11, above. — ὕψος (G. 160, 1).

24. διεξελάσας (G. 138, N. 8) θηήσασθαι, *to see them in review* (G. 204, N. 2). — μετά, *afterwards.* — ἀπέγραφον οἱ γραμματισταί : these lists, it has been thought, may have fallen into the hands of the Greeks, and been the authority for the account of Hdt. (see Rawlinson). — ὅσον τε τέσσαρα, *about four;* τέ being used by Hdt. after ὅσος, as it is even in Attic Greek after οἷος, *able* (G. 151, N. 4). — ἀνεκώχευον (v. ἀνακωχεύω). See I. § 22.

Page **130**. — ἐντός, *between,* governs both πρωρέων and αἰγιαλοῦ.

25. τοὺς ... ἐμποδών, *whoever came in his way.* — ἐς πᾶν κακοῦ, *into all sorts of distress.* — ἀνάστατοι ἐγένοντο, *lost house and home.* — ὅκου (= ὅπου), *at which time.* — Θασίοισι ... ἀπέδεξε (v. ἀποδείκνυμι), *rendered an account to the Thasians for 400 talents spent* (about $400,000). Compare ἀποδεικνύναι λόγον. — ἀραιρημένος (v. αἱρέω), *appointed* (to manage the business).

Herodotus adds : "As soon as the herald's message came, the people would distribute their stores of grain, and proceed to grind wheat and barley-flour for many months' supply ; then buy up and fatten the finest cattle ; feed poultry and waterfowl in pens and coops for the service of the army ; and provide gold and silver drinking-cups and bowls. These things for the king's table only ; for the others, food alone. When the army arrived, a tent stood ready spread, in which Xerxes took his rest, while the troops remained in the open air. When dinner-time came, great was the toil of the entertainers ; and after spending the night well fed, the army next day tore down the tent, and carried off all it held, leaving nothing."

26. ἔπος εὖ εἰρημένον, *a saying well expressed, a bon mot.* — καὶ τὸ λοιπόν, *also for the future* (as they had done in the present case). — παρέχειν ἄν, = παρεῖχεν ἄν (G. 211) ; depends on the idea of *saying* implied in

συνεβούλευσε: *for it would have subjected them to the alternative, &c.* — κάκιστα, &c., *by the worst fate that ever befell men.* (G. 168.)

27. ὑπομένειν, *to wait* (for him). — ἀπῆκε (v. ἀφίημι), *sent off.* — Θέρμῃ δέ τῇ ... οἰκημένῃ, *and* [I mean] *Therma which is situated, &c.*

The account of the march of Xerxes from Doriscus (§ 25) to Acanthus (§ 27), which is chiefly descriptive, is here omitted. Acanthus is just northwest of the Isthmus of Mount Athos, through which the canal (§ 1) had been dug by order of Xerxes. Here therefore, as is stated in § 27, the king separated from his fleet, sending it through the canal and round the two western capes of Chalcidice to the head of the Gulf of Therma. The only account given by Herodotus of the passage of the fleet through the canal is in the words (VII. 122), διεξέπλωσε τὴν διώρυχα τὴν ἐν τῷ Ἄθῳ γενομένην. The fleet remained at Therma until its departure for the coast of Thessaly (p. 137, § 5).

Meanwhile Xerxes marched with his army across Chalcidice, from Acanthus to Therma. On the way (according to Hdt. VII. 125) the camels which carried the provisions were attacked by lions (?). On reaching Therma, they encamped on the shore of the Gulf, the camp extending from Therma to the mouth of the Haliacmon on the western coast. South of this river and north of Mount Olympus was Pieria, celebrated as the birthplace and the home of the nine Muses. In this region Xerxes remained (§ 28), until he began his march of eleven or twelve days to Thermopylae (p. 140, § 13).

28. κήρυκες: see p. 122, § 7. — κεινοί (= κενοί), *empty-handed.*

Page **131.** — ἔταμον ὅρκιον: cf. Latin *ferire foedus.* — καταστάντων εὖ, *having come into* (i. e. *being in*) *a good condition.* — σφί (G. 184, 3, N. 4). — δεκατεῦσαι (causal) depends on ὅρκιον εἶχε, as if it were *they took an oath to, &c.* (G. 271).

29. Δαρείου πέμψαντος: see p. 112, § 2. — οἱ μέν, the Athenians. — τὸ βάραθρον, *the pit:* this was a deep hole at Athens, like a well, into which the dead bodies of executed criminals (and sometimes even living criminals) were cast, iron hooks in the sides tearing the body to pieces as it fell. Miltiades is said to have counselled this act, wishing to commit the city to inexpiable hostility against Persia. — συνήνεικε (v. συμφέρω) γενέσθαι, *chanced to befall.* — ἀνεθέλητον, lit. *unwelcome,* belongs to ὅ τι. — In later times it was believed that the misfortunes of Miltiades were the retribution of this impiety. In Sparta, the wrath of the hero Talthybius, herald of Agamemnon, fell upon the state, and would not be appeased until two noble Spartans had offered themselves in expiation, and surrendered themselves to the Persians; Xerxes, however, generously spared their lives. But their sons, when proceeding as Spartan envoys to Persia, during the Peloponnesian War, were captured by the Athenians and put to death. Then at length, sixty years after it was committed, the crime against the ambassadors of Darius was atoned.

30. κατίετο, *was sent forth.* — οὐδὲν πεισόμενοι ἄχαρι, *likely to suffer no harm.*

31. **ἐξέργομαι,** *I am constrained.* Herodotus is writing some fifty years after the Persian wars, when Athens was unpopular in consequence of the extent of her empire.

Page **132.** — ἐπειρῶντο ἀντιεύμενοι, *would have attempted opposition:* in Hdt. πειράομαι takes the participle like the verbs mentioned in G. 279, 4, N. — ἠντιοῦτο and ἐγίγνετο both refer to past time, like ἐπειρῶντο ἄν above (G. 222). — εἰ καὶ πολλαί, i. e. *no matter how many.* — κιθῶνες (Ionic for χιτῶνες), an unusual expression for *walls:* Hdt. once calls a wall a θώρηξ (I. 181), and Demades the orator uses ἐσθῆτα τῆς πόλεως in the same sense. (Krüger.) Compare the English *curtain* of a fortress. — ἐληλαμένοι διά, *extended across.* — προδοθέντες ἄν . . . ἐμουνώθησαν : ἄν belongs to the verb (*not* to the participle). So below, in μουνωθέντες ἄν . . . ἀπέθανον : in § 32, ὁρέοντες ἄν . . . ἄν ἐχρήσαντο, we find ἄν repeated on account of the length of the sentence, as it might have been in the two other cases. (See G. 212, 2 ; and also *Greek Moods and Tenses,* § 42, 3, Note 1).

32. πρὸ τοῦ, *beforehand* (G. 143, 2). — βασιλέος ἐπικρατέοντος, protasis to ἦν ἄν, = εἰ βασιλεὺς ἐπεκράτεε (G. 226, 1). — ἄν τις λέγων : ἄν belongs to ἁμαρτάνοι : see last note on § 31, above. — τοῦτο τὸ Ἑλληνικόν (accusative after ἐγείραντες) = τούτους τοὺς Ἕλληνας.

Page **133.** — 33. The oracles are in hexameter verse (G. 295, 4), and the language is generally an imitation of the Homeric ; the constructions are often confused, as would be expected from the fact that the verses were (or purported to be) spoken under the inspiration of the moment. (1.) φεῦγ' is addressed to the whole people represented by the messengers, as if it were but one person. — ἔσχατα γαίης, *to the ends of the earth* (G. 162). (2.) δώματα and κάρηνα are governed by λιπών. — τροχοειδέος refers to the walls of Athens, which made an irregular circuit around the Acropolis or citadel. (3.) ἔμπεδον (as adverb), *firm, in its place.* (4.) μέσσης (for μέσης), sc. πόλεως. (5.) κατά belongs to ἐρείπει (G. 191, N. 3). (6.) Συριηγενές, i. e. *Assyrian:* the Persians, who were highlanders, having learned the use of chariots from the Assyrians of the plain. — διώκων, *driving:* in the Persians of Aeschylus (vs. 83), Xerxes is said to come Σύριον ἅρμα διώκων. (7.) ἀπολεῖ, sc. Ἄρης. (8.) ἱδρῶτι ῥεούμενοι, *dripping with sweat,* in their terror. (9.) κατά belongs to κέχυται : the meaning seems to be that *blood falls in showers from the temple roofs,* in which case the dative ὀρόφοισι must be explained as in certain Homeric constructions (G. 184, 3, N. 1 - 4). But καταχέω generally takes the dative in Homer (as the genitive in Attic) in the sense *shower down upon,* which does not suit the present passage as well, but perhaps is correct. — (10.) προϊδόν, *foreboding,* as if the blood were itself terrified. (11.) ἴτον, apparently addressed to *two* messengers ; but the plural follows immediately. — ἐπικίδνατε, &c., *deluge your souls with woes* (perfundite animum malis, Stein) ; or (as Liddell and Scott translate), *spread a brave spirit* *over your ills:* the former suits the context better : κίδνημι is kindred to σκεδάννυμι, *scatter.*

34. ἐχρέοντο, *felt themselves in.* — προβάλλουσι σφέας αὐτούς, *abandoning themselves* to despair (dat. after συνεβούλευε). — ἱκετηρίας (ῥάβδους), *the suppliant olive-branches.* — ἐλθόντας agrees with the omitted subject of χρᾶσθαι, instead of taking the case of σφί (G. 138, N. 8). — ὦναξ (= ὦ ἄναξ) : for the special sense of the title ἄναξ in Homer, see Gladstone's *Juventus Mundi,* p. 152, according to whom it corresponds nearest with the partly religious and partly feudal term *Lord.* — ἔστ' ἂν τελευτήσωμεν (G. 239, 2).

35. λέγουσι (dative), *as they spoke.* (2.) λισσομένη (G. 277, 5). (3.) ἀδάμαντι πελάσσας (sc. αὐτό), *making it like* (i. e. *firm as*) *adamant.* (4.) οὖρος may be either for ὄρος, *mount, hill,* or for ὅρος, *boundary:* it may mean, therefore, either the Acropolis of Athens or the bounds of Attica. Cecrops is one of the early (mythical) kings of Athens, in whose reign (says Hdt.) the people were called Κεκροπίδαι. (5.) Κιθαιρῶνος, the boundary of Attica towards Delphi (see map). (6.) τεῖχος ξύλινον, this is the celebrated *wooden wall* of the oracle. (8.) μένειν, infinitive for imperative.

Page **134.** — (10.) ἔτι . . . ἔσση, *yet a day shall come* (ποτέ) *when thou shall meet him.* (12.) Rawlinson translates

"When men scatter the seed, or when they gather the harvest."

36. συνεστηκυῖαι, *opposed,* like wrestlers who *stand together* in the ring. — ῥηχῷ, *palisade:* there were a few who clung to this interpretation, and perished on the sacred hill (see IV. § 34). — κατὰ τὸν φραγμὸν . . . εἶναι, *was* (used) *with reference to, &c.* — τοῦτο, *this expression.* — συνεχέοντο, *were confounded* (con-fusi).

37. Θεμιστοκλέης, a Greek of the Greeks, able, keen-witted, patriotic, and unscrupulous : the man who by his single counsel proved the deliverer of Greece. — εἰ . . . ἐόντως, *if the saying had really been uttered with reference to the Athenians* (εἶχε . . . εἰρημένον = εἴρητο : Stein). — οὐκ ἂν . . . χρησθῆναι = οὐκ ἂν ἐχρήσθη (G. 211). — μὶν δοκέειν, (he said) *that he believed.* — τῷ θεῷ, *by the God* (G. 188, 3).

Page **135.** — συλλαμβάνοντι κατὰ τὸ ὀρθόν, *to one judging rightly* (G. 184, 5) : Themistocles may probably have devised the oracle, as well as the interpretation, wishing to impress the deepest terror at the real danger, so as to overcome the timid clinging to the city, and persuade the people to accept the only chance of safety. — τούτου, *this,* refers to παρασκευάζεσθαι . . . ναυμαχήσοντας : i. e. the *ships* (here implied) were the *wooden wall* of the oracle. — ἔγνωσαν, *decided* (G. 200, N. 5 *b*): σφί belongs to αἱρετώτερα. — τὸ σύμπαν εἶναι (G. 268, N.), *in short.*

38. ἐς καιρὸν ἠρίστευσε, *prevailed* (*proved to be best*) *seasonably.* — τῶν ἀπὸ Λαυρείου (G. 191, N. 6) belongs to μετάλλων. — ὀρχηδόν, *in shares,* to each *male citizen.* If Hdt. is right (V. 97) is estimating the Athenian

citizens at thirty thousand, the sum must have been fifty talents (about fifty thousand dollars). — δέκα δραχμάς, about two dollars. — χρημάτων, genitive of price. — διηκοσίας: as Athens had only two hundred ships at Salamis, and must have had a fleet before this resolution of Themistocles (Miltiades sailed to Paros just after the battle of Marathon with seventy ships), and as fifty talents are an incredibly small sum for building two hundred ships of war, we must understand Hdt. to mean that this money was used (with other sums from the treasury) in building the fleet of two hundred ships which fought at Salamis. Plutarch (Them. IV.) says the money from the mines was used in building one hundred ships. — τὸν πρὸς Αἰγινήτας: see above, I. § 3. The Aeginetans at this time had the finest navy in Greece, and they were called θαλασσοκράτορες, *rulers of the sea*, during the ten years from 490 to 480 B. C. Plutarch says of them at this time, κατεῖχον οἱ Αἰγινῆται πλήθει νεῶν τὴν θάλασσαν. — ἐς τό, *for what* (for the purpose *for which*). — ἐς δέον, nearly equivalent to ἐς καιρόν, *seasonably*. — τοῖσι βουλομένοισι (G. 186).

39. ἐς τὠυτό, *into one place*, probably the Isthmus of Corinth, afterwards the place of meeting of various councils of war (see below, III. § 1). — σφίσιν, *to each other*, as reflexive in sense of reciprocal (G. 146, N. 3; 144, 2). — πρῶτον ... πάντων, *first of all things:* according to Plutarch, Themistocles proposed this general reconciliation. — ἐγκεκρημένοι (which is an emendation for ἐγκεχρημένοι), from ἐγκεράννυμι: the wars are said to have been *mixed up* or *concocted*. See πόλεμος συνῆπτο above, 1. § 3.

Page **136.** — πρηγμάτων, objective genitive. — φρονήσαντες εἴ κως ἕν τε γένοιτο, &c.: the sense is, they resolved to send these spies and messengers, *having formed a wise plan* (φρονήσαντες) *in case the Greek race should in any way become united*, &c. The apodosis to εἰ ... γένοιτο ... πρήσσοιεν is suppressed (G. 226, N.), being implied in the context: i. e. *their plan would succeed* (or the like) in case of union. See Hdt. VI. 52: βουλομένην εἴ κως ἀμφότεροι γενοίατο βασιλέες, *wishing that both might in some way become kings*, lit. *having a wish* (which would be realized) *in case both should in some way become kings*. (See *Greek Moods and Tenses*, § 53, N. 2). — ὡς ... ἐπιόντων gives the ground on which the Greeks acted (G. 277, N. 2).

In the narrative which follows, the spies sent to Persia are taken and brought before Xerxes, who "gave orders to his guard to take them round the camp, and show them all the footmen and all the horse, letting them gaze at everything to their heart's content; then, when they were satisfied, to send them away unharmed to whatever country they desired," — thinking he was thus surest to terrify the Greeks from all thought of resistance. Argos jealously refused the alliance, unless she should have equal command with Sparta, claiming that the supreme authority was justly hers, by right of descent from Agamemnon. She was even charged with having invited the Persians to the invasion of Greece. Gelo (whose exploits in Sicily are told at length) refused his aid, unless he should be put in supreme command, — to which the Greeks retorted that they came "to ask for an army, and not a general"; so Gelo stood ready to submit if the Persians were victorious. He afterwards claimed, however, that he would have helped the Greeks but for the embarrassment of a war with Hamilcar of Carthage. Corcyra promised help, but kept back her fleet (under pretence of head winds) till the crisis was past. The Cretans refused to assist, having once suffered calamity from Minos (who had perished in his pursuit of Daedalus) for the aid given by Idomeneus in the Trojan war. And the Thessalians submitted, reluctantly, to overwhelming force.

III.

Page **136.** — 1. τῇ (= ᾗ), *where* (in what region). — ἐν οἵοισι χώροισι, *on what sort of ground*. — ἐσβολήν, i. e. from Thessaly into Central Greece. — τῆς ἐς Θεσσαλίαν, i. e. the pass of Tempe, at the mouth of the Peneius. Herodotus gives three reasons why the pass of Thermopylae was preferred : the second (καὶ μία), that it was *single*, refers to the Persians having entered Thessaly by another route, and not by Tempe as was expected ; and to justify the choice on this ground, he mentions the ignorance of the Greeks as to the mountain pass, τὴν ἄτραπον, by which Thermopylae was finally turned. — Ἱστιαιήτιδος, the territory of Histiaea (afterwards Oreus) in the north of Euboea. (For the bearing of these places, see a map of Greece.) This position was chosen to prevent the Persian fleet from taking the flank or rear of their force at Thermopylae.

2. τοῦτο μέν, τὸ Ἀρτεμίσιον, *first, as to Artemisium :* τοῦτο μέν corresponds to ἡ δὲ αὖ ... ἔσοδος (i. e. *the pass* of Thermopylae) *below*. — ἐκ ... Θρηϊκίου, *after* (coming from) *the Thracian sea*. — συνάγεται (sc. τὸ πέλαγος) ἐς ... τὸν πόρον, *it* (the sea) *contracts into the strait, &c*. — ἐκ τοῦ στεινοῦ δέκεται, i. e. *after passing the strait, the shore* (of) *Artemisium in Euboea* (possessive genitive) *comes next :* δέκεται is used like ἐκδέχεται and ὑποδέχεται (§ 3), excipit. — ἡμίπλεθρον, about 50 feet. The line of the coast is now much farther from the hill, owing to the deposits made by the river. Rawlinson says : "The pass is now separated from the sea throughout its entire extent by a tract of marshy ground, a mile or two in width." — τὸ στεινότατον τῆς χώρης τῆς ἄλλης, *the narrowest part of the whole pass :* τῆς ἄλλης is used as Thucydides speaks of the Peloponnesian war as ἀξιολογώτατον τῶν προγεγενημένων, lit. *the most notable of those which had preceded it ;* and as we often hear a thing called "the most perfect of all others." See map of Thermopylae at the end of the volume.

Page **137.** — 3. τὸ πρὸς ἑσπέρης (G. 160, 2), *towards the west :* in fact, more nearly towards the south ; Hdt. thought of the coast as lying from north to south. — χύτρους, *caldrons :* of these there are two, enclosed in masonry. The hot springs of Thermopylae are salt, and of the temperature of 100° Fahr. — Ἡρακλέος : it was said that these springs were created miraculously that Hercules might have a warm bath after one of his labors. — τὴν Αἰολίδα, *the Aeolian land*, the more ancient name of Thessaly. This irruption of Thessalians from Epirus is one of the earliest movements mentioned in the traditions of the race afterwards called Hellenic. Thucydides (I. 12) speaks of the migration of Boeotians from Arne in Thessaly into the land afterwards called Boeotia, a result of this Thessalian migration ; and he assigns the sixtieth year after the capture of Troy as its date. — ἐπῆκαν, *conducted* (by trenches). — ὡς ἄν : Homer and Hdt. sometimes used ὡς ἄν and ὅπως ἄν with the optative, as all writers do with the subjunctive, without affecting the sense (G. 216, 1, N. 2). Here the ἄν belongs to the particle, not to the verb (G. 207, 2) ; in Attic Greek, such an ἄν would belong to the verb and form an apodosis.

4. ἐν Πιερίῃ : see note on II. § 27, above. — διαλυθέντες ἐκ τοῦ Ἰσθμοῦ, *breaking up* [at, and departing] *from the Isthmus.*

Page **138**. — 5. ἰθὺ Σκιάθου (G. 182, 2). — Τροιζηνίη : this ship was captured by the Persians, who (as Hdt. adds) "took the handsomest man on board, and sacrificed him at the ship's prow," reckoning it a good omen, — the more so as the man's name was *Leon*. The two other triremes were taken ; but the crew of the Athenian ship escaped. On hearing of this advance of the Persian fleet, the Greeks left their anchorage at Artemisium, and retreated to Chalcis on the western coast of Euboea.

6. περὶ τὸ ἕρμα, *upon the reef:* this still lies in the mid-channel. — κομίσαντες, *having brought it* (the column) for this purpose. — καθαρόν, *removed*, i. e. by being made harmless. — ἕνδεκα ἡμέρας : see note on II. § 27, above. — πανημερὸν πλώοντες : the distance is about 100 miles. — τῆς Μαγνησίης χώρης, possessive genitive with the following accusatives. — στρατός, the whole *armament* (army and navy).

In the estimate which follows (VII. 184–187, here omitted), Herodotus makes the whole Persian armament, including army and navy, before the battle of Thermopylae and before the storm, to consist of 2,641,610 men. To the number of 1,700,000 foot-soldiers counted in the review at Doriscus (see above, II. § 23), he now adds 80,000 for the cavalry, 517,610 for the crews and marines of the fleet, 20,000 for Arabs with camels and Libyans with chariots, and lastly 324,000 for the land and sea forces furnished by the Thracians, Macedonians, and Thessalians, whom Xerxes had pressed into his service since he entered Europe (see II. § 25). This immense total of 2,641,610 Herodotus proposes to double, to include all the non-combatants (attendants, crews of corn-vessels, and camp-followers), giving a grand total for the entire host of 5,283,220 ! Rawlinson, on various grounds, reduces the estimates for the military force to about 1,500,000, taking no account of the still greater exaggerations in the number of non-combatants. "Of all these myriads," says Herodotus, "there was not one who for beauty and stature better deserved to hold this vast power than Xerxes himself."

7. πρόκροσσαι ... νέας, they lay at anchor, arranged alternately (or in a quincunx), heading seaward, and eight rows deep. The scholia on II. XIV. 35 explain προκρόσσας (sc. νῆας) ἔρυσαν as follows: ἄλλην πρὸ ἄλλης παραλλήλως ἀνείλκυσαν κλιμακηδόν, i. e. they drew them up in parallel rows like steps; Aristarchus adds, that this would give the appearance of a theatre, κρόσσαι γὰρ αἱ κλίμακες. This means the seats of the Greek theatre, which were steps like those of a modern circus; and we may refer κλιμακηδόν (= πρόκροσσαι) to the general appearance of the ships from the sea, which, if they were arranged (for example) as in the figure, might suggest the idea of a cuneus in the theatre, especially if the shore were curved, and if the inner rows  of ships were drawn up (as here) on a sloping beach. In II. 125, Hdt. says that the steps on the outside of the pyramids of Egypt were sometimes called κρόσσαι. We may, however, refer κλιμακηδόν to the irregular lines in which the ships were arranged from front to rear (as in the second figure). For another explanation, opposed to that of Aristarchus, see Liddell and Scott, s. v. πρόκροσσοι. — οὕτω (sc. ὥρμεον). — ζεσάσης, having become seething (i. e. before the storm burst). — ἀπηλιώτης (ἀπό-ἥλιος), properly an east wind, here (east-northeast, referring to the Ἑλλησποντίας. — τοῖσι ... ὅρμου, who were so anchored (as to allow it) : for οὕτω εἶχε ὅρμου (impersonal), see G. 168, N. 3. — οἱ δὲ (G. 234 ; 227, 2), these. — ἀνασπάσαντες (G. 279, 4). — μεταρσίας, at sea. — ἔλαβε (sc. ὁ χειμών). — Ἰπνούς, Ovens: see below. — τοῦ χειμῶνος χρῆμα, the matter of the storm, a common expression for the storm: cf. ὓς χρῆμα μέγα, a huge wild boar (Hdt. I. 36).

Most writers place Sepias, the rocky headland on which the Persian fleet was wrecked, near the southeastern point of Magnesia, or even (as Grote) beyond that point upon the southern coast. For the following account of the topography we are indebted to Professor Sophocles, who was born on the coast of Magnesia, and who has known the whole shore as a boy and studied it as a scholar: —

The east-northeast wind, the Ἑλλησποντίας of the ancients, is still the terror of navigators on the "harborless coast of Pelion" (Eurip. Alcest. 595). But it is dreaded chiefly north of Cape Nekhóri ; a vessel overtaken by the wind south of this point can easily enter the channel between Thessaly and Euboea. The rocky headland directly east of the highest point of Pelion agrees best with the accounts of Sepias. Between this and the probable site of Casthanaia (four miles below) are two beaches, separated by a point of rocks. North of Sepias is another small beach, beyond which are several caves in the steep cliffs (ἐν Πηλίῳ), which are probably the Ἰπνοί or Ovens. On these three beaches the fleet must have been drawn up, and here the disaster must have occurred.

Page **139.** — 8. **Ὠρείθυιαν**: Orithyia, daughter of the Attic king Erechtheus, was said to have been carried off by Boreas (the northeast wind), as she was picking flowers on the banks of the Ilissus. The story is pleasantly told in the beginning of Plato's Phaedrus. — **ὥρμηται**, *has gone forth* or *spread*. — **περὶ "Αθων**: see above, I. § 4, and note on I. § 2.

9. **λέγουσι διαφθαρῆναι** is understood with **οὐκ ἐλάσσονας**. — **γηοχέοντι**, *being a landholder* (**γήοχος** or **γαιήοχος**). — **καὶ τοῦτον**, *him too* (as well as other men), object of **λυπεῦσα**. — **συμφορὴ** ... **παιδοφόνος**, *a calamity afflicting him by the death of a child* (or *children*): this seems to imply that he was accidentally the cause of his child's (or children's) death.

10. **οὐκ ἐπῆν ἀριθμός**, *there was no reckoning*. — **καταείδοντες γόησι**, *singing incantations by enchanters*: **γόησι** is suspected by many recent editors. — **ἀνέμῳ** belongs to both participles. — **Θέτι**, *Thetis*, the sea-goddess, mother of Achilles. It was said that the place at which Thetis was seized by Peleus was called Sepias, because she there changed herself into a cuttle-fish (**σηπία**) to escape her lover.

Page **140.** — 11. **ὀπίσω ἠπείγοντο**: see note on § 5, above. — **ἐπωνυμίην ... νομίζοντες**, *keeping up the name*, i. e. continuing to invoke Poseidon with this title of *Saviour*.

12. **τὴν ἄκρην**: the southeast cape of Thessaly, often mistaken for Sepias itself. — **ἰθέαν** (sc. **ὁδόν**), *straight*. — **φέροντα**, *leading* (Pagasae being at the head of the bay, the Gulf of Volo). — **εὖτ'** ... **ἔπλεον**, i. e. on the Argonautic expedition, **τὸ κῶας** being the famous Golden Fleece. — **'Αφεταί**, *Aphetae*, or place of *departure*, from **ἀφίημι** (through **ἄφετος**) in its neuter sense seen in **ἀφήσειν**, *to set sail*.

13. **πορευθείς**: see note on II. § 27, above. — **ἐς Μηλιέας**, i. e. into the land of the Malians, at the head of the Gulf of Malis, in whose territory was the outer end of the pass of Thermopylae. — **τὸ ῥέεθρον** (G. 160, 1) belongs to **ἀπέχρησε**: see note on II. § 15, above.

Page **141.** — **οὗτος** is not antecedent to **ὅστις**, but repeats the idea of the relative clause for emphasis.

14. **ἄμπωτίς τε καὶ ῥηχίη**, *ebb and flow* of the tide, which is seldom sufficient to be noticed in the Mediterranean. — **ἰόντι** (G. 184, 5). — **βοηθέοντα**, *as an aid:* the future is more common in this sense (G. 277, 3). — **καιομένῳ**, *when he burnt himself* on Mount Oeta. — **ἀποφανῆναι** (G. 203).

15. **κατ' ἅ**, *at which* = *where*, referring to **ταύτῃ** (where **ᾗ** would have been more regular). — **δισχίλια ... πλέθρα**, 22,000 *plethra*, i. e. in surface: the **πλέθρον** is a long measure of 100 (Greek) feet in length, or a square measure of 10,000 square feet; the Trachinian plain, therefore, must have contained nearly 8 square miles.

16. **'Ασωποῦ**, not to be confounded with the Boeotian Asopus (see above, I. § 13).

Page **142.** — 'Αμφικτύοσι, i. e. for the Amphictyonic Council, which met twice in each year, once at Thermopylae and once at Delphi. The word 'Αμφικτύονες (the same as ἀμφικτίονες) originally meant *neighbors*, and shows the origin of this and other similar assemblies. The hero Amphictyon, whose temple is here mentioned, was probably invented to connect the foundation of this famous council with the Greek mythology.

17. Θερμο-πύλαι, from the *hot* springs. — φερόντων (like ἐχόντων just before it), *extending:* see note on § 12, above. — τὸ ἐπὶ ... ἠπείρου (G. 160), *as regards what was on this continent* (Greece): see above, § 3.

18. τοσοῦτοι μέν, i. e. the 2120 just mentioned.

19. ἤκοιεν represents ἤκομεν of the direct discourse (G. 200, N. 3). — οὐ γὰρ θεὸν εἶναι : the indirect discourse changes here from the optative to the infinitive (G. 246). — τῷ (= ᾧ) ... συνεμίχθη : this aorist, being in a dependent clause, could not be changed to the optative (G. 247, N. 2). — ὀφείλειν ... πεσεῖν ἄν, *ought to fall:* ἄν may belong to ὀφείλειν (= ὀφείλοι ἄν), *it would be his due to fall;* or it may belong to πεσεῖν (πέσοι ἄν), *it is his due that he should fall* (if he should test his fortune). In the former case it is very irregular in its position ; in the latter, in its construction. (See *Greek Moods and Tenses*, § 42, 2, N.; § 41, N. 4.)

Page **143.** — 20. Hdt. honors Leonidas, the king of Sparta who belonged to the elder branch of the royal family, by giving his genealogy through the line of Spartan kings up to Aristodemus, the great-great-grandson of Hercules, one of the semi-fabulous Heraclidae who led the Dorian invasion of Peloponnesus. The twin sons of Aristodemus — Eurysthenes and Procles — founded the two lines of Spartan kings. (See Smith's larger History of Greece, Chap. IV.)

21. ἔρσενος γόνου (G. 180, 1, N. 2): Leonidas became king in 491 B. C. — εἶχε, i. e. in marriage. — τοὺς κατεστεῶτας, *the established number of* 300, this being the regular body-guard of a Spartan king ; Leonidas, however, knowing the desperate nature of the present undertaking, instead of taking youths, as usual, now took only those who had sons living, that no family might become extinct.

22. κατηγόρητο, impersonal (G. 134, N. 2), *it had been charged against them*, μηδίζειν being the subject. — εἴτε συμπέμψουσι : the future optative might be used (G. 243). — ἀλλοφρονέοντες, *reluctantly*, or *leaning to the other side.*

23. ἵνα ... στρατεύωνται (G. 216, 2); subj. on the principle of indirect discourse. — μηδέ, *and not*, sc. ἵνα : *and that these too might not join the Persians in case they should learn, &c.* (G. 248). — ὑπερβαλλομένους, *backward, putting off.* — Κάρνεια, the same festival which kept the Spartans from Marathon : see note on 1. § 8. — ὀρτάσαντες, *after keeping the festival.*

Page **144.** — ἐνένωντο (v. νοέω). — ὡς δὲ καί... καὶ αὐτοὶ ἕτερα τοιαῦτα, pleonastic. — συμπεσοῦσα (like an adjective with ἦν), *coincident:* the Olympic festival occurred every fourth year on the first full moon after the summer solstice, about a month before the Spartan Carneia.

24. ἐλθοῦσι (G. 138, N. 8). — περισπερχεόντων, *being much incensed:* the word is very doubtful, and most probably a mistake for περισπερχθέντων (see Liddell and Scott). — ἀλέξασθαι depends on ὀλίγων, *too few.*

25. ὁκόσοι... ποιέοιεν (G. 243): the direct questions would be πόσοι εἰσίν; and τί ποιοῦσιν; — τοὺς ἡγεμόνας (G. 160, 1), *by anticipation,* instead of being subject of εἴησαν. — Ἡρακλείδης: see above, § 20. — πᾶν μὲν οὐ, *not the whole,* in antithesis to ὁ δὲ τοὺς ἔξω. — ἀλογίης... πολλῆς, i. e. *very little notice was taken of him.* — ὀπώπεε (v. ὁράω).

Page **145.** — 26. ἀλλά... γάρ, *but... since.* — Δημάρητον: Demaratus was king of Sparta in the younger or Proclid line, but was declared illegitimate and succeeded on the throne (491 B. C.) by the next heir, Leotychides; soon after which he left his country to join the Persians. He proved the most sagacious counsellor of Xerxes, but was almost always overruled by the jealousy of the Persian court-officers. — γέλωτά με ἔθευ, *you made fun of me.* — ἀγὼν μέγιστός ἐστι, *it is my utmost endeavor.*

27. νόμος, (here) *custom.* — οὕτω ἔχων, *of this nature.* — τοσοῦτοι, *so few.* — χρᾶσθαι (G. 269).

28. παρεξῆκε (v. παρεξίημι), *let pass.* — φερόμενοι, *impetuously.* — ἐπεσήϊσαν, *came up to succeed them* (ἐπι-). — καίπερ (G. 277, N. 1 b).

Page **146.** — πολλοὶ μὲν ἄνθρωποι, ὀλίγοι δ' ἄνδρες, *many people, but few men.*

29. τρηχέως περιείποντο, *were roughly handled:* περιέπειν = *to follow round, to tend, to treat, &c.* — ἐκδεξάμενοι, *succeeding:* see note on § 2, above. — ἀθανάτους, *Immortals:* this body of 10,000 picked Persians were so called because the vacancies in their ranks were immediately filled, so that the number always remained the same (Hdt. VII. 83). — κατεργασόμενοι, sc. τοὺς Ἕλληνας. — οὐδὲν πλέον ἐφέροντο, *gained no more:* see below, § 32, μέγα τι οἴσεσθαι.

30. ἄλλα τε... καί, *showing, both in other ways, and especially* [in this]. — ἐξεπιστάμενοι, used (like an infinitive) with ἀποδεικνύμενοι, *showing that they thoroughly* (ἐξ-) *understood how to fight, &c.* (G. 280). — ὅκως ἐντρέψειαν (G. 233). — φεύγεσκον (G. 119, 10). — δῆθεν implies that the flight was a pretence. — ἄν belongs to ὑπέστρεφον in the iterative construction (G. 206), not in apodosis. — καταλαμβανόμενοι, *when they were overtaken* (in their pretended flight). — εἶναι (G. 265). — ἐδυνέατο (G. 126, 5; 119, 3), imperfect for ἐδύναντο.

31. ἀναδραμεῖν, *leapt.* "With the grave Orientals, nothing could so completely indicate an all-engrossing feeling of fear or horror as a gesture of this kind." Blakesley. — κατατετρωματίσθαι, indirect discourse with

ἔσεσθαι after ἐλπίσαντος. — τὴν ἀτραπόν, the secret *path* mentioned above in § 1. — ἐνώρων (v. ἐνοράω).

Page **147**. — 32. ὅ τι . . . πρήγματι (G. 244 ; 188, 1, N. 2). — **διέφθειρε**, *brought destruction upon*. — Πυλαγόρων, a portion of the delegates to the Amphictyonic council were so called. The meeting of the council was called Πυλαία from Πύλαι (see note on § 16, above), even when it met at Delphi.

33. Πυλαγόροι : there is also a form Πυλαγόραι. — πάντως κου . . . πυθόμενοι, *having certainly gained the most accurate knowledge*. Many names were current of persons said to have betrayed the pass to Xerxes ; probably it may have been made known by more than one, in a region where many favored the invasion, and many more were in terror of the invader. — τοῦτο δέ, *and secondly*. — εἰ . . . ὡμιληκὼς εἴη, *if he should have had much to do with the region*, i. e. as a consequence of *having had* much to do with it (G. 202, 2) : for the force of the rare perfect optative, see *Greek Moods and Tenses*, § 18, 1, with Note.

34. ἤρεσε (v. ἀρέσκω). — τῶν ἐστρατήγεε (see note on § 29). — ὡρμέατο (G. 119, 3), for ὥρμηντο. — περὶ λύχνων ἀφάς, *about lamplight*.

Page **148**. — τότε (see note on § 3, above). — ἐν σκέπῃ τοῦ πολέμου, *sheltered from the war* (G. 167, 3). — ἐκ . . . χρηστή, *at so remote a period* (see G. 191, N. 6) *had it* (the path) *been shown by the Malians* (G. 188, 3) *to be a pernicious thing :* οὐδὲν χρηστή (commonly οὐδὲν χρήσιμος), *of no good*, is a euphemism for *bad ;* these words are sometimes understood to refer to the pass of Thermopylae itself (ἐσβολήν), and to mean that *the Malians had so long ago shown the pass to be useless*.

35. Μελάμπυγον : this was an epithet of Hercules, implying manliness and strength. — Κερκώπων : these Cercopes were droll, mischievous dwarfs, who appear often in the stories of Hercules, sometimes amusing and sometimes tormenting the hero. In the local legend of Thermopylae, they appear as footpads lurking about the pass (hence their *seats*, ἕδρας, at the narrowest place), where they steal the arms of Hercules while he is sleeping. Hercules seizes two of them and ties them to a pole, which he throws over his shoulders and walks away with them. They have been warned by their mother to beware of the Μελάμπυγος ; and on seeing this characteristic of Hercules as they are swinging behind him, they make such sport of him that finally he too begins to laugh at their jokes and releases them. A bas-relief taken from a temple at Selinus in Sicily represents Hercules carrying the two Cercopes on his shoulders. The stone called Μελάμπυγος probably had some imaginary resemblance to the sleeping Hercules.

36. τὰ Οἰταίων : the mountain (usually called Callidromus) over which the path led forms a part of the Thessalian range of Oeta : the words ἐν δεξιῇ refer to the march southward and eastward after crossing the Asopus. — ῥυόμενοι, *keeping guard* (as protectors). — φρουρέοντες, *guarding* (as sentinels). — ἡ κάτω ἐσβολή (G. 141, N. 3), i. e. Thermopylae itself. — ὑποδεξάμενοι, *having pledged themselves* (or *given a promise*) *to Leonidas*.

37. ἀναβεβηκότας (G. 280). — ὧδε, as follows, belongs to ἔμαθον. — ἐνέδυνον ... ἐνδυομένους (G. 199, N. 1) : as they were putting on their own armor, the middle is more exact. — οἱ βάρβαροι is subject of ἐγένοντο. — φανήσεσθαι (G. 203, N. 2).

38. μή ... ἔωσι, lest they might prove to be (G. 218 ; 216, 2).

Page 149. — φεύγοντες (G. 279, 4, N.). — ἀρχήν, originally, i. e. on purpose to attack them. — παρεσκευάδατο (G. 108, 4, 1.).— οἱ δέ refers to Πέρσαι, the subject of the preceding clause : this is not an Attic usage (G. 143, 1).

39. ἠοῖ (G. 55, N. 1). — ἐπί, besides (G. 191, N. 2). — οὗτοι, the diviner and the deserters. — οὐκ ἔων, forbade.

40. οὐκ ἔχειν (G. 203, N. 1), depends on λέγεται, by a change of construction (G. 260, 2, N. 1). — ἀρχήν : see § 38, above ; ἀρχήν may often be translated at all, like Latin omnino. — τῇ γνώμῃ πλεῖστός εἰμι, I am most strongly inclined to the opinion : so πολύς εἰμι (see Liddell and Scott). — κελεῦσαι (G. 203) depends on the phrase τῇ γνώμῃ πλεῖστός εἰμι. — αὐτῷ, intensive. — ἔχειν (G. 203, N. 1). — ἐλείπετο, awaited. — οὐκ ἐξηλείφετο, remained undiminished.

41. γενέσθαι ... ἀπολέσθαι : we should expect these to be in the future, on the principle of indirect discourse (G. 203) ; but verbs signifying to give an oracle are exceptional, probably because they imply a command. (See Greek Moods and Tenses, § 23, 1, N. 2). — " The notion which gave rise to this oracle seems to be the one, that in a dire extremity the anger of the deity was only to be propitiated by a most costly offering." Blakesley. It was related that Leonidas, before he left Sparta, gave instructions to his wife Gorgo for her conduct in widowhood ; and that "funeral games were performed, as over him, in his presence."

Page 150. — (2.) Περσείδῃσι, descendants of Perseus : Herod. (VII. 61) says that the Persians received their name from Perses, son of the Greek hero Perseus ; a mere device to unite the two similar names. — (3.) τὸ μὲν οὐκί ... δέ, not this, but, &c. — (4.) οὖρος (= ὅρος, boundary), Sparta's bounds. — (5.) τόν (G. 140), him, i. e. the invading Persian. — (7.) ἕτερον, one or the other. — δια-δάσηται (v. δατέομαι or δαίομαι). — ἀποπέμψαι and οἴχεσθαι depend on τῇ γνώμῃ πλεῖστός εἰμι in § 40, being partly a repetition of κελεῦσαι, &c. in that passage. All from μένοντι δέ (§ 40) through which the oracle is a sort of parenthesis.

42. τὰ ἀνέκαθεν, by descent. — οὐκ ἀπελείπετο, remained not behind, i. e. did not separate himself from the army. Krüger.

43. Θηβαῖοι ἄκοντες : as unwilling hostages, they could have been of little service ; it is probable that this is the representation made afterwards by the Thebans, to reconcile themselves with the Persian conqueror. (See § 55.) Their politics were at this time "essentially double-faced and equivocal." Grote. A later orator, confounding Thespians and Plataeans, says of the latter, that one half the adult citizens perished in the pass,

and the remainder fought in the Athenian fleet at Artemisium and Salamis. — οὐκ ἔφασαν, *said that they would not*, &c. — ἀπολιπόντες (G. 138, N. 8).

44. ἐς ἀγορῆς . . . πληθώρην, *until about full-market time*, i. e. the last part of the forenoon, before μεσημβρία.

Page **151.** — χῶρος, here = *space to be passed over*. — τὸ μὲν γάρ . . . ἐφυλάσσετο refers to the fight of the two preceding days.

45. πολλοί refers to the Persians: but the subject changes suddenly at ἅτε γάρ. — τοῦ ἀπολλυμένου, *the dying*. — ῥώμης ὅσον εἶχον μέγιστον, *their utmost strength*; like ὡς μέγιστον expanded into ὡς (or ὅσον) ἐδύναντο μέγιστον. — παραχρεώμενοι (sc. τοῖς σώμασιν), *making their lives of no value*. — ἀτέοντες, *reckless*. — κατηγότα (v. κατ-άγνυμι). — οἱ δέ, referring to τοῖς πλέοσι, not Attic (see note on § 38, above).

46. γενόμενος, *having proved himself* (not *having been*). — τὰ οὐνόματα: the names of the 300 could still be read on a column in Sparta in the time of Pausanias, 600 years afterwards. — οἶκον, *his estate*. — ὡς ἐούσης gives the reason of Artanes himself.

Page **152.** — τοῦτον ὑπεξείρυσαν, *rescued his body*. The bones of Leonidas were carried to Sparta forty years later, according to Pausanias; when the column just mentioned was erected. — τοῦτο συνεστήκεε, *this kind of battle continued*.

48. πλὴν Θηβαίων : see below, § 55. — λέων, with reference to the name Λεωνίδης. — τοῖσι . . . περιοῦσαι, *such of them as happened still to have them* (μάχαιραι) *left*. — καὶ χερσὶ καὶ στόμασι, as we say "*tooth and nail*," but of course with no comic idea. — ἐξ ἐναντίης, *in front*. — περισταδόν (adv. from stem of περιΐστημι), *so as to surround them*.

49. πρὶν ἤ (G. 274, N.). — τοσοῦτο . . . εἶναι depends on ἔφη implied in what precedes. — τὸν δέ, *but he*, irregularly inserted, as if the sentence had not been introduced by the relative τόν, to which πυθόμενον belongs. — ὡς ἀγγέλλοι depends on the *past tense* εἰπεῖν (G. 203 ; 201, N. 2). — εἰ . . . ἔσοιτο represents εἰ ἔσται in the direct form (G. 221, N.), *if it was to be* (not *if it should be*).

51. αὐτοῦ ταύτῃ τῇ περ ἔπεσον, *there* (i. e. at Thermopylae), on the spot where they fell. — σφί refers to the Spartans and Thespians. — πρότερον ἤ . . . οἴχεσθαι, like πρὶν ἤ in § 49 : the subject of οἴχεσθαι is τοὺς συμμάχους understood, which is also implied (in the genitive) after τοῖς πρότερον τελευτήσασι. — ἐπιγέγραπται : this verb applies especially to inscriptions, properly called ἐπιγράμματα (see below, after the inscriptions).

Page **153.** — Πελοποννάσου : the Doric form, with ᾱ for η (G. 30, 1). In the preceding verse, τᾷδε and τριᾱκοσίαις are sometimes substituted (on conjecture) for the Ionic forms of the MSS., which can hardly be correct. — χιλιάδες τέτορες : the number who *fought* (ἐμάχοντο), although Herodotus elsewhere speaks as if 4,000 *fell* (VIII. 25). The inscription refers only to those from Peloponnesus, who (according to § 18) amounted to 3,100. But later writers speak of 700 or 1,000 Lacedaemonians *besides* the 300 Spartans; and these must be included, although Herodotus makes no mention of them. The whole question of the numbers at Thermopylae is much disputed. The stern simplicity of the second inscription has made it especially famous. — ἀγγέλλειν is used for the imperative (G. 269). — In the third inscription, Μεγιστία is Doric genitive (G. 39) ; and οὐκ ἔτλη = *scorned* (Rawlinson). — ἔξω ἤ, *except*. — Σιμωνίδης : Simonides, the great lyric poet of Ceos, was often considered the author of all three epigrams. His still more famous ode on the heroes of Thermopylae (or perhaps only a fragment) is preserved by Diodorus : —

Τῶν ἐν Θερμοπύλαις θανόντων
εὐκλεὴς μὲν ἁ τύχα, καλὸς δ' ὁ πότμος,
βωμὸς δ' ὁ τάφος, πρὸ γόων δὲ μνᾶστις, ὁ δ' οἶκτος ἔπαινος.
Ἐντάφιον δὲ τοιοῦτον οὔτ' εὐρὼς
οὔθ' ὁ πανδαμάτωρ ἀμαυρώσει χρόνος, ἀνδρῶν ἀγαθῶν.
Ὁ δὲ σακὸς οἰκέταν εὐδοξίαν
Ἑλλάδος εἵλετο · μαρτυρεῖ δὲ Λεωνίδας
ὁ Σπάρτας βασιλεύς, ἀρετᾶς μέγαν λελοιπὼς
κόσμον ἀέναόν τε κλέος.

"Of those who at Thermopylae were slain,
Glorious the doom, and beautiful the lot ;
Their tomb an altar : men from tears refrain,
To honor them ; and praise, but mourn them not.
Such sepulchre nor drear decay
Nor all-destroying time shall waste ; this right have they.
Within their grave the home-bred glory
Of Greece was laid ; this witness gives
Leonidas the Spartan, in whose story
A wreath of famous virtue ever lives."

Translated by STERLING.

52. παρεόν = παρόν (G. 278, 2). — μεμετιμένοι (see μεθίημι in Cat. of Verbs). — οὐκ ἐθελῆσαι depends on λέγεται in the first line. — τὸν εἵλωτα, *his Helot* servant : each Spartan soldier was entitled to be accompanied by seven Helots, and probably many of these fell in the first battles at Thermopylae, unmentioned by the historian (see, however, VIII. 25). — λειποψυχέοντα, (here) *faint-hearted*.

53. εἰ . . . ἦν, *if it had been* the case. — κομιδήν, *return:* see κομίζεσθαι.

Page **154.** — προσθέσθαι ἄν (= προσέθετο ἄν) depends on λέγεται in § 52. — προφάσιος (G. 171, 1).

54. ἠτίμωτο, *he was disgraced*, as the perfect ἠτίμωται means *he is disgraced*. — ἐν Πλαταιῆσι, i. e. at Plataea, in the following year (479 B. C.). — ἀνέλαβε, *he made up for*. — ἐπενειχθεῖσαν (v. ἐπιφέρω).
55. ὡς ... μηδίζουσι ... ἀπικοίατο (G. 243).

Page **155**. — 56. πλεῦνας = πλέονας. — σχόντα ... Πλαταιέων: this attack of the Thebans on Plataea was the first hostile act committed in the Peloponnesian War (431 B. C.).
57. τῇ ἀληθείῃ, *truthfulness*. — τὰς διεξόδους, "*the ins and outs*." — οἷα βασιλεὺς γενόμενος, *since you were once their king*. (See note on § 26, above.) The counsel of Demaratus (here omitted) was that Xerxes should occupy with part of his fleet the island of Cythera, off the south coast of Laconia, which would draw off the Spartans from the defence of the Isthmus, and put all Greece in his power. This wise counsel was overruled by the Persian Achaemenes. It was followed afterwards by the Athenians, in the Peloponnesian War.
58. ἀποταμόντας, sc. τινάς. — δῆλα ... γέγονε (G. 135, 2). — τῶν (= ὧν) ... ἀνθρώπων (G. 154, Note).

IV.

Page **156**. — 1. ναυτικὸν στρατόν: the return of the Greek fleet from the Euripus to its position at Artemisium has been mentioned in III. § 11. After describing the battle of Thermopylae in the Seventh Book, Herodotus begins the Eighth Book with the sea-fight at Artemisium, which took place on the same three days with the battles at Thermopylae (see below, § 15). — Πλαταιέες : see I. §§ 11 - 13. — πεντηκοντέρους : these were vessels of the older style with fifty oars, all in one row; while the triremes, the more modern ships of war with three banks of oars, were specially called νῆες, sometimes νῆες μακραί.
2. ἐπ' Ἀρτεμίσιον (G. 191, N. 6). — ἡγεμονεύῃ, *be commander-in-chief*.
3. ἐς Σικελίην: see II. § 39. — εἰ στασιάσουσι, ὡς ἀπολέεται (G. 223, N. 1; 247). — τοσούτῳ ... ὅσῳ (G. 188, 2).

Page **157**. — μέχρι ... ἐδέοντο, *so long as they* (the Athenians) *were in extreme need of them* (the Peloponnesian allies) : μέχρι ὅσου here = ὅσον χρόνον. The desertion of these allies, all of whom acknowledged the headship of Sparta, would have withdrawn 113 ships. — περὶ τῆς ἐκείνου, i. e. to liberate the Greeks in Asia Minor and the islands: this refers to the beginning of the Confederacy of Delos (about 477 B. C.). See notes, p. 31.
4. Ἀφετάς: see III. § 12, above. — παρὰ δόξαν ... ἢ ὡς κατεδόκεον, pleonastic for *otherwise than as they expected*, παρὰ δόξαν being more emphatic than the simple ἑτέρως. — δρησμόν, *a retreat*, which would have betrayed the force at Thermopylae to destruction, besides leaving Euboea

unprotected against the Persian fleet. — προσ-μεῖναι ... χρόνον, *to wait a little longer*. — Θεμιστοκλέα : Herodotus is writing after Themistocles had died in exile, when even his disinterested·acts were liable to be suspected of corruption. But whatever we may think of his personal motives, we may easily believe that he used money furnished by the richer Euboeans in the way described in § 5. — ἐπ' ᾧ ... ποιήσονται (G. 236, N. 2 and 3).

5. ἐπισχεῖν (G. 265). — ἤσπαιρε, *struggled*, i. e. *resisted*. — ἀπολιπόντι represents εἰ ἀπολίποις, as protasis to πέμψειε ἄν (G. 226, 1). — ἠπιστέατο, imperfect, *supposed* (G. 126, 5 ; 119, 3): cf. ἐδυνέατο above, III. § 30.

Page **158.** — 6. εἴ κως ἕλοιεν (G. 226, 4, N. 1), *in case they should capture them*, i. e. to capture them if they could. — καταλάβοι, *should close in about them* (and save them), — an unusual meaning. — καὶ ἔμελλον δῆθεν ... περιγενέσθαι, *and they were likely (as the Persians thought,* δῆθεν) *to make their escape* (i. e. if their flight was not hindered) ; *whereas* (δέ), *according to their* (the Persians') *talk, not even a torch-bearer was to come off alive*. The torch-bearer in an army or fleet kept alive the sacred fire which was brought from home, and his person was held sacred. His fall, therefore, implied the utter annihilation of the whole army. It was a common saying that "not even a torch-bearer escaped" (οὐδὲ πυρφόρος ἐλείφθη), implying utter destruction.

7. πρὸς ταῦτα ὦν : this corresponds to ἐκ μὲν τῆς ἀντίης in § 6, taking the place of a clause with δέ. — ὡς ἄν (G. 216, 1, N. 2). — οἱ μέν, i. e. those who sailed round Euboea ; σφεῖς δέ, *and they*, i. e. the main force ; both in apposition with the subject of περιλάβοιεν. — ἐξ ἐναντίης, *in front*, like ἐκ τῆς ἀντίης in § 6. — τὰς ταχθείσας, i. e. the two hundred.

8. αὐτὸς περιεβάλετο, *got for himself*. — ἀλλ' οὐ γάρ οἱ παρέσχε ὡς τότε, *but* [had not done so], *for he had never had* [such] *an opportunity as then*. — ἔτι, *at length*.

Page **159.** — ἐς ὀγδώκοντα : a swim of about nine miles ! This is matched by another later story, that, during the storm at Sepias, the same man with the help of his daughter (also a diver) destroyed many Persian ships by diving down and loosening their anchors.

9. ἀποδεδέχθω, v. ἀποδείκνυμι (G. 202, 2, N. 1). — ὡς γένοιτο, *that it had taken place* (G. 243).

10. ἐπενείκαντες, *ascribing* or *imputing*. — καταφρονήσαντες ταῦτα, *resolved on this ;* καταφρονεῖν has this rare sense only in Ionic Greek. — ἐς μέσον implies that they hoped to get the Greeks *into the circle* which they were about to make. — ἐπιστάμενοι, *feeling sure*. — ἀπονοστήσει, *would return safe*. — ἡδομένοισι ἦν (G. 184, 3, N. 6). — ὅκως ... λάμψεται depends on the idea of *striving* in ἄμιλλαν ἐποιεῦντο (G. 217).

Page **160.** — 11. ὡς ἐσήμηνε, *when the signal was given* (G. 134, N. 1, d). — ἐς τὸ μέσον : the sterns were brought together as the prows were turned toward the enemy on every side. — ἔργον εἴχοντο, *held to the work*. — κατὶ στόμα, *beak to beak.* — Σαλαμινίων : the Salamis in Cyprus is meant ; but ἐν Σαλαμῖνι below refers to the island near Athens.

12. μέσον θέρος, *midsummer:* τῆς ὥρης is partitive genitive. The battles of Thermopylae and Artemisium took place in July, 480 B. C. — κατιστέατο, imperfect, = καθίσταντο. — ἐλπίζοντες, *apprehending.* — ἐς οἷα = ὅτι ἐς τοιαῦτα, causal relative (G. 238). — ῥεύματα ἰσχυρά, *swollen torrents.*

Page **161.** — 13. ὅκως ἄν (G. 216, 1, N. 2). — τὰ Κοῖλα, *the Hollows* of Euboea are probably on the southwest side, opposite Attica.

14. ἐπεβώθεον, *came as reinforcement:* these 53 ships, added to those mentioned in § 1, raised the Athenian fleet to the full number of 200. — τὴν αὐτὴν ὥρην, *the same time of day* (see § 9, above).

15. σφι λυμαίνεσθαι, *should harass them* (G. 184, 2). — τὸ ἀπὸ Ξέρξεω, *what Xerxes might do.* — οἱ μέν refers to the Greeks both at Thermopylae and at Artemisium ; οἱ δέ to the Persians at both places : πόρου refers to the passage by sea and that by land. — ὅκως κρατήσουσι (G. 217, N. 2).

Page **162.** — 16. παραπλήσιοι, *equally matched,* not in numbers, but as is explained in the next sentence. — αὐτὸς ὑπ' ἑωυτοῦ ἔπιπτε : a Corinthian speaker in Thucyd. 1. 69 speaks of the armament of Xerxes as αὐτὸν περὶ αὑτῷ σφαλέντα. — τράπεσθαι (Ionic present passive), in apposition with χρῆμα.

17. παλήσειε, *should suffer:* cf. ἤν τι καταλαμβάνῃ (G. 248). — σημαίνειν depends on προσετέτακτο and also on ἑτοῖμον. — ἐς ἀναβολάς, *with delay.* The fleet had suffered so severely in the engagements, — half of the Athenian ships being disabled, — that it had already determined to withdraw ; and, by advice of Themistocles, the Greeks were slaughtering the cattle of the Euboeans for their own supplies.

18. περὶ τὰ πότιμα ὕδατα, i. e. on the northern shore of Euboea, where the Persians would land for drinking-water. — ἐπὶ τοὺς πατέρας : Attica was called the parent city of the Ionians in Asia Minor. — μάλιστα μέν, *best of all.* — ἐκ τοῦ μέσου ἡμῖν ἕζεσθε (G. 184, 3, N. 6), i. e. *be neutral.*

Page **163.** - καὶ αὐτοί, opposed to τῶν Καρῶν. — ἡ ἔχθρη . . . γέγονε : i. e. in the assistance given by Athens in the Ionic revolt. — βασιλέα, object of λαθόντα. — ἐπείτε ἀνενειχθῇ : Herodotus occasionally omits ἄν in this construction, contrary to the usage in Attic prose (G. 234 ; 223, N. 2). — διαβληθῇ (sc. τὰ γράμματα), *should be misrepresented* (G. 248, N.).

In the interval which follows, Xerxes is said to have brought the soldiers of his fleet to Thermopylae, that they might view the Grecian dead, — concealing the trenches where 20,000 of his own dead lay buried, — "truly a laughable device," says Herodotus, "which deceived nobody ; on one side a thousand men lying about the field [as if these were all the Persians had lost], and on the other four thousand crowded together into one spot." He is also related to have asked of some Arcadian deserters what the Greeks were doing. "Holding the Olympic games," was the reply, and "seeing wrestling and chariot-races." "And for what prize?" he asked. "An olive-wreath to the winner." Upon which a Persian officer exclaimed, "What men are these against whom we are brought out to fight?—men who contend with one another for honor, and not for gain!" At this time, too, the Thessalians (who had an old border-feud with the Phocians) sent a messenger into Phocis, offering, for a ransom of fifty talents, to save the district from being ravaged by the Persians : to which the Phocians replied, that they were free as the Thessalians to make friends with the Medes, if they chose ; but they would never of their own will be traitors to the liberties of Greece. This heroic answer greatly endeared them in later times to the Athenians ; but the opinion of Herodotus was, that their ancient hate would have led them to choose the side opposite to the Thessalians, whichever that had been.

19. ἐς τὴν Δωρίδα : it is strange that Herodotus represents the whole army of Xerxes as marching into Boeotia by the road which leads through Doris and Central Phocis by the valley of the Cephissus, — a road which, by crossing a mountain ridge, avoided the pass of Thermopylae altogether. Stein remarks, that probably a part of the army at least passed through Thermopylae and took the upper road, which appears from the names of towns on that route which were burned by the Persians. This road also would be the only one practicable for the cavalry. — ποδεών, *footlet* or *spur* (see Lexicon). — ἥ περ refers to Doris. — μητρόπολις, i. e. the starting-place of the Dorian emigration : the earlier home of the race was in Thessaly. — οὐκ ἐδόκεε, i. e. the Thessalians advised against it.

20. ἡ κορυφή, the name Tithorea was given to one of the summits in the mass of mountains called Parnassus : the place here mentioned was probably a natural fortress described by Plutarch (Sull. 15), below the highest peak of Tithorea ; the present Velitza. — κατὰ Νέωνα, at (or *above*) *Neon*. — κειμένη ἐπ' ἑωυτῆς, *lying by itself*, i. e. a solitary peak. — ἀνηνείκαντο, understand *their possessions*.

21. Παραποταμίους, "*Riverside*," a town and people of the same name on the Cephissus.

Page **164**. — τὰς δὲ πόλις . . . ἔσωζον, *were protecting their cities*, i. e. when the Persians entered Boeotia.

23. εἴτε . . . κατορύξωσι, (G. 244) : the direct question being κατορύξωμεν ; *shall we bury them?* (G. 256). — αὐτός before εἶναι is adjective (G. 138, N. 8). — πέρι (G. 191, N. 4). — πέρην, i. e. across the Gulf of Corinth. — Κωρύκιον ἄντρον, the Corycian cave, sacred to Pan and the nymphs, was high above Delphi, in the side of one of the heights of Parnassus. It is described as about 300 feet deep, 40 feet high, and abounding in stalactites.

Page **165**. — 24. ἀπώρεον, *were in sight of*. — Προνηίης, a title of the Delphian Athena (Attic Προναία), who was so called because her temple stood on the way leading to the great temple of Apollo, being thus *before* *the temple* (πρὸ ναοῦ). — διὰ πάντων, *above all:* διά has occasionally (in Herodotus as in the poets, not in Attic writers) a meaning of *pre-eminence, of going through* or *beyond.*

25. δύο κορυφαί (G. 138, N. 6), great masses of rock detached from the mountain and thrown down, probably, by the defenders : many such fragments are now to be seen in the pass. — Ἰθὺ Βοιωτῶν (G. 182, 2). — μέζονας ἢ κατὰ ἀνθρώπων φύσιν, *of more than human stature:* ἔχοντας cannot be correct here unless there is some error in the preceding words.

26. τούς and δύο belong to ἥρωας. — τῆς Κασταλίης, the famous fountain of Castalia, which flows from the cleft between the two lofty peaks, the Φαιδριάδες, which overhang Delphi. One of these peaks was called Hyampeia. These two peaks above Delphi have caused the idea that the chief peak of Parnassus, Lycoreia, has a double crest.

Page **166**. — 27. τὸ ποιητέον = ὃ ποιητέον, as indirect question. — ἐπὶ τοῖσι κατήκουσι (v. καθ-ήκω) πρήγμασι, *on the circumstances that had arisen* (or *come in*), like the Attic τὰ καθεστῶτα. — τῶν . . οὐδέν, *nothing of the kind.* — οἱ δέ, the Athenians : see note on III. § 38, above. — ἀπιέναι (v. ἀφίημι) depends irregularly on ἐπυνθάνοντο, which takes the participle τειχέοντας regularly (G. 280).

28. Ἀθηναίων τῇ τις δύναται σώζειν, for Ἀθηναίων τινὰ τῇ (= ᾗ) δύναται σώζειν. — ἐς Τροιζῆνα : Troezen, on the Argolic coast, was a seafaring place, sacred to Poseidon, and inhabited by an Ionic people kindred to the Athenians. It deserves to be remembered to the honor of the Troezenians, that they received the Athenian exiles "with eager good-will," and "passed a vote that they should be maintained at the public charge by a daily payment of two obols to every one, and leave be given to the children to gather fruit where they pleased, and schoolmasters paid to instruct them." (Plutarch, Them. 10.) — τῷ χρηστηρίῳ, that with reference to the "wooden walls." — ἐν τῷ ἱρῷ, *in the temple* of Athena Polias, which formed part of the Erechtheum on the Acropolis of Athens. Here was preserved the olive-wood statue of the Goddess, which was believed to have fallen from heaven, and which was decorated with the costly *peplus* at the great Panathenaic festival. — ὡς ἐόντι, i. e. to the serpent *as actually existing,* implying some doubt of his reality on the historian's part. — ἐπιμήνια, *monthly food-offerings.* — ὡς . . . ἀπολελοιπυίης : it was a common ancient belief, that a city could not be taken or destroyed unless first forsaken by its divinity. Thus the Romans had a formula for summoning forth the Gods of the cities they were about to attack ; while the true name of Rome and that of its tutelar divinity were said to be kept as a mystery, lest they should become known to an enemy who might thus disarm the city of its protector. (See Macrobius, Sat. III. 9.)

Page **167**. — 30. προθέντος (for the more common λόγον προθέντος), *having given notice,* the usual formula for opening a debate. — τῶν (= ὧν) χωρέων, by attraction for ὅκου χωρέων τῶν ἐγκρατέες εἰσί, *in which of the places they were themselves masters of.* — ἐπιλέγοντες, as if ἔλεγον or ἔγνωσαν had preceded. — ἵνα, *where*. — πρὸς δὲ τῷ Ἰσθμῷ, supply ἐόντες from the clause with μέν.

31. ἥκειν, *had* (already) *come* (G. 200, N. 3); but πυρπολέεσθαι (regular present), *was burning:* so with ἦκε and ἐδηίου below.

Page **168**. — 32. τρισὶ μησί: it was now September, B. C. 480, on the 20th of which the battle of Salamis was fought. — ἄρχοντος, *being Archon*, i. e. Eponymus for the year : see note on Xen. Hell. 2, III. 1. — τὸ ἄστυ, *the city proper*, all within the circuit of the walls. — ταμίας, *stewards*, having charge of the temple-treasures.

33. Ἀρήιον πάγον, the Areopagus, or Mars' Hill. — ὅκως ... ἄψειαν (G. 233). — ἐνεδέκοντο, *did they entertain them*, i. e. the proposals of the exiled family of Pisistratus.

34. ἐκ τῶν ἀπόρων: ἄπορα is used like ἀπορίαι. — ἔμπροσθε : the north side of the Acropolis is still sometimes called *the front;* the gateway and the only entrance are on the west side. — ἤλπισε has here so much force of *apprehension* that it takes μή and the optative like ἐφοβήθη (G. 218) : for ἤλπισε ἄν, see G. 226, 2. — ἱρὸν ... Ἀγλαύρου : the Aglaurium, a sanctuary which commemorated the place where Aglaurus, daughter of Cecrops, was said to have thrown herself from the Acropolis.

Page **169**. — πρὸς τὰς πύλας, the gates of the temple, in the precincts of which they had ascended.

35. Ἀρταβάνῳ : an uncle of Xerxes, who had been left in chief authority at the Persian capital, although he had attempted to dissuade Xerxes from his expedition against Greece.

36. γηγενέος, *born of the Earth:* see Il. II. 548, τέκε δὲ ζείδωρος ἄρουρα. The temple of Erechtheus was one of the three temples united in the building commonly called the Erechtheum ; a second was the temple of Athena Polias (see note on § 28, above) ; the third was the Pandroseum, which contained the sacred olive-tree planted by Athena, and the salt spring (θάλασσα) made by the stroke of Poseidon's trident. These were *proofs* (μαρτύρια) offered by the rival deities in their famous contest for the possession of Athens, which was represented by Phidias in the group of statues on the western pediment of the Parthenon. — ὅσον τε, *about*, like ὡς with words denoting number or size : the τέ is a poetic addition (not Attic) allowed by Herodotus (G. 151, N. 4).

37. κυρωθῆναι depends on ἔμενον, which sometimes takes the infinitive in the sense of *waiting for* something to be done. — πρῆγμα, *subject* of discussion (see § 30, above).

Page **170**. — καὶ οἵ (G. 151, N. 3).

38. περὶ οὐδεμιῆς ... ναυμαχήσεις, i. e. *you will no longer have any country to fight for* (for οὐ ... οὐδεμιῆς, see G. 283, 9). — μὴ οὐ (G. 283, 7). — ἀναγνῶσαι, *to prevail upon:* this meaning of ἀναγιγνώσκω is not found in Attic.

39. συμμίξαι, communicare. — έωυτοῦ ποιεύμενος, making (or representing) them as his own.

40. τῶν εἵνεκεν (relative), = τούτων ὧν, &c.: τούτων depending on λόγον. — πολλός, frequent or urgent; i. e. he had much to say. — ἀπολυόμενος, in his defence, sese purgans. — οἱ ἐγκαταλειπόμενοι, they who do not enter the lists.

Page **171.** — 41. ἀναζεύξῃς, break up, move off: lit. yoke up, used properly of moving by land. — ἀναπεπταμένῳ, open (as a bird with its wings spread), in contrast with the narrow waters at Salamis. — ἐς τό (relative), supply ἀνάγειν or some similar verb. — βαρυτέρας (if correct) must mean heavier in movement, not larger. — σφέας, the Persians. — κινδυνεύσεις ... Ἑλλάδι: compare κινδυνεύειν τῇ ψυχῇ, in III. 27.

42. τοσάδε, the following (G. 148, N. 1). — πρὸς ἡμέων, for our advantage. — ἐς τήν (G. 191, N. 6). — ἐν αὐτοῖσι (as above), i. e. in what I propose. — μένων = ἢν μένῃς (G. 226, 1).

43. περιεοῦσι : cf. περιγίνεται in § 42. — λόγιον refers to the oracle, II. § 35. — οἰκότα is object of βουλευομένοισι, and is also understood as subject of ἐθέλει, which here is used like φιλεῖ = solet. — βουλευομένοισι before οὐκ ἐθέλει is dat. commodi, i. e. for their sake.

Page **172.** — προσχωρέειν ... γνώμας, conform (go over) to human ideas.

44. τῷ μή ἐστι (G. 238) : μή shows that there is a conditional as well as a causal force in the relative clause. — ἐπιψηφίζειν ἀπόλι ἀνδρί, to put a question to vote for (i. e. on the motion of) a man without a country. — οὕτω συμβάλλεσθαι, then (i. e. after declaring his country) to join in proposing opinions. — ἑωυτοῖσι, to himself and his fellow-citizens. — ἔστ' ἄν, so long as: the subjunctive in the direct discourse depends on ἐστί (here changed to εἴη), which has a future (as well as present) sense ; the idea being, we can certainly be said to have a country, so long as we have 200 ships to show.

45. ἐπεστραμμένα (v. ἐπιστρέφω), pressing, emphatic. — εἰ μενέεις καὶ ἔσεαι : the apodosis is suppressed, it will be well. — τὸ πᾶν ... φέρουσι, i. e. with them rests the whole fortune of war. — οἰκέτας, (here) our households. — Σῖριν, a town near Sybaris in Southern Italy. — καὶ ... αὐτήν, and which (G. 156) : a relative is seldom repeated in a new case, but a personal or demonstrative takes its place.

46. δοκέειν, used absolutely (C. 268). — μή ... ἀπολίπωσι (G. 218 ; 216, 2). — οὐκέτι belongs to ἀξιόμαχοι. — οἱ περὶ Σαλαμῖνα (G. 141, N. 3): ἀκροβολισάμενοι, after skirmishing.

Page **173.** — Αἰακίδας : among the descendants of Aeacus were Peleus and his son Achilles. It is not to be supposed that the ship was sent for images of these heroes ; but it was believed that they would come in person, though unseen, to help the Greeks.

47. Δημαρήτῳ : see note on III. § 57. — Θριασίῳ πεδίῳ, between Parnes and Eleusis. — ὁτεῶν κοτε εἴη, indirect question, like ὅ τι εἴη (below). — πρόκατε (= πρόκα τε), suddenly, all at once. — ἴακχον, the song sung by

the procession of the initiated (μύσται or μεμυημένοι) as they marched along the Sacred Way from Athens to the temple at Eleusis at the annual festival of Demeter: the name comes from the frequent recurrence of the verse Ἴακχ', ὦ Ἴακχε, in which Dionysus (or Bacchus) was invoked under the name of Iacchus.

48. αὐτός belongs to the omitted subject of εἶπαι (see G. 138, N. 8): ἔφη is still understood. — ἐρήμου ἐούσης, causal. — Μητρὶ καὶ τῇ Κούρῃ, *to Demeter (the Earth-mother* or Ceres) *and Core (the Daughter,* Proserpine or Persephone ; Κόρη, Ionic Κούρη). — μυεῖται, *is initiated:* the term probably refers to the candidates for initiation having their eyes closed or covered. — τὴν φωνήν (G. 159).

Page **174.** — 49. οὐδὲ εἶς, ne unus quidem, more emphatic than the simple οὐδείς. — ἐκ τοῦ κονιορτοῦ, *after the dust.* — ἐπὶ Σαλαμῖνος, *towards Salamis;* but ἐπὶ τὸ στρατόπεδον, *into the camp.* — καταπτόμενος, *calling to witness;* properly used of *clinging* to the image of a God who is invoked.

50. θηησάμενοι : see note after § 18, above. — Φαλήρῳ, the old port of Athens ; see map, and note on Xen. Hell. ii. 4, 11.

Herodotus now describes a discussion (here omitted), in which an immediate attack on the Greek fleet at Salamis was urged by all the Persian commanders except Artemisia, the queen of Halicarnassus. She advised distracting the Greeks by threatening various parts of their coast with attack. But her counsel seemed timid and slow, and was overruled by the majority, whom Xerxes followed. Herodotus also remarks, that the army and navy of Xerxes, when they reached Attica, were as numerous as they had been before the storm at Sepias and the battles at Artemisium and Thermopylae, the losses being made up by accessions from the Greeks. This, however, may well be questioned.

The movement mentioned in the words ἀνῆγον τὰς νέας ἐπὶ τὴν Σαλαμῖνα, seems to have consisted in sailing across to some position southeast of Salamis, from which an attack could be made the next day on the Athenian fleet, which was lying in the Bay of Salamis (on the east side of the island). — ὅτι . . . μέλλοιεν (G. 250, N.).

51. ἐπορεύετο, *began its march.* — συγχώσαντες, *having destroyed (dug away)* : the road along the shore from Megara to Corinth is here artificially made on the steep side of the Scironian cliff (Σκιρωνίδες), and it is still rendered impassable by an ordinary rain-storm. This is the place at which the robber Sciron kicked travellers into the sea, until he was himself served in the same way by Theseus. (He has resumed his old business in later years, and a new Theseus is sadly needed there.)

Page **175.** — φορμοὶ ψάμμου πλήρεες, *gabions.*

52. περὶ τοῦ παντὸς δρόμον θέοντες, *running a race for the whole,* i. e. *having everything at stake.* — ἀνὴρ ἀνδρὶ παραστάς, *each man with his neighbor.* — τέλος (G. 160, 2). — ἐξερράγη, the excitement *broke out* (like a storm). — οἱ μέν, as if πολλοὶ ἔλεγον preceded ; to this corresponds Ἀθη-

ναῖοι δέ, &c. — ἀμύνεσθαι depends on some word like κελεύοντες understood with 'Αθηναῖοι, &c.

53. λαθών, *secretly*. — ἐπεδέκοντο πολιήτας : after the great losses sustained at Thermopylae and later at Plataea, Thespiae was obliged to admit new citizens. This Sicinnus was an Asiatic by birth, and probably spoke Persian. — λάθρῃ = λάθρᾳ (G. 182, 2). — φρονέων τὰ βασιλέος, *favoring the King's cause*. — παρέχει, *affords you* an opportunity.

Page **176**. — περιίδητε διαδράντας, *allow to escape :* notice the tense of the participle (G. 279, 3). — πρὸς ἑαυτούς, *against each other* (G. 146, N. 3).

The first object of Themistocles was certainly to make a retreat of the Greek fleet impossible, as he believed that thus only could the progress of Xerxes be checked. He also wished to divert the attention of the Persian commanders from their original plan of attack to an entirely new one of cutting off a retreat, thus making them careless at the critical moment, and perhaps inducing them to divide their fleet. It can hardly be doubted, however, that here — as in his later stratagem (§ 85) — he had a crafty scheme for "laying up treasure" (ἀποθήκην μέλλων ποιήσεσθαι, § 84) with the King, in case the Greek cause should fail or he himself (as actually happened) should be driven to seek the protection of Persia.

54. τοῦτο δέ, *secondly*. — ἀνῆγον ... Σαλαμῖνα, *they brought their west wing up to Salamis, sailing round* the island (or *surrounding* the island, i. e. with ships stationed at important points). This refers to the ships which formed the west wing as they were stationed the evening before the battle (see note on § 50). — οἱ ἀμφὶ ... Κυνόσουραν τεταγμένοι, *those who had been stationed about Ceos and Cynosura :* it is now generally agreed that this Cynosura must be some point of Salamis, and not the Cynosura of the bay of Marathon. The word (lit. *dog's tail*) means simply a *long point of land*, and the eastern point of Salamis suits the description better than any other. Ceos must be some place or point in the immediate neighborhood. — κατεῖχον ... πορθμόν : the ships just mentioned, which were lying off Cynosura at nightfall, now advanced and blockaded the channel between Salamis and the peninsula of Piraeus (in which is Munychia). — ἀπεβίβαζον τῶν Περσέων (cf. πολλοὺς τῶν Περσέων, above), sc. τινάς (G. 170, 1). — ὡς ... ἐξοισομένων, *because (they thought) both the men and the wrecks would be especially likely to be brought ashore here*. — ἐν πόρῳ, &c., i. e. *in the passage where the battle was to be fought*.

The description of Herodotus, thus interpreted, agrees in all essential points with that of Aeschylus. The great tragedian, who had fought in the Athenian ranks of Marathon, was also in the battle of Salamis. It is to be assumed that no account of the position of the Persian fleet on that eventful morning can be correct, which does not agree with his description in the "Persians." This tragedy, exhibited in Athens in 472 B. C., contains a graphic account of the battle, which a messenger, just arrived at the Persian court from Salamis, narrates to Queen Atossa, the mother of

Xerxes. The three principal points mentioned by Herodotus in § 54 are prominent in Aeschylus. The landing of Persian troops on Psyttaleia, and their slaughter, are made a most important part of the story (see note on § 75). The stratagem of Themistocles is mentioned as the chief cause of the Persian defeat. In consequence of this, Xerxes first orders a triple line of ships "to guard the passage out and the roaring straits" (i. e. the southern entrance of the straits of Salamis); then "others ("to guard," or "to sail") in a circle round the isle of Ajax" (i. e. Salamis). The former are the ships described by Herodotus as holding "all the channel as far as Munychia"; the latter must be "the west wing," which the Persians *bring round* to Salamis (κυκλούμενοι). This last is made clearer by the statement of Diodorus, that Xerxes sent round the Egyptian ships to blockade the passage between the northwest point of Salamis and the mainland of Megara. This is the movement to which Aristides refers in § 58. We may suppose that other ships were placed at other points around Salamis, where they would be of service if the Greeks made their expected attempt to escape by night. Aeschylus then describes the disappointment of the Persians when no signs of flight appeared; and their consternation, at break of day, when, as the sun rose, they heard the solemn paean — the war-cry of the Greeks — and the blast of the trumpet echo from the hills of Salamis. He represents the attack as begun by a Greek ship. The battle seems to have been fought chiefly within the straits, so that the Persian right extended towards Eleusis, and their left towards Piraeus (§ 62). The Persians probably advanced in line from the open sea into the narrows, where they were soon thrown into confusion from want of room. Aeschylus speaks of the *stream* (ῥεῦμα) of the Persian fleet, which probably refers to their mode of entering the straits. The Persians were so soon thrown into confusion, that the fight must have rapidly lost its regularity, and probably no systematic plan of the Greek commander was carried out. This explains the confused accounts which we have of the progress of the battle, as to which Herodotus (§ 64) confesses himself unable to give details.

The battle of Salamis was fought on the 20th of September, 480 B. C.

55. συνεστηκότων, *in conflict* (see note on II. § 36, above). — 'Αριστείδης: Aristides, who had been one of the generals at Marathon, was banished from Athens by *ostracism* (see Dict. of Antiquities) in 482 B. C.; but his sentence had been revoked since the invasion of Xerxes had begun, on the motion of Themistocles, his bitter enemy and rival. Recalled too late to return to Athens, he thus joined the Athenians in their camp at Salamis the night before the eventful battle, bringing news of the movement of the Persians which was most welcome to Themistocles.

Page **177.** — 56. περὶ τοῦ, &c., *on the question, &c.* — ἴσον ἐστί, *it is all one.* — Πελοποννησίοισι is to be joined with ἀποπλόου.

57. ἐξ ἐμέο, *at my instigation.* — παραστήσασθαι, *to bring them over,* i. e. to my opinion. — ὡς οὐ ποιεύντων . . . ταῦτα, *because (as they will say) the barbarians are not really doing this* (G. 277, N. 2).

58. ἧκειν καὶ ἐκπλῶσαι, indirect discourse for ἧκω καὶ ἐξέπλωσα. — τοὺς ἐπορμέοντας shows that the sea between Salamis and Aegina was occupied during the night by part of the Persian fleet (see note on § 54).

Page 178. — ἐπείθοντο here takes the accusative, as in II. § 34.

59. ἐς τὸν τρίποδα: this tripod was erected after the battle of Plataea. A portion of the pedestal, 16 feet high, is now in Constantinople; and the names of the states which "overthrew the Barbarian" (including the Tenians) are still to be read in the Doric inscription. (See Rawlinson's Herodotus, IV. p. 395.) — τῇ Δημνίῃ: see § 11, above. — κατέδεε, supply τὸ ναυτικόν.

60. τῶν Τηνίων is adnominal genitive with ῥήματα where we should expect ὑπό and the genitive with λεγόμενα. — καὶ οἵ (G. 151, N. 3) ... ποιησάμενοι, used irregularly for the genitive absolute, as if other speakers besides Themistocles were to be mentioned in apposition. — ἐπιβατέων, *marines, fighting men on a ship*, as opposed to sailors and rowers: ἐπιβάτης originally means any one who *embarks* (ἐπιβαίνει); see below, § 89. — προηγόρευε εὖ ἔχοντα ἐκ πάντων, i. e. *made the best speech of all.* — τὰ δὲ ἔπεα ... ἀντιτιθέμενα, *and his words throughout contrasted things nobler with things baser.* — ὅσα refers to τούτων. — καταστᾶσι, *constitution.* — καταπλέξας, *having brought to an end.* — τριήρης: see § 46, above. — ἀνῆγον, *got under way,* i. e. *began to advance:* in the next line, the middle is used in the same way, without νέας.

61. ἐπεχέατο, *were close upon them.* — ἐπὶ πρύμνην ἀνακρούεσθαι (also without ἐπί) is *to back water:* the statement is, that most of the ships at first backed water and were on the point of running ashore on the island behind them. — ἐξαναχθείς, *advancing from the line.* Ameinias is said to have been a brother of Aeschylus; another brother, Cynegeirus, fell at Marathon (I. § 20). — φανεῖσαν agrees with γυναῖκα implied in the preceding accusative.

Page 179. — ἀνακρούεσθε (G. 200, N. 7).

62. κατά, *opposed to.* — πρὸς ἑσπέρης and πρὸς τὴν ἠῶ here are northwest and southeast; Eleusis and the Piraeus giving the general direction of the Persian line. — Θεμιστοκλέος ἐντολάς; see § 18, above. — χρήσομαι ... οὐδέν (G. 188, 1, N. 2). — εὐεργέτης ἀνεγράφη: "*Recording the name* is repeatedly spoken of in the inscriptions of Assyria and Babylonia as the highest object of man's ambition. See Esther vi. 1." (Rawlinson.)

63. τῶν νεῶν, i. e. Persian, as τούτους refers to certain Persians. — ἔμελλε ... συνοίσεσθαι, *the result was bound to be such,* &c. — ἦσαν καὶ ἐγένοντο, *were and proved themselves.* — αὐτοὶ ἑαυτῶν, *compared with themselves* (i. e. at other times): the comparative here takes two constructions, a genitive and a clause with ἤ, the former being inserted merely for emphasis.

64. μετεξετέρους, *individuals.* — Ἀρτεμισίην: as Artemisia was queen

of Halicarnassus, the birthplace of Herodotus, he makes more special mention of her. (See also note on § 50, above.) — καὶ ἤ : see below.

Page **180**. — ἔμπροσθε γάρ : the clause introduced by γάρ ends with ἐοῦσα, after which ἔδοξέ οἱ, *it pleased her*, irregularly takes the place of a personal verb belonging to καὶ ἤ. — πρὸς . . . μάλιστα, *close upon*. — τὸ καὶ συνήνεικε, *which succeeded too:* see § 66, below. — φέρουσα, *bearing down*. — ἀνδρῶν τε . . . καί : this implies that the ship was *not only* (τέ) manned by Calyndians, *but also* (καί) bore the king (?) of Calynda (a Carian town): ἐπιπλώοντος is genitive absolute.

65. εἰ μὲν καί τι . . . ἐγεγόνεε, *even if we admit that she had had some quarrel with him, still, &c*. — μέντοι is used like δέ in apodosis (G. 227, 2). — παραπεσοῦσα : Herodotus used συγκυρέω (as well as συμπίπτω) with the participle, like τυγχάνω in Attic (G. 279, 4).

66. ἀπὸ τούτων, *by what she had done* (not especially κακόν). — καὶ τόν (G. 143, 2) : so καὶ τούς. — φάναι, *assented* (imperfect). — ἐπισταμένους, *recognizing;* but ἠπιστέατο, *believed* (wrongly). — αὐτῇ συνήνεικε, *proved fortunate for her* (Krüger), as in § 64, above ; γενόμενα being causal : but συνήνεικε may perhaps be taken with γενόμενα, *happened to result fortunately*, like συνεκύρησε in § 65 (we have, however, συνήνεικε γενέσθαι in § 66). — καὶ τὸ . . . γενέσθαι, *and especially the circumstance, that, &c*., referring to τά τε ἄλλα. — γεγόνασί μοι (G. 184, 3, N. 6).

67. ἀπὸ δέ (sc. ἔθανον) = ἀπέθανον.

Page **181**. — ἐν χειρῶν νόμῳ, *in the hand-to-hand conflict*. — ἀποδεξόμενοι here belongs to ἀποδείκνυμι, as ἀποδεξάμενοι in II. § 17 : see note on I. § 6.

68. ὡς . . . ἀπολοίατο (G. 122, 2), i. e. that the collision was not accidental. — ὡς προδόντων, sc. τῶν Ἰώνων, *because* (as the Phoenicians charged, ὡς) *they had been traitors:* the genitive absolute is more emphatic than the simpler ὡς προδόντας would have been. — τοιόνδε, *as follows*. — κατεδύετο . . . κατέδυσε : notice the difference in the voice and the tense. — τῆς καταδυσάσης νεός, *the ship which had sunk them*. — ἔσχον, *took possession* (not *had* or *held*).

69. ἐκέλευσε, sc. τινάς as subject of ἀποταμεῖν. — αὐτοί refers to the Phoenicians generally, who were to be taught a lesson. — ὅκως . . . ἴδοι, *whenever he saw* (G. 233). — ὑπό, *at the foot of:* the eminence on which Xerxes sat during the battle is *low* compared with the higher mountain of which it is a projection. — πατρόθεν, i. e. adding his father's name to his own, in the Athenian style. — προσεβάλετο . . . πάθεος, i. e. *he contributed somewhat* (τι) *to this disaster of the Phoenicians* (G. 170). — φίλος ἐών, sc. τοῖς Ἴωσι.

Page **182**. — 70. ἐν τῷ πορθμῷ, between Psyttaleia and the Piraeus. The battle was fought between Salamis and the mainland, so that this remote position of the Aeginetans could still be called *in the channel:* hence ἐκπλωόντων and ἐκπλωούσας.

71. διώκουσα νέα, (sc. πολεμίην). — τὴν προφυλάσσουσαν ἐπὶ Σκιάθῳ: see note on III. § 5. — κατακοπέντα, *badly mangled, cut up.* — τῆς στρατηγίδος, *the flag-ship* (of Themistocles). — ἐς τὸν μηδισμόν refers to the charges made against the Aeginetans before the battle of Marathon: see I. § 3. — ὑπό, *to the protection of.*

72. ἤκουσαν ἄριστα, *gained the greatest glory:* εὖ (or κακῶς) ἀκούειν = bene (or male) audire. — 'Αρτεμισίην: see § 65, and note on § 64. — πρότερον ἢ εἷλε = πρὶν εἷλε, *before he had captured,* priusquam cepisset (G. 240, 1; 232, 2). — ἤ after μιν = or. — ὅς ἂν ἕλῃ, [to anybody] *who should take her alive* (G. 248). — γυναῖκα: so Demosthenes afterwards resented the Athenians' fear of the later queen Artemisia of Caria (the builder of the Mausoleum), calling her βάρβαρον ἄνθρωπον, καὶ ταῦτα γυναῖκα, *a barbarian, and a woman at that.*

Page **183.** — ἦσαν δὲ... Φαλήρῳ repeats the statement of the last sentence in § 71, after the digression.

73. ὡς δὲ... γίνεσθαι, *and when they came, &c.* (G. 260, 2, N. 2). — ἱρὸν 'Αθηναίης Σκιράδος: this was probably on the southern point of Salamis. — οὔτε τι... εἰδόσι for οὐδέν τε... εἰδόσι. — ἠρῶντο (v. ἀράομαι), *prayed.*

74. οἷοί τε, *ready.* — ἐπ' ἐξεργασμένοισι, *after all was over.* — οὐ μέντοι, &c.: Herodotus, who evidently disbelieved this story, (as Rawlinson remarks) "recorded it more on account of its poetic character than from ill-will towards Corinth."

75. κατεφόνευσαν: this is represented by the messenger in the *Persians* of Aeschylus as taking place after the battle, and as the worst disaster of the day. The Persian here slain are called "the finest, the bravest, the noblest, and the first in the King's confidence." (See § 54, above.)

Page **184.** — 76. Κωλιάδα: this was on the Attic coast, a little more than two miles southeast of Phalerum. — ἀποπλῆσαι, *to fulfil,* governs τὸν χρησμόν, which is explained by τόν τε ἄλλον... Μουσαίῳ, and irregularly by τὸ εἰρημένον, &c.; for the latter we should expect τὸν κατὰ τὰ ναυήγια... εἰρημένον. — ἐλελήθεε, *had escaped the notice of.* — φρύξουσι in the oracle must mean *shall roast* (i. e. *cook*) with the wood of the oars which shall drift ashore. The MSS. have φρίξουσι, which might mean *shall shudder* at the sight of oars (?). The following words, ἀπελάσαντος βασιλέος, favor the common emendation φρύξουσι.

77. χῶμα διαχοῦν, *to build a mole* or *dam* from the Attic shore to Salamis. He *also* (τέ) began a bridge of boats, and pretended to be preparing for another sea-fight, while he was really planning a retreat (δρησμόν). — ἐκ παντὸς νόου, *in real earnest.* — πολεμήσειν is irregular after παρεσκεύασται (G. 202, 3.

78. παραγίγνεται, *travels* (lit. *comes in, arrives*). — οὕτω, *with such skill.*

Page **185.** — ὅσων ἂν ᾖ (G. 225). — μὴ οὐ (G. 283, 7; 263, 1, N.). —

κατ' ἄλλον, *by one after another*, a strange expression (perhaps a mistake) for κατ' ἄλλον καὶ ἄλλον. — λαμπαδηφορίη, *torch-race*, like λαμπάς (I. § 7).

80. Μαρδόνιον: see below, § 86. — πειρεόμενον, *in attempt*, i. e. *so far as he could*, belongs to the subject of ποιέειν. — ἐς τοσοῦτο ἐγίνετο, *thus far did matters advance*. — ὡς τάχεος εἶχε (G. 168, N. 3). — διαφυλαξούσας ... βασιλέϊ, *to guard the bridges for the King's passage* (G. 265). — Ζωστῆρος: Zöster is a promontory of Attica about half-way between the Piraeus and Sunium. — ἐπὶ πολλόν, *to a great distance*.

Page **186.** — 81. ἤλπιζον, *they supposed*, followed by εἶναι in indirect discourse (G. 203).

82. εἰ λύσουσι ... τοῦτ' ἄν ... ἐργάσαιντο: the direct form would have the same tenses and moods (G. 227, 1). — ἡσυχίην μὴ ἔχειν, *to avoid keeping quiet*. — ἄγοντι μέν = ἐὰν μὲν ἄγῃ (G. 226, 1). — οὔτε ... ἔσται, *neither can anything succeed*. — κομιδή, *return*. — τὸν ἐπέτειον αἰεὶ καρπόν, *the harvest of each successive year*. — ἀλλά belongs to ἰατέον εἶναι (sc. ἔφη). — ἐς ὃ ἔλθῃ, *until he comes*, without ἄν (G. 232, 3; 234).

83. μεταβαλών, *turning*, i. e. from the others to the Athenians. — ὡρμέατο, *were eager (set out)*. — καὶ ἐπὶ σφέων αὐτῶν βαλλόμενοι, *even taking it upon themselves*, i. e. *on their own responsibility*. — ὦλλοι = οἱ ἄλλοι.

Page **187.** — πολλοῖσι, *many occasions*. — ἀναλαμβάνειν, *retrieve*. — εὕρημα, *good luck* or *godsend*: the idea is, that the rescue of ourselves and of Greece is a piece of special good fortune.

84. καταβάλλων τὰ ἀγάλματα: the Persian religion, like the Jewish, was uncompromisingly hostile to idols (iconoclastic). A Persian therefore might commit acts with no sacrilegious intent which would be gross impiety in the eyes of a Greek. — ἀπεμαστίγωσε: see II. § 9, above. — ἀλλ' ... γάρ, *but, since*. — ἐπιμεληθῆναι (G. 270), *let us care for:* we should expect δεῖ here. — καί τις (G. 150, N.). — ἀποθήκην: see note on § 53. — τά περ ἐγένετο: Themistocles took refuge in Persia after the death of Xerxes, when he claimed the favor of the King on the ground of the services rendered to the Persian cause at this time, confessing and boasting that his action had been treacherous to the Greeks. It may be doubted whether he deceived the Greeks, or the Persians, or both. Grote remarks: "There existed in the mind of this eminent man an almost unparalleled combination of splendid patriotism, long-sighted cunning, and selfish rapacity. ... Moreover, a clever man tainted with such constant guilt might naturally calculate on being one day detected and punished, even if the Greeks proved successful."

85. διέβαλλε, *deceived* them. — Connect σιγᾶν τά (= ἅ) ἐνετείλατο.

Page **188.** — ἀπέπλωον ὀπίσω: after this, Themistocles sent threatening messages to many of the Greek islanders, by which he extorted large sums of money, which laid the foundation of his great wealth of 80 or 100 talents. At Andros he demanded payment in the name of "those mighty Gods of Athens, Persuasion and Necessity"; but the Andrians refused in the name of their "two unprofitable Gods, who never desert their island, Poverty and Helplessness," and submitted to a siege, in which they baffled all the efforts of the Athenians.

86. ἔδοξε with προπέμψαι (G. 202) means *it seemed good;* but with εἶναι (G. 203) it means *it seemed,* and so with the following infinitive. — οὐκ ἔφη, i. e. *said that he would not.* — τριήκοντα μυριάδας : this is the army which remained in Greece during the winter, and was defeated at Plataea in the following year (479 B. C.).

87. οὐδὲν μέρος, i. e. no important part, compared with the host with which he entered. — οἱ δέ (G. 227, 2).

Page **189**. — ἵνα . . . γίνοιτο ἐλαύνων, *wherever he happened to come in his march,* depends on the frequentative force of ἐπιτάσσων (G. 233). — ἅρμα τοῦ Διός : see note on II. § 13, above. — ἀπέλαβε, *receive back:* so ἀποδίδωμι means *give back* or *repay.* — νεμομένας, *as they were in pasture,* refers to the eight white mares (called simply ἵπποι λευκοί in II. 13) which drew the sacred chariot : compare the poetic use of ἀφ' ἵππων, &c., referring to the chariot.

88. τῇσι νηυσί : see §§ 80 and 96. — ἐμπιπλάμενοι, *gorging themselves.*

89. ὅδε, *as follows,* after λεγόμενος ; not ὅδε λόγος (without ὁ) : this is probably a specimen of the tales current in Greece which were invented to malign the servile temper of the Asiatics. — χειμαίνεσθαι (sc. τὸν βασιλέα), *was suffering from the storm.* — ὥστε = ἅτε (G. 277, N. 2). — ἐπιβατέων, here probably simply *passengers:* see note on § 60.

90. κηδόμενος (G. 280). — οἶκε = ἔοικε.

Page **190**. — ἀποσωθῆναι, *was brought safe.* — ὡς δὲ ἐκβῆναι (G. 260, 2, N. 2).

91. οὔτε ἄλλως οὔτε τὸ . . . πάθος, *neither in other points, nor as to this* which [is said to have] *happened to the Persians.* — ἀντίξοον μὴ οὐκ ἂν ποιῆσαι τοιόνδε, *opposed to the idea that he would have done something like this :* μή is used because of the negative idea of ἀντίξοος (G. 283, 6), while οὐ is added because of οὐκ ἔχω (G. 283, 7.) — τοὺς μὲν καταβιβάσαι (sc. ἄν) is added (by apposition) to explain ποιῆσαι ἄν ; but ὅκως οὐκ ἄν . . . ἐξέβαλε reverts to the construction which ποιῆσαι ἄν represents (ἐποίησε ἄν).

92. τραπόμενοι, after the fruitless siege of Andros : see note on § 85. — ἐγένετο ἀνδριάς, *a statue was made.*

93. τῷ γενομένῳ, *to him who had shown himself.* — διενέμοντο, *gave their votes* ; lit. *distributed among themselves,* because all voted for some of those present.

Page **191**.—δεύτερα (adverb), *in the second place.* — συνεξέπιπτον, *happened (fell out) to agree :* see § 30. — ἐμουνοῦντο, *had but one vote apiece.*

94. ἀκρίτων, in active sense : Krüger, however, interprets it *unjudged, with their merits undecided.* — ἀριστήϊα μέν : we must understand ἀνδραγαθίης or some such word ; Plutarch says (Them. XVII.), Εὐρυβιάδῃ μὲν

ἀνδρείας, ἐκείνῳ (i. e. Themistocles) δὲ σοφίας ἀριστεῖον ἔδοσαν. (Stein will even insert the word in the text.) — ἱππέες: the 300 knights were the regular body-guard of a Spartan king when he went into battle; Leonidas, however, chose a special band of 300 to accompany him to Thermopylae (see note on III. § 21).

95. ὡς ... ἔχοι depends on the idea of *saying* in ἐνέκεε. — Τιμόδημος: we must suppose this man to have been a native of Belbina, a little island near Sunium, and to have been made an Attic citizen and enrolled in the deme of Aphidnae. Plato and many other writers tell the same story of a Seriphian, without making him a citizen of Athens. — ἐών, *if I were*, = εἰ ἦν (G. 222; 226, 1), and *if thou wert*. — 'Αθηναῖος must here mean *born in Athens*.

96. ναυτικός, sc. στρατός. — ὁ Ξέρξεω περιγενόμενος, unless ὁ is inserted before the participle, will mean *which remained to* (*belonging to*) *Xerxes*. — προσέμιξε, *arrived at*. — Κύμῃ, in Aeolis, on the coast of Asia Minor.

In the following spring, the army of Mardonius re-entered Central Greece, and again occupied Athens; the Athenians, as before, retreated to Salamis. At the great battle of Plataea, in which the Greeks were commanded by the Spartan Pausanias, Mardonius was defeated and slain, and his army nearly annihilated. This disaster, with the defeat in the sea-fight at Mycale, on the same day, was the final act of the Persian wars in Greece.

THUCYDIDES.

THUCYDIDES is by universal consent acknowledged to be the first of Greek historians. The conscientious care with which he collected and sifted his materials, the calm unprejudiced spirit in which he judged both events and persons, the clear conception which he formed of the tendencies of his age, and of the secret springs of political action, and the acuteness displayed in the philosophic observations with which (unfortunately too seldom) he accompanied his narrative, have rarely been equalled and never surpassed. His sole work is the History of the Peloponnesian War, in eight books, which includes the period from the beginning of the war in 431 B. C. to the middle of 411 B. C., where it breaks off suddenly. Xenophon finished the history of the war, and continued the narrative to the battle of Mantinea (in 362 B. C.), in his Hellenica, a work which makes the greatness of Thucydides conspicuous by striking contrast.

Little is known of the life of Thucydides: in the first sentence of his history he calls himself "an Athenian," and states that he began to write his account of the Peloponnesian War at the very beginning of the struggle, foreseeing its magnitude and the importance of the prize at stake. He elsewhere tells us that he continued his labors until after the end of the war in 404 B. C. (See page 117.)

The passage here given is taken from the fourth book. It contains the account of the fortification of the Messenian Pylus in 425 B. C. by the Athenians under Demosthenes (the same general who twelve years later fell a victim in the disastrous Sicilian expedition), the attempt of the Spartans to dislodge them, the blockade of the Lacedaemonian force in the little island of Sphacteria, the appointment of Cleon to the chief command, and the final surrender of 292 Lacedaemonians, including 120 real Spartans, — such a prize as had never before fallen into an enemy's hands. The account is especially enlivened by the brilliant and amusing episode of Cleon, the leather-dresser and politician, the great popular leader of the day at Athens, who complained bitterly (and probably with reason) of want of energy in the siege of Sphacteria, saying it would be easy to take the island "if the generals were men," and he would have done it himself if he had been general. Nicias resigned his office of general, and nominated Cleon as his successor. The latter accepted unwillingly, and only in consequence of the clamor of the people; but he did it with the characteristic boast, that within twenty days he would either bring home the Lacedaemonians as prisoners or leave them dead on the island. This promise he actually performed to the letter, and the Spartan prisoners were brought back as Cleon's prize. Thus the attempt of Cleon's enemies to make nim ridiculous and to ruin him ended in giving him still greater glory and wider influence.

The present extract begins with the second chapter of the fourth book, and ends with the forty-first. About one third of the whole passage, as it stands in Thucydides, is here omitted.

Page **192.** — 1. τοῦ ἦρος, i. e. the spring of 425 B. C. — ἡγεῖτο δὲ, &c., a form of words often used by Thucydides in describing the Peloponnesian invasions of Attica, of which this was the fifth. — τὰς ... ναῦς, i. e. *the* ships mentioned at the end of Book III. In the preceding winter Athens had voted to send 40 ships to Sicily, and had chosen three commanders, one of whom, Pythodorus, went immediately ; — whence the two others are called here τοὺς ὑπολοίπους.

2. ἅμα παραπλέοντας, *as they coasted along* (G. 277, N. 1). Corcyra (Corfu) lay on the route by which the Athenians usually sailed to Sicily, following the coast as far as possible. — φυγάδων : these were of the expelled oligarchial party, restored and sustained by the Spartans : they had already (B. C. 427) provoked a bloody and desperate revolution in Corcyra. —

150 THUCYDIDES.

αὐτόσε, i. e. to Corcyra. — καὶ λιμοῦ ὄντος, &c.: here καί connects τιμωροί and νομίζοντες, while ὄντος is causal. — κατασχήσειν τὰ πράγματα, that they should gain the mastery. — ἐξ Ἀκαρνανίας, Demosthenes had commanded an army in Acarnania the year before. — αὐτῷ δεηθέντι, at his own request.

3. ἐγένοντο ... κατὰ τὴν Λ., arrived off the coast of Laconia. — ἠπείγοντο, wished to press on (G. 200, N. 2).

4. ἠξίου, called upon them, asked them.

Page **193.** — εὐπορίαν, sc. οὖσαν (G. 280). — ἐπὶ πολὺ τῆς χώρας, i. e. a large extent of the country: ἐπὶ πολύ is used as a neuter noun and one of the subjects of ὄν (see § 16). — σταδίους, i. e. about 46 miles. — ποτὲ οὔσῃ (G. 204, N. 1). — τὴν πόλιν δαπανᾶν, to put the state to expense.

5. ὕστερον ... κοινώσας, implying that he communicated his plan to them without success. — ὑπὸ ἀπλοίας, i. e. detained by the storm which brought them into Pylus. — περιστᾶσιν, coming round, or setting to work (Arnold), agreeing with στρατιώταις. — λογάδην, picking the stones, an adverb of manner. — ὡς ... ξυμβαίνοι, as each piece happened to fit (G. 233). — πηλόν, mortar. — ἐγκεκυφότες (sc. οὕτως) ὡς, stooping [in such a way] that, as a final clause; or ὡς μέλλοι may be taken like ὡς ... ξυμβαίνοι, above (G. 233). — ὅπως μὴ ἀποπίπτοι (G. 216).

6. τὰ ἐπιμαχώτατα, the parts most exposed to attack. — ἐξεργασάμενοι (G. 279, 4). — αὐτό, of itself, naturally. — ἐποιοῦντο, sc. τὸ πρᾶγμα. — ὡς ... οὐχ ὑπομενοῦντας σφᾶς, accusative absolute (G. 278, 2, N.; 277, N. 2), in the belief that they (the Athenians) would not withstand them (σφᾶς, Spartans). — ληψόμενοι agrees with the subject of ἐποιοῦντο, and is therefore not in the accusative absolute. — ἐν ταῖς Ἀθήναις, in Attica, all of which was politically a part of Athens: see, below, ἐν τῇ Ἀττικῇ.

7. ὡς ... κατειλημμένης, we should expect the acc. (G. 280); but the genitive is occasionally used, as this case generally follows πυνθάνομαι (G. 171, 2). — οἰκεῖον σφίσι (sc. εἶναι), as we say, it came home to them.

Page **194.** — πρῳ ἐσβαλόντες refers to the invasion of Attica. — χειμών, bad weather.

8. οἱ ἐγγύτατα τῶν περιοίκων, i. e. those who were nearest to the city of Sparta. The perioeci were descendants of the old Achaean population of Laconia, which had been subjugated by the Dorian invasion; they formed an intermediate class between the Dorian aristocracy (οἱ Σπαρτιᾶται αὐτοί) and the Helots (who were slaves). — ὑπερενεχθῆσαι, carried over the isthmus by machines. A canal had been cut through this Leucadian isthmus about two centuries before, but it had since been choked by sand so as to be impassable. — πεζός here means land force, as it opposed to naval forces: see note on Herod. II. § 23. — προσπλεόντων (temporal). — φθάσας, hastily. — ἀγγεῖλαι (G. 265).

9. καί connects εἰργασμένον and ἐνόντων, as both contain reasons for ἐλπίζοντες ... αἱρήσειν. — ἤν ... ἕλωσι might have been εἰ ... ἕλοιεν (G. 248). — ἐς αὐτόν (G. 191, N. 6).

THUCYDIDES.

10. Σφακτηρία, the long island now called *Sphagia*, which nearly closes the entrance to the great bay of Navarino. The channels on both sides, however, are now much wider than they were in 425 B. C. See plan of Pylus. — τῇ μὲν . . . τῇ δέ, on one side (i. e. the northern), *and on the other*.

Page **195**. — ὀκτὼ ἢ ἐννέα, sc. ναυσὶ διάπλουν, i. e. eight or nine ships could sail through the channel abreast. — ἀντιπρῴροις, *with their prows facing* (any one entering the bay).

11. τῶν καταλειφθεισῶν : of the five ships left him (§ 6) two had been sent to summon Eurymedon (§ 8). — προσεσταύρωσε, *he built a stockade* (to defend them) *in addition* to the protection afforded by the fort. — παραγενόμενοι (G. 279, 2).

12. ἢν προσβάλλῃ, sc. ὁ πεζός (G. 248). — ἐκείνους, i. e. the Lacedaemonians.

13. ἄραντες : Thucydides often uses αἴρω intransitively (perhaps with ναῦς or στόλον understood) of *making a movement* with a fleet or an army.

Page **196**. — οἱ δὲ . . . ἐποιοῦντο : the meaning is, that they made divisions, each containing few ships ; and made their attacks with single divisions, allowing the others to rest in the mean time. — ἐν μέρει, *in turn*, belongs equally to ἀναπαύοντες and to the following words. — εἴ πως . . . ἕλοιεν, *in case they should succeed in capturing the fort, &c.* (G. 226, 4, N. 1).

14. ἐγένετο, *made himself* (not *was*). — σχεῖν, like προσσχεῖν above, *to effect a landing*. — ἀποκνοῦντας follows ὁρῶν (G. 280). — τῶν νεῶν (sc. τινάς) belongs to ξυνδιατρίψωσιν. — ξύλων, (mere) *timbers*. — φειδομένους belongs to the omitted subject of περιιδεῖν. — πεποιημένους (G. 279, 3). — ὀκείλαντας belongs to τοὺς ξυμμάχους, which is subject of κρατῆσαι as well as of ἀποκνῆσαι.

15. τοιαῦτα and πολλά (G. 159, N. 2). — παρεξειρεσία was applied to those parts of the ship (either at the bow or the stern) which were beyond the seats of the rowers, ἔξω τῆς εἰρεσίας. — περιερρύη (v. περιρρέω), *slipped from around* (his arm). — προσβολῆς depends on ὅ, being attracted from the antecedent clause where it would depend on τρόπαιον. — τῶν Ἀθηναίων . . . ὑποχωρούντων (G. 277, 2), connected by καί with the causal dative χαλεπότητι.

16. καὶ ταύτης, *and that too*, as often καὶ ταῦτα. — ἐπὶ πολὺ τῆς δόξης is nearly equivalent to πολὺ μέρος τῆς δόξης, ἐπὶ πολύ being used almost like a substantive (see § 4). The meaning is, *it made at that time much of the glory of the one* (the Spartans) *that they were peculiarly an inland people, &c., and of the others* (the Athenians) *that they were maritime, &c.* — ἐν τῷ τότε (G. 141, N. 3). ἠπειρώταις, predicate after εἶναι (G. 138, N. 8) ; so θαλασσίοις, sc. εἶναι.

Page **197**. — 17. παρ-έπεμψαν, *sent along* (the coast). — Ἀσίνην, on the Messenian Gulf. — ἐλπίζοντες . . . μηχαναῖς : the principal idea is in ἐλπίζοντες . . . ἑλεῖν (G. 203, N. 2), while ὕψος μὲν ἔχειν interrupts the main construction, depending loosely on the idea of *thinking* implied in ἐλπίζοντες

(G. 203), — *hoping, although the wall was high, still to take it by their engines, since it was particularly easy to land* (ἐπειδὴ ἀπόβασις μάλιστα ἦν). — ὅπῃ καθορμίσωνται (G. 244, last ex.). — ἦν μέν... ἐθέλωσι, sc. οἱ Λακεδαιμόνιοι (G. 247); an apodosis like ὡς ναυμαχήσοντες, *to have a sea-fight*, is to be supplied from ὡς ἐπὶ ναυμαχίαν. — εἰ δὲ μή, *otherwise*; see *Greek Moods and Tenses*, § 52, 1, N. 2 : the full sentence would be ἦν δὲ μὴ ἐθέλωσι. — ὡς αὐτοὶ ἐπεσπλευσούμενοι, *with the intention of themselves sailing in against them* (G. 277, N. 2). — καὶ οἱ μέν, i. e. the Lacedaemonians. — ἃ διενοήθησαν: see § 9. — φράξαι, in apposition with the antecedent of ἅ. — οὔτε ... ἔτυχον ποιήσαντες (G. 279, 4), *nor did they happen to do*.

18. γνόντες, *perceiving*, i. e. that the entrances were open. — ἑκάτερον: see § 10. — καὶ μετεώρους ... ἀντιπρῴρους, *both already afloat and with prows pointing towards them*. — ὡς διὰ βραχέος, as (was likely) *at so short a distance*, belongs to what follows. — ἔτρωσαν, *disabled*, seldom used of ships. — αὐτοῖς ἀνδράσιν (G. 188, 5, N.). — ἐν τῇ γῇ, where we should expect ἐς τὴν γῆν ; by a mixture of two expressions, ἐν τῇ γῇ οὔσαις and ἐς τὴν γῆν καταπεφευγυίαις. Krüger remarks that this use of ἐν for ἐς is found in Attic Greek only with the perfect. — πληρούμεναι, i. e. *as they were taking their crews on board.* — ἀναδούμενοι, *making fast to them* (G. 98, N. 1).

19. ἐπεσβαίνοντες, see ἐπεσπλευσούμενοι in § 17, above.

Page **198**. — τῶν νεῶν, genitive after ἐπιλαμβανόμενοι (G. 171, 1), instead of accusative after ἀνθεῖλκον. — ἐν τούτῳ ... παρῆν (for ἐν τούτῳ τῷ ἔργῳ ... ᾧ τινι μὴ καὶ αὐτὸς παρῆν), *each man believed that there had been slow progress in any work in which he had not been personally present*: κεκωλῦσθαι represents the impersonal κεκώλυται, *there has been a hindrance*, of the direct discourse; for ᾧ μή τινι παρῆν, see G. 232, 1. — ἀντηλλαγμένος, *mutually changed*. — περὶ τὰς ναῦς belongs to ἐγένετο θόρυβος. — ὡς εἰπεῖν (G. 268). — ἄλλο οὐδὲν ἤ, i. e. *they were doing nothing else than*. — ὡς ἐπὶ πλεῖστον, *as far as possible*. — περιέπλεον, *they sailed round the island*, in token of defiance. — καὶ ἀπὸ πάντων, i. e. *from all*, as well as from the few mentioned in § 8.

20. τὰ τέλη, *the magistrates*, used like αἱ ἀρχαί, *the authorities*: it takes masculine participles (G. 138, N. 4). — ὡς ἐπὶ συμφορᾷ μεγάλῃ, *upon what they acknowledged* (ὡς) *to be a great calamity*. — παραχρῆμα, *on the spot*, belongs to ὁρῶντας ; and ὅ τι ἂν δοκῇ to βουλεύειν. — ἀδύνατον ὄν (G. 280). — παθεῖν and κρατηθῆναι depend on κινδυνεύειν. — παθεῖν τι is a common euphemism for θανεῖν. — τὰ περὶ Πύλον is used as if σπεισαμένους preceded, *having made a truce for the neighborhood of Pylus*: like σπένδεσθαι ἀναίρεσιν τοῖς νεκροῖς, *to make a truce for the removal of the dead* (Thucyd. III. 24).

21. Λακεδαιμονίους ... παραδοῦναι (G. 271). — ὅπλα ἐπιφέρειν, like πόλεμον ἐπιφέρειν.

Page **199**. — σῖτον τακτὸν καὶ μεμαγμένον, *meal* (lit. *grain*) *in a fixed quantity and ready-kneaded*: a χοῖνιξ was about a quart, and a κοτύλη about half a pint. — κρέας, *a piece of meat*, of course limited in size. — θεράποντες are Helots. — ὁρώντων τῶν 'Αθηναίων, *under the inspection of the Athenians.* — ὅσα μὴ ἀποβαίνοντας, *so far as* (they can) *without landing.*

22. ὅ τι δ' ἂν ... παραβαίνωσιν καὶ ὁτιοῦν, *and whatever of these terms either party shall transgress, even in any particular,* = ἤν τι ... παραβαίνωσιν (G. 232, 3). — λελύσθαι, *shall (at once and beyond question) be void* (G. 202, 2, N. 2).—ἐσπεῖσθαι αὐτάς, *that it* (the treaty) *shall be considered as having been made.*— μέχρι οὗ, *until,* takes the subjunctive or optative like the simple μέχρι (G. 239, 2) : for ἂν omitted, see G. 239, 2, N.1.—οἱ ἐκ τῶν 'Αθηνῶν, lit. *the ambassadors from Athens,* by *prolepsis* (πρόληψις, *anticipation*). — ἐλθόντων (sc. τῶν πρέσβεων), *on their return.* — λελύσθαι, perfect (as above), *shall be* (*finally*) *void;* while ἀποδοῦναι is the aorist infinitive in its ordinary use (G. 202), *shall return.* — ὁμοίας οἴασπερ refers to the *condition* of the ships. — παραλάβωσιν refers to the future (G. 232, 3), its apodosis being found in ἀποδοῦναι. — ἐπὶ τούτοις, *on these terms.*

Four chapters here omitted contain the speech of the Spartan embassy in the Athenian assembly. "Their proposition was in substance a very simple one, — Give up to us the men in the island, and accept, in exchange for this favor, peace, with the alliance of Sparta." Grote.

23. τοσαῦτα (G. 148, N. 1) refers to the speech here omitted. — ἐπιθυμεῖν, κωλύεσθαι, δέξεσθαι, and ἀποδώσειν represent in the direct discourse ἐπεθύμουν, ἐκωλύοντο (G. 203, N. 1), δέξονται, and ἀποδώσουσιν. — σφῶν, the Spartans (G. 144, 2). — διδομένης, *offered* (G. 200, N. 2). — τὰς σπονδὰς ... ποιεῖσθαι πρὸς αὐτούς, *that they now had the treaty in their own power, to negotiate it with them* (the Spartans) *whenever they might please.* — ἑτοῖμος is here declined with two terminations (G. 63, N). — ποιεῖσθαι is middle, and has σπονδάς understood as its object.

24. τοὺς ἐν νήσῳ is subject of κομισθῆναι : ὅπλα and σφᾶς αὐτούς are objects of παραδόντας. — ἐλθόντων, see § 22, above. — Λακεδαιμονίους, subject of κομίσασθαι, *recover.* — ἀπὸ ... ξυμβάσεως, i. e. by the Thirty Years' Truce, made in 445 B. C., by which Athens gave up all her rights in Peloponnesus. (See Thucyd. I. 115 ; Grote, Vol. V. Chap. 45.) — κατὰ ξυμφοράς, *in consequence of defeats.* — δεομένων ... σπονδῶν, *being then somewhat more in need of a truce:* for τι, see G. 160, 2.

Page **200.** — 25. ξυνέδρους, i. e. *a committee.* — σφίσιν (G. 144, 2), i. e. for the Spartans. — οἵτινες ... ξυμβήσονται (G. 236, N. 3). — πολὺς ἐνέκειτο, *was vehement against them* (G. 138, N. 7). — γιγνώσκειν ... πρότερον, imperfect infinitive (G. 203, N. 1). — ἔχοντας ... αὑτούς (G. 280). — οἵτινες, causal relative (G. 238). — εἰ διανοοῦνται (G. 248, 1).— τι belongs to ξυγχωρεῖν (G. 159), *to make any concession.* — οὐ τυχόντες, *not having gained* [their object]. — ποιήσοντας, like ὄν, depends on ὁρῶντες.

26. ἰσχυριζόμενοι, *maintaining stoutly* (ἰσχυρῶς). — λελύσθαι, used as in § 22. — ἀδίκημα, *as an act of injustice,* follows τὸ τῶν νεῶν.

27. τὰ περὶ Πύλον ἐπολεμεῖτο, passive for τὰ περὶ τὸν Πύλον πολεμεῖν, *to carry on the war about Pylus* (G. 198). — ὁπότε ... εἴη, belongs only

to the preceding clause, *except, in case of a wind, &c.* (G. 233). — ἑβδομήκοντα, see § 17.

Page **201**. — εἴ τις παραπέσοι (sc. καιρός), *in case one should occur* (G. 226, 4, N. 1), not an indirect question. — ὥστε . . . σῶσαι, connected with καιρόν.

28. ὅτι μὴ μία, *except one;* here ὅτι was originally the relative ὅ τι, and the ellipsis was ὅ τι μὴ ἦν μία (*none which was not one*). — οἷον εἰκὸς ὕδωρ, *such water as was to be expected* (i. e. on the coast, ἐπὶ τῇ θαλάσσῃ). — αἱ μὲν . . . ὥρμουν, i. e. some of the ships came near the shore for the crews to take their meals, while others were anchored at some distance from the shore.

29. οὕς, causal, = ἐπεὶ αὐτούς (G. 238). — ἡμερῶν (G. 179, 1). — ἐν νήσῳ, sc. ὄντας. — αἴτιον ἦν (G. 130, N. 4). — τὸν βουλόμενον, quemvis, subject of ἐσάγειν. — ἀληλεσμένον, v. ἀλέω (G. 102). — τάξαντες, &c., *having fixed* [its price] *at a large sum*, i. e. *offering a high price for it.* — ἐσαγαγόντι, past to the future idea of *giving* implied in ὑπισχνούμενοι. — τῆς νήσου, partitive genitive.

30. ἐτήρουν ἀνέμῳ καταφέρεσθαι, *they watched* [for a chance] *to be carried in by the wind:* opposed to ὅσοι δὲ . . . ἡλίσκοντο. The intermediate words explain ἀνέμῳ καταφέρεσθαι. — τοῖς δέ, as if τοῖς μέν (referring to the Athenians) had preceded ἄπορον. — ἀφειδής, *reckless, without regard to risk:* the following clause with γάρ gives the reason of their recklessness. — τετιμημένα χρημάτων, *rated in money*, i. e. since it was understood that a certain sum would be paid for them if they were injured (G. 142, 3). — οἱ ὁπλῖται, i. e. of the besieged. — ἐφύλασσον, *were watching* (for them). — κατὰ τὸν λιμένα, i. e. on the side of the great harbor. — καλωδίῳ, *by a cord*, diminutive of κάλως. — μήκωνα, *poppy-seed*, which mixed with honey was taken to relieve hunger. — λίνου σπέρμα, *flax-seed.*

Page **202**. — σφᾶς (G. 144, 2) is the object of λανθάνειν, to which τοὺς ἐσπέμποντας or τὸ ἐσπέμπειν is understood as subject.

31. τὴν φυλακὴν ἐπιλάβοι, *might come upon their blockade.* — ἔχοντάς τι ἰσχυρόν, *having some strong ground of confidence.* — δεξάμενοι (G. 277, 2).

32. κωλύμης, see § 24. — ταὐτὰ οἷς διέβαλλεν = ταὐτὰ ἐκείνοις οὕς (G. 153, N. 1). — for the case of εἰπών and ψευδής, see G. 138, N. 8. — φανήσεσθαι may depend on ἀναγκασθήσεται, in the exceptional construction noticed in G. 202, 3 (see *Greek Moods and Tenses*, § 27, N. 2, *a*); or it may depend on γνούς irregularly, and by a change of construction. — καὶ ὡρμημένους . . . γνώμῃ, *even somewhat more inclined in mind.* — ἀπεσήμαινεν, *he alluded.* — ῥᾴδιον εἶναι depends on the idea of *saying* implied either in ἀπεσήμαινεν or in ἐπιτιμῶν. — παρασκευῇ, *with a* (proper) *force.* — εἰ ἄνδρες εἶεν, *if the generals were men*, representing εἰ ἄνδρες εἰσίν of the direct form (like εἰ μὴ πιστεύουσι and εἰ δοκεῖ above); not the same with εἰ ἄνδρες ἦσαν. — αὐτός γ' ἄν . . . ποιῆσαι τοῦτο, *he would have done this himself, if he had been in command.* See G. 211 and 222 (ποιῆσαι ἄν = 'ποίησα ἄν). — αὐτός is adjective (G. 145, 1); for its case see G. 138, N. 8.

33. ἐς τὸν Κλέωνα, *against Cleon.* — ὅ τι οὐ ... πλέει, [asking] *why he did not sail, even as things stood.* — εἰ φαίνεται, *if it appeared,* might have been εἰ φαίνοιτο, like εἰ ... εἶεν in § 32. — τὸ ἐπὶ σφᾶς εἶναι, *so far as they* (the generals) *were concerned* (G. 268, N.). — ἀφιέναι, *resigned.* παραδωσείοντα (desiderative of παραδίδωμι), *wished to transfer it* [the command].

Page **203.** — οὐκ ἔφη ... στρατηγεῖν (G. 138, N. 8). — οὐκ ἂν οἰόμενος ... τολμῆσαι, here τολμῆσαι ἂν = τολμήσειεν ἂν (G. 211); compare ποιῆσαι ἂν in § 32.

34. ἐξανεχώρει (transitive), *sought to escape from what he had said.* — οὐκ ἔχων ὅπως ... ἐξαπαλλαγῇ, indirect question for πῶς ἐξαπαλλαγῶ; (G. 244), *not knowing how he should longer evade, &c.* — οὔτε φοβεῖσθαι ... πλεύσεσθαί τε λαβών, &c. represents οὔτε φοβοῦμαι ... πλεύσομαί τε λαβών, &c., of the direct form; so below, ταῦτα ἔχων ἢ ἄξω ... ἢ αὐτοῦ ἀποκτενῶ. For λαβών and ἔχων see G. 138, N. 8. — ἔκ τε Αἴνου, *from Aenos,* on the coast of Thrace; this τε would naturally stand after πελταστάς. — ἦσαν βεβοηθηκότες, periphrastic pluperfect (G. 118, 4). — αὐτοῦ, *on the spot.* — ἀσμένοις ἐγίγνετο, *were pleased with what had happened,* lit. *it happened to them pleased* (G. 184, 3, N. 6). — τοῦ ἑτέρου, *one or the other* (of two). — ἀπαλλαγήσεσθαι depends (in sense) on λογιζομένοις, being in apposition with τεύξεσθαι. — χειρώσασθαι would regularly stand in the same construction (i. e. in the future), but it depends on the idea of *hoping* implied in the preceding words (see G. 203, N. 2): translate ἢ σφαλεῖσι ... χειρώσασθαι, *or, if they should be disappointed in this calculation* (i. e. in getting rid of Cleon), [hoping] *to get the Lacedaemonians into their hands.* — σφαλεῖσι = εἰ σφαλεῖμεν (G. 226, 1).

35. διαπραξάμενος and προσελόμενος belong to Κλέων understood. — προσ-ελόμενος, *taking, in addition to himself;* so προσ-έλαβε. — ὥρμηντο, *were eager.* — ῥώμην ... παρέσχεν, *also the burning of the island gave him encouragement.* — στρατοπέδῳ follows προσβάλλοντας. — βλάπτειν ἂν depends on ἐνόμιζε, to be supplied from the preceding clause.

Page **204.** — 36. τοῖς ἐσχάτοις προσίσχοντας (G. 138, N. 8): the Athenians were obliged to land on the edge of the island to take their meals. — διὰ προφυλακῆς, *under guard* (lit. *an outpost*). — κατὰ μικρὸν τῆς ὕλης, *a small extent of the forest:* cf. ἐπὶ πολύ, § 4, above, and note. — ἔλαθε κατακαυθέν (G. 279, 2): for |καί| see below. — ἐλάσσοσι, *for a less number* than they pretended: ὑπονοῶν (with πρότερον) is imperfect participle (G. 204, N. 1). — τήν τε νῆσον ... οὖσαν: this clause is transferred from its usual place after ποιεῖσθαι by Classen, on Krüger's suggestion: καί above is enclosed in brackets by Classen. Without these changes the passage is hardly intelligible. — ἀξιόχρεων ... ποιεῖσθαι, i. e. *a thing which deserved greater pains on the part of the Athenians.*

37. ὡς ἥξων (G. 280, N. 4). — ἅμα γενόμενοι = ξυνελθόντες. — σφίσι, the Athenians. — κελεύειν παραδοῦναι depends on προκαλούμενοι, but is also understood with βούλοιντο: *summoning them, if they wished, to command,*

&c. — ἐφ' ᾧ, on condition that (G. 236, N. 2) : τηρήσονται, as passive. — ξυμβαθῇ : the active would be συμβαίνειν τι, to make some agreement (G. 159, N. 2). See §§ 55, 56. — νυκτός, i. e. before daybreak, included in τῇ ὑστεραίᾳ. — ὀλίγον belongs to πρὸ τῆς ἕω. — τῆς νήσου, partitive genitive after ἑκατέρωθεν, which implies that they landed *from both sides*.

38. ὧδε, as follows. — διετετάχατο (G. 118, 5, N.). — καὶ ὁμαλώτατόν τε καὶ περὶ τὸ ὕδωρ, and what was at the same time (τέ) most level and near the water. — αὐτὸ τοὔσχατον, the very farthest [corner] of the island, explained by τὸ πρὸς τὴν Πύλον.

Page **205**. — λίθων (G. 167, 4). — λογάδην : see § 5. — εἰ ... καταλαμβάνοι, i. e. if they should be driven to a forced retreat : βιαιοτέρα : the comparative implies greater compulsion than they then had reason to expect.

39. οἷς ἐπέδραμον (G. 187), see δρόμῳ, end of § 37 : ἐπιτρέχω in this sense may take the accusative. — λαθόντες τὴν ἀπόβασιν, not being perceived in their landing (G. 160, 1) : although this belongs to Ἀθηναῖοι, it is connected by καί to the other descriptive clause ἔν τε ταῖς εὐναῖς ἔτι, which refers to φύλακας. — αὐτῶν refers to φύλακας : the participial clause is more prominent in the genitive absolute than if the participle agreed with its noun. — ἐς ἔφορμον : see § 27. — ἅμα δὲ ἕῳ (G. 186). — θαλαμίων : these were the rowers of the lowest bench of a trireme, those of the upper and middle benches being called θρανῖται and ζυγῖται. — ὡς ἕκαστοι (sc. ἔτυχον), in various ways. — κατεῖχον (neuter), were stationed.

40. διέστησαν, divided themselves — πρὸς ὅ τι ἀντιάξωνται, indirect question (G. 244). — ἀμφίβολοι, properly, in a position in which they were attacked on every side (πανταχόθεν βαλλόμενοι) ; here perhaps simply in perplexity, not knowing which way to turn : see § 47, below. — ἑκατέρωθεν : on either side.

41. οἱ περί (G. 141, N. 3). — ὅπερ ἦν πλεῖστον = τὸ πλεῖστον, or οἱ πλεῖστοι, the greater part. — ἐξ ἐναντίας, in front of them, opposed to ἐκ πλαγίου, on the sides. — οὗτοι, i. e. οἱ ὁπλῖται, called ἐκεῖνοι below.

Page **206**. — προσκέοιντο (G. 233 ; see 127, VI.). — καὶ οἵ, and they (G. 151, N. 3). — προλαμβάνοντες τῆς φυγῆς, getting the start in flight (lit. securing beforehand a part of their flight), like προλαμβάνειν τῆς ὁδοῦ (G. 170), — τραχέων ὄντων, sc. τῶν χωρίων, expressing the cause of προκαταλαμβάνοντες, and connected by καί to the causal dative χαλεπότητι. — ὅπλα, i. e. the heavy arms of ὁπλῖται.

42. προσπίπτοιεν, sc. οἱ ψιλοί (G. 233). — ὄντας (G. 280). — τῷ ἀμύνυσθαι, in their defence. — νεωστὶ κεκαυμένης, see § 36. — ἐχώρει πολὺς ἄνω, rose thick. — τὸ πρὸ αὐτοῦ, what was before him, αὐτοῦ referring to τινά understood as subject of ἰδεῖν.

43. πῖλοι, cuirasses of felt (Liddell and Scott), or perhaps "stuffed clothing of wool or felt" (Grote). — ἔστεγον, were proof against : στέγω (cf. Latin tego) means to keep out what is outside (as applied to a ship which does not

leak), or *to hold* a liquid without leaking. — βαλλομένων, *when they* (the Lacedaemonians) *were hit.* — οὐδὲν . . . χρήσασθαι, compare τί τούτοις χρήσομαι; (G. 188, 1, N. 2). — τοῦ προορᾶν (G. 262, 2) : τῇ ὄψει adds little to the meaning of προορᾶν, *to look forward with the sight.* — κινδύνου τε . . . καὶ οὐκ ἔχοντες, these two clauses denote the *circumstances* of what precedes (G. 277, 6). — καθ' ὅ τι . . . σωθῆναι, indirect question depending on ἐλπίδα ; the idea being, they were in despair when they thought how they could defend themselves and be saved.

44. ἀναστρέφεσθαι (like Latin versari), *to move about* in a place ; sometimes simply *to be.* — ξυγκλῄσαντες, *closing* their ranks, forming a close body. — ἐνέδοσαν, *gave way, retired.* — πολλῷ (G. 188, 2).
Page **207.** — παρὰ πᾶν, sc. τοῦ ἐρύματος. — ᾕπερ ἦν ἐπίμαχον refers to παρὰ πᾶν, as if this were an adverb like πανταχῇ.

45. χωρίου ἰσχύϊ, *owing to the strength of the place.* — περίοδον αὐτῶν καὶ κύκλωσιν οὐκ εἶχον = περιιέναι αὐτοὺς καὶ κυκλοῦσθαι οὐκ εἶχον : with the verbal nouns ἔχω has the same force as with the infinitive. For αὐτῶν, see G. 167, 3. — ἐξ ἐναντίας, *in front*, i. e. *directly upon them* — ὥσασθαι, like ἐξελάσασθαι below. — σφῶν τῆς κυκλώσεως, like αὐτῶν κύκλωσιν above. — ἐς τὰ πλάγια, the act of *surrounding*, κύκλωσις, implies an attack *upon* the sides (G. 191, N. 6).

46. ἀπέραντον ἦν, *it* (the business) *was endless.* — ἔφη, &c.: the direct discourse would be : ἄλλως (*in vain*) πονοῦμεν ἡμεῖς · εἰ δὲ βούλεσθε ἐμοὶ δοῦναι . . . μέρος τι, περιιέναι (G. 265) . . . ὁδῷ ᾗ ἂν αὐτὸς εὕρω, δοκῶ βιάσασθαι (*I have a mind to force*) τὴν ἔφοδον. When δοκῶ has this meaning, the dependent infinitive does not stand in indirect discourse (G. 202 and 203). — κατὰ νώτου αὐτοῖς, *in their rear* (G. 184, 3, N. 4). — κατὰ τὸ ἀεὶ παρεῖκον . . . νήσου, i. e. *wherever he could find a place which offered a foothold on the steep cliffs of the island;* ἀεὶ being used as in ὁ ἀεὶ βασιλεύς, *whoever was king.* — περιελθὼν ἔλαθεν, *he got round unobserved* (G. 279, 4). — τοὺς μέν, the *Lacedaemonians :* τοὺς δέ, *his friends.* — τῷ ἀδοκήτῳ, *by the unexpected act,* or *by the unexpectedness* of the act (G. 139, 2).

47. γιγνόμενοι . . . ξυμπτώματι, *falling into the same mischance* : σύμπτωμα (rare in classic Greek) means properly the *coincidence* of one thing with another (whence our *symptom*) ; then *accident, mischance.* — ὡς εἰκάσαι (G. 268). — τῷ ἐν Θερμοπύλαις, sc. ξυμπτώματι, depending on τῷ αὐτῷ (G. 186). — οὗτοί τε corresponds to ἐκεῖνοί τε, and the following words (through ὑπεχώρουν) belong to it, leaving οἱ Λακεδαιμόνιοι without a verb. — πολλοῖς τε . . . καὶ ἀσθενείᾳ σωμάτων gives two reasons for ὑπεχώρουν, and διὰ τὴν σιτοδείαν gives the reason for ἀσθενείᾳ.

48. γνούς (G. § 138, N. 2, *b*) would regularly have been γνόντες : see ἔπαυσαν. (G. 135, N. 1.)

Page **208.** — ὅτι . . . διαφθαρησομένους : after γνούς we might have either ὅτι διαφθαρήσονται (-σοιντο) or διαφθαρησομένους without ὅτι (G. 280) ; a mixture of constructions like this in so simple a sentence probably comes from mere carelessness. — εἴ πως ἐπικλασθεῖεν (G. 226, 4, N. 1 ;

248, 2), *in case they should be broken in spirit:* if [τὰ ὅπλα παραδοῦναι] is not an interpolation here (as it seems to be), it must depend on the idea of *compulsion* or *persuasion* implied in the preceding words. — τοῦ δεινοῦ (G. 175, 2). — παραδοῦναι may depend on ἐκήρυξαν or on βούλοιντο (or on both): either *they proclaimed* (to them) *to surrender, &c., if they wished;* or *they proclaimed* (to them), *if they wished to surrender, &c.*, to do so. — ὥστε βουλεῦσαι, *on condition that* (G. 266, 2) *they* (the Athenians) *should determine.* — ὅ τι ... δοκῇ (G. 232, 3). — παρῆκαν ... ἀνέσεισαν, *lowered their shields and waved their hands,* to signify assent. — προσίεσθαι, *assent to* (lit. *admit*) : the participial construction common with δηλόω (G. 280) is not used here, as the expression δηλοῦντες προσιέμενοι would be awkward.

49. ἐκείνων, the Lacedaemonians. — ἐφηρημένου, *chosen as successor* (ἐπι-). — εἰ ... πάσχοιεν, *in case anything should happen to those* (the other two).

50. διακηρυκεύσασθαι, *to send heralds over* (δια-), implying *to ask;* on which idea ὅ τι ... ποιεῖν depends. — ἐκείνων ... ἀφέντων, *the Athenians not letting any one of them* (the Lacedaemonians) *go on this errand.* — ἀπήγγειλεν ὅτι (G. 241, 1, end) : the quotation is here direct, and ὅτι is not to be translated. — μηδὲν αἰσχρὸν ποιοῦντας, *provided ye do nothing disgraceful.*

51. διεκομίσαντο, *carried their dead over* (δια-) to the mainland.

Page **209**. — 52. ὀκτώ, genitive with ἀποδέοντες (G. 77, 2). — Σπαρτιᾶται : of the 292 prisoners, about 120 were full-blooded Spartan citizens, some of them of the first families in Sparta; the others were Lacedaemonian *perioeci* (see note on § 8). — οὐ σταδία, *not a regular hand-to-hand battle,* pugna stataria. — ἐν αἷς ... ἀπῇεσαν, *while the ambassadors went away;* but the emendation ἀπῆσαν, *were absent,* is generally accepted here. — λάθρᾳ, as described in § 30. — ἐνδεεστέρως ... ἐξουσίαν, i. e. *more sparingly than the state of his supplies required.*

53. ἀπέβη, *was fulfilled* (lit. *came out*). — ἅσπερ ὑπέστη, *as he undertook* to do : see § 34. — μάλιστα qualifies παρὰ γνώμην. — ἠξίουν ... παραδοῦναι, i. e. they did not think it possible for the Lacedaemonians to surrender their arms (lit. *they did not expect the Lacedaemonians to surrender, &c.*). — ἀποθνήσκειν, sc. ἠξίουν.

54. μὴ εἶναι (G. 283, 6). — καί τινος ... τῶν ξυμμάχων : Thucydides seems to wish to relieve the Athenian citizens from the charge. — δι' ἀχθ,- δόνα, *to annoy him.* — εἰ ... κἀγαθοί : the question was asked in a way which implied that those who were *not* killed were *not* καλοὶ κἀγαθοί. — εἶναι ἄν = ἦν ἄν. — τὸν ἄτρακτον, *the shaft,* used both for a spindle and for an arrow ; the words λέγων τὸν οἰστόν imply that ἄτρακτος was not the common Attic name for *arrow.* — ὁ ἐντυγχάνων ... λίθοις, *he who happened to be struck by* (lit. *he who met with*) *stones, &c.*

Page **210**. — 55. μέχρι οὗ τι ξυμβῶσιν (G. 239, N. 1), *until they should have come to some* (τι) *agreement :* see § 37 (συμβαθῇ). — ἐξαγαγόντες

(G. 138, N. 8). — ὡς ἐς πατρίδα ταύτην, for ἐς ταύτην ὡς ἐς πατρίδα, to be joined with πέμψαντες. These "Messenians of Naupactus" were settled in this place (in Ozolian Locris, north of the Corinthian Gulf) by the Athenians, who took them under their protection after the surrender of Ithome (in Messenia) in 455 B. C. (For the revolt of the Helots and the long siege of Ithome, see Grote, Chap. XLV.) — οὔσης, shown by ποτέ to be imperfect (G. 204, N. 1), *which was a part, &c.* See § 4, above; and ἀμαθεῖς ὄντες, below. — ὁμόφωνοι, *of the same* (Greek) *dialect.*

56. μὴ . . . τι νεωτερισθῇ, *lest some revolution of still greater magnitude should be stirred up for them in the country:* this represents an active construction νεωτερίζειν τι τῶν κατὰ τὴν χώραν, *to revolutionize some of the affairs in the country.* For σφίσι, see G. 184, 3, N. 4. — ἔνδηλοι εἶναι: a participle is understood, to be supplied from οὐ ῥᾳδίως ἔφερον (G. 280, N. 1). — κομίζεσθαι, *to recover.* — φοιτώντων, genitive absolute with a pronoun to be supplied from αὐτούς. See note on § 39, above. — ἀπράκτους, active, = οὐδὲν πράξαντας.

In the year after the taking of Sphacteria (B. C. 424), the historian Thucydides was appointed to a command in Thrace, where he had a family estate in a district rich in gold mines. While he was in command, Amphipolis was suddenly attacked by the Spartan Brasidas. Thucydides was summoned to bring aid; but Brasidas entered Amphipolis a few hours before Thucydides with his fleet sailed into the mouth of the Strymon, at Eion, about three miles below Amphipolis. For this misfortune or fault the historian was banished from Athens. His exile (of "twenty years," as he says) he spent in regions under the Spartan rule, chiefly in Peloponnesus, gathering the materials of his history. His death took place about B. C. 401, when he was near the age of seventy.

INDEX

TO THE SYNTAX OF GOODWIN'S ELEMENTARY GREEK GRAMMAR, WITH PARALLEL REFERENCES TO HADLEY'S AND CROSBY'S GRAMMARS.

Goodwin.	Hadley.	Crosby, 1871.	Goodwin.	Hadley.	Crosby, 1871.
§ 133	485	57 s	§ 157, 1	539	400
134	485	400, 571, 666 s	2	543	484
135, 1	497	568	158	544	472
2	515	569	159	547	477 s
3	514	493 s	160, 1	549	481
136	540	59 a, 393 b	2	552	483
137	499	393 s	161	550	482
N. 1	675	394 c	162	551	472 g
2	500	393 d	163	545	476 d
3	501	396	164	553	480 c
4	—	394 b	165	553	480 b
138	498	504, 493 s	166	556	480 a
139, 1	493	506	167	558	435 s
2	495	507	168	559	415 s
140	524	516 s	169	570	421 s
141	525	520 s	170	574	423 s
N. 1	530	522 s	171, 1	576	424 s
2	527	530 e	2	—	432
3	492	526	3	—	407
4	509	527 s	172	575	414
5	—	527	173, 1	577	429
6	—	664	2	—	431 c
142, 1	538	523, 1	3	—	429 f
2	—	523, 2, 3	174	579	404 s
3	—	523 b	175	585	408
4	538	524	176	582	412
143	525	518 s	177	583	699
144, 1	667	536	178	578	431
2	668	539	179	591	433
145	669	540 s	180	587	444
146	670	537	181	587	437 b
147	675	538	182	588	445
148	678	542 s	183	790	675
149	682	564	184	594	452 s
150	683	548	185	595	452 s
151	503	549 s	186	603	449 s
152	510	551	187	605	699
N. 1	511	551 f	188, 1	606	466 s
2	812	559 a	2	610	468
153	818	554 s	3	600	461
154	817	551 s	4	600	458
155	815	564 b	5	604	465 s
156	808	562	189	613	469 a

INDEX.

Goodwin.	Hadley.	Crosby, 1871.	Goodwin.	Hadley.	Crosby, 1871.
§ 190	612	469 b	§ 236	710 c, 835 a	642
191	614	688 s	237	771, 875 f	671 d
192	620	688 a	238	822	658 a
193	614	699	239	755, 758	641 d
194	—	685 s	240	771	703 d
195	684	577	241	733 s	62 k
196	693	30 a	242	735, 783	643 c
197	693	586 s	243	735 s	643 s
198	694 b	586	244	737	647
199	687	578 s	245	735 c, 736 a	646
200	695	590 s	246	714, 783	659 s
N. 1	699	609	247	738	643 s
2	702	594	248	729, 731	643 c
3	698	612	249	863 b	701 i
4	699	604	250	869, 877, 731	701 j
5	701	591 s	251	721, 834	638
6	712	268	252	723, 755	655 s
7	—	609 s	253	720 a, 833	628 a
8	—	597	254	720 b, 723 a	628 c
9	—	601	255	720 c	617 b
201	696	—	256	720 c	647
202	720	590 s	257	845	627
203	733	643 s, 659 s	258	763	663 s
204	788	660	259	763, 778	663 a
205, 1	697	602	260	764	663 d
2	707	606	261	767	663 d, c
206	746	616	262	780 - 82	663 f
207	744	618	263	580, 764	664, 713
208	745	620	264	778	522 d
209	747	619	265	765	664
210	748	618	266	770	671
211	783	658 a	267	813	671
212	757	621 s	268	772	665, 671 c
213	719	613 s	269	784	670
214	727	623	270	508 b	670
215	739	624 s	271	id.	670 a
216	739	624 s, 650	272	779, 541	670 b
217	756	624 b	273	508 b	669
218	743	624 s, 650	274	769	703 d
219	732	631 s	275	785	673
220	745	631 s	276, 1	785	678
221	744	631 a	2	786	679
222	746	631 b	277	788	674
223	747	631 c	278	790	675
224	748	631 d	279	796	677
225	729 b, 749 a	634	280	803	659, 677
226	751, 722, 783	635 s	281	804	682, 3
227	750	649 s	282	824	687
228	830	639	283, 1	832	686 b
229	755	549	2	833	686 a
230	755	640	3	837	686 c
231	757	641	4	835	686 d
232	761, 757 s	641	5	840	686 e
233	758	641	6	838	713 d
234	759, 738	641	7	846	713 f
235	760 d	649	8	843	713 a,)

SOME OF THE IMPORTANT DATES OF GREEK HISTORY.

Legislation of Solon	B. C. 594
Tyranny of Pisistratus and his Sons	560 – 510
Conquest of Asia Minor by Cyrus	546
Hippias, son of Pisistratus, expelled	510
Democratic Constitution of Clisthenes	507
Ionic Revolt in Asia Minor	500
Defeat of the Revolt : Miletus taken	494
First Persian Invasion : Battle of Marathon	490
Invasion of Xerxes : Thermopylae and Artemisium (July), Salamis (September)	480
Battles of Plataea and Mycale	479
Athens fortified by Themistocles	478
Confederacy of Delos	(about) 477
Cimon banished : Ascendency of Pericles	461
Thirty Years' Truce between Athens and Sparta	445
PELOPONNESIAN WAR	431 – 404
Death of Pericles	429
Seditions at Corcyra	427
Pylus and Sphacteria	425
Peace of Nicias (Truce for Fifty Years)	421
Sicilian Expedition	415 – 413
Revolution at Athens : Oligarchy of 400	411
Sea-Fight at Arginusae	406
Battle of Aegospotami	405
Capture of Athens : Thirty Tyrants	404
Athenian Democracy restored	403
Retreat of the Ten Thousand	400
Death of Socrates	399
Battle of Leuctra : Spartans defeated by Epaminondas	371
Battle of Mantinea : Death of Epaminondas	362
Accession of Philip of Macedon	360
Phocian or Sacred War	357 – 346
Amphissean Sacred War	339
Battle of Chaeronea : Death of Isocrates	338
Death of Philip : Accession of Alexander	336
Campaign of Alexander : Conquest of Persia	334 – 330
Death of Alexander	323
Death of Demosthenes	322

UNIV. OF
CALIFORNIA

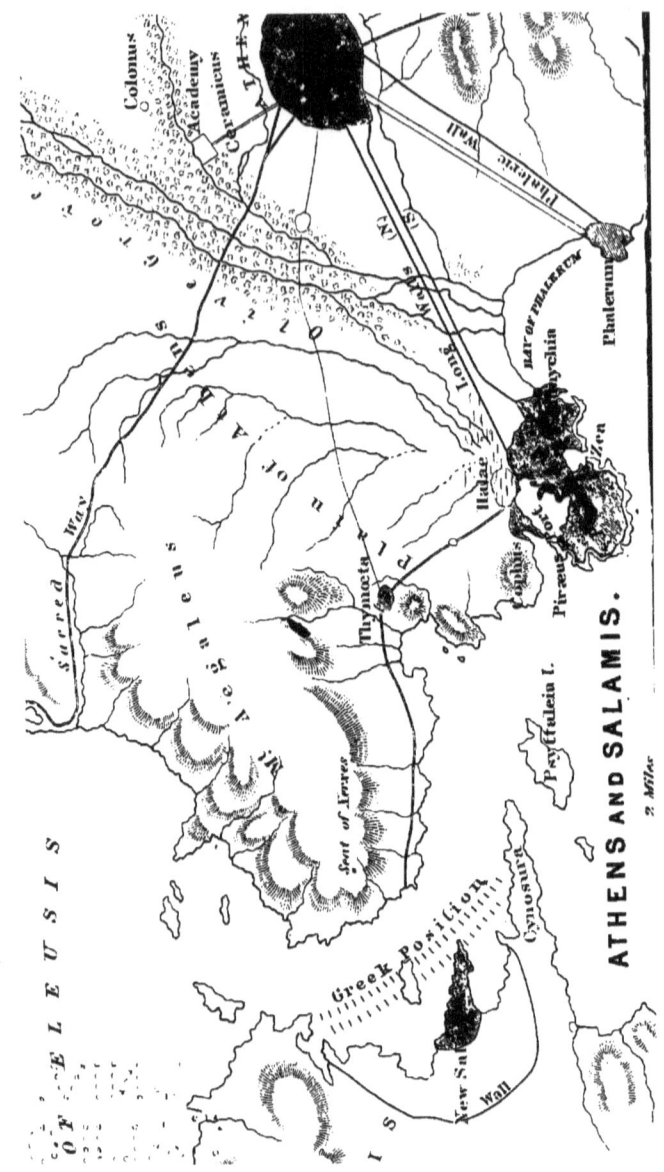

ATHENS AND SALAMIS.

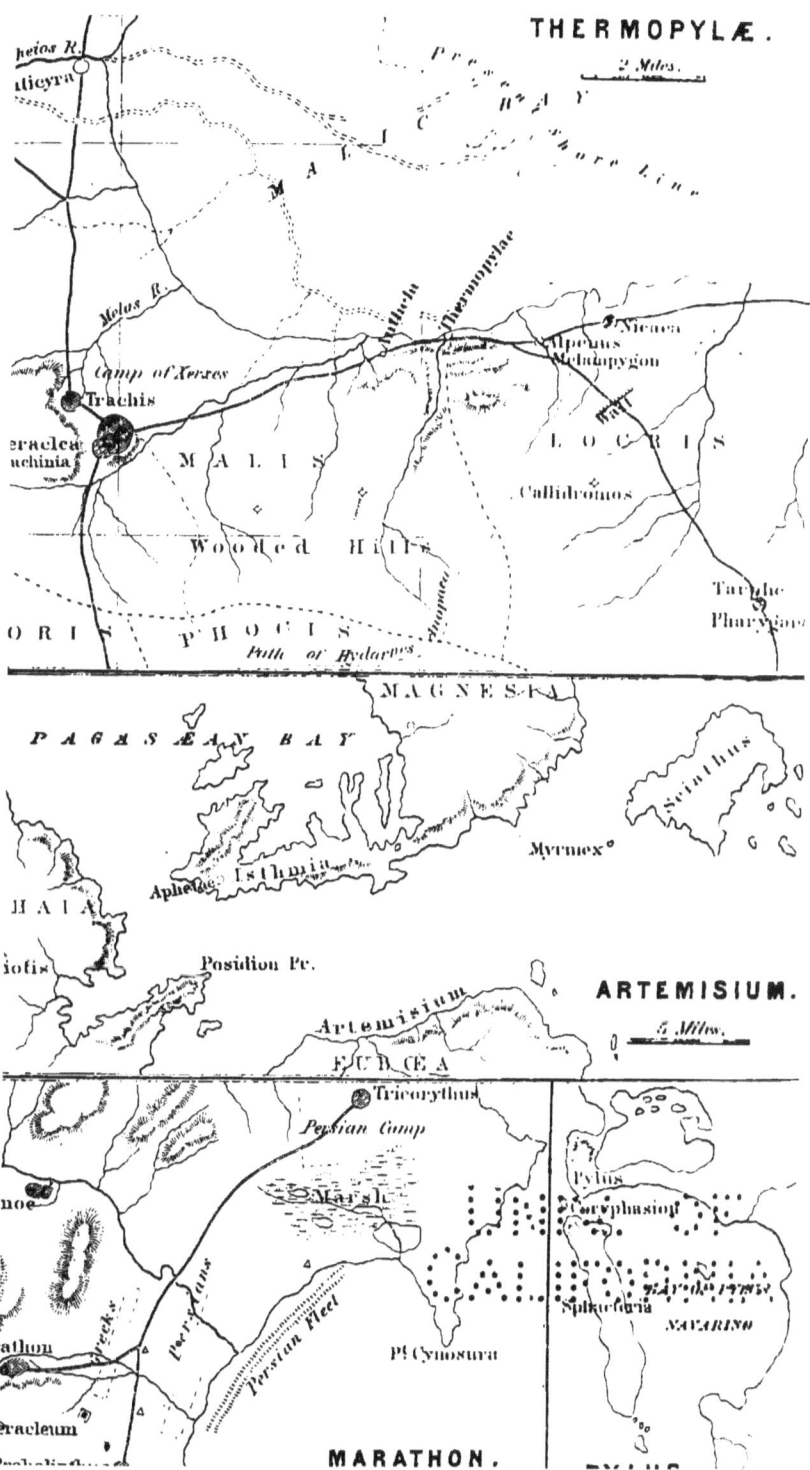

UNIV. OF
CALIFORNIA

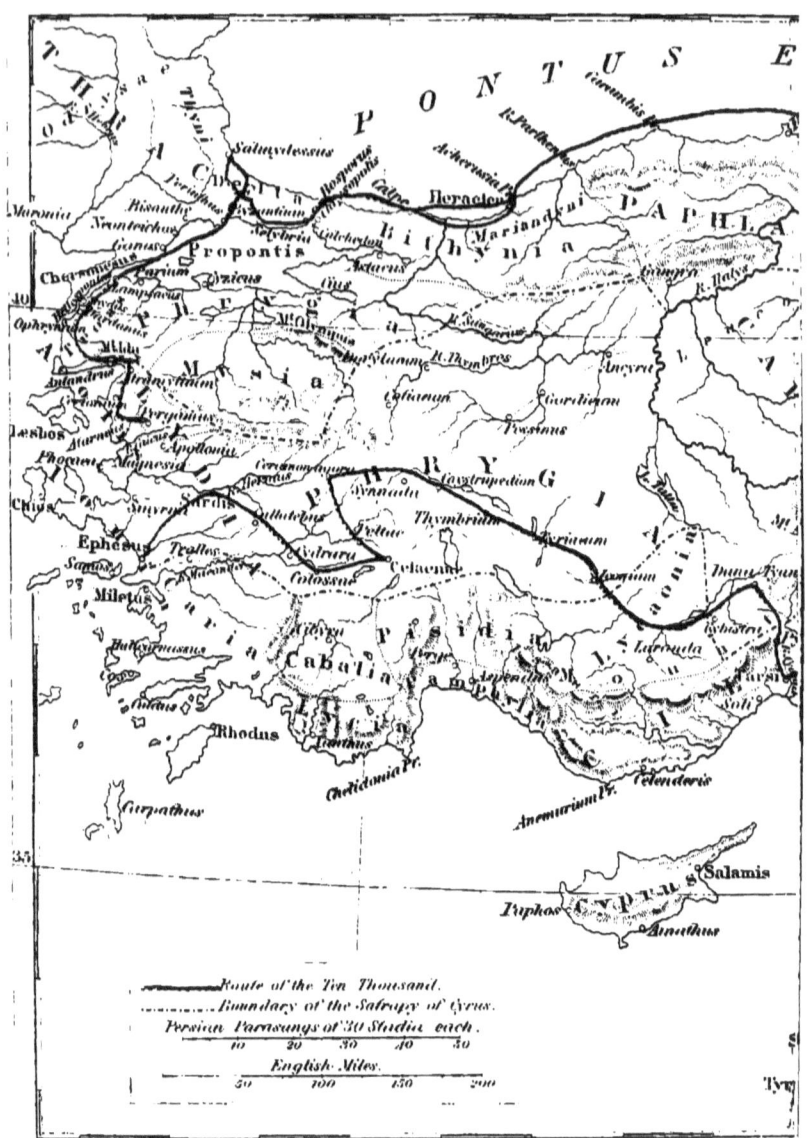

ANABASIS.

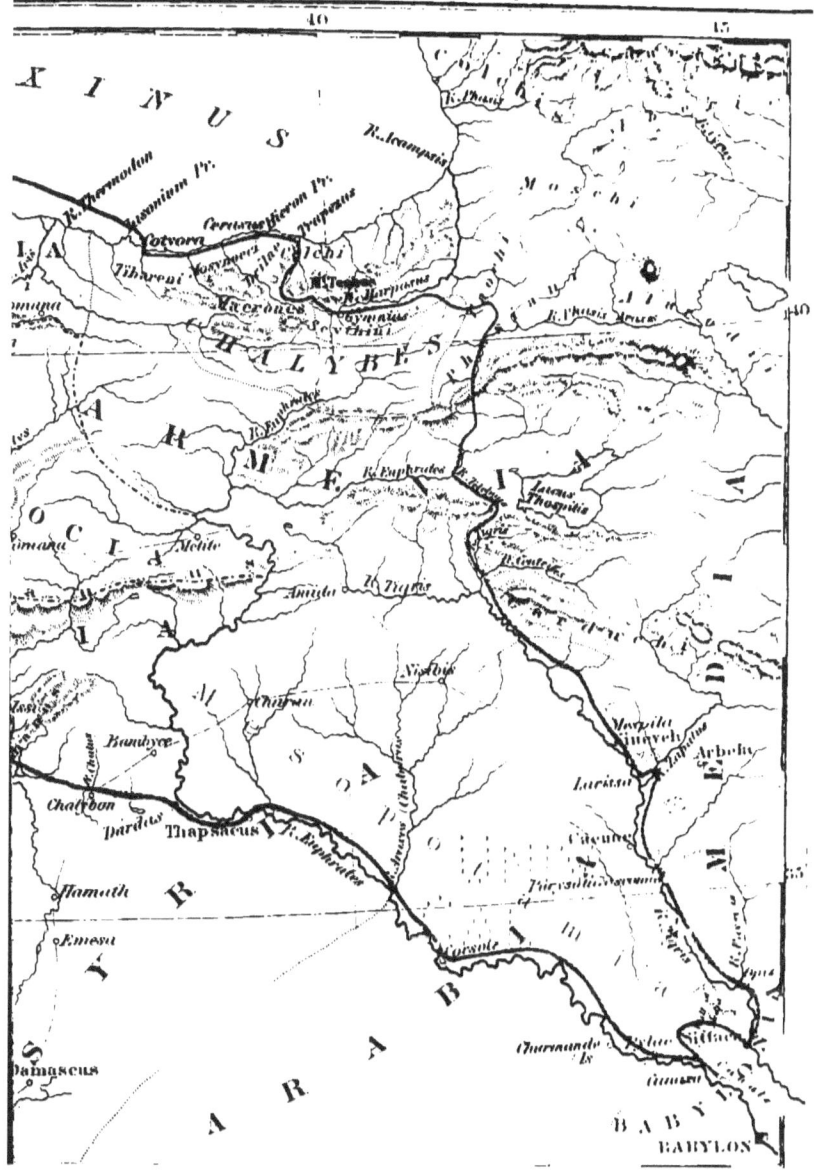

www.ingramcontent.com/pod-product-compliance
Lightning Source LLC
Chambersburg PA
CBHW032017220426
43664CB00006B/279